I0715420

SIR

SIR

Mario Testino

TASCHEN

Drawn from Life

Mario Testino in
Conversation with Patrick Kinmonth

Aus dem Leben gegriffen

Mario Testino im
Gespräch mit Patrick Kinmonth

D'après nature

Une conversation entre
Mario Testino et Patrick Kinmonth

PATRICK KINMONTH: It seems as if you and I have been discussing a book focusing on your pictures of men for years. We even started several times and in the end it never happened. Now we both seem to agree that it is appropriate to look at this aspect of your photography and bring it together on its own. I wonder why that is.

MARIO TESTINO: It's true. Maybe I just did not feel ready. Who knows why exactly? Maybe I felt I had not fully investigated the possibilities of the subject in my work, or expressed what I really felt about some aspect of it. Anyway each time we looked at doing this my instinct was that it would be better to wait. By now I must have taken hundreds of pictures of men. Many thousands, actually. A part of it was probably that we needed some time to pass before we had enough critical distance to edit things properly. For sure it has been a surprise to see now just how many different kinds of pictures of men I've taken over the past thirty years. Also I think that the way men are seen in photography, in fashion, and the way that men look at pictures of themselves has changed in recent years. It is a subject that has come into focus. The masculine image, a man's personal style, changing attitudes to the male face and body: I feel pictures of men are now scrutinized in the same way by men as those of women have been for a long time by women.

PK: That is a relatively new state of affairs. But it has been part of your practice as

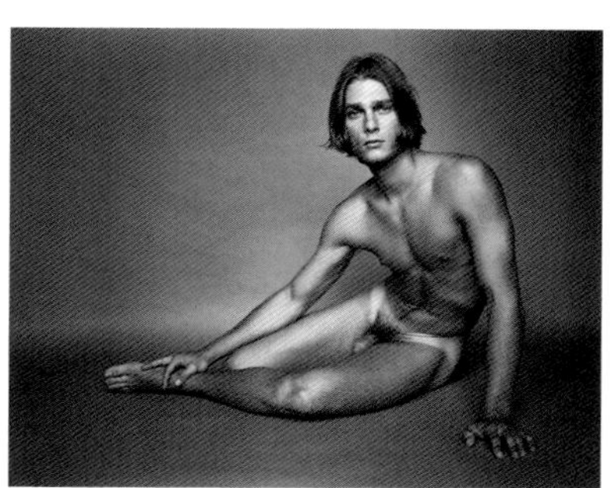

GABRIEL HILL,
PARIS, 1994

a photographer right from the beginning to photograph men in many different guises. However when I look at the extremely varied amount of material we have chosen from, I feel genuine themes have emerged. This makes the book a dynamic visual journey, and one that ends up by defining the conceptual differences between the images in the process.

MT: Yes. In the end this project investigates what constitutes the allure of a man, both specifically and generally. I suppose it's my job to try and make photographs that communicate the ultimate in both men and women. At least that is what I try to do.

PK: But in the book there is another layer. We have given unseen private pictures equal status as published work. Sometimes images that have become very well known, for example the portraits of David Gandy in Capri, are placed next to others that have been found by sifting through images you took privately for the project, even if you were unsure of the final form the book would take at the time.

MT: I suppose that is because there is no particular difference in relevance between a private and a commissioned image. They can have equal impact in their own way. And in a book they take on a new life. Ultimately individual quality was the defining factor that had to exist for me to allow a picture to be included. It's quite interesting that the images I have made for a brand with a whole team of collaborators and assistants can be put next to those of a friend I took on a little camera at home alone. But as long as each holds its own, on its own terms, that's OK. As you know, I started making the very early portraits and nudes in the 1980s, shortly after I began to take pictures at all. I experimented, using daylight at the end of the working day, and I have been working consistently on the subject both in my commissioned and private work ever since. They have always been made side by side with the elaborate studio and location work and now that is how we have presented them. It feels right, don't you think?

PK: I see the early sittings as your equivalent of a sketchbook. You were determined to master your craft, and understanding how to use light is obviously fundamental for a photographer. After all, photography literally means 'drawing with light'. You were learning to draw from the ground up. Even if everyone was more than ready to go home after a long day, you would set up near the window and in these early attempts you almost did academic research into light and form. You worked by papering over the windows and then tearing holes in the paper to illuminate the person in front of you. Indeed some of the earliest photographs made this way remind me of painted or drawn academic nudes from the nineteenth century as well as the earliest studio nudes of photography. Yours are studies in technique, but they still capture an aspect of the character of the sitter, which was usually suppressed in academic paintings. And these early photographs

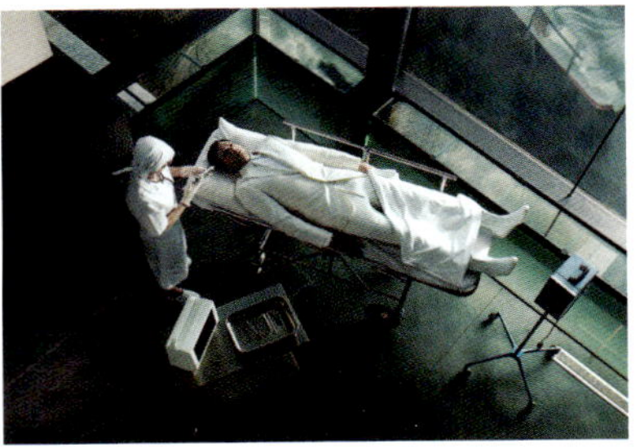

ASHTON KUTCHER,
LOS ANGELES. *VMAN*. 2008

remain some of my favourite pictures. Another remarkable thing about them is that what would come out so strongly later in your work is already there: your preoccupation with elegance, defined in modern terms but with an equal determination to include a sense of immediacy. Your hallmarks in a way.

MT: I was uncertain about my craft in the early days, of course. You have to start somewhere! I really needed to feel secure about it. Particularly after I realized early on that you communicate how you feel about what you are doing to everyone in the room, especially to the person in front of the camera. A person being photographed, whoever they are, is extremely vulnerable. If you are insecure too, then they can become fearful and tense and that is conveyed in the pictures. It's the last thing I want. So I worked on making the atmosphere in the studio as light as possible, no matter how I actually felt myself sometimes. When someone enjoys the experience of being photographed, they relax, are prepared to experiment, and that is when there is the greatest possibility of capturing something unique. As I grew in confidence myself in the early years, this really became a very important part of what I was doing. It has had a cumulative effect. And the light itself is vitally important. When the light is naturally beautiful it is like having something magical already on your side. When the light is not there for you it can take hours to create it artificially.

PK: But I know from working with you that, however spontaneous the pictures might look, every detail has been carefully considered, both from the start of the planning and in the moment.

MT: There has to be a plan A in order for the atmosphere to be relaxed. Also every detail supports the narrative of the picture and you don't suddenly want to be desperately finding something you need when there is so little time to get things right on the day. You can always change the plan from the first idea of course, and I often do so spontaneously. But every picture is driven by the way the person who I am photographing appears at the moment I am looking through the camera. On the one hand you might want everything to enhance the idea of someone being perfectly groomed. Then every detail of the composition should support this. On the other hand I might want to create a sense of disorder, as if for example you are seeing someone alone in their bedroom, as if no one else (and certainly not me and a team of stylists and make-up artists) is present. So that is why I arrange and plan everything before and during the shoot. I am like a scanner when I work, making sure everything in the image, even if it seems as if the place just happened to look the way it does, adds to the picture rather than detracts from it. And that can govern the choice of a plain white paper background or a wall. For instance in this picture of Josh Hartnett. I had this feeling that to show

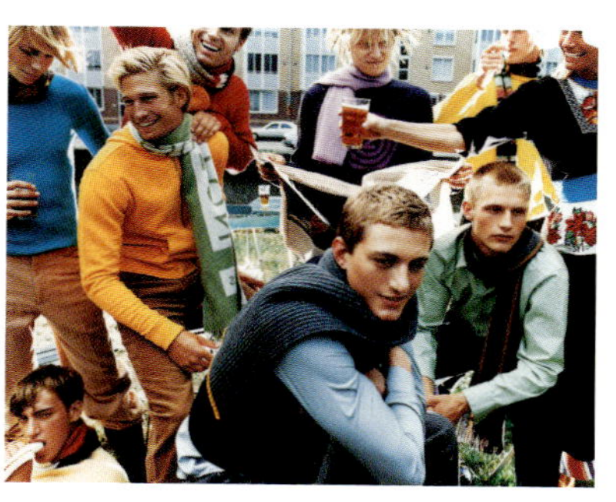

AMSTERDAM,
L'UOMO VOGUE, 1999

him in lipstick could be very powerful. It only enhances his masculinity to be free enough to do that to yourself. I suggested it and he said right away, 'Yes, but go the whole way', so we did the eyes too. And here is another example, in a totally different way. In this picture of Ashton Kutcher he is lying on a hospital bed and a strange nurse is apparently about to do some kind of surgical intervention. Everything was constructed. We set it up in a house in LA. The nurse was cast and dressed, the operating table was sourced and brought in. It's like a scene of something extremely intimate, and yet it is a total fantasy, like a private unseen movie. I feel it told us a lot about Ashton, about the kind of person he is: someone prepared to enter into the spirit of a scenario, and take things beyond conventional limits. At the same time it creates a special kind of intimacy in the final image, a sense of participating in a private moment, however surreal. Of course both he and Josh are extraordinary actors, so they can make this kind of invented situation feel real. It's a part of their talent and their allure. I have always tried to give the sensation that you are getting special proximity to the subjects in my pictures. That you are getting to know what it is like to be right there with this amazing person. Alone with them.

PK: It sometimes feels as if you open a private door and let us go inside, even when you are working in a studio or on a set.

MT: With actors, I prefer to invent a scenario. This is better for them as they haven't, and perhaps shouldn't, develop the skills of a model who has learnt at all times how to show the clothes to best advantage, and who knows how to move their body and find an attitude that makes everything they are wearing look good. That is also a real craft and a collaboration between us, but not acting as such. When the sitter is a well-known actor the pictures are closer to portraiture than fashion pictures, or rather a combination of both. They are portraits with a strongly developed sense of style.

PK: I suppose the point is that through your career we have seen the importance of the identity of the sitter change. When we started, men in pictures were very often completely anonymous, just as they were in fashion pictures of women, whereas now the name, the global status and occupation of the sitter have often become key. And actually that's coincided with your talent for creating situations that express something specific about the character of the person. I would call your pictures portraits whenever the sitter is well known: whether actor or model.

MT: Well I think there are many sorts of images on a sliding scale. Here we have another example, a group of people in which no one is known individually, but collecting them together makes a single, strong statement about a particular kind of masculinity. In this case it was all about blonde guys in Holland. So it's a sort of game with the cliché you might have in your mind about a particular place, which immediately has

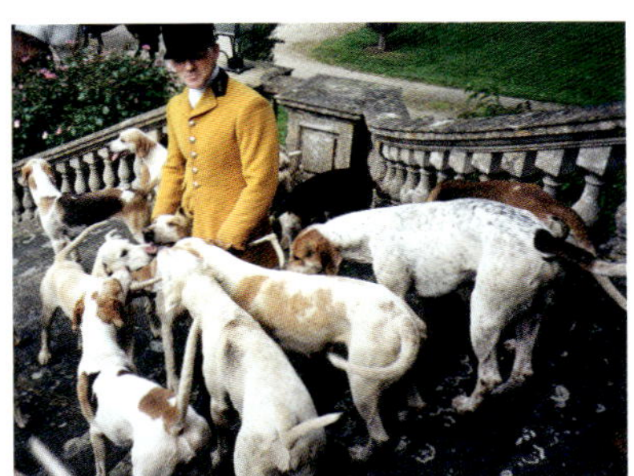

LONDON, 2004

a playful quality that I have exaggerated. I love to get that humour into a picture.

PK: You have created a sort of heightened reality then. I see that in a lot of your work. There are very strong visual choices. Colour, composition, attitude, style are all decisive. In this particular case I also see a game of irony, and a game of taste too. Playing with ideas of convention and taste in a sophisticated manner is all part and parcel of being a modern photographer—especially now, when it is hard, or even impossible, with so much general awareness of the history of photography, not to play with references. There was a time when people only tried to make the image as beautiful as they could, and innovated.

MT: Well beauty needs to have an edge in fashion, and that playfulness with the edges of bad taste is definitely invigorating and one possibility amongst many. We have a lot of standard expectations and conventional ideas that build up in our minds over the years. That extends to ideas of what is and what is not supposedly 'good taste' and what is or is not seen as 'manly'. I think we need to be conscious that we should not be too defined by these things as they are narrow and limiting, which is not to say I do not admire tradition and history. In fact I love them both.

PK: Well in order to enjoy chaos or revolution you need a tradition, a standard, to measure against, to react to, and that is probably why England is a place where you have spent so much time.

MT: Yes. It's a place where tradition is so much a part of the culture, yet individuality and invention thrive. It's fascinating that the British are so conventional on one level, yet London is one of the most diverse cities in the world and one of the most dynamic. London changes all the time and yet you feel its solid core. It was a happy accident that I came to London from Peru and made my career as a photographer. In retrospect it was the ideal choice. London is a state of mind. All these ideas of identity and a culture are very tied up with the way I have photographed men. Not just in England obviously, but they inform my pictures of men in general, wherever I am.

PK: But you cannot have known how these cultural traditions would affect your work as a photographer when you first came to London, surely?

MT: No, of course that came with time. I was drawn to the work of Cecil Beaton and Madame Yevonde, both photographers who theatricalized the present in their work. I learnt a lot from looking at their pictures. It's true I love bringing a conversation with tradition into my work in general as it enriches everything. It is probably unavoidable. I thrive when the new is mixed with the old, the underground mixed with the elegant, superimposing high and low culture. That is very much part of the fun of life. I try to bring all these elements together with an equal amount of sensuality and even sexuality. As you know, I grew up with that just as naturally in Peru as the British grow up with teatime, multiculturalism and the Royal Family.

PK: I also find interesting, as an aspect of the conversation you have with tradition in your work, the frequent interplay between traditional costume or uniforms (as distinct from clothes) and the fashion in the pictures.

MT: I have always been fascinated by costume, especially coming from Peru, where it is such an important element of folk culture. The extreme colours and shapes of the costume are at least as daring as what we see in Paris couture. That's why I called the results of my recent research into Peruvian costume *Alta Moda*. The photographs I took are about the amazing clothes from the mountains and also about the highest quality of the way they are made. And I am fascinated that men's costumes are as elaborate as the women's.

PK: There is no sense in those costumes that a woman should be allowed to wear colour and texture whilst a man should not. That only became part of the way people dressed to define their roles, I suppose, in the nineteenth century: the man dressed soberly as the active moneymaker and serious decision maker and the woman dolled up as decorative and passive in impractical crinolines. Peasant culture never adhered to that. Finally, rock and roll redefined a lot of that in the late twentieth century.

MT: Costume is about identity as much as tradition. It is proud and wonderful. In most countries the idea of national dress or of dress that is unique to an area has gone and I think it is an underappreciated loss. But one area where it survives for now is in formal military uniform and in traditional sports. Look at this picture of a huntsman. Hunting has produced this extraordinary tradition of tailoring in England. It is tailoring that is adapted for a specific sport, but also has its own eccentricities. The Berkeley Hunt wears yellow. Everyone associates hunting with red coats, which for some crazy reason the English call 'pink'. The Berkeley yellow never changes but it has a unique chic within the overall tradition of hunting clothes and is extraordinarily elegant. In the

Latin culture this is answered by the amazing clothes of bullfighters, something that I have photographed continually over the years when I have had the chance.

PK: I think there is definitely something intriguing to you in the way that within the tradition of festival dress or folk costume or the bullfighters there is an acceptance of something that would otherwise be seen as too extreme for everyday life. I would connect it with your interest in limits, and your underlying theme of freedom and its importance. Both hunting and the corrida endorse and revel in an exaggerated revelation of the body. I suppose that if a person on the street revealed as much of themselves as a bullfighter does in the bullring they would be thought outrageous or be arrested.

MT: Not in Rio! There are accepted traditions of this kind in all cultures and I have photographed them a lot for this very reason. These three men in the street in Rio are in a way exactly the same. These tiny swimming trunks and their obvious pride in their bodies is a kind of national costume seen in modern terms. But just as the bullfighter's and the huntsman's clothes are right for what they are doing, these tiny bathing suits came about because it is so hot there that it is more practical to wear as few clothes as possible. I have tried to wear normal surf shorts in Rio and it is just extremely uncomfortable.

PK: There is also the matter of money as well as climate. If your body is amazing you hardly need to spend any money on clothes in

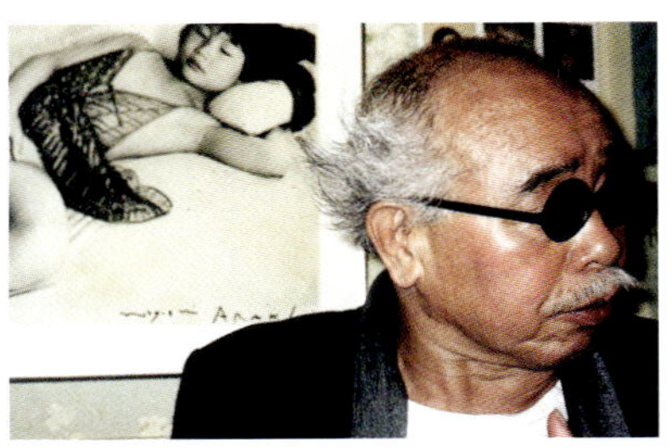

NOBUYOSHI ARAKI,
TOKYO, 2012

a hot city. I suppose that is why elegant fashion thrives in New York, Milan, Paris and London, perhaps the coldest, greyest, wettest, richest cities in the world. But as usual we find ourselves talking about an apparent contradiction, about the tension between the surface and the undercurrent.

MT: Well I have to say I've always liked the idea of playing with the undercurrent, even though my first instinct is to go for elegance. But I do not like the departing point of a picture to be obvious elegance because it is potentially boring. It is more interesting to find elegance in an unpredictable way. A while back an editor said to me: 'Even if we give you something trashy, you turn it into couture.' I am not sure if she meant it as a compliment, but to me it was! I think it is possible to elevate any sort of clothes to an idea of elegance. Elegance can exist in the most unexpected places. For instance I haven't been raised to wear a white suit with a spotted tie and a huge red handkerchief in the pocket and diamonds everywhere. It is not necessarily my personal idea of chic, but I love that it can become the most elegant thing in a picture on the right person and at the right moment.

PK: And the right body. You can see an evolution in these pictures, from the 1980s body, when fashion started to appreciate and extol muscle overtly (an American contribution, I think), through to the immediate reaction to that, where the nerd, or the slim and narrow, the punk reply from Berlin and

London, appeared, and then we move on to the modern body with its hyper-etched muscle and an idealized, lean silhouette that combines the two.

MT: I mean there is a lot about the body in this book. We all appreciate the ideal body of a man and the ideal body of a woman when we find it. Everyone knows that moment on a beach or on the street when you see a kind of angel passing by. I am incredibly lucky to be able to take it a step further and photograph these exceptional people. For most of us, and I know this myself, it is very, very hard or impossible to find that kind of physical perfection in ourselves. You can work on your body every day of the year, but if you don't have the raw material in your genes it doesn't lead to absolute perfection. The maddening thing is that the most physically beautiful people I know don't really have to try that hard. They have to try a bit, but not like the rest of us. But unfairness is all part of life, and physical perfection is only one aspect of it.

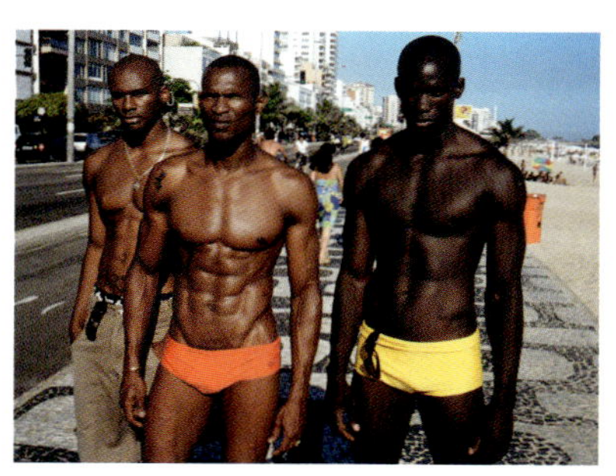

TAIGUARA NAZARETH, VANDERLEI SACRAMENTO & LUIZ ROQUE, RIO DE JANEIRO, 2001

PK: And of course it passes, which I suppose makes it fairer in the end. I imagine it is extremely difficult to relinquish the power of a beauty you have been given to an extreme degree when it gets taken away by time. And it is a true measure of character as to how you deal with it. I suppose that is why it is so rewarding and touching to capture that peak of attractiveness whilst it is there, above all in a photograph, which is something we believe in as physical proof even if we know it has been retouched.

MT: I retouch only to remove something I find distracting in a picture. I am just as likely to retouch the furniture in the background as a person's body, in order to create the focus I want in the image. That can include lines and wrinkles of course but not in order to lie, only to intensify the impact of a picture.

PK: And to create an intense sense of elegance and chic. That chic can include sexuality, can't it? I think your pictures, whilst often erotically charged, always avoid sexual vulgarity. I feel you cultivate an interesting sort of distance between you and what is in the pictures.

MT: I am obviously interested in sex! Naturally. But I think it has to be only an equal part of many different aspects of a picture. I like sensuality and a certain mystery in sexuality, something tantalizing and evocative. I am not interested in the hard pornographic image as such. That exists for one purpose only, to put an end to something, arousal, or whatever you want to call it, which has nothing to do with the purpose of my work. I am much more interested in creating an image which suggests many erotic possibilities. I think that makes a picture have a longer life in the mind of the viewer. In the end I think arousing someone's curiosity is more interesting than arousing someone sexually with a picture.

PK: Which I suppose accounts for a certain amount of playing with gender in your pictures of men?

MT: I suppose you could see this whole book as a sort of conversation with my camera about curiosity and freedom. I feel personally that we should all be open to imagine things beyond the ordinary and the everyday. That is why Araki is here in a portrait and as an inspiration. Like Mapplethorpe or Newton and others he has had the courage to investigate subjects that are clearly part of the human imagination and that are made visible in a personal and compelling way for the first time. You can reject it or accept it, but you have to acknowledge the quality and the perfection with which the images are achieved. That takes not just courage but a great deal of hard work.

PK: The book is also full of images of men who have had a measure of courage in terms of establishing their own identity, which involved a certain degree of redefinition of masculinity in public. David Bowie, Mick Jagger, Andy Warhol and even David Beckham, for example.

MT: I found David Bowie a fundamental figure in my adolescence. In Peru it was hard to express an unconventional personality in a very conventional society. The way Bowie proposed these amazing new ideas of what a man could be without ever losing the impact of his masculinity made a great impression on me. I realized that you have to take the risk of being yourself even if other people are going to find that threatening or irritating. And in another way I think David Beckham's attitude to his own looks and body, his fearlessness of wearing interesting clothes and his tattoos, have had an enormous effect on the way men in general feel about how they dress and who they can be and how they present themselves. I relate this in another context to how I feel when I see a piece of contemporary art for the first time that I find difficult or alien. So often this is the very work that stays in the mind, or is important just because it is beyond what you are ready to accept. And perhaps from this point of view it is the least obviously attractive pictures in this book that are the most interesting, provocative and useful.

PATRICK KINMONTH: Meinem Gefühl nach reden wir beide schon seit Jahren über ein Buch zu deinen Männerbildern. Wir haben die Sache sogar schon ein paarmal in Angriff genommen, doch letztendlich ist nie etwas daraus geworden. Jetzt scheinen wir uns einig zu sein, dass es an der Zeit ist, diesen Aspekt deiner Fotografie in Augenschein zu nehmen und einmal für sich zu betrachten. Woran liegt das wohl?

MARIO TESTINO: Das ist wahr. Vielleicht fühlte ich mich dazu einfach noch nicht bereit. Wer weiß, woran genau es lag. Vielleicht hatte ich das Gefühl, die Möglichkeiten, die das Thema bietet, in meiner Arbeit noch nicht vollständig ausgelotet oder auch meine wahren Gefühle gegenüber dem einen oder anderen Aspekt des Themas nicht zum Ausdruck gebracht zu haben. Wie auch immer, jedes Mal, wenn wir uns dieses Projekt vornahmen, sagte mir mein Instinkt, damit besser noch zu warten. Mittlerweile muss ich Hunderte Bilder von Männern gemacht haben. Viele Tausend sogar. Vermutlich musste auch etwas Zeit vergehen, bis wir genügend kritische Distanz hatten, die Sachen angemessen aufzubereiten. Natürlich war es eine Überraschung, jetzt zu sehen, wie viele unterschiedliche Arten von Männerbildern ich im Laufe der vergangenen dreißig Jahre aufgenommen habe. Auch denke ich, dass sich der Blick auf Männer in der Fotografie, in der Mode und auch die Art und Weise, in der Männer Bilder von

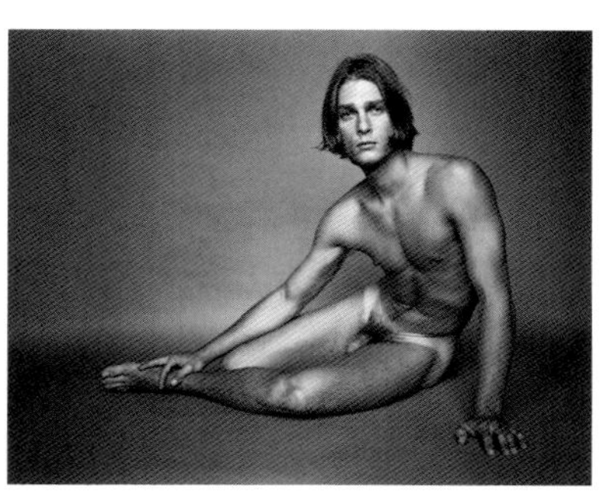

GABRIEL HILL,
PARIS, 1994

sich selbst betrachten, in den letzten Jahren verändert hat. Das Thema ist ins Blickfeld gerückt. Das Bild des Mannes in der Öffentlichkeit, sein persönlicher Stil, sich verändernde Einstellungen gegenüber dem männlichen Gesicht und Körper … ich habe das Gefühl, Bilder von Männern werden von Männern inzwischen genauso kritisch begutachtet, wie Frauen das über lange Zeit mit Bildern von Frauen getan haben.

PK: Das ist ein relativ neuer Sachverhalt. Doch Männer in vielen verschiedenen Aufmachungen zu fotografieren ist eigentlich schon von Anfang an Teil deiner Arbeit als Fotograf gewesen. Schaue ich mir die extrem vielfältige Menge an Material an, aus der wir unsere Auswahl getroffen haben, habe ich allerdings das Gefühl, dass sich originäre Motive herauskristallisiert haben. Das verleiht dem Buch den Charakter einer dynamischen visuellen Reise, einer Reise, die letztlich zu einer Bestimmung der konzeptuellen Unterschiede zwischen den Bildern führt.

MT: Ja. Letzten Endes geht dieses Projekt der Frage nach, was die Anziehungskraft eines Mannes ausmacht, im Besonderen wie im Allgemeinen. Ich denke, dass es zu meinem Job gehört, Dinge zu versuchen und Aufnahmen zu machen, die das eigentliche Wesen eines Mannes oder einer Frau vermitteln. Darum bemühe ich mich zumindest.

PK: Das Buch hat jedoch noch eine andere Ebene. Wir haben bislang privaten Bildern den gleichen Status verliehen wie veröffentlichten Arbeiten. Manchmal stehen Bilder, die sehr bekannt wurden, wie die Porträts von David Gandy auf Capri, direkt neben anderen, die bei der Durchsicht von Aufnahmen gefunden wurden, die du privat für das Projekt gemacht hast, ohne bereits genau zu wissen, welche Form das Buch mit der Zeit annehmen würde.

MT: Ich vermute, weil es zwischen einem privaten Bild und einer Auftragsfotografie keinen besonderen Unterschied an Bedeutung gibt. Beide können je auf ihre Weise die gleiche Wirkung entfalten. Und in einem Buch können sie zu neuem Leben kommen. Die Qualität des einzelnen Bildes war letztendlich der entscheidende Faktor, der in meinen Augen vorhanden sein musste, damit es einbezogen werden konnte. Es ist ein ziemlich interessanter Aspekt, dass die Bilder, die ich mit einem ganzen Team von Mitarbeitern und Assistenten für eine Marke aufgenommen habe, direkt neben die gestellt werden können, die ich mit einer kleinen Kamera allein zu Hause von einem Freund gemacht habe. Aber solange jedes dieser Bilder für sich alleine, nach seinen eigenen Maßstäben, wirkt, ist das okay. Wie du weißt, habe ich mit den Aufnahmen der ganz frühen Porträts und Akte in den 1980er-Jahren begonnen, kurz nachdem ich mit dem Fotografieren überhaupt angefangen hatte. Ich experimentierte, nutzte das Tageslicht am Ende eines Arbeitstags und habe an diesen Motiven seither beständig weitergearbeitet, ob bei meinen Auftragsarbeiten oder

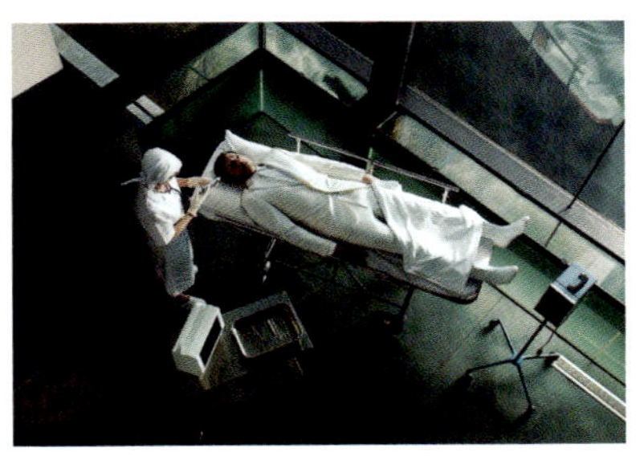

ASHTON KUTCHER,
LOS ANGELES. *VMAN.* 2008

den privaten Fotografien. Sie sind stets neben den aufwendigen Studio- und Locationaufnahmen entstanden, und so haben wir sie jetzt ja auch präsentiert. Das passt doch zusammen, meinst du nicht?

PK: Ich betrachte die frühen Sitzungen als deine Version eines Skizzenbuchs. Du warst entschlossen, dein Handwerk zu meistern. Und zu verstehen, wie Licht eingesetzt werden muss, ist für einen Fotografen wirklich elementar. Im Wortsinn bedeutet Fotografie ja „mit Licht zeichnen". Du hast dieses Zeichnen von Grund auf erlernt. Selbst als alle nach einem langen Arbeitstag nur noch schnell nach Hause wollten, hast du dich nah am Fenster eingerichtet und in diesen frühen Versuchen fast akademische Untersuchungen zu Licht und Form angestellt. Du hast die Fenster mit Papier zugeklebt und dann Löcher hineingerissen, um die Person vor dir auszuleuchten. Tatsächlich erinnern mich manche dieser frühesten Aufnahmen, die so entstanden sind, an gemalte oder gezeichnete akademische Akte aus dem 19. Jahrhundert oder auch an die frühesten Studioakte der Fotografie. Deine Bilder sind Studien zur Aufnahmetechnik, gleichwohl fangen sie stets einen charakterlichen Aspekt des Modells ein, was in akademischen Gemälden in der Regel vermieden wurde. Und diese frühen Fotografien gehören noch immer zu meinen Lieblingsbildern. Eine andere bemerkenswerte Eigenschaft dieser Bilder ist, dass das, was in deinem Werk später so stark zum Ausdruck

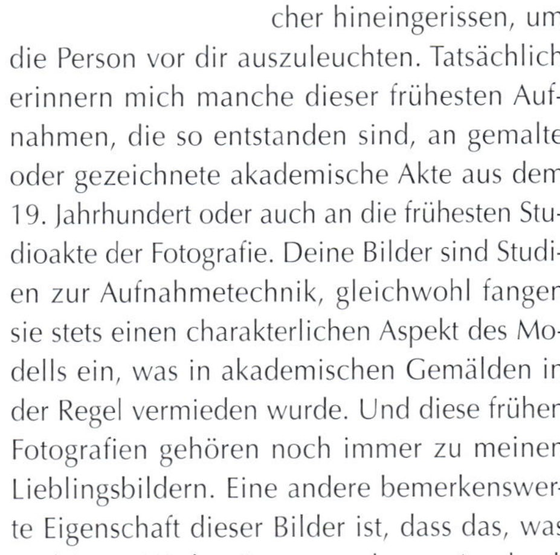

kam, bereits erkennbar ist: dein Bemühen um eine nach modernen Vorgaben definierte Eleganz, verbunden jedoch mit der ebenso großen Entschlossenheit, dabei ein Gefühl von Direktheit zu erfassen. In gewisser Weise deine Handschrift.

MT: In der ersten Zeit war ich meiner handwerklichen Fähigkeiten natürlich nicht sicher. Aber irgendwie muss man ja anfangen! Ich musste dabei ein sicheres Gefühl haben. Vor allem nachdem ich früh schon begriff, dass sich das Gefühl, das man als Fotograf bei dem, was man gerade tut, hat, auf alle im Raum Anwesenden überträgt, besonders auf die Person vor der Kamera. Ein Mensch, der fotografiert wird, ist, wer auch immer das sein mag, extrem verletzlich. Ist der Fotograf ebenfalls unsicher, wird er selbst ängstlich und angespannt, und das überträgt sich dann auf die Bilder. Das ist das Allerletzte, was ich will. Also war ich immer darauf bedacht, für eine lockere Atmosphäre im Studio zu sorgen, egal, wie ich mich manchmal selbst gerade fühlte. Hat jemand Spaß am Erlebnis, fotografiert zu werden, entspannt er sich, ist zu Experimenten bereit, und dann ergeben sich die besten Chancen, etwas Einzigartiges einzufangen. Mit meiner in den ersten Jahren wachsenden Selbstsicherheit wurde dies zu einem sehr wichtigen Teil dessen, was ich tat. Das hatte einen kumulativen Effekt. Und das Licht an sich ist von elementarer Bedeutung. Wenn das natürliche Licht für sich schon schön ist, hat man bereits einen

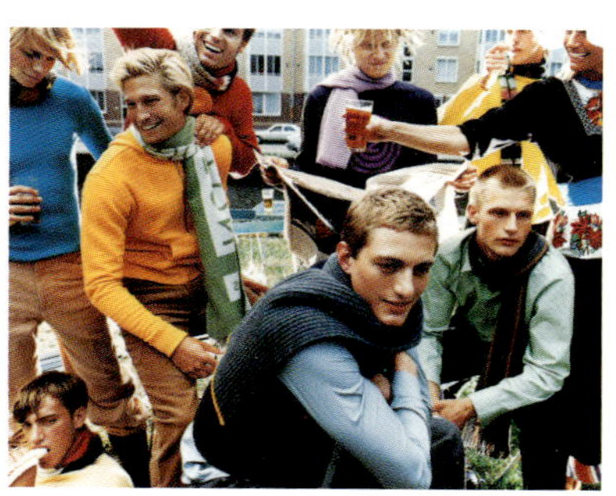

AMSTERDAM.
L'UOMO VOGUE. 1999

gewissen Zauber auf seiner Seite. Fehlt dieses Licht gerade, kann es Stunden dauern, es künstlich zu schaffen.

PK: Aber ich weiß aus meiner Zusammenarbeit mit dir, dass jedes Detail, von Beginn der Planungen an wie auch im entscheidenden Moment, sorgfältig bedacht worden ist, wie spontan die Bilder auch aussehen mögen.

MT: Es muss immer einen Plan A geben, damit die Atmosphäre bei den Aufnahmen eine entspannte ist. Auch wird das Erzählerische des Bildes von jedem Detail gefördert, und man will ja nicht plötzlich verzweifelt nach irgendetwas suchen müssen, was man gerade braucht, wenn man nur diesen einen Tag Zeit hat, die Sache in den Kasten zu bekommen. Natürlich kann man den auf einer ersten Idee basierenden Plan jederzeit ändern, das mache ich dann häufig spontan. Aber jedes Bild lebt von der Art und Weise, in der die fotografierte Person in dem Moment, in dem ich durch die Kamera schaue, wirkt. Einerseits mag man alles tun, um die Vorstellung eines perfekt gestylten Models zu vermitteln. Dann sollte dies auch durch alle Details der Komposition unterstützt werden. Andererseits will ich vielleicht aber lieber ein Gefühl der Unordnung schaffen, zum Beispiel jemanden zeigen, der alleine in seinem Schlafzimmer ist, und man meint, niemand sonst (und schon gar nicht ich mit einem Team von Stylisten und Maskenbildern) sei anwesend. Genau deshalb ist alles vor und während der Aufnahmen gestaltet und penibel geplant. Bei der Arbeit bin ich wie ein Scanner und sorge dafür, dass alles im Bild der Aufnahme etwas hinzufügt und ihr nicht etwas nimmt, auch wenn es scheint, als sehe der Ort zufällig so aus, wie er aussieht. Und das kann sich bestimmend darauf auswirken, ob man sich als Hintergrund einfach nur für weißes Papier oder für eine Wand entscheidet. Nehmen wir beispielsweise dieses Bild von Josh Hartnett. Ich hatte das Gefühl, eine starke Wirkung erzeugen zu können, wenn ich ihn mit lippenstiftgeschminktem Mund zeigen würde. Das unterstreicht nur seine Maskulinität, die ihm alle Freiheiten verschafft, sich so geben zu können. Ich schlug es ihm vor, da meinte er spontan: „Ja, aber dann lass es uns richtig machen", also schminkten wir ihm auch noch die Augen … Und hier ist noch ein Beispiel, in einem ganz anderen Sinne. Auf diesem Bild liegt Ashton Kutcher

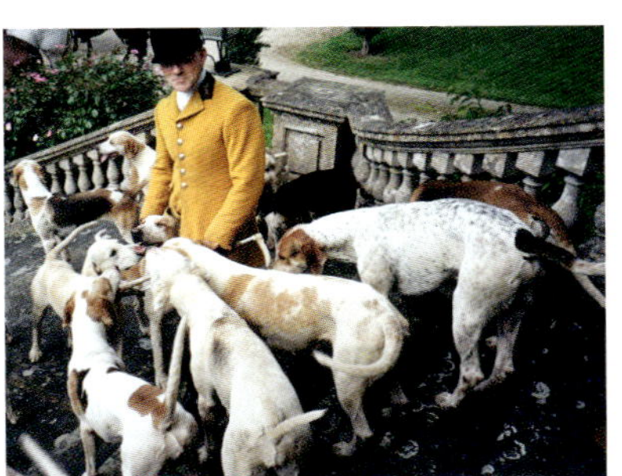

LONDON. 2004

in einem Krankenhausbett, und eine seltsame Krankenschwester scheint sich gerade auf irgendeinen chirurgischen Eingriff vorzubereiten. Alles war konstruiert. Wir haben die Szenerie in einem Haus in L.A. hergerichtet. Die Rolle der Krankenschwester war besetzt, die Darstellerin eingekleidet, den Operationstisch hatten wir ausfindig gemacht und herangeschafft. Das Ganze wirkt wie eine extrem intime Szene, und doch ist alles nur pure Fantasie, wie aus einem privaten, noch nie gezeigten Film. Ich habe das Gefühl, die Sache hat uns eine Menge über Ashton gesagt, was für eine Person er ist: Er lässt sich ganz auf den Geist eines Szenarios ein und ist bereit, die

Dinge weit über konventionelle Grenzen hinaus mitzuspielen. Gleichzeitig erzeugt dieses Szenario im endgültigen Bild eine besondere Art von Intimität, man hat das Gefühl, einen privaten, wenn auch surrealen Augenblick mitzuerleben. Natürlich sind er und Josh außergewöhnliche Schauspieler, entsprechend sind sie in der Lage, eine solche erfundene Situation real wirken zu lassen. Das hat mit ihrem Talent und ihrer Anziehungskraft zu tun. Ich habe stets versucht, dem Betrachter mit meinen Bildern das Gefühl zu vermitteln, den Dargestellten besonders nahe zu sein. Dass er erfahren kann, wie es ist, unmittelbar bei dieser faszinierenden Person zu sein. Ganz allein mit ihr.

PK: Manchmal, selbst wenn du in einem Studio oder an einem Set arbeitest, hat man das Gefühl, als würdest du eine private Tür öffnen und uns hineinlassen.

MT: Für Schauspieler denke ich mir lieber ein Szenario aus. Für sie ist das besser, denn die Fähigkeiten eines Models, das gelernt hat, Kleidung so vorteilhaft wie möglich zur Geltung zu bringen, und das weiß, wie es seinen Körper bewegen und eine Haltung finden soll, die alles, was es trägt, gut aussehen lässt, diese Fähigkeiten haben sie nicht entwickelt, und das sollten sie vielleicht auch nicht. Das ist auch eine echte Fertigkeit und eine Zusammenarbeit zwischen Fotograf und Model, aber keine Schauspielerei im eigentlichen Sinne. Wenn das Modell ein bekannter Schauspieler ist, sind die Bilder der Porträtfotografie näher als den Modefotos oder auch eine

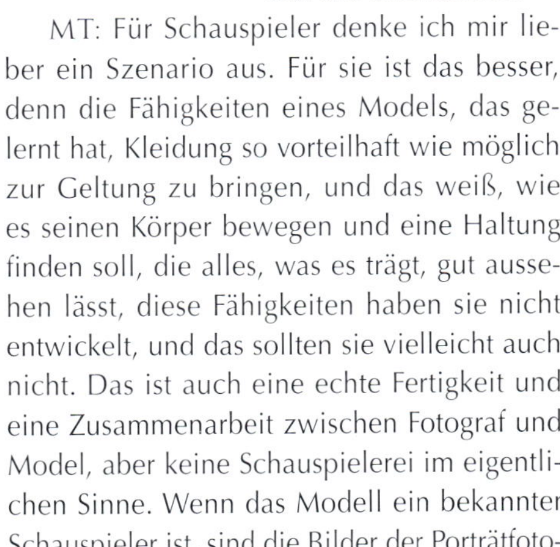

Kombination von beidem. Es sind Porträts mit einem stark entwickelten Stilgefühl.

PK: Ich vermute, der Punkt ist, dass wir im Verlaufe deiner Karriere miterlebt haben, wie die Bedeutung der Identität des Modells sich verändert hat. Als wir angefangen haben, waren die Männer auf den Bildern sehr häufig völlig anonyme Typen, wohingegen heutzutage der Name, der globale Status und der Beruf des Models oft das Entscheidende geworden sind. Und tatsächlich traf das zusammen mit deinem Talent, Situationen zu kreieren, die etwas ganz Bestimmtes über den Charakter der Person ausdrücken. Ich würde deine Bilder, wenn das Modell, ob Schauspieler oder Model, berühmt ist, immer als Porträts bezeichnen.

MT: Nun, ich denke, es gibt viele Arten von Bildern auf einer abgestuften Skala. Hier haben wir ein anderes Beispiel, eine Gruppe von Leuten, von denen keiner einzeln bekannt ist, aber indem sie zusammengeführt werden, wird daraus ein einzelnes starkes Statement zu einer besonderen Art von Männlichkeit. In diesem Fall ging es nur um blonde Kerle in Holland. Es ist also gewissermaßen ein Spiel mit dem Klischee, das man zu einem bestimmten Ort vielleicht im Hinterkopf hat, das unmittelbar eine spielerische Qualität aufweist, die ich auf die Spitze getrieben habe. Ich mag es gerne, einem Bild einen solchen Humor mitzugeben.

PK: Damit hast du eine Art von überhöhter Realität geschaffen. Ich sehe das in vielen deiner Werke. Da gibt es sehr aussagekräftige visuelle Entscheidungen. Farbe, Komposition, Haltung, Stil, jeder dieser Aspekte ist wichtig. In diesem besonderen Fall sehe ich auch ein ironisches Spiel und ein Spiel mit dem Geschmack nicht zuletzt. Raffiniert mit Vorstellungen von Konvention und Geschmack zu spielen ist ein wesentlicher Bestandteil der Arbeit

eines modernen Fotografen – vor allem heute, da es bei einer so allgemeinen Präsenz fotografischer Historie schwierig, wenn nicht gar unmöglich ist, nicht mit Bezügen zu spielen. Es gab mal eine Zeit, da versuchten die Leute nur, ein Bild so schön und neuartig wie möglich zu machen.

MT: In der Mode braucht Schönheit etwas Grenzwertiges, und dieses Verspielte mit den Schärfen und Kanten von Geschmacklosigkeiten ist eindeutig belebend und eine Möglichkeit unter vielen. Über die Jahre nisten sich in den Köpfen eine Menge Standarderwartungen und konventionelle Vorstellungen ein. Das reicht bis zu Vorstellungen von dem, was angeblich „guter Geschmack" ist und was nicht oder was als „männlich" betrachtet wird oder nicht. Ich finde, wir sollten uns von diesen Dingen nicht zu sehr prägen lassen, denn sie beengen und begrenzen uns. Das heißt allerdings nicht, dass ich Tradition und Geschichte nicht bewunderte. Beides schätze ich sehr.

PK: Na ja, um sich an Chaos oder Revolution erfreuen zu können, braucht man eine Tradition, eine Norm, mit der man vergleicht und auf die man reagieren kann, und vermutlich hast du aus diesem Grund so viel Zeit in England verbracht.

MT: Ja. Das ist ein Land, in dem Tradition einen großen Teil der Kultur ausmacht, Individualität und Erfindungsgeist aber dennoch gedeihen. Es ist faszinierend, dass die Briten einerseits so konventionell sind, London jedoch zugleich eine der vielseitigsten und dynamischsten Städte der Welt ist. London verändert sich ohne Unterlass, und doch spürt man seinen soliden Kern. Es war ein glücklicher Zufall, dass ich von Peru ausgerechnet nach London ging und dort als Fotograf Karriere gemacht habe. Rückblickend gesehen, war das die ideale Wahl. London ist ein Seelenzustand. All diese Vorstellungen von Identität und Kultur sind sehr eng mit der Art und Weise verknüpft, in der ich Männer fotografiert habe. Natürlich nicht nur in England, doch sie inspirieren meine Bilder von Männern im Allgemeinen, egal, wo ich bin.

PK: Aber du konntest nicht wissen, wie diese kulturellen Traditionen deine Arbeit als Fotograf beeinflussen würden, als du zum ersten Mal nach London kamst, oder?

MT: Nein, das ergab sich natürlich mit der Zeit. Ich fühlte mich zum Werk von Cecil Beaton und Madame Yevonde hingezogen, beides Fotografen, die die Gegenwart in ihren Arbeiten theatralisiert haben. Beim Betrachten ihrer Bilder habe ich eine Menge gelernt. Es stimmt, ich bringe generell gerne eine Zwiesprache mit der Tradition in meine Werke ein, denn das bereichert alle Aspekte. Vermutlich ist das sogar unvermeidlich. Ich blühe auf, wenn das Neue mit dem Alten vermischt wird, Underground mit Elegantem, Hochkultur und Massenkultur sich überlagern. Das macht einen erheblichen Teil der Lebenslust aus. Ich versuche, all diese Elemente mit einem gleichen Maß an Sinnlichkeit und auch an Sexualität zusammenzubringen. Wie du weißt, bin ich damit in Peru ganz unbefangen aufgewachsen, so wie die Briten mit der Teestunde, Multikulturalität und der königlichen Familie aufwachsen.

PK: Als einen Aspekt der Zwiesprache, die du in deiner Arbeit mit der Tradition hältst, finde ich auch das häufige Zusammenspiel von

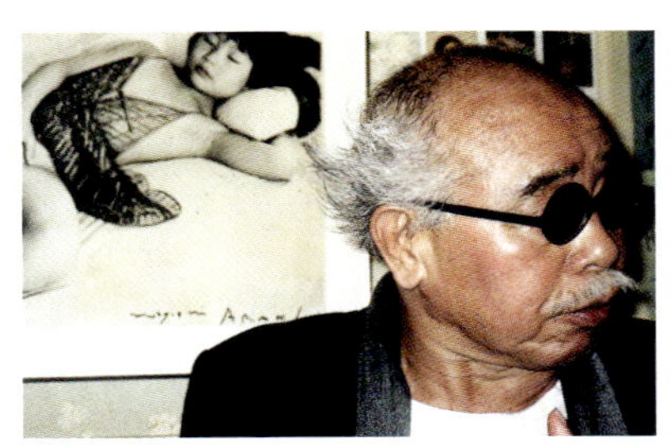

NOBUYOSHI ARAKI,
TOKIO, 2012

traditionellen Kostümen oder Uniformen (im Unterschied zu normaler Kleidung) und der Mode in deinen Bildern interessant.

MT: Kostüme haben mich schon immer fasziniert, vor allem da ich aus Peru stamme, wo Trachten ein ausgesprochen wichtiges Element der Volkskultur sind. Die extremen Farben und Formen der Trachten sind mindestens genauso gewagt wie das, was wir bei der Pariser Couture sehen. Deshalb hab ich die Ergebnisse meiner jüngsten Studien zu peruanischen Trachten „Alta Moda" genannt. Die Fotos, die ich aufgenommen habe, zeigen die erstaunliche Kleidung der Bergregionen und auch die Spitzenqualität, in der sie hergestellt sind. Und es fasziniert mich, dass die Trachten der Männer genauso kunstvoll sind wie die der Frauen.

PK: Diese Trachten lassen in keiner Weise erkennen, dass eine Frau Farben und Muster tragen darf, Männer hingegen nicht. Dass sich die Leute nach klar abgegrenzten Geschlechterrollen kleideten, kam, nehme ich an, erst im 19. Jahrhundert auf: Der Mann als der aktive Geldverdiener und seriöse Entscheider kleidete sich nüchtern, während die Frau als der geschmückte und passive Partner unpraktische Krinolinen trug. Die bäuerliche Kultur hat sich dem nie angeschlossen. Schließlich definierte der Rock 'n' Roll im späten 20. Jahrhundert viele dieser Aspekte neu.

MT: Bei Trachten spielt Identität eine genauso große Rolle wie Tradition. Sie sind stolz und wundervoll. In den meisten Ländern ist das Konzept einer Nationaltracht oder einer

Kleidung, die einzigartig und typisch nur für eine Gegend ist, in Vergessenheit geraten, und ich glaube, das ist ein unterschätzter Verlust. Doch Bereiche, in denen diese Dinge bis heute überleben, sind die offiziellen militärischen Uniformen und traditionelle Sportarten. Schau dir mal dieses Bild eines Jägers an. Dank der Jagd ist in England eine außergewöhnliche Schneidertradition entstanden. Es ist ein Schneiderhandwerk, das auf eine bestimmte Sportart abgestimmt ist, aber auch seine eigenen Exzentrizitäten aufweist. Bei der Berkeley-Jagd wird Gelb getragen. Jeder assoziiert Jagen mit roten Jacken, einer Farbe, die die Engländer aus irgendwelchen verrückten Gründen „pink" nennen. Das Berkeley-Gelb ändert sich nie, doch innerhalb der gesamten Tradition von Jagdkleidung fällt es durch seinen einzigartigen Chic und seine außergewöhnliche Eleganz auf. In der romanischen Kultur entspricht dem die erstaunliche Kleidung der Stierkämpfer, ein Phänomen, das ich im Laufe der Jahre, wann immer ich dazu die Gelegenheit hatte, fortwährend fotografiert habe.

PK: Ich glaube, da gibt es etwas, was dich fasziniert, dass es nämlich innerhalb der Traditionen von Festkleidung oder volkstümlichen Kostümen oder der Kleidung der Stierkämpfer eine Akzeptanz von etwas gibt, das ansonsten für das Alltagsleben als zu extrem angesehen wird. Ich würde das mit deinem Interesse an Grenzen in Zusammenhang stellen, auch mit deinem Leitthema der Freiheit und ihrer

Wichtigkeit. Sowohl die Jagd wie auch die Corrida betonen und feiern den sich offenbarenden Körper in zugespitzter Form. Ich vermute, würde irgendjemand auf der Straße so viel von sich preisgeben, wie das ein Stierkämpfer in der Arena tut, würde man das für ungeheuerlich halten oder die Person festnehmen.

MT: Nicht in Rio! Akzeptierte Traditionen dieser Art gibt es in allen Kulturen, und genau aus diesem Grunde habe ich sie oft fotografiert. Bei diesen drei Männern auf der Straße in Rio geht es in gewisser Weise um genau

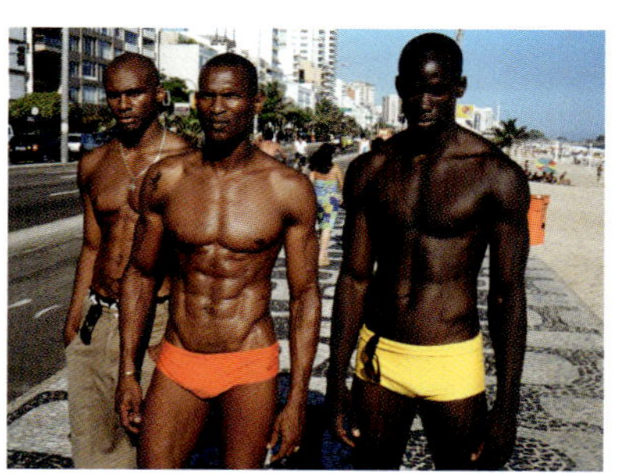

TAIGUARA NAZARETH,
VANDERLEI SACRAMENTO & LUIZ
ROQUE, RIO DE JANEIRO, 2001

dasselbe. Diese winzigen Badehosen und der offensichtliche Stolz der Männer auf ihre Körper stellen, in moderner Hinsicht, eine Art von Nationalkostüm dar. Aber genau wie die Kleidung des Stierkämpfers und des Jägers dem, was sie tun, angemessen ist, kam es zu diesen winzigen Badehosen, weil es dort so heiß ist, dass es praktischer ist, so wenig Kleidung zu tragen wie möglich. Ich habe in Rio versucht, normale Surfshorts zu tragen. Das ist einfach extrem unbequem.

PK: Genau wie das Klima ist ja auch das Geld ein Aspekt. Hat man einen tollen Körper, braucht man in einer heißen Stadt kaum Geld für Kleidung auszugeben. Ich nehme an, dass elegante Mode aus diesem Grunde in New York, Mailand, Paris und London floriert, den vielleicht kältesten, grauesten, feuchtesten und reichsten Städten der Welt. Aber wie üblich sprechen wir gerade wieder über einen offensichtlichen Widerspruch, über die Spannung zwischen der Oberfläche und dem Unterschwelligen.

MT: Ich muss gestehen, die Vorstellung, mit dem Unterschwelligen zu arbeiten, war mir schon immer sympathisch, auch wenn mein Instinkt zuerst auf Eleganz aus ist. Aber ich mag es nicht, wenn augenscheinliche Eleganz der Ausgangspunkt eines Bildes sein soll, denn das ist potenziell langweilig. Eleganz auf eine unvorhersehbare Weise zu entdecken ist interessanter. Vor einer Weile meinte eine Redakteurin zu mir: „Selbst wenn wir Ihnen etwas Trashiges geben, verwandeln Sie das in Couture." Ich bin mir nicht sicher, ob sie das als Kompliment gemeint hat, aber für mich war es eines! Ich glaube, in jeder Art von Kleidung steckt ein Potenzial von Eleganz. Eleganz kann es an Orten geben, an denen man sie am wenigsten erwartet. Um ein Beispiel zu geben: Ich bin nicht dazu erzogen worden, einen weißen Anzug mit einer gepunkteten Krawatte zu tragen, dazu ein großes rotes Tuch in der Tasche und überall Diamanten. Das ist nicht unbedingt meine persönliche Vorstellung von Chic, aber dass so etwas bei der entsprechenden Person und im richtigen Moment zum elegantesten Aspekt eines Bildes werden kann, das gefällt mir.

PK: Und mit dem entsprechenden Körper. In diesen Bildern ist eine Entwicklung zu erkennen, vom Körperideal der 1980er-Jahre, als man in der Mode damit begann, das Muskulöse zu schätzen und offen anzupreisen (ein amerikanischer Beitrag, wie ich denke), bis hin zur unmittelbar darauffolgenden Reaktion, bei der das Nerdige, das Magere und Schmale, die Punk-Antworten aus Berlin und London aufkamen, und dann geht's weiter zum modernen Körper mit seiner überbetonten Muskulatur und einer idealisierten, schlanken Silhouette, die beides kombiniert …

MT: In diesem Buch, finde ich, geht es viel um den Körper. Wir alle mögen den idealen Körper eines Mannes und den idealen Körper einer Frau, wenn wir ihn entdecken. Jeder kennt diesen Moment an einem Strand oder auf der Straße, wenn man einen Engel vorbeigehen sieht. Ich bin in der unglaublich glücklichen Lage, einen Schritt weiter gehen zu können und solche außergewöhnlichen Menschen fotografieren zu können. Für die meisten von uns, und das kenne ich von mir, ist es sehr, sehr schwierig oder unmöglich, eine solche körperliche Perfektion in uns selbst zu finden. Man kann das ganze Jahr über tagtäglich seinen Körper trainieren, aber wenn man das Rohmaterial nicht in den Genen hat, wird die absolute Perfektion nie erreicht. Das Verrückteste ist, dass die körperlich schönsten Menschen, die ich kenne, gar nicht so viel dafür tun müssen. Ab und zu müssen sie mal ein bisschen an sich arbeiten, aber nicht wie wir und alle anderen. Doch Ungerechtigkeit ist nun mal Teil unseres Lebens, körperliche Perfektion ist nur ein Aspekt davon.

PK: Und natürlich vergeht Schönheit, das sorgt letztendlich wohl für ein bisschen mehr Gerechtigkeit. Ich stelle es mir unglaublich schwierig vor, die Macht einer Schönheit, die jemand in extremem Maße zuteilworden ist, aufgeben zu müssen, so sie denn mit der Zeit genommen wird. Und es ist eine echte Charakterprobe, wie derjenige damit umgeht. Ich vermute, genau deshalb ist es so bereichernd und anrührend, diesen Gipfel der Attraktivität einzufangen, solange er währt, vor allem in einer Fotografie, die wir ja stets, selbst wenn wir wissen, dass sie retuschiert wurde, für einen physischen Beweis halten.

MT: Ich retuschiere nur das, was ich in einem Bild ablenkend finde. Ich würde, um den Schwerpunkt hinzubekommen, den ich in einem Bild haben will, genau wie den Körper einer Person wohl auch die Möbel im Hintergrund retuschieren. Das kann Linien wie natürlich auch Falten betreffen, aber nicht, um zu lügen. Sondern nur um die Wirkung eines Bildes zu intensivieren.

PK: Und um eine intensive Empfindung von Eleganz und Chic zu erzeugen. Dieser Chic kann Sexualität mit einbeziehen, nicht wahr? Ich finde, in deinen Bildern wird, obgleich sie oft erotisch aufgeladen sind, sexuelle Vulgarität stets vermieden. Ich habe den Eindruck, dass du eine interessante Art von Distanz zwischen dir und dem, was in den Bildern steckt, kultivierst.

MT: Sex interessiert mich offensichtlich! Natürlich. Aber ich finde, er sollte nur ein gleichwertiges Element vieler unterschiedlicher Aspekte eines Bildes sein. Ich mag Sinnlichkeit und ein gewisses Geheimnis in der Sexualität, etwas Verlockendes und Andeutendes. An eindeutig pornografischen Bildern bin ich nicht interessiert … Solche Bilder sind nur da, um etwas zu Ende zu bringen, eine Erregung oder wie auch immer man das nennen mag, und das hat nichts mit den Zielsetzungen meiner Arbeiten zu tun. Viel mehr interessiert es mich, ein Bild zu gestalten, das viele erotische Möglichkeiten nahelegt. Ich glaube, das ist es, was einem Bild im Kopf des Betrachters zu einem längeren Leben verhilft. Letztendlich ist es, wie ich meine, interessanter, mit einem Bild jemandes Neugier zu erwecken, als den Betrachter sexuell zu erregen.

PK: Was, wie ich vermute, der Grund für eine gewisse Zahl deiner Bilder von Männern ist, die mit der Geschlechterrolle spielen?

MT: Ich denke, man könnte dieses ganze Buch als eine Art Gespräch über Neugier und

Freiheit mit meiner Kamera sehen. Ich finde, wir sollten alle offen dafür sein, uns Dinge vorzustellen, die jenseits des Gewöhnlichen und Alltäglichen liegen. Deshalb ist Araki hier in einem Porträt und als Inspiration dabei. Wie Mapplethorpe oder Newton und andere hatte er den Mut, Themen anzugehen, die eindeutig Teil der menschlichen Fantasie sind und die zum ersten Mal auf eine persönliche und unwiderstehliche Weise sichtbar gemacht werden. Man kann dies ablehnen oder akzeptieren, doch man kommt nicht umhin, die Qualität, in der diese Bilder ausgeführt wurden, anzuerkennen. Dazu gehört nicht nur Mut, sondern auch eine Menge harter Arbeit.

PK: Dieses Buch ist auch voller Bilder von Männern, die im Hinblick auf die Herausbildung ihrer eigenen Identität und, damit verbunden, in einem gewissen Maße auch die Neudefinition ihrer Männlichkeit in aller Öffentlichkeit ganz bewusst Mut aufgebracht haben. David Bowie, Mick Jagger, Andy Warhol und sogar David Beckham zum Beispiel.

MT: David Bowie war in meiner Jugend eine ganz entscheidende Figur. In Peru war es in einer sehr konventionellen Gesellschaft schwierig, sich als unkonventionelle Persönlichkeit darzustellen. Die Art und Weise, in der Bowie diese faszinierenden neuen Vorstellungen darbot, wie ein Mann noch sein kann, ohne je die Wirkung seiner Männlichkeit einzubüßen, hat mich sehr beeindruckt. Mir wurde dabei klar, dass man ein Risiko auf sich nehmen muss, seinem Selbst treu zu bleiben, auch wenn andere Leute das bedrohlich oder irritierend finden mögen. Und David Beckhams Haltung seinem eigenen Aussehen und seinem Körper gegenüber, sein furchtloser Mut, interessante Kleidung und seine Tattoos zur Schau zu tragen, hatten, wie ich finde, auf andere Weise einen enormen Einfluss darauf, was Männer im Allgemeinen im Hinblick auf ihre Kleidung empfinden, wer sie sein und wie sie sich darstellen können. Ich stelle das mal in einen anderen Zusammenhang, zum Beispiel in Bezug auf das, was ich fühle, wenn ich ein zeitgenössisches Kunstwerk, das ich als schwierig oder fremdartig empfinde, zum ersten Mal sehe. Sehr oft geht mir gerade ein solches Werk nicht aus dem Kopf, oder es hat seine Bedeutung, eben weil es über all das hinausgeht, was man zu akzeptieren bereit ist. Und unter diesem Gesichtspunkt sind vielleicht gerade die am wenigsten offenkundig attraktiven Bilder in diesem Buch die interessantesten, provokantesten und nützlichsten.

PATRICK KINMONTH : Cela doit faire des années que nous discutons tous les deux d'un livre de vos photos masculines. Nous avons même commencé plusieurs projets sans qu'ils aboutissent jamais. Cette fois, il semblerait que nous convenons tous les deux qu'il est temps de se pencher sur cet aspect de votre travail et de le présenter comme une catégorie à part entière. Je me demande pourquoi maintenant.

MARIO TESTINO : C'est vrai. Peut-être ne me sentais-je pas prêt. Qui sait ? J'avais l'impression de ne pas avoir suffisamment exploré toutes les possibilités du sujet, ou de ne pas m'être encore pleinement exprimé sur certains de ses aspects. Quoi qu'il en soit, chaque fois que nous en avons discuté, mon instinct me disait d'attendre. Aujourd'hui, je dois avoir dans mes archives des centaines de photos d'hommes, ou plutôt des milliers. Sans doute fallait-il laisser passer du temps avant

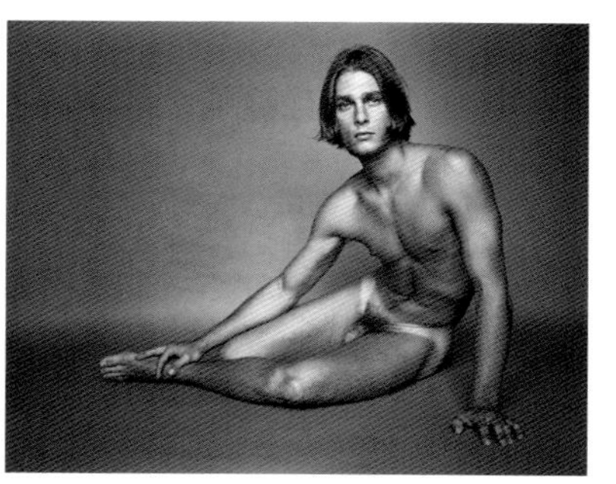

GABRIEL HILL,
PARIS, 1994

d'avoir la distance critique nécessaire pour les éditer. J'ai moi-même été surpris par la variété des portraits masculins que j'ai réalisés au cours des trente dernières années. En outre, la manière dont les hommes sont représentés en photographie et dans la mode a changé au fil des ans, comme le regard des hommes sur leur propre image. C'est un sujet qui suscite désormais l'intérêt. L'image de l'homme, le style personnel de chacun, les changements d'attitudes vis-à-vis du visage et du corps masculins : j'ai l'impression que les hommes scrutent aujourd'hui les hommes de la même

manière que les femmes scrutent depuis longtemps les femmes.

PK : C'est une situation assez nouvelle, même si, dès le début de votre carrière, vous avez photographié des hommes sous toutes les coutures. Quand on examine l'incroyable variété des clichés parmi lesquels nous avons dû choisir, plusieurs thèmes se détachent. Cela fait de ce livre un voyage visuel dynamique au cours duquel se définissent des différences conceptuelles entre les images.

MT : En effet. Ce projet examine ce qui constitue l'allure d'un homme, en général et en particulier. Mon travail consiste à faire ressortir ce qu'il y a de plus beau chez les hommes et chez les femmes. En tout cas, c'est ce que je m'efforce de faire.

PK : Cependant, dans le livre, on voit apparaître un autre aspect. Des images privées et inédites sont mises sur le même plan que des photos publiées. Parfois, des images devenues très célèbres, comme les portraits de David Gandy à Capri, sont placées à côté d'autres que nous avons trouvées en fouillant dans des clichés que vous aviez pris pour vous au cours du projet, même si vous ignoriez alors la forme que prendrait le livre.

MT : Je ne fais pas vraiment de différence entre une image privée et une commande. Elles peuvent avoir autant d'impact à leur façon. Dans le livre, elles prennent une nouvelle vie. J'ai choisi de n'y mettre que des photos qui avaient une qualité propre. Je trouve intéressant de faire cohabiter des images réalisées pour une marque avec toute une équipe de collaborateurs et d'assistants et des photos d'un ami prises chez moi avec un petit appareil photo alors que nous n'étions que tous les deux. À partir du moment où chacune se suffit à elle-même, ça me va. Comme vous le savez, j'ai commencé à faire des portraits et des nus dans les années 1980, peu après m'être lancé dans la photographie. J'expérimentais, utilisant la lumière naturelle à la fin de mes journées de travail. J'ai continué à travailler sur ce sujet régulièrement, tant dans mes commandes que dans mes projets privés. J'ai toujours réalisé ces derniers en parallèle avec mon travail plus sophistiqué en studio ou en extérieur, et c'est ainsi que j'ai décidé de les présenter. Cela me paraît juste, non ?

PK : À mes yeux, ces premières séries de photos sont comme votre carnet d'esquisses. Vous étiez résolu à maîtriser votre art et à comprendre comment utiliser la lumière, ce qui, naturellement, est fondamental pour un photographe. Après tout, « photographier » signifie « dessiner avec la lumière ». Vous appreniez à dessiner de A à Z. Quand tout le monde était ravi de rentrer chez soi après une longue journée de travail, vous installiez votre appareil près de la fenêtre et réalisiez des études académiques sur la forme et la lumière. Vous tapissiez les vitres avec du papier que vous perforiez pour éclairer votre sujet. Certaines photographies que vous avez réalisées de cette manière me rappellent les nus académiques du XIXe siècle, en dessin

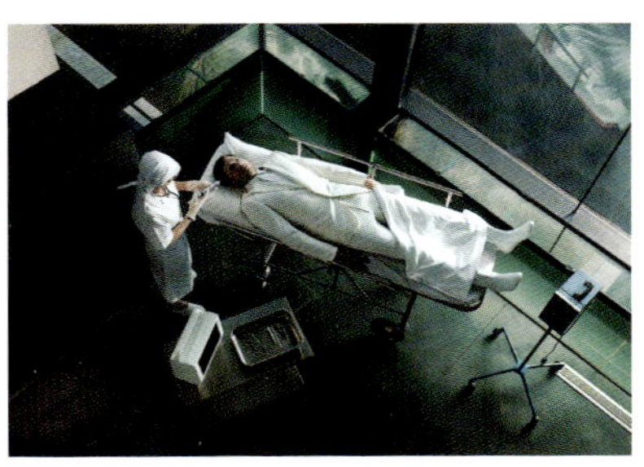

et en peinture, ainsi que les premières études photographiques de nu. Cependant, même s'il s'agit d'exercices techniques, ils capturent un aspect de la personnalité du modèle, ce qui n'apparaissait généralement pas dans les peintures académiques. Ces premières photographies demeurent parmi mes préférées. L'autre détail qui me frappe en les regardant, c'est qu'on y trouve déjà ce qui fera la force de votre travail plus tard : un souci de l'élégance s'exprimant en termes modernes mais avec la volonté d'exprimer un sentiment d'immédiateté.

Un peu votre signature, en somme.

MT : À mes débuts, je manquais d'assurance, naturellement. Il faut bien commencer quelque part ! J'avais besoin d'être sûr de moi, surtout après m'être rendu compte qu'on transmet ses doutes à toutes les personnes présentes dans la pièce et surtout à celle que l'on photographie. Toute personne placée devant un objectif est extrêmement vulnérable. Si, vous aussi, vous êtes mal à l'aise, elle s'inquiète, se tend et cela se voit à l'image. Il faut l'éviter à tout prix. Je me suis donc attaché à rendre l'atmosphère dans le studio la plus légère possible, indépendamment de ce que je ressentais. Lorsque être photographié devient une expérience agréable, on se détend, on est mieux disposé à expérimenter, et cela multiplie les possibilités d'obtenir un résultat unique. À mesure que j'ai pris de l'assurance, c'est devenu une partie essentielle de ma façon de travailler. L'effet est cumulatif. La lumière est également d'une importance vitale. Quand elle est naturellement belle, c'est comme si la magie était de votre côté. Quand elle n'est pas bonne, il faut parfois des heures pour la créer artificiellement.

PK : Pour avoir travaillé avec vous, je sais que, même quand l'image paraît spontanée, le moindre détail a été soigneusement réfléchi, de la conception du projet à sa réalisation.

MT : Pour que l'atmosphère soit détendue, il faut qu'il y ait un plan A. En outre, chaque détail doit étayer l'histoire que raconte l'image. Quand vous disposez de peu de temps pour obtenir un résultat dans la journée, vous ne voulez pas en perdre en vous mettant soudain à chercher désespérément quelque chose. Naturellement, vous pouvez toujours changer le plan en cours de route et cela m'arrive souvent. Chaque image est déterminée par la manière dont mon modèle apparaît lorsque je colle mon œil devant le viseur. Tantôt vous voulez souligner la mise impeccable du sujet et tous les détails de la composition doivent soutenir cette notion. Tantôt vous voulez créer une impression de désordre comme, par exemple, quand vous photographiez un sujet comme s'il était seul dans une chambre (sans moi et toute une équipe de stylistes et de maquilleurs tout autour). C'est pourquoi j'organise et je planifie tout avant et pendant la prise de vue. Quand je travaille, je suis comme un scanneur, m'assurant que tout ce qui se trouve dans le plan ajoute à l'image au lieu de détourner l'attention, même si rien dans le décor ne trahit une

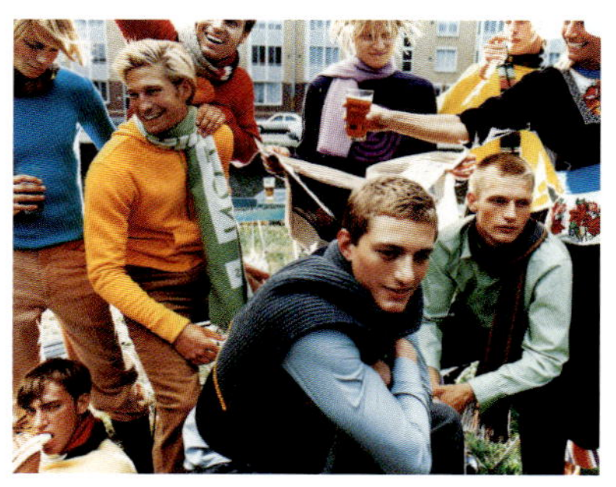

intervention extérieure. Cela peut déterminer le choix d'un simple papier blanc ou d'un mur en arrière-plan. Prenons par exemple ce portrait de Josh Hartnett. J'ai pensé que de le montrer avec du rouge à lèvres créerait une image très puissante. Elle montre qu'il est suffisamment à l'aise avec sa masculinité pour le faire. Quand je le lui ai proposé, il a tout de suite accepté, en ajoutant : « Dans ce cas, allons jusqu'au bout. » Nous lui avons donc également maquillé les yeux. Voici un autre exemple totalement différent : Ashton Kutcher est allongé sur un lit d'hôpital pendant qu'une étrange infirmière prépare une sorte d'intervention chirurgicale. Tout a été construit. Nous avons créé le décor dans une maison de Los Angeles. Nous avons fait un casting pour trouver l'infirmière, puis nous lui avons cherché une tenue ainsi qu'une table de bloc opératoire. C'est une scène à la fois très intime et totalement fantasmée, comme un film privé. Elle me paraît très révélatrice de la personnalité d'Ashton : un homme prêt à s'intégrer dans l'esprit d'un scénario et à conduire la situation au-delà des limites conventionnelles. Parallèlement, l'image finale dégage une forme particulière d'intimité, comme si nous participions à ce moment privé, aussi surréaliste soit-il. Ashton et Josh sont des acteurs extraordinaires, capables de donner la sensation que cette situation créée de toutes pièces est réelle. Cela fait partie de leur talent et de leur allure. Je tente toujours de faire en sorte que celui qui regarde mes images ait l'impression d'une grande proximité avec le sujet, comme s'il se trouvait là, seul avec cette personne hors du commun.

PK : En effet, on a l'impression que vous ouvrez une porte et nous laissez entrer, même quand vous travaillez dans un studio ou sur un plateau.

MT : Avec les acteurs, je préfère inventer un scénario. Cela vaut mieux pour eux car ils n'ont pas, et ne devraient sans doute pas avoir, le savoir-faire d'un mannequin qui a appris à mettre toujours le vêtement en valeur, à bouger et à prendre des poses qui rendent beau tout ce qu'il porte. C'est un vrai métier et un travail de collaboration avec le photographe, sans être de l'art dramatique. Lorsque le modèle est un acteur célèbre, les images tiennent plus du portrait que de la photo de mode, ou, plutôt, il s'agit d'une combinaison des deux. Ce sont des portraits avec un sens du style très développé.

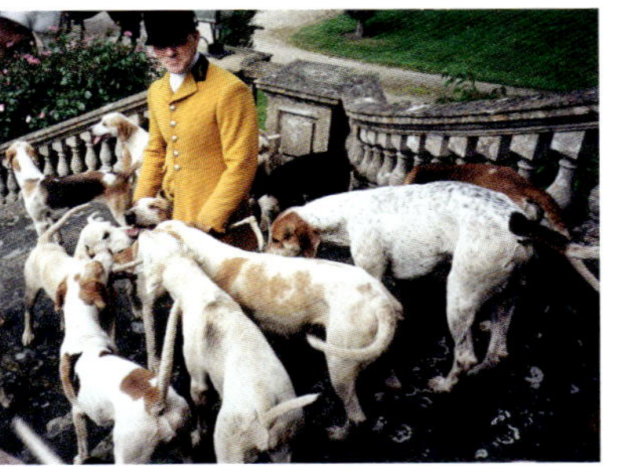

LONDRES, 2004

PK : Depuis que vous avez commencé dans le métier, nous avons assisté à un changement dans l'importance que revêt l'identité du sujet. Les premiers temps, les hommes sur les photos étaient souvent totalement anonymes, comme sur les photos de mode féminines. Aujourd'hui, leur nom, leur statut, leur profession sont souvent mis en avant. Cela coïncide avec votre talent pour créer des situations qui expriment quelque chose de spécifique sur la personnalité du modèle. Quand vous photographiez une célébrité, qu'il s'agisse d'un acteur ou d'un mannequin, vos photos sont plutôt des portraits.

MT : Sur une échelle mobile, il existe de nombreuses sortes d'images. En voici un autre exemple : un groupe d'hommes dont aucun n'est connu individuellement, mais qui, mis ensemble, expriment d'une manière unique et forte une certaine forme de masculinité. Dans le cas présent, il s'agit de la blondeur des Hollandais. C'est un jeu sur les clichés qu'on peut avoir à l'esprit sur certains endroits. Je l'ai exagéré en y mettant une qualité ludique. J'aime insuffler ce genre d'humour dans une photo.

PK : Vous avez créé ici une sorte de réalité augmentée. Je retrouve ça souvent dans votre travail. Il s'agit de choix visuels très forts. La couleur, la composition, l'attitude, le style, chaque élément est déterminant. Dans ce cas particulier, j'y vois aussi de l'ironie et un jeu sur le goût. Jouer avec les conventions et le goût d'une manière élaborée est devenu indissociable du métier de photographe moderne, surtout aujourd'hui, où il est difficile, voire impossible, de ne pas jouer avec les références alors que l'histoire de la photographie est dans toutes les consciences. Il fut un temps où il suffisait que les photographes s'efforcent de réaliser les images les plus belles possible pour innover.

MT : Dans la mode, la beauté doit être avant-gardiste. Ce jeu avec les limites du mauvais goût, une possibilité parmi tant d'autres, est très revigorant. Au fil des ans, nous accumulons beaucoup d'idées reçues et d'attentes standardisées, notamment sur ce qui est censé être « de bon goût » et « masculin ». Nous devons veiller à ne pas nous laisser dominer par ces critères étroits et limitatifs. Cela ne signifie pas que je n'admire pas la tradition et l'histoire. En fait, j'aime les deux.

PK: Afin de pouvoir apprécier le chaos ou la révolution, il faut une tradition, des normes que l'on puisse comparer et contre lesquelles réagir. C'est sans doute pourquoi vous avez passé autant de temps en Angleterre.

MT : En effet, c'est un pays où la tradition occupe une très grande place dans la culture et où, pourtant, l'individualité et l'inventivité prospèrent. Je trouve fascinant que les Britanniques soient si conventionnels sur certains plans alors que Londres est l'une des villes les plus composites et dynamiques du monde. J'ai débarqué à Londres depuis le Pérou par un hasard heureux et c'est là que j'ai commencé ma carrière de photographe. Avec le recul, c'était le choix idéal. Londres est un état d'esprit. Toutes ces notions d'identité et de culture sont étroitement liées à la manière dont je photographie les hommes. Pas uniquement en Angleterre, bien sûr, mais elles influencent mes images d'hommes en général, où que je sois.

PK : Pourtant, quand vous êtes arrivé à Londres pour la première fois, vous ne pouviez pas savoir comment ces traditions culturelles influeraient sur votre travail de photographe.

MT : Non, bien sûr, c'est venu avec le temps. J'étais attiré par l'œuvre de Cecil Beaton et celle de Madame Yevonde, deux photographes qui théâtralisaient le présent dans leurs images. J'ai beaucoup appris en regardant leurs photos. Dans mon travail en général, j'aime engager une conversation avec la tradition ; c'est très enrichissant. C'est également inévitable. J'aime quand le nouveau se mélange avec l'ancien, l'underground avec l'élégance, superposer la haute et la basse culture. C'est ce qui met du piment dans la vie. Je m'efforce de rassembler tous ces éléments et d'y

ajouter une dose égale de sensualité et même de sexualité. Comme vous le savez, j'ai grandi avec au Pérou, tout comme les Britanniques ont grandi avec le thé, le multiculturalisme et la famille royale.

PK : À propos de cette conversation que vous entretenez avec la tradition, je trouve intéressante cette interaction fréquente entre le costume traditionnel ou l'uniforme (en tant que distinct du vêtement) et la mode dans votre travail.

MT : J'ai toujours été passionné par le costume, surtout venant du Pérou où il joue un rôle aussi important dans la culture folklorique. Les couleurs extraordinaires et les coupes des vêtements traditionnels sont aussi audacieuses et raffinées que ce que l'on voit dans la haute couture parisienne. C'est pourquoi j'ai intitulé Alta Moda mes recherches récentes sur le costume péruvien. J'ai photographié les tenues superbes et d'une très haute qualité que l'on voit dans les montagnes. Je trouve également fascinant que les costumes des hommes soient aussi sophistiqués que ceux des femmes.

PK : Quand on regarde ces costumes, on ne voit pas pourquoi les femmes auraient le droit de porter des couleurs et des textures, et pas les hommes. Cela nous vient probablement du XIXe siècle, quand les gens s'habillaient pour définir leur rôle : l'homme s'habillait sobrement en tant que gagne-pain de la famille et preneur de décisions importantes, tandis que la femme se pomponnait comme un objet décoratif avec des crinolines peu pratiques. La culture paysanne n'a jamais adhéré à ces principes. Le rock'n'roll a redéfini en grande partie cette tradition à la fin du XXe siècle.

MT : Le costume est autant une question d'identité que de tradition. Il est fier et merveilleux. Dans la plupart des pays, le concept d'un vêtement national ou d'un vêtement propre à une région a disparu et je trouve qu'on sous-estime l'importance d'une telle perte. Les rares domaines où cela existe encore sont l'armée et les sports. Regardez cette photo d'un chasseur. La chasse a produit en Angleterre une remarquable tradition de l'habillement. Bien qu'il s'agisse de tenues adaptées à un sport particulier, elles ne sont pas sans excentricité. Pour la Berkeley Hunt, par exemple, les cavaliers portent du jaune. Tout le monde associe la chasse à courre aux vestes rouges que, pour une raison étrange, les Anglais qualifient de « roses ». Le jaune de Berkeley est immuable. Il a un chic unique au sein de la tradition de vêtements de chasse à courre et il est incroyablement élégant. Dans la culture latine, son pendant est l'habit de lumière des toreros, que j'ai photographié régulièrement au fil des ans dès que j'en ai eu l'occasion.

PK : Je crois que ce qui vous attire, c'est que, à travers la tradition des costumes de festival, des tenues folkloriques ou des habits de toreros, on accepte une excentricité qui serait considérée comme trop extrême dans la vie quotidienne. Je l'associe à votre intérêt pour les limites et à l'importance du thème sous-jacent de la liberté dans votre travail. La chasse à courre et la corrida légitiment et valorisent une mise en avant exagérée du corps. Si une personne dans la rue dévoilait autant de son anatomie qu'un torero dans l'arène, elle serait probablement arrêtée pour outrage à la pudeur.

MT : Pas à Rio ! Il existe des traditions acceptées de ce genre dans toutes les cultures et je les photographie pour cette raison. Ces trois hommes dans la rue à Rio en sont un exemple. Leur minuscule slip de bain et leur corps qu'ils exhibent avec une fierté évidente sont une forme de costume national moderne. Comme les tenues des chasseurs et des toreros sont adaptées à leurs activités respectives, ces petits maillots de bain se justifient parce qu'il fait tellement chaud qu'on porte le moins de vêtements possible. J'ai essayé de porter des shorts de surfeur à Rio et ils sont très inconfortables.

PK : À la question du climat s'ajoute également une question économique. Quand vous avez un corps superbe et vivez dans un pays chaud, vous n'avez pas besoin de claquer votre argent dans des vêtements. C'est sans doute pourquoi la mode élégante prospère à New York, Milan, Paris et Londres, sans doute les villes les plus froides, grises, pluvieuses et riches du monde. Comme toujours, nous nous retrouvons à discuter d'une contradiction apparente, de la tension entre la surface et le niveau sous-jacent.

MT : J'ai toujours aimé jouer avec le niveau sous-jacent, même si ma première impulsion est d'opter pour l'élégance. Toutefois, quand je conçois une image, je n'aime pas partir d'une élégance évidente parce que ce peut être potentiellement ennuyeux. Je trouve plus intéressant de la chercher là où on ne l'attend pas. Une rédactrice en chef m'a dit un jour : « Même quand on vous donne du trash, vous le transformez en couture. » Je ne suis pas sûre qu'elle l'ait entendu comme un compliment,

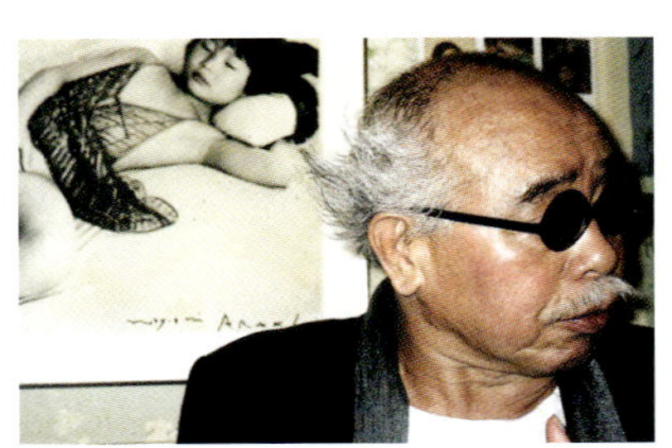

NOBUYOSHI ARAKI.
TOKYO, 2012

mais moi si ! Je crois possible d'élever n'importe quel type de vêtement vers une forme d'élégance. Celle-ci peut se trouver dans les endroits les plus inattendus. Par exemple, porter un costume blanc avec une cravate à pois, une immense pochette rouge et des diamants partout ne fait pas partie de mon éducation. Ce n'est pas nécessairement ma conception du chic, mais cela peut devenir la tenue la plus élégante sur une image de la bonne personne prise au bon moment.

PK : Et sur le bon corps. Dans votre travail, on observe une évolution depuis le look des années 1980, quand la mode a commencé à exalter le corps bodybuildé (une contribution américaine, il me semble), puis à son contre-pied avec l'apparition du nerd, ou du corps svelte et longiligne, la réponse punk de Berlin et de Londres, et enfin au corps moderne avec une musculature très dessinée et une silhouette élancée idéalisée qui combine les deux.

MT : Le corps est très présent dans ce livre. Nous apprécions tous le corps idéal masculin ou féminin quand nous le voyons. Tout le monde connaît ce moment de grâce quand passe, sur une plage ou dans la rue, une créature de rêve. J'ai l'immense chance de pouvoir aller plus loin et de photographier ces gens exceptionnels. Pour la plupart d'entre nous, et je suis bien placé pour le savoir, il est très difficile ou impossible de trouver cette perfection physique en nous-mêmes. Vous pouvez travailler

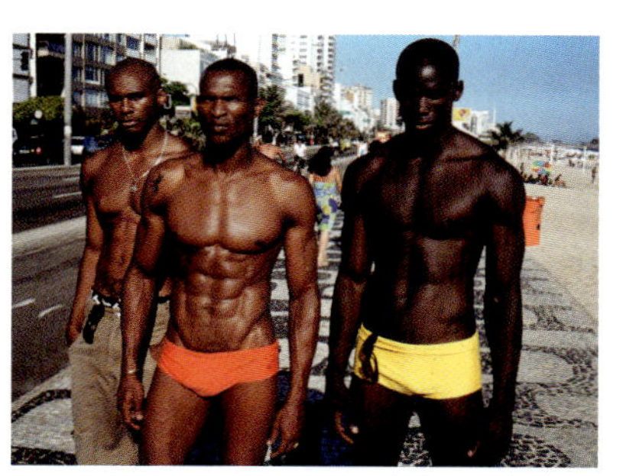

sur votre corps tous les jours de l'année, vous n'obtiendrez jamais la perfection absolue si vous n'avez pas les gènes qu'il faut. Le plus enrageant, c'est que la plupart des gens physiquement très beaux que je connais n'ont pas besoin de faire beaucoup d'efforts. Ils s'entretiennent un peu, certes, mais pas comme le reste d'entre nous. L'injustice fait partie de la vie et la perfection physique n'en est qu'un aspect.

PK : Toutefois, elle finit par passer, ce qui est sans doute une forme de justice. J'imagine qu'il est extrêmement difficile de renoncer au grand pouvoir de la beauté quand le temps vous l'enlève. La manière dont on le vit dépend de la personnalité de chacun. C'est sans doute pourquoi il est si gratifiant et émouvant de capturer le summum de la beauté quand elle est là, surtout sur une photographie. Nous la considérons comme preuve physique même quand nous savons que l'image a été retouchée.

MT : Je ne retouche mes photos que pour ôter un détail qui m'apparaît comme détournant l'attention. Je peux aussi bien retoucher un meuble en arrière-plan qu'un corps, afin de créer la cohérence que je recherche. Cela peut naturellement inclure la silhouette et les rides, mais pas pour mentir, uniquement pour augmenter l'impact de l'image.

PK : Et pour créer une puissante impression d'élégance et de chic. Le chic peut inclure la sexualité, n'est-ce pas ? Vos images, bien que souvent érotiquement chargées, évitent toujours la vulgarité. Je trouve intéressante cette distance que vous cultivez entre vous et ce qu'il y a dans l'image.

MT : Le sexe m'intéresse, naturellement ! Mais j'estime qu'il ne doit constituer qu'une partie des nombreux aspects de l'image. J'aime la sensualité et un certain mystère dans la sexualité, à la fois évocateur et émoustillant. Je ne m'intéresse pas à l'image pornographique. Celle-ci ne sert qu'un seul but : mettre fin à quelque chose, à l'excitation ou appelez-le comme vous voudrez. Cela n'a rien à voir avec l'objectif de mon travail. Je cherche plutôt à créer une image qui suggère de nombreuses possibilités érotiques. Elle demeure ainsi plus longtemps dans l'esprit de celui qui la regarde. Au bout du compte, exciter la curiosité de quelqu'un est plus intéressant que l'exciter sexuellement avec une photo.

PK : Ce qui explique sans doute que vous jouiez assez souvent avec le travestissement dans vos images masculines ?

MT : Tout le livre pourrait être considéré comme une conversation avec mon appareil photo sur la curiosité et la liberté. Je trouve que nous devrions tous être prêts à nous projeter hors de l'ordinaire et du quotidien. C'est pourquoi il y a là un portrait d'Araki. Il est pour moi une source d'inspiration, comme Mapplethorpe, Newton et les autres qui ont eu le courage d'aborder des sujets faisant clairement partie de l'imaginaire humain et qu'ils ont rendus visibles d'une manière personnelle et attirante pour la première fois. On peut rejeter ou accepter leur travail, mais on est obligé de reconnaître la qualité et la perfection de leurs

images. Cela ne demande pas seulement du courage mais aussi beaucoup de travail.

PK : Le livre est rempli d'images d'hommes qui font également preuve d'un certain courage en imposant leur propre identité, ce qui, dans une certaine mesure, implique de redéfinir sa masculinité, comme David Bowie, Mick Jagger, Andy Warhol, ou même David Beckham.

MT : David Bowie fut une figure fondamentale de mon adolescence. Au Pérou, il est difficile d'exprimer une personnalité non conventionnelle dans une société très conventionnelle. La manière dont Bowie proposait ses incroyables idées sur tout ce qu'un homme pouvait être sans jamais se départir de sa masculinité m'a beaucoup impressionné. Il m'a fait comprendre qu'il faut risquer d'être soi-même, même si les autres vous perçoivent comme menaçant ou irritant. Dans un autre registre, l'attitude de David Beckham vis-à-vis de son propre physique et de son corps, son audace vestimentaire et ses tatouages ont eu un impact considérable sur la manière dont les hommes en général pensent à ce qu'ils portent, à ce qu'ils pourraient être et à l'image qu'ils projettent. J'associe cette réaction à ce que je ressens quand je vois pour la première fois une œuvre d'art contemporaine qui m'apparaît absconse ou étrangère. C'est souvent précisément cette œuvre qui me reste à l'esprit ou qui est importante, car elle se situe juste au-delà de ce que vous êtes prêt à accepter. En suivant ce même principe, ce sont peut-être les images qui paraissent les moins attirantes au premier abord qui sont les plus intéressantes, provocantes et utiles.

Sir, thoroughly Sir,
from head to toe

Ein Sir, von Kopf bis
Fuss ein Sir

Un « Sir » sous toutes
les coutures

Pierre Borhan

SIR

MARIO TESTINO

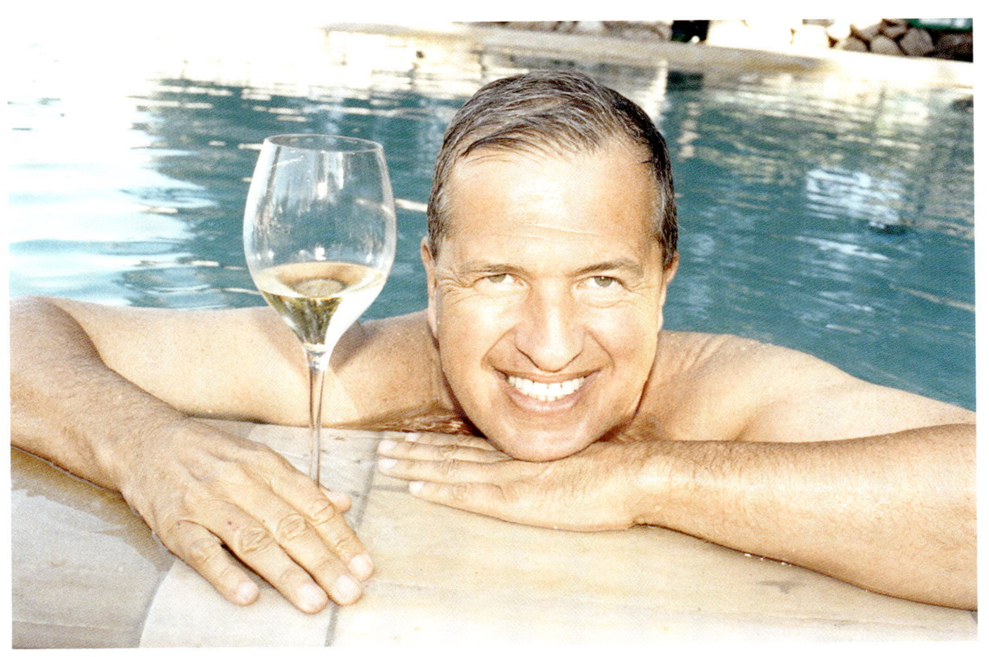

Juergen Teller, Mario in Pool, Hotel Il Pellicano, Porto Ercole, Italy, 2009

Extravagant fashion shoots in far-flung locations with the hottest models for magazines such as *Vogue, Vanity Fair, GQ, VMAN*, celebrated fashion houses and top global brands (Burberry, Dolce & Gabbana, Calvin Klein, Versace, Gucci); bewitching portraits of cinema stars and other jet-set celebrities printed on glossy paper to inflame the fantasies of men and women alike; books meticulously produced by international publishers such as Phaidon, Bulfinch Press and TASCHEN; exhibitions at prestigious museums, renowned cultural institutions and major private galleries (National Portrait Gallery, London; Museum of Fine Arts, Boston; Foam Photography Museum, Amsterdam; Museo Thyssen-Bornemisza, Madrid; Shanghai Art Museum, Shanghai; Mary Boone Gallery, New York; Yvon Lambert Gallery, Paris): Mario Testino belongs to the aristocracy of fashion and portrait photography of the late twentieth and early twenty-first century. He has brought to fruition a talent whose existence the young man in his twenties barely suspected.

His was no destiny forged by struggle, backstabbing and compromise. He learnt on the job, guided by his own intuition, experience, entourage and his native interest in fashion. During his years of apprenticeship, there were weeks of unemployment, but he quickly made the most of opportunity, chance and crucial encounters. He came through every test, never making a drama of either his private life or his career. The support of his indulgent and generous parents, his education, his love life and love of life—along with sheer luck—have moulded him into a perceptive and virtuoso photographer now perpetually in demand. Widely esteemed in the worlds of fashion and the press, admired on the art scene and fêted

by high society, he is constantly learning on both personal and professional planes. By nature an optimist, he was born with the most positive of attitudes.

That is the photographer in a nutshell. But how did Mario become Testino? His books give little information about him: his biography is succinctly recorded and no detailed chronologies exist. It is not that he wants to occlude his origins or erase his childhood. He feels neither shame nor regret but the past is the past and, though his was happy (more good memories than bad), his focus is the present.

It is nonetheless of interest to know that he was born in Lima in 1954 and that his father was of Italian and his mother of Irish descent. They were not immigrants; both parents were already living in Peru. Mario's father was '…a businessman. He worked in a metallurgy company for thirty years and then represented an oil-additive company. He also had real estate, but we were an ordinary middle-class family.'[1] His mother, elegant and distinguished, took care of their six children.

His part-European, part–South American ancestry, a university education and his father's foreign business trips (Mario sometimes went with him) quickly extended his horizons beyond those of Peru. A year of economics at the Universidad del Pacífico, two years' law at the Pontificia Universidad Católica del Perú (both Lima) and four months studying international relations—at the University of San Diego, California, for the first time removing him from the family nest—made one thing clear: these serious and rebarbative subjects were not for him. Mario respected his father's desire that he should have a respectable profession but gained no qualifications. No executive office for him. He would lead a different life—outside

Peru. He had, he says, 'a fabulous youth. Lots of partying. Going to the beach. Having fun. No responsibilities.' Yet it did not entirely fulfil him.

At school, in his teens, he endured the mockery of some of his coevals: 'I dressed very outlandishly and was a bit feminine, I guess.' Adolescents are unmerciful with difference and this teasing, bearable as it was, clouded his happiness. 'I could not be anyone else.' So in 1976, at an age when everything is still possible, he left for London. He was in no hurry to part company with his family but had to escape from the 'closed society that Lima was'. It was too conventional and too prudish. He wanted more freedom. Above all he wanted to be himself. No particular plans. He wanted to live and love in his own fashion. There was never much heart-searching about it; he just wanted to spread his wings.

London was not a random choice. His best friend was living there and good company is a healthy remedy for the brute reality of exile. Another friend suggested that the best way to get the required visa was to enrol in the private school of photography where she was studying. Mario took her advice and began attending classes at the John Vickers Studio but the eponymous former theatre photographer who ran it died soon after. He continued his training in Paul Nugent's studio, where, almost by accident, he acquainted himself for the first time with the beauty of imagery, till then *terra incognita*. He obtained the visa that allowed him to remain in London but his parents cut

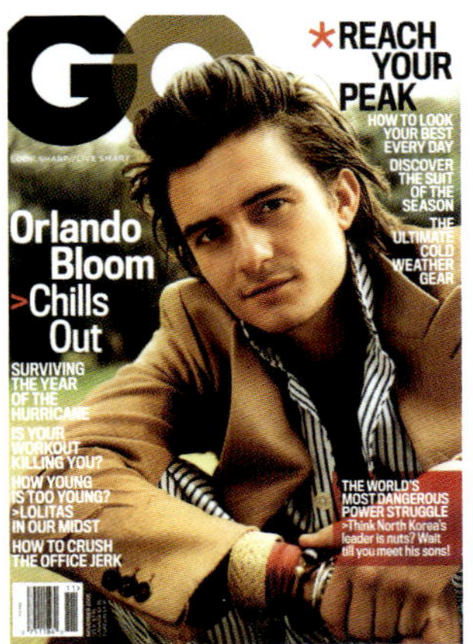

MARIO TESTINO,
ORLANDO BLOOM,
LOS ANGELES, GQ, 2005

off his funds, so he worked as a waiter before launching anew into photography. Armed with curiosity rather than a personal vision, he began to appreciate the relationship between the discipline he had just discovered and fashion, which had always attracted him. 'I didn't go into fashion photography because of photography—it was because of the fashion.'[2] By the late 1970s, his decision was made: he would attempt to carve out a place in the small world of London photography and the intoxicating universe of fashion—from haute couture to ready-to-wear. He reached this decision largely unaware of the rivalries, unspoken frictions and mystique of that universe. Self-taught, he good-humouredly refined his technique as he went. By the mid-1990s, some lucky encounters allowed him to make his breakthrough, reach the highest levels of the fashion universe and finally to feel at ease among his peers.

Feeling his way through those years of apprenticeship and experiment, Testino acquired a thoroughgoing mastery of his craft. While forging his technical expertise, he discovered en route the ethereal, pictorialist visions of Baron Adolph de Meyer, the modernist pictures of Edward Steichen, redolent of the Art Deco of the interwar period, the iconic images of George Hoyningen-Huene, imprinted with the Greek ideal, the sculptural models of Horst P. Horst swathed in light, and the luxury settings, opalescent lighting and variegated artifice used and sometimes abused by Cecil

Beaton, *primus inter pares* in British fashion photography between 1930 and 1950. He realized that, though the magic of their fashion shots had sometimes been tarnished by commercial objectives, these masters had provided *Vogue* and *Harper's Bazaar* with images of undeniable artistic merit. Beaton has been one of his inspirations ever since. In Testino's photographic genealogy, Beaton remains the incarnation of worldly chic, of English high society, of dandyism, refinement, sophistication and that whiff of eccentricity essential to those in search of distraction.

But it was not these magisterial photographers, legendary as they are, who most influenced Testino. It was the inventors of photographic realism, the style brought into the fashion world by Martin Munkácsi in the 1930s, confirmed by Toni Frissell and Norman Parkinson, and whose supreme exponent during the 1950s was Richard Avedon. Munkácsi set his models in movement, imparting an unprecedented air of spontaneity. His women were sporty: action women. Such was his art that some of his shots were mistaken for snaps. Exploiting the progress made by the press after the Second World War in terms of design, distribution and reproduction, Avedon, an admirer of Munkácsi, took up the cudgels for modernity and propelled it on to the international scene in a way unrivalled even by his predecessor, the inventor of fashion-dynamism. Avedon's women impressed Testino with their relaxed,

devil-may-care attitudes and general exuberance. The young Peruvian, always a prey to enthusiasm, went overboard for the mastery of the New York photographer. His other model was Irving Penn, who dazzled him with his aristocratic elegance, his timeless theatricality and the incomparable sublimity of his style. Avedon, by contrast, captivated him with his celebration of life and the sheer energy of his photographic performances.

These fashion gods were looking a little shelf-worn by the time Testino was honing his own technique on successive magazines. Their successors had had time to make their mark. In the 1960s, Mario's adoptive London began to discard outmoded mores and morals: the young drank, smoked and danced the nights away; psychedelic trips and sexual liberation were the order of the day. The democratization of fashion began in London, where a market arose for the unheard-of apparel of young pop fans, who got their musical highs from the Beatles and the Rolling Stones. There is an irreverence about Testino that is close kin to the spirit of David Bailey, Terence Donovan and Brian Duffy, the 'terrible three' of 'Swinging London'. The new era marked by freedom of dress in England, combined with the unbridled morality of the 1960s, produced photographers to record its image. Magazines moved to a new beat. Elitism looked out of date. Fashion focused on the young and was less exclusive. Testino, who loves the carnivals and excesses

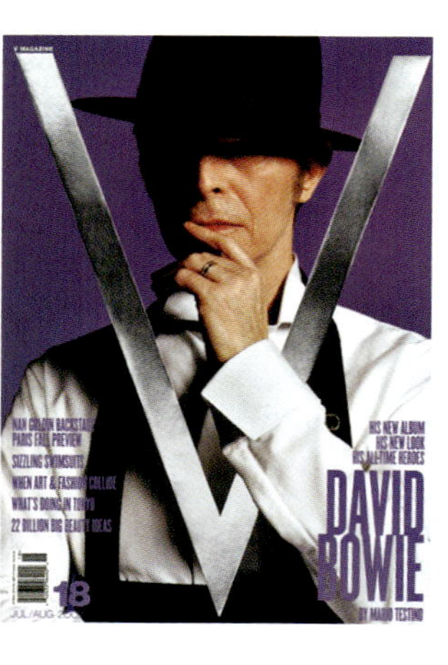

MARIO TESTINO,
DAVID BOWIE, NEW YORK,
V MAGAZINE, 2002

of Rio de Janeiro (and elsewhere), absorbed the meaning of this revolution along with the innovations of Bert Stern, Hiro, Bob Richardson, William Klein, Peter Lindbergh and others.

Helmut Newton completed the photographic coming of age of this sparkling but assiduous young pro. His smouldering, audacious images thrilled Testino. Inspired by Newton's provocations, he learnt how to hit the mark and hit it hard: to make his photography sensuous and wickedly attractive. Newton, for whom desire was a watchword, was also the first fashion photographer of any renown to place men alongside the women who had, since the turn of the century, occupied the stage unaccompanied. Sexual attitudes barely emerging from the shadows to which they had so long been relegated were brazenly foregrounded in Newton's work. Never one to neglect his sensual affinities, in this area Testino began where Newton had left off.

We recognize in the mature Testino the lessons of Beaton, Avedon and Newton but they are not the only masters to inhabit his work.[3] Testino draws his inspiration from his reading[4] and from the multicultural ferment of art forms (painting, cinema, video, decoration), lifestyles and his co-creators' conversations. He has his own ways of taking the pulse of the zeitgeist in which he so delights and loves to express it through his photographic intuitions. For German *Vogue* (2008), he rehearsed Matisse's *La Danse*; with Josh Hartnett (*VMAN*, 2005), he evoked the fall of Helmut Berger in the abyss of Luchino Visconti's *The Damned*. He brought Cecil Beaton back to life with Michael Howells (*W*, 1995) and revived Jean Cocteau with Atticus Ross (*Männer Vogue*, 1988). Working with Noah Mills on *V Magazine* (2009), he remembered that Avedon had

once slipped a Lanvin spray can into the lower half of a two-piece cozzie and that Helmut Newton had reprised that idea while adding his own libidinous aroma. From now on Testino's sensibility, sexuality, ease, tone and culture emerged clearly from photographs that made him the darling of the luxury brands.

And yet they were too different from one another, too heterogeneous in some eyes, too blatant to be prized by the intelligentsia of photography, its historians and critics. Not only was Testino seething with ideas, grasping opportunities, exploiting the serendipity of his wilder side, changing methodology without taking the trouble to burnish a recognizable aesthetic, as happy in the *Front Row* as *Backstage*[5] and able to get whatever he wanted from the crème de la crème of the supermodels; he also went from lurid colour to austere black-and-white, did photojournalism alongside fashion, dance and cinema photography; he shot ads the way an artist does performance art, ensured his complicity with the fashion junkies and didn't hesitate to ask for and obtain for his books the signatures of Nicole Kidman, Karl Lagerfeld, Anna Wintour, Gisele Bündchen—the gods of celebrity culture rather than those of Barthes- and Sontag-readers. In a word, the theorists were at a loss. Testino did whatever he wanted. Some people find him hard to define. Maybe he is. *Any Objections?*[6]

Unlike photographers such as Guy Bourdin, Paolo Roversi, Deborah Turbeville, and Sarah Moon, Testino has never confined himself to a particular style, never gone in for repeating his compositions, framing, lighting or atmosphere, never specialized in repetitive *mises en scène* or signature 'devices'. He scrambles styles in order to be free of them. Rather than quote himself, he assumes responsibility for the commission and, faithfully serving it, adapts to the creative process, to the readership, to the fashion house and its specificity. He knows that the fashion world, dependent on prosperity, has all kinds of different strategies for attaining it. Each house has its own—an image and a few central ideas. It aims to gain and keep a particular clientele. He knows that the choice of the photographer, with that of the stylist responsible for the wardrobe (its look and sophistication), is decisive because the photographer too is responsible not just for mediatizing the collection but, in his own way, for the collection itself. The photographer foregrounds the designer's signature moves and details. He is an echo chamber contributing to the success of the brand and defining it against other brands. Catwalk shows cannot be repeated; they are more in the nature of a happening. Even better than video, photography both multiplies and fixes the collection forever. It is photography that sells a collection. Hence the importance of harmony, indeed symbiosis, between fashion and photographic creativity. And Testino is aware that, though fashion and advertising have an international audience, national tastes remain distinct. American *Vogue* is not German *Vogue*, which differs no less from French *Vogue*. So he fuses personal initiatives with commercial requirements as context requires, choosing a neutral background or décor (beach, hotel, car park, nightclub, yacht, stadium) and adapting his tone (erotic, aristocratic, romantic, casual, crazy) to suit the label, the garment, the

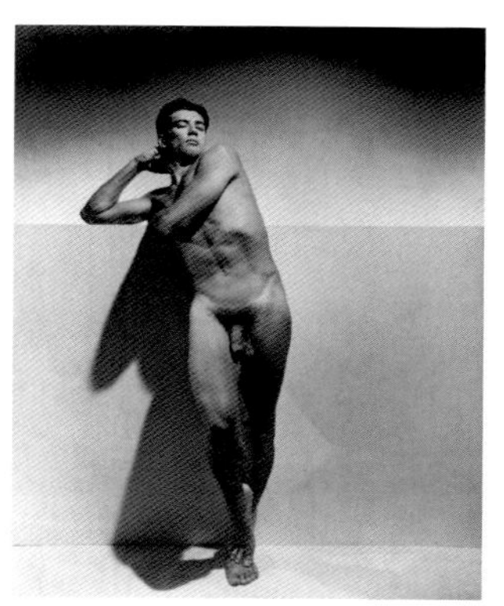

GEORGE PLATT LYNES,
ROBERT MCVOY, C. 1940

potential buyer. He disappears into his own images, keeps his ego in-house and doesn't try to lord it over knickers, sweatshirt or jacket. That doesn't mean he will take any old commission. He turns down offers 'when I don't think they're what I want to do or [when they're] not at my level'. Ably combining impulse and reflection, he evinces a clear understanding alongside a sense of fair play and a real authority. He is quite capable of defending his proposals (this or that country for the shoot, this model, this rather than that accessory) and stance in order to attain his goal without betraying either client or product: 'If I'm working for a fashion house I become the interpreter of the designer's idea…' A fashion photograph is a microcosm ideally displaying the osmosis between creators, strategies and collaborators.[7] The individual goals must fuse into a magical unity: *Todo o Nada*.[8] Testino has no qualms about the commercial aspect of his role in a campaign or promotion: 'I like to sell. I think I am sometimes first and foremost a businessman…fashion photography is about selling and creating desire. If it doesn't do that, I feel I have failed.' This notion of the photographer's task in fashion and advertising stands at an oblique angle to the esteem of intellectuals and collectors but has undeniably favoured Testino's media and financial success. If it's in the air of the times, you can be sure it's also in Mario's photographs.

Not only does Testino take pleasure in being professionally at one with himself and his success, he breaks still further with middle-class habits when the congruence of his personality with the times allows him to escape the beaten path. Reactionaries immovable on morality in general and rigid on particular forms of behaviour hold out against changes of which they disapprove. Reformers sometimes take risks and are bold enough to reflect, highlight and anticipate social change. Testino is undoubtedly a fearless innovator. He confidently argues that fashion isn't simply about clothes but about lifestyles.

For over a century, whether treated as artist's model, blue blood, housewife, sex object, sportswoman, woman's woman, diva or vamp (omissions ad lib), woman has been the goddess of the godless fashion photographer. Beauty, elegance, chic and carnal attraction were the preserve of the eternal feminine. Baron de Meyer, Steichen, Hoyningen-Huene, Beaton, Platt Lynes, Munkácsi, Avedon, Penn, like Clifford Coffin, Erwin Blumenfeld and John Rawlings, decade after decade, confirmed, independent of their sexual preferences, the supremacy of female fashion, both on the podium and in the magazine. Whatever their rank, activity or attitude, women stood alone or barely accompanied before the mirror lens of their faithful servant, the photographer.

From the 1970s onward, the changes in men's lives followed those in women's lifestyles much more closely. As women gained ever-greater access to the world of work, emancipated themselves and acquired their independence, so men began to enter into and

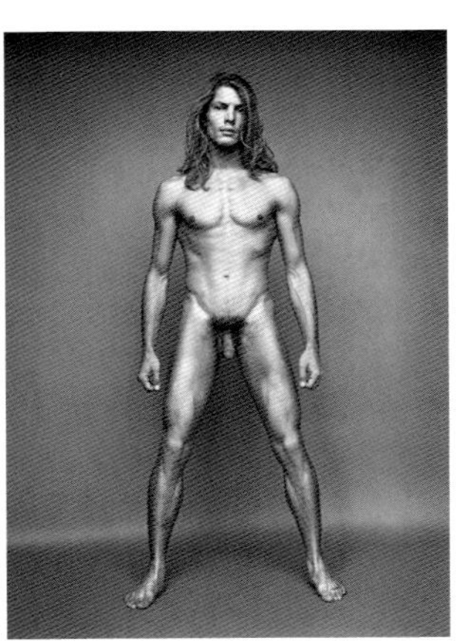

MARIO TESTINO,
MICKEY HARDT,
PARIS, 1993

soon to assert themselves unreservedly in the arena of charm, seduction and eroticism. The male wardrobe, traditionally unvarying and unimaginative, evolved to fit a man's personality. The films that he saw—and their male leads in particular—helped to determine his look: dandy, gentleman, macho, teenager, rebel, bureaucrat or hippy. For the most part, his social status, profession, age and postcode continued to define his wardrobe but his sartorial obligations were no longer what they had been and his outfits could no longer be relied upon to identify his milieu. Every kind of dress code was legitimate, from casual wear to porno chic. The managing director of a multinational could hold a press conference to present his latest OS or smartphone in jeans and open-neck, polo or T-shirt.

Testino was supremely well equipped to make this evolution part of his complicity with the 'new man', the male consumer who had learnt to take care of himself. Along with Bruce Weber and Herb Ritts, he consigned to the past the notion of woman as the only possible icon or inspiration, in favour of men no longer encumbered by their bodies, men who could, quite naturally, appeal to the admiration of the aesthete. The man who photographed Kate Moss, Gisele Bündchen, Claudia Schiffer, Naomi Campbell and other top models also brought beautiful males—svelte and muscular without being outrageously pumped—into his universe of desire. He treats them on a par with their female colleagues. When he mixes genders, he sometimes inverts traditional roles and makes the men the privileged 'objects' of desire. He also stages them on their own, without a woman to serve, love or idolize. Selecting them by casting or just a chance meeting, he places them in the limelight and has made some of them famous, for example David Gandy, whose beauty and mutability make him perfect for spectacular campaigns. Some he dresses, some he undresses. For some there is a pre-planned staging, others are drawn into a festive improvisation. Sometimes his eclectic Eden features sexually ambiguous models in the full flower of their androgynous youth, sometimes it combines playboys and virile athletes who happily give themselves up to the visual delectation of their worshippers. He frees up their repertory of gesture, boosts their energy levels and turbo-charges their sex appeal. He brings to the surface or takes the wraps right off the ambivalence or the feminine in Ludovico Benazzo and Jarl Allard (*Arena Homme +*, 1996), Taber Schroeder (*Visionaire,* 1996), Trent Ford (*VMAN,* 2003), Charles DeVoe (*VMAN,* 2006), Ian Mellencamp (*V Magazine,* 2011) and a Robbie Williams casting off all inhibition in British *Vogue* (2000), thus reinforcing his own creative identity. Tattoos are no obstacle to this process. With man and woman alike, whatever their profile, Testino has shown himself an elegant connoisseur of beauty, glamour and sensual affinity. Foregrounding his approach to masculinity as he had never done before, Testino has used the publication of *SIR* to unveil the series of male nudes that he had been making on his own account, as circumstance and mood permitted, since the early 1990s. Liberated from the theatre of vanities constituted by podiums, covers and portfolios, they have no

need of finery to embody the tenderest affection. They are astonishing.

For these shots, Testino abandoned colour and chose a gentle, nuanced black-and-white. They are for the most part static, whereas in fashion and publicity, his shots are often dynamic and swirling. They stand alone whereas, in his commissions, duos and groups are the rule. These are strikingly simple and perceptive compositions. And Testino as a photographer of the nude differs from his other incarnations in confining himself to a single camera, something he would never normally do: why put unnecessary obstacles in the way of his vision?

There are no historical associations or ornamental elements as with Wilhelm von Gloeden on the heights of Taormina or Herbert List on the Greek or Italian coasts. No seascapes or landscapes as in Bruce Weber. No swimming pool or beach, no skin-to-skin as in Herb Ritts. No close-ups. None of the cropping or accentuation of form practised by Bill Brandt or Irving Penn in the privacy of the studio. No glittering compositions full of stars and flowers à la Pierre et Gilles. No shenanigans or scandalous sexual practices as in Robert Mapplethorpe, who exacerbates carnal fervour as he does the sculptural quality of those exemplary bodies. And no self-censorship: 'I'm not a voyeur. When it comes to sex I'd rather do it than watch it.' The radiant quality of Platt Lynes's nudes comes closest to Testino's. But most of Platt Lynes's nudes are sexualized: they know they are desirable—and desired, since the photographer did not hide his attraction. The principal characteristic of Testino's nudes is not their sexuality, whether they are hot or cool, hetero, homo or bi. It is the immediacy of their presence, in the absence of any mental or physical appropriation. Just as the painters sometimes put down their brushes to make drawings that are more intimate than their paintings, Testino treats his nudes as sketches. Though they appear in nothing more than grey-scale, lacking deep black or dazzling white, they are more real and more human than any of their kin from the consumer society — or the society of spectacle — done up in their neon and punk colours. Their unvarnished charm barely covers their inner flaws and they are entirely lacking in the pride that sometimes spoils the attractions of beauty. These qualities mean that in the history of the masculine nude, Testino's are among the least artificial. No metamorphosis here. The model and nothing but. The photographer puts aside his virtuosity in favour of simplicity. To avoid compromising his career, Platt Lynes showed his nudes only to his friends. Testino makes his own public, whether these bare accomplices are friends, models or unknown passers-by. To take full-frontal male nudes and take them public no longer prevents a photographer contracted to international brands from standing proudly at the head of his profession.

Testino's fascination with everything human transpires in faces no less than bodies. And therefore he practises portraiture for magazines and for his own pleasure. The portrait of a charismatic actor accustomed to the tele-lens and the flashbulbs of the pursuing rout; the portrait of a creator, a renowned designer, his burnished mask by now a second skin; the

MARTÍN CHAMBI,
JUAN DE LA CRUZ SIHUANA,
HOMBRE GIGANTE DE
LLUSCO-CHUMBIVILCAS,
CUSCO, 1925

portrait of a lover, friend or colleague. Open to a variety of civilizations, beliefs and customs, Testino refuses to judge those who, for an instant, catch his eye, surprise, tantalize and delight him. He likes to aim and shoot without premeditation: some of his pictures resemble the 'real-life' snaps of the paparazzi for whom nothing is sacred. He captures Brad Pitt, George Clooney, David Genat, Jude Law, Colin Firth as if he didn't know them personally. Captures them freed of what Barbey d'Aurevilly called 'shopwindow celebrity'. He knows that by taking them unawares he may light on some extra quotient of truth and must not allow the satisfaction of realizing an intuition to pass. Bill Brandt, the English master of the portrait, appropriated the beings he led into his fish-eye den, turning them into self-portraits in the process. Testino does not project his own personality on to others. At his side, David Beckham, David Bowie, Dennis Hopper, Mick Jagger and Keith Richards lose sight of their public image. The stars allow Testino to see their undisguised selves; they know that the firmament illuminated by media spotlights is a trap; for once, they are prepared to be what they are. Authenticity of that kind is worth a thousand other pictures.

All year round, from Los Angeles to Paris, from New York to Milan and from London to Rio,[9] Testino encounters the stars of the day, season or decade. Coming across them in their own resorts, he is welcomed into the most exclusive palaces, castles and residences, those of royal and aristocratic families of centennial lineage. A crowned head is not the kind of thing famous photographers hope to add to their trophy cabinets; too many taboos, too many constraints. But Testino is nonconformist on this point too. Offered access to the British Royal Family and *ipso facto* to its global celebrity—in 1997, when he photographed Princess Diana for *Vanity Fair* shortly before her death—he is delighted to make royal portraits and is much in demand for them. 'I love tradition and classic images. I love this as much as new cutting-edge ones.' He is proud to have become photographer royal to the starchy courts of Europe and the Middle East. Prince Charles, William and Henry of Wales, the Duke of Kent, Prince Nikolaos of Greece and Denmark, King Willem-Alexander of the Netherlands have all posed for him. Sometimes, imagine, he gets them to relax: 'It is a skill.'

Among the portraits bearing Testino's name, there are some that owe nothing to the star system or royal and aristocratic bloodlines. Made in Seville, Arles, Lima, London or Jordan, they are men whose garb is a symbol of their function. Formally, these personal works combine portrait and reportage. Above all, they testify to the fact that this photographer's taste for costume is not confined to haute couture. The torero's *traje de luces,* the uniform of a 'national guard' or a soldier with or without

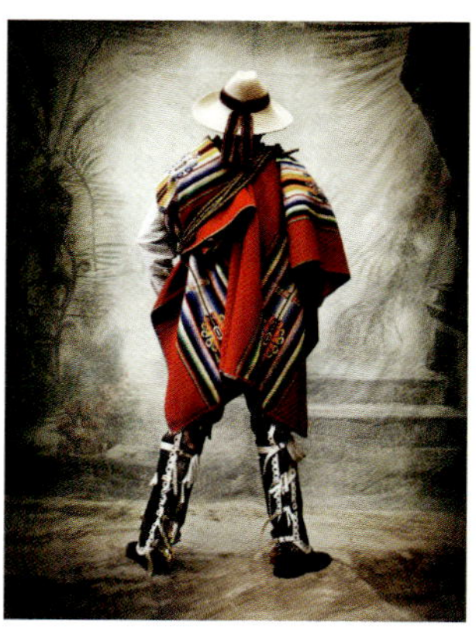

stripes, can catch his eye no less than the lines of a cheek or hip bone. They may even belong among his fantasies. I cannot help thinking that certain—by no means all—kinds of clothing can trigger his desire just as the practice of a sport or art, the possession of power or authority, or the revelation of a mouth, a breast or muscular chest galvanizes others. Perhaps clothing, indeed everything about fashion, constitutes for Testino both an attribute of beauty and a key to its mental, visual and even tactile eroticization. Happily he has never attempted to escape his own instincts or struggled against this side of himself.

It is fortunate, too, that Testino returned to the country of his childhood and, in a marvellous series entitled *Alta Moda,* combined his fascination with clothing and his attachment to his native country. On three different occasions he has focused on the most emblematic costumes of the Cusco region. Made by hand, remarkable for their weaving and embroidery, these garments are authentic testimony of the cultural heritage of Peru, of its folklore and of the ceremonies that impart their rhythm to its social life. They are especially significant elements in Peruvian national identity because they 'have been worn for many generations and are rooted in ancient traditions. For me, they have the same appeal as haute couture garments. Women in the Andes take great pride in wearing them.'[10] Photographed in front of two backgrounds lent by the estate of Martín Chambi, this series also pays homage to the local history of photography: to Chambi first and foremost, that undisputed tutelary figure, historically as important to Peruvians as August Sander is to Germans; to José Ortiz-Echagüe, who made a large-scale documentary and affective record of Spain and his compatriots—and their costumes; to Irving Penn, who rented Chambi's studio in late 1948 and there created a portfolio of 'ethnographic' portraits that are, in effect, superlative fashion photographs. Like his predecessors, Testino emphasizes the dignity of those who pose for him. Unlike them, he focuses intensely on the cut and cloth of the costumes, on their design and colour. That was perhaps inevitable.

At sixty, Testino tirelessly individuates his kaleidoscopic imagery by delicate exchanges between the timeless and the flavour of the day, between classicism and eccentric originality. Born of contrasting bloodlines, officially Peruvian and Italian, unofficially *carioca,* a Parisian and a Londoner with more than a hint of New York and Hollywood, he is necessarily nomadic because the taste for fashion, luxury, designer accessories and sophisticated cosmetics has become universal. Pragmatic and polyglot (he speaks five languages), he erodes the frontiers between portrait, fashion, publicity, personal work, society, nude, art and commerce. Having mastered the parameters of his trade and gathered an efficient backing team expert at the technical translation of his orientations and demands and able to deal with every mishap,

he excels at accomplishing his own purposes and giving free rein to his sixth sense. He therefore has conceived *SIR* as an anthology of his photographic preferences and aptitudes, from the images triggered by a troubling face or a magnetic body to 'art' shots bordering on anti-fashion. Reluctant to compartmentalize his sensibility, he has opted for a harmonious mix of photographs of varying significance, many previously unpublished, and allows them to ricochet off each other.

Like a rep acting for multiple concerns, practising an intoxicating *arte y oficio,* he has what it takes to capture, filter, mix and propagate waves and interference for a cosmopolitan, smart, switched-on, sexy audience constituted in equal parts of the impoverished and the ultra-select happy few. High-spirited, good-humoured and hedonistic, always ready for a fiesta or reciprocal *As You Like It,* he triggers the impulse of love while enriching his constant oscillation between the body (beauty, desire and sexual pleasure) and clothing (second skin, self-expression, social passport). Not remotely obsessed with being an artist for all eternity, he is one of those creators who strengthen the sacred union between fashion and the press, one of the creators of a photographic repertory whose perspicacity, virtuosity and vibrancy complement those of fashion. There can be no doubt that fashion was in his genes. Photography became the weave of his destiny.

Extravagante Modeaufnahmen mit den heißesten Models an entlegenen Orten für Zeitschriften wie *Vogue, Vanity Fair, GQ, VMAN*, berühmte Modehäuser und erstklassige Weltmarken (Burberry, Dolce & Gabbana, Calvin Klein, Versace, Gucci); faszinierende, auf glänzendem Papier gedruckte Porträts von Filmstars und anderen Jetsetprominenten, die Fantasie von Männern wie von Frauen anregend; von internationalen Verlagen wie Phaidon, Bulfinch Press und TASCHEN sorgfältig produzierte Bücher; Ausstellungen in renommierten Museen, namhaften kulturellen Institutionen und wichtigen Privatgalerien (National Portrait Gallery, London; Museum of Fine Arts, Boston; Foam Photography Museum, Amsterdam; Museo Thyssen-Bornemisza, Madrid; Shanghai Art Museum, Schanghai; Mary Boone Gallery, New York; Yvan Lambert Gallery, Paris): Mario Testino gehört zur Aristokratie der Mode- und Porträtfotografie des späten 20. und frühen 21. Jahrhunderts. Er hat ein Talent zur vollen Entfaltung gebracht, von dem der junge Mann in seinen Zwanzigern kaum ahnte, dass es existierte.

Seinem Schicksal durch Kampf, Intrigen und Kompromisse nachzuhelfen war nicht nötig. Er lernte bei der Arbeit, gelenkt von seiner eigenen Intuition, Erfahrung, seinem Umfeld und seinem angeborenen Interesse an Mode. Während seiner Lehrjahre gab es Wochen der Erwerbslosigkeit, doch schnell wusste er Gelegenheiten, Chancen und entscheidende Begegnungen optimal zu nutzen. Er bestand jede Prüfung, machte weder aus seinem Privatleben noch aus seiner Karriere je ein Drama. Die Unterstützung seiner duldsamen und großzügigen Eltern, seine Erziehung, sein Liebesleben und seine Liebe zum Leben haben ihn – zusammen mit reinem Glück – zu einem einfühlsamen und virtuosen Fotografen geformt, der heute ständig

gefragt ist. In der Welt der Mode und der Presse weithin geschätzt, in der Kunstszene bewundert und von der High Society gefeiert, lernt er fortwährend sowohl auf persönlicher wie auf beruflicher Ebene. Von Natur aus Optimist, wurde er mit den positivsten Einstellungen geboren.

So kann der Fotograf in aller Kürze beschrieben werden. Doch wie wurde Mario zu Testino? Seine Bücher geben nur wenige Informationen zu ihm preis: Kurz und bündig wird seine Biografie zusammengefasst, eine detaillierte Chronologie gibt es nicht. Dabei hat er nicht die Absicht, seine Herkunft zu verbergen oder seine Kindheit zu tilgen. Weder schämt er sich, noch bedauert er irgendetwas, aber die Vergangenheit ist die Vergangenheit, und obgleich sie in seinem Fall glücklich war (mehr schöne Erinnerungen als üble), steht für ihn die Gegenwart im Mittelpunkt.

Dennoch interessant zu wissen ist, dass er 1954 in Lima geboren wurde und dass sein Vater italienischer und seine Mutter irischer Abstammung waren. Einwanderer waren sie nicht, denn schon ihre Eltern lebten in Peru. Marios Vater war „ein Geschäftsmann. Dreißig Jahre lang arbeitete er für ein Hüttenunternehmen, danach vertrat er eine Firma für Ölzusätze. Er besaß auch Grundeigentum, aber wir waren eine normale Mittelklassefamilie."[1] Seine Mutter, vornehm und elegant, kümmerte sich um ihre sechs Kinder.

Seine halb europäische, halb lateinamerikanische Abstammung, eine Universitätsausbildung und die Auslandsreisen seines Vaters (manchmal fuhr Mario mit ihm) sorgten dafür, dass sich sein Horizont schon früh über Peru hinaus erweiterte. Ein Jahr Wirtschaftswissenschaften an der Universidad del Pacífico, zwei Jahre Jura an der Pontificia Universidad Católica del Perú (beide in Lima) und vier Monate

Studium internationaler Beziehungen – an der Universität von San Diego, Kalifornien, womit er zum ersten Mal das Nest der Familie hinter sich gelassen hatte – verdeutlichen eines: Derlei ernste und sperrige Themen waren nichts für ihn. Mario respektierte den Wunsch seines Vaters, dass er einen seriösen Beruf anstreben solle, machte aber keine Abschlüsse. Bürojobs waren nichts für ihn. Er würde ein anderes Leben leben – außerhalb Perus. Er hatte, erklärt er, „eine fantastische Jugend. Mit jeder Menge Partys, viel Zeit am Strand und viel Spaß. Frei von jeder Verantwortung." Doch das war für ihn nicht so recht erfüllend.

Als Halbwüchsiger hatte er in der Schule den Spott von Altersgenossen zu ertragen: „Ich kleidete mich sehr eigenwillig und war wohl auch ein bisschen feminin." Jugendliche behandeln jemanden, der anders ist als sie, gnadenlos, und diese wenn auch erträglichen Provokationen verfinsterten sein Glück. „Ich konnte nicht aus meiner Haut." So machte er sich 1976, in einem Alter, in dem noch alles möglich ist, auf nach London. Eigentlich hatte er es gar nicht eilig, dem Zusammenleben mit seiner Familie zu entfliehen, doch er musste aus „dieser geschlossenen Gesellschaft von Lima" ausbrechen. Sie war zu konventionell und zu prüde. Er brauchte mehr Freiheit. Vor allem aber wollte er sich selbst treu bleiben. Besondere Pläne hatte er keine. Er wollte auf seine Art leben und lieben. Da gab es für ihn nie viel zu ergründen; er wollte einfach seine Flügel ausbreiten.

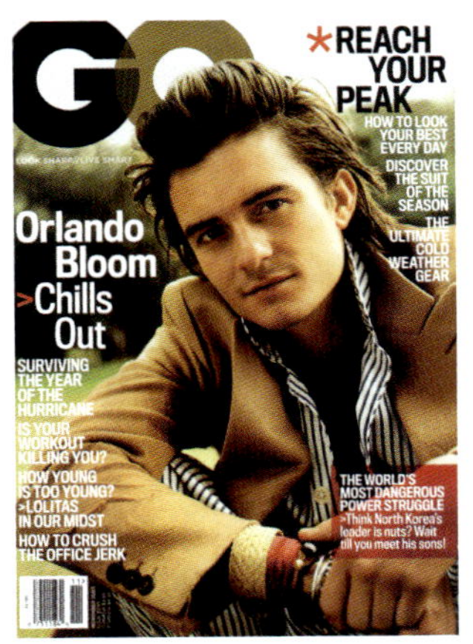

Mario Testino, Orlando Bloom, Los Angeles, GQ, 2005

London war keine zufällige Wahl. Sein bester Freund lebte dort, und ist man mit der harten Realität des Exilantenlebens konfrontiert, tut es gut, in vertrauter Gesellschaft zu sein. Eine Freundin empfahl ihm, sich an der privaten Fotoschule einzuschreiben, an der sie studierte, dies sei der beste Weg, das erforderliche Aufenthaltsvisum zu erhalten. Mario folgte ihrem Rat und begann, am Unterricht in John Vickers' Studio teilzunehmen, doch der gleichnamige Extheaterfotograf, der es betrieb, starb kurze Zeit darauf. Er setzte seine Ausbildung in Paul Nugents Studio fort, wo er sich, fast nebenbei, zum ersten Mal intensiver mit der Schönheit von Bildsprache auseinandersetzte, für ihn bis dahin eine Terra incognita. Er erhielt das Visum, das ihm erlaubte, in London bleiben zu können, doch seine Eltern stellten die finanzielle Hilfe ein. So arbeitete er, bis er sich erneut der Fotografie widmen konnte, als Kellner. Eher von Neugierde getrieben denn von einer persönlichen Vision geführt, erkundete er nach und nach die Wechselbeziehungen zwischen seinem Studienfach, das er gerade zu entdecken begann, und der Mode, die ihn schon immer fasziniert hatte. „Zur Modefotografie kam ich nicht wegen der Fotografie, sondern wegen der Mode."[2] Ende der 1970er-Jahre war sein Entschluss gefasst: In der kleinen Londoner Welt der Fotografie und in diesem berauschenden Universum der Mode – von der Haute Couture bis zur Konfektionskleidung – wollte er sich einen Platz erkämpfen. Seine

Entscheidung traf er weitestgehend, ohne sich den harten Wettbewerb, unausgesprochene Rivalitäten und das Geheimnisvolle dieses Universums bewusst zu machen. Als munterer Autodidakt entwickelte er währenddessen seine technischen Fertigkeiten. Mitte der 1990er-Jahre ermöglichten ihm ein paar glückliche Zufallsbegegnungen den Durchbruch und den Aufstieg in die höchsten Sphären der Modewelt. Nun endlich fühlte er sich unter seinesgleichen wohl und anerkannt.

Während er in jenen Lehrjahren und Zeiten des Experimentierens intuitiv seinen Weg machte, erwarb Testino in seiner Kunst eine kompromisslose Meisterschaft. Während er noch sein technisches Know-how verfeinerte, entdeckte er gleichzeitig die ätherischen, hochartifiziellen Visionen eines Baron Adolphe de Meyer, die modernistischen, an den Art déco der Zwischenkriegszeit erinnernden Bilder Edward Steichens, die ikonischen, vom griechischen Ideal geprägten Ansichten von George Hoyningen-Huene, die in Licht gehüllten skulpturhaften Modelle von Horst P. Horst und die luxuriösen Inszenierungen, die opalisierende Lichtsetzung und die vielfältigen Tricks, die Cecil Beaton, zwischen 1930 und 1950 Primus inter Pares der britischen Modefotografie, nutzte und gelegentlich auch missbrauchte. Ihm wurde deutlich, dass diese Meister, auch wenn der Zauber ihrer Modeaufnahmen durch kommerzielle Zielsetzungen gelegentlich kompromittiert war, *Vogue* und

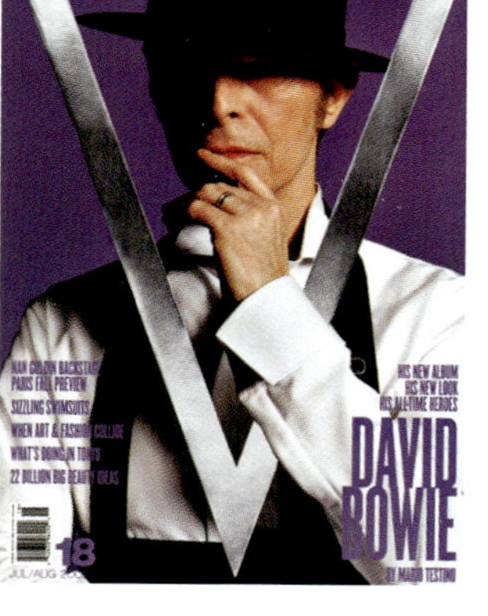

MARIO TESTINO,
DAVID BOWIE, NEW YORK,
V MAGAZINE, 2002

Harper's Bazaar mit Bildern von unbezweifelbarem künstlerischen Wert versorgt hatten. Beaton hat ihn seither immer wieder inspiriert. In Testinos fotografischer Ahnenreihe bleibt Beaton der Inbegriff von weltlichem Chic, englischer High Society, von Dandytum, Raffinesse, Perfektion und jenem Hauch von Exzentrik, den Hedonisten zum Leben brauchen wie die Luft zum Atmen.

Doch letztendlich waren es nicht diese maßgeblichen Fotografen, so legendär sie auch sein mögen, die Testino am stärksten beeinflussten. Es waren die Erfinder des fotografischen Realismus, jenes Stils, den Martin Munkácsi in den 1930er-Jahren in die Welt der Mode einführte, den Toni Frissell und Norman Parkinson untermauerten und dessen herausragender Vertreter während der 1950er-Jahre Richard Avedon war. Munkácsi setzte seine Models in Bewegung und vermittelte auf diese Weise einen so noch nie da gewesenen Eindruck von Spontaneität. Seine Frauen waren sportlichflott und aktiv. Seine Bilder waren so gelungen, dass manche für Schnappschüsse gehalten wurden. Avedon, ein Bewunderer Munkácsis, nutzte die Fortschritte, die die Presse nach dem Zweiten Weltkrieg im Hinblick auf Gestaltung, Vertrieb und Abbildungsqualität gemacht hatte, nahm den Knüppel der Modernität auf und schleuderte ihn in einer Art und Weise auf die internationale Szene, dass selbst sein Vorgänger, der Begründer des Dynamismus in der Modefotografie, im Vergleich bescheiden wirkte.

Avedons Frauen beeindruckten Testino mit ihrer entspannten, unbekümmerten Haltung und ihrer selbstverständlichen Ausgelassenheit. Der junge Peruaner, ohnehin leicht zu begeistern, geriet ob der Meisterschaft des New Yorker Fotografen völlig aus dem Häuschen. Ein weiteres Vorbild war Irving Penn, der ihn mit seiner aristokratischen Eleganz, seiner zeitlosen Theatralik und der unvergleichlichen Erhabenheit seines Stils überwältigte. Avedon hingegen fesselte ihn mit der Lebensfreude und der puren Energie seiner fotografischen Darstellungen.

Mit der Zeit und während Testino seine eigene Technik im Laufe verschiedener Veröffentlichungen in Zeitschriften verfeinert hatte, wirkten diese Götter der Modewelt ein wenig abgenutzt. Ihre Nachfolger hatten genügend Zeit gehabt, sich zu profilieren. In den 1960er-Jahren begann Marios Wahlheimat London, veraltete Konventionen und Moralvorstellungen über Bord zu werfen: Die Jugend trank, rauchte und tanzte die Nächte durch; psychedelische Trips und sexuelle Befreiung waren an der Tagesordnung. In London setzte die Demokratisierung der Mode ein, hier entstand ein Markt für eine neuartige Bekleidung für junge Popfans, die ihren musikalischen Rausch durch die Beatles und die Rolling Stones erlebten. Eine gewisse Respektlosigkeit, die sich an Testinos Arbeit bemerken lässt, machte ihn zu einem Bruder im Geiste der „schrecklichen Drei" von Swinging London – David Bailey, Terence Donovan und Brian Duffy. Die neue Ära modischer Freiheit in England brachte, im Verbund mit der ungebändigten Moral der 1960er-Jahre, Fotografen hervor, die dieses neue Image dokumentierten. Die Zeitschriften lebten nach einem neuen Rhythmus. Elitedenken wirkte überholt. Die Mode richtete ihre Aufmerksamkeit auf die Jugend und war

weniger exklusiv. Testino, der den Karneval und die Exzesse von Rio de Janeiro liebt (wie dergleichen auch überall sonst), verinnerlichte die Bedeutung dieser Revolution und machte sich zugleich die Neuerungen von Bert Stern, Hiro, Bob Richardson, William Klein, Peter Lindbergh und anderen zu eigen.

Helmut Newton vervollständigte die fotografische Bildung dieses glänzenden und doch beharrlich an sich arbeitenden jungen Profis. Seine glühenden, gewagten Bilder begeisterten Testino. Von Newtons Provokationen inspiriert, lernte er, die Dinge auf den Punkt zu bringen, und zwar deutlich: seine Fotografien sinnenfreudig und sündhaft attraktiv zu gestalten. Newton, für den Begierde die Losung war, war auch der erste bekanntere Modefotograf, der den Frauen, seit der Jahrhundertwende allein auf der Bühne, Männer beigesellte. Sexuelle Verhaltensweisen, die das Dunkel, in das man sie so lange verbannt hatte, gerade erst verließen, wurden in Newtons Werk schamlos in den Vordergrund gerückt. Testino, der seine sinnlichen Neigungen ohnehin nie vernachlässigt hatte, setzte in dieser Hinsicht mit seiner Arbeit da ein, wo Newton aufgehört hatte.

Im reifen Testino erkennen wir die Spuren von Beaton, Avedon und Newton, doch sie sind nicht die einzigen Meister, die in seinem Werk leben.[3] Testino bezieht seine Inspirationen aus seinen Lektüren[4] und aus dem multikulturellen Ferment von Kunstformen (Malerei, Film, Video, Ausstattung), Lebensstilen und Gesprächen mit seinen Mitarbeitern. Er hat seine eigene Art, den Puls des Zeitgeistes, an dem er seine helle Freude hat und den er so gerne über seine fotografischen Intuitionen zum Ausdruck bringt, zu erfühlen. Für die deutsche *Vogue* (2008) studierte er Matisse' *Tanz* ein; mit Josh Hartnett (*VMAN*, 2005) beschwor er den Sturz Helmut

Bergers in den Abgrund von Luchino Viscontis *Die Verdammten*. Mit Michael Howells (*W*, 1995) brachte er Cecil Beaton zu neuem Leben, Jean Cocteau ließ er mit Atticus Ross (*Männer Vogue*, 1988) wieder auferstehen. Als er mit Noah Mills für das *V Magazine* (2009) arbeitete, fiel ihm ein, dass Avedon einst eine Spraydose von Lanvin in den Slip eines zweiteiligen Badeanzugs gesteckt hatte und dass Helmut Newton, während er gleichzeitig seinen eigenen libidinösen Geschmack zur Entfaltung kommen ließ, diese Idee aufgegriffen hatte. Von nun an traten Testinos Empfindungsvermögen, seine Sexualität, Ungezwungenheit, sein eigener Ton und seine Kultur klar und deutlich aus jenen Fotografien hervor, die ihn zum Liebling der Luxusmarken werden ließen.

Gleichwohl unterschieden sie sich zu sehr voneinander, waren sie in den Augen mancher zu heterogen, zu schrill, um von der Intelligenzija der Fotografie, ihren Kunsthistorikern und Kritikern gewürdigt zu werden. Testino sprudelte nicht nur über vor Ideen, er packte Gelegenheiten beim Schopfe, nutzte den Spürsinn seiner wilderen Seite aus, änderte Vorgehensweisen, ohne sich die Mühe zu machen, an einer wiedererkennbaren Ästhetik zu polieren, war in der Front Row genauso glücklich wie Backstage[5] und bekam von der Crème de la Crème der Supermodels alles, was er wollte; darüber hinaus wechselte er von greller Farbigkeit zu einem strengen Schwarz-Weiß und betätigte sich neben Mode-, Tanz- und Filmfotografie auch

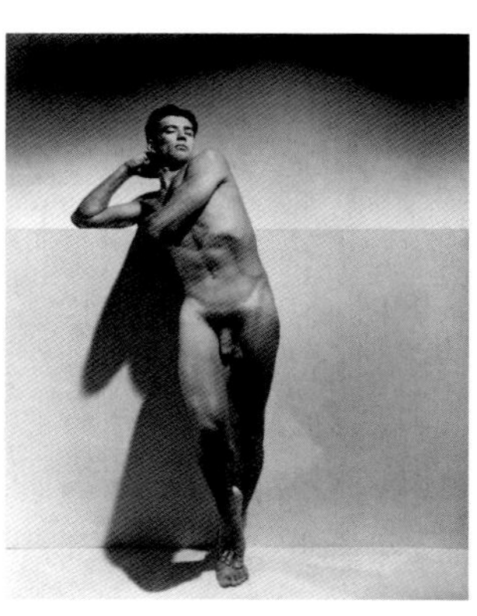

fotojournalistisch. Er machte Aufnahmen für Anzeigen auf dieselbe Art und Weise, in der Künstler ihre Performances gestalten, sicherte sich die Komplizenschaft der Modejunkies und zögerte nicht, Nicole Kidman, Karl Lagerfeld, Anna Wintour, Gisele Bündchen – eher Götter der Celebrity-Kultur als die von Barthes- oder Sontag-Lesern – um die Verwendung ihres Namenszugs für seine Bücher zu bitten, die ihm auch prompt zugestanden wurde. Mit anderen Worten, die Theoretiker waren ratlos. Testino machte, was er wollte. Manche Leute meinen, er sei schwer einzuordnen. Vielleicht ist das so. Any Objections?[6]

Anders als Fotografen wie Guy Bourdin, Paolo Roversi, Deborah Turbeville und Sarah Moon hat sich Testino nie auf einen bestimmten Stil beschränkt, nie Wert auf Wiederholungen seiner Kompositionen und Bildeinstellungen, seiner Ausleuchtung oder Atmosphäre gelegt, sich nie auf immer wiederkehrende Mises en Scène oder typische „Kunstgriffe" eingelassen. Er wirbelt Stile durcheinander, um frei von ihnen zu sein. Statt sich selbst zu zitieren, übernimmt er lieber die Verantwortung für seinen Auftrag, stellt sich gewissenhaft in dessen Dienst und reagiert flexibel auf den kreativen Prozess, auf die Leserschaft, auf das jeweilige Modehaus und dessen Besonderheit. Er weiß, dass die vom Erfolg so abhängige Modewelt alle möglichen Arten von Strategien bereithält, um diese Besonderheit zu erlangen. Jedes Haus hat sein Spezifisches – ein Image oder ein paar grundlegende Ideen. Es ist bestrebt, eine besondere Klientel zu gewinnen und zu halten. Testino weiß, dass die Wahl des Fotografen zusammen mit der des für die Kleidung (ihren Look und ihre Raffinesse) verantwortlichen Designers entscheidend ist, weil der Fotograf nicht nur für die mediengerechte Aufbereitung der Kollektion, sondern – auf seine eigene Art – auch für die Kollektion selbst verantwortlich ist. Der Fotograf rückt die für den Designer charakteristischen Besonderheiten und Details in den Vordergrund. Als Resonanzverstärker trägt er zum Erfolg der Marke bei und definiert sie in Abgrenzung zu den anderen Marken. Modeschauen können nicht wiederholt werden; sie haben eher etwas mit einem Happening gemein. Und noch besser als ein Video multipliziert und fixiert die Fotografie die Kollektion für immer. Über Fotos wird eine Kollektion verkauft. Entsprechend bedeutsam ist die Harmonie oder vielmehr die Symbiose zwischen der Mode und fotografischer Kreativität. Testino ist sich zudem bewusst, dass nationale Vorlieben, auch wenn Mode und Werbung ein internationales Publikum haben, ausgeprägt bleiben. Die amerikanische *Vogue* ist nicht die deutsche *Vogue*, die sich ihrerseits ebenso von der französischen *Vogue* unterscheidet. So vereinigt er, wie der Kontext es verlangt, persönliches Engagement mit kommerziellen Anforderungen, wählt einen neutralen Hintergrund oder ein entsprechendes Dekor (z.B. Strand, Hotel, Garage, Nachtklub, Jacht, Stadion) und passt seine Grundstimmung (erotisch, aristokratisch, romantisch, zwanglos,

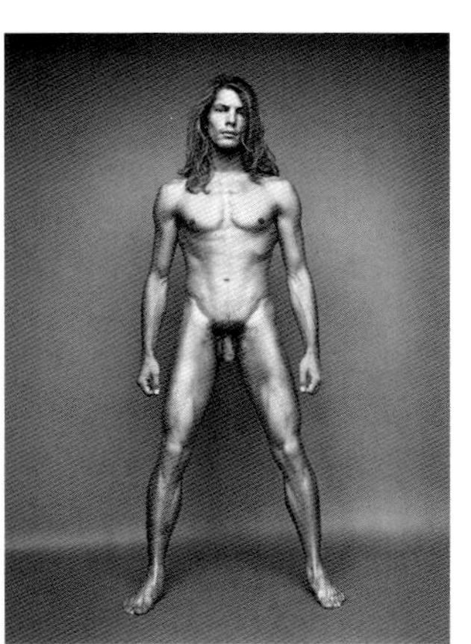

verrückt) dem Label, dem Kleidungsstück, dem potenziellen Käufer an. Er verschwindet in seinen eigenen Bildern, hält sein Ego zurück und versucht nicht, es Schlüpfern, Sweatshirts oder Jacken überzustülpen. Das heißt nicht, dass er einen x-beliebigen Auftrag annehmen würde. Angebote lehnt er ab, „wenn ich nicht glaube, dass sie das verheißen, was ich gerne machen würde, oder meine, dass sie nicht meinem Niveau entsprechen". Geschickt Impuls und Überlegung kombinierend, beweist Testino eine klare Auffassungsgabe, die sich mit einem Gespür für Fair Play und echte Autorität paart. Er ist sehr gut in der Lage, zu seinen Vorschlägen zu stehen (dieses oder jenes Land für die Aufnahmen, dieses bestimmte Model, eher dieses als jenes Accessoire) und fest zu bleiben, um sein Ziel zu erreichen, ohne den Kunden oder das Produkt zu verraten: „Wenn ich für ein Modehaus arbeite, werde ich zum Interpreten der Ideen des Designers ..." Ein Modefoto ist ein Mikrokosmos, der im Idealfall die Osmose zwischen den schöpferisch Tätigen, Strategien und Mitarbeitern wiedergibt.[7] Die individuellen Ziele müssen zu einer magischen Einheit verschmelzen: Todo o Nada.[8] Testino hat, was den kommerziellen Aspekt seiner Rolle in einer Kampagne oder bei der Werbung anbelangt, keinerlei Bedenken: „Ich verkaufe gerne. Ich denke, ich bin manchmal zunächst und in allererster Linie Geschäftsmann ... bei der Modefotografie geht es ums Verkaufen und um das Wachkitzeln von Sehnsüchten. Wenn sie das nicht schafft, habe ich das Gefühl, versagt zu haben." Diese Auffassung von der Aufgabe eines Fotografen in Mode und Werbung steht dem Wertekanon von Intellektuellen und Sammlern zwar diametral entgegen, hat sich für Testinos Erfolg in den Medien und in finanzieller Hinsicht jedoch unbestreitbar positiv ausgewirkt. Liegt etwas Neues in der Luft, kann man sicher sein, dass es auch in Marios Fotografien eingefangen ist.

Testino findet nicht nur Gefallen daran, mit sich selbst wie mit seinem Erfolg professionell umzugehen, er treibt den Bruch mit bürgerlichen Gewohnheiten auch weiter, wenn ihm die Übereinstimmung seiner Persönlichkeit mit dem Zeitgemäßen erlaubt, ausgetretene Pfade zu verlassen. Reaktionäre, in moralischen Dingen in der Regel unnachgiebig und streng gegenüber bestimmten Verhaltensweisen, stemmen sich gegen Veränderungen, die sie missbilligen. Reformer nehmen manchmal Risiken auf sich und haben immerhin den Mut, über gesellschaftliche Veränderungen nachzudenken, sie aufzuzeigen und anzunehmen. Testino ist zweifellos ein furchtloser Neuerer. Mit Überzeugung macht er geltend, dass es bei Mode nicht bloß um Kleidung, sondern um Lebensstile gehe.

Mehr als ein Jahrhundert lang waren Frauen – ob als Künstlermodell, Adelige, Hausfrau, Sexobjekt, Sportlerin, feminines Vorbild für andere Frauen, Diva oder Vamp (Fehlendes mag ergänzt werden) – die Göttinnen gottloser Modefotografen. Schönheit, Eleganz, Chic und körperliche Anziehungskraft waren dem ewig Weiblichen vorbehalten. Baron de Meyer, Steichen, Hoyningen-Huene, Beaton, Platt Lynes, Munkácsi, Avedon, Penn wie auch Clifford Coffin, Erwin Blumenfeld und John Rawlings bekräftigten Jahrzehnt für Jahrzehnt

und ganz losgelöst von ihrer sexuellen Orientierung die Vorrangstellung weiblicher Mode, ob auf dem Podium oder in Zeitschriften. Egal, welchen Rang sie innehatten, welchen Tätigkeiten sie nachgingen oder welche Haltung sie einnahmen, Frauen standen alleine oder höchst selten in Begleitung vor dem Spiegelobjektiv ihres treuen Dieners, des Fotografen.

Seit den 1970er-Jahren holten die Veränderungen im Leben der Männer gegenüber den Frauen ganz erheblich auf. Während Frauen immer breiteren Zugang zur Arbeitswelt fanden, sich emanzipierten und sich Unabhängigkeit erwarben, begannen Männer, den Schauplatz von Charme, Verführung und Erotik zu betreten und ihren Platz auch vorbehaltlos zu halten. Die männliche Garderobe, traditionellerweise unwandelbar und fantasielos, sollte der Persönlichkeit eines Mannes gerecht werden. Die Filme, die man sah – insbesondere die Verkörperungen der männlichen Helden –, halfen, seinen Look zu bestimmen: Dandy, Gentleman, Macho, Teenager, Rebell, Bürokrat oder Hippie. In den meisten Fällen definierten noch immer sein gesellschaftlicher Status, Beruf, Alter und Wohnort seine Kleidung, doch waren die modischen Maßstäbe nicht mehr dieselben und seine Kleider fortan kein zuverlässiger Verweis auf das Milieu, in dem er lebte. Jede Kleiderordnung war zulässig, von sportlich-leger bis zum Porno Chic. Der Manager eines multinationalen Konzerns konnte eine Pressekonferenz zur Präsentation seines neuesten Betriebssystems durchaus in Jeans und offenem Hemd, Polo- oder T-Shirt abhalten.

Testino war bestens gerüstet, diese Entwicklung als Teil seiner Komplizenschaft mit dem „Neuen Mann", dem männlichen Konsumenten, der gelernt hatte, auf sich zu achten, zu nutzen. Zusammen mit Bruce Weber und Herb

Ritts überwand er die Vorstellung, nur die Frau sei als Ikone oder Inspiration denkbar, zugunsten von Männern, deren Körper nun nicht mehr hinderlich waren, Männern, die auf ganz natürliche Weise die Bewunderung von Ästheten gewinnen konnten. Der Mann, der Kate Moss, Gisele Bündchen, Claudia Schiffer, Naomi Campbell und andere Topmodels fotografierte, brachte auch schöne Männer – schlank und muskulös, ohne aufgeblasen zu wirken – in sein Universum der Begierde ein. Zudem behandelt er sie gleichwertig wie ihre weiblichen Kolleginnen. Mischt er die Geschlechter, kehrt er gelegentlich die traditionellen Rollen um und macht die Männer zu den bevorzugten „Objekten" der Begierde. Ebenso inszeniert er sie auch für sich alleine, ohne eine Frau, der sie zu Diensten sein oder die sie lieben oder umschwärmen müssten. Seine männlichen Models, die er über ein Casting oder durch Zufallsbegegnungen findet, stellt er ins Rampenlicht, und manche von ihnen hat er berühmt gemacht, David Gandy zum Beispiel, dank seiner Schönheit und Wandlungsfähigkeit die perfekte Besetzung für aufsehenerregende Kampagnen. Manche zieht er an, andere zieht er aus. Die einen sind für eine durchgeplante Inszenierung vorgesehen, andere werden in eine fröhliche Improvisation einbezogen. Ab und an stellt er in seinem eklektischen Eden sexuell doppeldeutige Models in der vollen Blüte ihrer androgynen Jugend zur Schau, dann wieder kombiniert er Playboys mit kraftstrotzenden Athleten, die sich dem visuellen Ergötzen ihrer Bewunderer vergnügt hingeben. Er setzt ihr Repertoire an Gesten frei, entfesselt ihre Energien und bringt ihren Sex-Appeal zur Explosion. Die Ambivalenz oder das Feminine eines Ludovico Benazzo oder Jarl Allard (*Arena Homme +*, 1996), Taber Schroeder (*Visionaire*, 1996), Trent Ford (*VMAN*, 2003), Charles DeVoe (*VMAN*, 2006), Ian Mellencamp (*V Magazine*, 2011) bringt er an die Oberfläche oder enthüllt sie, und ein Robbie Williams lässt, wie in der britischen *Vogue* (2000), alle Hemmungen fallen. Auf diese Weise untermauert Testino seine eigene kreative Identität. Tattoos behindern diesen Prozess keineswegs. Testino hat sich, mit Männern und Frauen gleichermaßen, als ein eleganter Kenner von Schönheit, Glamour und sinnlicher Anziehung erwiesen. Mit der Veröffentlichung von *SIR* stellt Testino seine Auffassung von Männlichkeit wie nie zuvor in den Vordergrund. Hier präsentiert er uns die Serie seiner persönlichen, seit den frühen 1990er-Jahren je nach Gelegenheit und Stimmung entstandenen männlichen Akte. Frei von den Erfordernissen des Theaters der Eitelkeiten, nach dem Podien, Titelbilder und Portfolios verlangen, mussten sie nicht aufgeputzt werden, um zarteste Zuneigung zu verkörpern. Sie sind erstaunlich.

Für diese Aufnahmen verzichtete Testino auf Farbe und entschied sich für ein sanftes, nuanciertes Schwarz-Weiß. Die Bilder sind zumeist

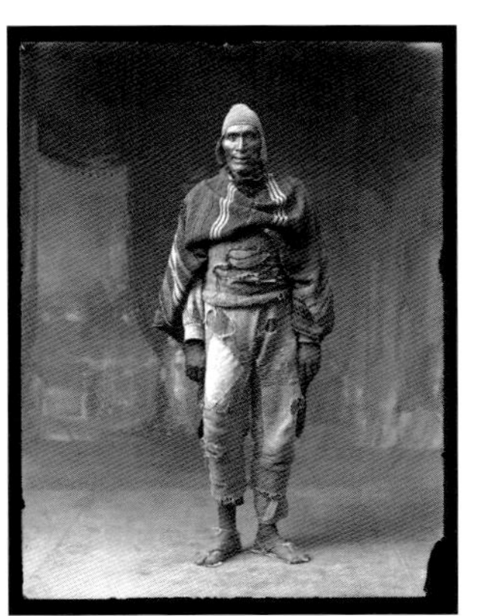

MARTÍN CHAMBI,
JUAN DE LA CRUZ SIHUANA,
HOMBRE GIGANTE DE
LLUSCO-CHUMBIVILCAS,
CUSCO, 1925

statisch, während seine Aufnahmen für Mode und Werbung oft dynamisch und wirbelnd daherkommen. Die Dargestellten stehen für sich alleine, während in seinen Auftragsarbeiten Duos und Gruppen die Regel sind. Es sind verblüffend schlichte und einfühlsame Kompositionen. Und Testino unterscheidet sich als Aktfotograf auch insofern von seinen anderen Inkarnationen, als er sich einer einzigen Kamera anvertraut, was er normalerweise nie tun würde: Warum sollte man sich bei der Verwirklichung seiner Vision unnötige Hindernisse in den Weg legen?

Da gibt es keine historischen Assoziationen oder ornamentalen Elemente wie bei Wilhelm von Gloedens Bildern von den Anhöhen um Taormina oder den an griechischen oder italienischen Küsten entstandenen Aufnahmen von Herbert List. Keine Meerespanoramen oder Landschaften wie bei Bruce Weber. Keinen Swimmingpool oder Strand, keinen Hautkontakte wie bei Herb Ritts. Keine Nahaufnahmen. Keinen Beschnitt, keine Hervorhebung der Form, wie Bill Brandt oder Irving Penn sie in der Intimität ihrer Studios praktizierten. Keine vor lauter Sternen und Blumen schillernden Kompositionen wie bei Pierre und Gilles. Keine Tricks oder skandalösen sexuellen Praktiken wie in Robert Mapplethorpes Arbeiten, der sowohl die fleischliche Leidenschaft zuspitzt wie auch die skulpturalen Qualitäten dieser exemplarischen Körper betont. Und keine Selbstzensur: „Ich bin kein Voyeur. Wenn es

zu Sex kommt, mach ich lieber mit, als dabei zuzuschauen." Das charakteristische Leuchten von Platt Lynes' Akten kommt denen Testinos am nächsten. Doch die meisten von Platt Lynes' Akten sind sexualisiert: Sie wissen, dass sie begehrenswert sind – und begehrt, denn der Fotograf hat nicht verheimlicht, dass er sich zu ihnen hingezogen fühlte. Das Hauptmerkmal von Testinos Akten ist nicht ihre Sexualität, ob sie heiß oder cool wirken, der hetero- oder der homoerotischen Welt zuzuordnen sind. Es ist die Unmittelbarkeit ihrer Präsenz in Abwesenheit jeglicher geistiger oder körperlicher Aneignung. So wie Maler manchmal ihren Pinsel beiseitelegen, um Zeichnungen anzufertigen, die intimer sind als ihre Gemälde, so betrachtet Testino seine Akte als Skizzen. Obgleich sie bloß in Grauwerten aufscheinen und ihnen tiefes Schwarz oder grelles Weiß fehlt, sind sie wahrhaftiger und menschlicher als ihre vielen neon- oder punkfarben aufgetakelten Pendants aus der Konsumgesellschaft, auch genannt die Gesellschaft des

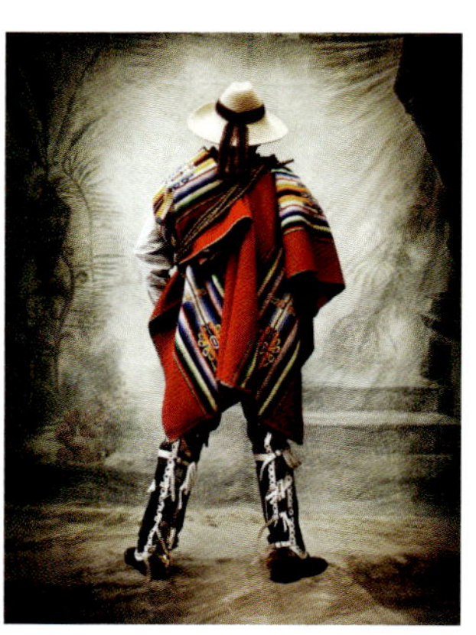

MARIO TESTINO, QORILAZO-TRACHT, JUNGER MANN AUS DER PROVINZ CHUMBIVILCAS, CUSCO, PERU, 2010

Spektakels. Ihr unverblümter Charme verdeckt kaum ihre inneren Schwächen; der Hochmut, der manchmal die Anziehungskraft von Schönheit zunichtemacht, fehlt ihnen völlig. Diese Qualitäten besagen, dass Testinos Akte in der Geschichte des männlichen Akts zu den am wenigsten künstlich wirkenden gehören. Hier gibt es keine Metamorphose. Nur das Model, sonst nichts. Der Fotograf lässt seine Virtuosität zugunsten von Einfachheit aus dem Spiel. Um seine Karriere nicht zu gefährden, zeigte Platt Lynes seine Akte nur Freunden. Testino veröffentlicht seine, ob diese entblößten Komplizen nun Freunde, Models oder fremde Zufallsbekanntschaften sind. Splitternackte Männer aufzunehmen und sie der Öffentlichkeit vorzustellen hält einen bei internationalen Marken unter Vertrag stehenden Fotografen nicht mehr davon ab, stolz an der Spitze seines Fachs zu stehen.

Testinos Begeisterung für alles Menschliche drückt sich in Gesichtern ebenso wie über die Körper aus. Deshalb macht er Porträtaufnahmen für Zeitschriften und zum eigenen Vergnügen. Das Porträt eines charismatischen Schauspielers, der Teleobjektive und Blitzlicht ihn verfolgender Meuten gewohnt ist; das Porträt eines Kreativen, eines bekannten Designers, dem die polierte Maske zur zweiten Haut wurde; das Porträt eines Liebhabers, Freundes oder Kollegen. Testino lehnt es ab, sich ein Urteil über jene zu erlauben, die einen Augenblick lang seine Blicke anziehen, ihn überraschen, reizen und entzücken. Er mag es, jemanden ohne Vorsatz aufs Korn zu nehmen und abzudrücken: Manche seiner Bilder ähneln den „aus dem Leben gegriffenen" Schnappschüssen jener Paparazzi, denen nichts heilig ist. Er fängt Brad Pitt, George Clooney, David Genat, Jude Law oder Colin Firth ein, als würde er sie nicht persönlich kennen. Er erfasst sie frei von dem, was Barbey d'Aurevilly „Schaufensterberühmtheit" nannte. Er weiß, dass er, wenn er sie einfängt, ohne dass sie etwas ahnen, möglicherweise einen Funken mehr Wahrheit erhascht und nicht erst warten muss, bis ihm eine Eingebung kommt. Bill Brandt, der englische Meister des Porträts, bemächtigte sich der Wesen, die er in seine Fischaugenhöhle lockte, und stilisierte sie im Laufe des Prozesses zu Selbstporträts. Testino projiziert nicht seine eigene Persönlichkeit auf andere. An seiner Seite verlieren David Beckham, David Bowie, Dennis Hopper, Mick Jagger und Keith Richards ihr öffentliches Image aus dem Auge. Die Stars erlauben Testino, ihr unverstelltes Ich zu sehen; sie wissen, dass das von den Scheinwerfern der Medien erleuchtete Firmament eine Falle ist; dieses eine Mal sind sie darauf vorbereitet, ganz sie selbst sein zu können. Eine solche Authentizität wiegt tausend andere Bilder auf.

Das ganze Jahr über, in Los Angeles oder Paris, in New York oder Mailand, in London oder in Rio[9], trifft Testino die Stars des Tages, der Saison oder des Jahrzehnts. Er begegnet ihnen in den eigenen vier Wänden, wird empfangen in den exklusivsten Palästen, Schlössern und Residenzen, in Häusern königlicher und aristokratischer Familien mit jahrhundertealtem Stammbaum. Ein gekröntes Haupt gehört nicht unbedingt zu jenen Dingen, die ein berühmter Fotograf in seine Trophäensammlung aufzunehmen hofft; da gibt es zu viele Tabus, zu viele Einschränkungen zu beachten. Doch auch in dieser Hinsicht ist Testino Nonkonformist. Seitdem ihm Zugang zum britischen Königshaus und ipso facto zu dessen globaler Berühmtheit gewährt wurde – 1997, als er Prinzessin Diana kurz vor ihrem Tode für *Vanity Fair* fotografierte –, fertigt er mit Begeisterung Porträts der königlichen Familie und ist bei ihr auch sehr gefragt. „Ich mag Tradition und klassische Bilder. Genauso gerne wie neue topaktuelle." Er ist stolz darauf, zum königlichen Fotografen der förmlich-steifen Höfe Europas und des Mittleren Ostens berufen worden zu sein. Prinz Charles, William und Henry von Wales, der Herzog von Kent, Prinz Nikolaos von Griechenland und Dänemark, König Willem Alexander der Niederlande, alle haben sie für ihn posiert. Manchmal schafft er es – man stelle sich das

Des *shootings* à grands frais aux quatre coins du monde avec les mannequins les plus *trendy* pour des magazines (*Vogue*, *Vanity Fair*, *GQ*, *VMAN*) ou de fameuses maisons de couture et accessoires haut de gamme (Burberry, Dolce & Gabbana, Calvin Klein, Versace, Gucci), des portraits accrocheurs de stars de l'écran et autres célébrités de la jet-set pour, sur papier glacé, séduire et faire fantasmer mesdames et messieurs, des livres publiés avec soin par des éditeurs internationaux (Phaidon, Bulfinch Press et TASCHEN), des expositions présentées par de prestigieux musées, des institutions culturelles de renom et d'importantes galeries privées (National Portrait Gallery, Londres ; Museum of Fine Arts, Boston ; FOAM, Amsterdam ; Museo Thyssen-Bornemisza, Madrid ; musée des beaux-arts de Shanghai ; Mary Boone Gallery, New York ; galerie Yvon-Lambert, Paris) : Mario Testino est une figure majeure du gotha des photographes *fashion* et *people* de la fin du XXe et du début du XXIe siècle. Il a réussi à faire émerger un talent qu'à l'âge de vingt ans il ne soupçonnait pas détenir.

Sans avoir à forger son destin à force de luttes acharnées, de coups bas et de compromissions, il s'est formé sur le tas, guidé par ses intuitions, ses expériences, son entourage et son intérêt inné pour la mode. Les premières années, il ne signa pas un contrat toutes les semaines mais il sut très tôt profiter de circonstances favorables, de rencontres cruciales. Il fit face aux épreuves sans dramatiser ni sa vie privée ni sa carrière. Le soutien et la magnanimité de ses parents, son éducation, son goût de vivre, ses relations amoureuses et la chance ont fait de lui un photographe perspicace, habile, sollicité de toutes parts. Estimé par les milieux de la mode et de la presse, apprécié par les milieux artistiques, fêté par les milieux mondains,

il est en constante formation professionnelle et personnelle. Optimiste de nature, il a ce qu'on appelle un caractère positif.

Son profil étant esquissé, reste à savoir comment Mario est devenu Testino. Quel que soit celui de ses livres que vous consultez, vous êtes peu informé sur le déroulement de sa vie : sa biographie est succinctement résumée, et aucune chronologie détaillée ne la complète. Ne croyez pas pour autant qu'il cherche à oublier ses origines, à dissimuler son enfance… Il n'éprouve ni honte ni regret. Mais le passé est passé, et si le sien fut heureux, si les bons souvenirs l'emportent sur les moins bons, c'est le présent qui l'intéresse.

Pourtant, il n'est pas inutile de savoir qu'il est né à Lima, en 1954, d'un père d'ascendance italienne et d'une mère d'ascendance irlandaise, qui n'étaient pas eux-mêmes des immigrés puisque leurs parents respectifs vivaient déjà au Pérou. Le père de Mario était un « homme d'affaires. Il a travaillé pour une entreprise de métallurgie pendant trente ans, avant de devenir représentant d'une société d'additifs pour carburants. Il possédait aussi des biens immobiliers, même si nous étions une famille de la classe moyenne ordinaire[1] ». Sa mère, élégante et distinguée, prenait soin de leurs six enfants.

Les antécédents familiaux du garçon – de l'Europe à l'Amérique du Sud –, ses études supérieures et les déplacements professionnels de son père à l'étranger (où Mario l'accompagna quelquefois) étendirent très tôt son horizon au-delà de sa terre natale. Une année d'études économiques à l'Universidad del Pacífico, deux années d'études juridiques à la Pontificia Universidad Católica del Perú, l'une et l'autre à Lima, et quatre mois d'études des relations internationales à l'université de San

seine Karriere nicht zu gefährden, zeigte Platt Lynes seine Akte nur Freunden. Testino veröffentlicht seine, ob diese entblößten Komplizen nun Freunde, Models oder fremde Zufallsbekanntschaften sind. Splitternackte Männer aufzunehmen und sie der Öffentlichkeit vorzustellen hält einen bei internationalen Marken unter Vertrag stehenden Fotografen nicht mehr davon ab, stolz an der Spitze seines Fachs zu stehen.

Testinos Begeisterung für alles Menschliche drückt sich in Gesichtern ebenso wie über die Körper aus. Deshalb macht er Porträtaufnahmen für Zeitschriften und zum eigenen Vergnügen. Das Porträt eines charismatischen Schauspielers, der Teleobjektive und Blitzlicht ihn verfolgender Meuten gewohnt ist; das Porträt eines Kreativen, eines bekannten Designers, dem die polierte Maske zur zweiten Haut wurde; das Porträt eines Liebhabers, Freundes oder Kollegen. Testino lehnt es ab, sich ein Urteil über jene zu erlauben, die einen Augenblick lang seine Blicke anziehen, ihn überraschen, reizen und entzücken. Er mag es, jemanden ohne Vorsatz aufs Korn zu nehmen und abzudrücken: Manche seiner Bilder ähneln den „aus dem Leben gegriffenen" Schnappschüssen jener Paparazzi, denen nichts heilig ist. Er fängt Brad Pitt, George Clooney, David Genat, Jude Law oder Colin Firth ein, als würde er sie nicht persönlich kennen. Er erfasst sie frei von dem, was Barbey d'Aurevilly „Schaufensterberühmtheit" nannte. Er weiß, dass er, wenn er sie einfängt, ohne dass sie etwas ahnen, möglicherweise einen Funken mehr Wahrheit erhascht und nicht erst warten muss, bis ihm eine Eingebung kommt. Bill Brandt, der englische Meister des Porträts, bemächtigte sich der Wesen, die er in seine Fischaugenhöhle lockte, und stilisierte sie im Laufe des Prozesses zu Selbstporträts. Testino projiziert nicht seine eigene Persönlichkeit auf andere. An seiner Seite verlieren David Beckham, David Bowie, Dennis Hopper, Mick Jagger und Keith Richards ihr öffentliches Image aus dem Auge. Die Stars erlauben Testino, ihr unverstelltes Ich zu sehen; sie wissen, dass das von den Scheinwerfern der Medien erleuchtete Firmament eine Falle ist; dieses eine Mal sind sie darauf vorbereitet, ganz sie selbst sein zu können. Eine solche Authentizität wiegt tausend andere Bilder auf.

Das ganze Jahr über, in Los Angeles oder Paris, in New York oder Mailand, in London oder in Rio[9], trifft Testino die Stars des Tages, der Saison oder des Jahrzehnts. Er begegnet ihnen in den eigenen vier Wänden, wird empfangen in den exklusivsten Palästen, Schlössern und Residenzen, in Häusern königlicher und aristokratischer Familien mit jahrhundertealtem Stammbaum. Ein gekröntes Haupt gehört nicht unbedingt zu jenen Dingen, die ein berühmter Fotograf in seine Trophäensammlung aufzunehmen hofft; da gibt es zu viele Tabus, zu viele Einschränkungen zu beachten. Doch auch in dieser Hinsicht ist Testino Nonkonformist. Seitdem ihm Zugang zum britischen Königshaus und ipso facto zu dessen globaler Berühmtheit gewährt wurde – 1997, als er Prinzessin Diana kurz vor ihrem Tode für *Vanity Fair* fotografierte –, fertigt er mit Begeisterung Porträts der königlichen Familie und ist bei ihr auch sehr gefragt. „Ich mag Tradition und klassische Bilder. Genauso gerne wie neue topaktuelle." Er ist stolz darauf, zum königlichen Fotografen der förmlich-steifen Höfe Europas und des Mittleren Ostens berufen worden zu sein. Prinz Charles, William und Henry von Wales, der Herzog von Kent, Prinz Nikolaos von Griechenland und Dänemark, König Willem Alexander der Niederlande, alle haben sie für ihn posiert. Manchmal schafft er es – man stelle sich das vor –, sie dazu zu bringen, locker zu werden: „Das ist eine Kunst.“

Unter den mit Testinos Namen verbundenen Porträts sind einige, die nichts mit der Welt der Stars oder königlichen und aristokratischen Stammbäume zu tun haben. Aufgenommen in Sevilla, Arles, Lima, London oder in Jordanien, zeigen sie Männer, deren Tracht Symbol ihrer Funktion ist. In formaler Hinsicht kombinieren diese privaten Werke Porträt und Reportage. Vor allem jedoch zeugen sie von der Tatsache, dass sich das Faible dieses Fotografen für Kleidung nicht auf die Haute Couture beschränkt. Die Traje de luces eines Toreros, die Uniform eines Nationalgardisten oder die eines Soldaten mit oder ohne Rangabzeichen kann seine Aufmerksamkeit genauso erregen wie die Linien eines Wangen- oder Hüftknochens. Diese Dinge mögen sogar im Fundus seiner Fantasien schlummern. Ich bin mir ziemlich sicher, dass gewisse – keinesfalls alle – Arten von Kleidungsstücken seine Begierde entfachen, so wie die Ausübung eines Sports oder einer Kunst, der Besitz von Macht oder Autorität oder auch die Offenbarung eines Mundes, einer Brust oder eines muskulösen Oberkörpers andere erregen. Vielleicht ist Kleidung, zumindest alles, was mit Mode zu tun hat, für Testino sowohl Attribut der Schönheit als auch ein Schlüssel zu ihrer geistigen, visuellen und sogar erfühlbaren Erotisierung. Glücklicherweise hat er nie versucht, seinen eigenen Instinkten zu entkommen oder gegen diesen Aspekt seines Ichs anzukämpfen.

Ein Glücksfall ist auch, dass Testino in das Land seiner Kindheit zurückkehrte und – in einer wunderbaren Serie mit dem Titel *Alta Moda* – seine Begeisterung für Kleidung mit der Zuneigung für sein Heimatland verband. Bei drei unterschiedlichen Gelegenheiten hat er sich auf die symbolisch aussagekräftigsten Trachten der Region um Cuzco konzentriert. Diese von Hand gefertigten Kleidungsstücke mit ihrer besonderen Webtechnik und den bemerkenswerten Stickereien sind authentische Zeugnisse des kulturellen Erbes von Peru, seines Brauchtums und der Zeremonien, die dem gesellschaftlichen Leben des Landes ihren Rhythmus verleihen. Für die nationale Identität Perus sind diese Trachten sehr charakteristische Elemente, denn „sie wurden über viele Generationen getragen und sind in alten Traditionen verankert. Für mich haben sie genauso viel Reiz wie Kleidung der Haute Couture. Die Frauen in den Anden tragen sie mit großem Stolz.“[10] Vor zwei Hintergründen fotografiert, die die Nachlassverwaltung von Martín Chambi zur Verfügung gestellt hatte, ist diese Serie damit auch eine Hommage an die lokale Geschichte der Fotografie: zunächst und in allererster Linie an Chambi, jenen unbestrittenen Schutzpatron, der für die Peruaner von der gleichen historischen Bedeutung ist wie August Sander für die Deutschen; an José Ortiz-Echagüe, der eine breit angelegte dokumentarische und einfühlsame Sammlung von Aufnahmen Spaniens und seiner Landsleute – und ihrer Kleidung – erstellte; an Irving Penn, der Ende 1948 Chambis Studio angemietet hatte und dort ein Portfolio „ethnografischer“ Porträts schuf, die letztendlich grandiose Modeaufnahmen sind. Wie seine Vorgänger unterstreicht Testino die Würde derer, die für ihn posieren. Anders als jene aber richtet er seine besondere Aufmerksamkeit auf den Schnitt und die Stoffe der Trachten, auf ihr Design und ihre Farben. Das war vielleicht unvermeidlich.

Mit sechzig konturiert Testino seine kaleidoskopartige Bilderwelt durch feine Wechselwirkungen zwischen dem Zeitlosen und dem Geschmack des Heutigen, zwischen Klassizismus und exzentrischer Originalität. Aus zwei verschiedenen Abstammungen geboren, offiziell peruanischer und italienischer, inoffiziell carioca, ein Pariser und ein Londoner mit mehr als nur einer Spur New York und Hollywood, ist Testino zwangsläufig Nomade, denn die Vorliebe für Mode, Luxus, Designeraccessoires und raffinierte Kosmetik hat universale Dimensionen erreicht. Pragmatisch und polyglott (er spricht fünf Sprachen), verwischt er die Grenzen zwischen Porträt, Mode, Werbung, persönlichen Arbeiten, Gesellschaft, Akt, Kunst und Kommerz. Seitdem er die Rahmenbedingungen seines Handwerks zu meistern weiß und zu seiner Unterstützung ein effizientes Team um sich versammelt hat, das die technischen Umsetzungen seiner Vorstellungen und Ansprüche perfekt beherrscht und auch mit jeder nur denkbaren Panne umgehen kann, brilliert er in der Vollendung seiner eigenen Absichten und lässt seinem sechsten Sinn freien Lauf. Aus diesem Grunde hat er *SIR* als eine Anthologie seiner fotografischen Präferenzen und Neigungen konzipiert, von Bildern, die ausgelöst durch ein aufregendes Gesicht oder einen unwiderstehlichen Körper entstanden, bis zu „künstlerischen" Fotografien, die an Antimode grenzen. Unwillig, seine künstlerische Sensibilität zu kategorisieren, hat er sich für eine harmonische Mischung von

Fotografien unterschiedlichster Bedeutung entschieden, von denen viele bislang unveröffentlicht waren und denen er auch ermöglicht, sich voneinander abzugrenzen.

Als ein Alleskönner, der Künstler und Handwerker zugleich ist, versteht Testino es virtuos, die Schwingungen eines kosmopolitischen, intelligenten, hippen und sexy Publikums – zu dem notorisch abgebrannte Youngster ebenso wie die handverlesenen Happy Few gehören – aufzugreifen, zu filtern, neu zu kombinieren und weiterzugeben. Ausgelassen, wohlgelaunt und hedonistisch, stets bereit für eine Fiesta oder ein gegenseitiges As You Like It, spielt er mit dem Impuls der Liebe und führt gleichzeitig sein beständiges Oszillieren zwischen Körper (Schönheit, Begehren und sexuellem Vergnügen) und Kleidung (zweiter Haut, Selbstdarstellung, gesellschaftlichem Ausweis) immer weiter. Nicht im Entferntesten davon besessen, für alle Zeiten als Künstler zu gelten, gehört er zu jenen Kreativen, die den heiligen Bund zwischen Mode und Presse stärken, zu den Schöpfern eines fotografischen Repertoires, dessen Scharfsinn, Virtuosität und Leuchtkraft die entsprechenden Qualitäten der Mode ergänzen. Ohne Zweifel lag ihm die Mode schon in den Genen. Die Fotografie wurde zum Webmuster seines Schicksals.

Des *shootings* à grands frais aux quatre coins du monde avec les mannequins les plus *trendy* pour des magazines (*Vogue, Vanity Fair, GQ, VMAN*) ou de fameuses maisons de couture et accessoires haut de gamme (Burberry, Dolce & Gabbana, Calvin Klein, Versace, Gucci), des portraits accrocheurs de stars de l'écran et autres célébrités de la jet-set pour, sur papier glacé, séduire et faire fantasmer mesdames et messieurs, des livres publiés avec soin par des éditeurs internationaux (Phaidon, Bulfinch Press et TASCHEN), des expositions présentées par de prestigieux musées, des institutions culturelles de renom et d'importantes galeries privées (National Portrait Gallery, Londres ; Museum of Fine Arts, Boston ; FOAM, Amsterdam ; Museo Thyssen-Bornemisza, Madrid ; musée des beaux-arts de Shanghai ; Mary Boone Gallery, New York ; galerie Yvon-Lambert, Paris) : Mario Testino est une figure majeure du gotha des photographes *fashion* et *people* de la fin du XXe et du début du XXIe siècle. Il a réussi à faire émerger un talent qu'à l'âge de vingt ans il ne soupçonnait pas détenir.

Sans avoir à forger son destin à force de luttes acharnées, de coups bas et de compromissions, il s'est formé sur le tas, guidé par ses intuitions, ses expériences, son entourage et son intérêt inné pour la mode. Les premières années, il ne signa pas un contrat toutes les semaines mais il sut très tôt profiter de circonstances favorables, de rencontres cruciales. Il fit face aux épreuves sans dramatiser ni sa vie privée ni sa carrière. Le soutien et la magnanimité de ses parents, son éducation, son goût de vivre, ses relations amoureuses et la chance ont fait de lui un photographe perspicace, habile, sollicité de toutes parts. Estimé par les milieux de la mode et de la presse, apprécié par les milieux artistiques, fêté par les milieux mondains,

il est en constante formation professionnelle et personnelle. Optimiste de nature, il a ce qu'on appelle un caractère positif.

Son profil étant esquissé, reste à savoir comment Mario est devenu Testino. Quel que soit celui de ses livres que vous consultez, vous êtes peu informé sur le déroulement de sa vie : sa biographie est succinctement résumée, et aucune chronologie détaillée ne la complète. Ne croyez pas pour autant qu'il cherche à oublier ses origines, à dissimuler son enfance… Il n'éprouve ni honte ni regret. Mais le passé est passé, et si le sien fut heureux, si les bons souvenirs l'emportent sur les moins bons, c'est le présent qui l'intéresse.

Pourtant, il n'est pas inutile de savoir qu'il est né à Lima, en 1954, d'un père d'ascendance italienne et d'une mère d'ascendance irlandaise, qui n'étaient pas eux-mêmes des immigrés puisque leurs parents respectifs vivaient déjà au Pérou. Le père de Mario était un « homme d'affaires. Il a travaillé pour une entreprise de métallurgie pendant trente ans, avant de devenir représentant d'une société d'additifs pour carburants. Il possédait aussi des biens immobiliers, même si nous étions une famille de la classe moyenne ordinaire[1] ». Sa mère, élégante et distinguée, prenait soin de leurs six enfants.

Les antécédents familiaux du garçon – de l'Europe à l'Amérique du Sud –, ses études supérieures et les déplacements professionnels de son père à l'étranger (où Mario l'accompagna quelquefois) étendirent très tôt son horizon au-delà de sa terre natale. Une année d'études économiques à l'Universidad del Pacífico, deux années d'études juridiques à la Pontificia Universidad Católica del Perú, l'une et l'autre à Lima, et quatre mois d'études des relations internationales à l'université de San

Diego (Californie), qui lui firent quitter pour la première fois le cocon familial, lui confirmèrent son manque d'intérêt pour ces domaines aussi sérieux que rébarbatifs. Mario avait répondu aux souhaits de son père, soucieux qu'il exerce une profession sûre, mais il n'obtint aucun diplôme. Sa vie ne serait pas celle d'un cadre supérieur. Elle serait autre, et ailleurs. Il raconte avoir connu « une jeunesse fabuleuse ponctuée de fêtes, de sorties à la plage, de distractions, sans le poids des responsabilités ». Néanmoins, il n'était pas totalement épanoui.

À l'école, entre treize et dix-huit ans, il a quelque peu souffert des railleries de certains élèves. « Je m'habillais de façon étrange et j'imagine que j'étais un peu efféminé. » Les adolescents se moquent sans vergogne de celui qui est différent, et ces moqueries, même si elles ne rendent pas invivable la vie de celui qui les subit, altèrent son bonheur. « Je ne pouvais être personne d'autre. » Aussi, en 1976, à l'âge de tous les possibles, il partit pour Londres. Il n'avait pas hâte de quitter sa famille, mais il devait s'éloigner de la « société fermée qu'était Lima », trop conventionnelle, trop prude. Il avait besoin d'être plus libre et surtout d'être lui-même. Il n'avait pas de projet précis. Il voulait vivre à sa guise. Aimer à sa guise. Sans se poser mille questions, il décida de voler de ses propres ailes.

Il ne choisit pas Londres par hasard. Il y retrouve son meilleur ami : le dépaysement est moins brutal quand on est en bonne compagnie. Là, bientôt, une copine lui suggère, pour

obtenir le visa dont il a besoin, de s'inscrire à l'école privée de photographie où elle fait elle-même ses classes. Mario suit son conseil et commence sa formation dans le John Vickers Studio, interrompue par la mort du maître des lieux, ex-photographe de théâtre. Il la poursuit dans le studio de Paul Nugent au sein duquel, sans l'avoir prémédité, il se familiarise de plus en plus avec la belle image qui, hier encore, était pour lui une *terra incognita*. Il obtient le visa qui lui permet de rester à Londres, mais ses parents lui coupent les vivres. Il devient pour quelque temps serveur dans un restaurant, puis « se lance » dans la photographie. S'il n'a pas véritablement de regard, sinon celui de la curiosité, il apprécie la relation entre la discipline qu'il vient de découvrir et la mode qui l'attire depuis son plus jeune âge. « Je ne me suis pas engagé dans la photo de mode à cause de la photographie, mais à cause de la mode[2]. » Dès la fin des années 1970, les dés sont jetés : il tentera de se faire une place à la fois dans le microcosme londonien de la photographie et dans le monde grisant de la couture – la « haute », la prestigieuse, et le prêt-à-porter qui court les rues – dont il ignore les rivalités, les frictions et multiples arcanes. L'autodidacte qu'il est se fera la main sans se départir de sa bonne humeur. Au milieu des années 1990, quelques rendez-vous donnés par la providence lui permettront de percer, d'accéder aux plus hautes sphères de la planète mode et de se sentir enfin à l'aise parmi ses pairs.

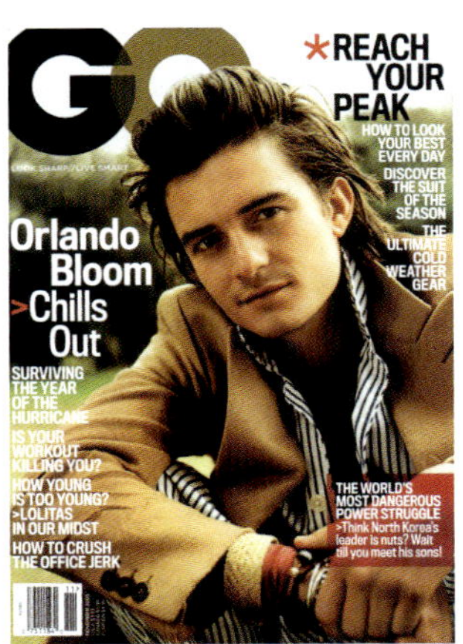

Mario Testino.
Orlando Bloom.
Los Angeles. *GQ*. 2005

En attendant, pendant ses années d'apprentissage, de tâtonnements et d'expérimentations, Testino acquiert d'avérées compétences. En même temps qu'il forge son savoir-faire, il découvre, entre autres, les photographies éthérées, empreintes de l'esthétique pictorialiste, du baron Adolf de Meyer, les clichés modernistes d'Edward Steichen, en harmonie avec l'Art déco de l'entre-deux-guerres, ceux de George Hoyningen-Huene marqués du sceau de l'idéal grec, les modèles sculpturaux d'Horst P. Horst auréolés de lumière, ainsi que les décors luxueux, les éclairages opalescents, les artifices hétéroclites dont usa et abusa Cecil Beaton, *primus inter pares* de la photographie de mode britannique des années 1930–1950. Il se rend compte que, si sa raison d'être professionnelle et son but commercial ont toujours entaché l'aura de la photographie de mode, ces maîtres ont néanmoins offert à *Vogue* et à *Harper's Bazaar* des pages d'un incontestable intérêt artistique.

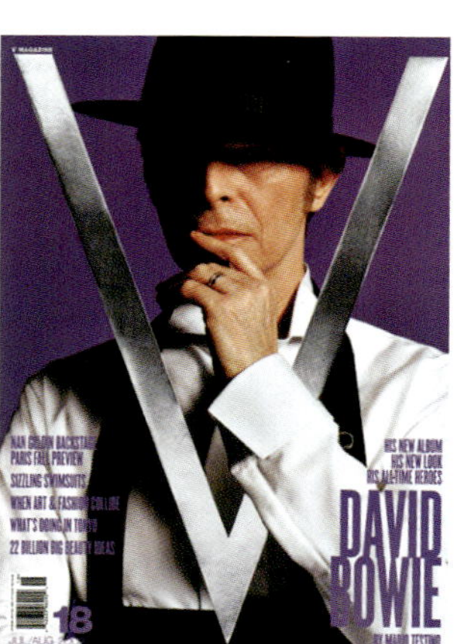

MARIO TESTINO,
DAVID BOWIE, NEW YORK,
V MAGAZINE, 2002

D'ailleurs, Beaton ne cessera d'être l'une de ses références. Dans la généalogie photographique de Testino, il restera l'incarnation du chic mondain, des *sirs* et *ladies*, du dandysme, du raffinement, de la sophistication et de cette once d'excentricité qui ravit les personnalités atypiques en mal de divertissement.

Mais ce ne sont pas ces photographes magistraux, si légendaires soient-ils, qui influencent le plus Testino. Ce sont les initiateurs du réalisme photographique introduit dans la galaxie de la mode par Martin Munkácsi, pendant les années 1930, confirmé par Toni Frissell et Norman Parkinson, et imposé au cours des années 1950 par Richard Avedon. Munkácsi mit les mannequins en mouvement, leur conférant une allure naturelle qu'elles n'avaient jamais eue auparavant. Il en fit des sportives, des femmes d'action. Sa spontanéité fut telle qu'elle fit passer certains de ses clichés pour des instantanés. Profitant des progrès accomplis par la presse après la Deuxième Guerre mondiale (en termes de conception et de diffusion des titres, de reproduction des images), Avedon, admirateur de Munkácsi, reprit le flambeau de la modernité et la propulsa, plus encore que son prédécesseur « inventeur » du dynamisme, sur la scène internationale. La femme d'Avedon marqua Testino par sa décontraction, sa désinvolture, son exubérance. Le jeune Sud-Américain, toujours prêt à s'exalter, fut bluffé par la maestria du New-Yorkais. Irving Penn, l'autre patron, l'éblouit par son sens aristocratique de l'élégance, par son intemporelle théâtralité, par sa sublimation inégalable du style. Avedon, par son sens jubilatoire de la vie, par ses toniques performances photographiques.

Ces monstres sacrés ont pris de l'âge quand Testino fait ses gammes, d'un magazine à l'autre. Leurs successeurs ont eu, eux aussi, le temps de laisser leur empreinte. Par exemple, dans les années 1960, Londres, la ville d'adoption de Mario, remit en cause d'ennuyeux us et coutumes, laissa les jeunes boire, fumer, danser à gogo, faire des voyages psychédéliques et avoir des rapports sexuels libérés des conventions pudibondes. C'est à Londres que la mode commença à se démocratiser et que se développa un marché destiné à ces jeunes – habillés comme personne d'autre – qui écoutaient du rock'n'roll, les Beatles et les Rolling Stones, pour s'embraser dans des transes musicales. Il y a quelquefois de l'irrévérence chez Testino, comme il y en eut dans les photographies de David Bailey, Terence Donovan et Brian Duffy, les « Terrible Three » du Swinging London. La libération vestimentaire anglaise, doublée de mœurs débridées, entraîna dans son maelström les photographes chargés de la mettre en images. Les magazines changèrent de tempo. L'élitisme dut battre en retraite. La mode rajeunit, devint moins exclusive. Testino, lui-même friand des fêtes et débordements de Rio de Janeiro – et d'ailleurs –, tira les leçons de cette révolution et de ses répercussions, de même que des innovations apportées par Bert Stern, Hiro, Bob Richardson, William Klein, Peter Lindbergh et quelques autres.

Helmut Newton paracheva l'épanouissement photographique du pétillant et néanmoins appliqué jeune pro. Ses audaces sulfureuses firent frissonner Testino. Ses provocations l'aidèrent à viser juste, à frapper fort. À rendre sa photographie sensorielle et attrayante en diable. Newton, qui avait le goût de la luxure, eut aussi le mérite d'être le premier photographe de mode réputé à intégrer bon nombre d'hommes parmi les femmes qui avaient été, depuis le début du siècle, quasiment seules en scène. Il rendit visibles, ostensiblement et avec outrance, des attitudes sexuelles qui sortaient à peine de l'ombre où elles avaient été pendant longtemps dissimulées (et condamnées). Testino ne manqua pas de prendre le relais, d'autant qu'il ne se lasse jamais des affinités sensuelles et qu'il est capable, dans ce registre, de combler des lacunes de maître Helmut.

Si les apports de Beaton, Avedon, Newton… se sont infusés dans la photographie de Testino parvenue à maturité, ils ne sont pas les seuls à l'habiter[3]. Testino puise son inspiration dans ses lectures[4] et dans le bouillonnement multiculturel des diverses disciplines artistiques (peinture, cinéma, vidéo, décoration), des modes de vie et des échanges entre créateurs. Il a ses propres antennes. Il a sa propre façon de tâter le pouls du monde qu'il aime percevoir, et faire percevoir dans ses intuitions photographiques. Ici, pour le *Vogue* allemand (2008), il entre dans *La Danse* d'Henri Matisse. Là, avec Josh Hartnett (*VMAN*, 2005), il se remémore la chute d'Helmut Berger dans l'abîme des *Damnés* de Luchino Visconti. Il fait ressurgir Cecil Beaton avec Michael Howells (*W*, 1995), Jean Cocteau avec Atticus Ross (*Männer Vogue*, 1988). Avec Noah Mills, pour *V Magazine* (2009), il se souvient qu'Avedon glissa un atomiseur de Lanvin dans le bas d'un maillot deux-pièces et que Newton reprit l'idée en la corsant d'une fragrance scabreuse. Dorénavant, la sensibilité, la sexualité, l'aisance, le ton, la culture de Testino rayonnent ensemble dans ses clichés qui font les beaux jours de l'industrie du luxe.

Cependant, ils sont trop dissemblables, trop hétéroclites, disons même, pour certains, trop tape-à-l'œil pour être primés par l'intelligentsia de la photographie, historiens et critiques confondus. Non seulement Testino fourmille d'idées, profite des opportunités, exploite les aubaines engendrées par son grain de folie, change de méthode sans peaufiner une esthétique reconnaissable, accède au premier rang comme aux coulisses[5] et obtient ce qu'il veut de la fine fleur des *supermodels*, mais il passe du noir et blanc au chromatisme le plus *flashy*, il fait de la photographie de mode comme du photojournalisme, comme de la photographie de danse, de spectacle vivant, ou du cinéma, il fait de l'*advertising* comme un artiste crée une performance, il fait des clins d'œil aux *fashion junkies* et il n'hésite pas à requérir, pour ses livres, les signatures amicales de Nicole Kidman, Karl Lagerfeld, Anna Wintour, Gisele Bündchen, plus appréciées des amateurs de la *celebrity culture* que des lecteurs de Roland Barthes et de Susan Sontag. Bref, il ne concède rien aux théoriciens, il n'en fait qu'à sa tête. Certains ont peine à le définir. Et alors ! *Any objections ?* [6]

Contrairement à des photographes comme Guy Bourdin, Deborah Turbeville, Paolo Roversi et Sarah Moon, Testino n'est pas l'adepte d'un style caractérisé par la répétition d'un cadrage, d'un éclairage, d'une atmosphère ou d'un type de silhouette, ni par des mises en scène singulières ou le recours à un « truc » finalement considéré comme une signature. Il brouille les styles pour mieux s'en affranchir. Plutôt que de se citer lui-même *ad libitum*, il endosse la responsabilité des mandats qui lui sont confiés et s'adapte au directeur artistique, à son processus créatif (qu'il défend avec loyauté), au lectorat du magazine, à la maison de couture et à son originalité. Il sait que l'univers de la mode, qui dépend de la prospérité du business, se prête aux stratégies en tout genre. Que chaque maison a la sienne, qui repose sur une image et quelques idées directrices. Que son objectif est

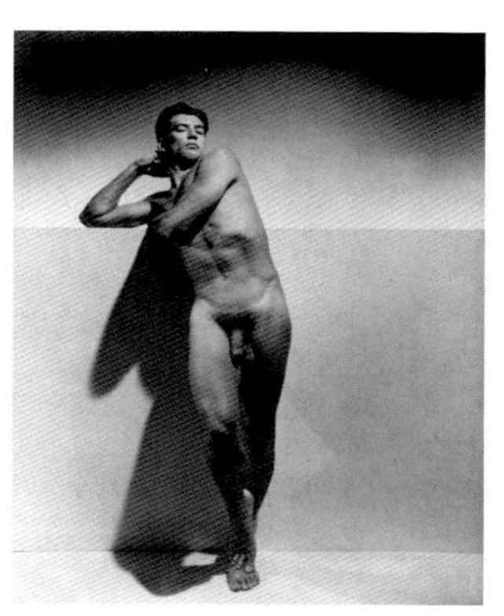

GEORGE PLATT LYNES,
ROBERT MCVOY, C. 1940

de gagner et de conserver une clientèle. Il sait que le choix du photographe associé au styliste responsable du vestiaire (look et sophistication confondus) est déterminant puisque, en même temps que sa médiatisation, il signe lui aussi, à sa façon, la collection. Le photographe valorise la griffe, ses spécificités. Créateur d'échos, il contribue au succès de la marque, il fait la différence avec les autres marques. Un défilé ne se répète pas, il relève de l'événementiel.

La photographie (mieux que la vidéo) permet de démultiplier la collection, de la pérenniser. C'est elle qui, surtout, fait vendre. D'où la pertinence d'une union, voire d'une symbiose, entre la création vestimentaire et la création photographique. Testino sait aussi que, même si la mode et la publicité bénéficient d'une audience internationale, les particularités nationales n'ont pas disparu. Le *Vogue* américain n'est pas identique au *Vogue* allemand, lui-même différent du *Vogue* français. Aussi mixe-t-il contraintes et initiatives personnelles en fonction du contexte, comme il choisit un fond neutre ou un décor (plage, hôtel, parking, night-club, yacht, stade) et adopte un ton (érotique, aristocratique, romantique, désinvolte, déjanté) approprié au label, au vêtement, aux acheteurs potentiels. Il se fond dans l'image sans prendre le dessus sur le slip, le sweat-shirt ou le blouson, sans extérioriser exagérément son ego. N'en déduisez pas qu'il se prête à tout. Il explique ainsi refuser des commandes « quand [il] estime qu'elles ne correspondent pas à ce [qu'il veut] faire ou ne sont pas à

[son] niveau ». Comme il mêle impulsion et réflexion, il fait preuve à la fois de compréhension, de fair-play et d'autorité. Il sait argumenter, défendre ses propositions (tel pays pour tel *shooting*, tel mannequin, tel accessoire plutôt qu'un autre) et ses positions pour arriver à ses fins, sans trahir ni le commanditaire ni le produit. « Si je travaille pour une maison de couture, je deviens l'interprète de l'idée qui a guidé le designer… » Une photographie de mode est un tout, une osmose entre des créateurs, des stratèges et leurs collaborateurs[7]. Les objectifs sont individuels, le résultat doit être magiquement collectif. Une affaire de *Todo o Nada*[8]. Testino assume sans réticence le caractère commercial de sa participation à la campagne de communication, de promotion. « J'aime vendre. Je pense parfois que je suis un homme d'affaires avant d'être un artiste. Je trouve que dans la photo de mode, il s'agit de vendre et de susciter le désir. Alors si le résultat n'est pas probant, je considère que j'ai échoué. » Cette conception du travail du photographe (mode et publicité), qui altère l'appréciation des intellectuels et des amateurs d'épreuves de collection, favorise incontestablement la réussite médiatique (et financière) de Testino, particulièrement doué pour humer l'air du temps.

Non seulement Testino se réjouit d'être professionnellement en accord avec lui-même et d'avoir du succès, mais il rompt plus encore avec les usages bourgeois quand la concordance entre son époque et sa personnalité lui

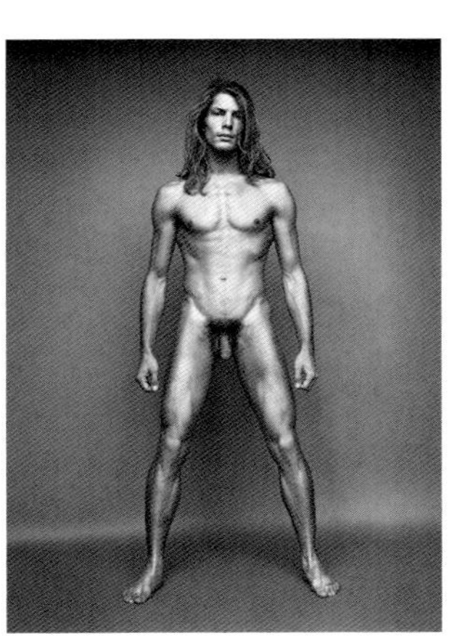

permet de sortir des sentiers battus. Les réactionnaires, intransigeants sur tout ce qui relève de la morale en général et des mœurs en particulier, résistent aux mutations qu'ils désapprouvent. À l'opposé, les réformistes prennent quelques risques et font preuve de hardiesse pour refléter, éclairer, devancer les évolutions sociétales. Assurément, Testino est un novateur qui n'a pas froid aux yeux. Il confirme avec raison et assurance que la mode n'est pas qu'une affaire de vêtement ; c'est un style de vie.

Pendant plus d'un siècle, qu'elle soit traitée en modèle pour artiste, en noble dame, en maîtresse de maison, en femme-objet, en sportive, en femme-femme, en diva ou en vamp (j'en oublie !), la femme fut quasiment une déesse pour les photographes de mode qui n'avaient pas de dieu. La beauté, l'élégance, le chic, l'attraction charnelle étaient l'apanage de la représentante de l'éternel féminin. Le baron de Meyer, Steichen, Hoyningen-Huene, Beaton, Platt Lynes, Munkácsi, Avedon, Penn, comme Clifford Coffin, Erwin Blumenfeld et John Rawlings, ont confirmé d'une décennie à l'autre, indépendamment de leurs préférences sexuelles, la suprématie de la mode féminine, autant sur les podiums que dans les magazines. Peu importaient son rang, son activité, son attitude, la femme était seule (ou presque) face à son miroir, et dans l'objectif de son faire-valoir.

Plus qu'auparavant, la mutation de la condition masculine accompagne celle de la condition féminine à partir des années 1970. En même temps que la femme, qui accède de plus en plus au monde du travail, s'émancipe et conquiert peu à peu son indépendance, l'homme s'immisce et bientôt s'affirme sans honte dans l'univers du charme, de la séduction et de l'érotisme. Son vestiaire, longtemps coutumier, sans grande fantaisie, évolue et s'adapte à sa personnalité. Les films qu'il voit – et leurs têtes d'affiche masculines – l'aident à déterminer son look dandy, gentleman, macho, teenager, rebelle, bureaucrate ou baba cool. Généralement, son statut social, ses activités professionnelles, son âge et son adresse continuent de caractériser son dressing-room mais ses obligations vestimentaires ne sont plus ce qu'elles étaient, ses tenues ne reflètent plus à coup sûr son milieu. Tous les *dress codes* ont droit de cité, du *casual wear* au porno chic. Le P-DG d'une multinationale peut faire une conférence de presse pour présenter son nouveau logiciel ou Smartphone en jeans et chemise col ouvert, polo ou tee-shirt.

Mieux que personne, Testino intègre cette mutation dans ses connivences avec l'homme nouveau qui achète, consomme et prend soin de lui. À l'instar de Bruce Weber et d'Herb Ritts, il sonne le glas de la femme comme unique icône ou égérie, au bénéfice de l'homme qui n'est plus encombré de son corps et qui peut lui aussi, naturellement, faire l'admiration des esthètes. Celui qui photographie Kate Moss, Gisele Bündchen, Claudia Schiffer, Naomi Campbell et les *top models* les plus racés, incorpore de beaux mâles – sveltes et musclés, sans être outrageusement bodybuildés – dans sa galaxie des convoitises. Il les traite d'égal à égal avec leurs comparses féminines. Quand il mêle les sexes, il intervertit quelquefois les rôles traditionnels et fait

des hommes les « objets » privilégiés du désir. Il peut aussi les scénariser seuls, sans femme à servir, à aimer, à porter aux nues. Qu'il les ait sélectionnés par casting ou choisis à l'occasion d'une rencontre fortuite, il les met en vedette et fait même sortir quelques-uns d'entre eux de l'anonymat, tel David Gandy qui, par sa morphologie et sa malléabilité, se prête aux coups d'éclat. Il habille certains, en déshabille d'autres. Tantôt il les dirige dans une mise en scène préconçue, tantôt il les associe à une festive improvisation. Tantôt il intègre dans son éclectique éden des modèles à la fleur de l'âge et à la sexualité ambiguë, genre androgyne, tantôt il réunit play-boys et athlètes virils qui s'abandonnent volontiers au plaisir des yeux de leurs adorateurs. Il débloque, il délie leur gestuelle, booste leur énergie, pimente leur sex-appeal. Il laisse affleurer ou se dévoiler pleinement l'ambivalence, la part de féminité de Ludovico Benazzo et Jarl Allard (*Arena Homme +*, 1996), Taber Schroeder (*Visionaire*, 1996), Trent Ford (*VMAN*, 2003), Charles Devoe (*VMAN*, 2006), Ian Mellencamp (*V Magazine*, 2011), et de Robbie Williams déchaîné (*Vogue* britannique, 2000) qui lui permettent de renforcer son identité créative. Même avec des tatoués, il tire son épingle du jeu. Avec les hommes de tous profils, comme avec les femmes, Testino se révèle fin connaisseur en beauté, glamour et affinités sensuelles.

Faisant le point comme il ne l'avait jamais fait sur ses approches de la masculinité, Testino profite de la publication de *SIR* pour lever le voile sur les nus masculins qu'il réalise à titre personnel, au gré des circonstances et de ses humeurs, depuis le début des années 1990. Épargnés par l'impitoyable compétition qui électrise en permanence la planète des vanités – celle des podiums, des couvertures et des portfolios –, ils n'ont pas besoin de parures pour incarner de délicats engouements. Ils sont étonnants.

Pour eux, Testino renonce à la couleur et choisit un doux noir et blanc peu contrasté. Ils sont majoritairement statiques alors qu'en mode et en publicité ses prises de vue sont souvent dynamiques, virevoltantes. Ils sont individuels alors que, dans ses travaux de commande, les duos et les groupes abondent. Sans gêne et sans prétention, ils sont sages, simples dans leur facture. Surtout, Testino amateur de nus respecte un même dispositif photographique qu'il rejette dans les autres registres pour épargner d'inutiles entraves à son inspiration.

Pas de décor avec rappels historiques, pas d'éléments ornementaux, comme chez Wilhelm von Gloeden sur les hauteurs de Taormina ou chez Herbert List sur les côtes grecques et italiennes. Pas de paysage campagnard ou marin, comme chez Bruce Weber. Pas de piscine, pas de plage, pas de contacts épidermiques comme chez Herb Ritts. Pas de gros plan. Pas de découpe ou de mise en relief des formes, comme chez Bill Brandt et Irving Penn retirés dans leur studio. Pas de compositions chatoyantes, étoilées ou fleuries, comme chez Pierre et Gilles. Pas de frasques et de pratiques sexuelles scandaleuses, comme chez Robert Mapplethorpe qui exacerbe le délire charnel en même temps que la plastique de corps exemplaires. Pourtant, pas d'autocensure. « Je ne suis pas un voyeur.

Quand il s'agit de sexe, je préfère agir que regarder. » C'est le rayonnement des nus de Platt Lynes qui s'apparente le mieux à celui des nus de Testino. Mais la plupart des modèles de Platt Lynes sont sexualisés : ils savent qu'ils sont désirables et désirés, d'autant que le photographe, face à eux, ne cache pas son attirance. La caractéristique de ceux de Testino n'est pas leur sexualité, qu'ils aient du chien ou des manières nonchalantes, qu'ils soient hétéros, homos ou bisexuels. Elle est dans leur immédiateté, dans l'absence de toute appropriation mentale ou physique. Comme le peintre abandonne quelquefois ses pinceaux, ses brosses et sa palette pour faire des dessins plus confidentiels que ses tableaux, Testino traite ses nus comme des épures. Même s'ils ne sont parés que d'une déclinaison de gris, sans noir profond ni blanc éclatant, ils sont plus réels, plus humains que n'importe lequel de leurs semblables de la société de consommation – ou du spectacle – parés de couleurs pop et fluo. Leur charme sans apprêt recouvre à peine leurs failles intérieures, et ils sont dépourvus de cette fierté qui gâche parfois l'attractivité spontanée de la beauté. Ces propriétés font que, dans l'histoire du nu masculin, les nudités candides de Testino sont parmi les moins artificielles, les moins métamorphosées qui soient. Le modèle est dans le plus simple appareil. Le photographe se déleste de son savoir-faire et se contente de son plus simple regard. Pour ne pas compromettre ses travaux de commande, Platt Lynes ne montrait ses nus qu'à ses amis. Testino rend publics les siens, que son complice dénudé soit un ami, un mannequin ou un anonyme de passage. Faire et faire voir des nus masculins de face n'empêche plus un photographe sous contrat avec des enseignes internationales d'être en page de tête du *Who's who* de la profession.

L'attrait de Testino pour tout ce qui concerne l'être humain porte sur les visages autant que sur les corps. Aussi s'exerce-t-il au portrait, pour le compte de mensuels ou pour son seul régal. Portrait d'un acteur charismatique habitué aux téléobjectifs, aux flashes des photographes aux aguets. Portrait d'un créateur, d'un styliste chevronné inséparable du masque vernissé qui lui colle à la peau. Portrait d'un amant, d'un ami, d'un confrère… Ouvert aux diverses civilisations, croyances et coutumes, Testino s'abstient de juger les êtres qui, pour un instant, l'accrochent, le surprennent, l'émoustillent, l'épatent. Il aime viser et déclencher sans préméditation, si bien que certains de ses clichés ressemblent aux « instantanés de la vraie vie » saisis par des paparazzis sans tabou. Il semble ainsi surprendre Brad Pitt, George Clooney, David Genat, Jude Law, ou Colin Firth, comme s'il ne les connaissait pas personnellement. Il les capte délestés de ce que Jules Barbey d'Aurevilly appelle « la célébrité de vitrine ». Il sait qu'en les prenant au dépourvu il a des chances de saisir une once de vérité et qu'il

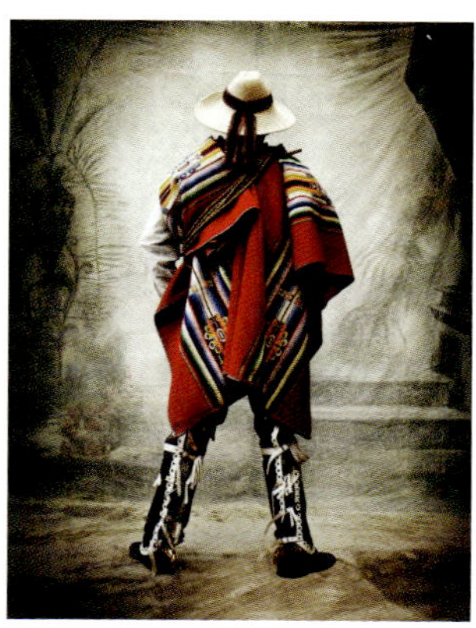

MARIO TESTINO,
COSTUME QORILAZO,
JEUNE HOMME DE LA
PROVINCE DE CHUMBIVILCAS,
CUZCO, PÉROU, 2010

ne doit pas laisser passer la potentielle satisfaction qu'offre la concrétisation d'une intuition. Bill Brandt, le maître anglais du portrait, s'accapare les êtres qu'il fait entrer dans son antre dramatique. Testino ne se projette pas dans les personnalités des autres. À ses côtés, David Beckham, David Bowie, Dennis Hopper, Mick Jagger et Keith Richards perdent de vue leur image publique. Les stars et le témoin de leur expression sans fard savent tous que le firmament qu'offrent les feux de la société médiatique n'est qu'un leurre, et pour une fois ils l'acceptent. Pareille expression en vaut cent autres.

Testino, qui croise à longueur d'année, à Los Angeles, Paris, New York, Milan, Londres ou Rio[9], dans leurs lieux de prédilection, les vedettes d'un jour, d'un mois ou d'une décennie, est accueilli dans les palais, châteaux et résidences très protégés, très difficiles d'accès, des familles royales et des aristocrates issus de lignées centenaires. Le portrait-type des têtes couronnées n'est pas de ceux que les photographes renommés rêvent d'ajouter à leurs trophées : trop d'interdits, de contraintes. Mais Testino, décidément non-conformiste, qui a accédé à ce monde huppé et *ipso facto* à la célébrité en 1997 quand, pour *Vanity Fair*, il a photographié la princesse Diana peu avant sa mort, s'honore de réaliser des portraits d'apparat pour lesquels il est désormais régulièrement appelé. « J'adore la tradition et les images classiques. Je les aime autant que les images dernier cri. » Il est fier d'être devenu le photographe patenté des membres compassés des cours d'Europe et du Proche-Orient. Les princes Charles, William et Henry (Harry) de Galles, le duc de Kent, le prince Nicolas de Grèce, le roi Guillaume-Alexandre des Pays-Bas, entre autres, ont posé pour lui. Il réussit quelquefois à les détendre, un défi et une performance : « C'est une compétence à part. »

Parmi les portraits signés par Testino, il en est qui ne doivent rien au star-system, ni aux maisons royales et princières. Réalisés à Séville, Arles, Lima, Londres ou en Jordanie, ce sont ceux d'hommes dont l'habit est le symbole de la fonction. Dans la forme, ces travaux personnels relèvent à la fois du portrait et du reportage. Au fond, ils attestent que le goût du photographe pour le costume ne se réduit pas aux collections des maisons de couture. L'habit de lumière d'un torero, l'uniforme d'un garde national ou celui d'un soldat, avec ou sans galons, peuvent aussi bien retenir son attention que les traits d'un visage ou les formes d'un corps. Ils peuvent même participer à un fantasme. J'ose soupçonner qu'une tenue vestimentaire – pas n'importe laquelle – peut éveiller son désir comme la pratique d'un sport, d'un art, la détention d'un pouvoir ou la révélation d'une bouche, d'un sein ou de pectoraux peut galvaniser n'importe lequel d'entre nous. Que l'habit et tout ce qui relève de la mode constituent pour Testino à la fois des attributs de la beauté et des clés de son érotisation, mentale, visuelle, voire tactile. Par chance, il n'a pas tenté d'échapper au soi, il n'a pas lutté contre cette double composante de lui-même.

Par chance également, Testino est retourné au pays de son enfance pour réunir dans une série de haute volée, *Alta Moda*, sa fascination pour le vêtement et son attachement à sa terre d'origine. À trois reprises, il s'est focalisé sur les costumes les plus emblématiques de la région de Cuzco. Confectionnés à la main, remarquables par leurs tissages et leurs broderies, ces habits sont d'authentiques témoignages du patrimoine culturel du Pérou, de son folklore et des cérémonies qui rythment la vie sociale. Ils sont d'autant plus des composantes de l'identité nationale qu'ils « ont été portés par plusieurs générations successives et s'enracinent dans des traditions très anciennes. Pour moi, ils exercent le même attrait que des vêtements haute couture, car les femmes des Andes ressentent une grande fierté à les porter[10] ». Réalisée devant deux toiles de fond prêtées par l'*estate* de Martín Chambi, cette série rend également hommage à l'histoire locale de la photographie : à Chambi d'abord, évidemment, figure tutélaire incontestée, historiquement aussi important pour les Péruviens qu'August Sander l'est pour les Allemands ; à l'Espagnol José Ortiz Echagüe, qui brossa un tableau documentaire et affectif de grande envergure de son pays et de ses compatriotes, notamment les tenues vestimentaires locales ; à Irving Penn, qui loua le studio de Chambi à la fin de 1948 et y réalisa un portfolio d'anthologie de portraits « ethnographiques », superbes ersatz de photographies de mode. Comme ses prédécesseurs, Testino souligne la dignité de ceux qui posent pour lui. Contrairement à eux, il magnifie les coupes et les tissus des habits, leurs dessins, leurs couleurs. On ne se refait pas.

À soixante ans, Testino ne se lasse pas de singulariser son kaléidoscope d'images par d'impalpables dosages entre l'intemporalité et le capricieux goût du jour, entre le classicisme et l'excentrique originalité. Issu de sangs contrastés, officiellement Péruvien et Italien, officieusement Carioca, Parisien, Londonien, avec quelques zestes new-yorkais et hollywoodien, il est forcément nomade, tant le goût de la mode, du luxe, des accessoires estampillés et des cosmétiques sophistiqués s'est universalisé. Polyglotte (il parle cinq langues), pragmatique, il rend poreuses les frontières entre portrait, mode, publicité, *personal work*, société, nu, art et commerce. Maîtrisant les paramètres du métier, efficacement secondé par des assistants habiles à traduire techniquement ses orientations, ses exigences, et à faire face au moindre aléa, il excelle à favoriser son dessein et son sixième sens. Aussi conçoit-il *SIR* comme un florilège de ses aptitudes et de ses préférences photographiques, du déclic provoqué par un troublant visage ou un corps magnétique jusqu'au cliché *arty* aux confins de l'*anti-mode*. Ne voulant pas compartimenter les différentes facettes de son regard, il opte pour un méli-mélo de photographies d'inégale importance, antérieurement publiées ou inédites, qu'il laisse allègrement s'entrechoquer.

Tel un multicarte tout à la fois *artiste* et *artisan*, il est doué pour capter, filtrer, mixer, propager des ondes et créer des interférences au sein d'un public cosmopolite, smart, branché, sexy, constitué aussi bien de jeunes peu fortunés que d'*ultra select happy few*. Fringant, rieur, hédoniste, toujours prêt pour la fiesta ou un *Comme il vous plaira* réciproque, il stimule les coups de cœur tout en enrichissant son incessant va-et-vient entre le corps (beauté, désir, plaisirs charnels) et le vêtement (deuxième peau, expression de soi, passeport social). Épargné par l'obsession d'être un artiste pour l'éternité, il fait partie de ces créateurs qui consolident l'union sacrée entre la mode et la presse. De ces créateurs du répertoire « photographie » qui complètent avec perspicacité, dextérité et allégresse ceux du répertoire « mode ». Son ADN est incontestable : la mode était pour lui une prédestination. La photographie est devenue la trame de sa destinée.

ENDNOTES: 1. Interview with the photographer, August 2014. Unless noted, quotations are from this interview. 2. Interview Mario Testino / Madonna Ciccone in *Mario Testino, Fashion Photographs*, Fundação Armando Álvares Penteado, São Paulo, 1998. 3. Testino's artistic lineage has taken concrete form in his collection; by July 2014, it comprised 182 photographic prints and around 1,800 works of contemporary art. The artists include Chambi, Hoyningen-Huene, Beaton, Platt Lynes, Bailey, Avedon, Penn, Newton, Richardson, Weber and Ritts. There are also works by Paul Outerbridge, Diane Arbus, Robert Mapplethorpe, Larry Clark, William Eggleston, Nan Goldin, Martin Parr, Juergen Teller and Philip-Lorca diCorcia. Today, fine art, his fellow humans and 'life' inspire him more than the history of photography. But of his collection, as of his own creations, Testino can say: 'This is who I am, take it or leave it' (*Somos Libres II*, Rizzoli, 2014). 4. The author who has most influenced him is Hermann Hesse, in particular his books *Demian, Siddhartha* and *Narcissus and Goldmund*. 5. Mario Testino, *Front Row / Backstage*, Bulfinch Press, 1999. 6. Mario Testino, *Any Objections?*, Phaidon, 2008. 7. When one asks Mario Testino who has been most important for him in his career, he cites mainly fashion/press professionals: first of all Lady Amanda Harlech (*Harpers & Queen*), Hamish Bowles (fashion journalist and editor, etc.), Patrick Kinmonth (his longstanding artistic collaborator) and Lucinda Chambers (both of British *Vogue*), of whom he says, 'We trained together'; then Franca Sozzani (*L'Uomo Vogue, Lei,* Italian *Vogue*) and Anna Wintour (American *Vogue*), the two first editors-in-chief to believe in him; Carine Roitfeld, an independent stylist before becoming editor of French *Vogue* in 2001, who 'pushed me to be more me'; Tom Ford who was his partner in unleashing porno chic on the world; and lastly Tonne Goodman (American *Vogue*) and Paul Cavaco (*Harper's Bazaar, Vogue, Allure*), 'who polished me'. Only two photographers gave him wise advice: Peter Lindbergh and Patrick Demarchelier. When one asks which fashion photographers he feels closest to, he replies: 'I'm probably closer to Patrick Demarchelier or Helmut Newton than the others. To Demarchelier because we both love beauty and Newton because we both love sex.' 8. Mario Testino, *Todo o Nada*, Museo Thyssen-Bornemisza, 2010. *All or Nothing*: a well-chosen title. 9. The only city to which Mario has devoted a book (TASCHEN, 2009). 10. Mario Testino, 'Back to My Roots', *Alta Moda*, MATE, 2013.

ANMERKUNGEN: (1) Gespräch mit dem Fotografen, August 2014. Die folgenden nicht anders nachgewiesenen Zitate stammen alle aus diesem Gespräch. (2) Interview Mario Testino/Madonna Ciccone, in: Mario Testino, *Fashion Photographs*, Fundação Armando Álvares Penteado, São Paulo 1998. (3) Testinos künstlerische Prägungen sind auf besondere Weise in seiner Kunstsammlung präsent, die (Stand vom Juli 2014) 182 Fotoabzüge und rund 1.800 Werke der zeitgenössischen Kunst umfasst. In ihr sind Namen wie Chambi, Hoyningen-Huene, Beaton, Platt Lynes, Bailey, Avedon, Penn, Newton, Richardson, Weber und Ritts vertreten. Auch Werke von Paul Outerbridge, Dian Arbus, Robert Mapplethorpe, Larry Clark, William Eggleston, Nan Goldin, Martin Parr, Juergen Teller und Philippe Lorca diCorcia gehören dazu. Heute inspirieren ihn die schönen Künste, seine Mitmenschen und alles, was „das Leben" ausmacht, mehr als die Geschichte der Fotografie. Gleichwohl kann Testino von seiner Sammlung wie von seinen eigenen Werken sagen: „Darin erkenne ich mich wieder, nimm mich, wie ich bin, oder lass es." (Somos Libres II, Rizzoli 2014) (4) Der Schriftsteller, der ihn am meisten beeinflusst hat, ist Hermann Hesse, insbesondere dessen Bücher *Demian*, *Siddhartha*, *Narziss und Goldmund*. (5) Mario Testino, *Front Row / Backstage*, Bulfinch Press, 1999. (6) Mario Testino, *Any Objections?*, Phaidon, 2008 (7) Fragt man Mario Testino, welche Personen ihm im Laufe seiner Karriere wichtig waren, führt er hauptsächlich Presseprofis an: zuallererst Lady Amanda Harlech *(Harpers & Queen)*, Hamish Bowles (Redakteur und Modedirektor usw.), Patrick Kinmonth (seit Langem sein künstlerischer Mitarbeiter; britische *Vogue*) und Lucinda Chambers (britische *Vogue*), zu denen er erklärt: „Wir haben zusammen gelernt"; dann Franca Sozzani (*L'Uomo Vogue, Lei*, italienische *Vogue*) und Anna Wintour (amerikanische *Vogue*) – sie waren die beiden ersten Chefredakteurinnen, die wirklich an ihn glaubten; Carine Roitfeld, eine freischaffende Stylistin, die 2001 Chefredakteurin der französischen *Vogue* wurde und ihn, wie er sagt, „gedrängt hat, noch mehr ich selbst zu sein"; Tom Ford, sein Komplize in der Propagierung des Porno Chic; schließlich Tonne Goodman (amerikanische *Vogue*) und Paul Cavaco (*Harper's Bazaar, Vogue, Allure*), die ihm „den Feinschliff" gaben. Nur zwei Fotografen haben ihm gute Ratschläge gegeben: Peter Lindbergh und Patrick Demarchelier. Fragt man ihn, welchen Modefotografen er sich am nächsten fühlt, antwortet er: „Zweifellos stehen mir ein Patrick Demarchelier oder ein Newton näher als andere. Demarchelier, weil wir beide die Schönheit lieben, Newton, weil wir beide Sex besonders mögen." (8) Mario Testino, *Todo o Nada*, Museo Thyssen-Bornemisza, 2010. *Alles oder Nichts*: ein gut gewählter Titel. (9) Die einzige Stadt, der Mario ein Buch gewidmet hat (TASCHEN, 2009). (10) Mario Testino, „*Back to my roots*", Alta Moda, MATE, 2013.

NOTES: (1) Entretien avec le photographe, août 2014. Les citations suivantes non référencées sont toutes extraites de cet entretien. (2) Interview Mario Testino/Madonna Ciccone, in Mario Testino, *Fashion Photographs*, Fundação Armando Álvares Penteado, São Paulo, 1998. (3) Les filiations artistiques de Testino sont privilégiées dans la collection d'arts plastiques qu'il a constituée, riche (en juillet 2014) de 182 épreuves photographiques et d'environ 1 800 œuvres d'art contemporain. On y remarque les noms de Chambi, Hoyningen-Huene, Beaton, Platt Lynes, Bailey, Avedon, Penn, Newton, Richardson, Weber, Ritts. Des œuvres de Paul Outerbridge, Diane Arbus, Robert Mapplethorpe, Larry Clark, William Eggleston, Nan Goldin, Martin Parr, Juergen Teller et Philip-Lorca diCorcia y figurent également. Aujourd'hui, le *fine art*, ses semblables et tout ce qui constitue « la vie » l'inspirent davantage que l'histoire de la photographie. Néanmoins, de sa collection, comme de ses propres créations, Testino peut dire : « This is who I am, take it or leave it. » (*Somos Libres II*, Rizzoli, 2014). (4) L'écrivain qui l'a le plus marqué est Hermann Hesse, en particulier ses livres *Demian, Siddhartha, Narcisse et Goldmund*. (5) Mario Testino, *Front Row – Backstage*, Bulfinch Press, 1999. (6) Mario Testino, *Any Objections?*, Phaidon, 2008. (7) Quand on demande à Mario Testino quelles personnes ont compté pour lui dans sa carrière, il cite essentiellement des professionnels de la presse: d'abord Lady Amanda Harlech (*Harpers & Queen*), Hamish Bowles (rédacteur et directeur mode, etc.), Patrick Kinmonth (son collaborateur artistique de longue date ; *Vogue* britannique) et Lucinda Chambers (*Vogue* britannique), dont il déclare : « Nous nous sommes formés ensemble » ; puis Franca Sozzani (*L'Uomo Vogue, Lei, Vogue* italien) et Anna Wintour (*Vogue* américain), les deux premières rédactrices en chef à croire réellement en lui ; Carine Roitfeld, styliste indépendante qui devint rédactrice en chef du *Vogue* français en 2001 et qui, dit-il, « m'a poussé à être davantage moi-même » ; Tom Ford, qui l'associa à la mise sur orbite du porno chic ; enfin Tonne Goodman (*Vogue* américain) et Paul Cavaco (*Harper's Bazaar, Vogue, Allure*) qui l'ont « poli ». Deux photographes seulement lui ont donné des conseils avisés : Peter Lindbergh et Patrick Demarchelier. Quand on lui demande de quels photographes de mode il se sent le plus proche, il répond : « Je suis sans doute plus proche d'un Patrick Demarchelier ou d'un Newton que des autres. Demarchelier parce que nous aimons tous les deux la beauté, et Newton parce que nous aimons tous les deux le sexe. » (8) Mario Testino, *Todo o Nada*, Museo Thyssen-Bornemisza, 2010. *Tout ou Rien* : un titre bien choisi. (9) La seule ville à laquelle Mario ait consacré un livre (TASCHEN, 2009). (10) Mario Testino, « Back to my roots », *Alta Moda*, MATE, 2013.

Plates

Bildtafeln

planches

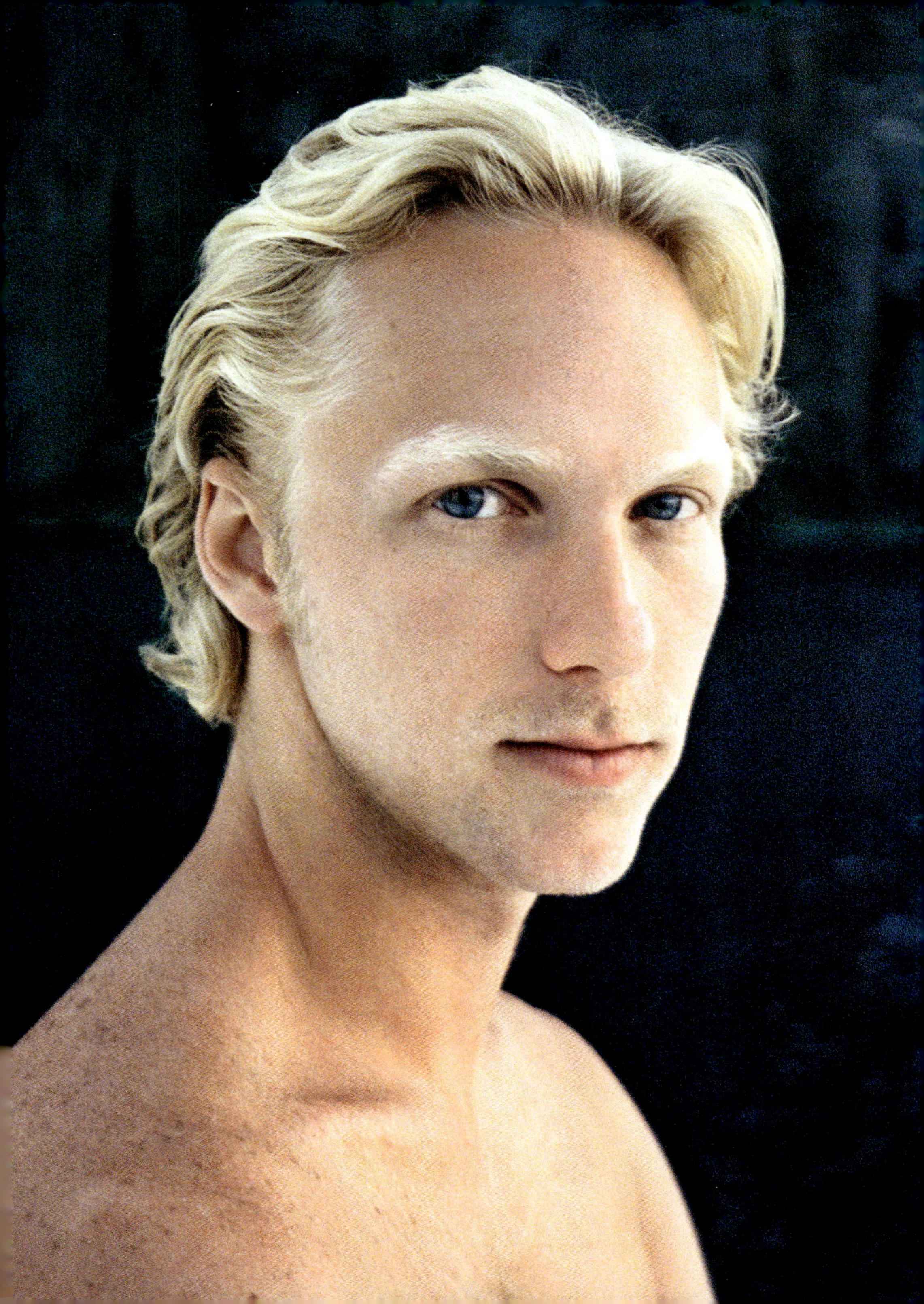

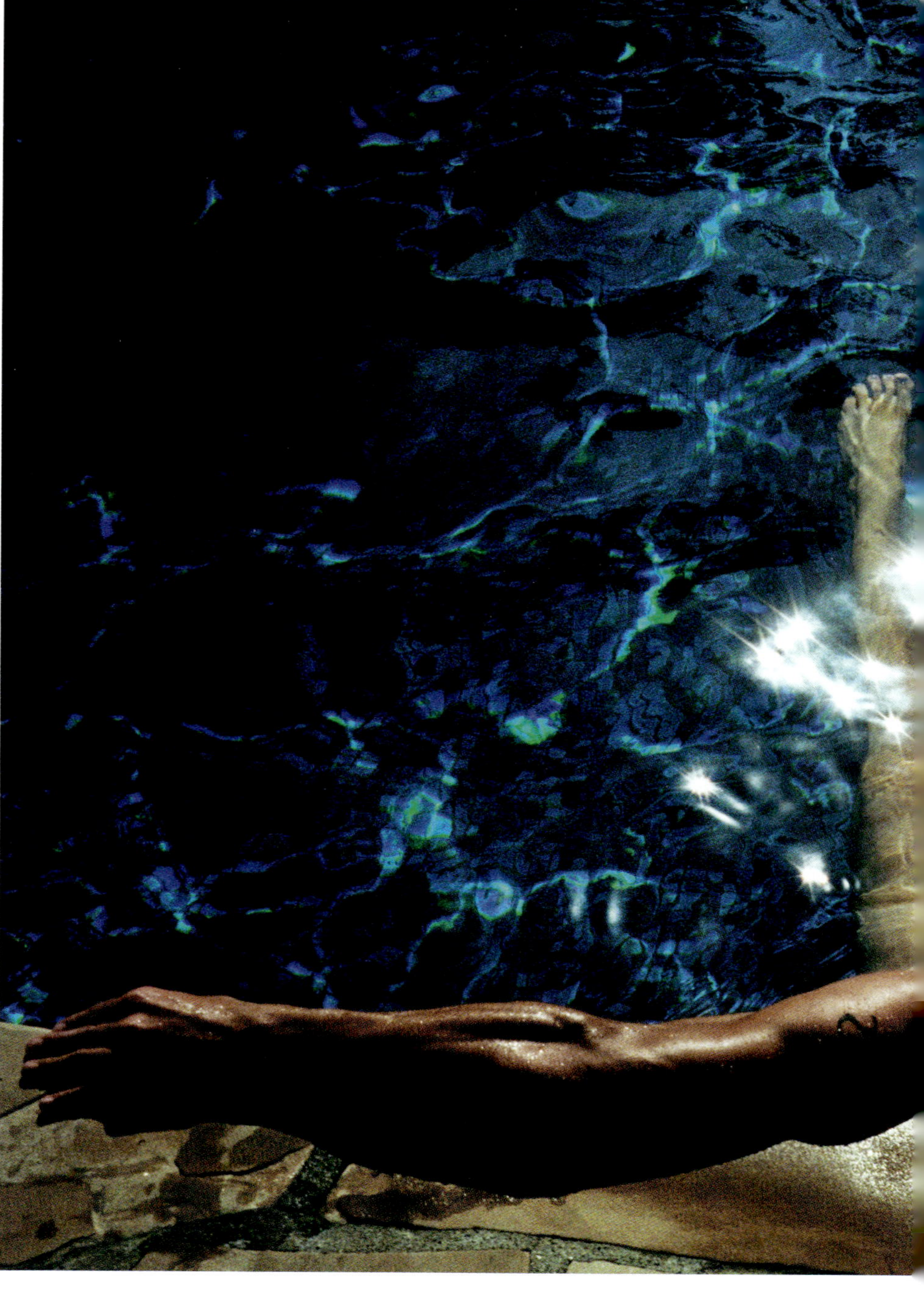

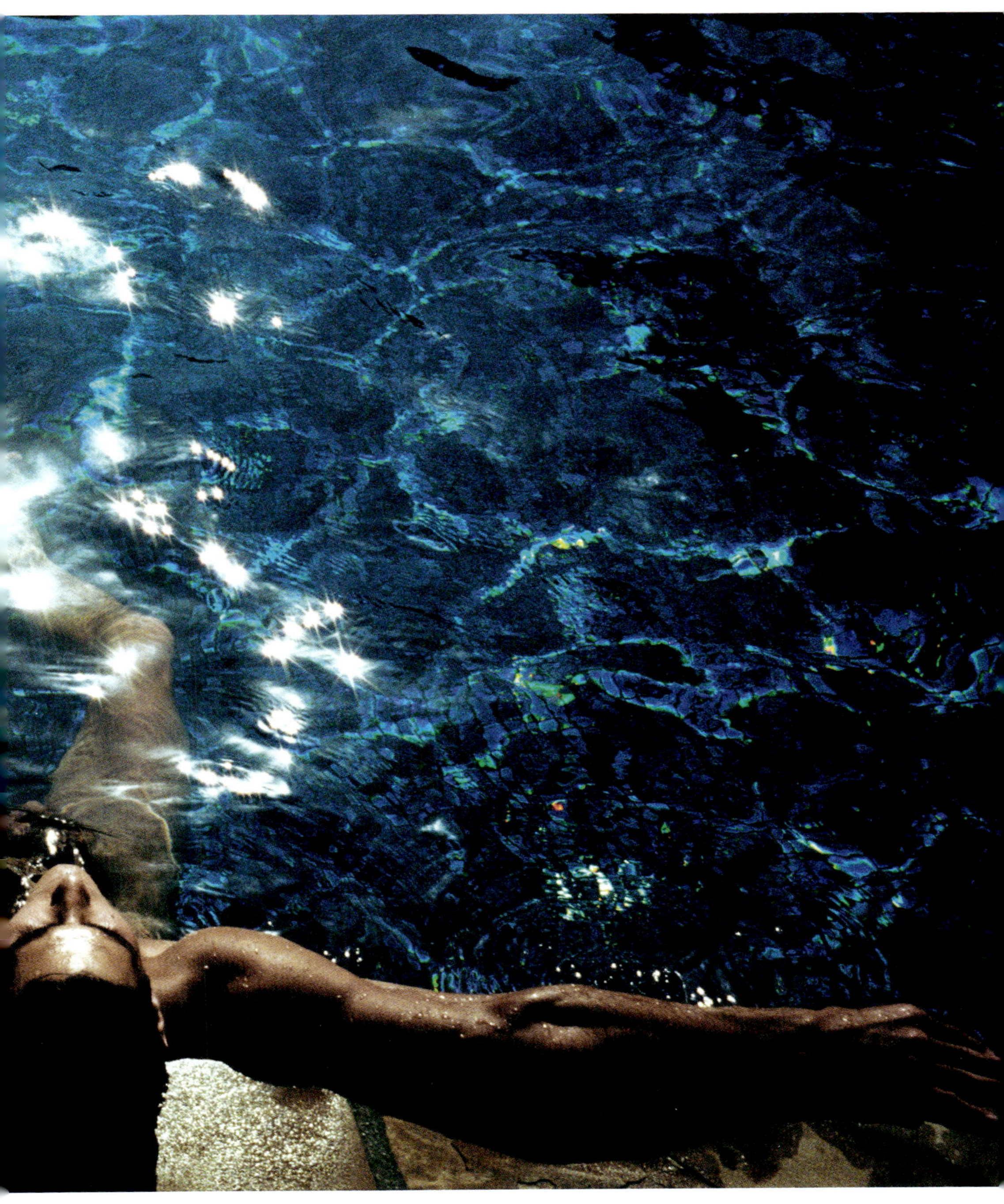

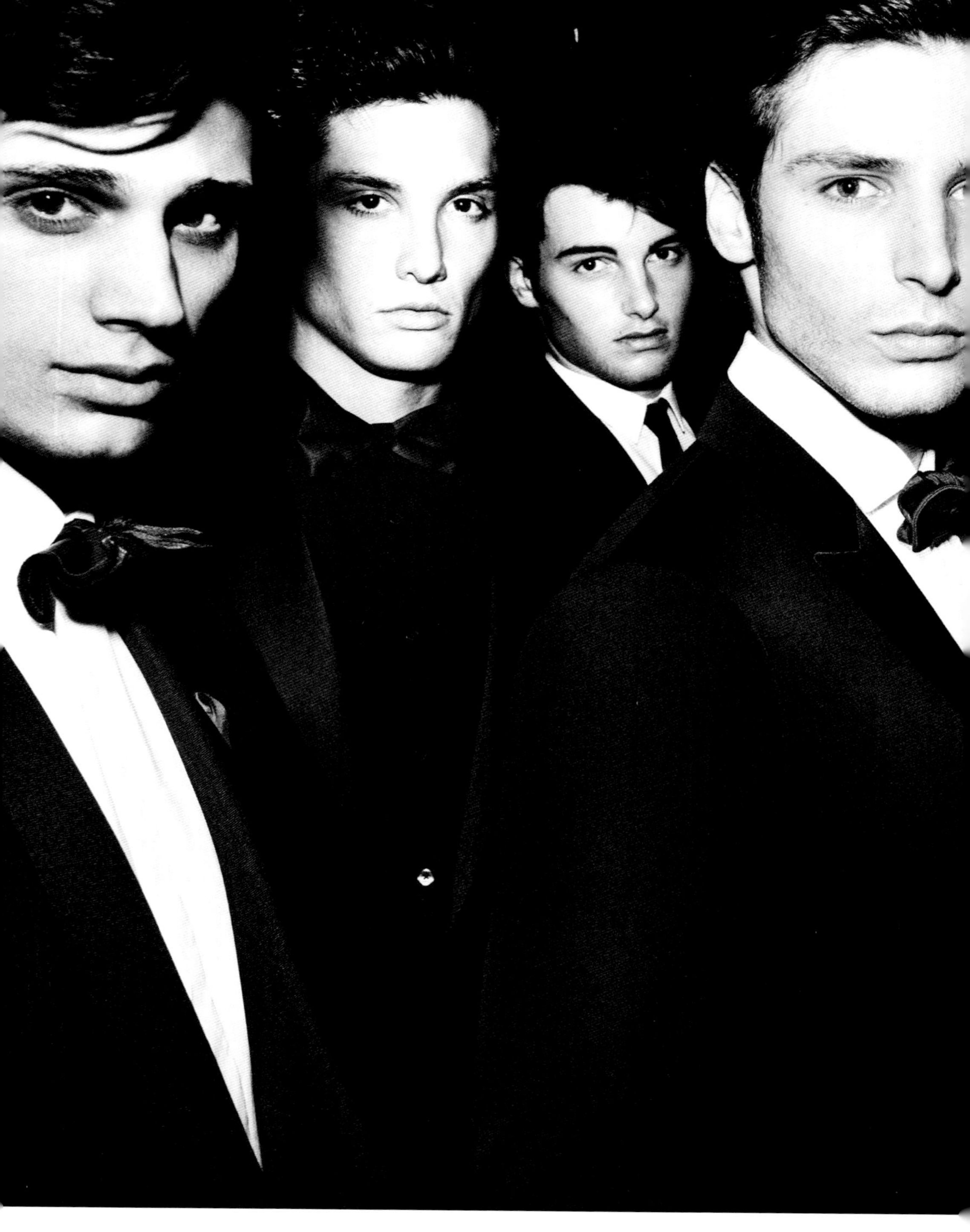

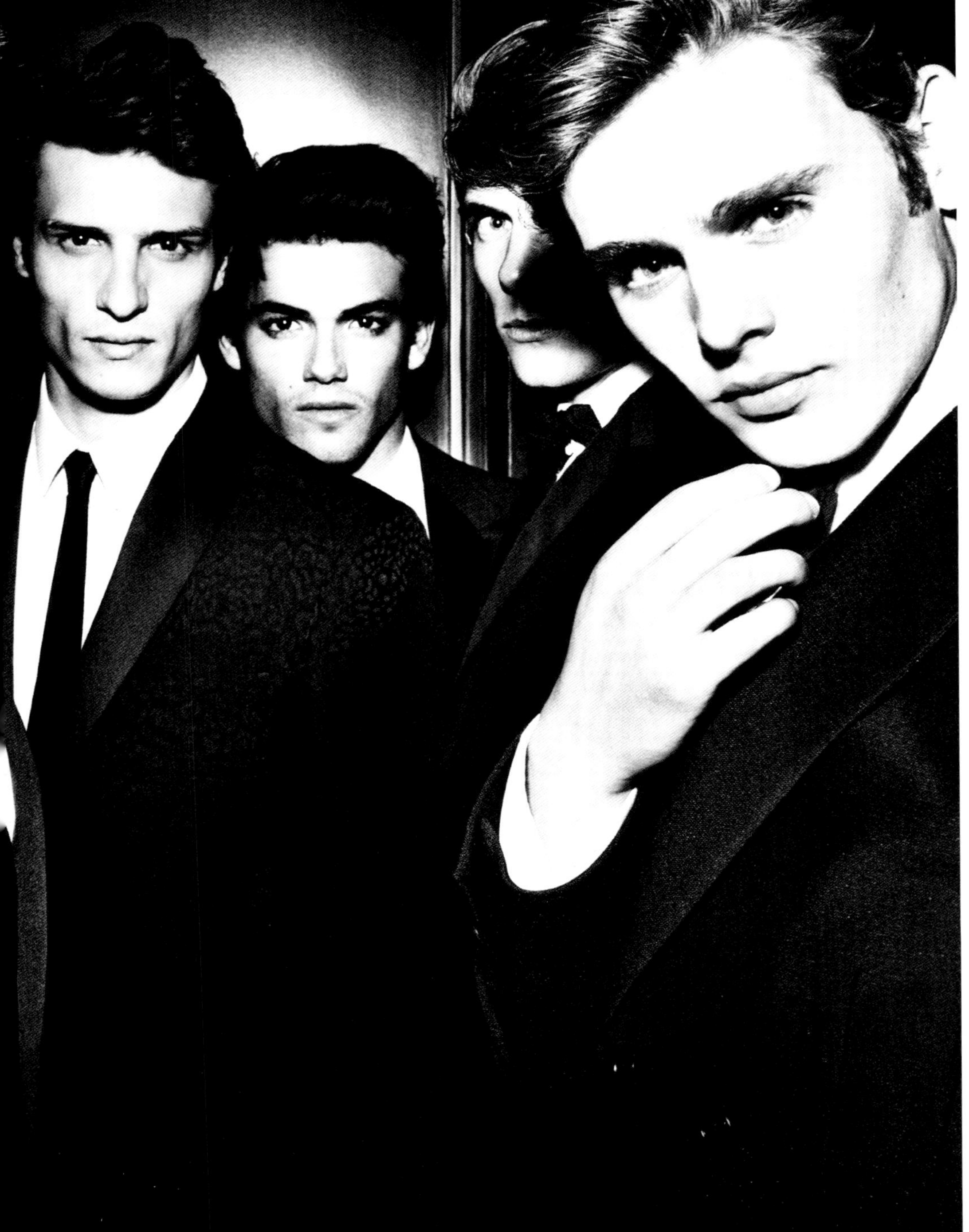

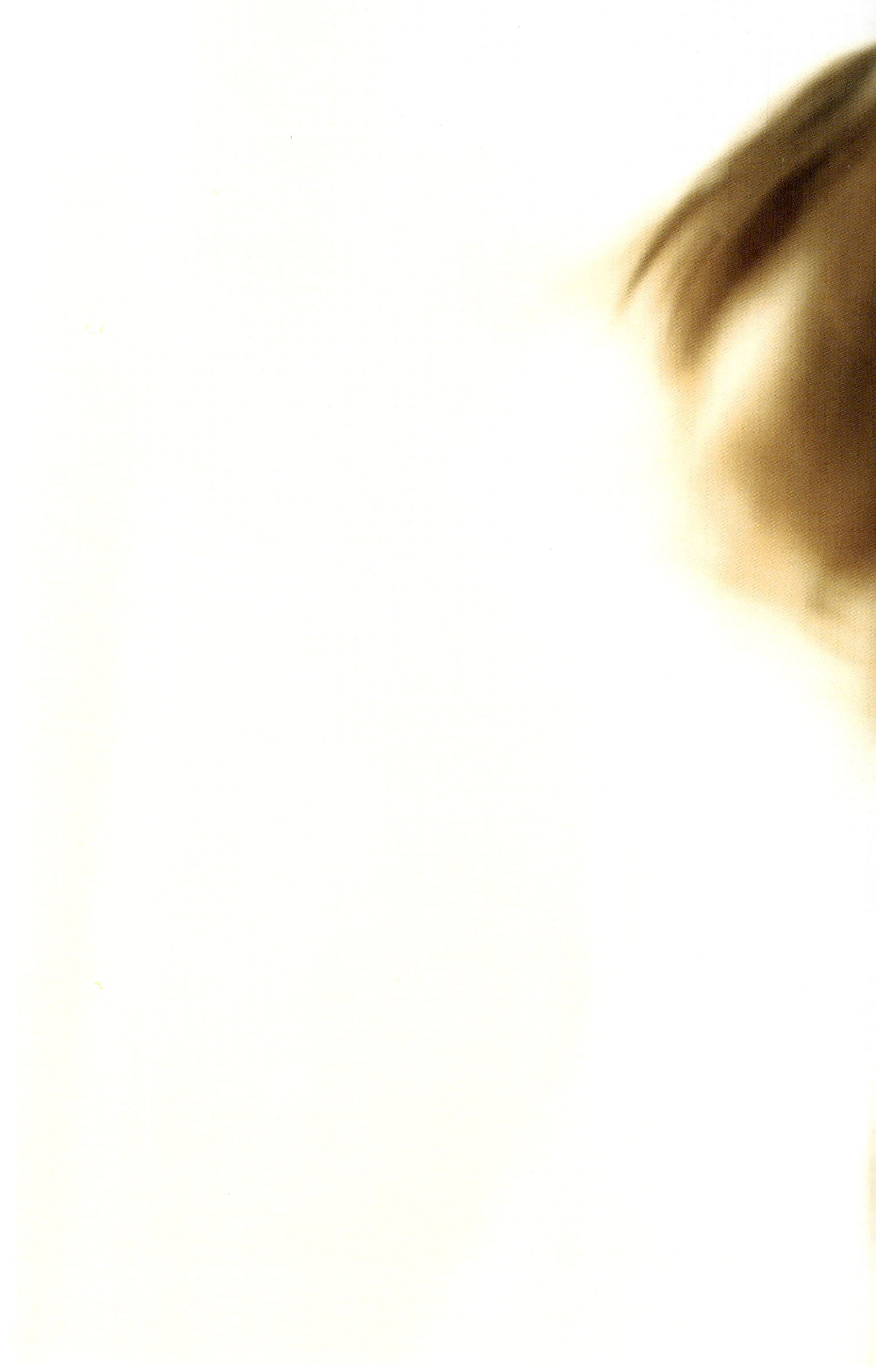

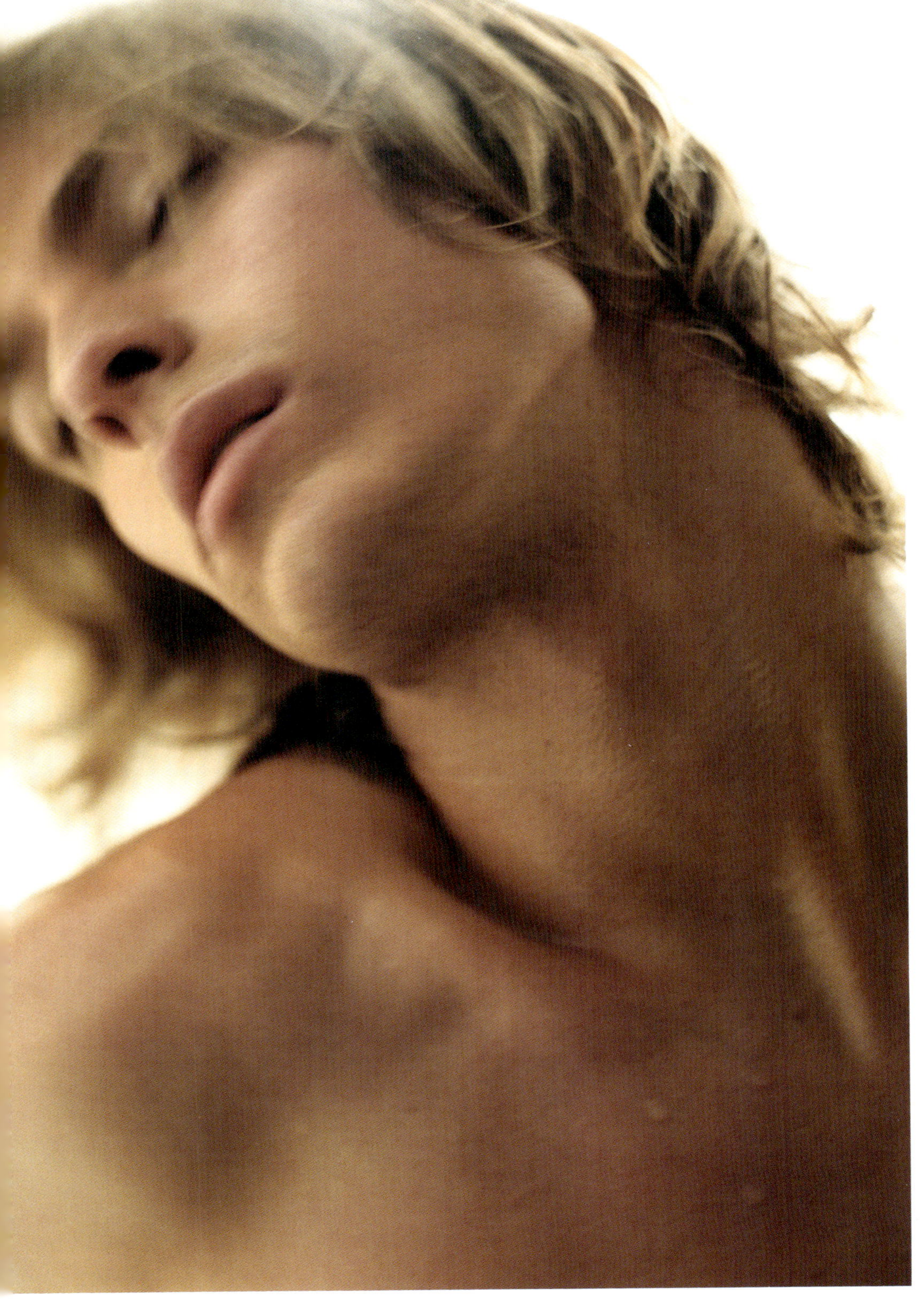

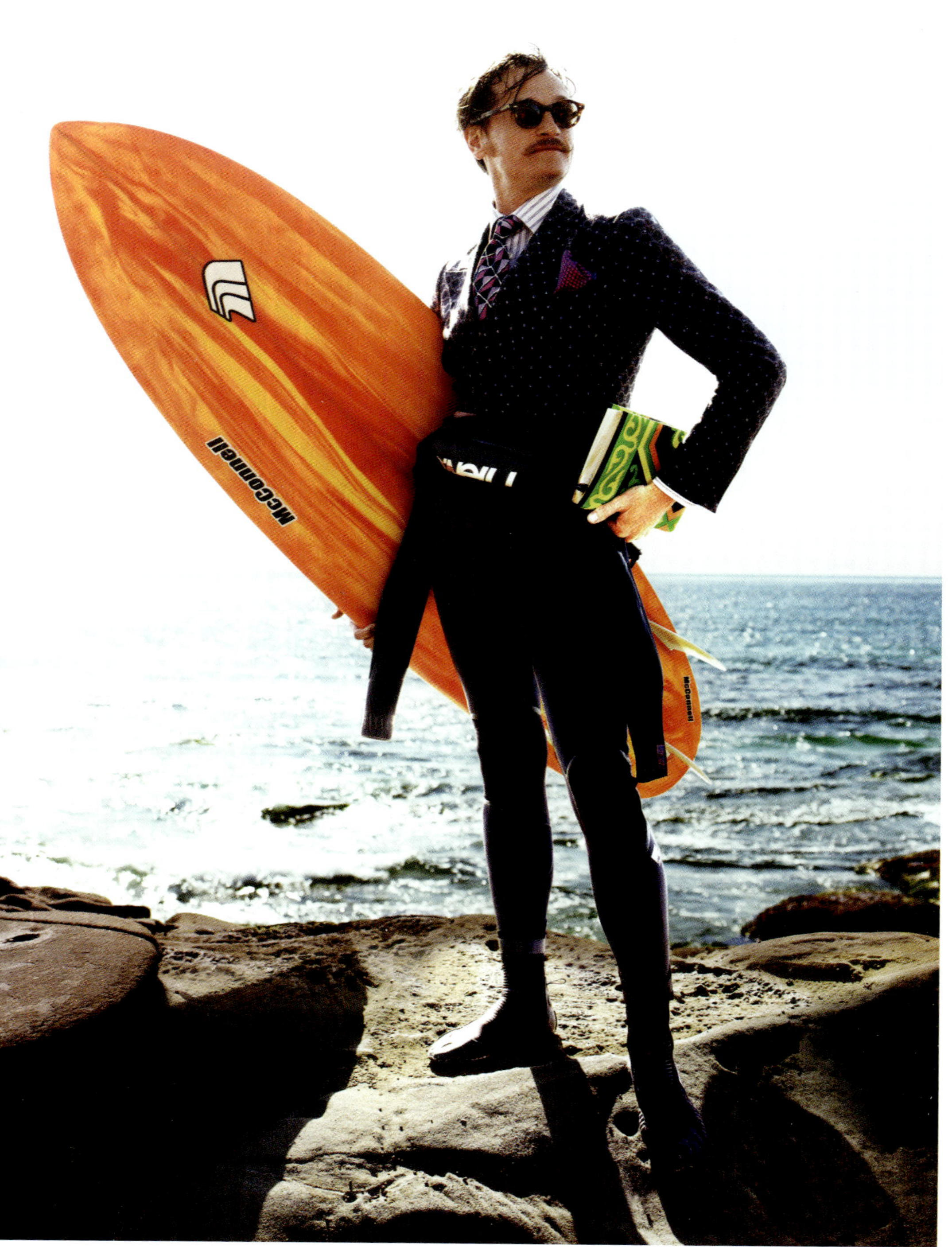

McConnell
McConnell

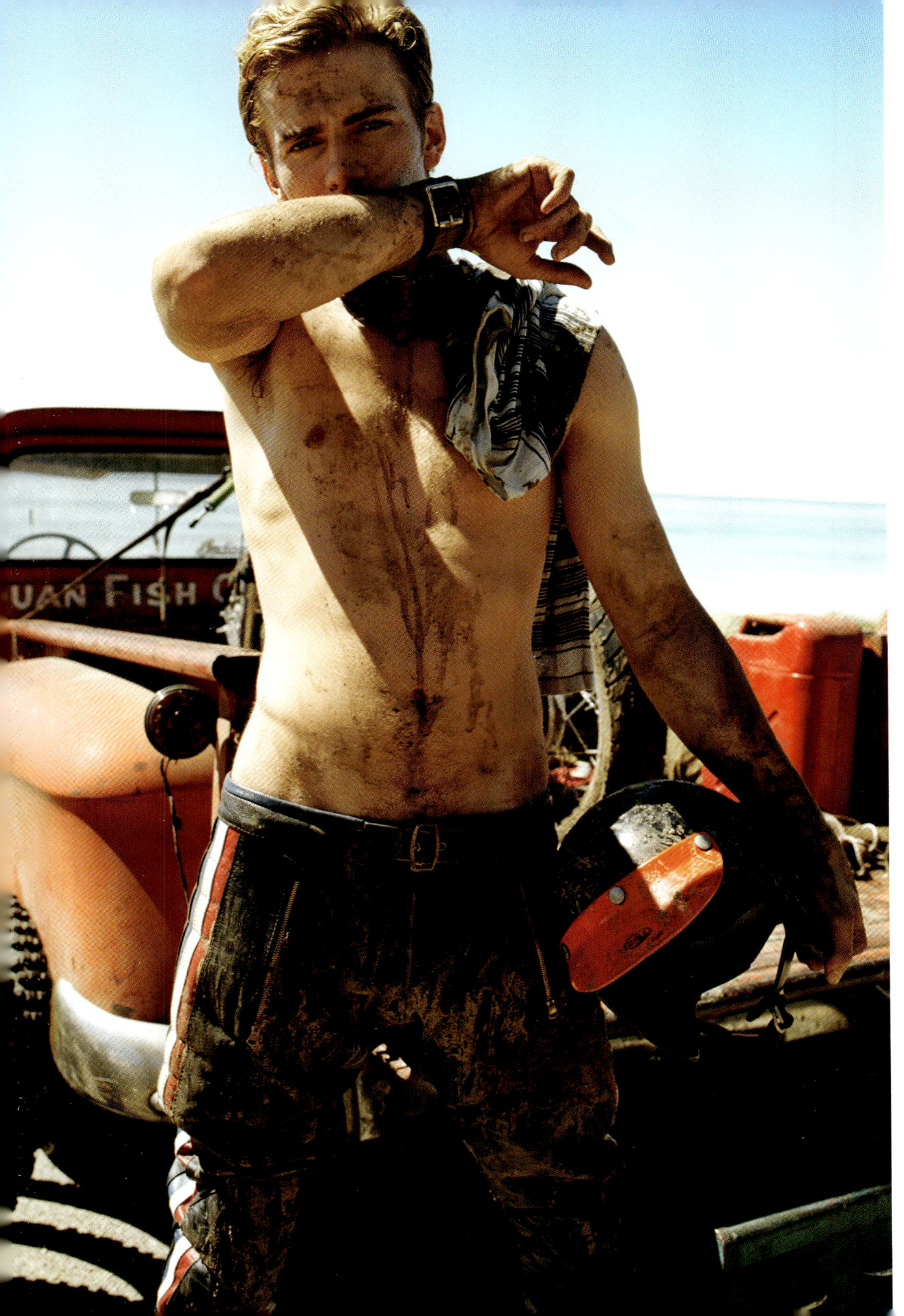
UAN FISH C

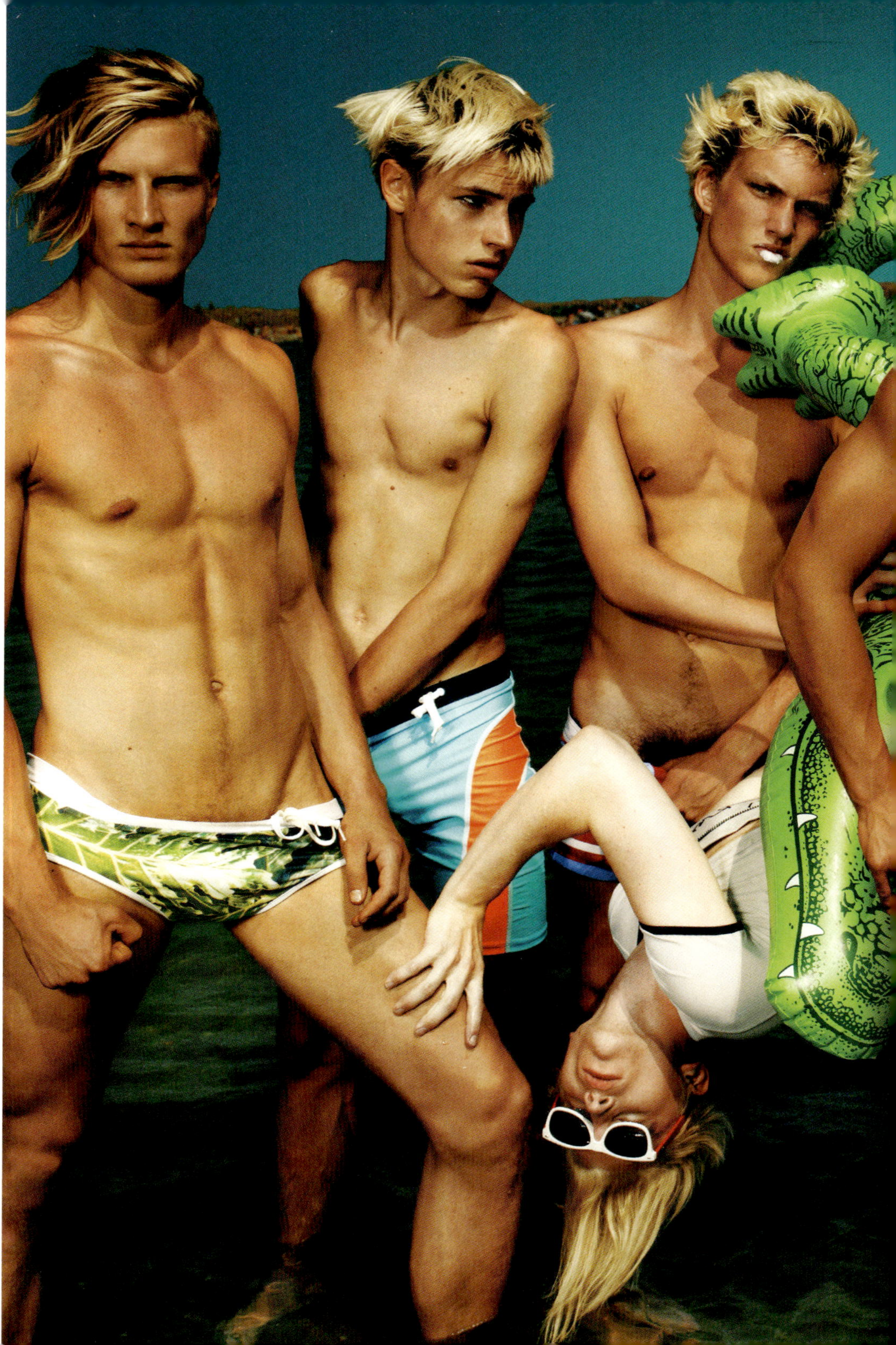

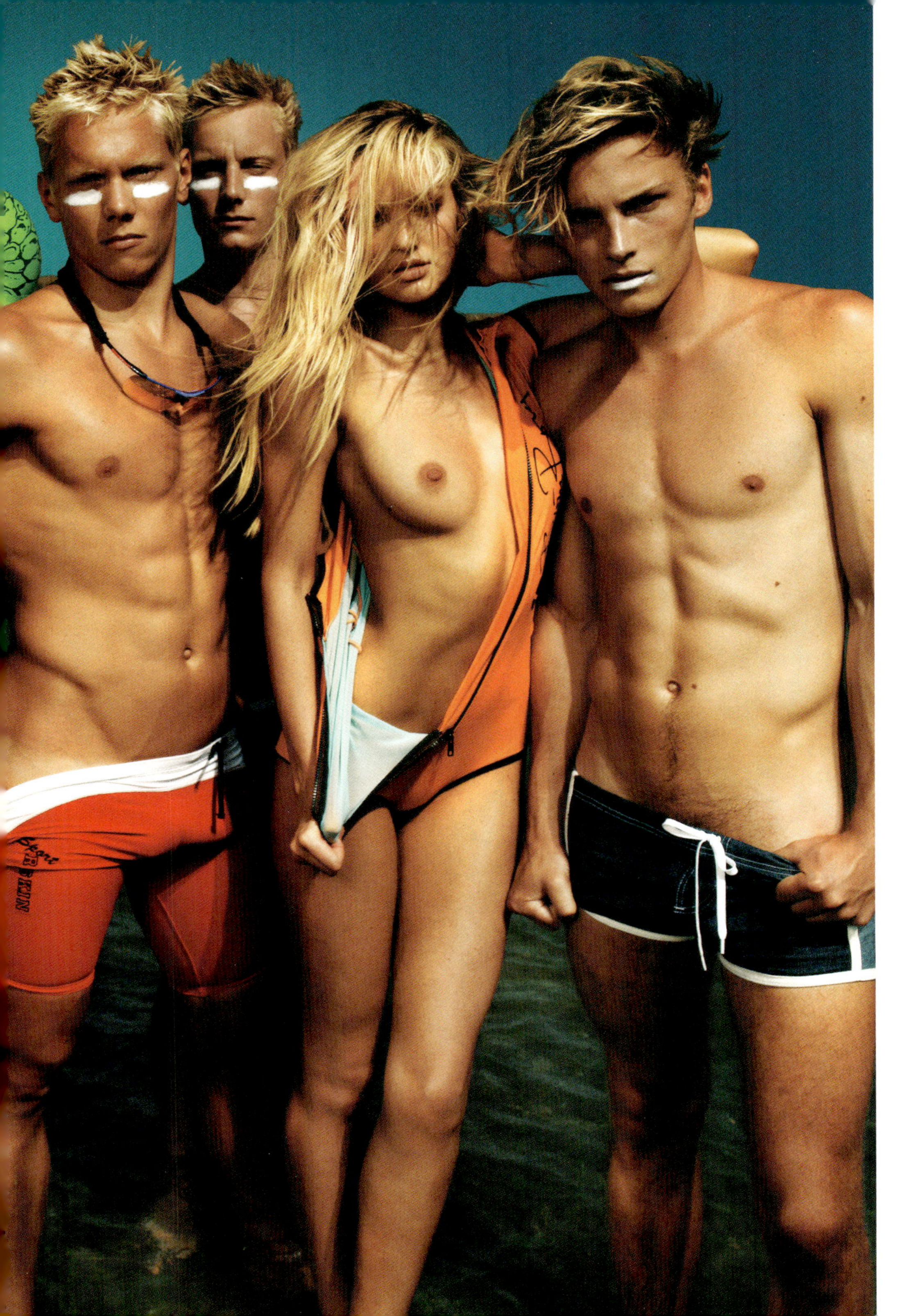

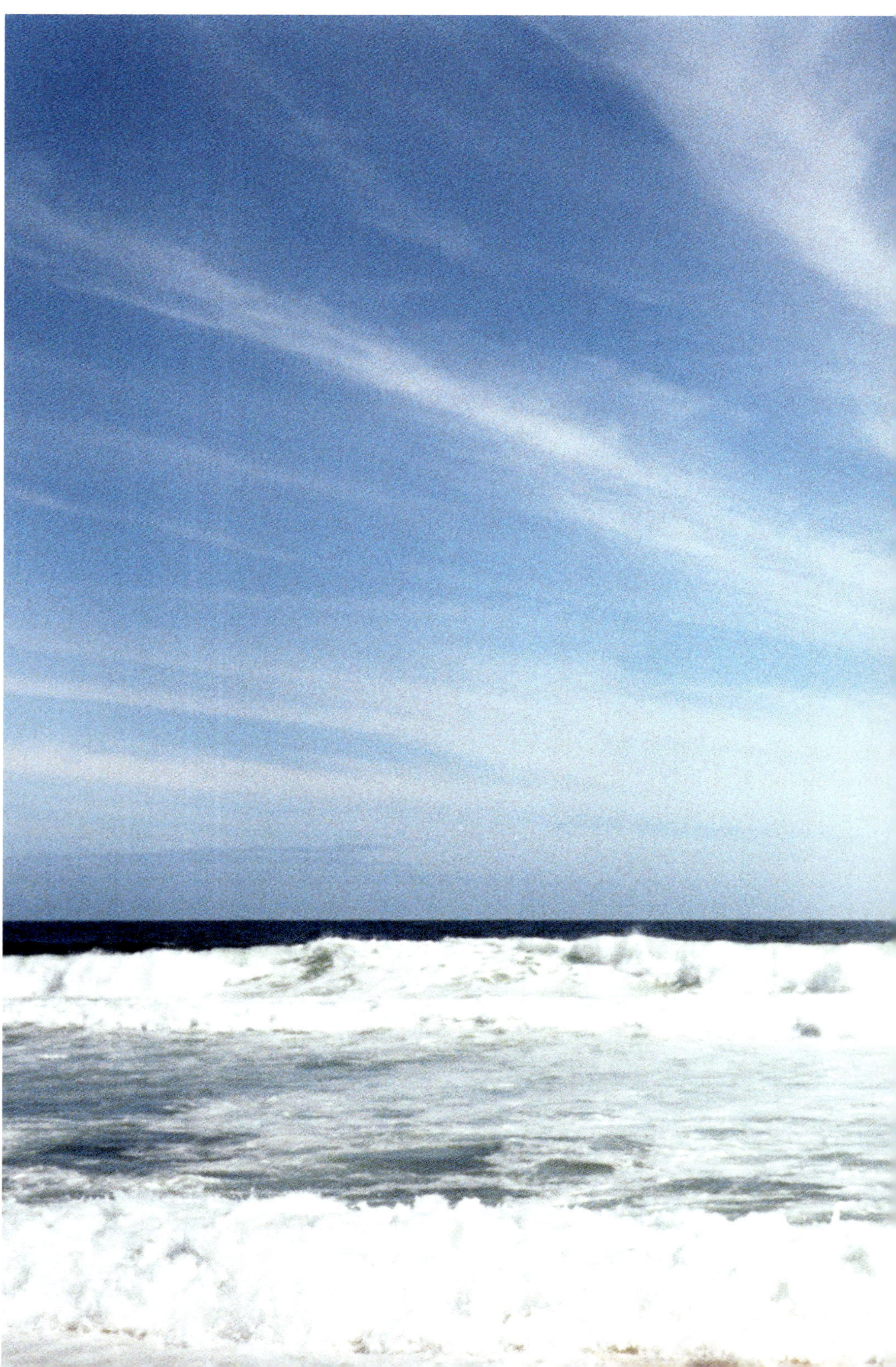

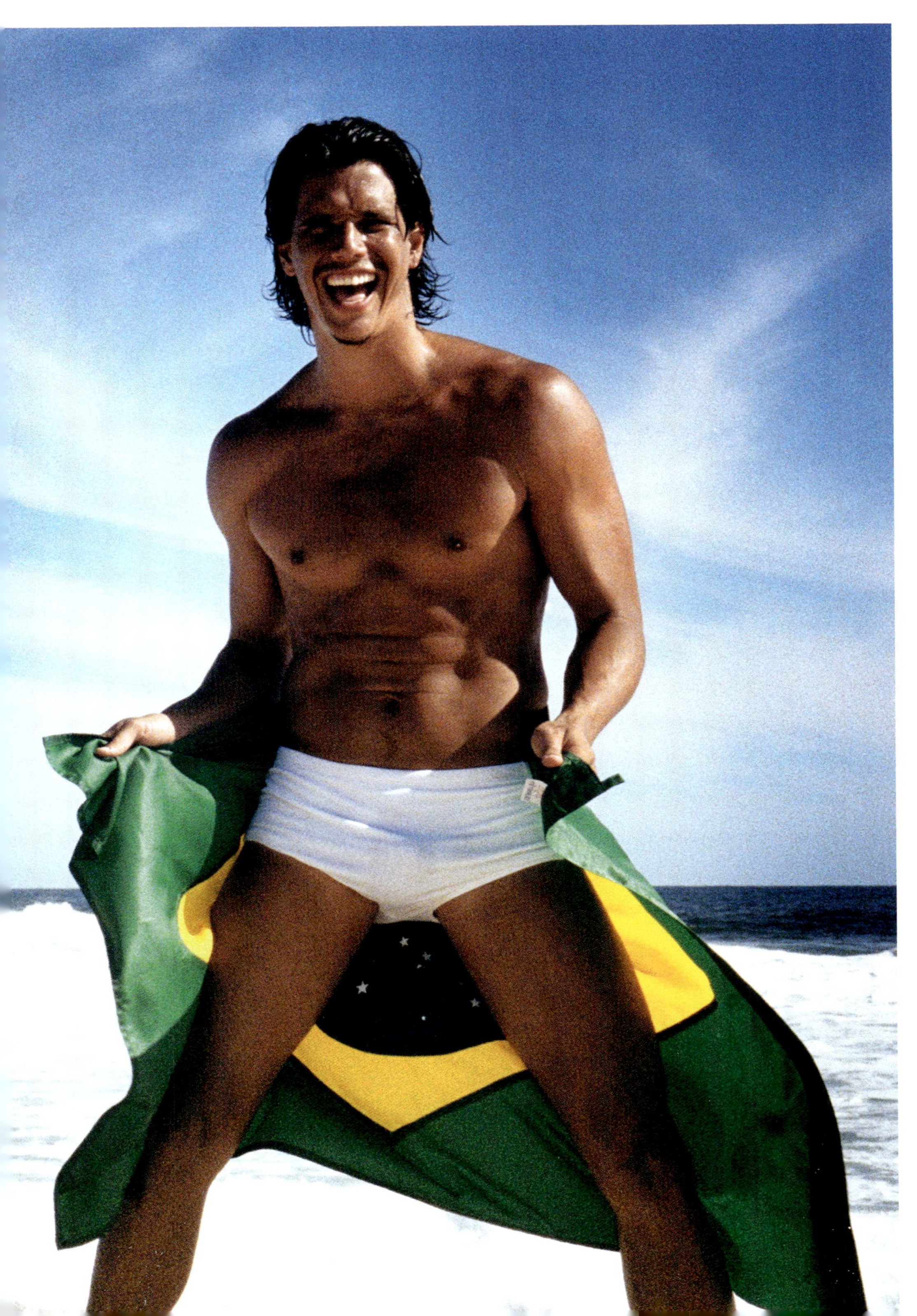

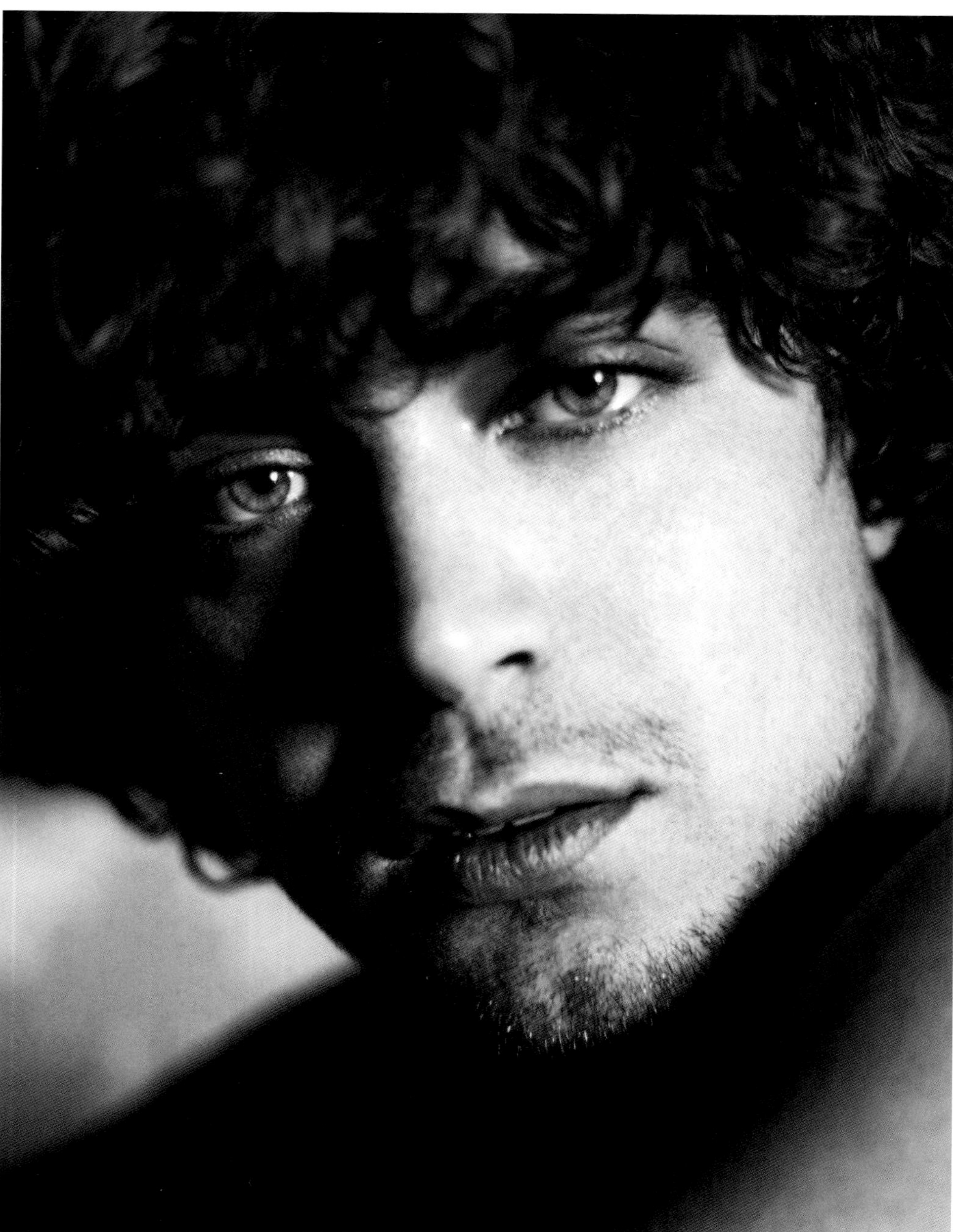

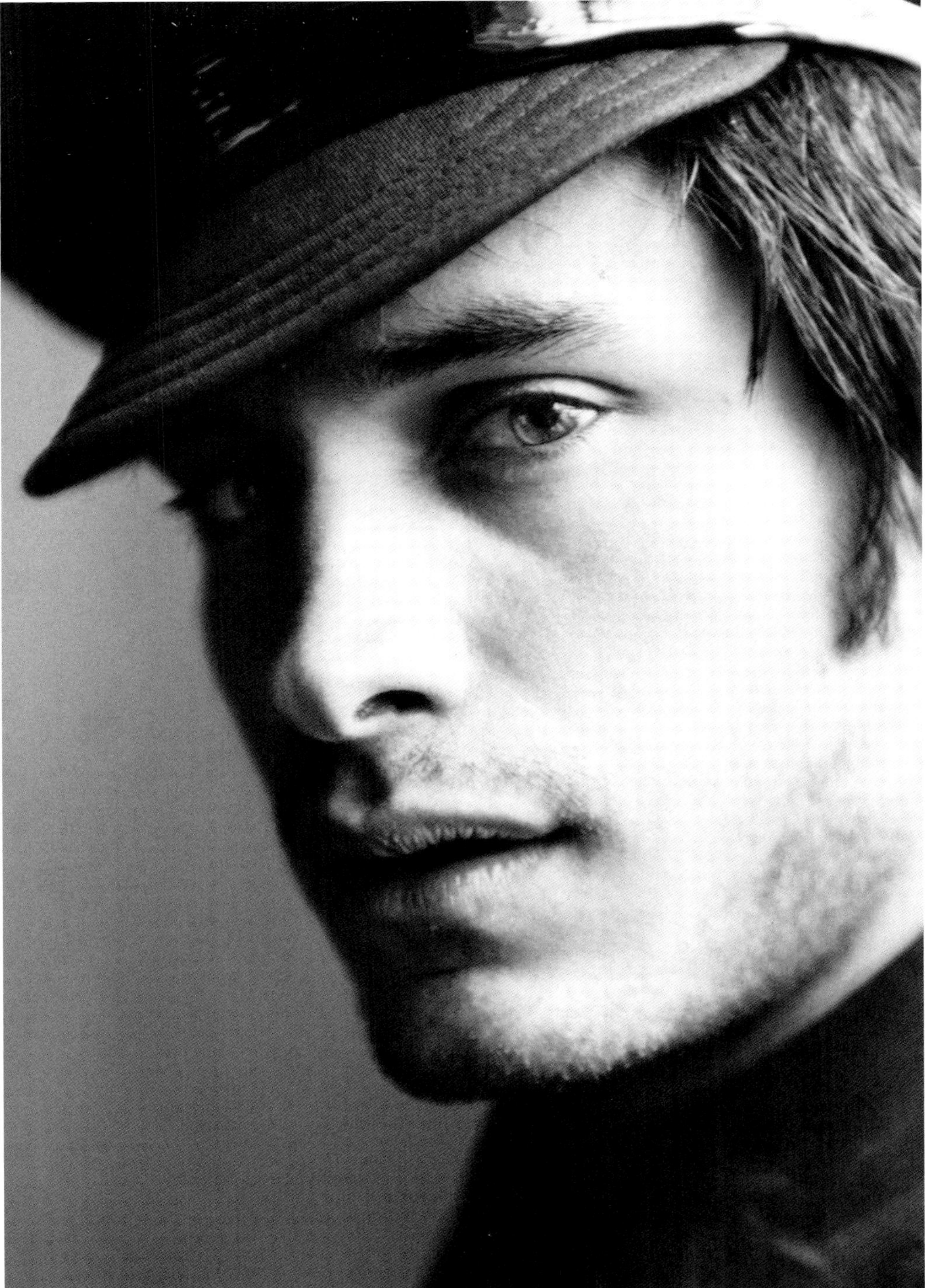

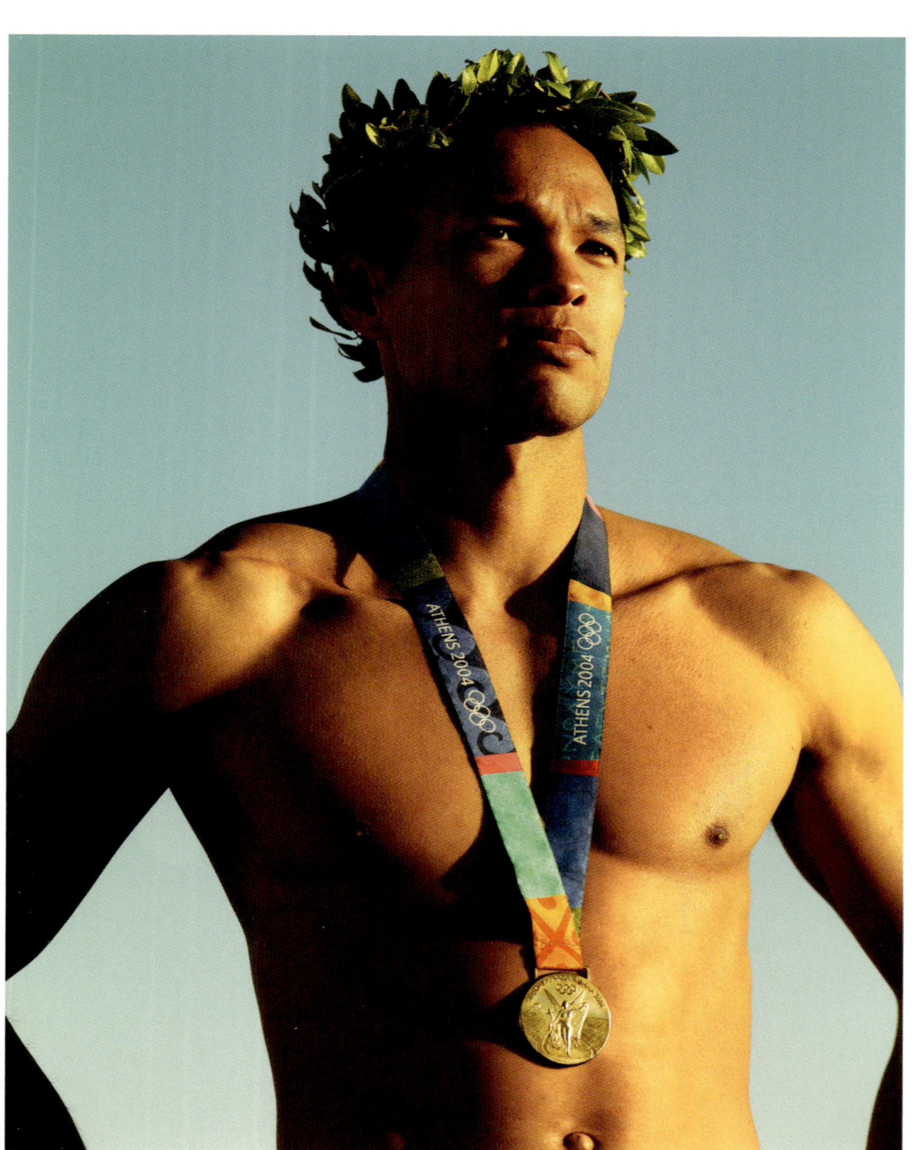

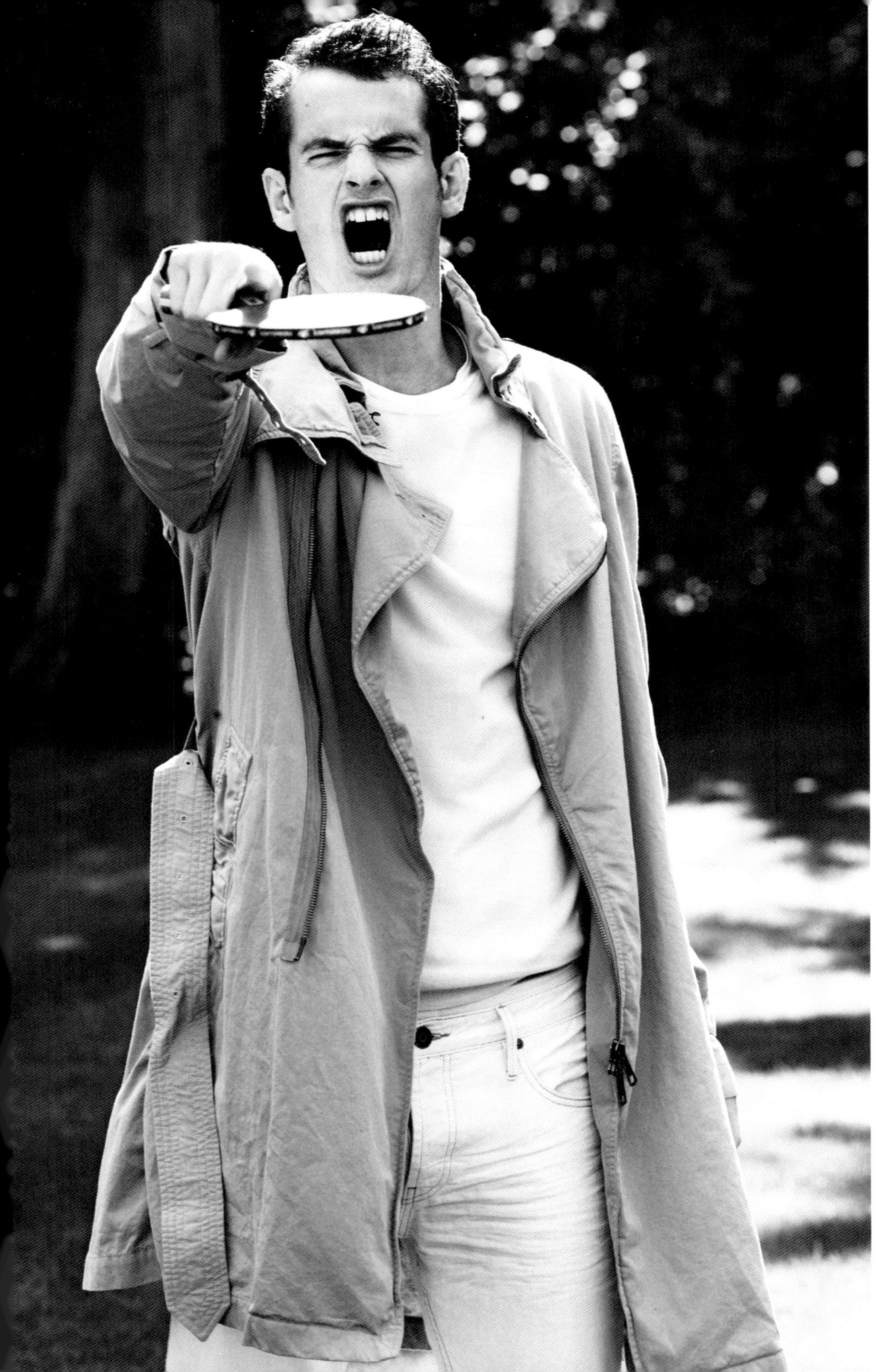

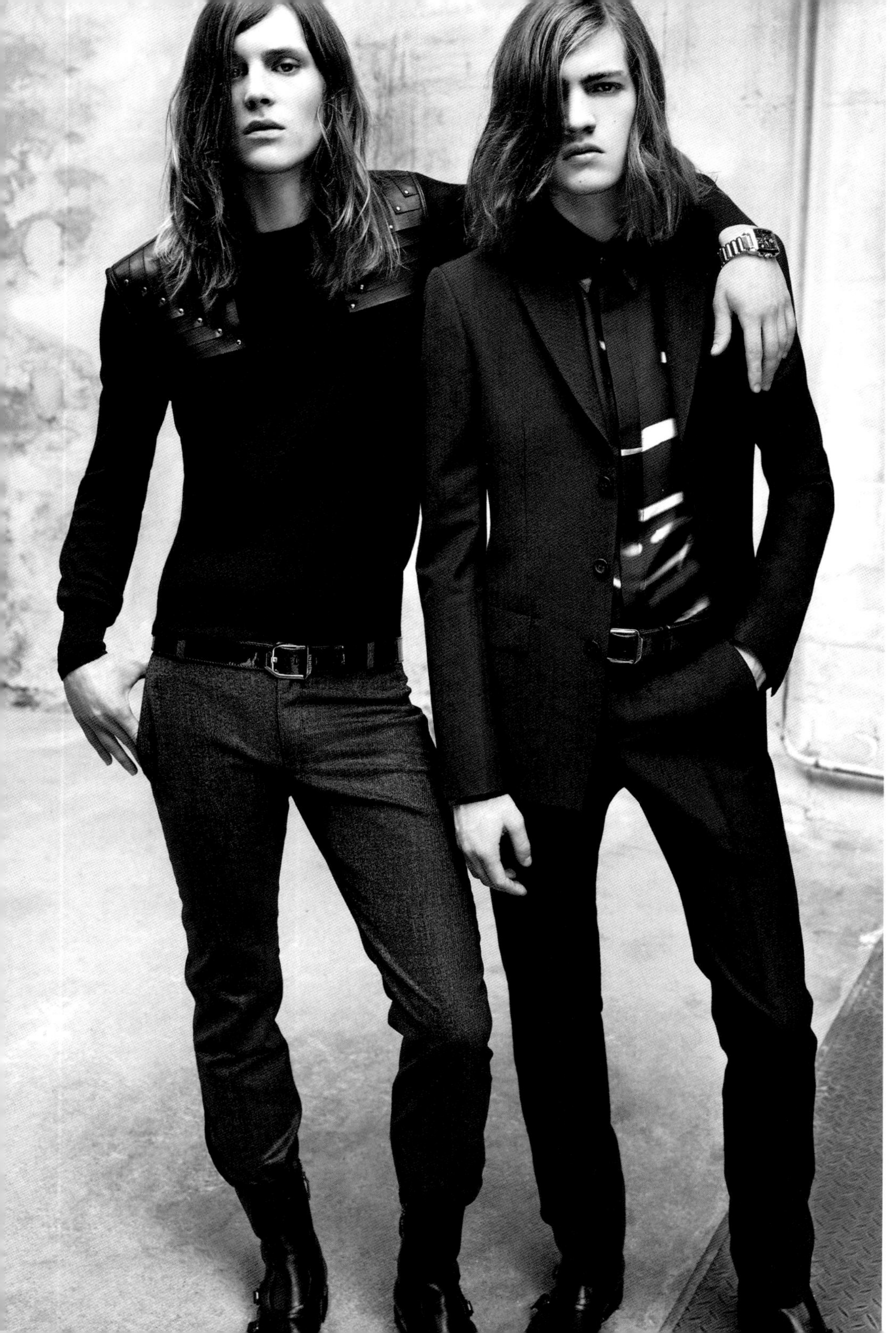

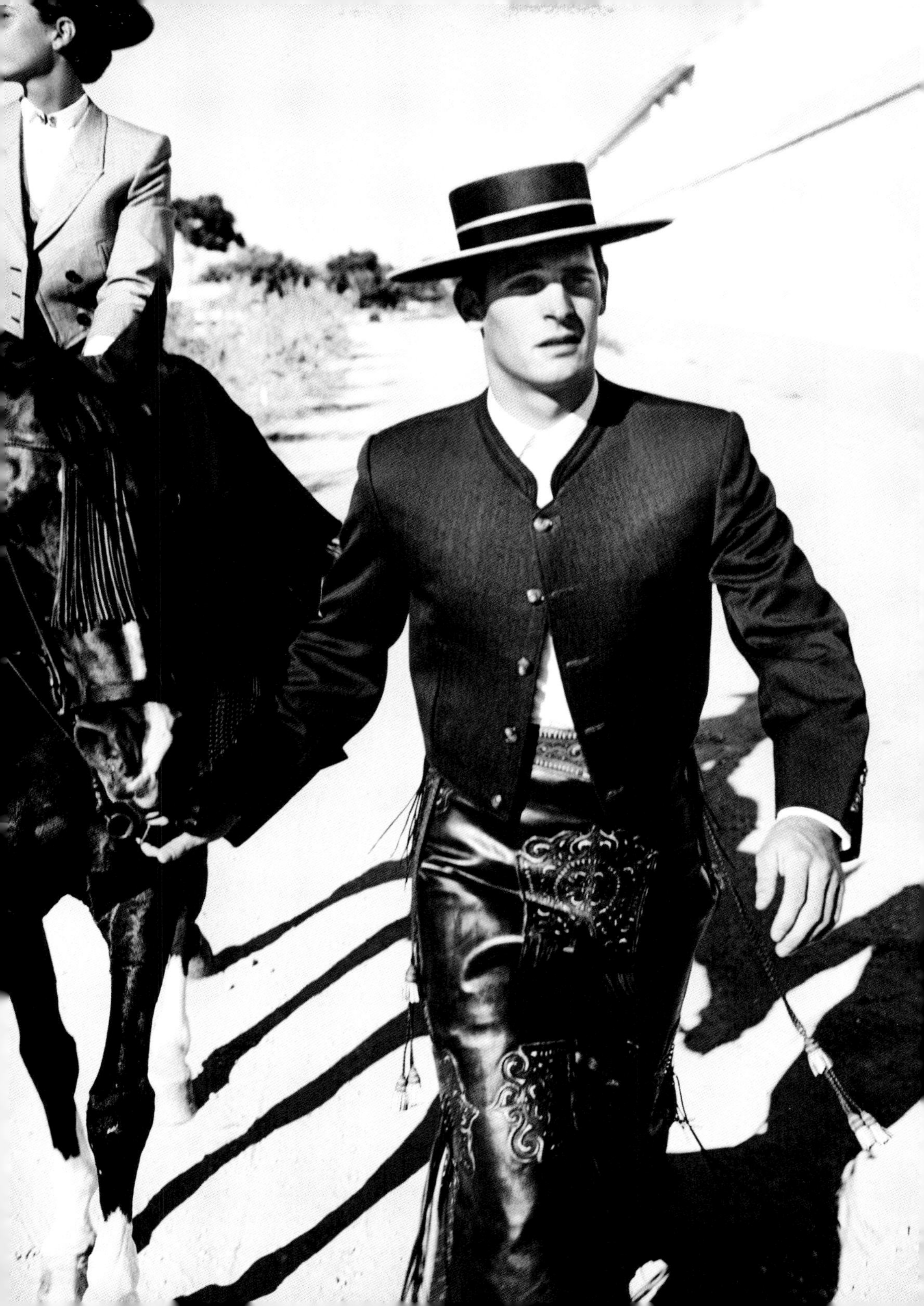

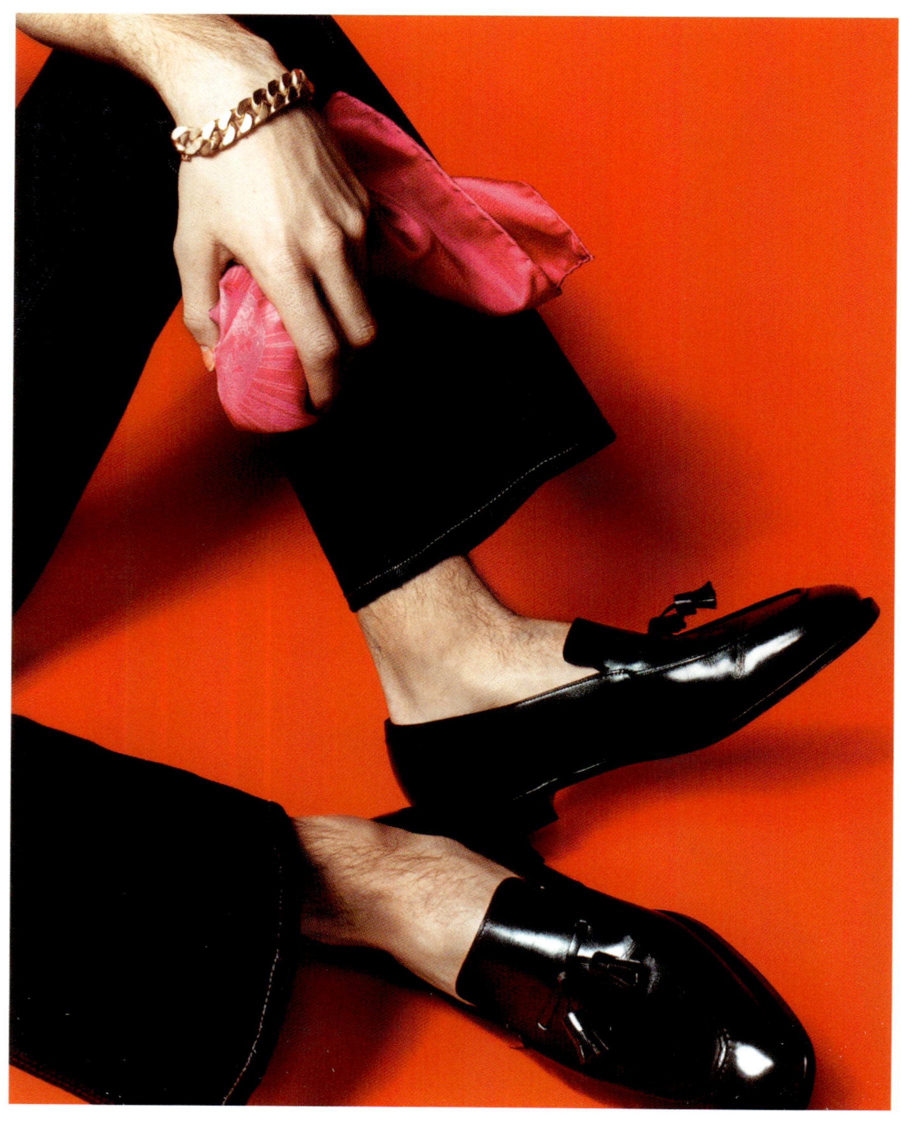

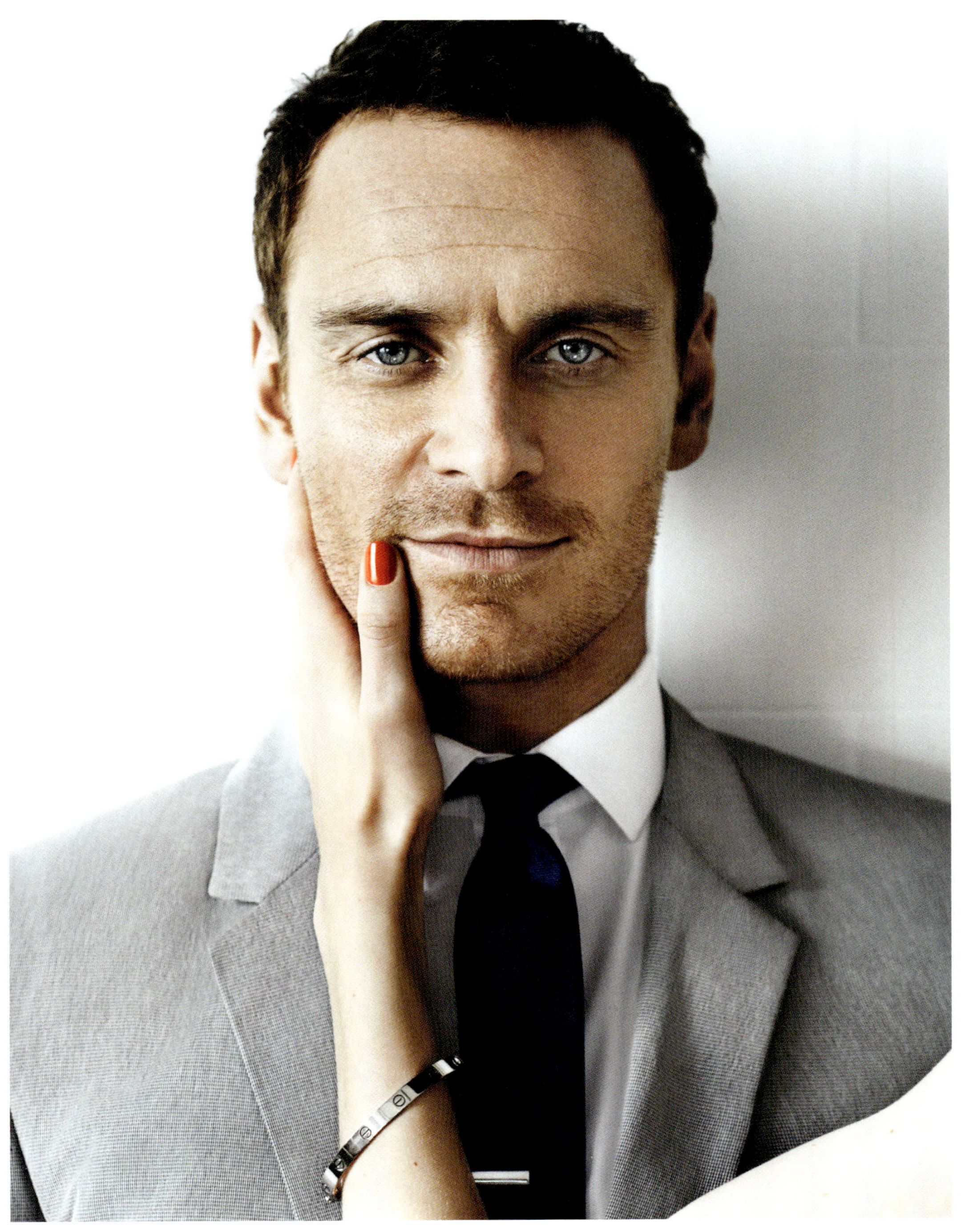

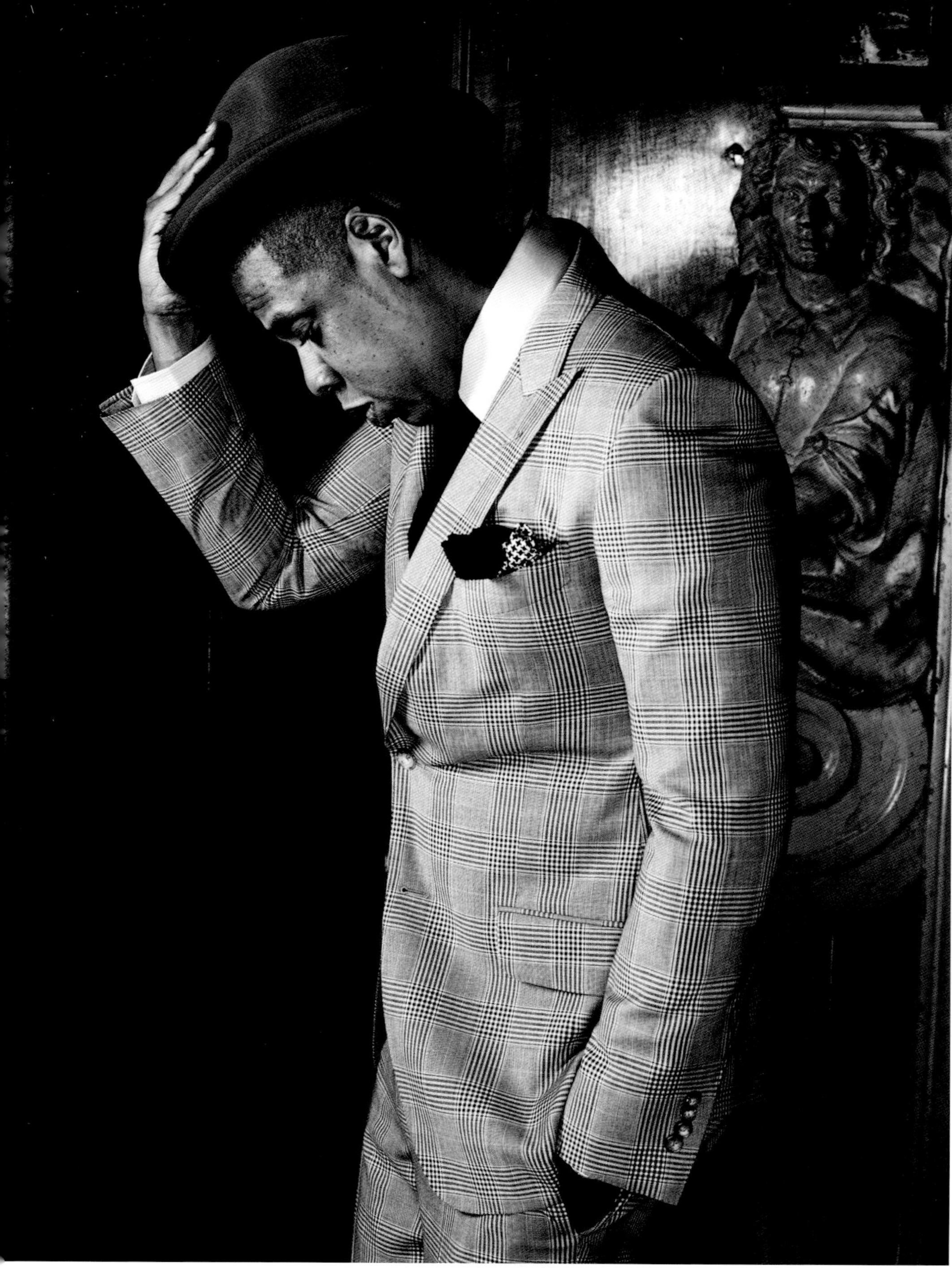

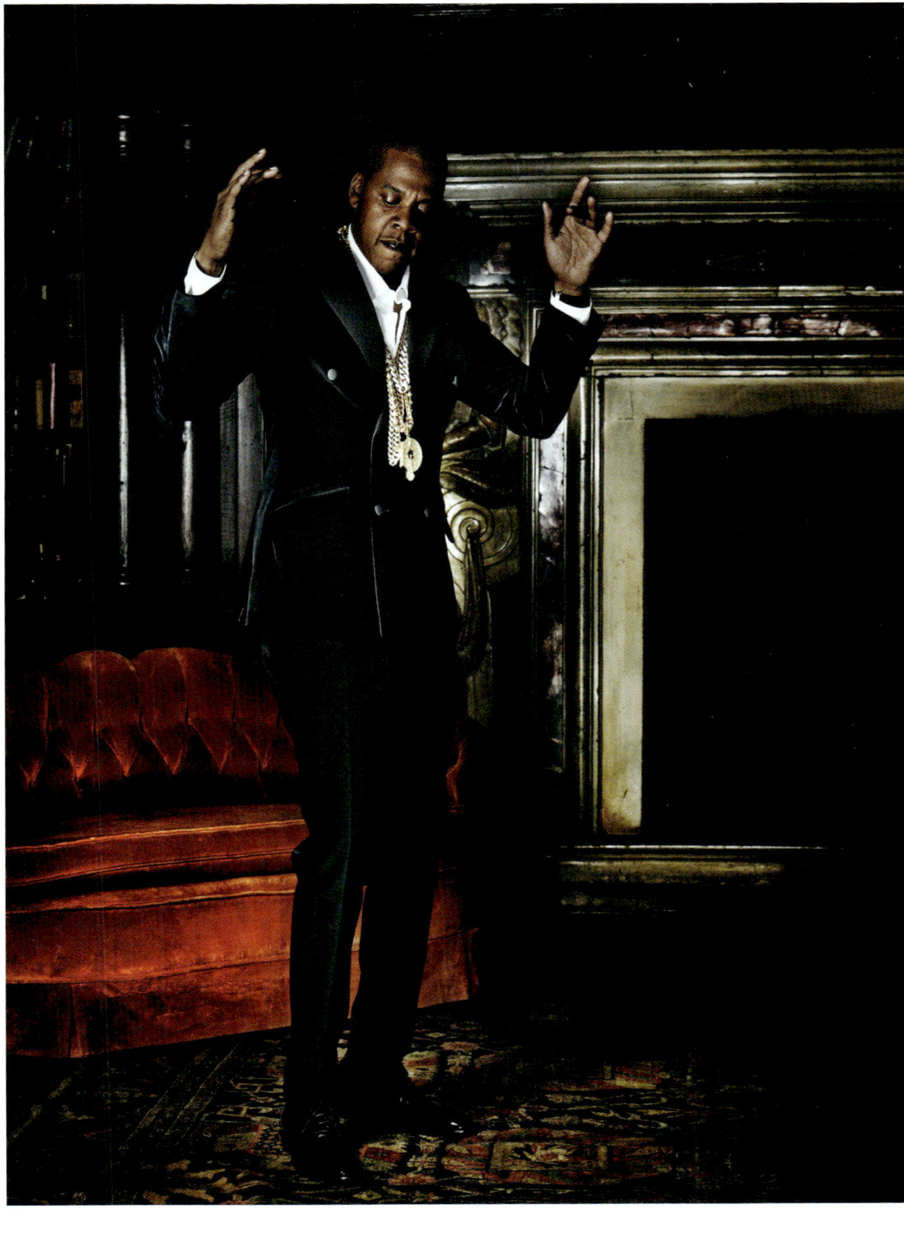

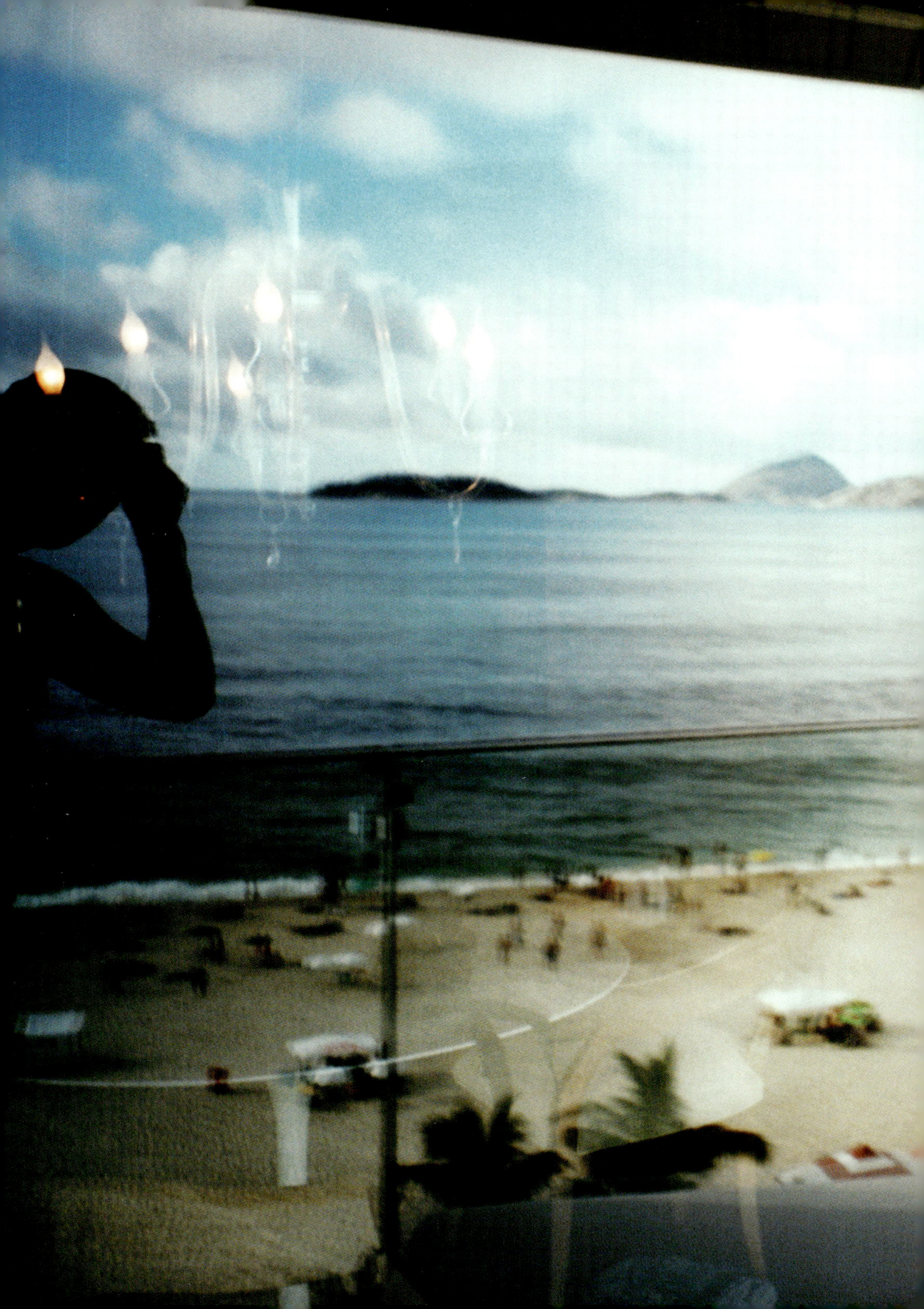

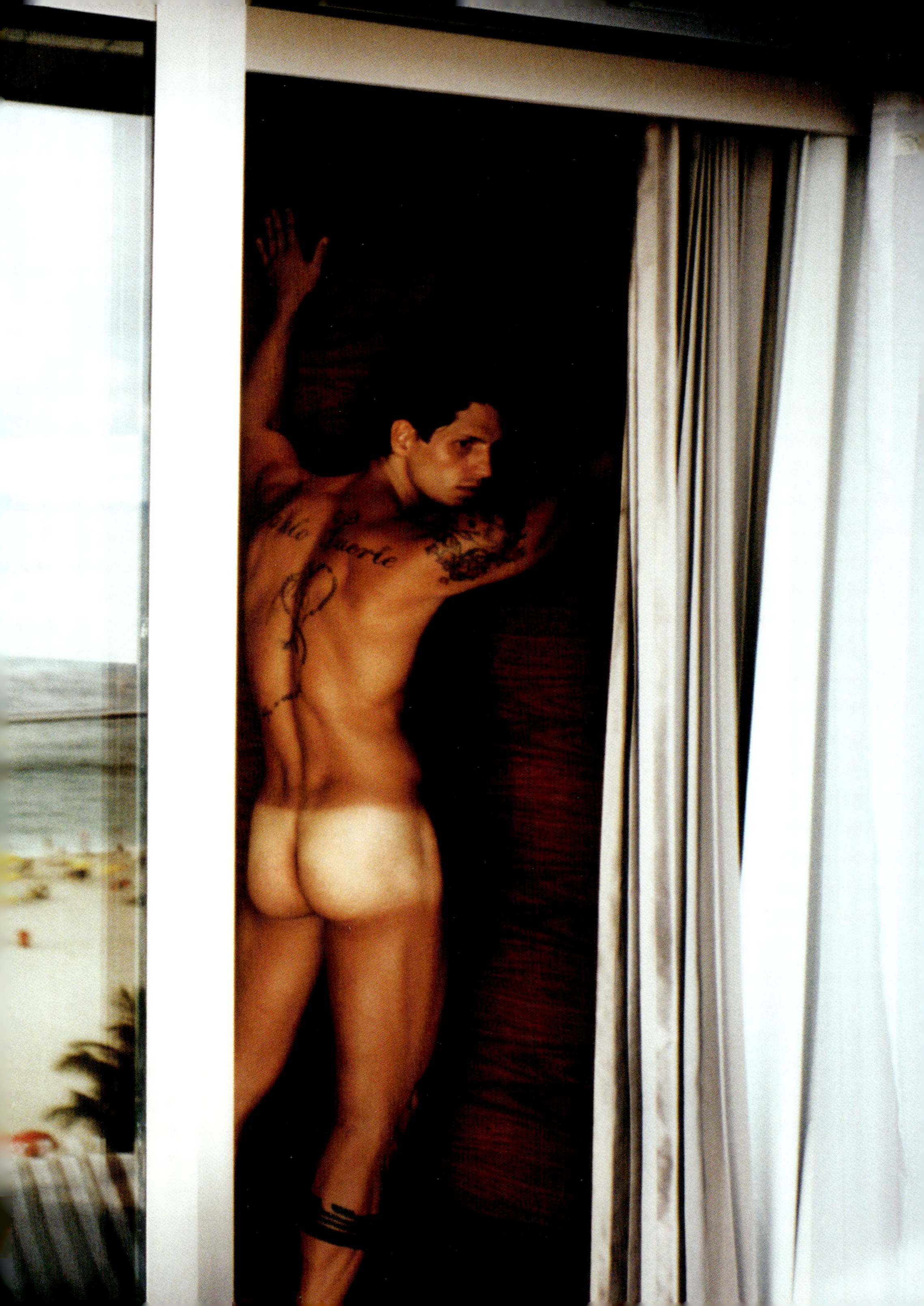

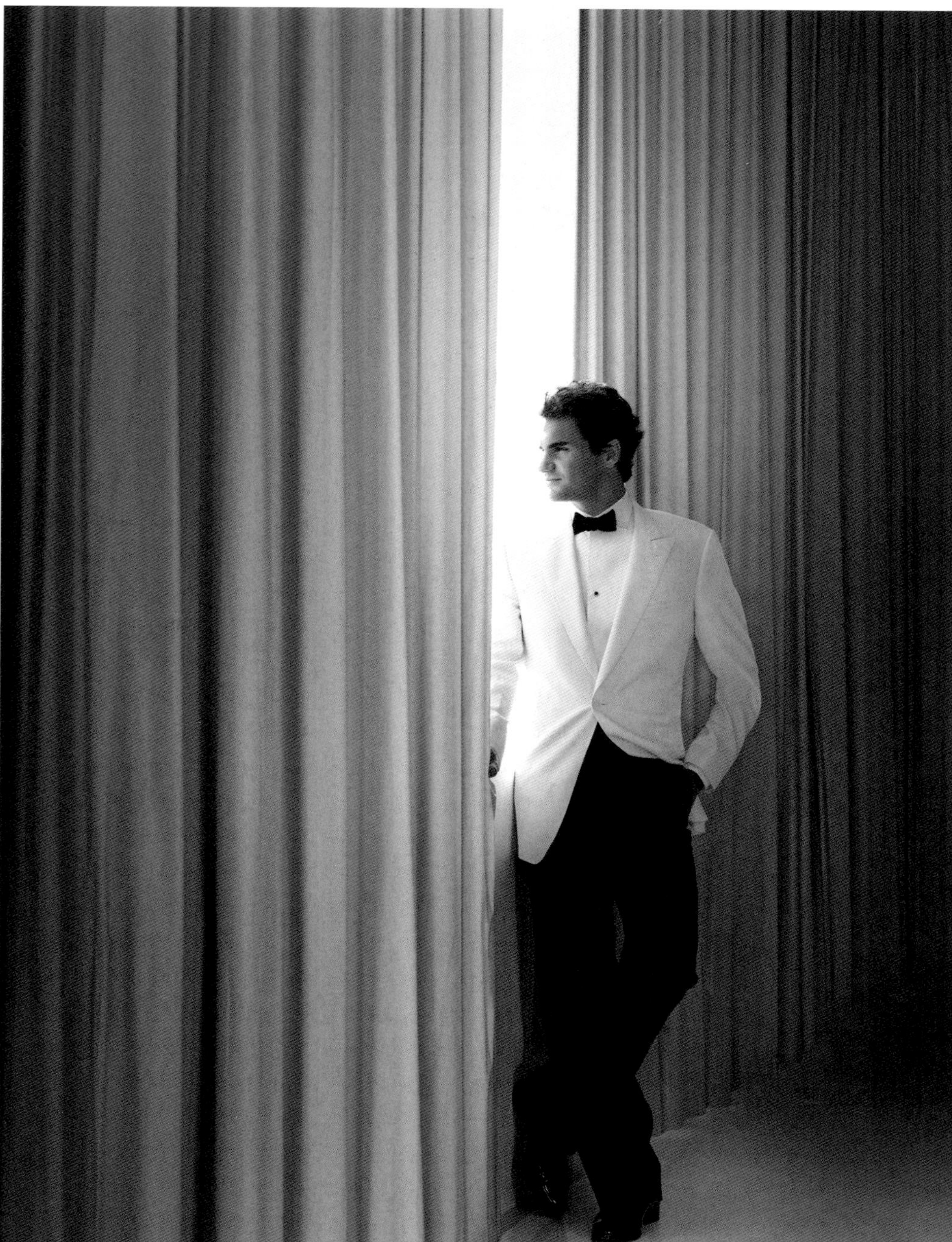

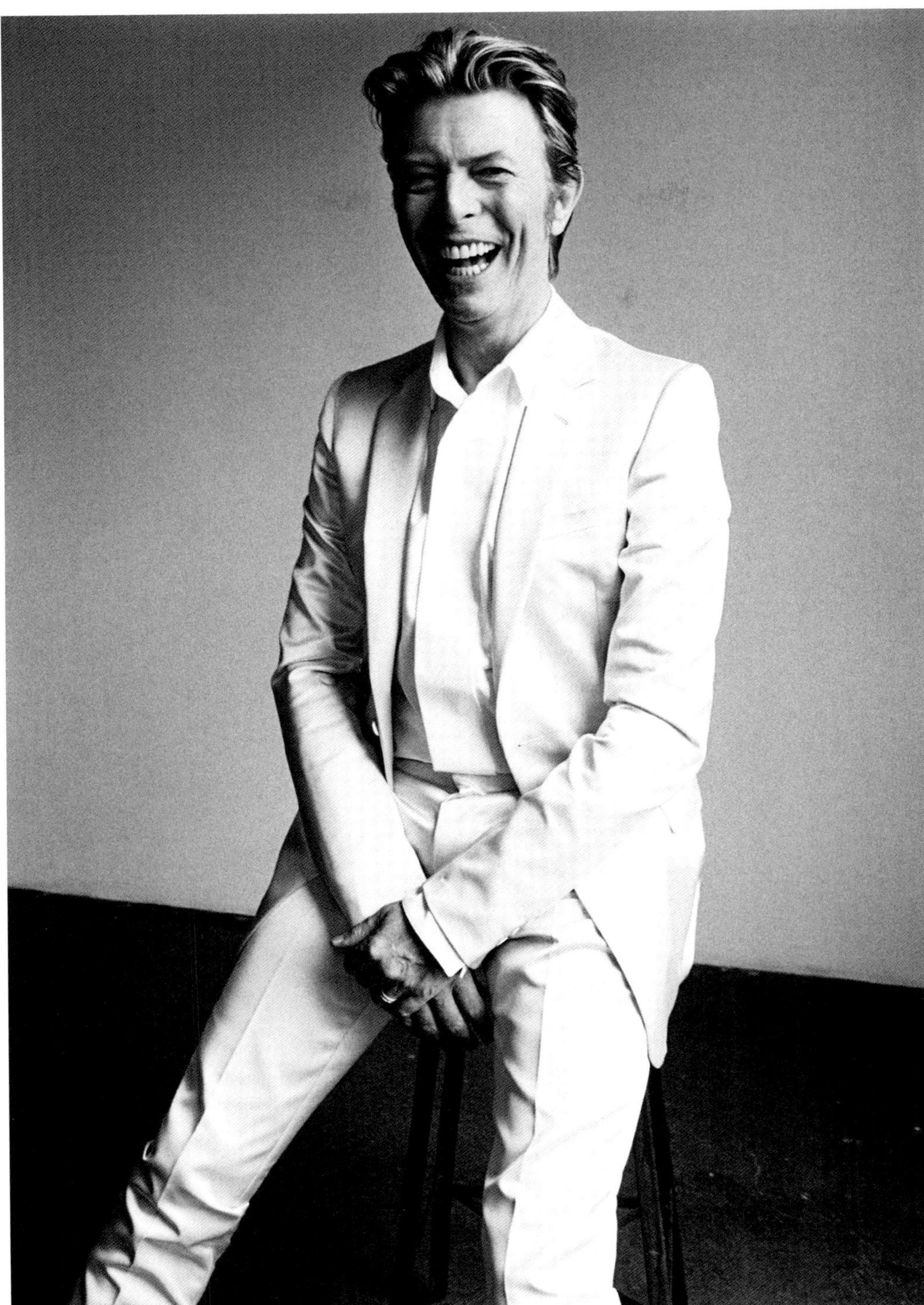

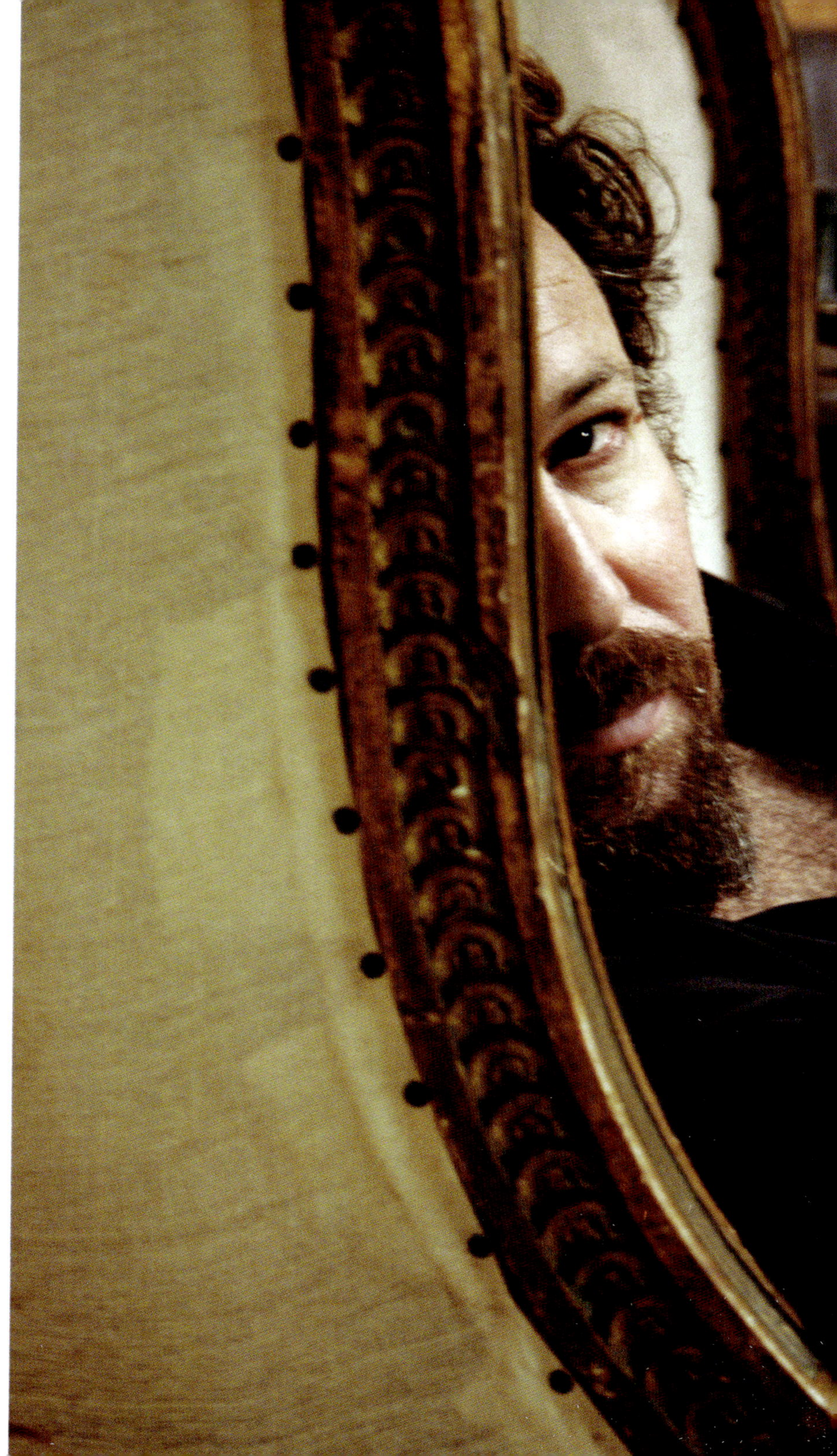

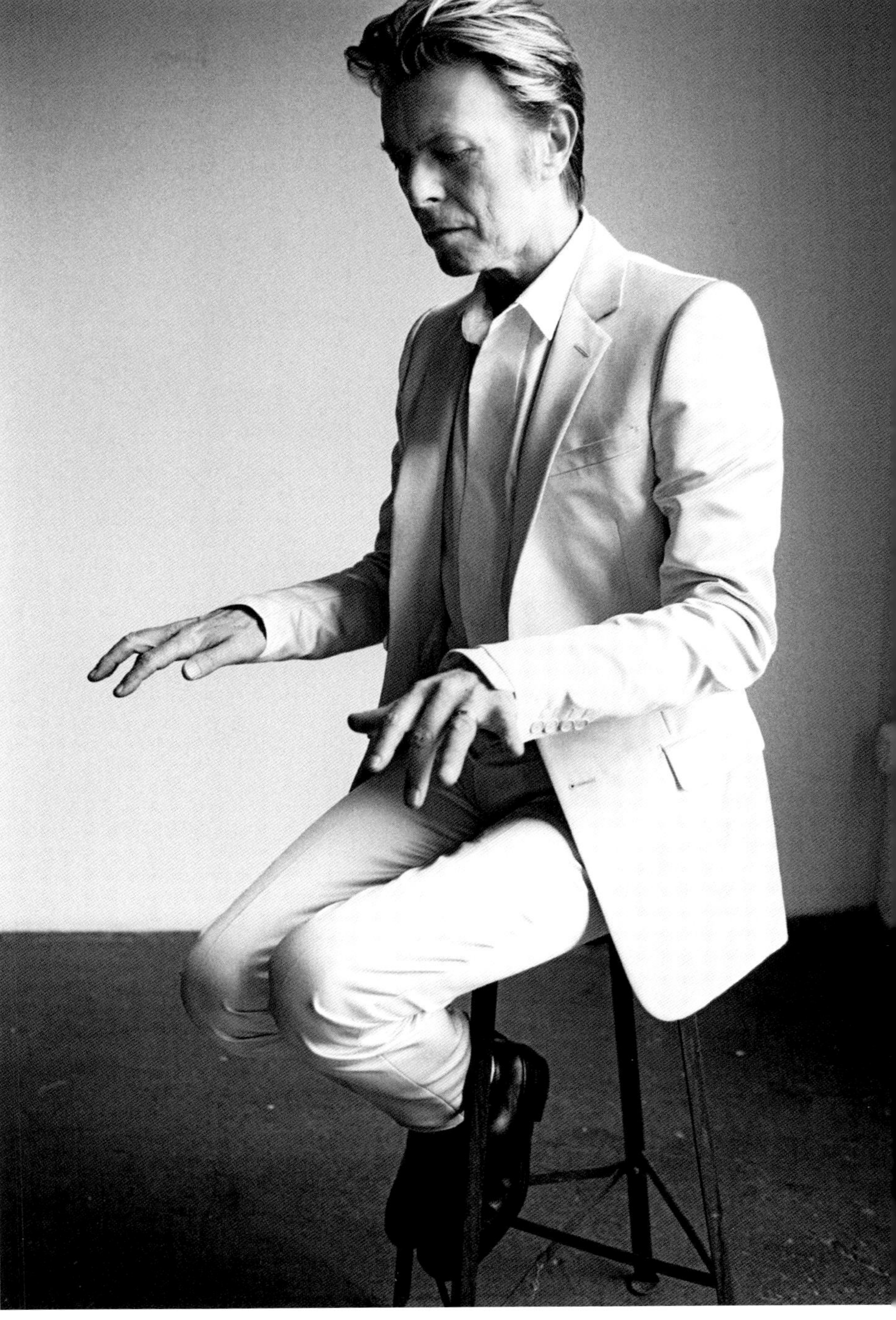

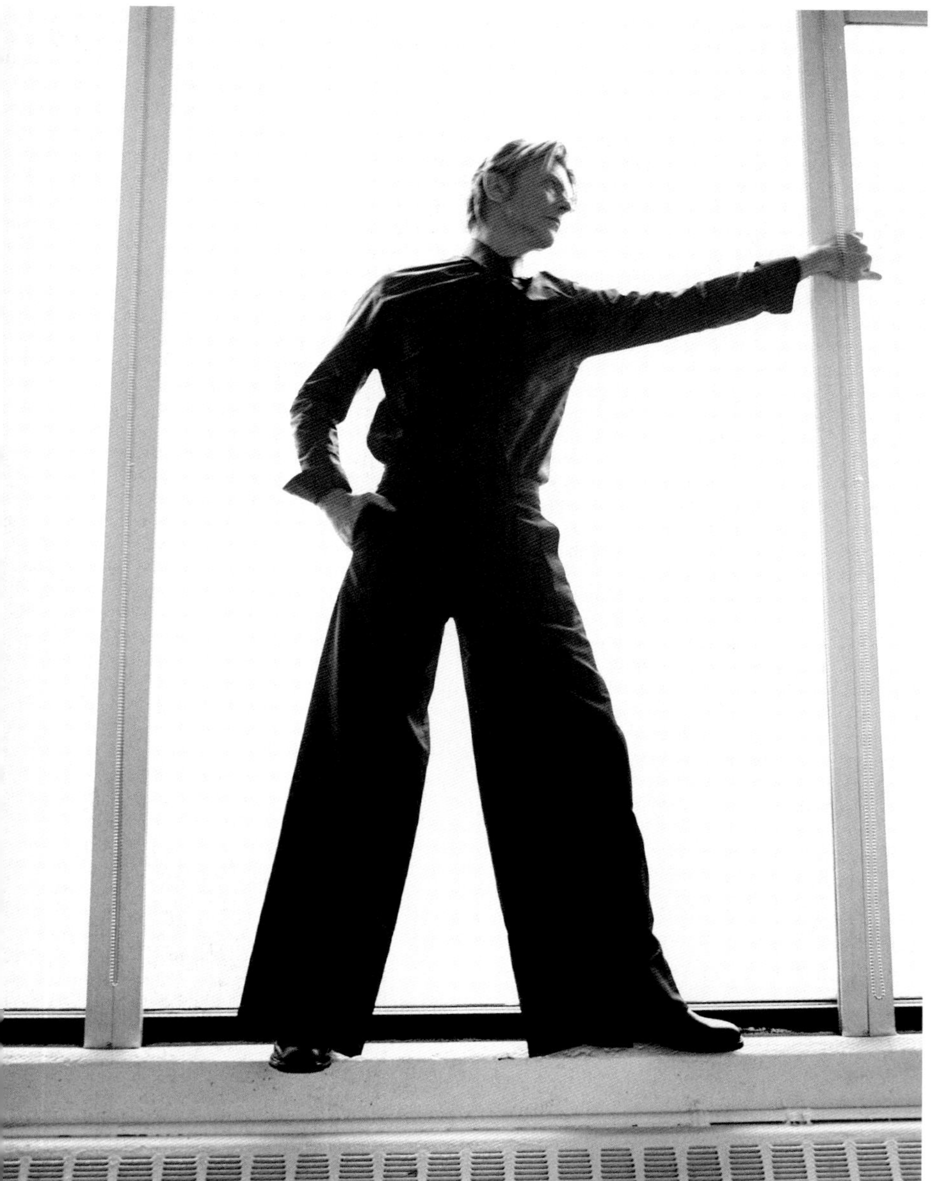

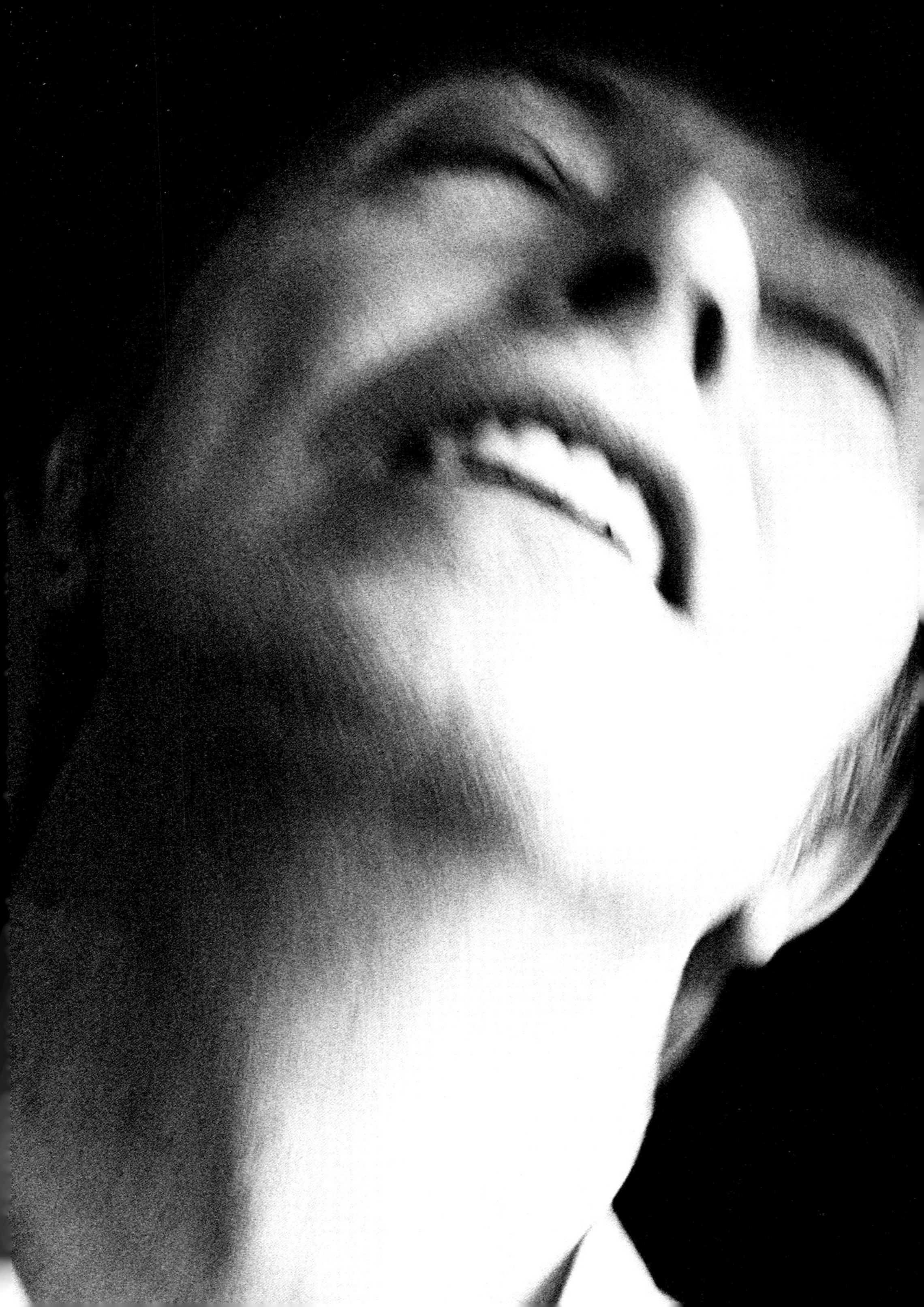

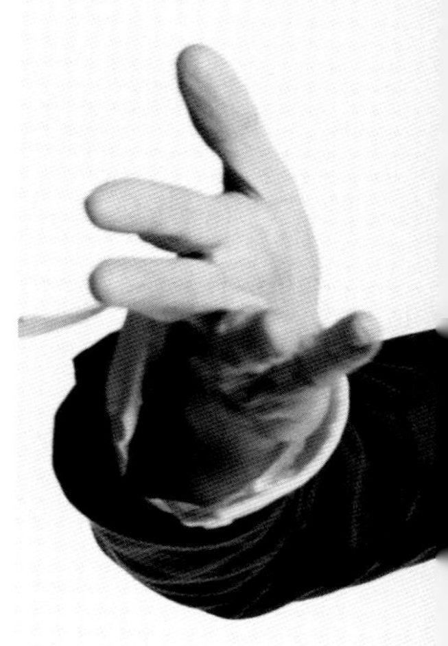

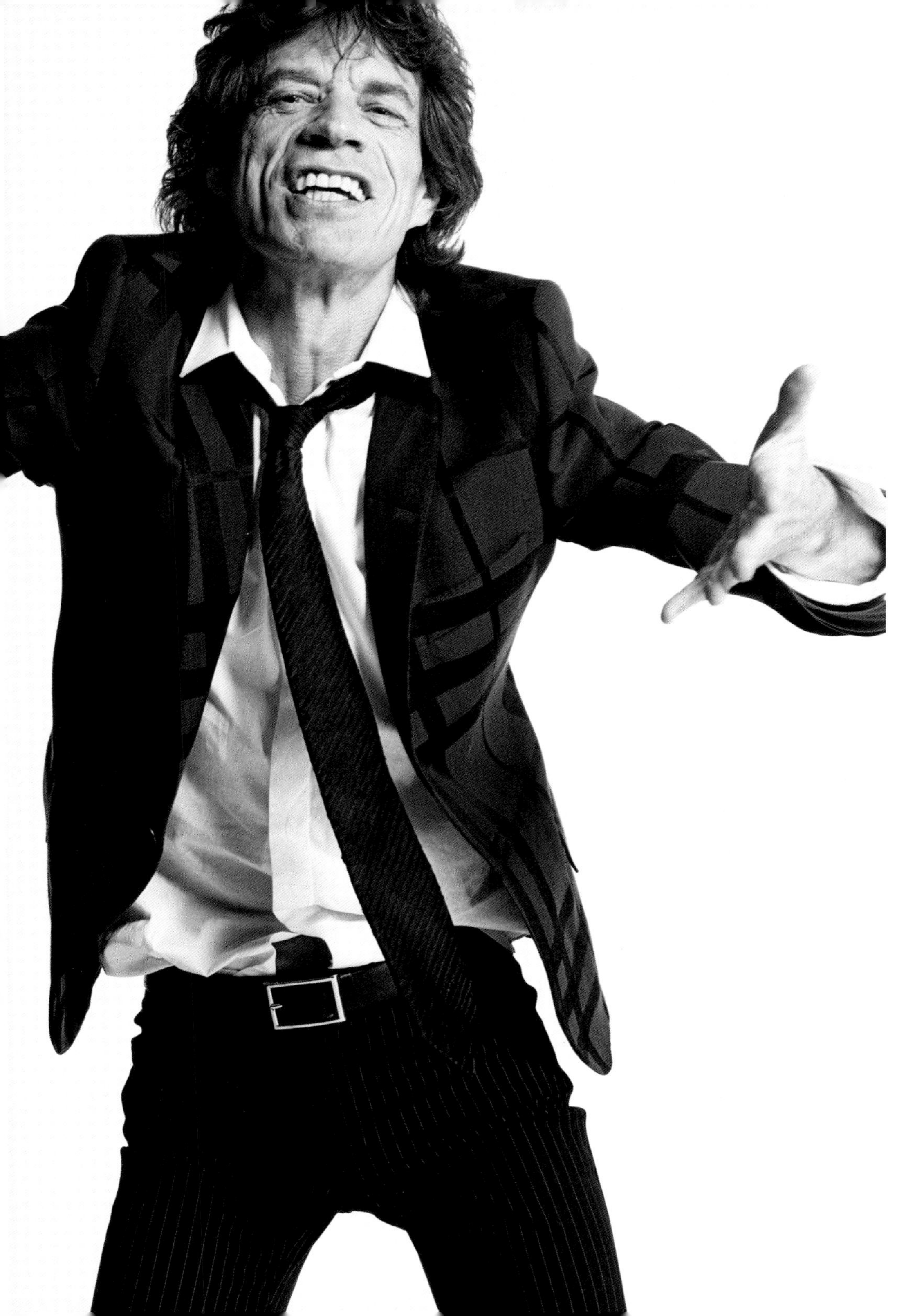

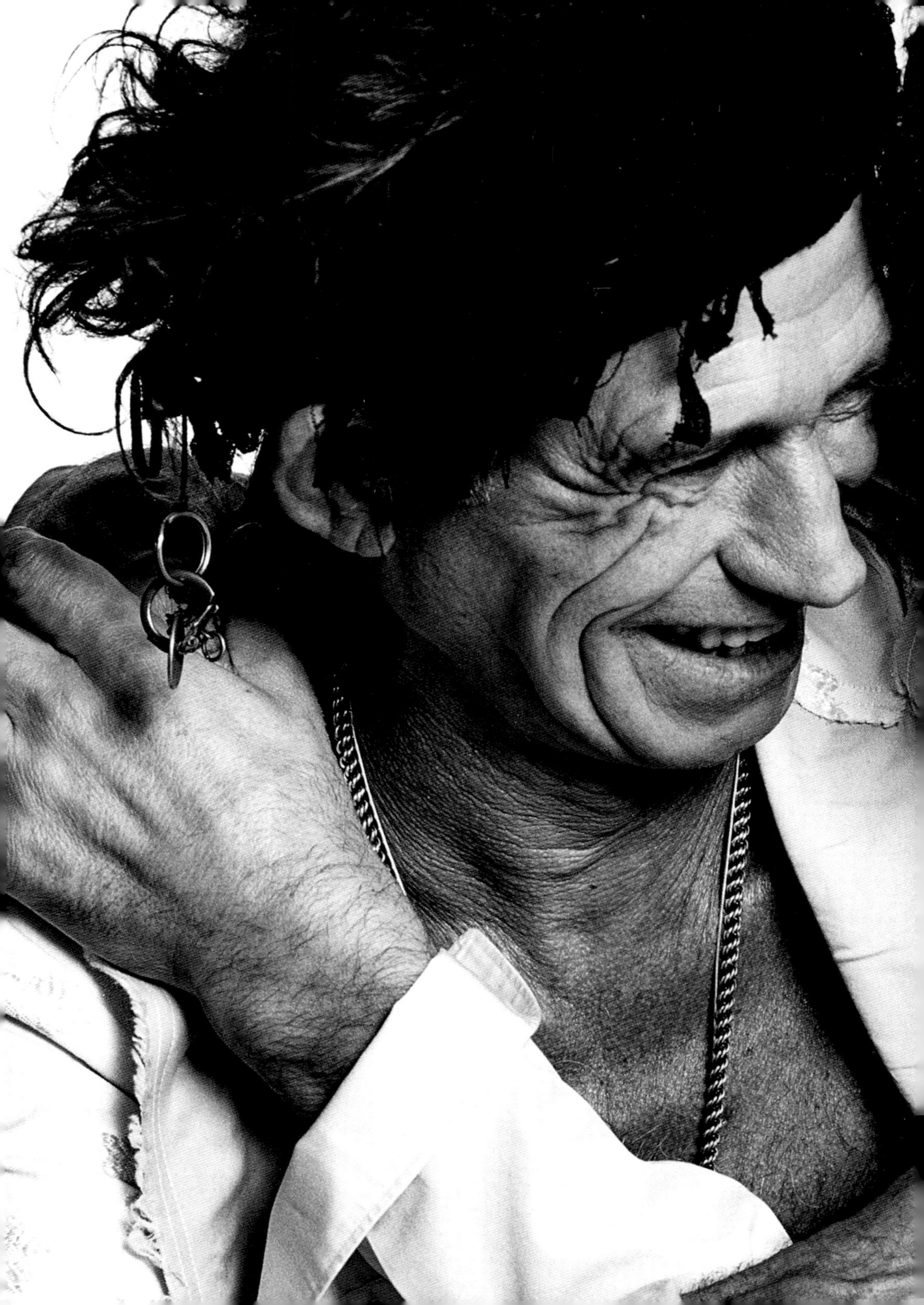

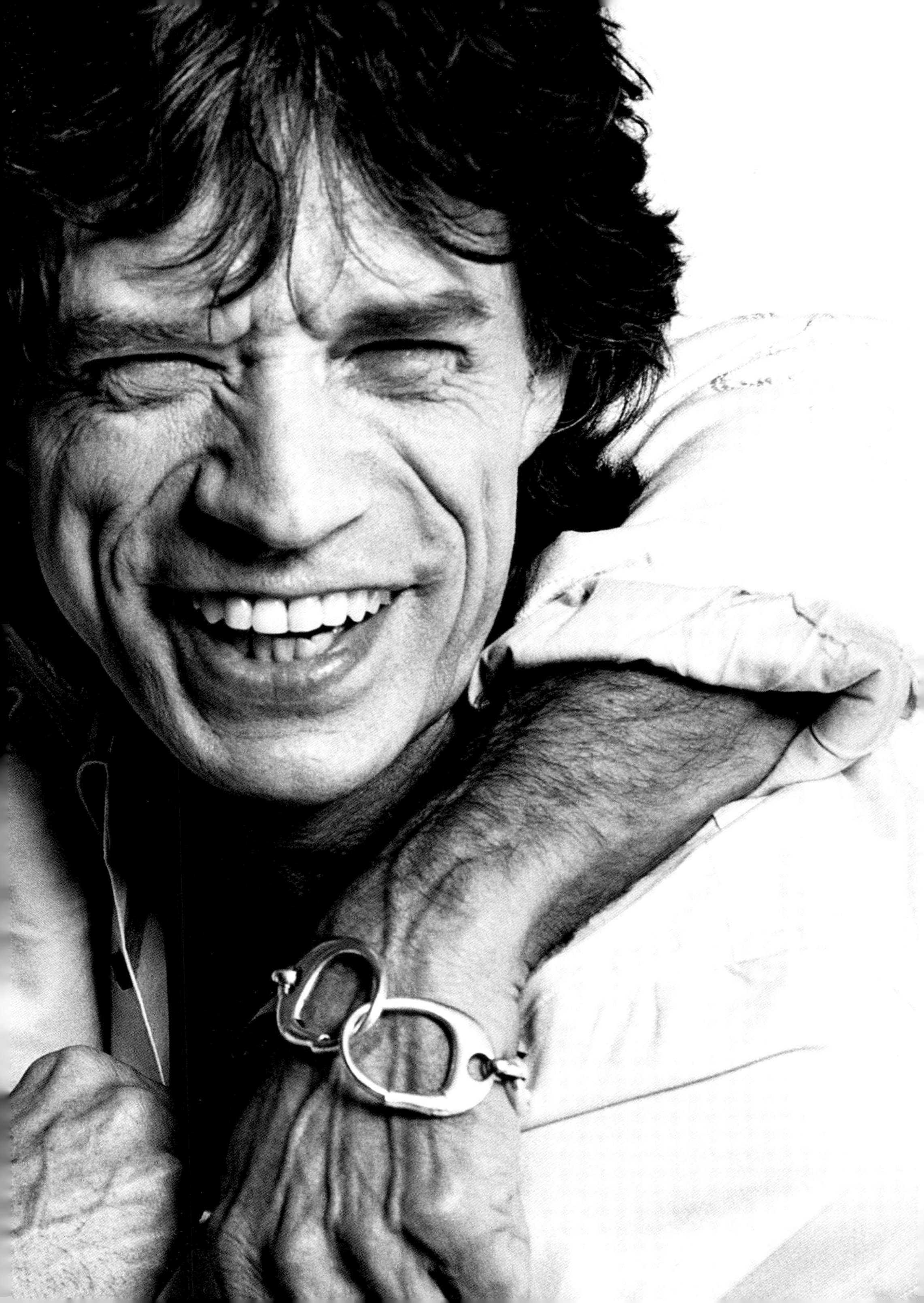

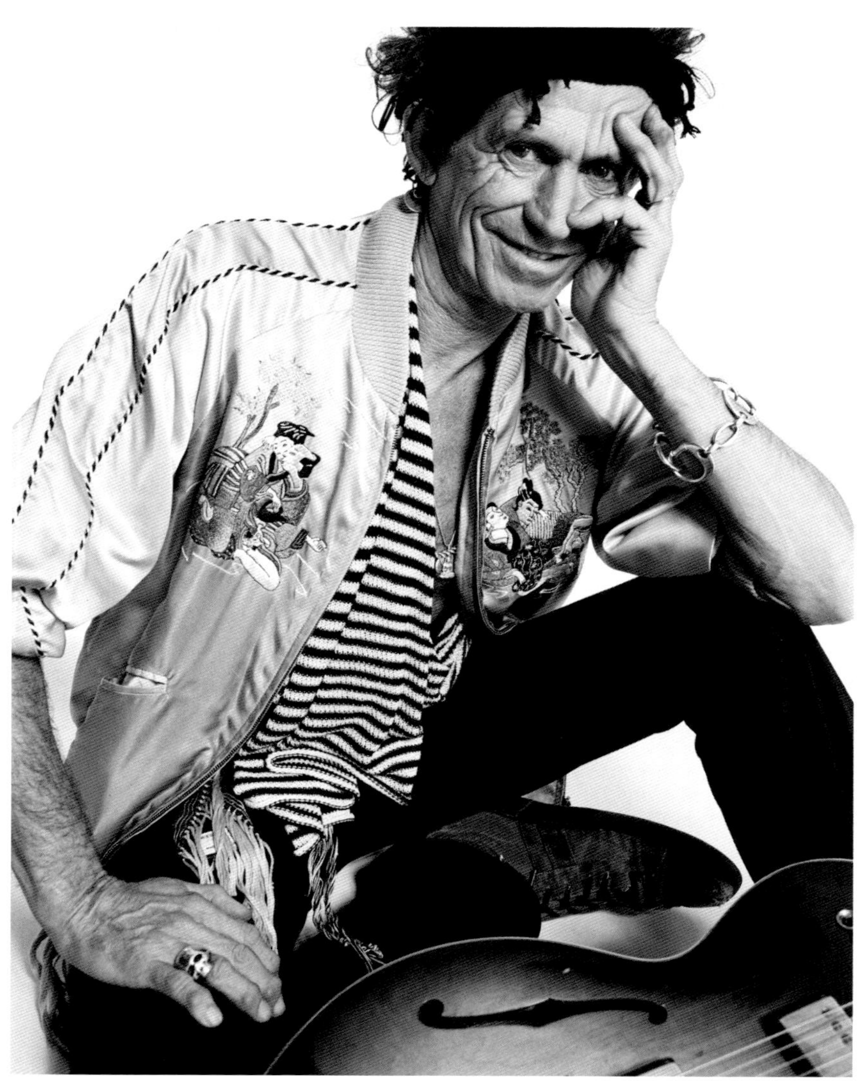

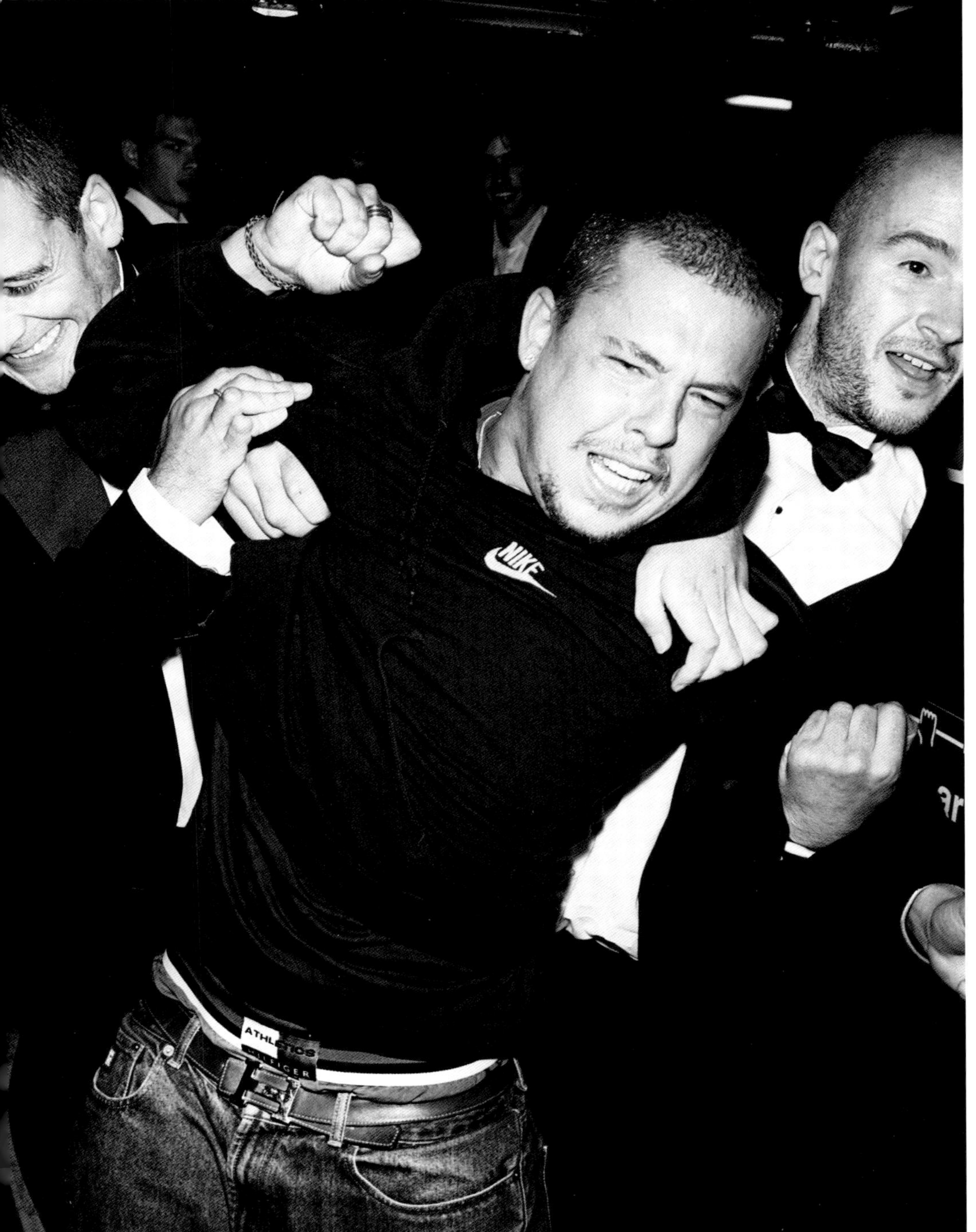

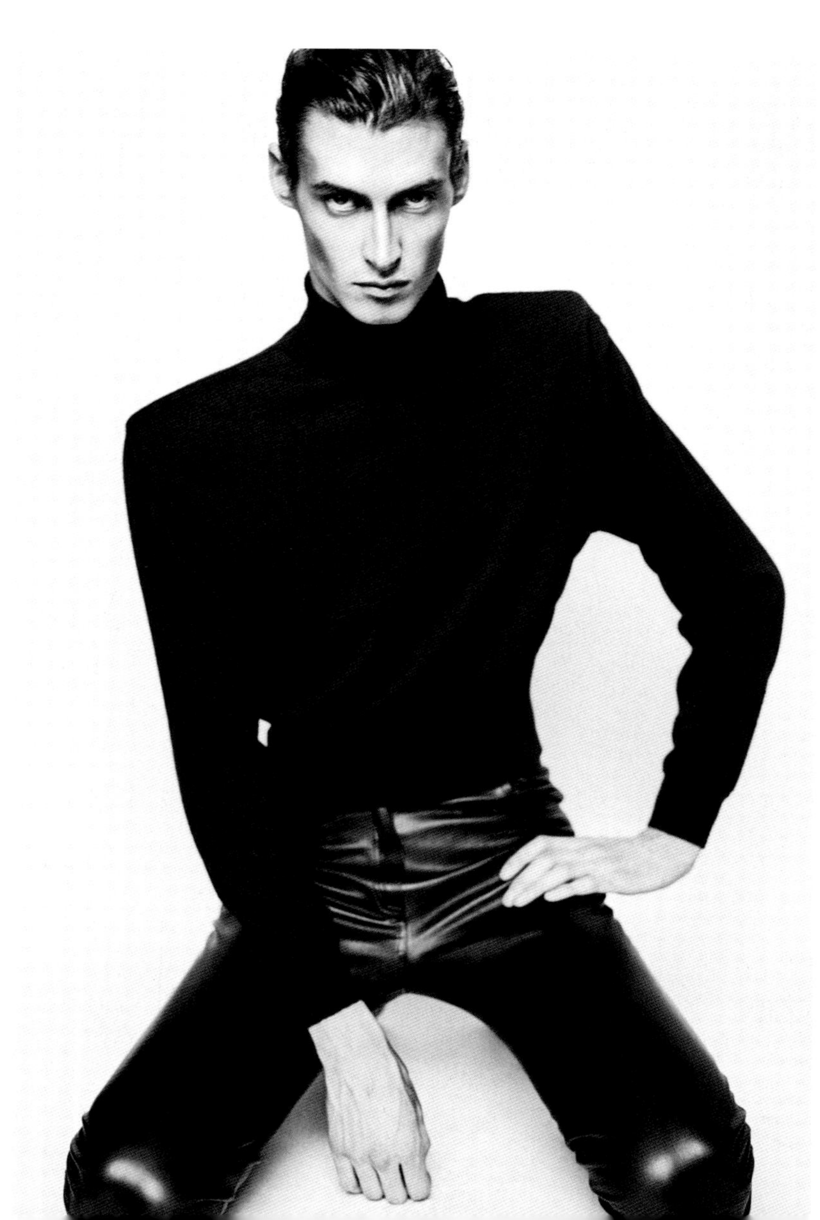

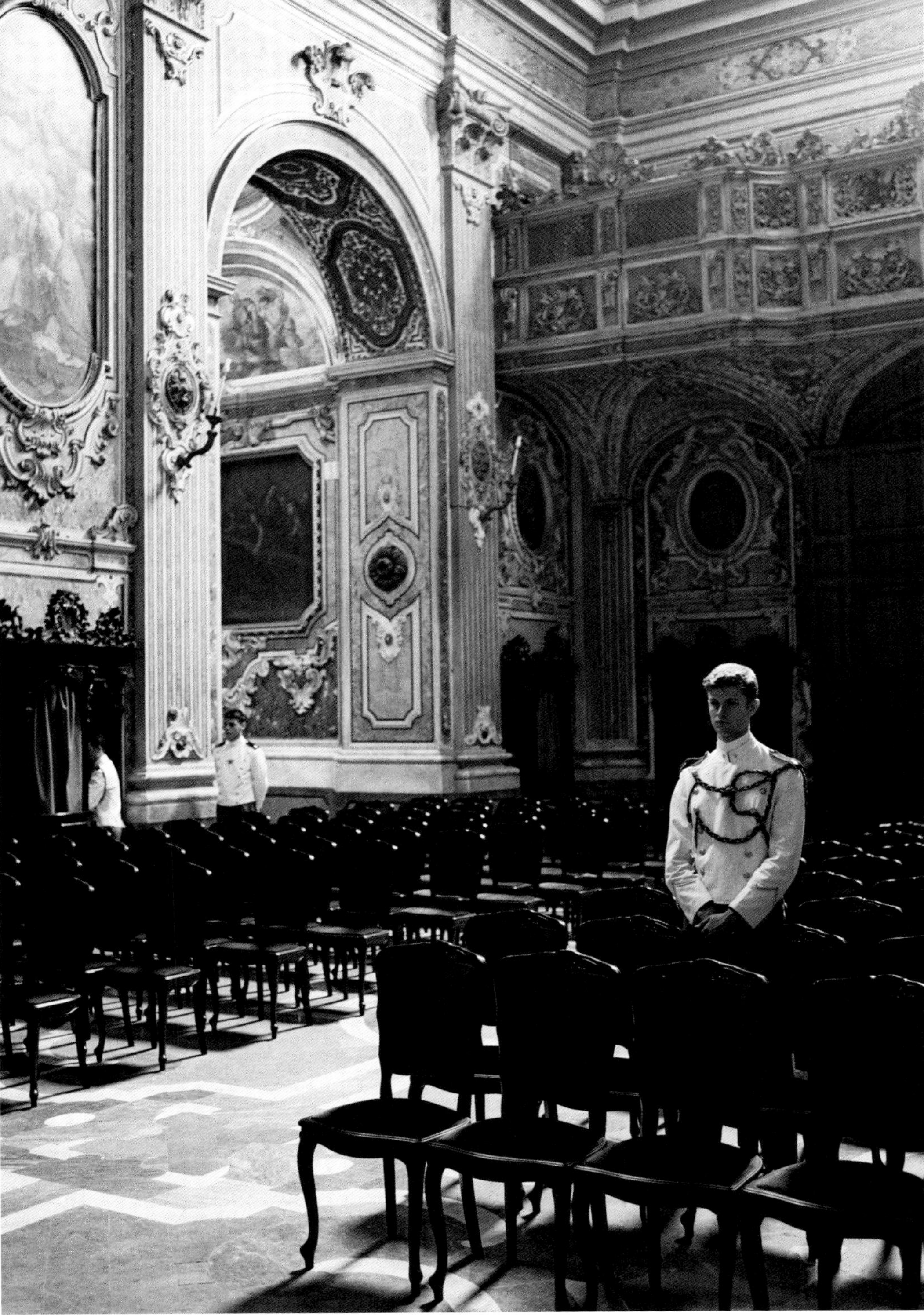

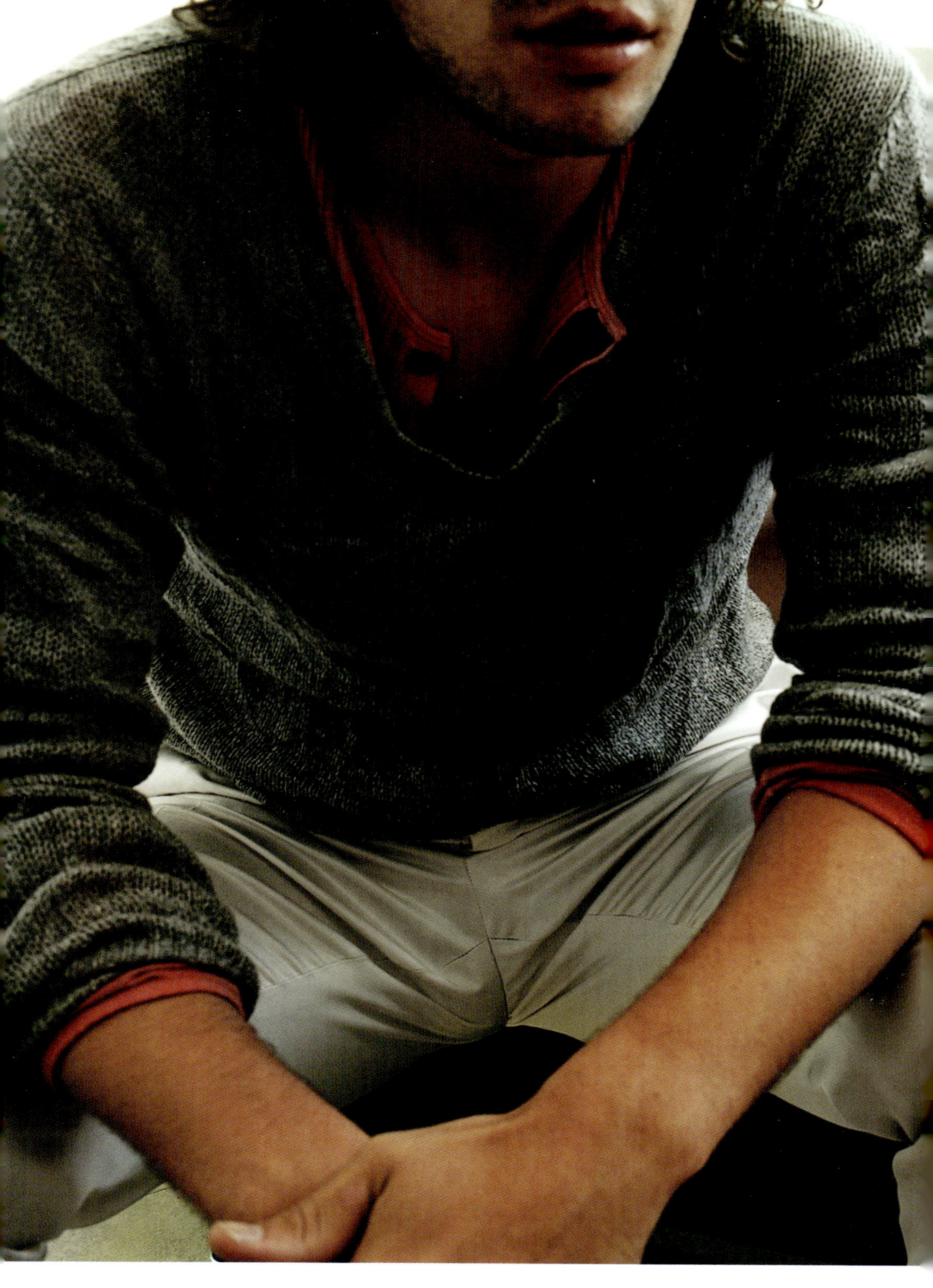

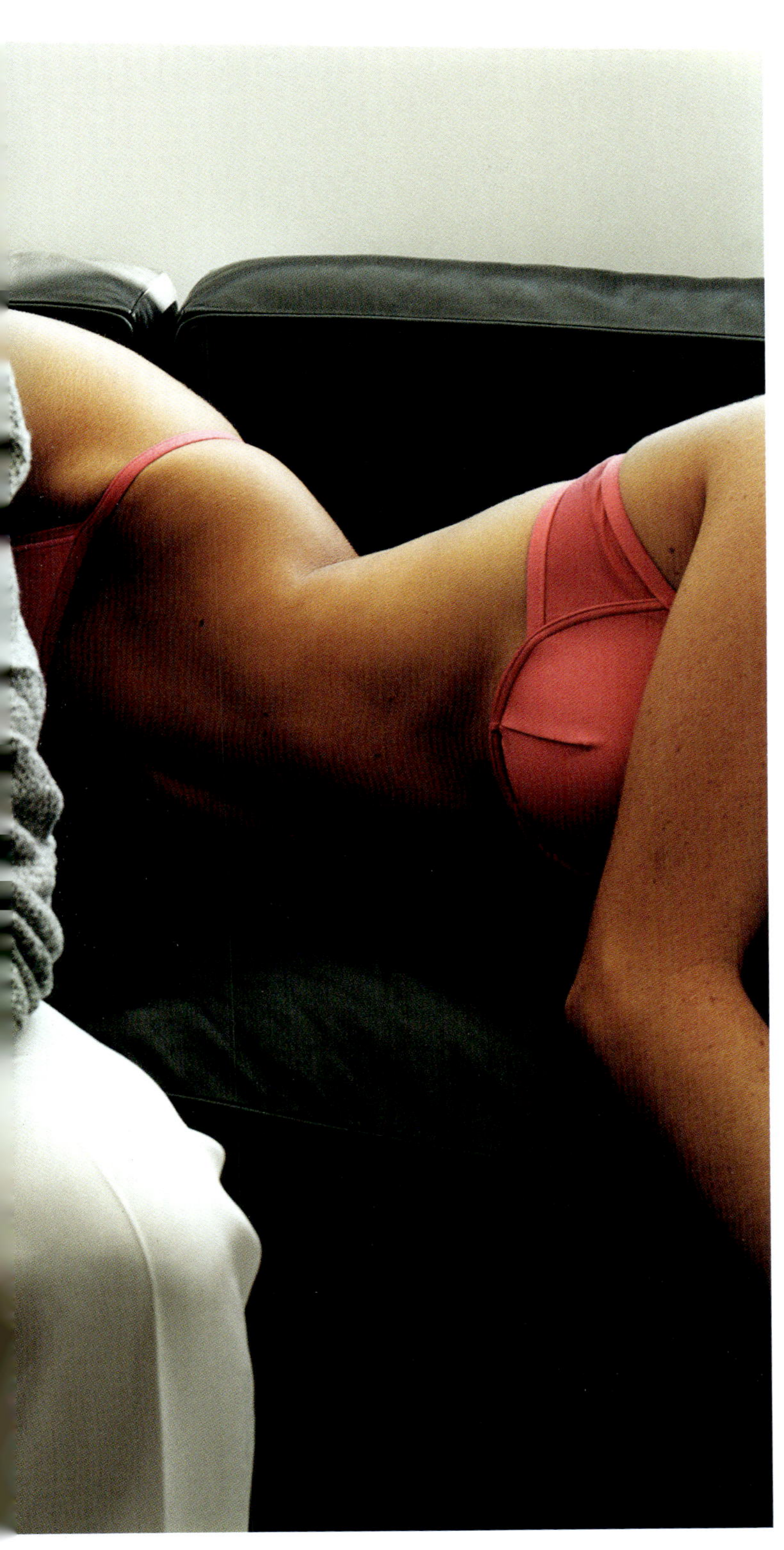

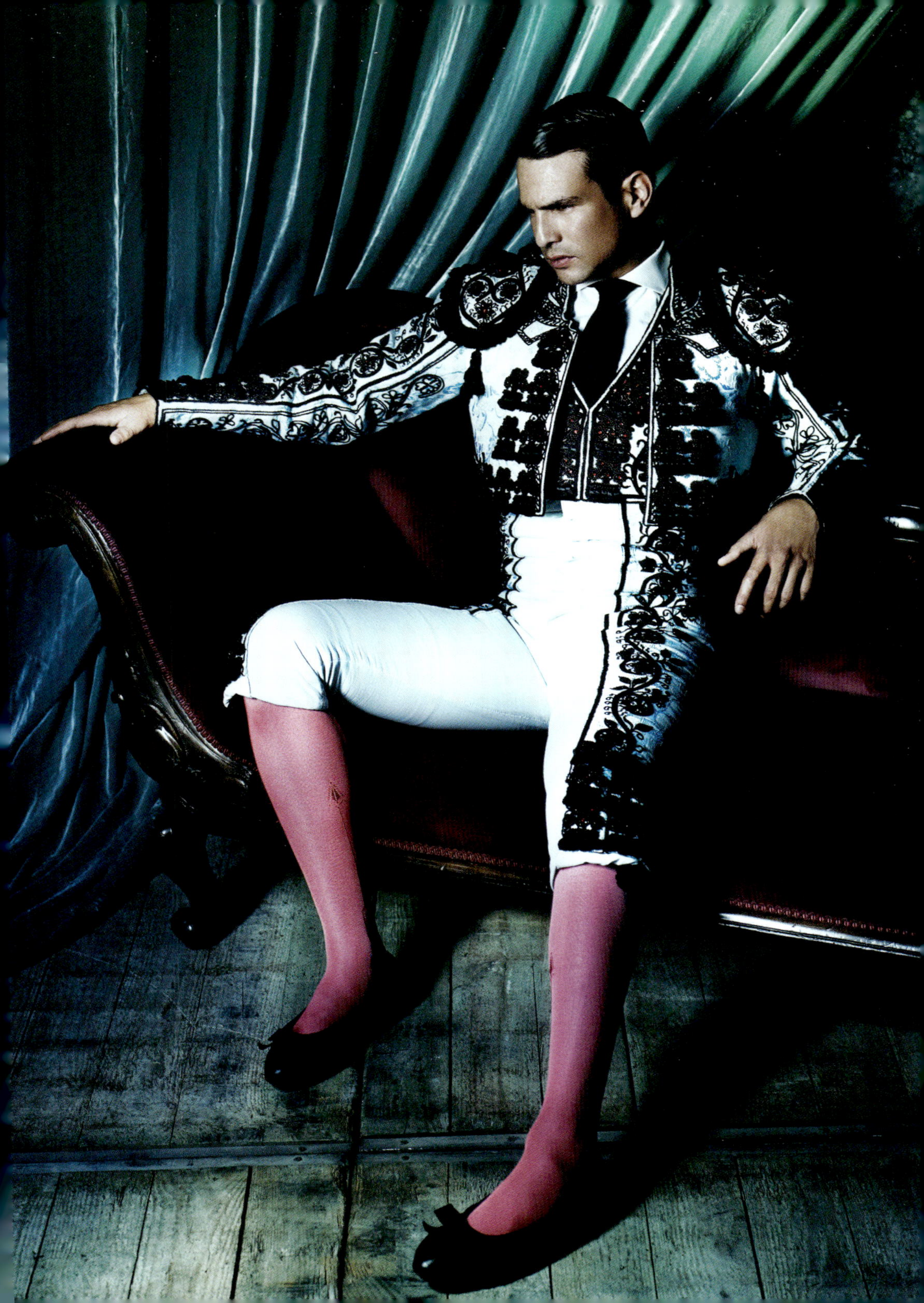

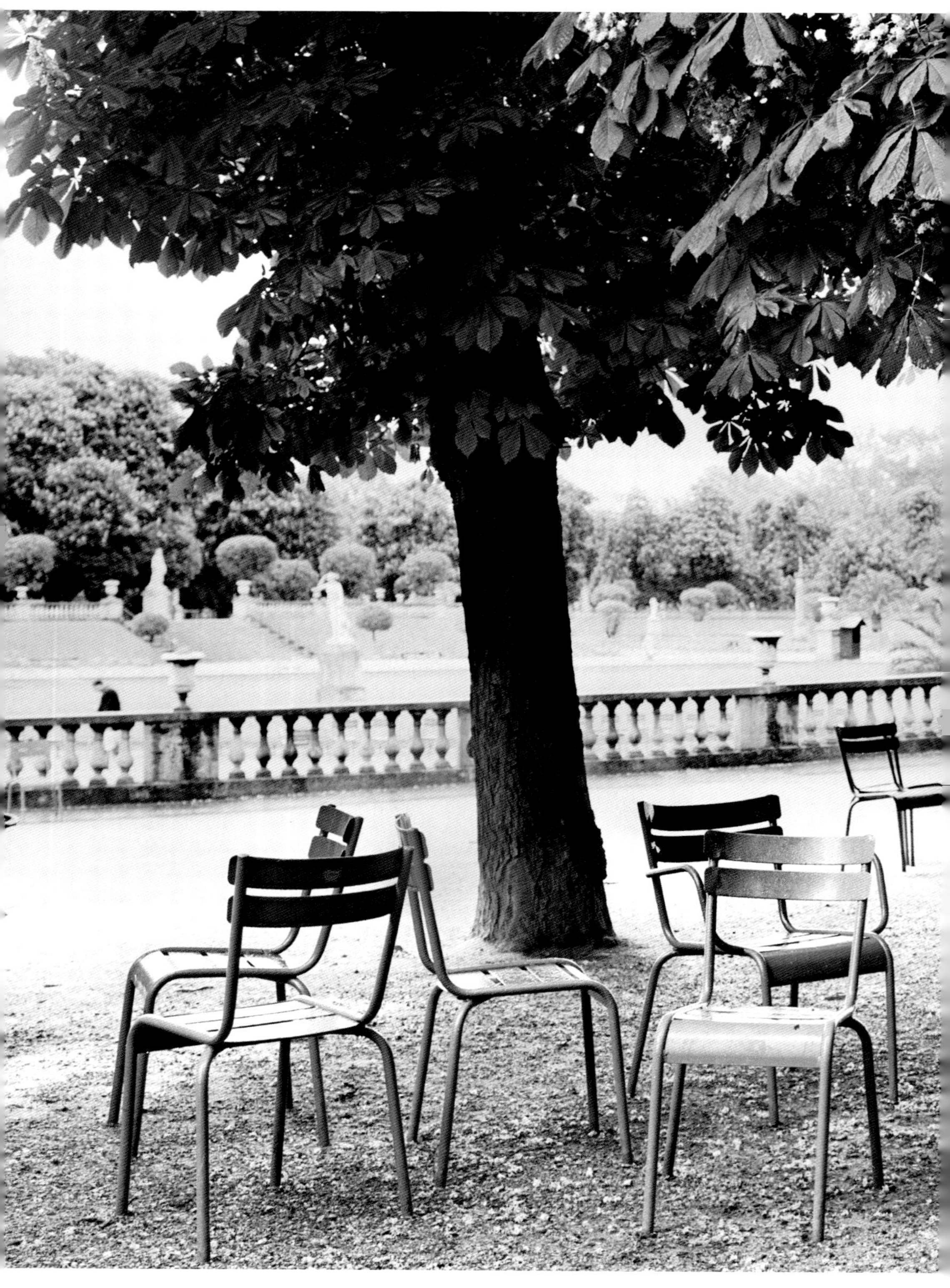

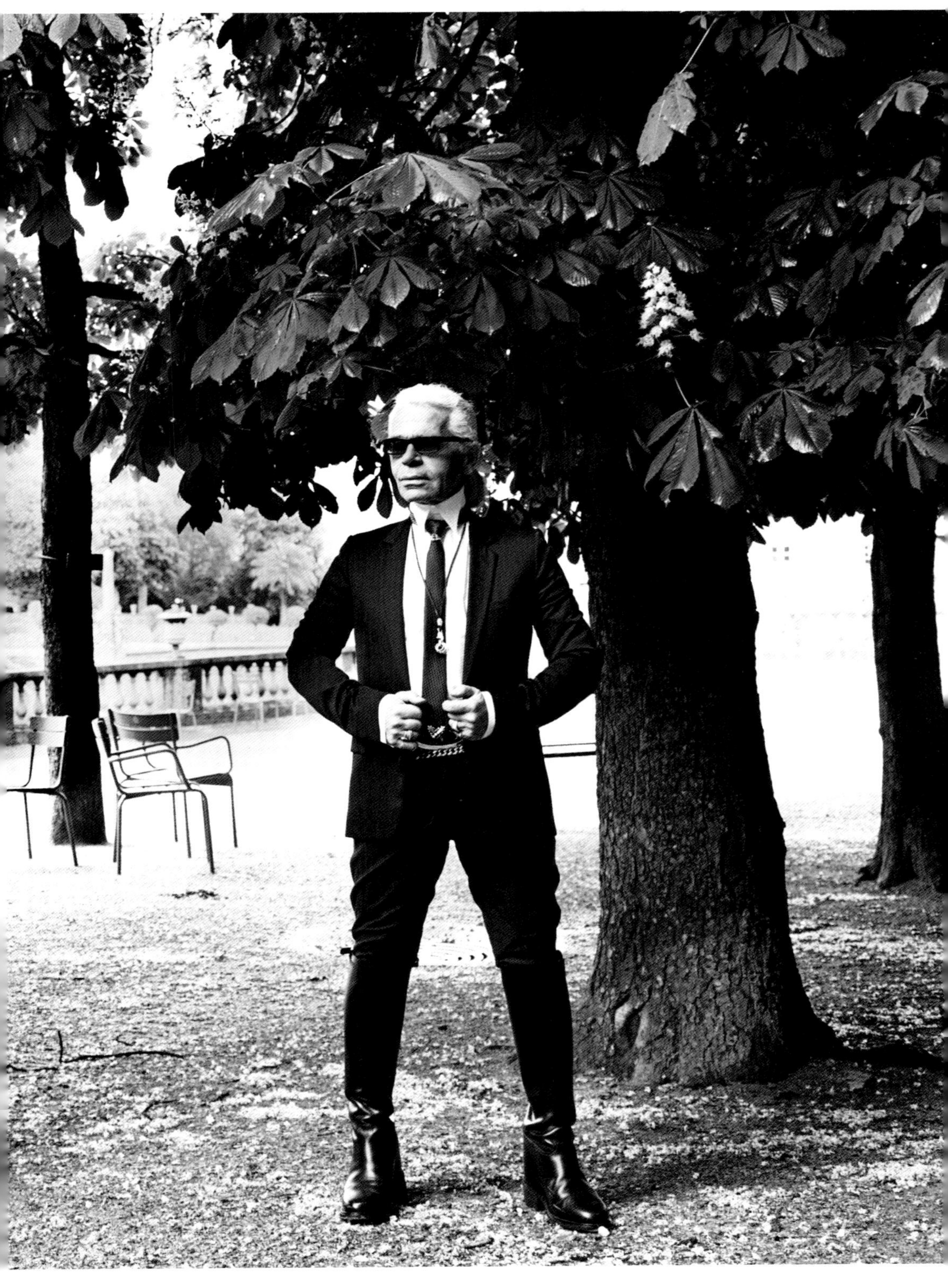

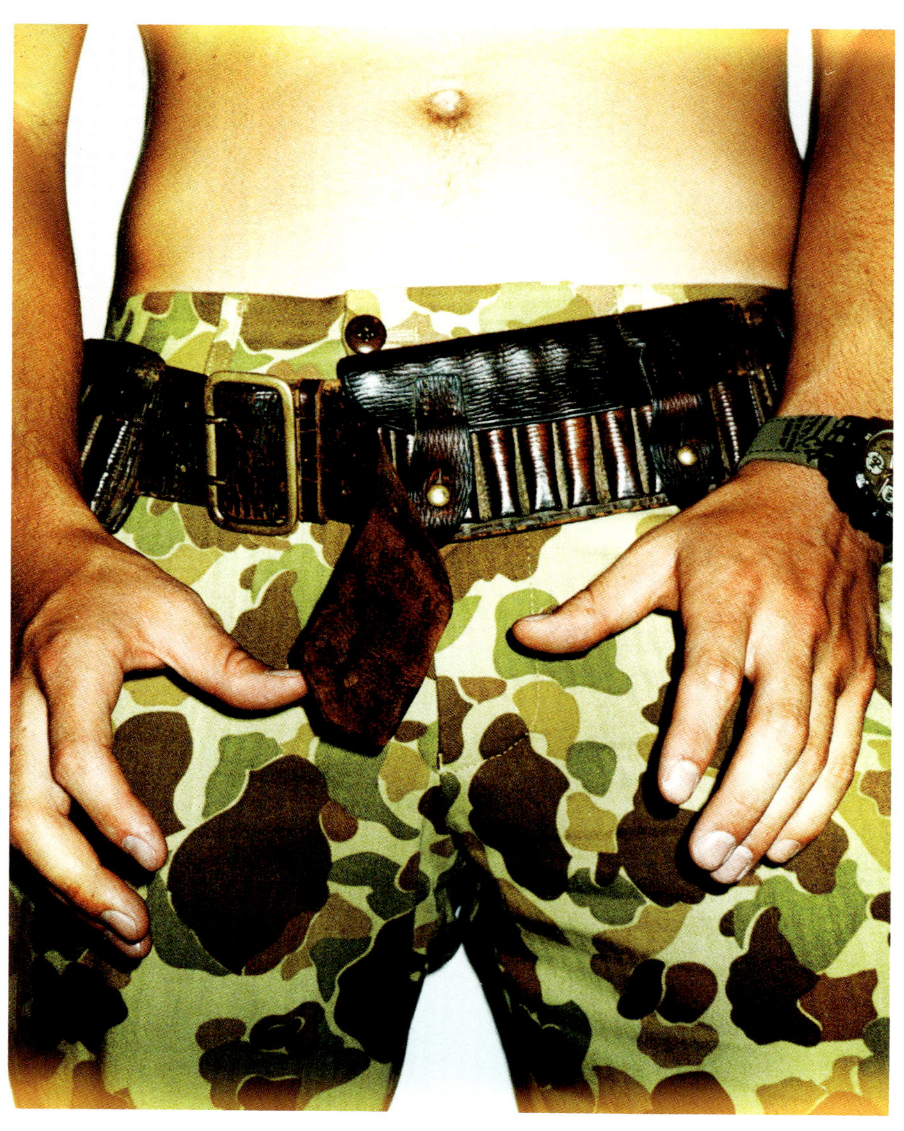

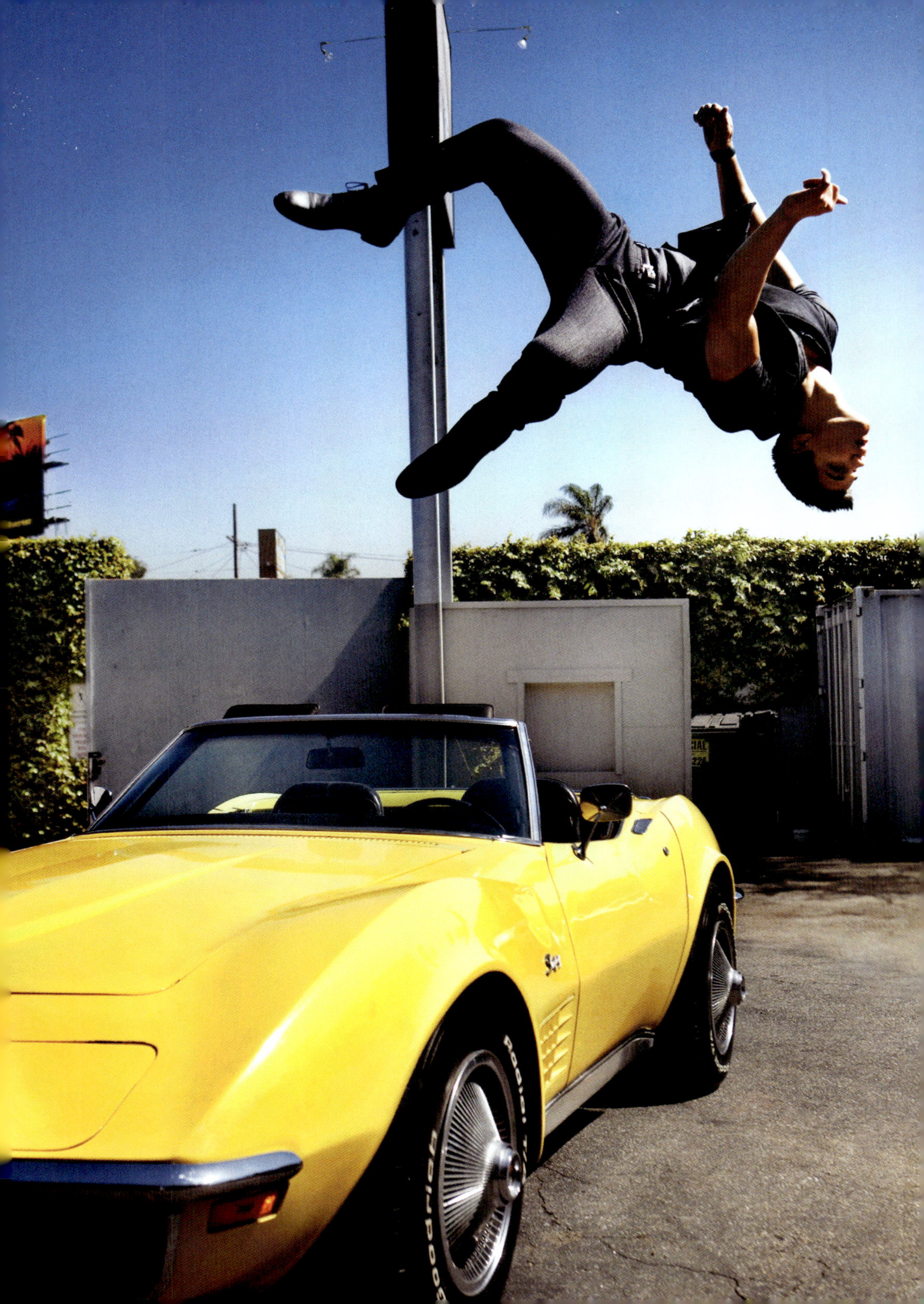

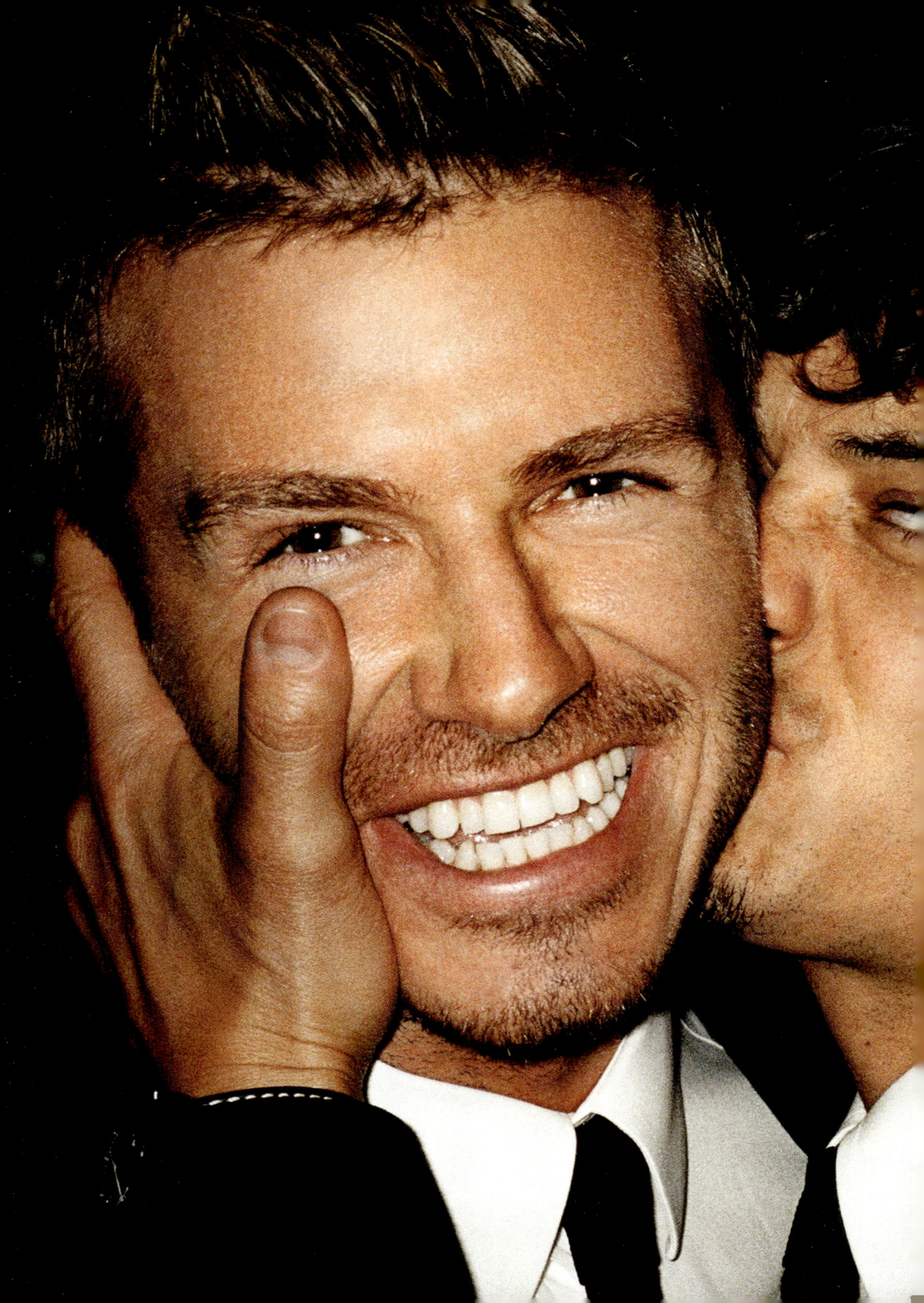

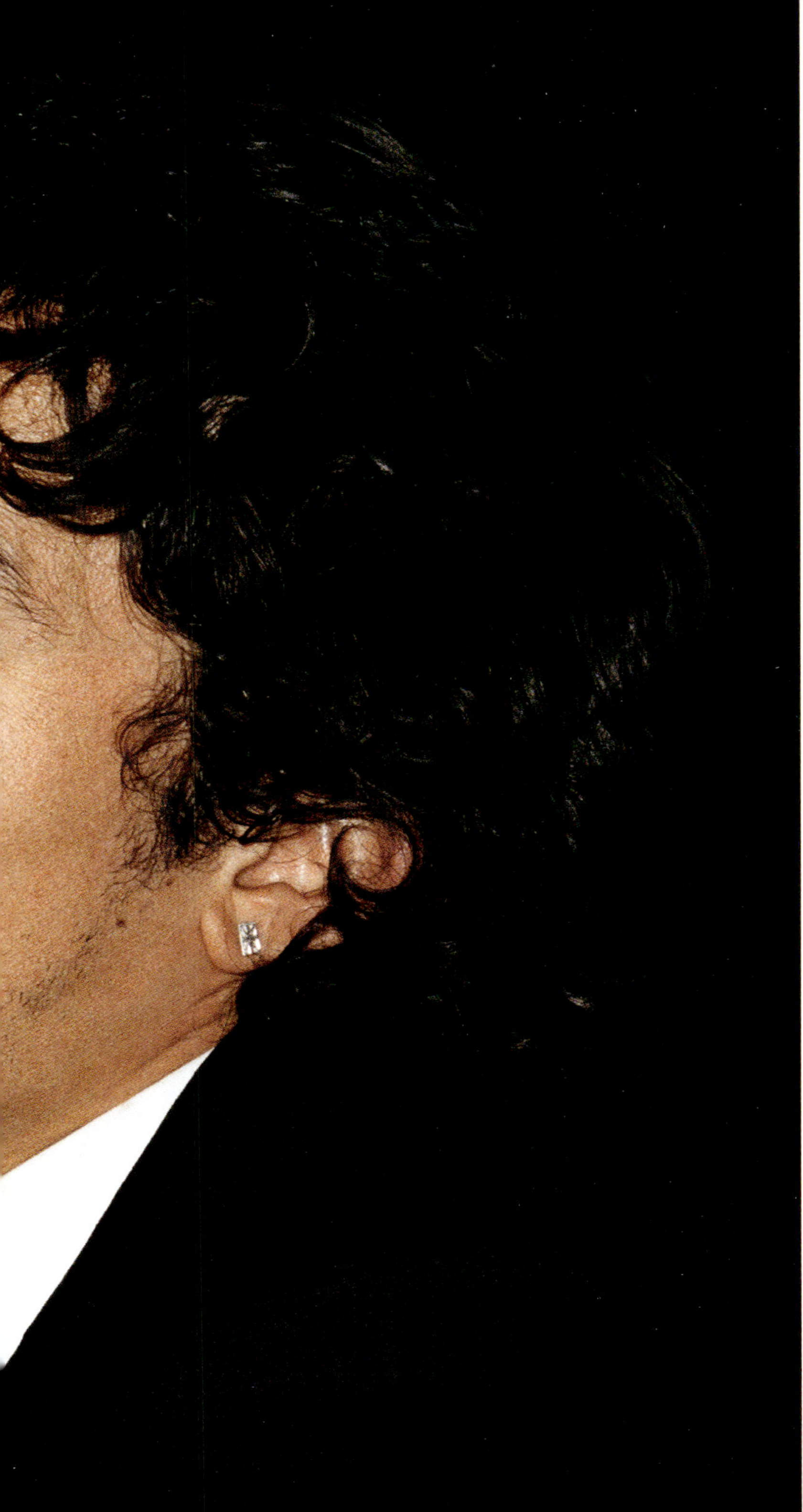

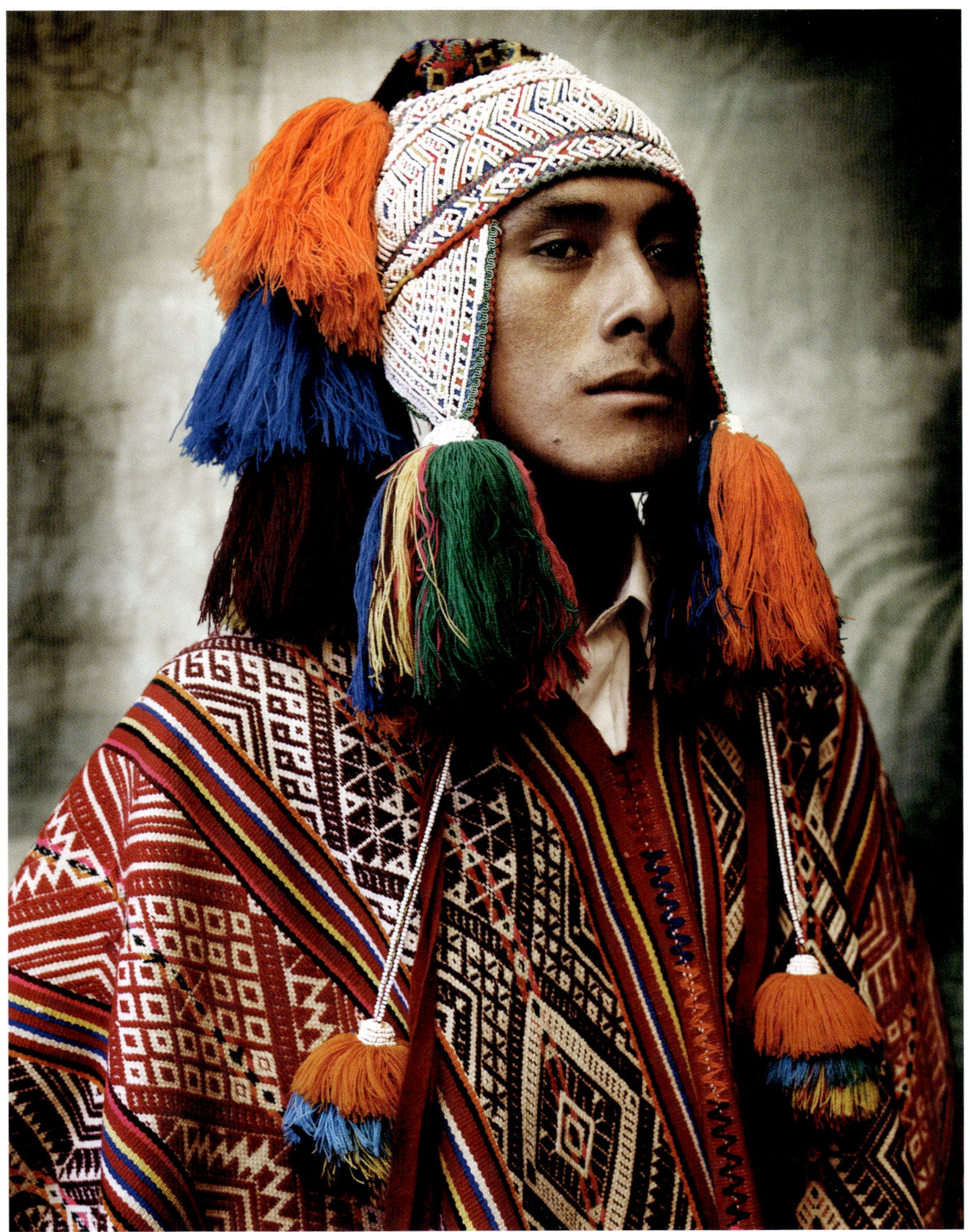

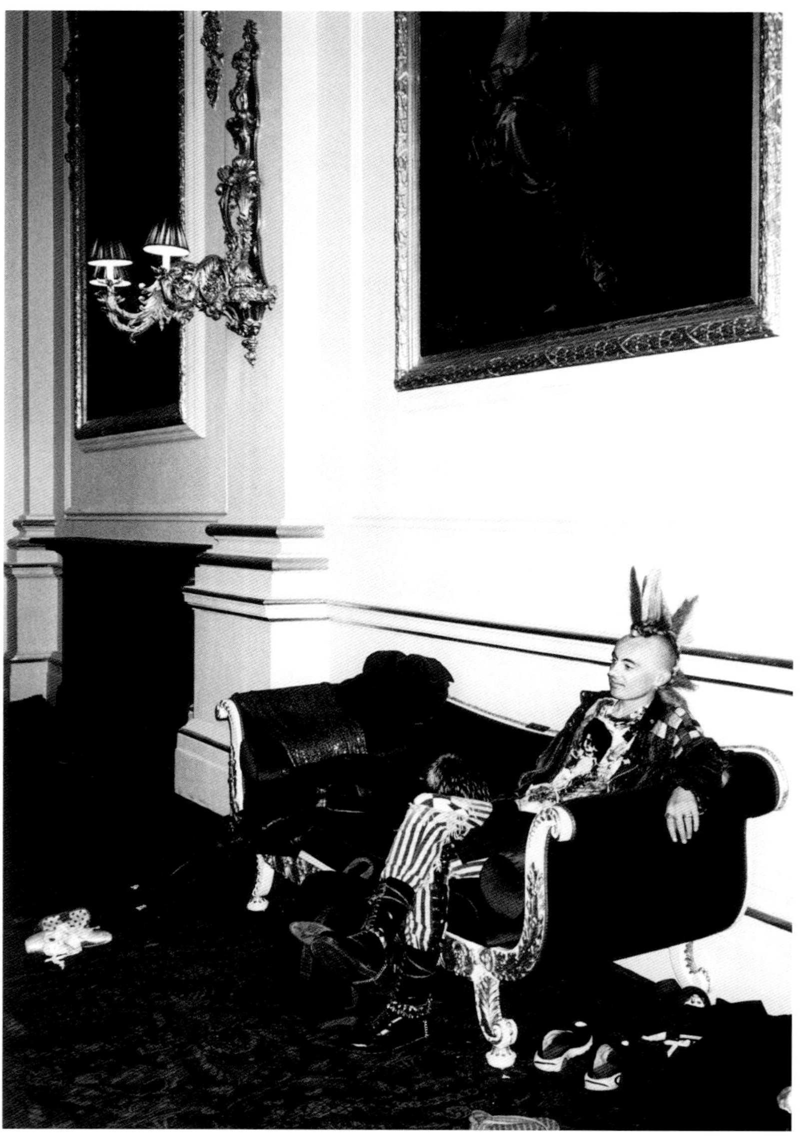

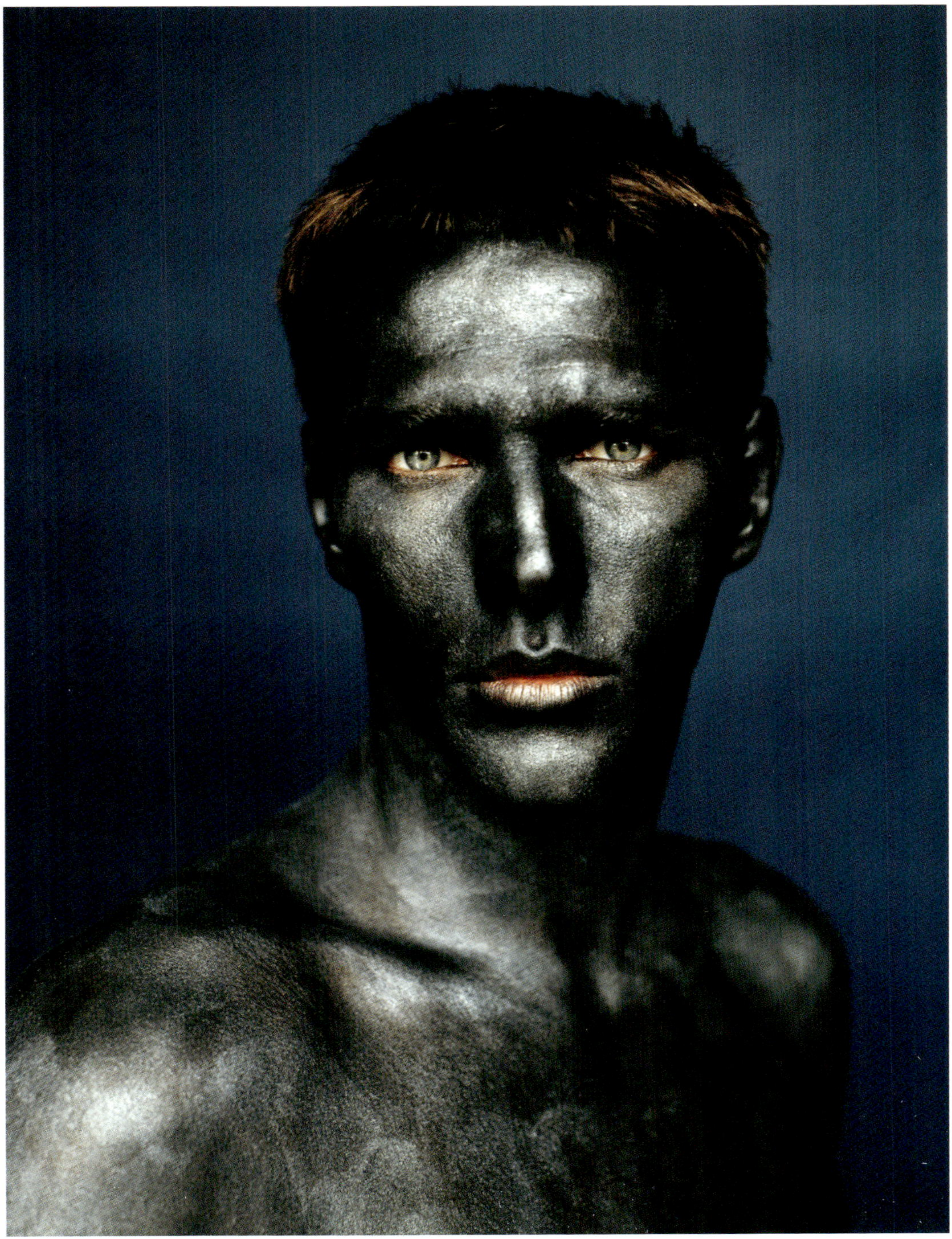

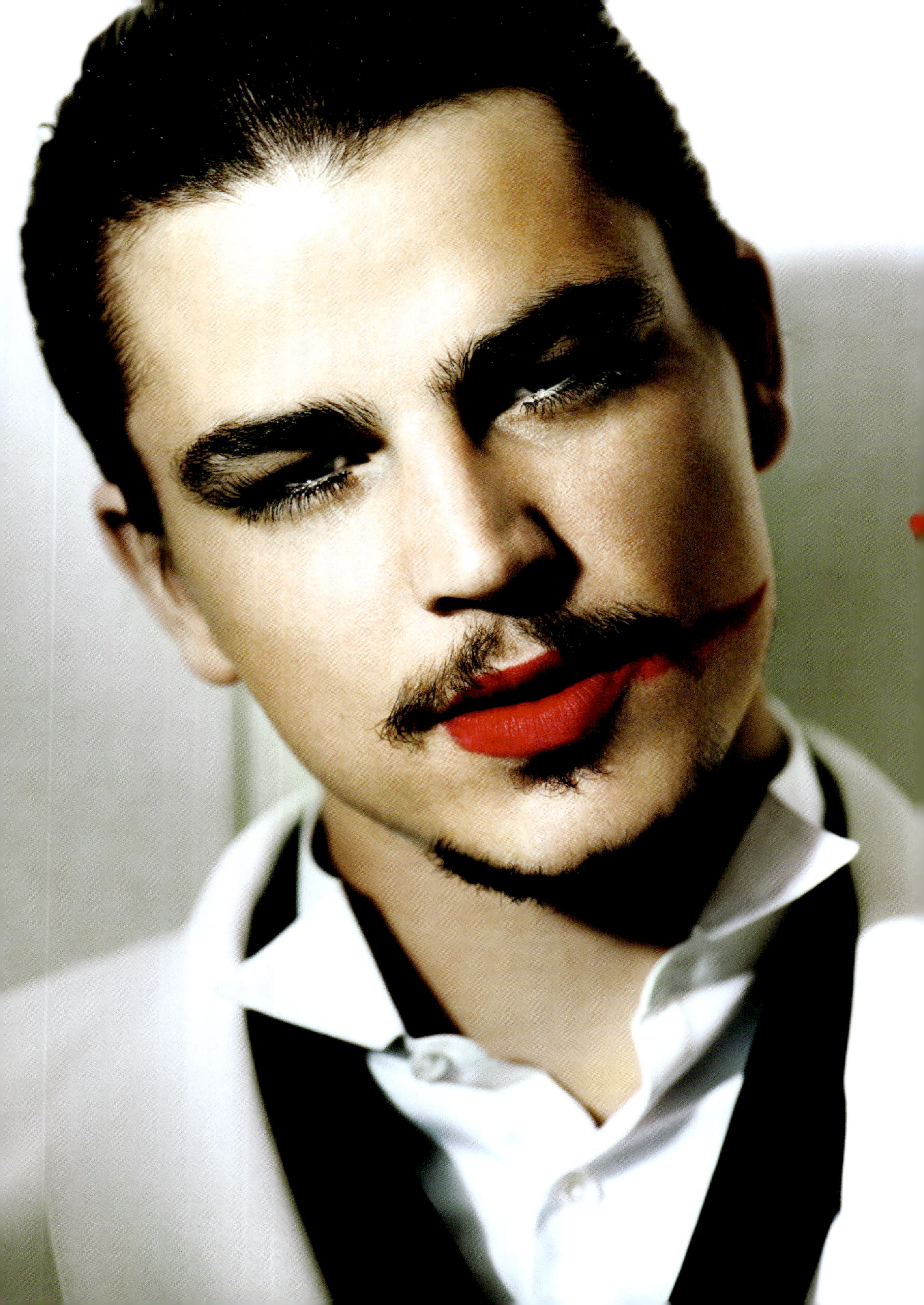

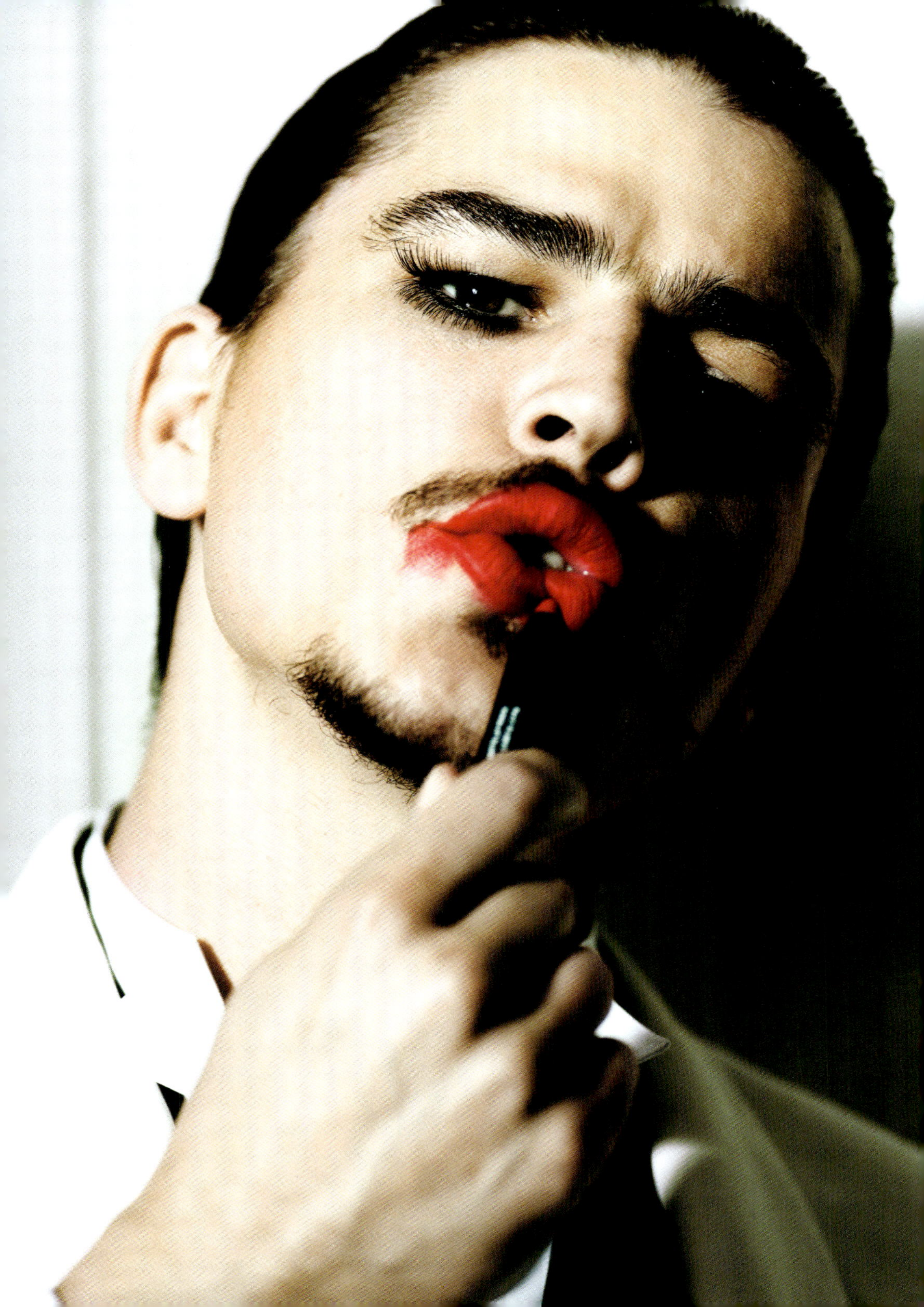

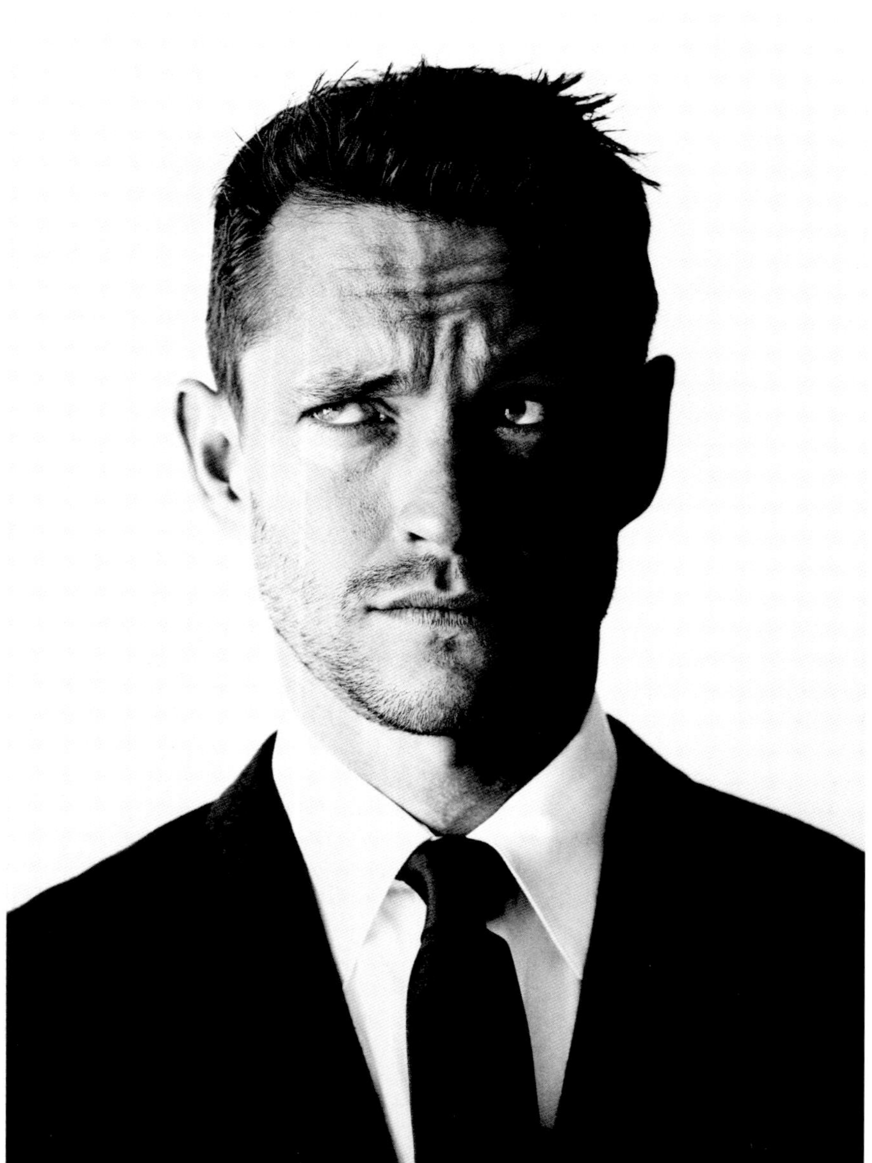

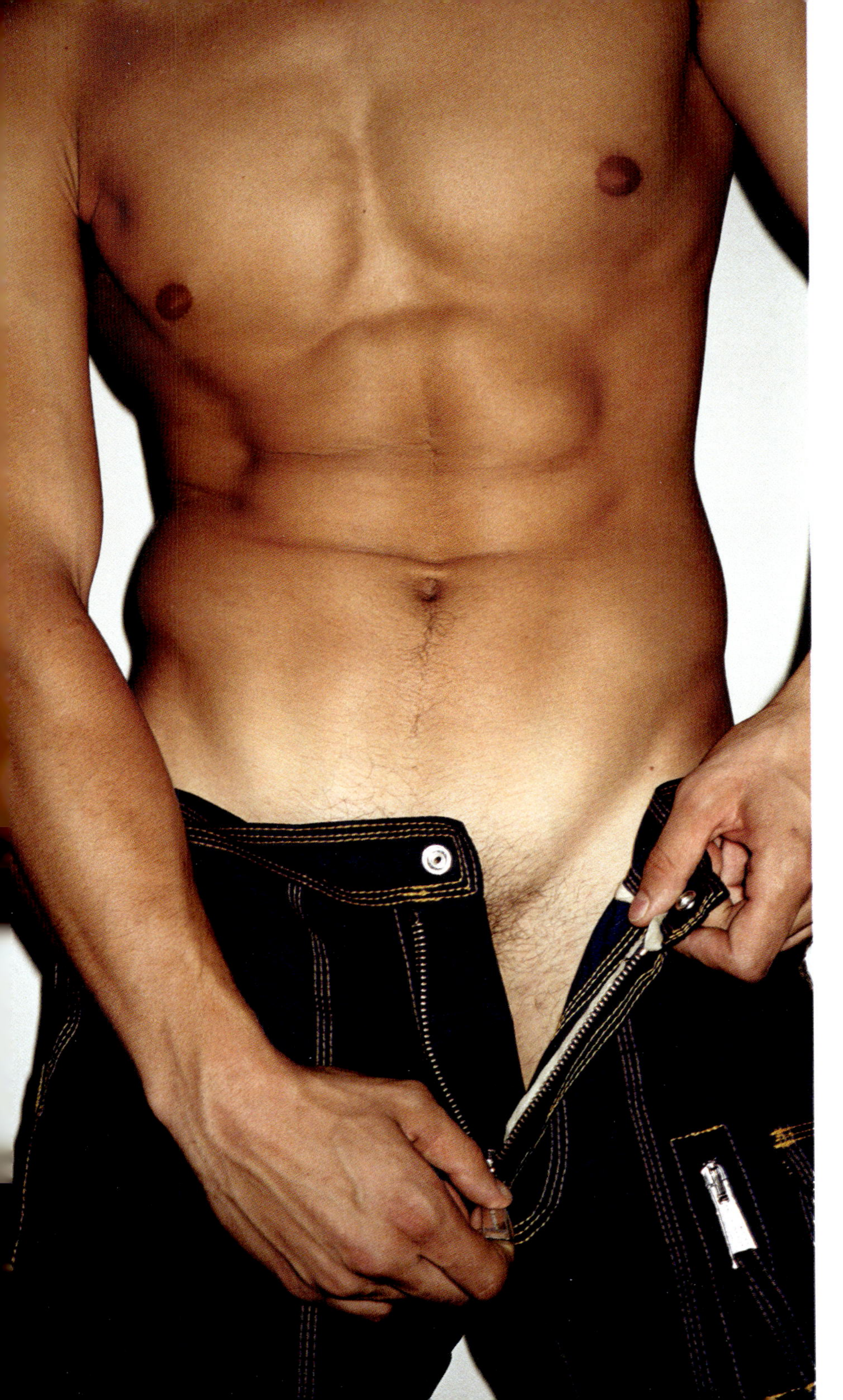

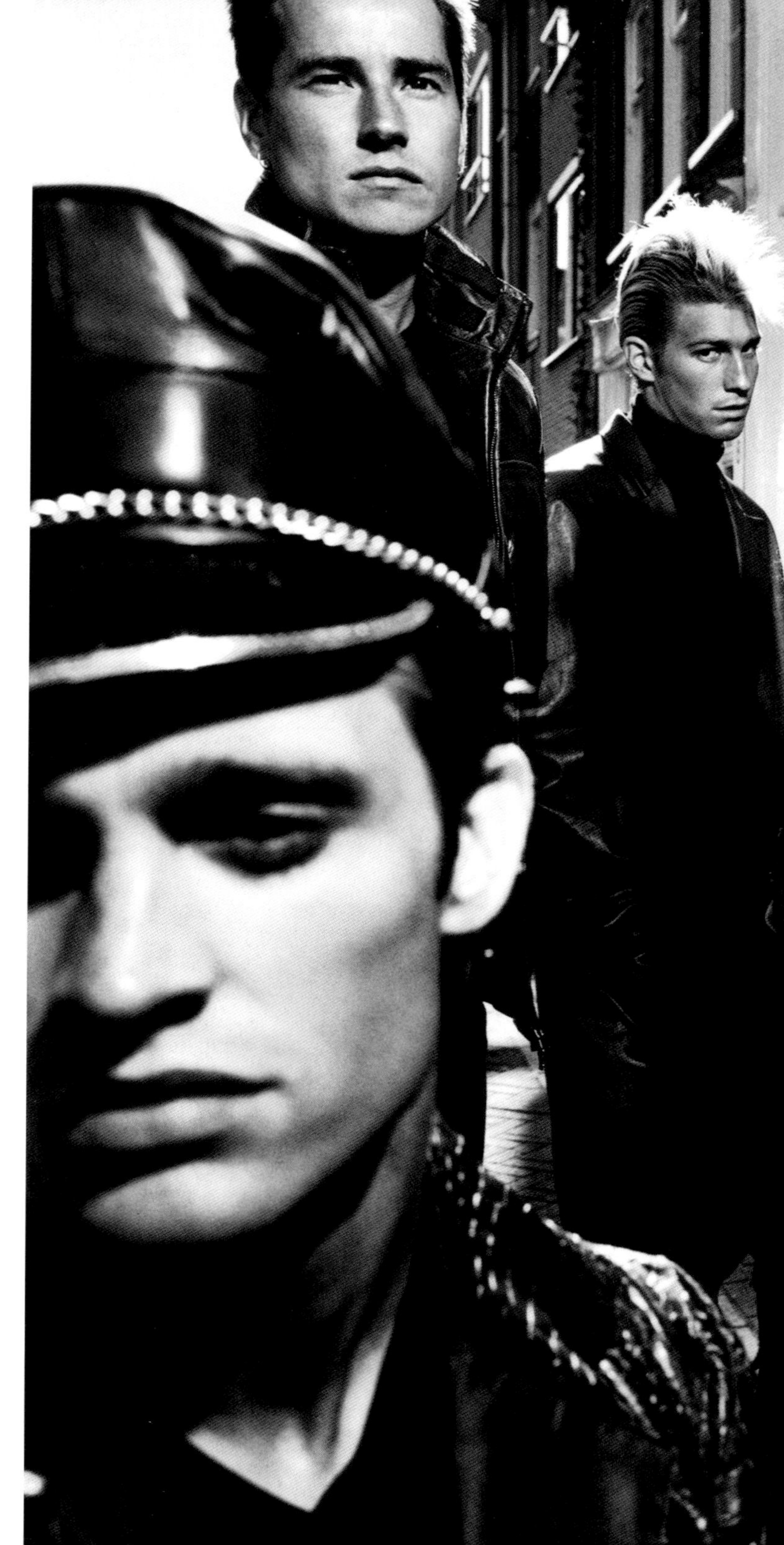

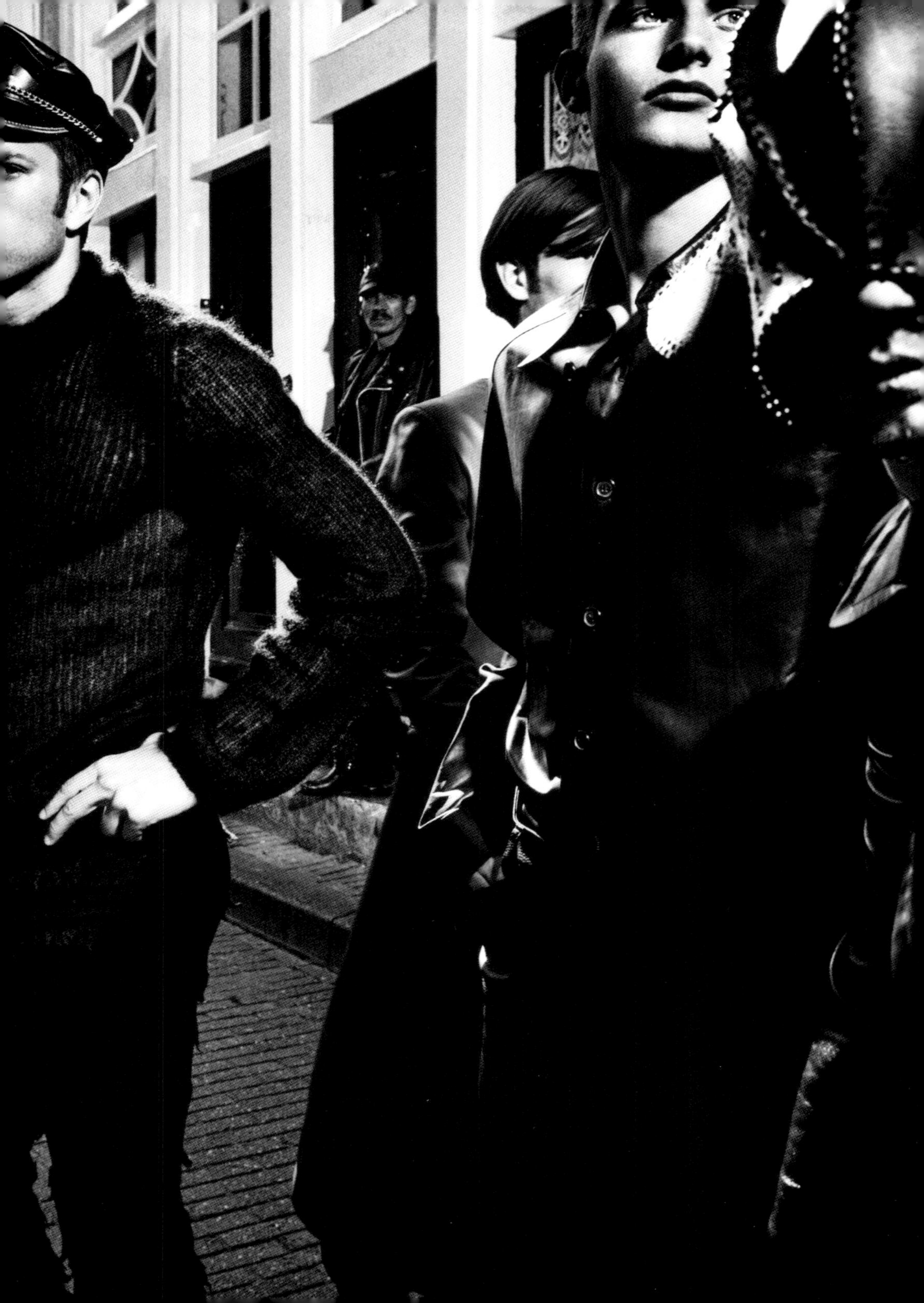

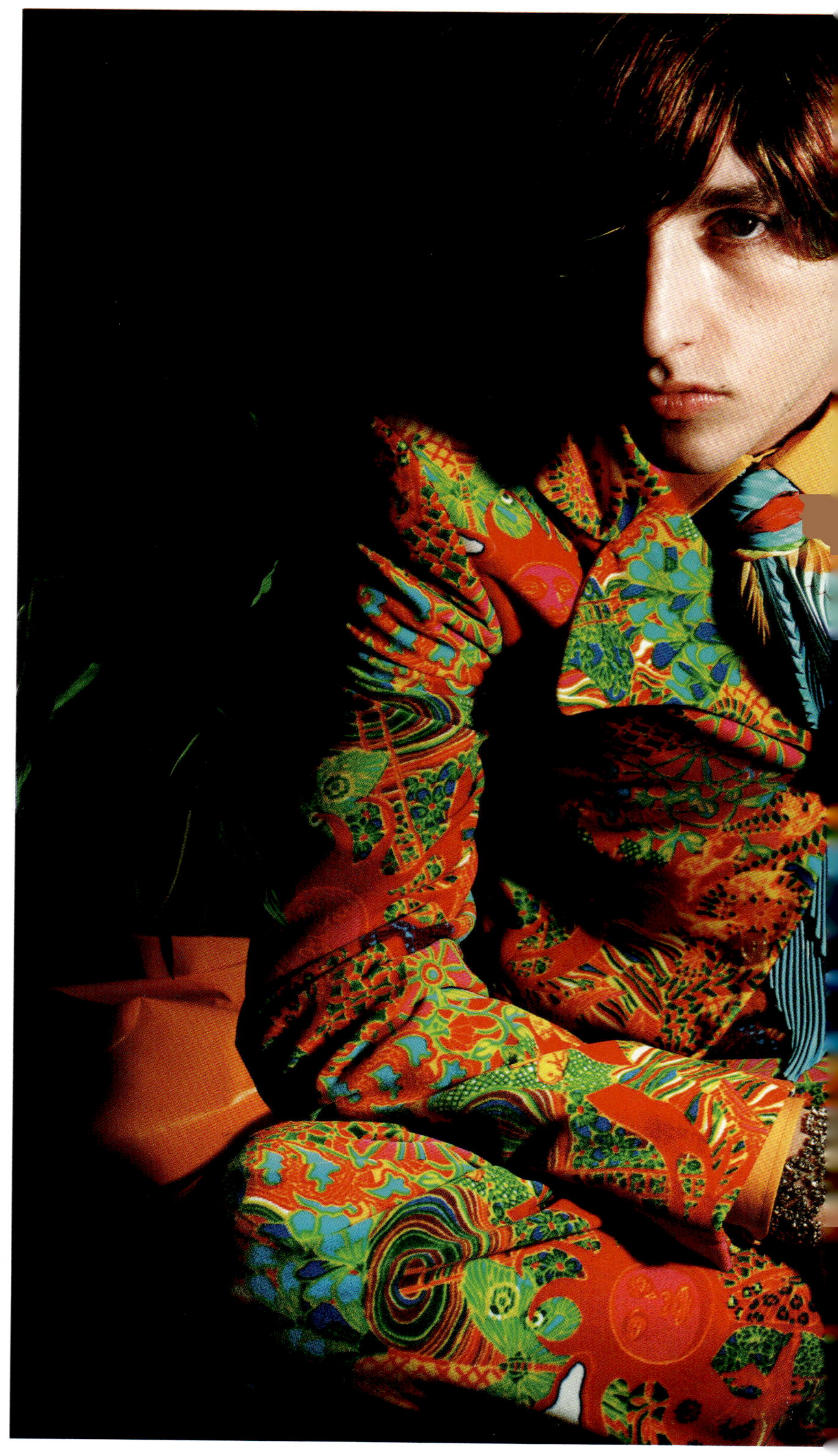

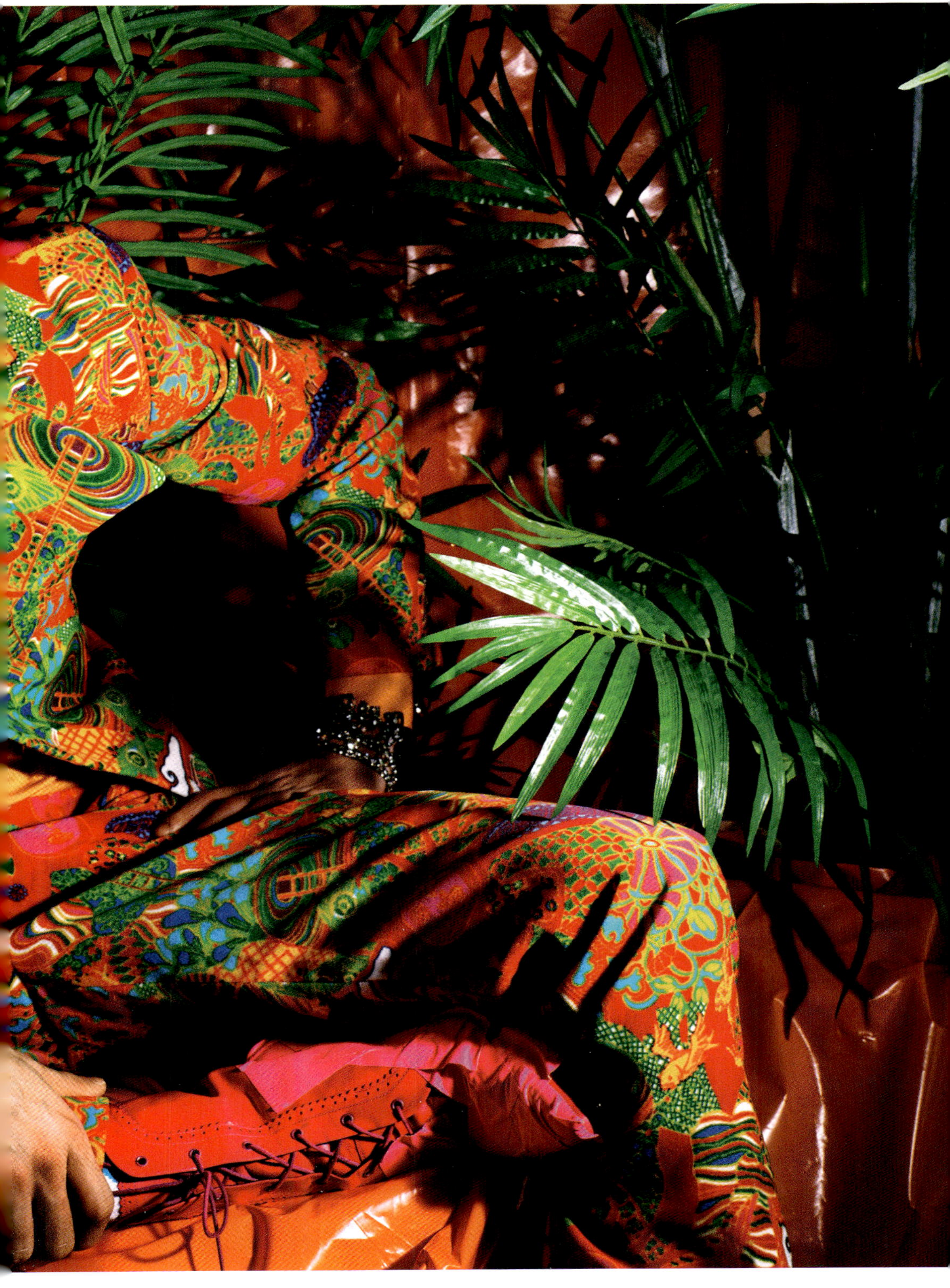

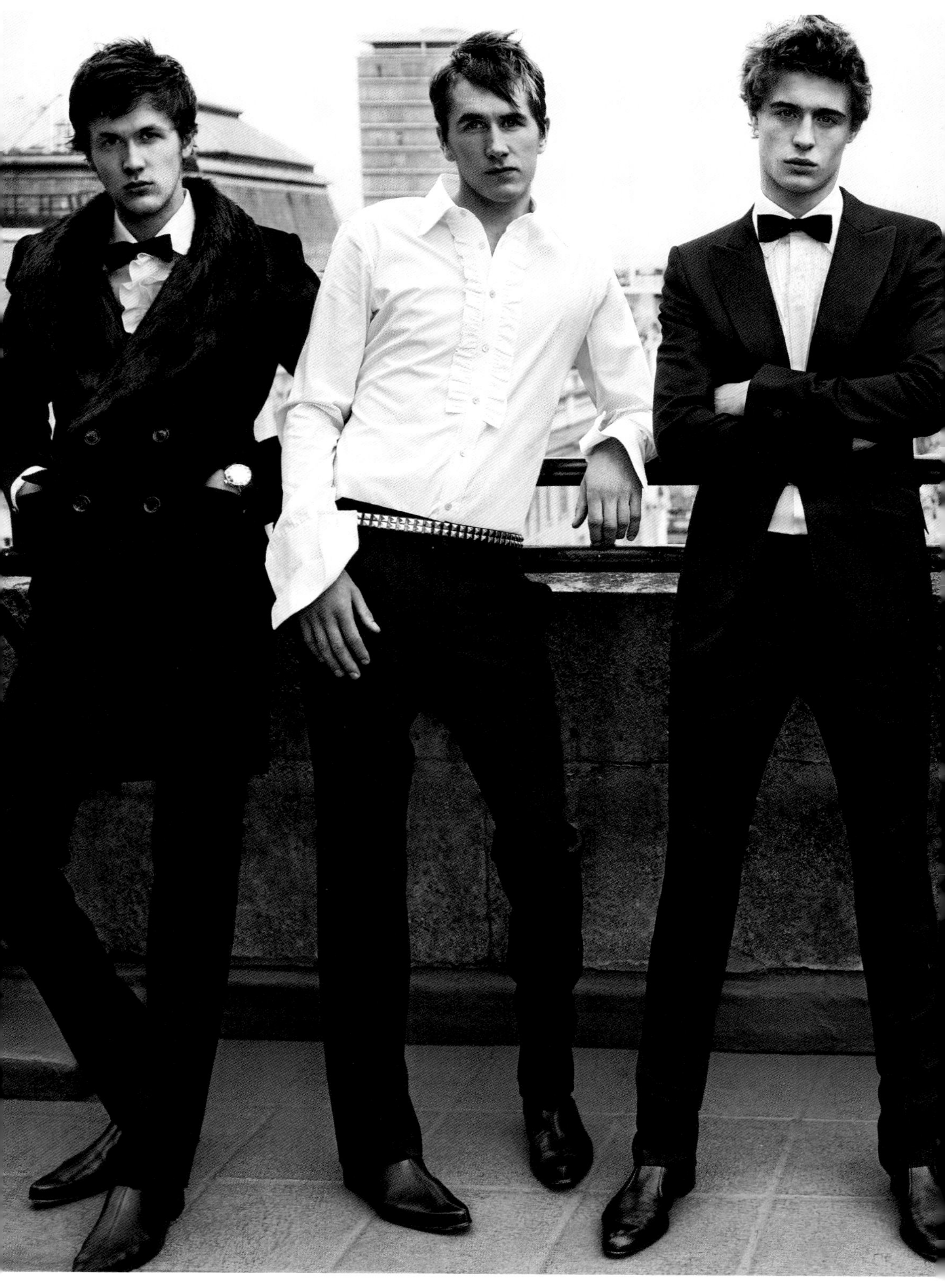

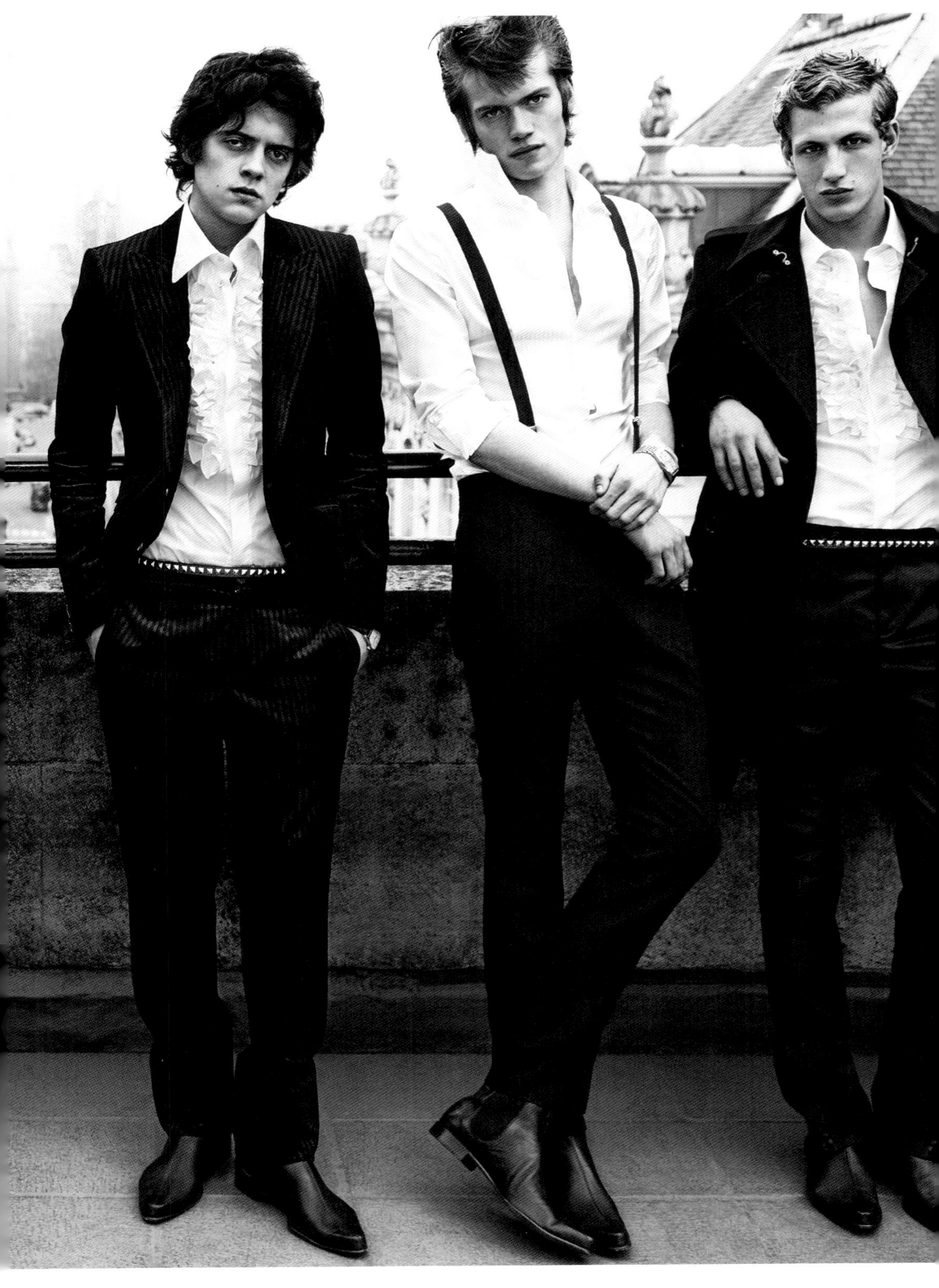

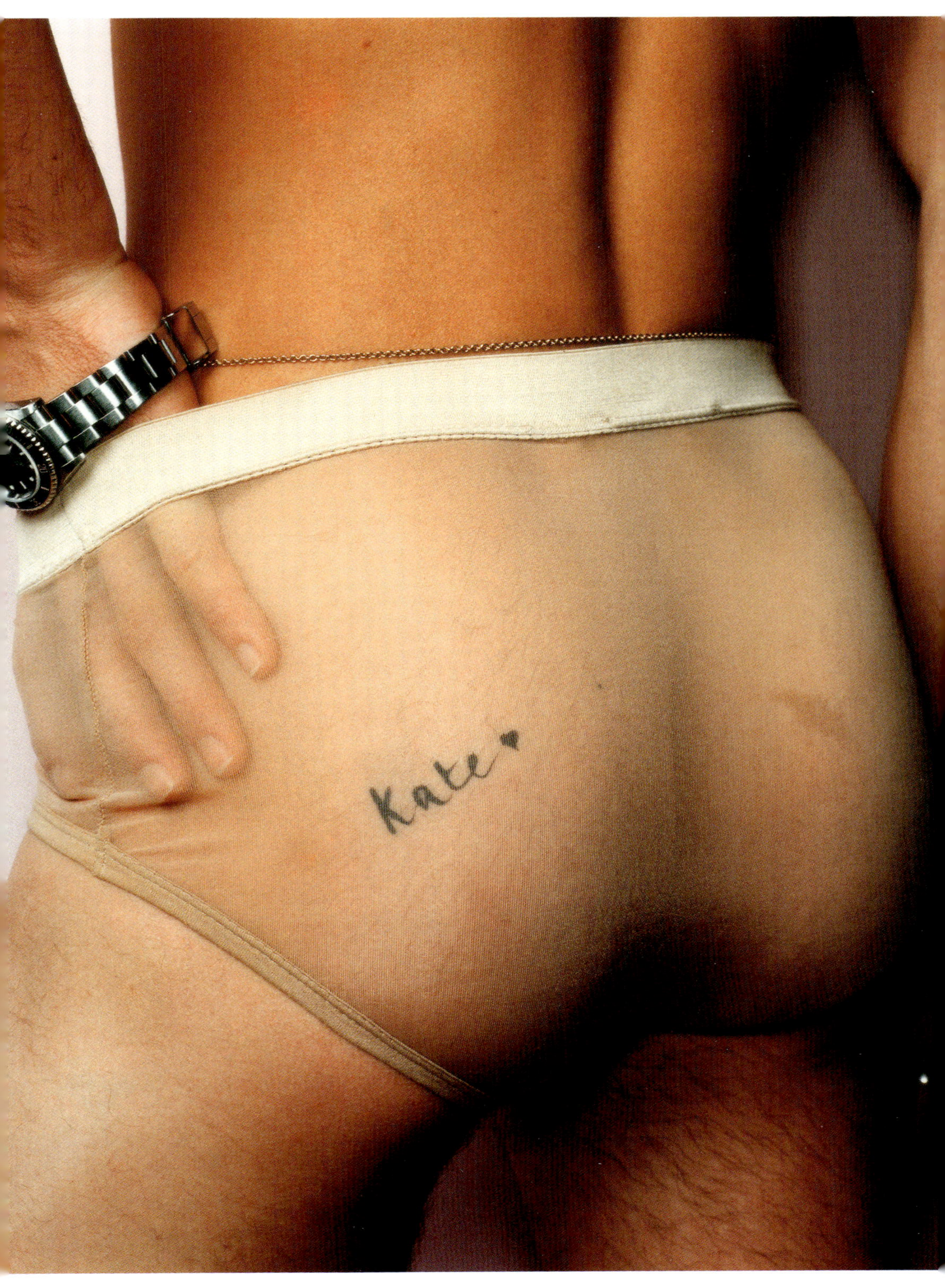

Kate ♥

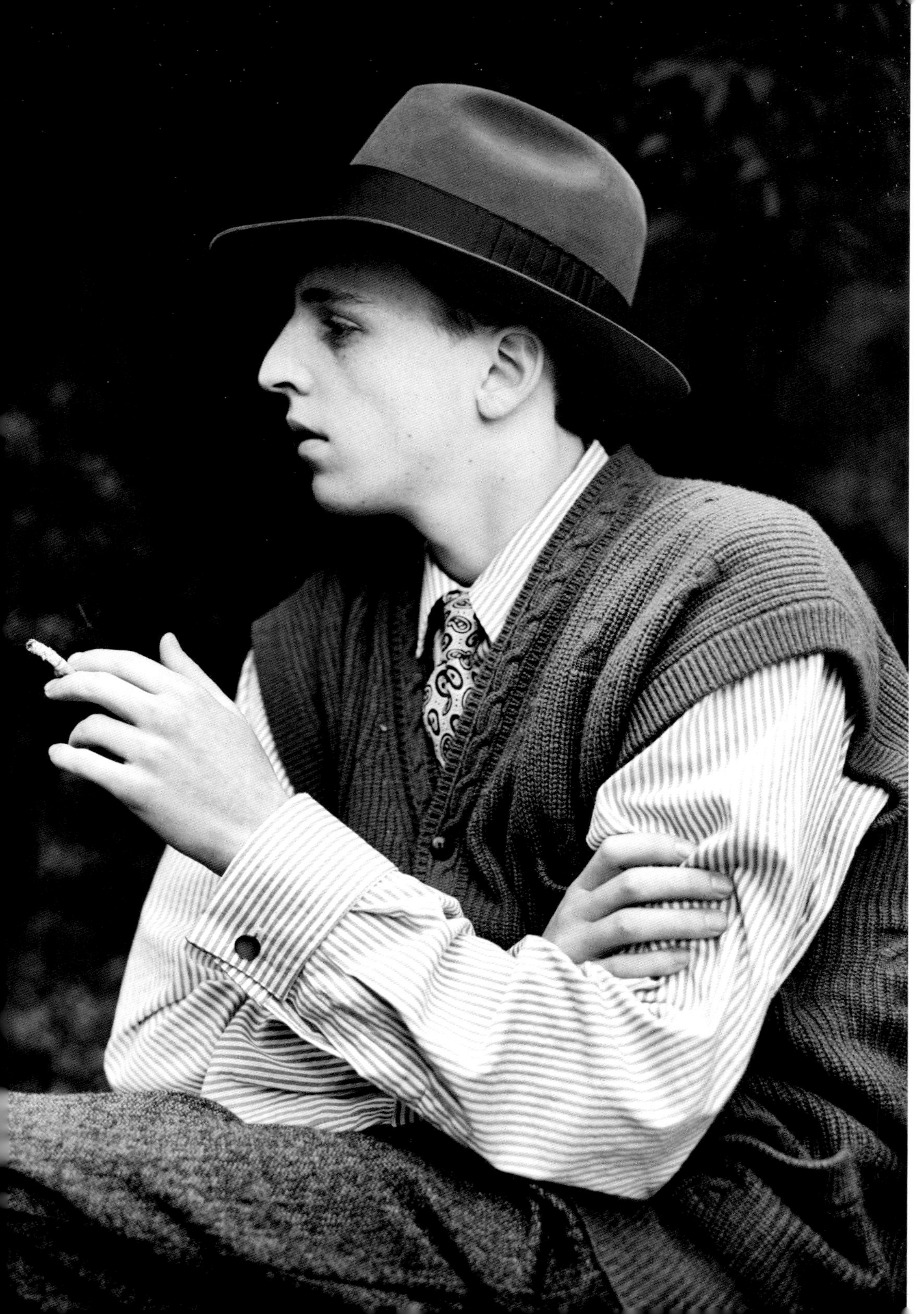

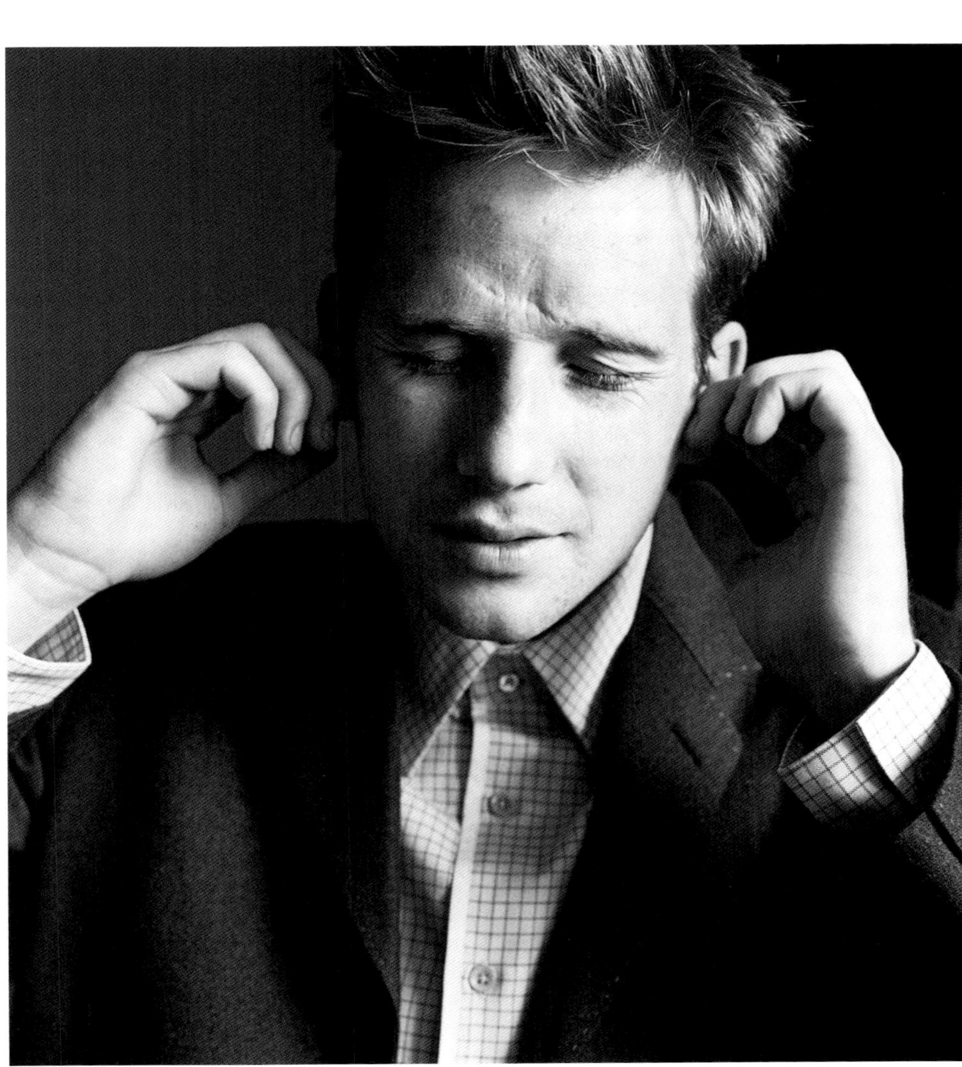

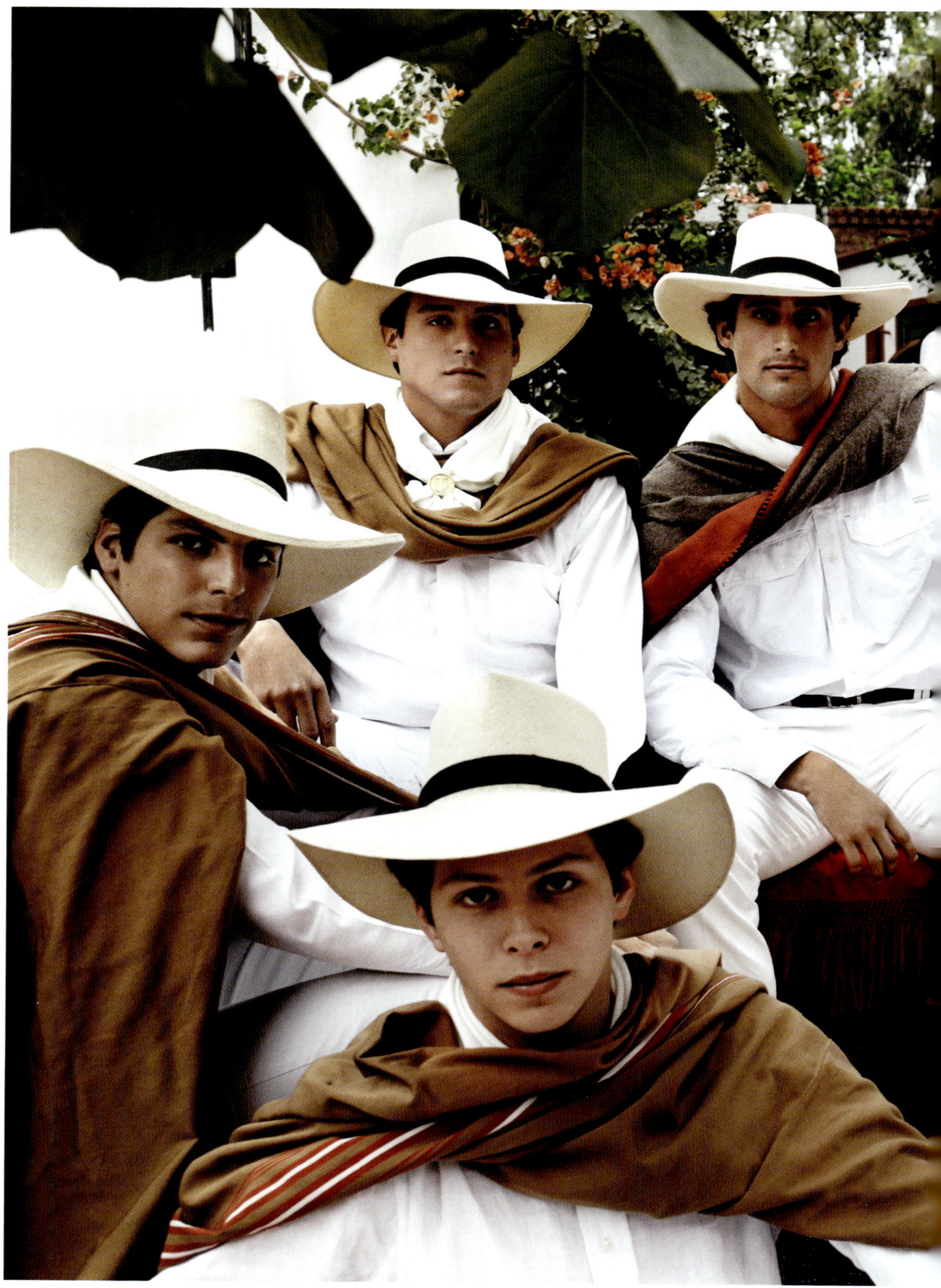

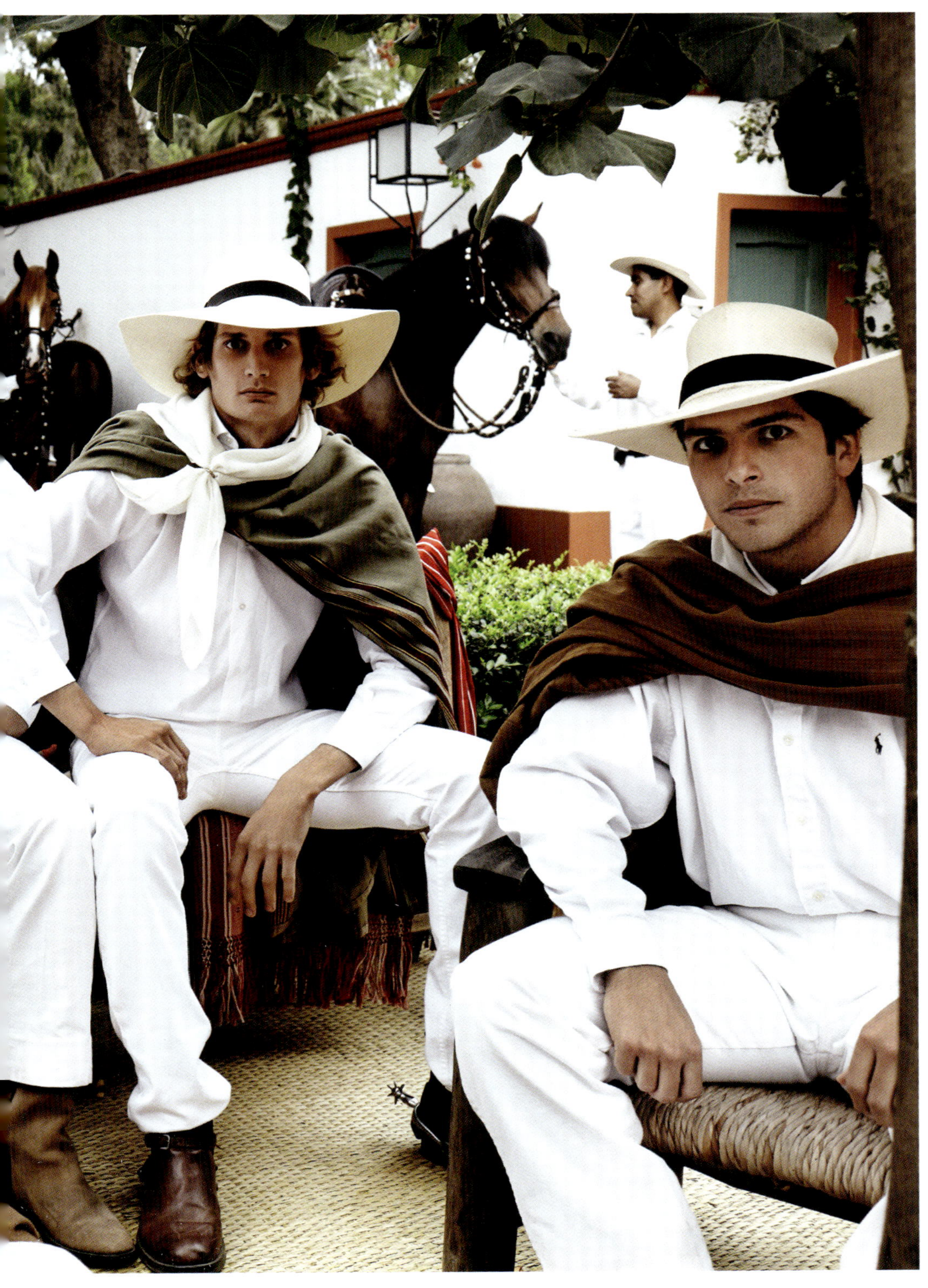

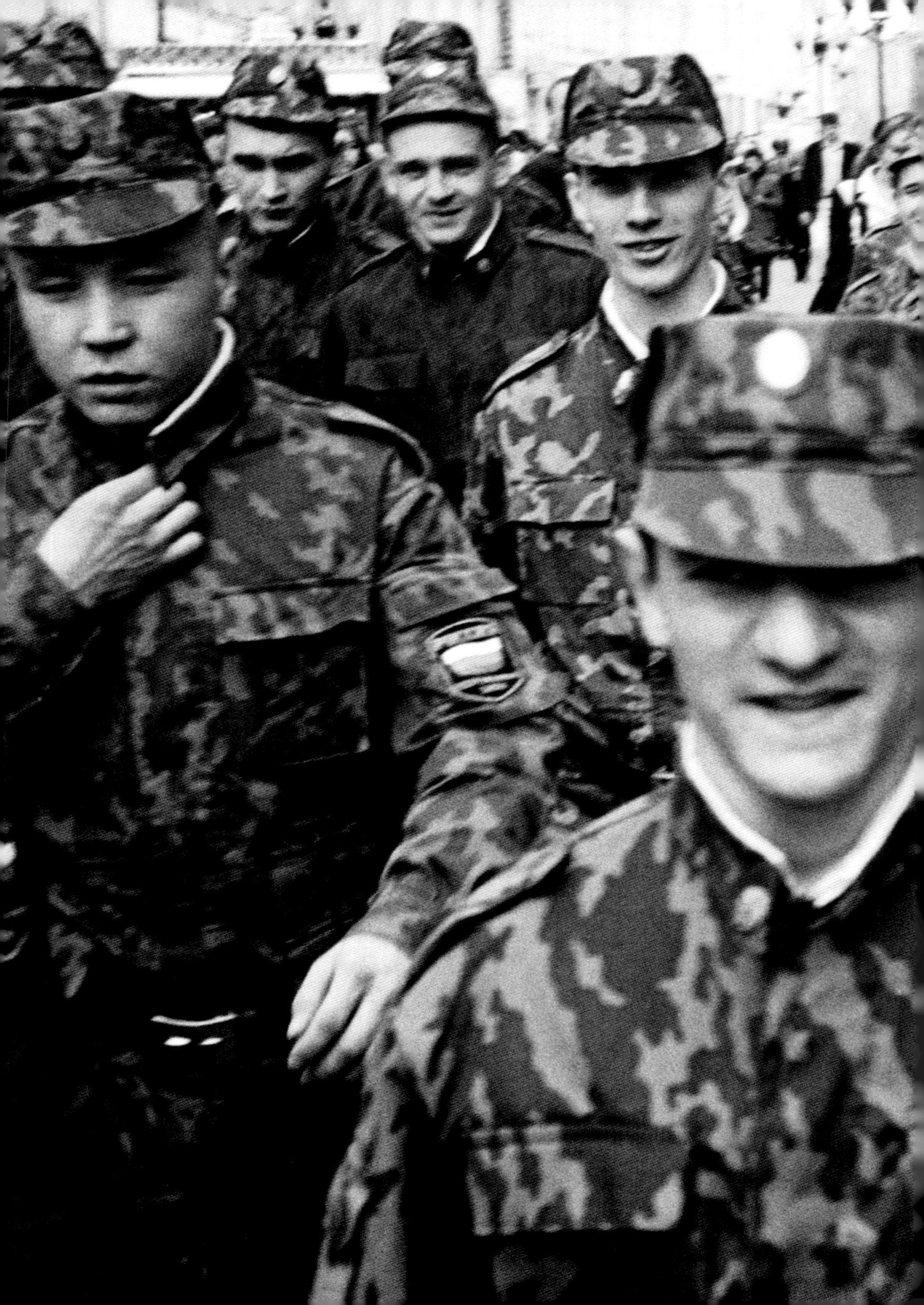

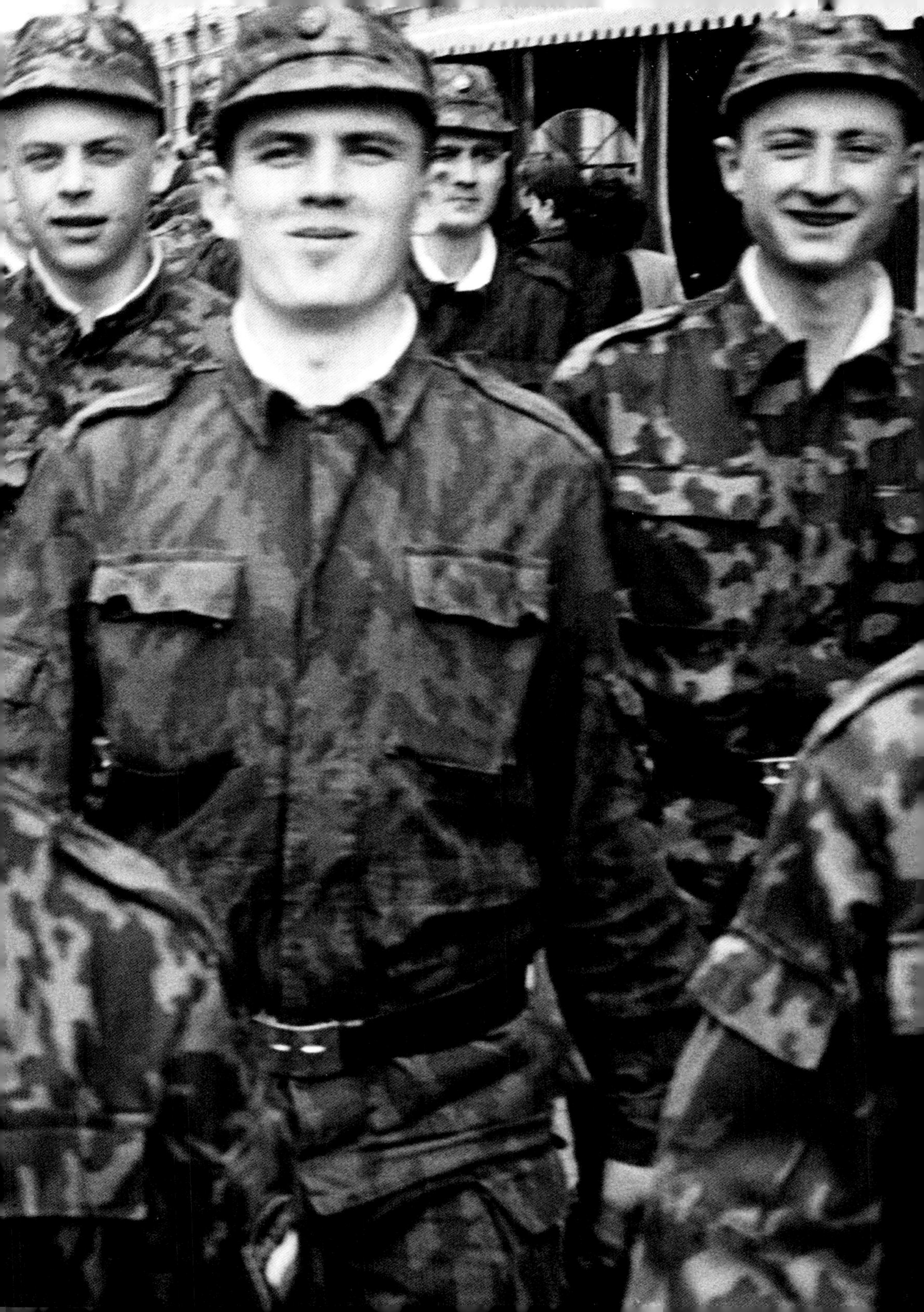

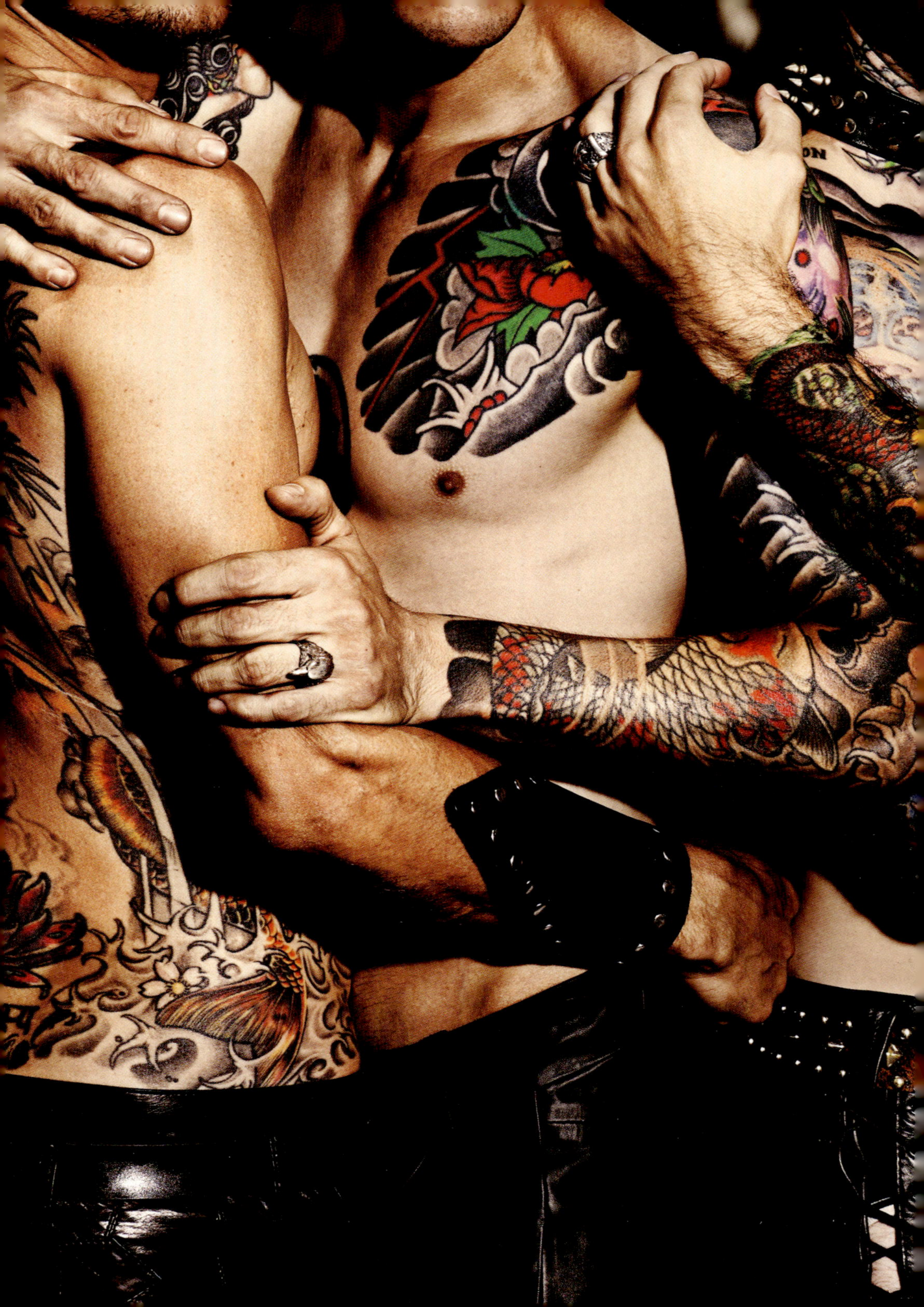

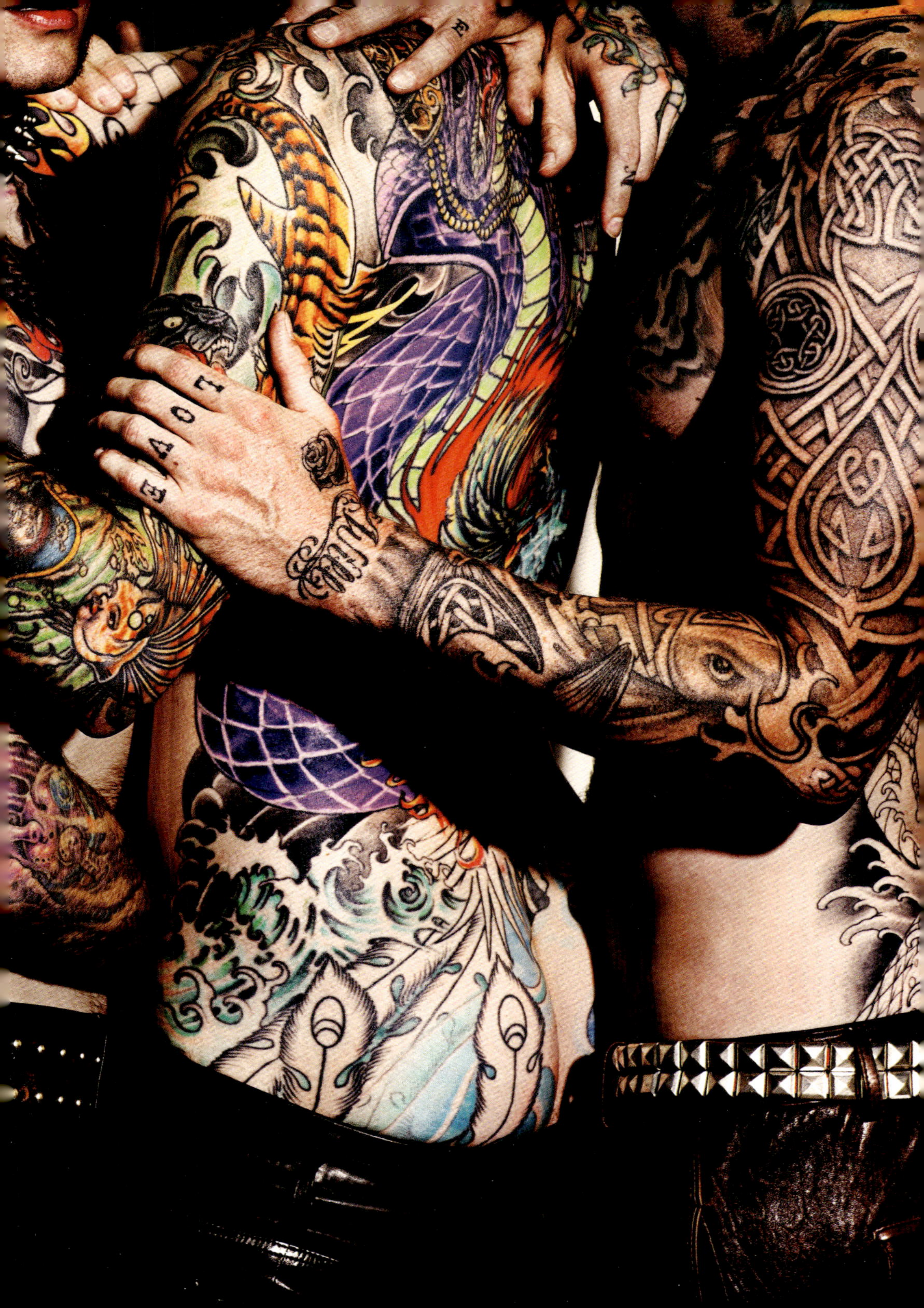

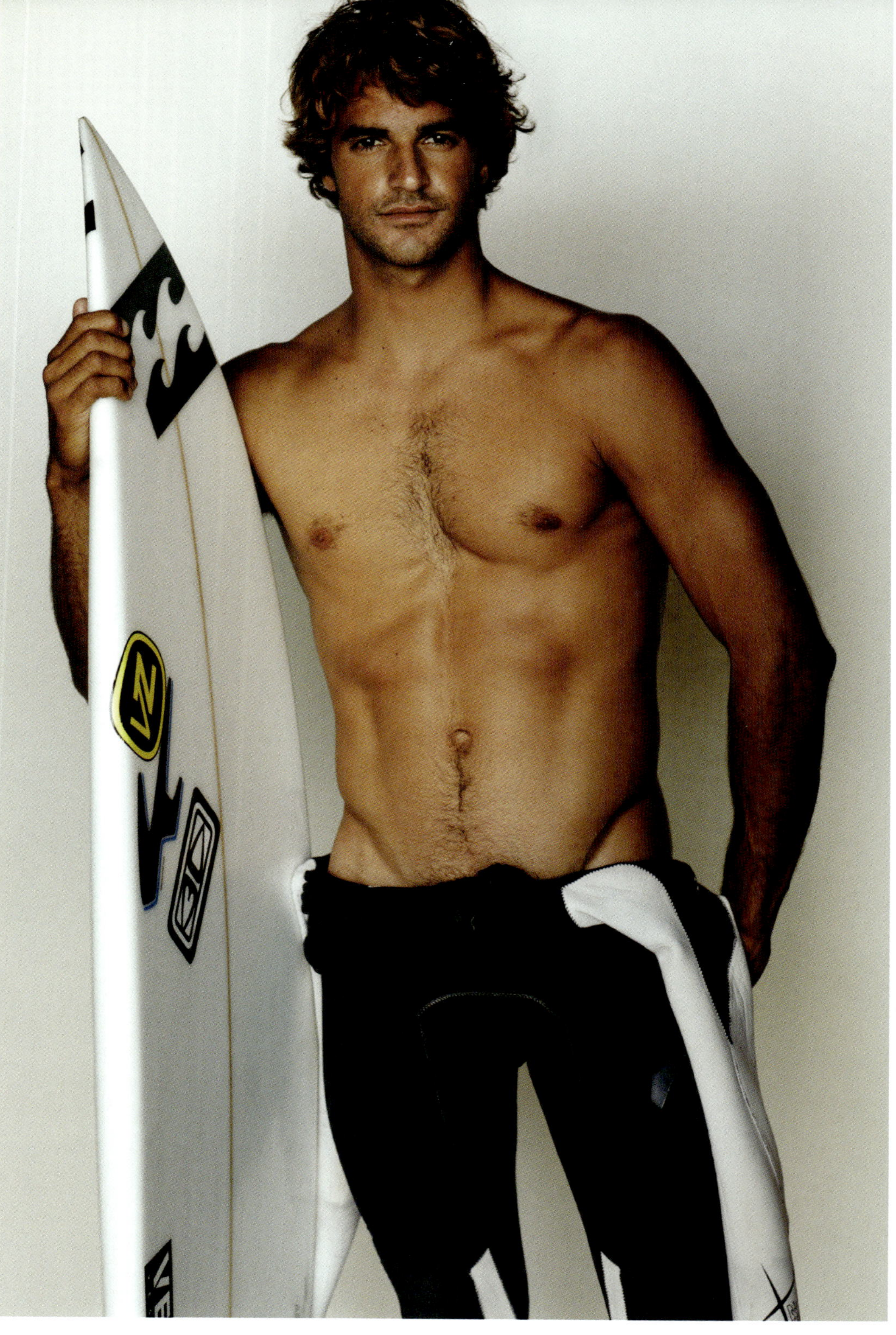

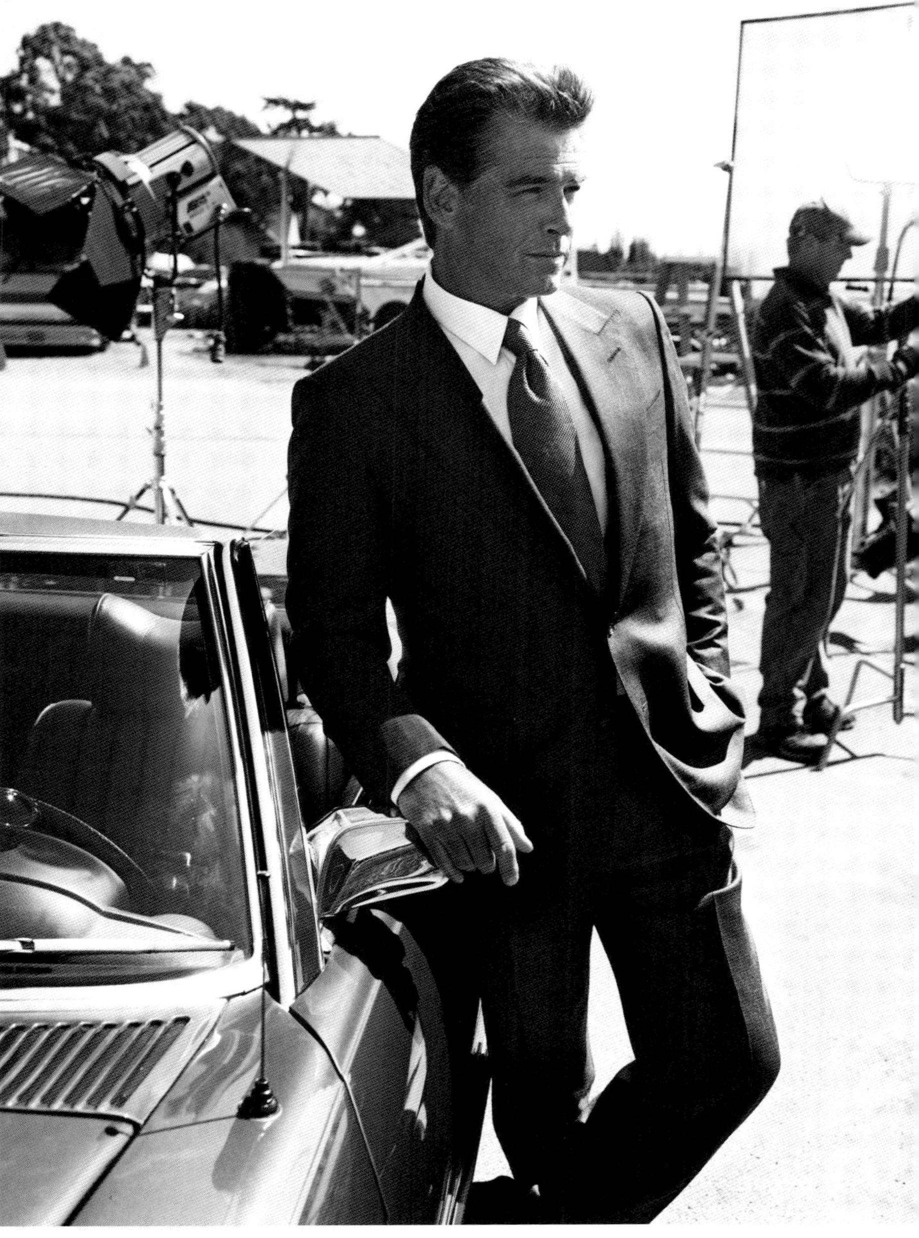

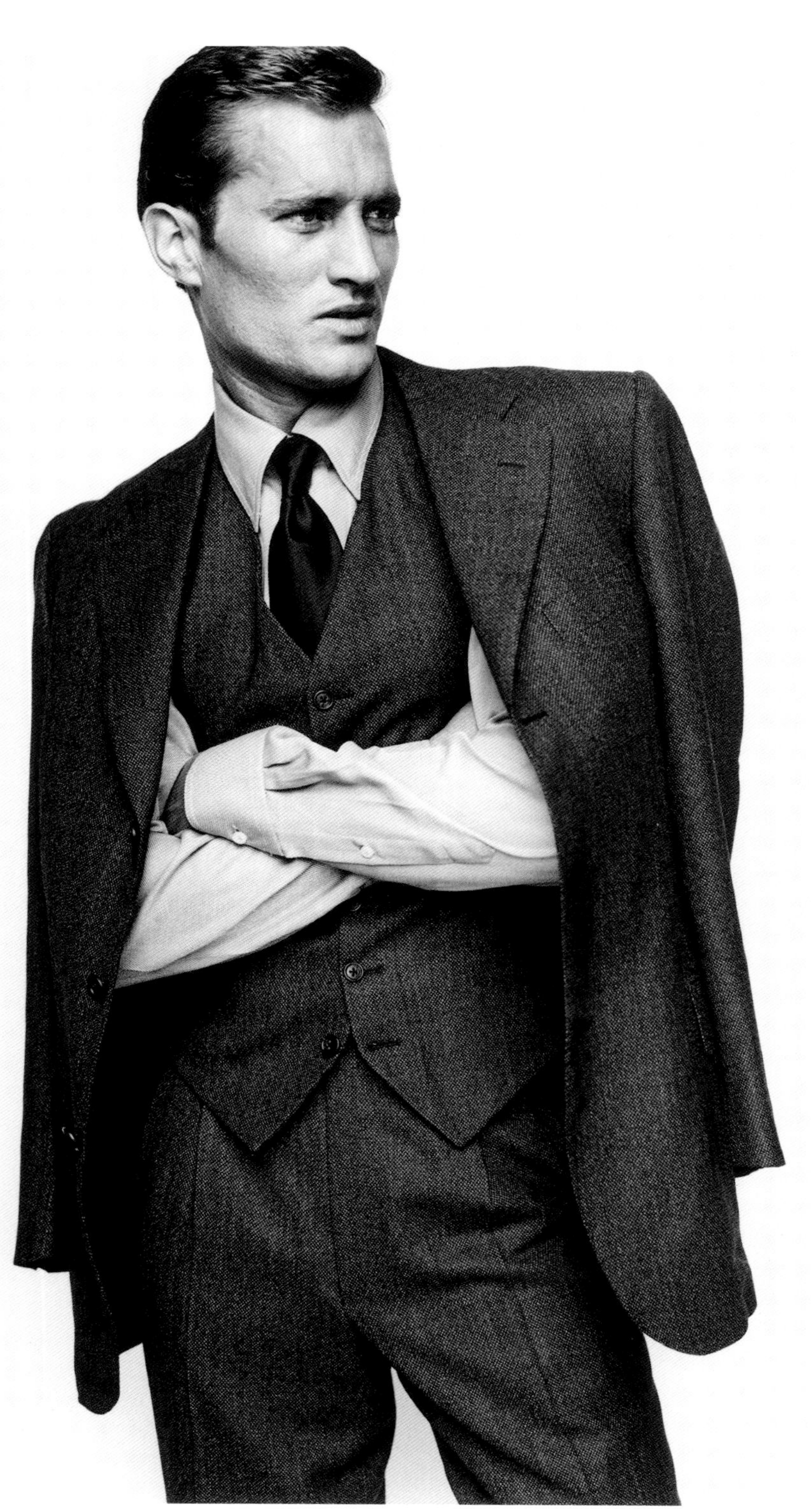

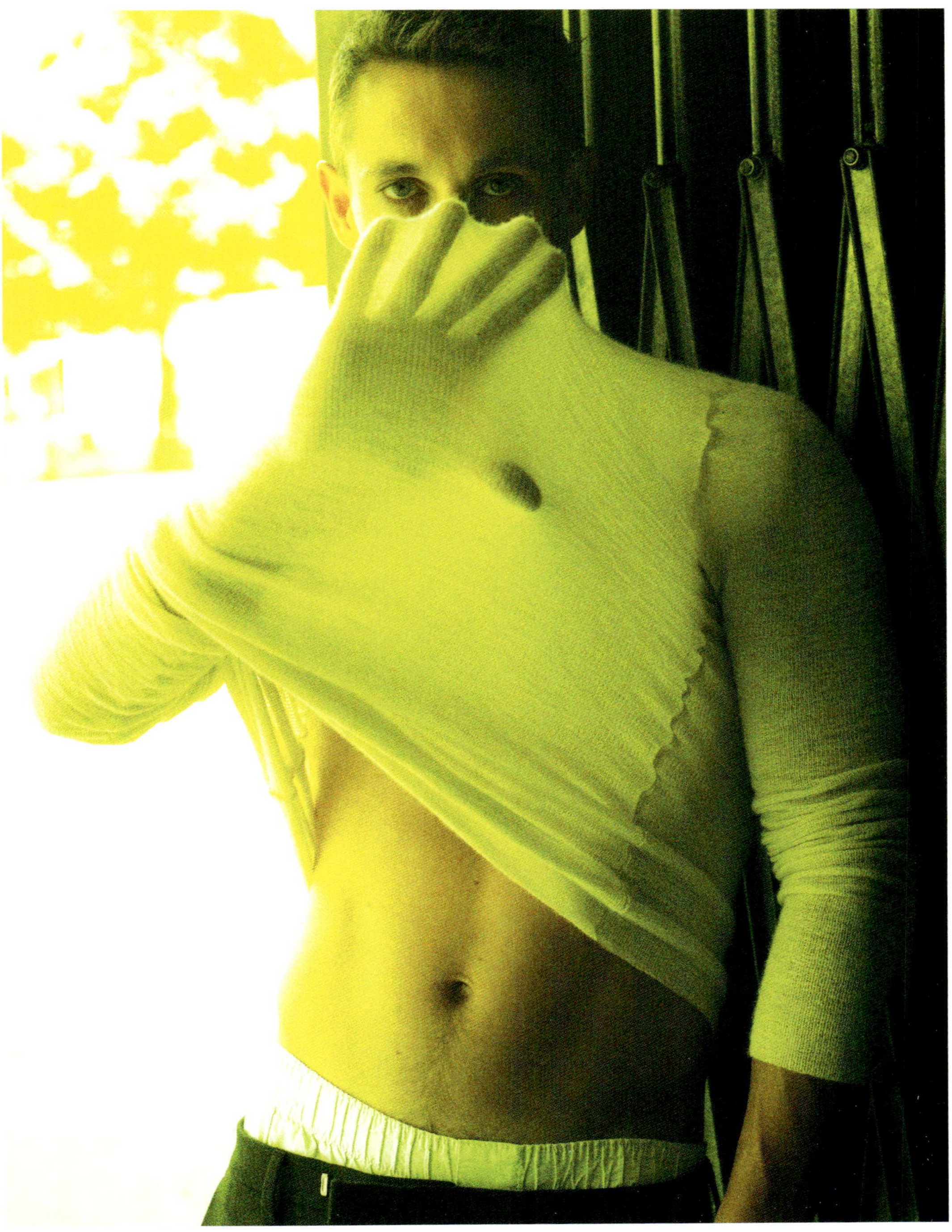

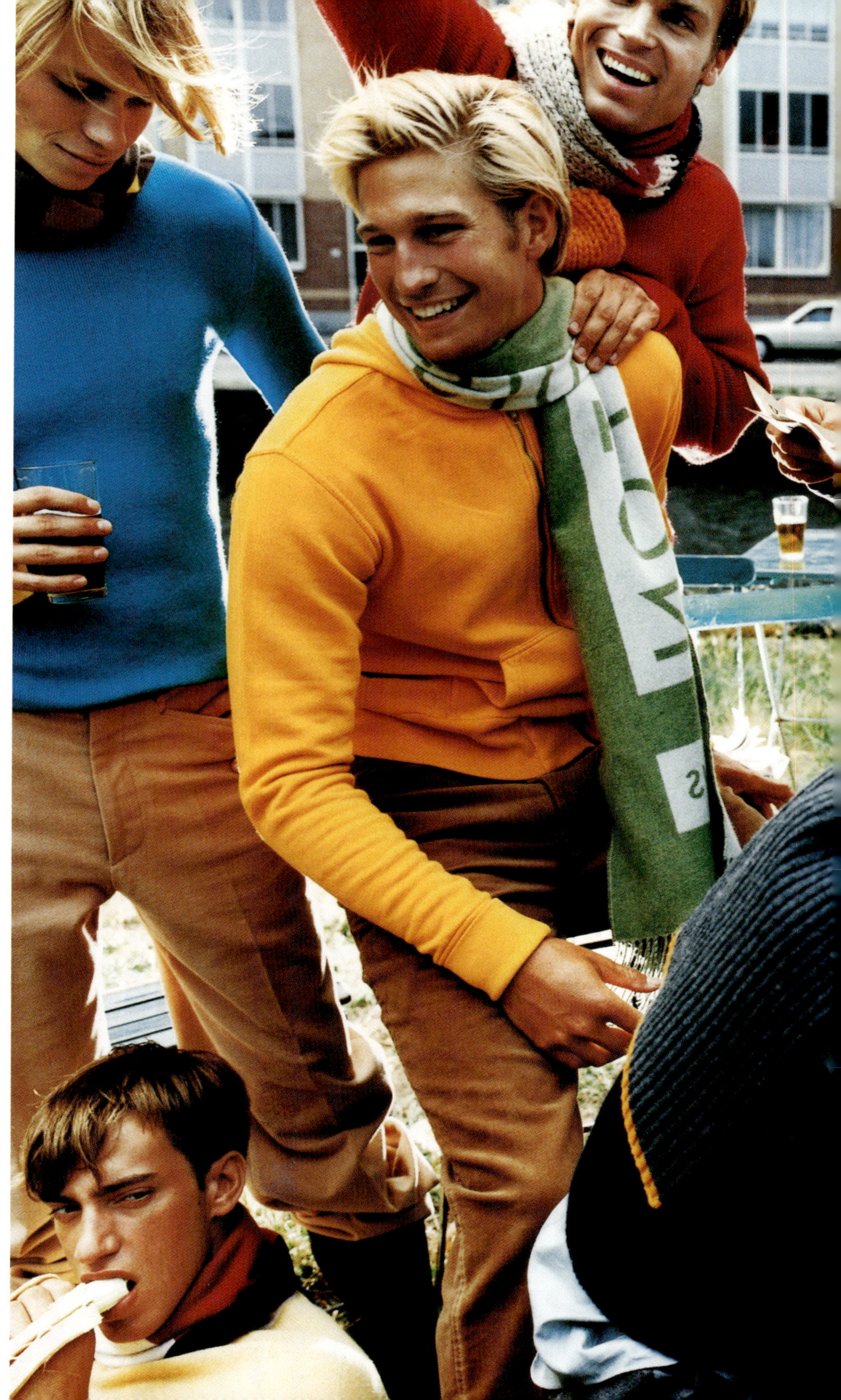

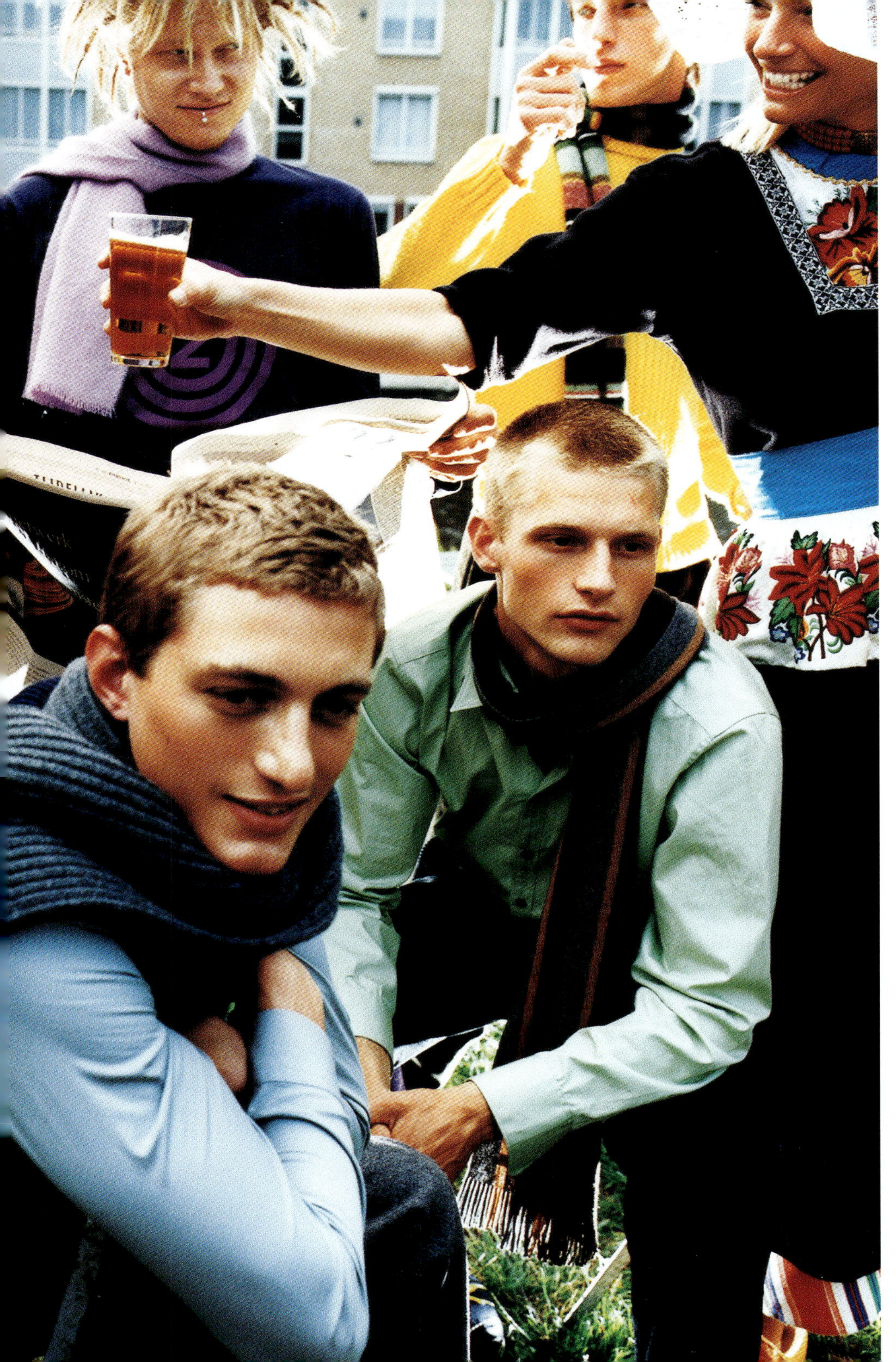

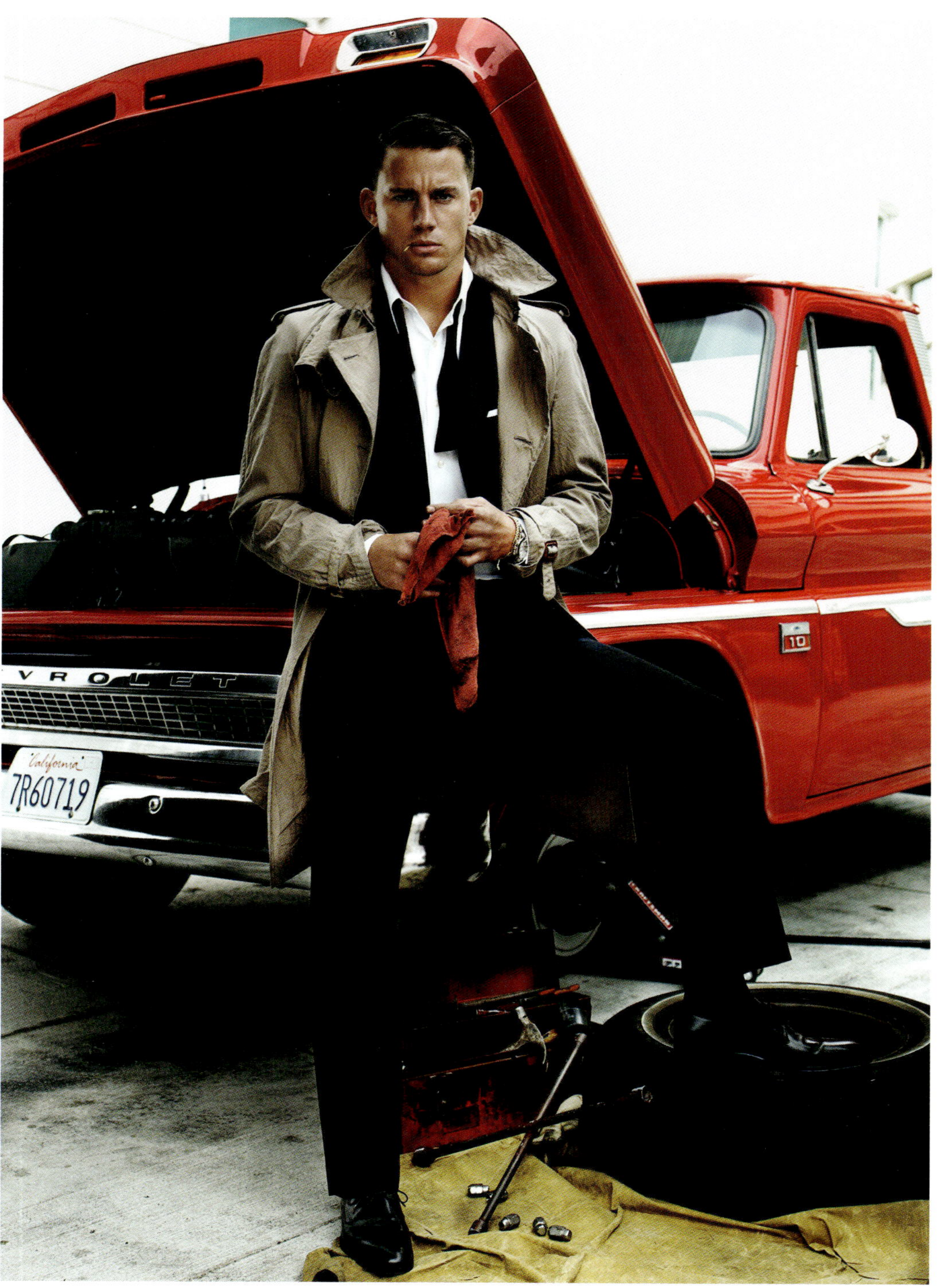

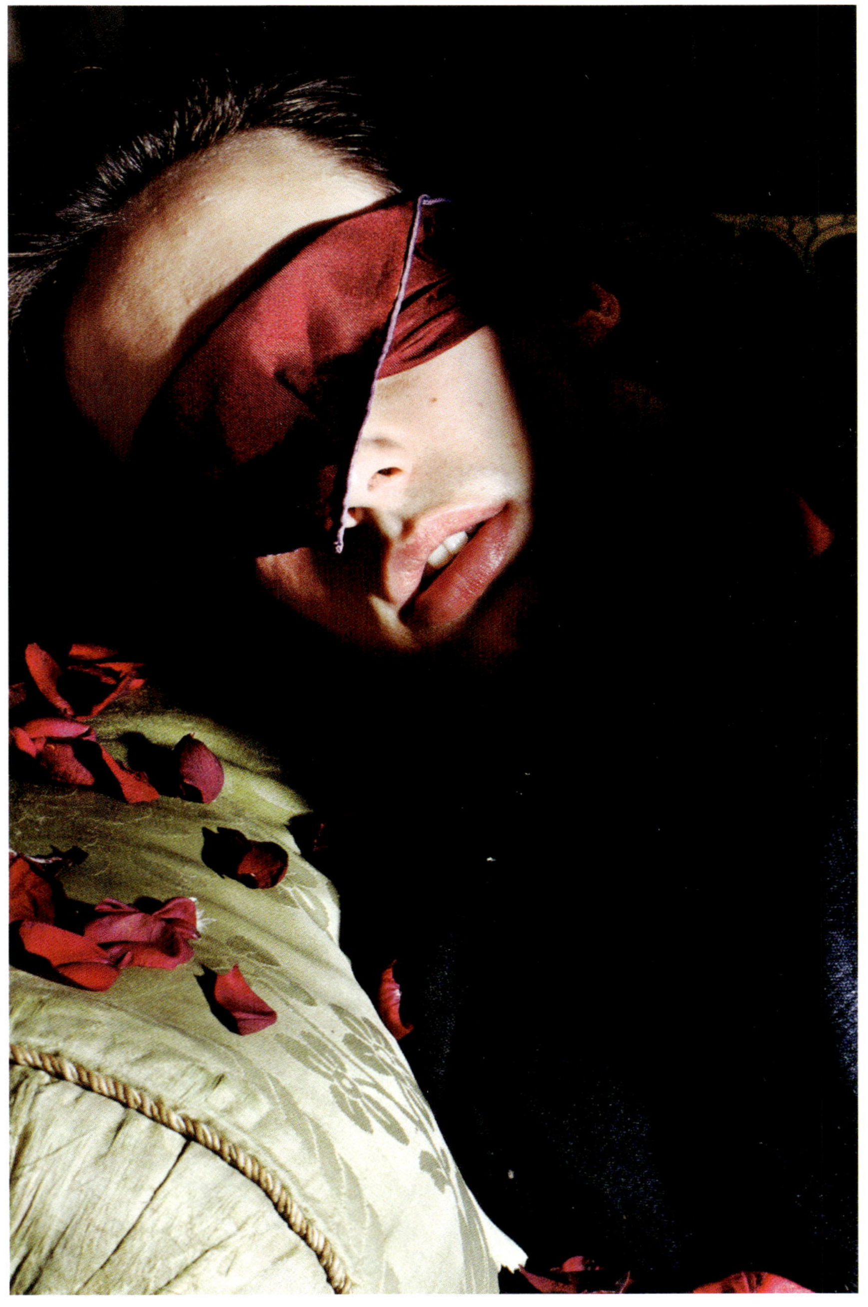

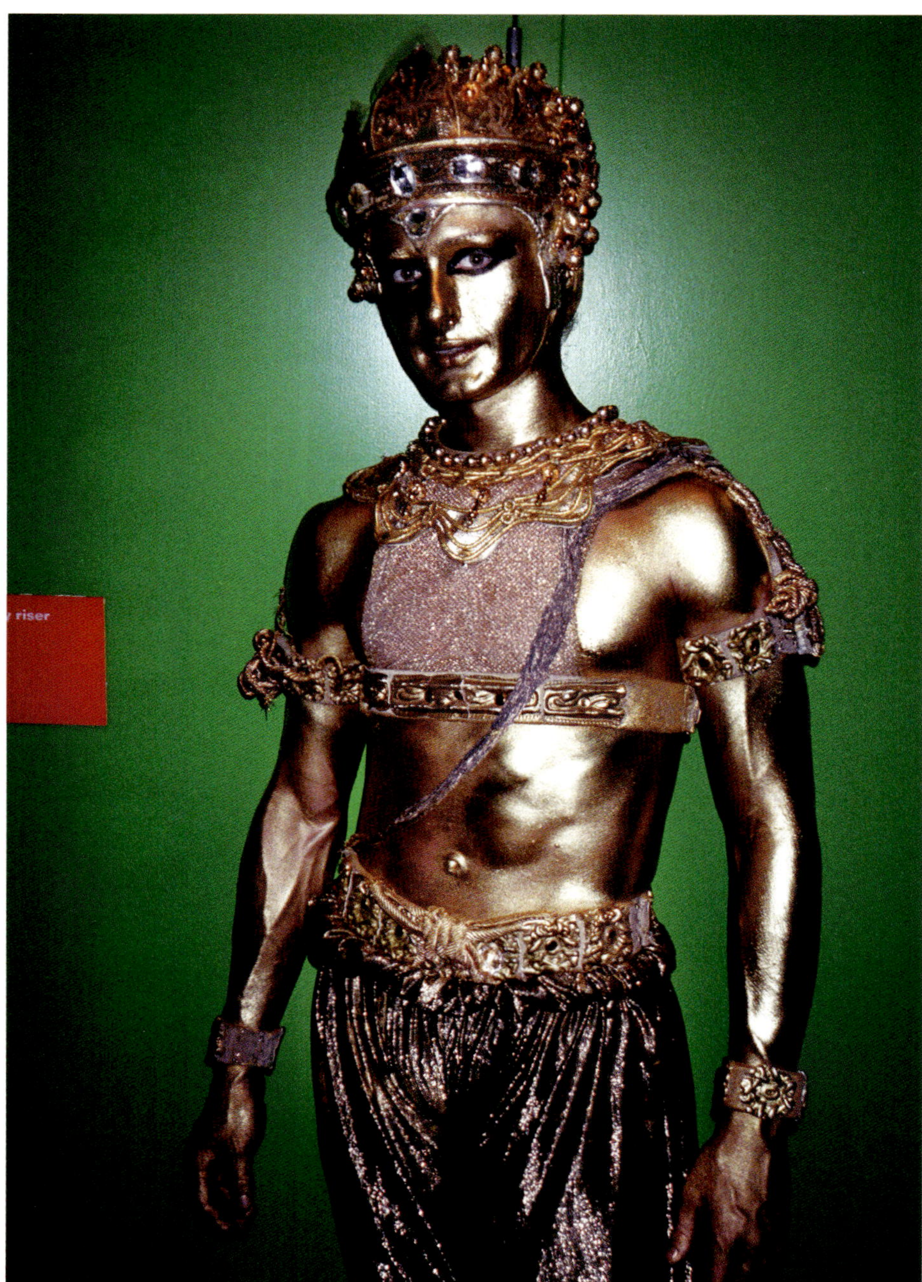
riser

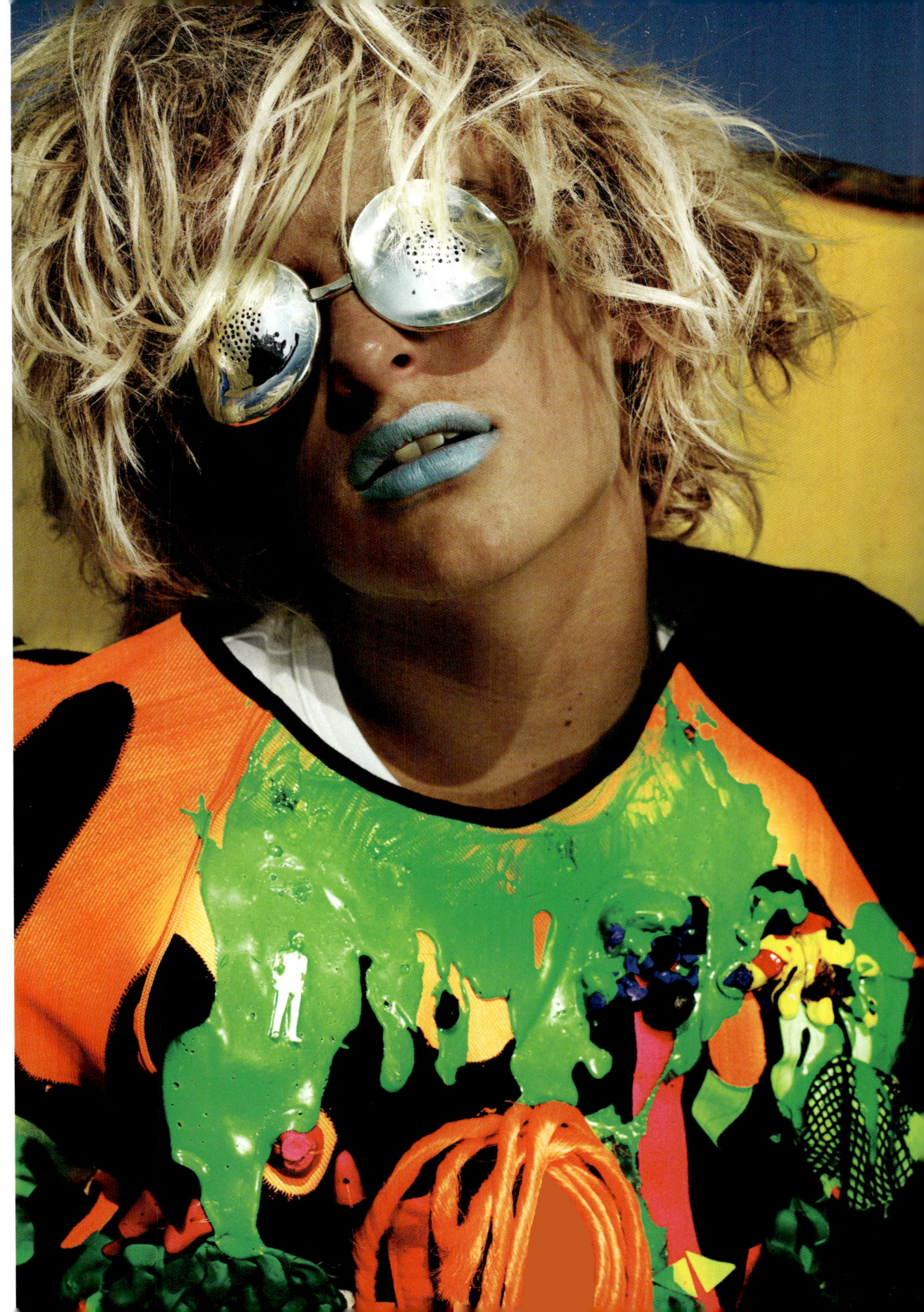

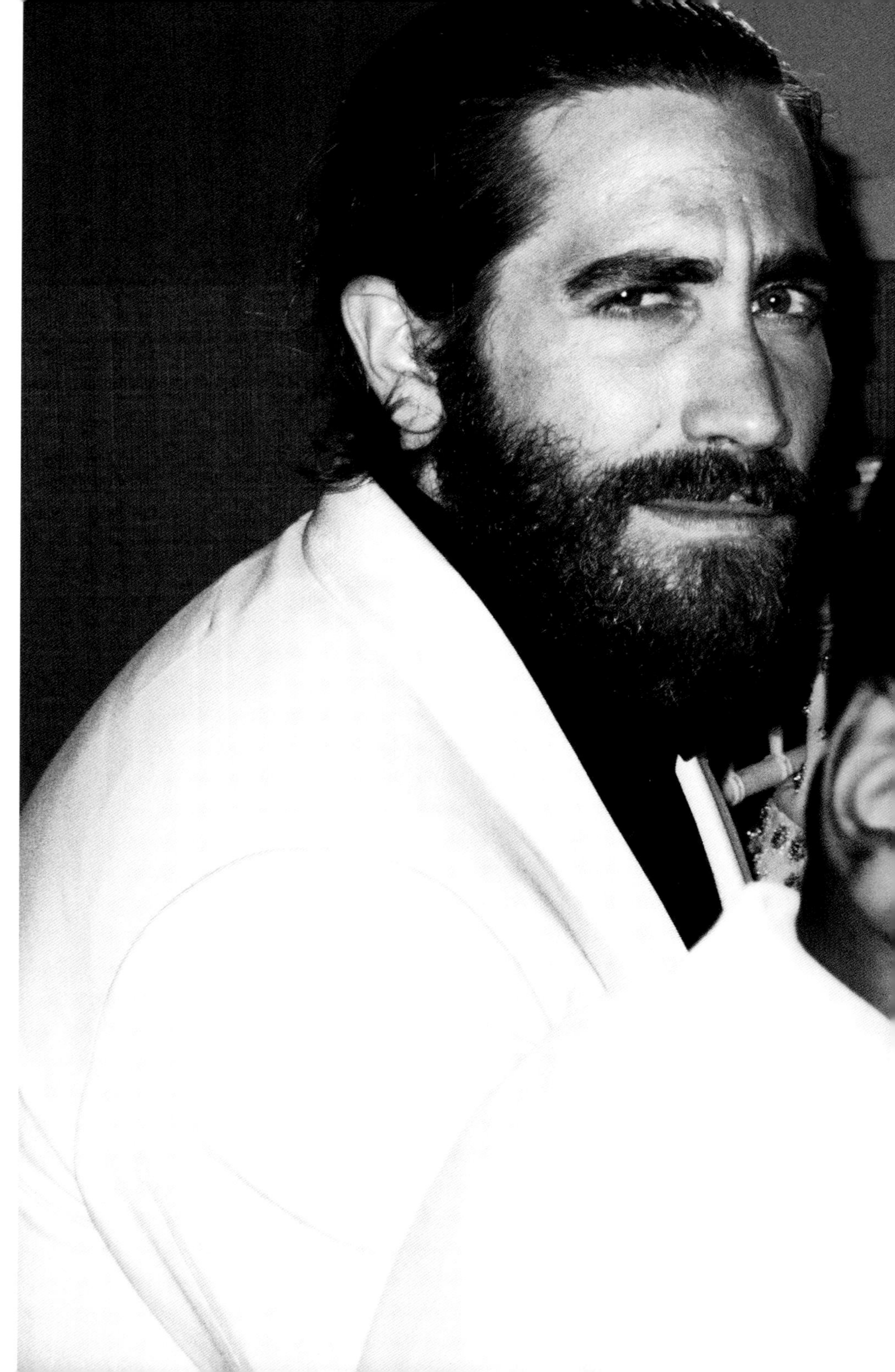

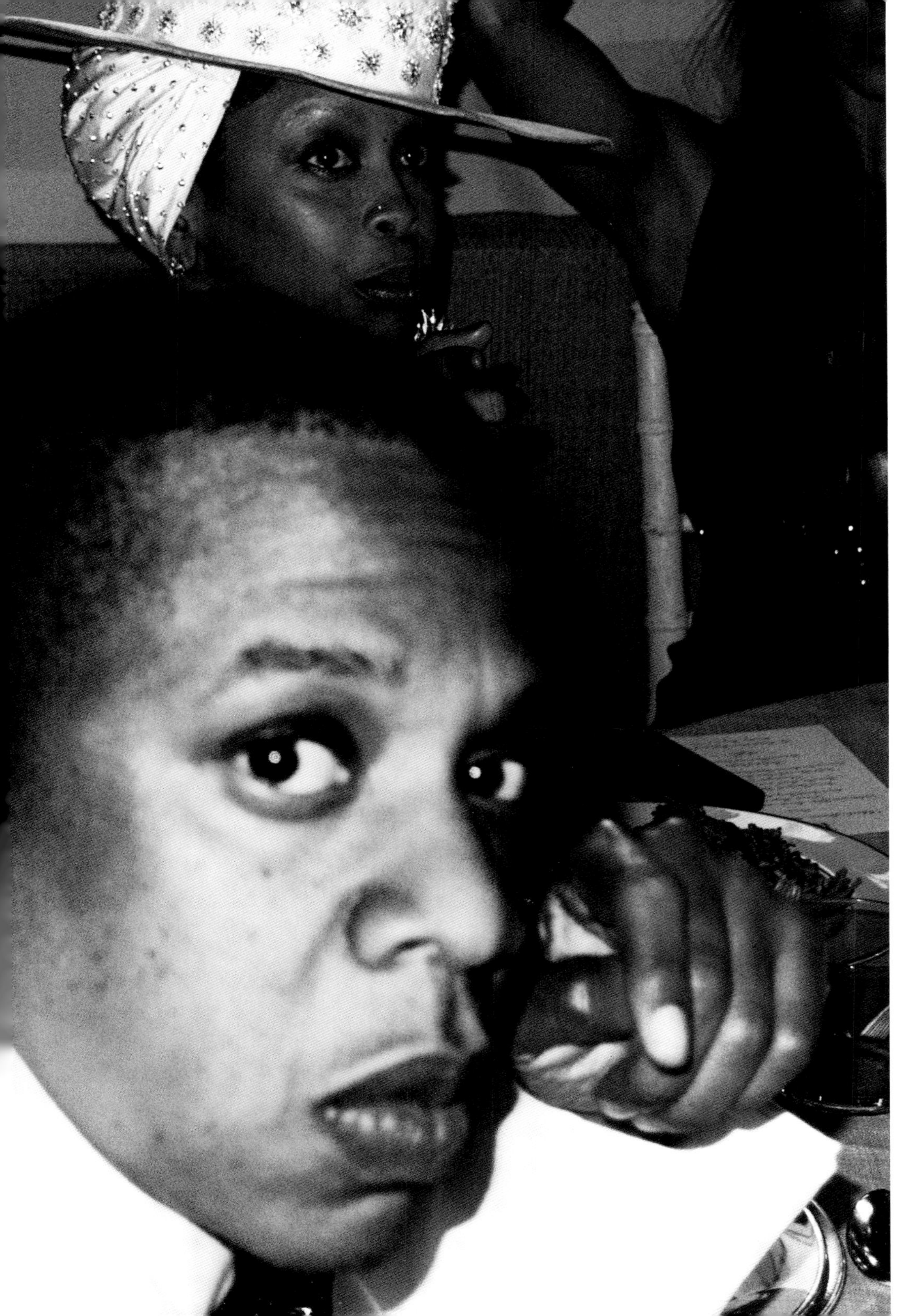

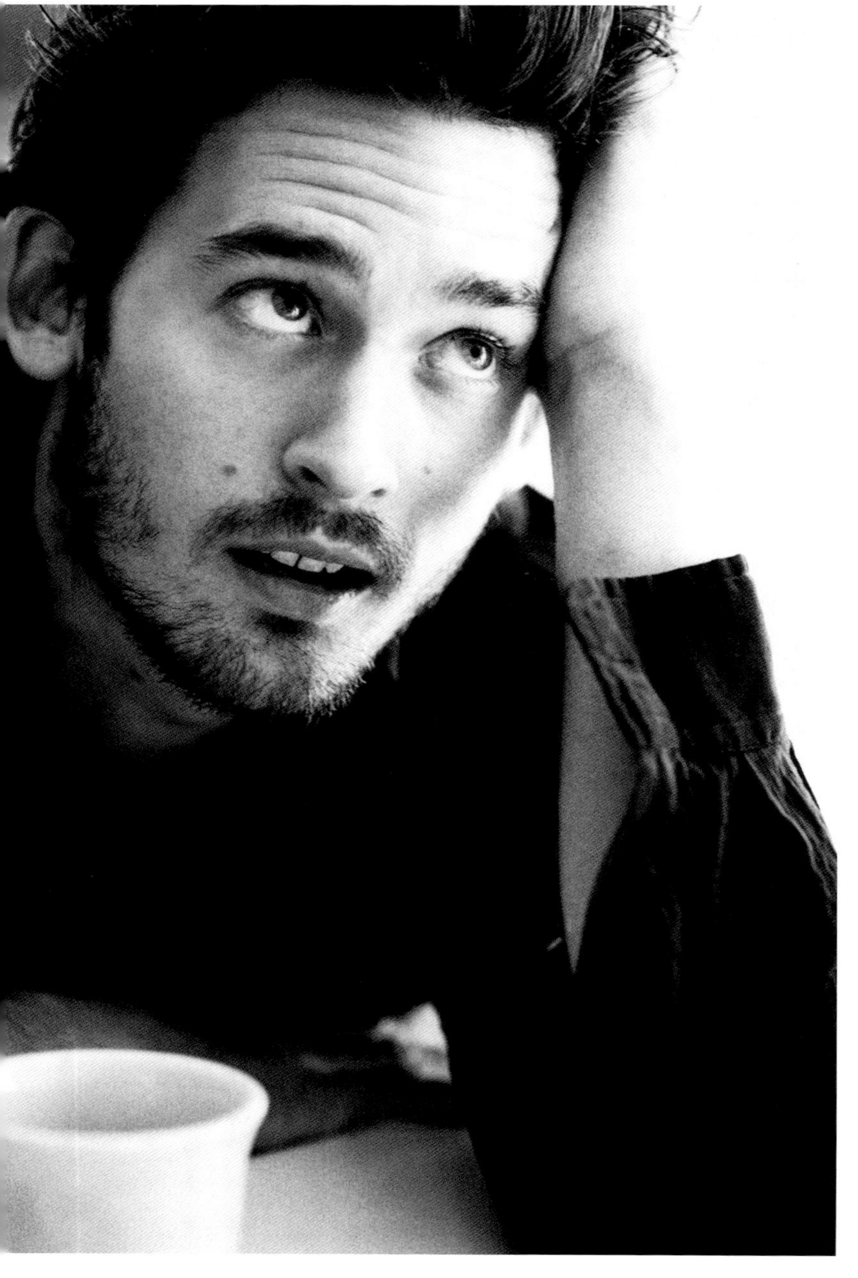

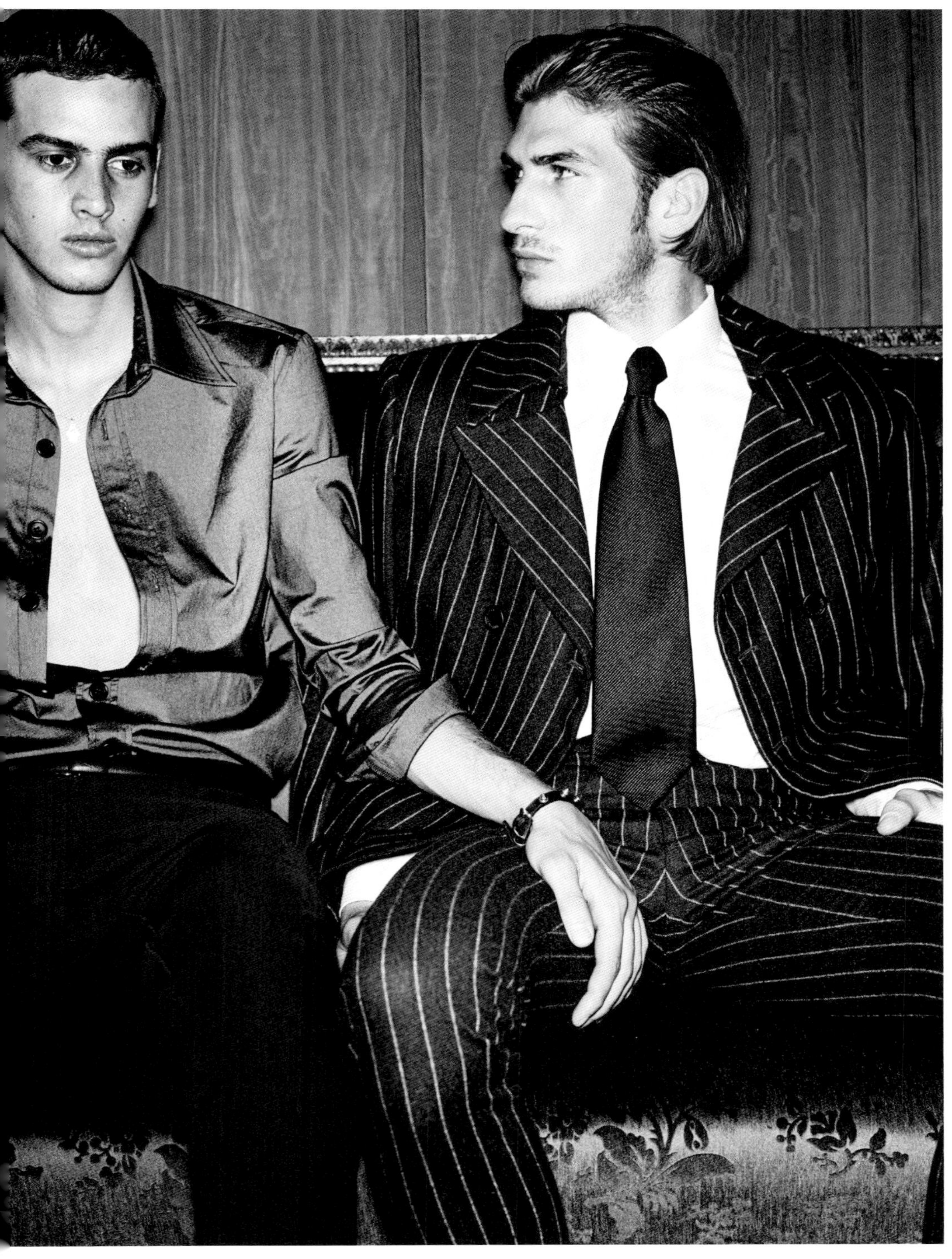

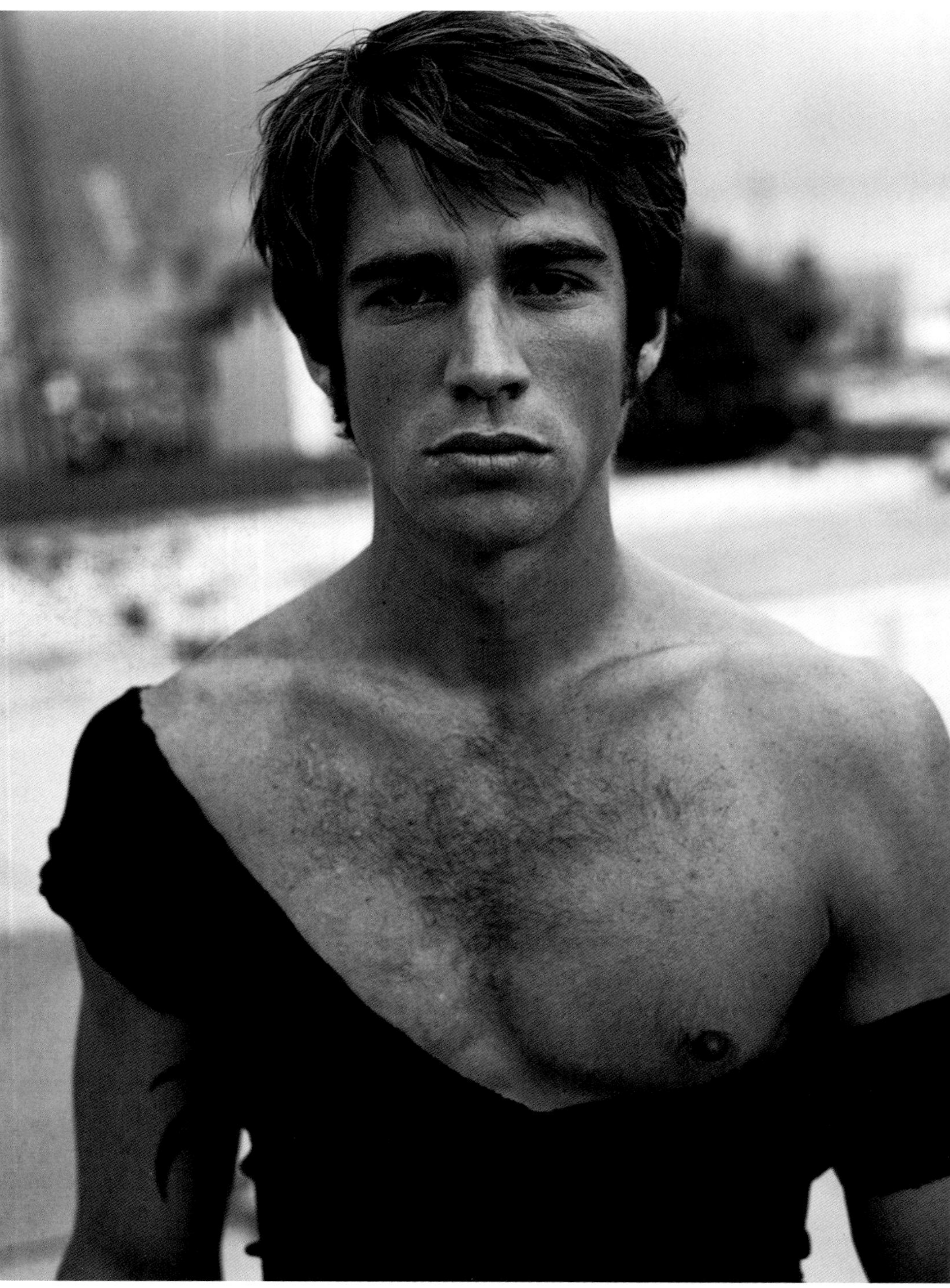

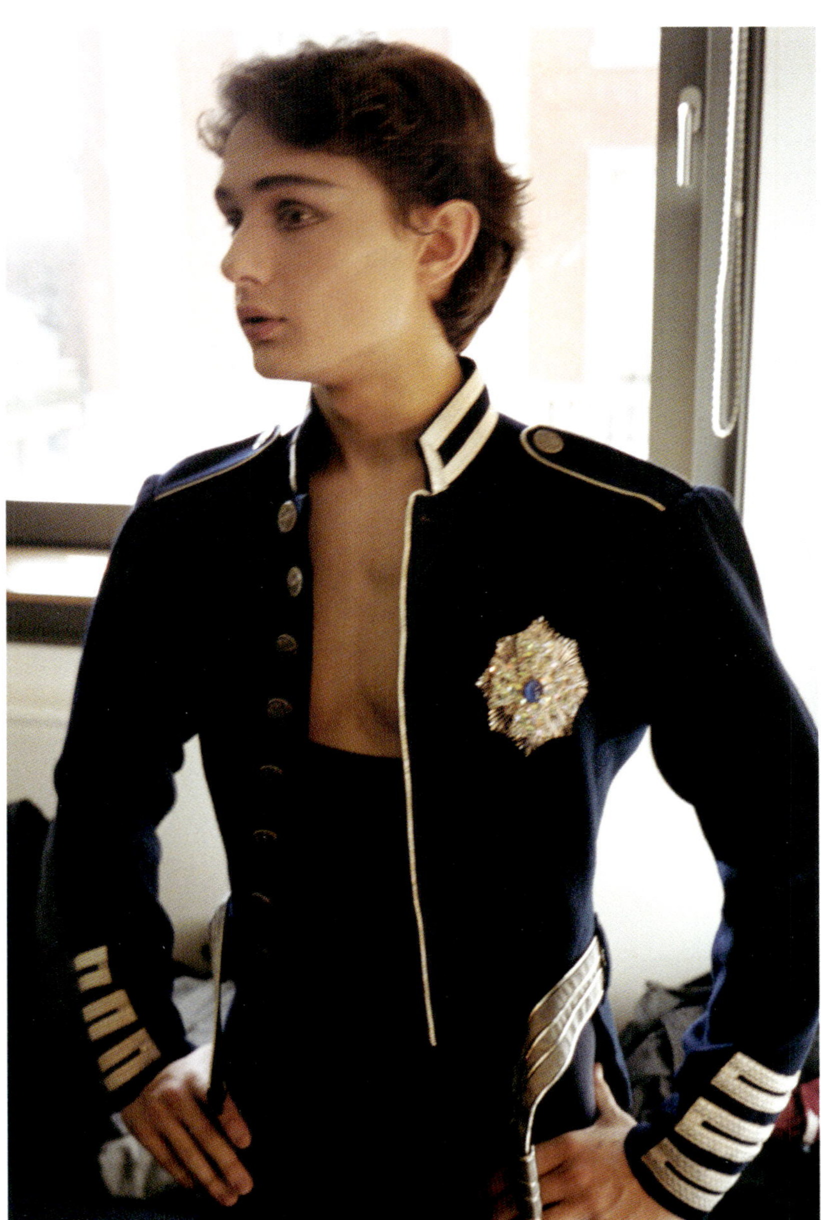

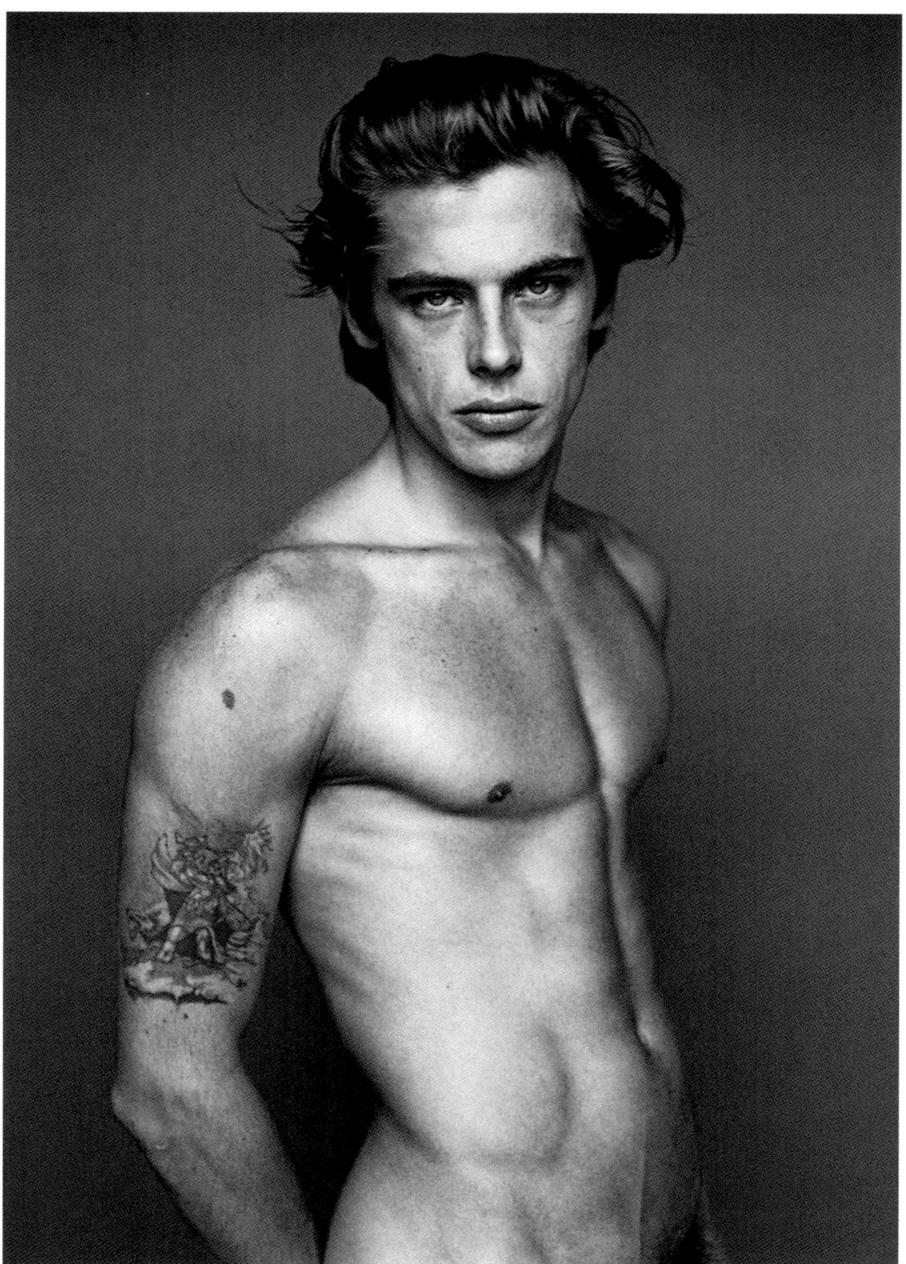

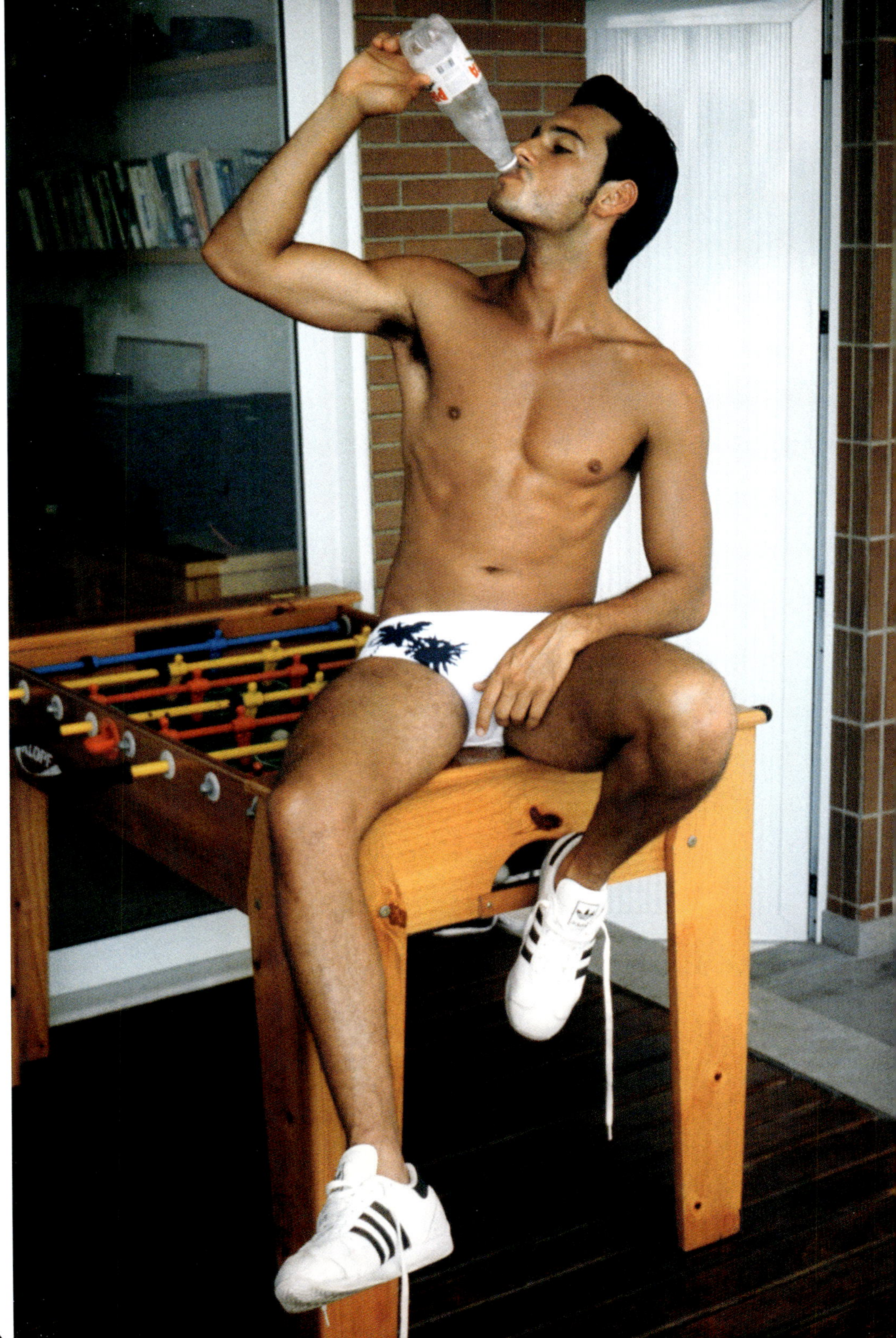

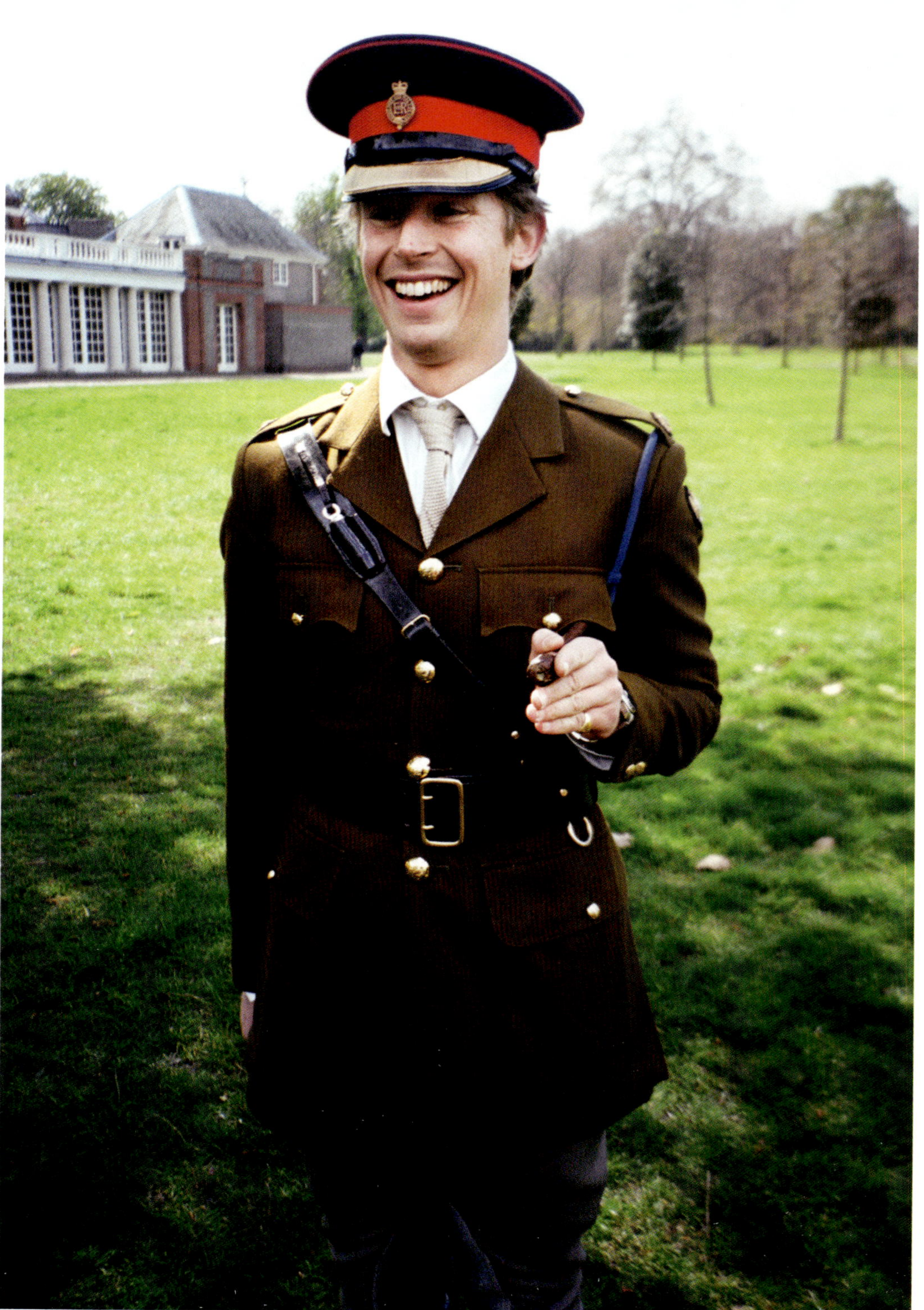

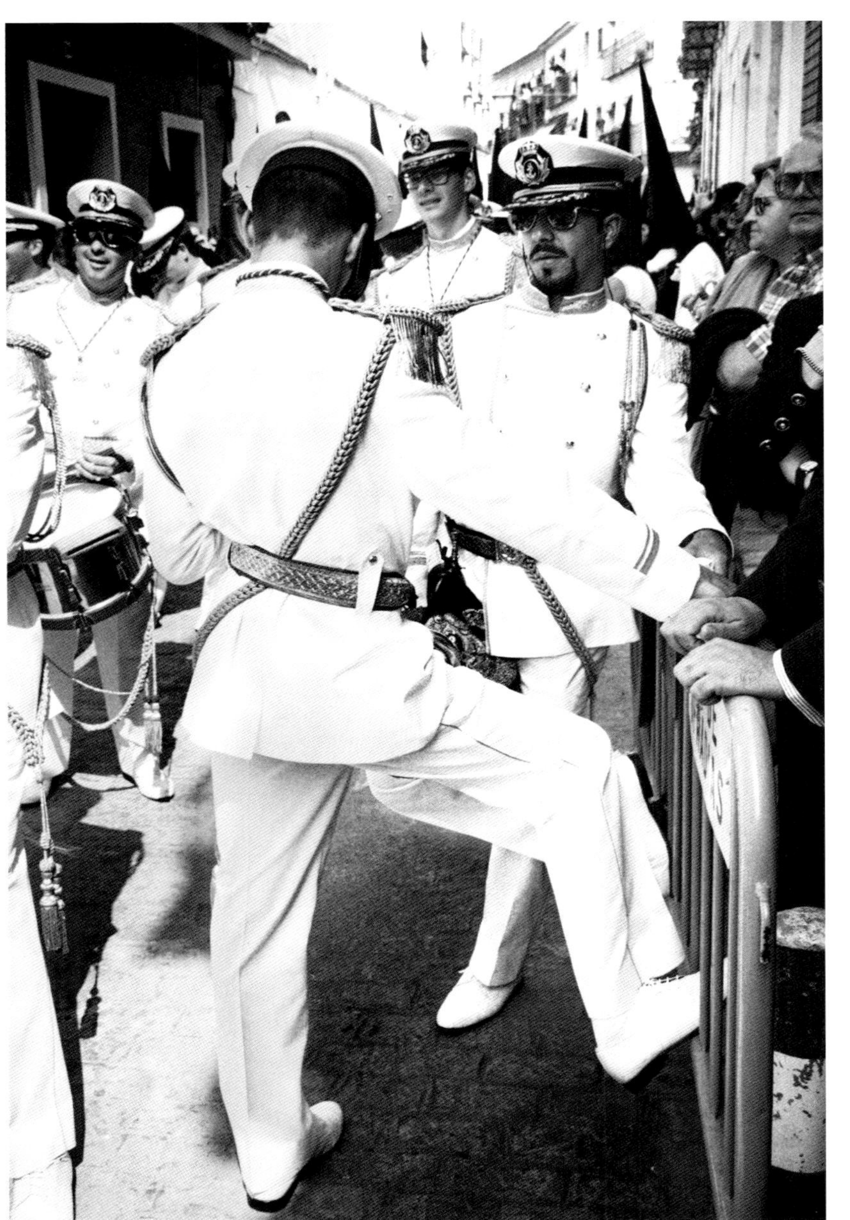

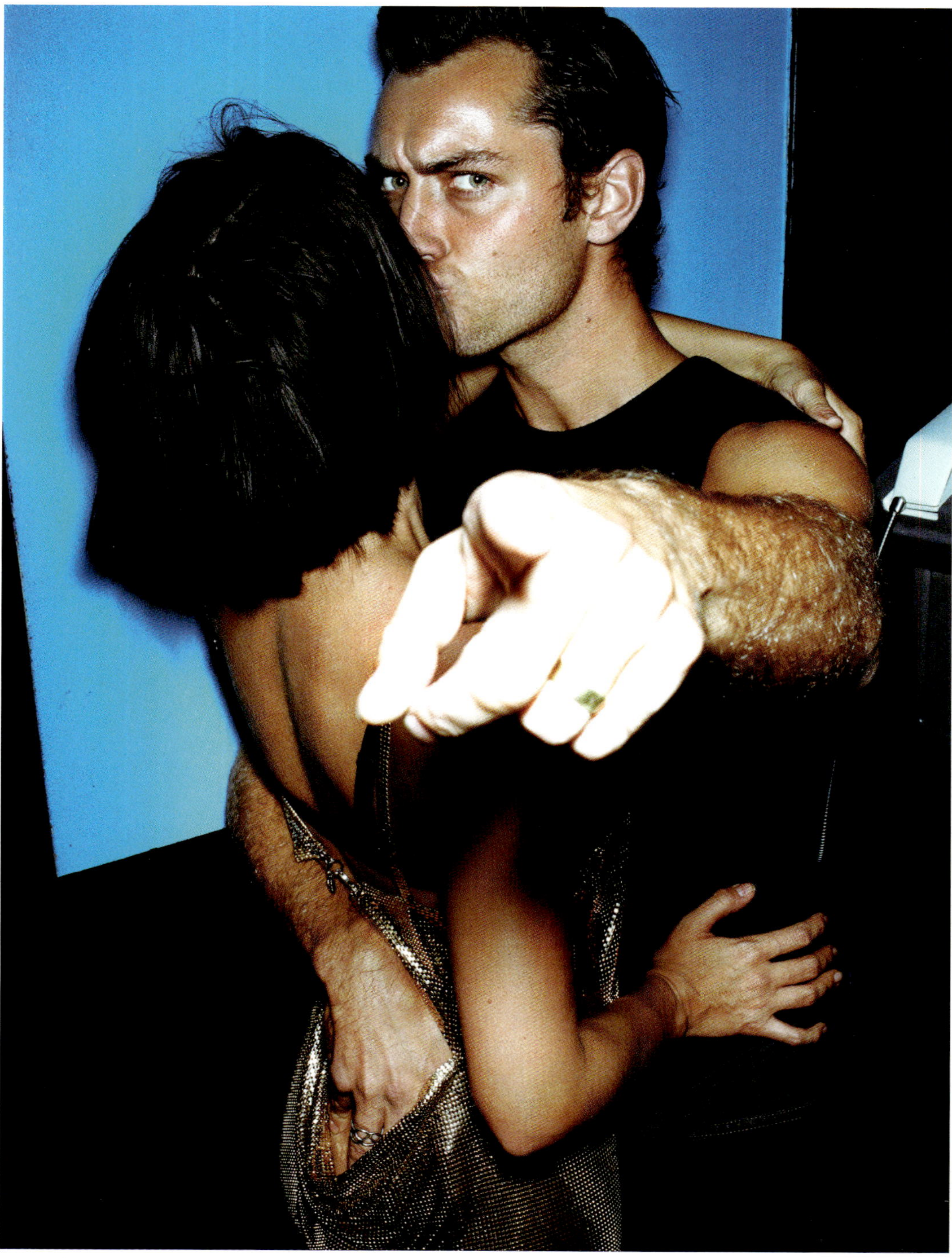

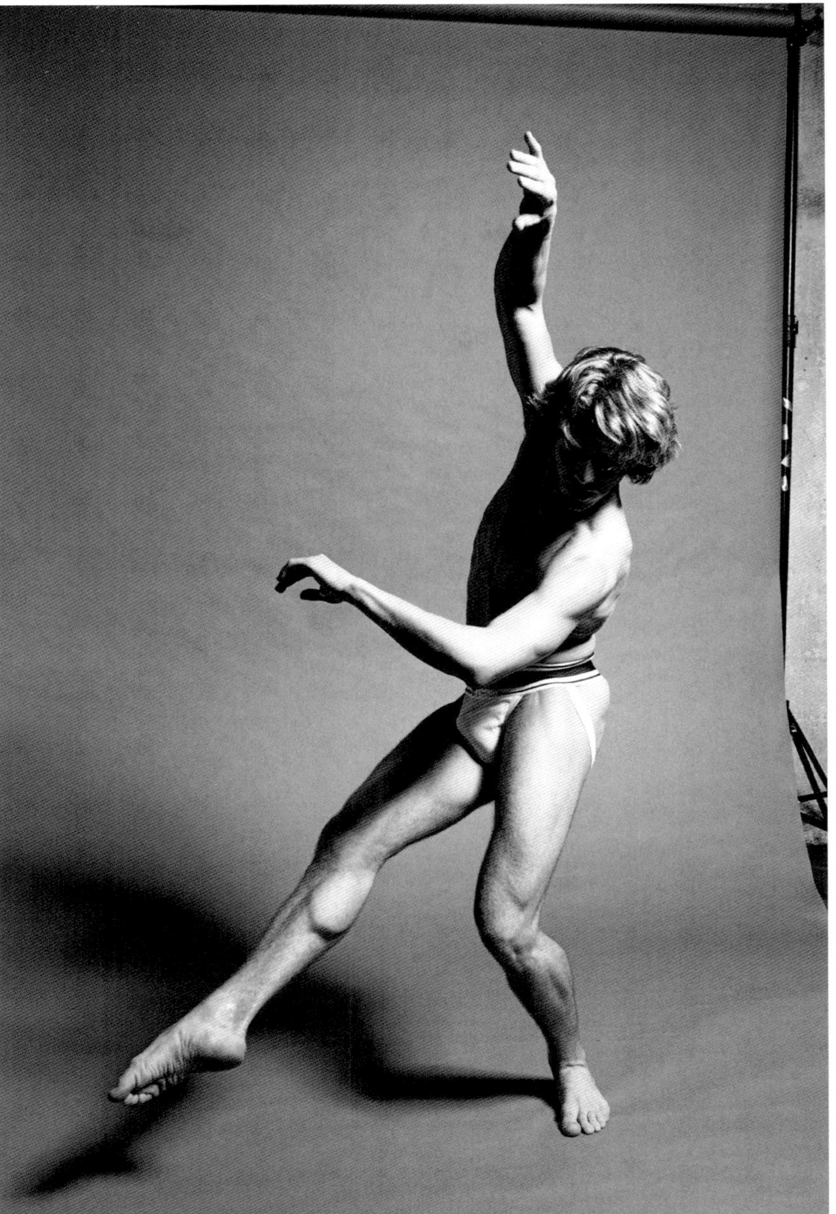

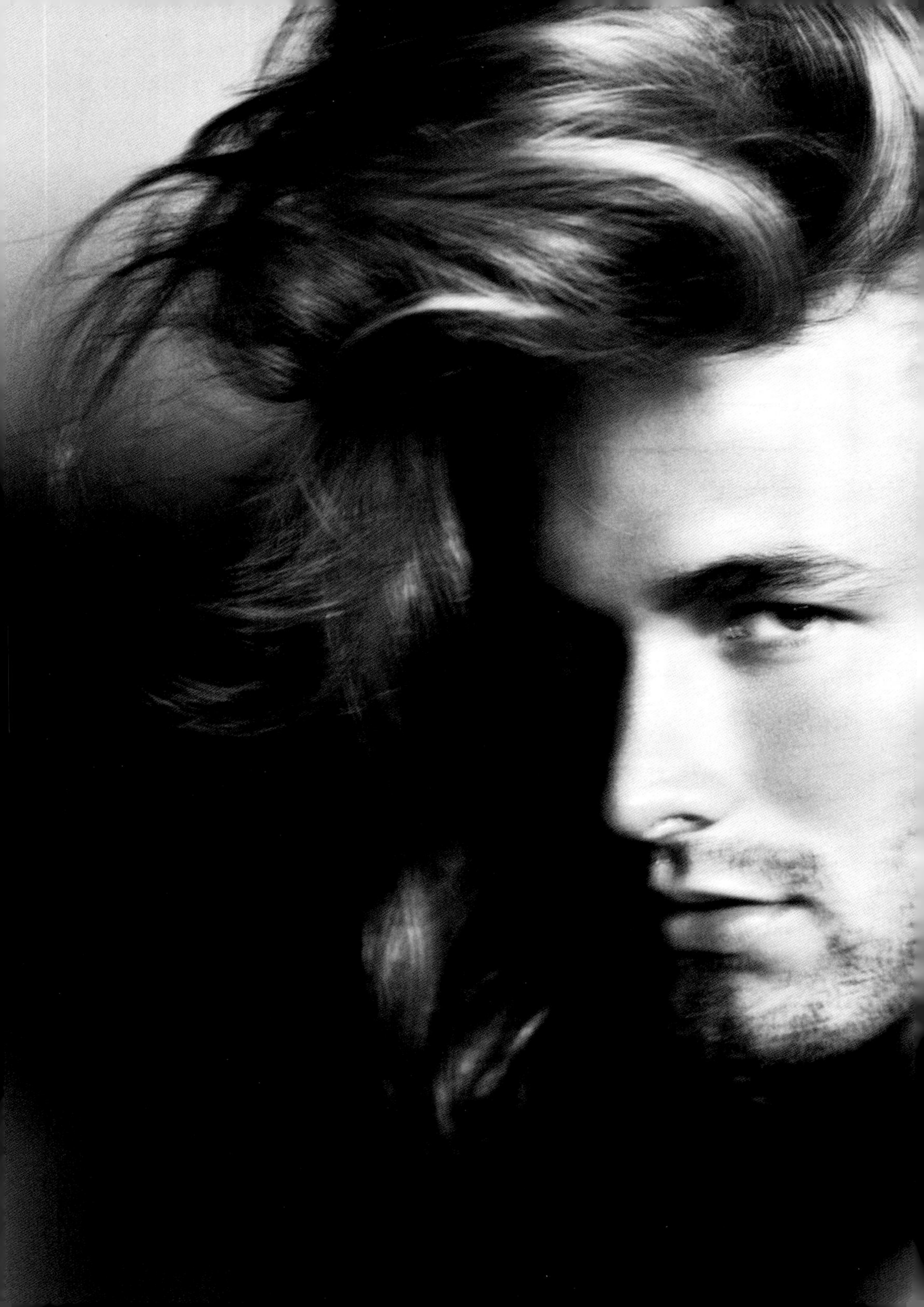

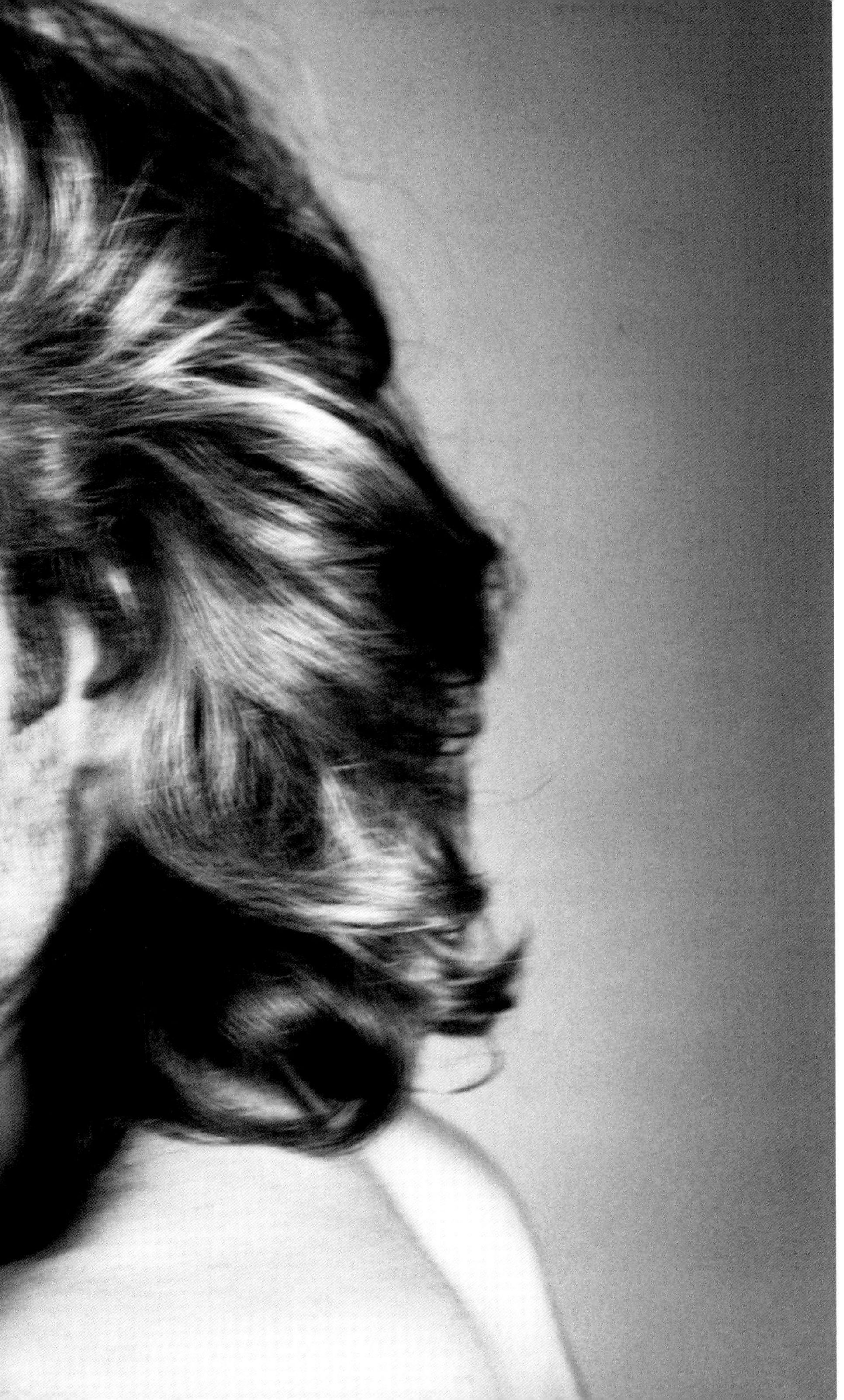

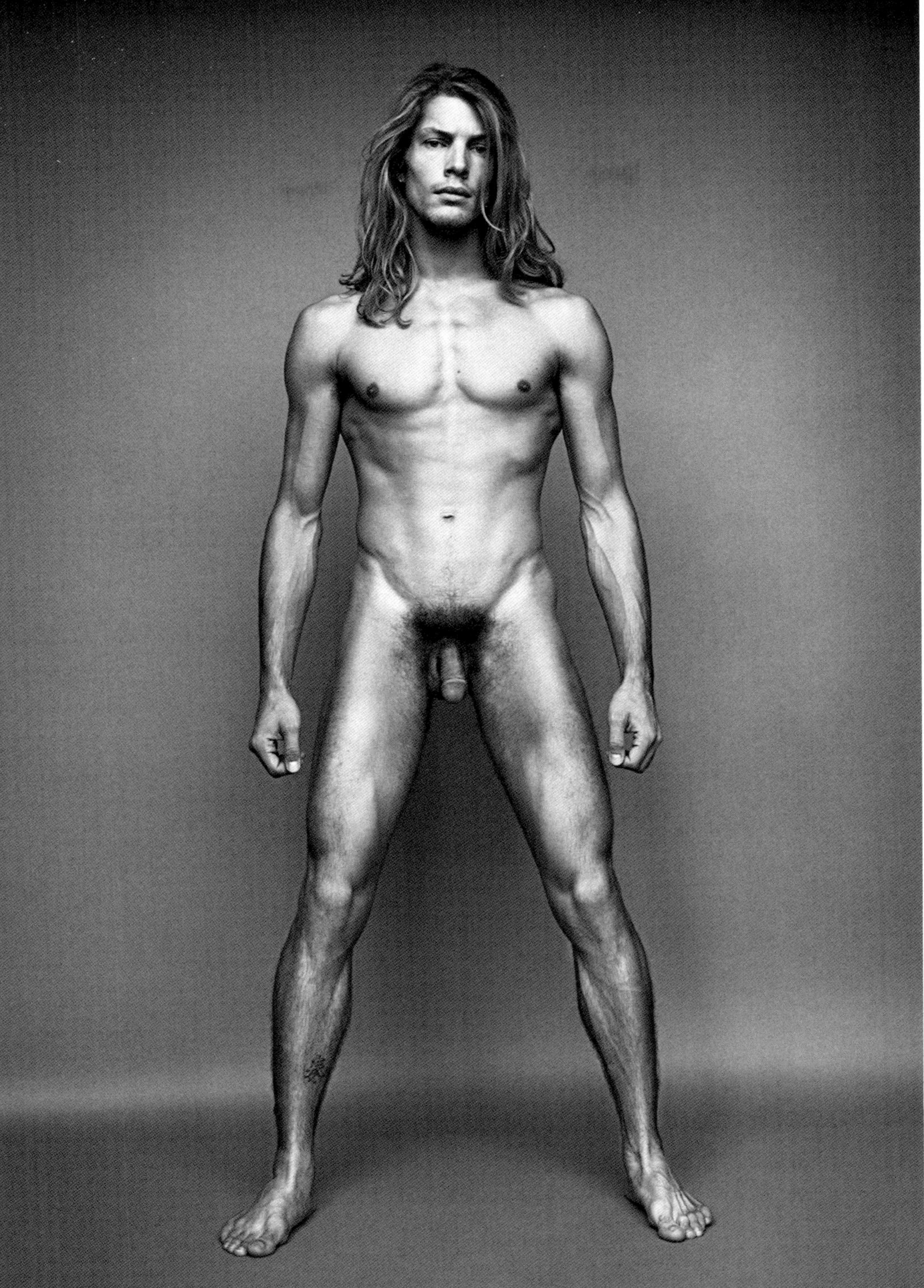

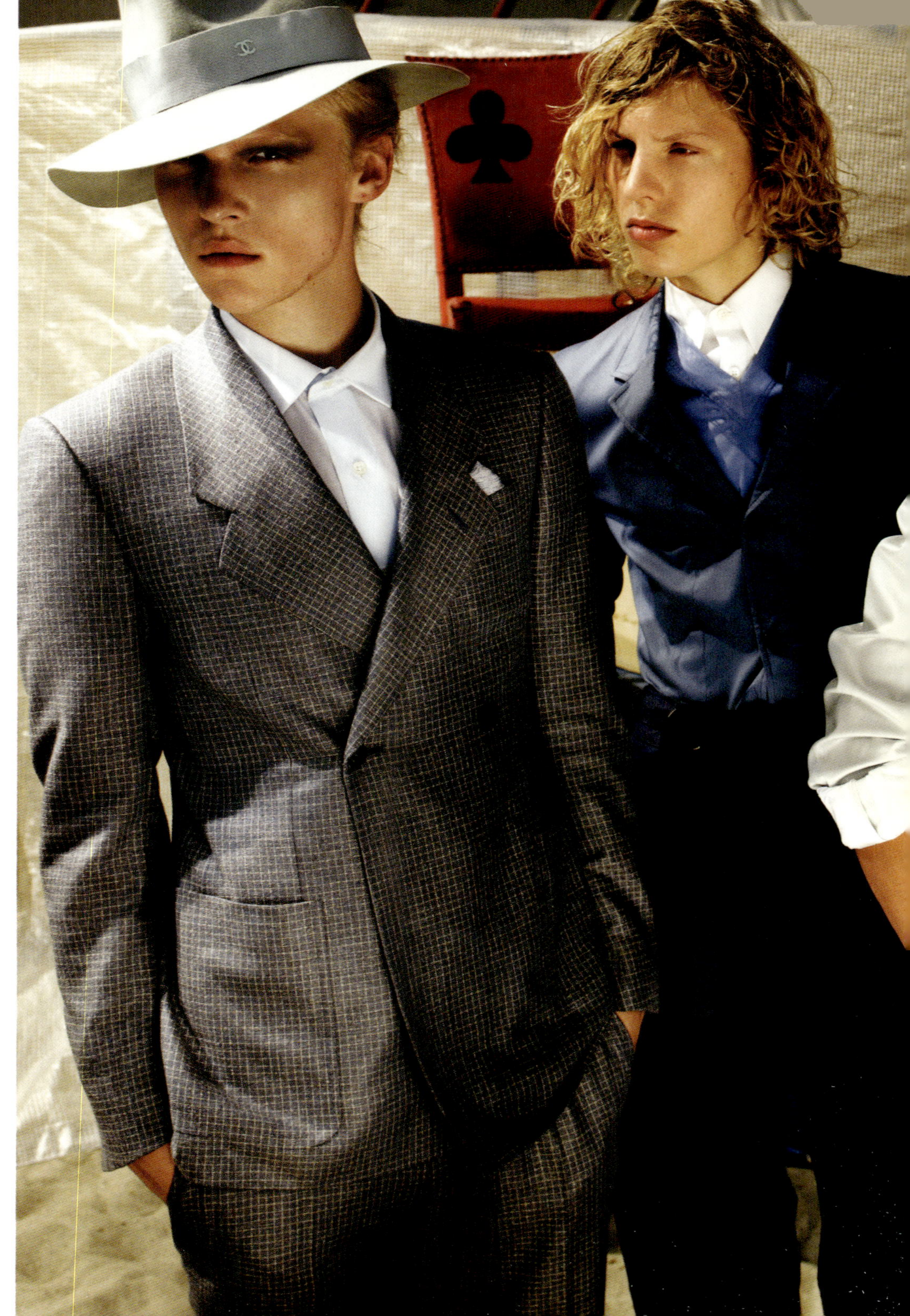

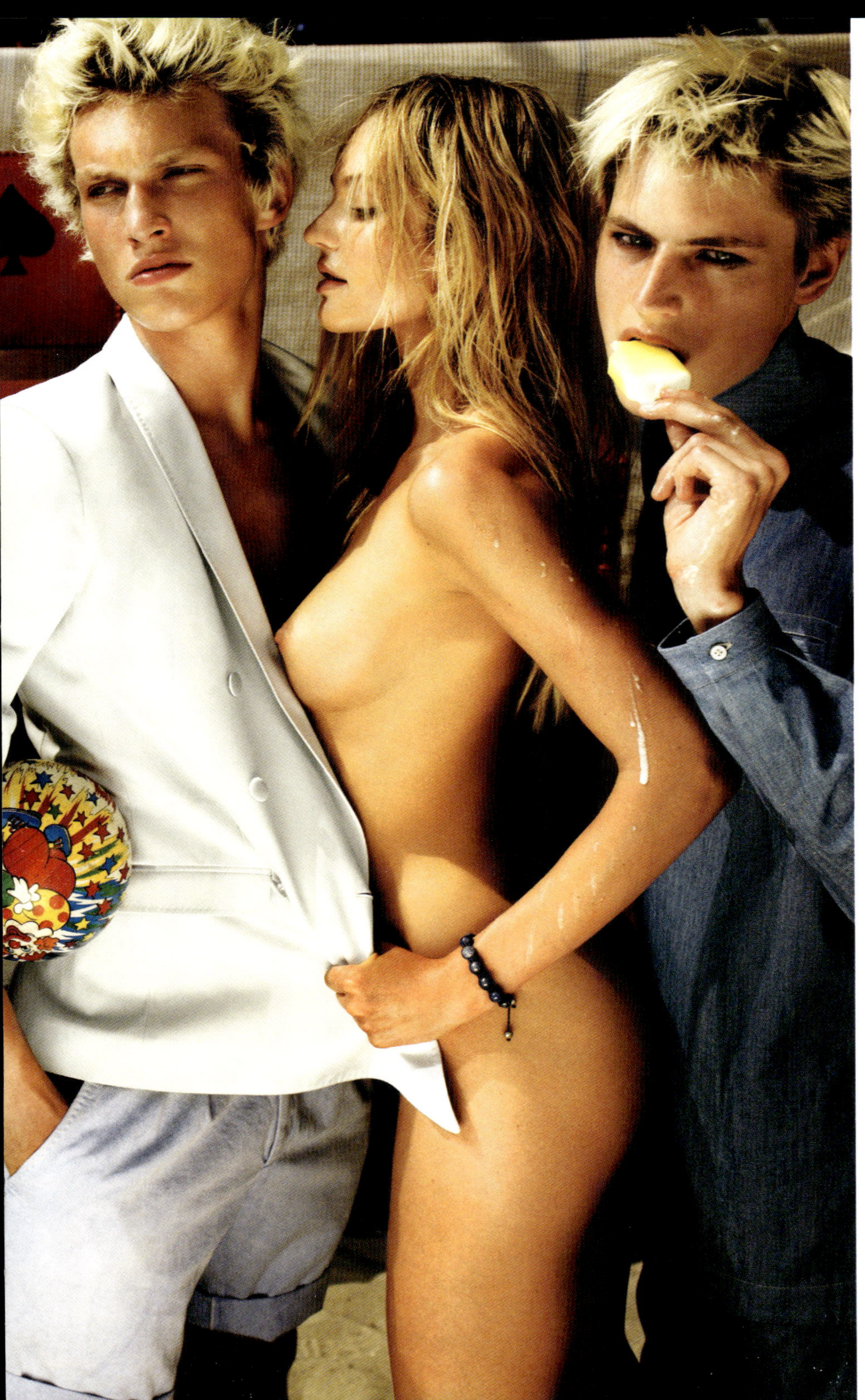

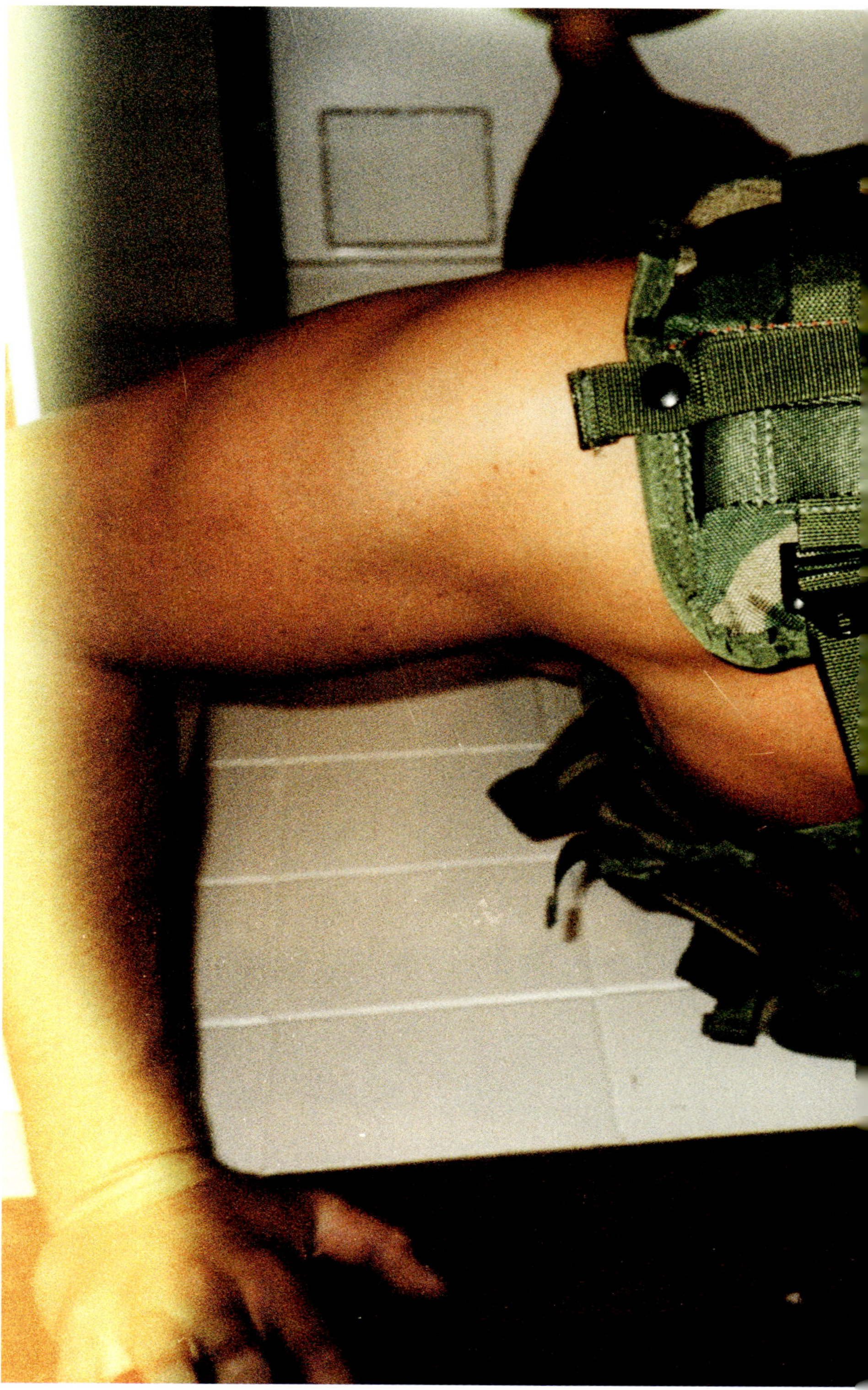

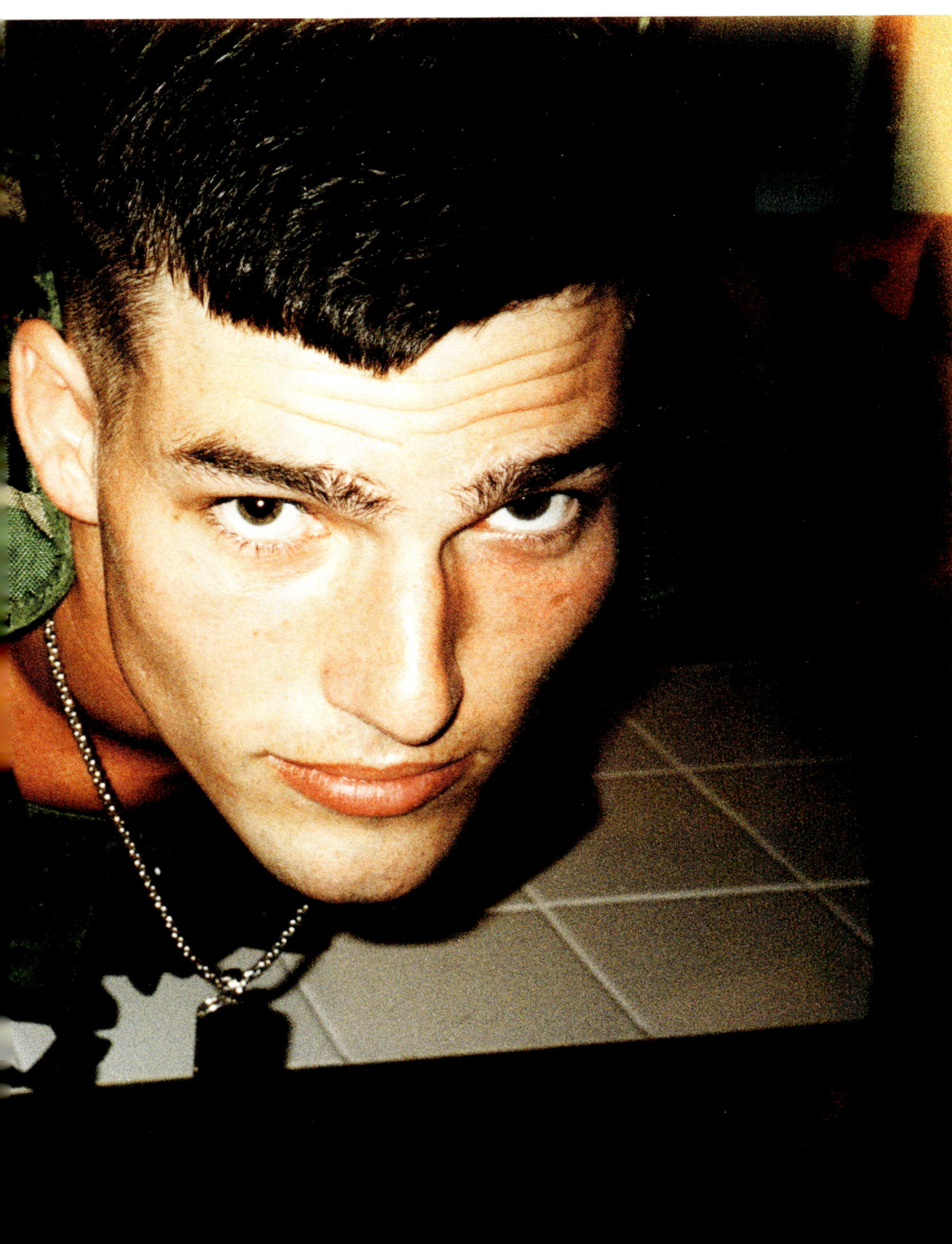

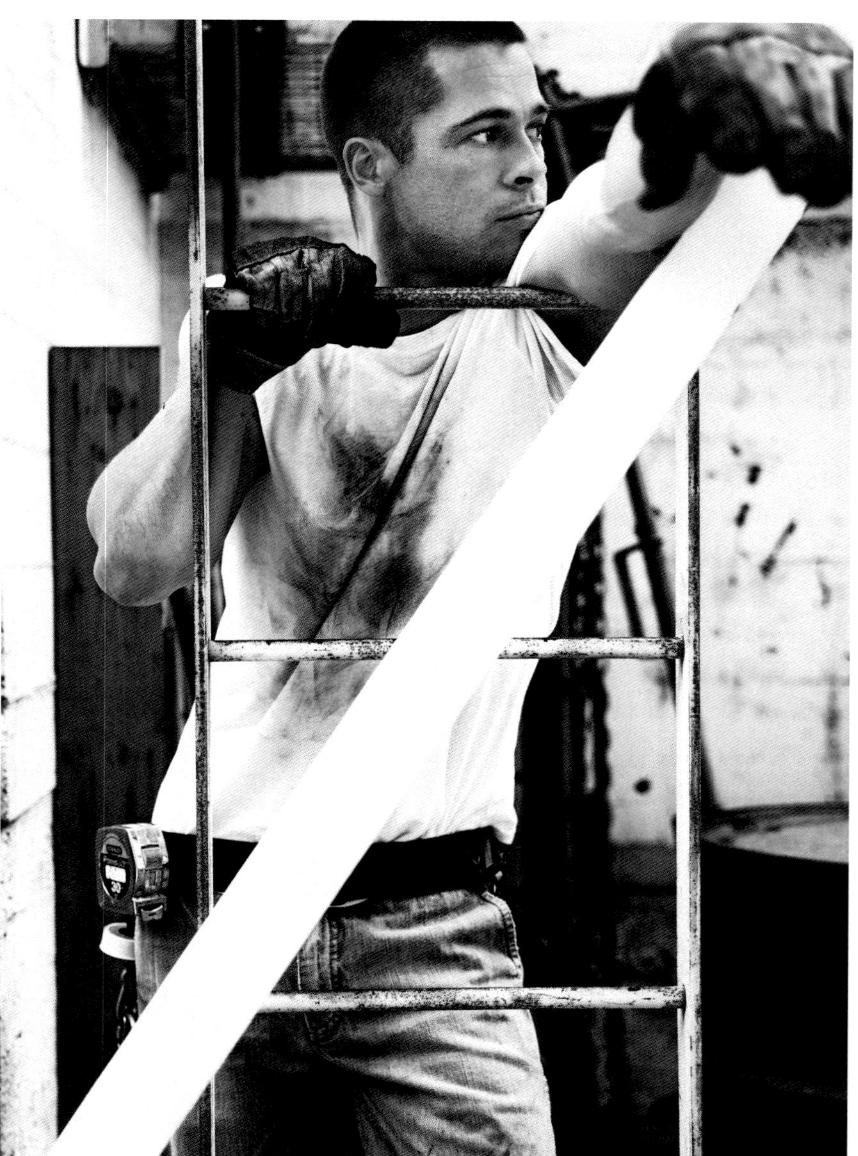

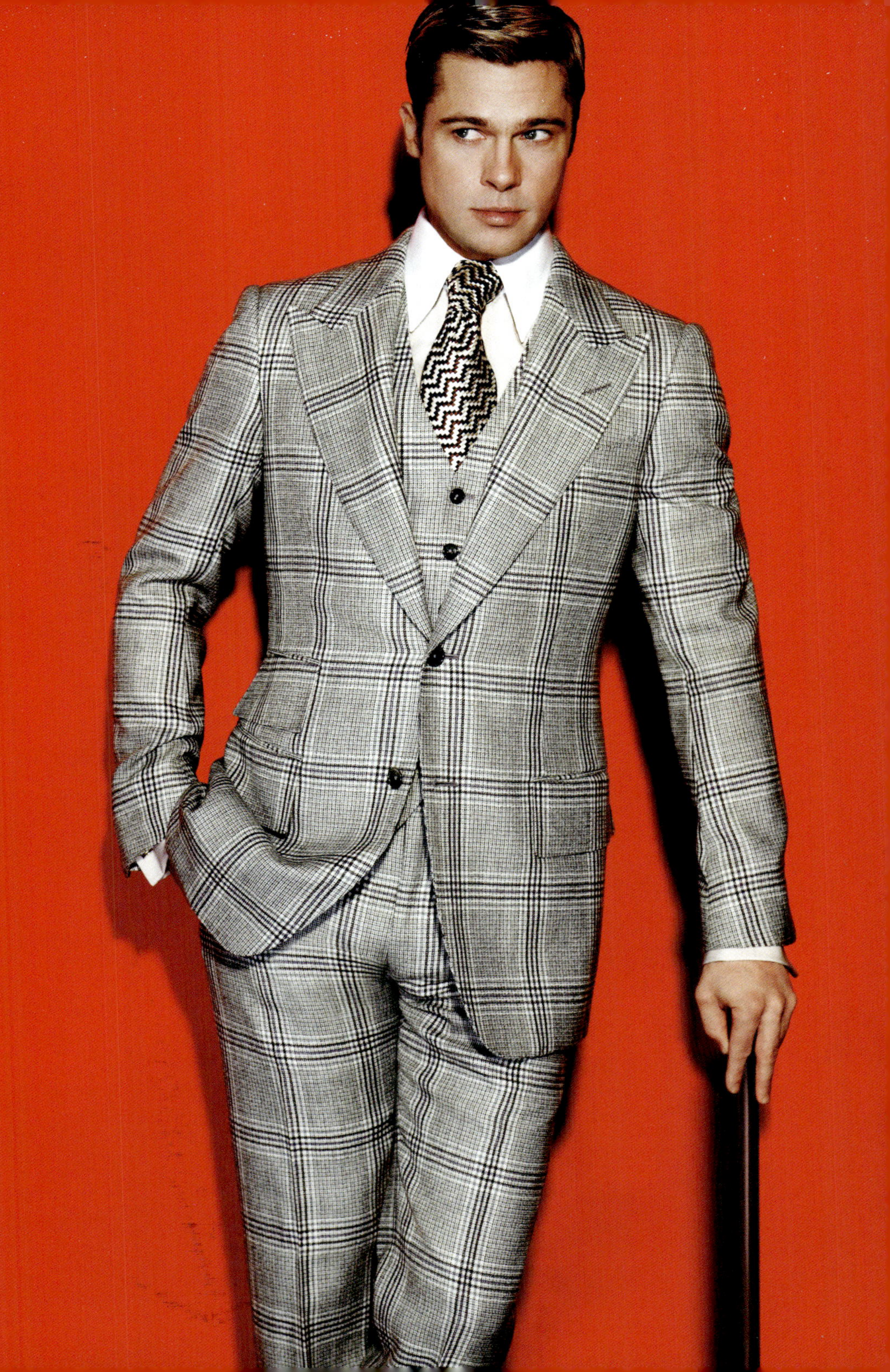

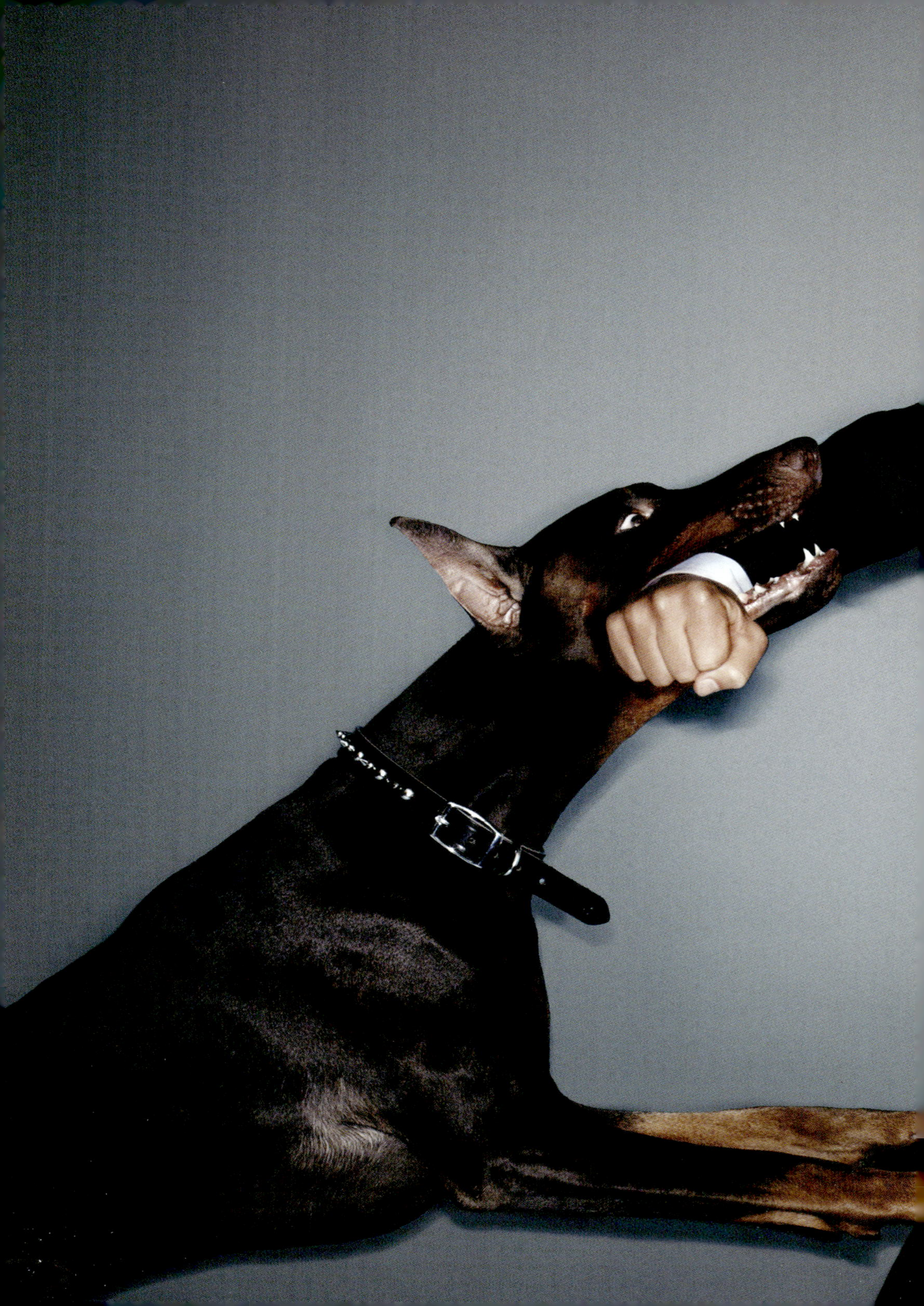

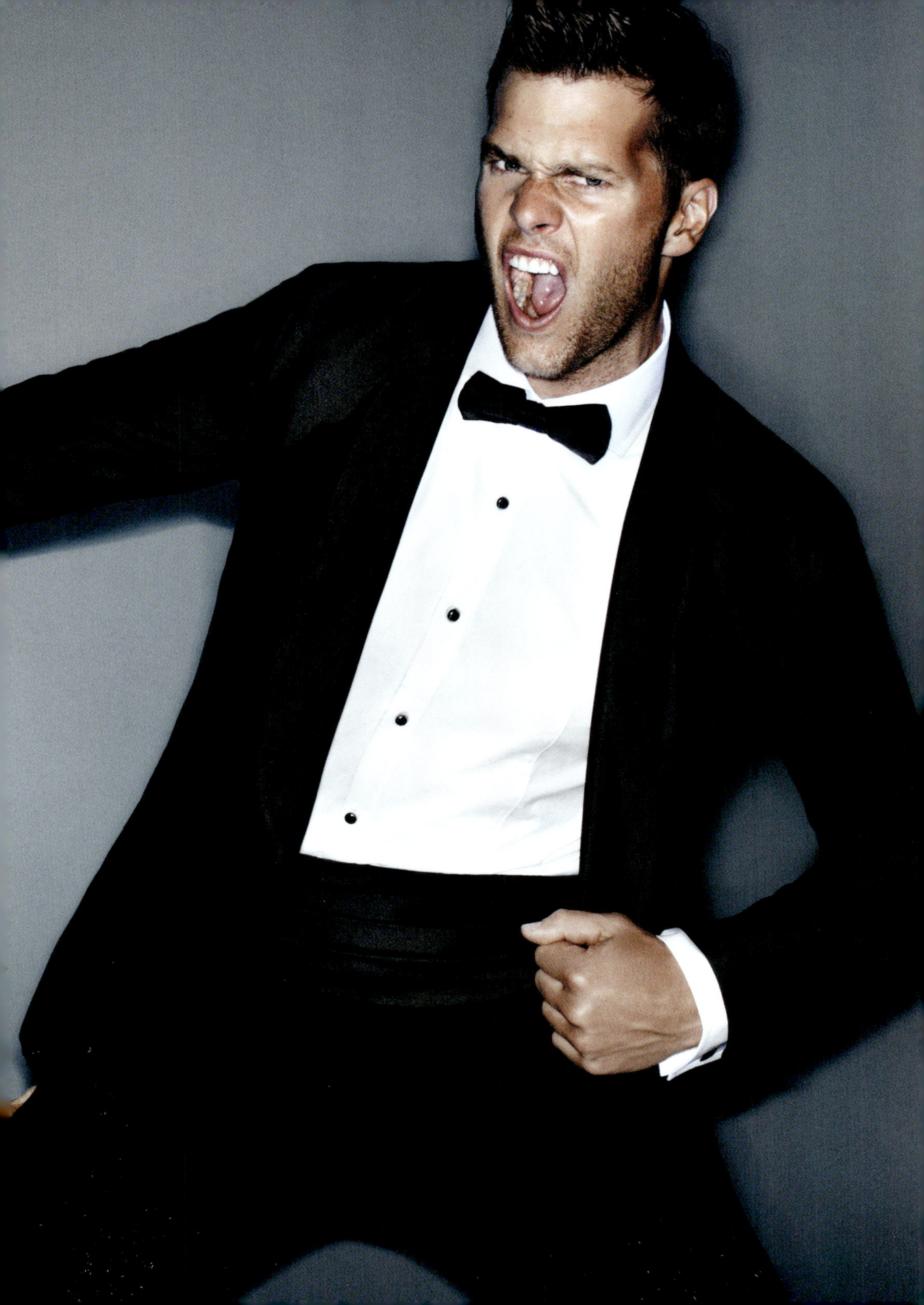

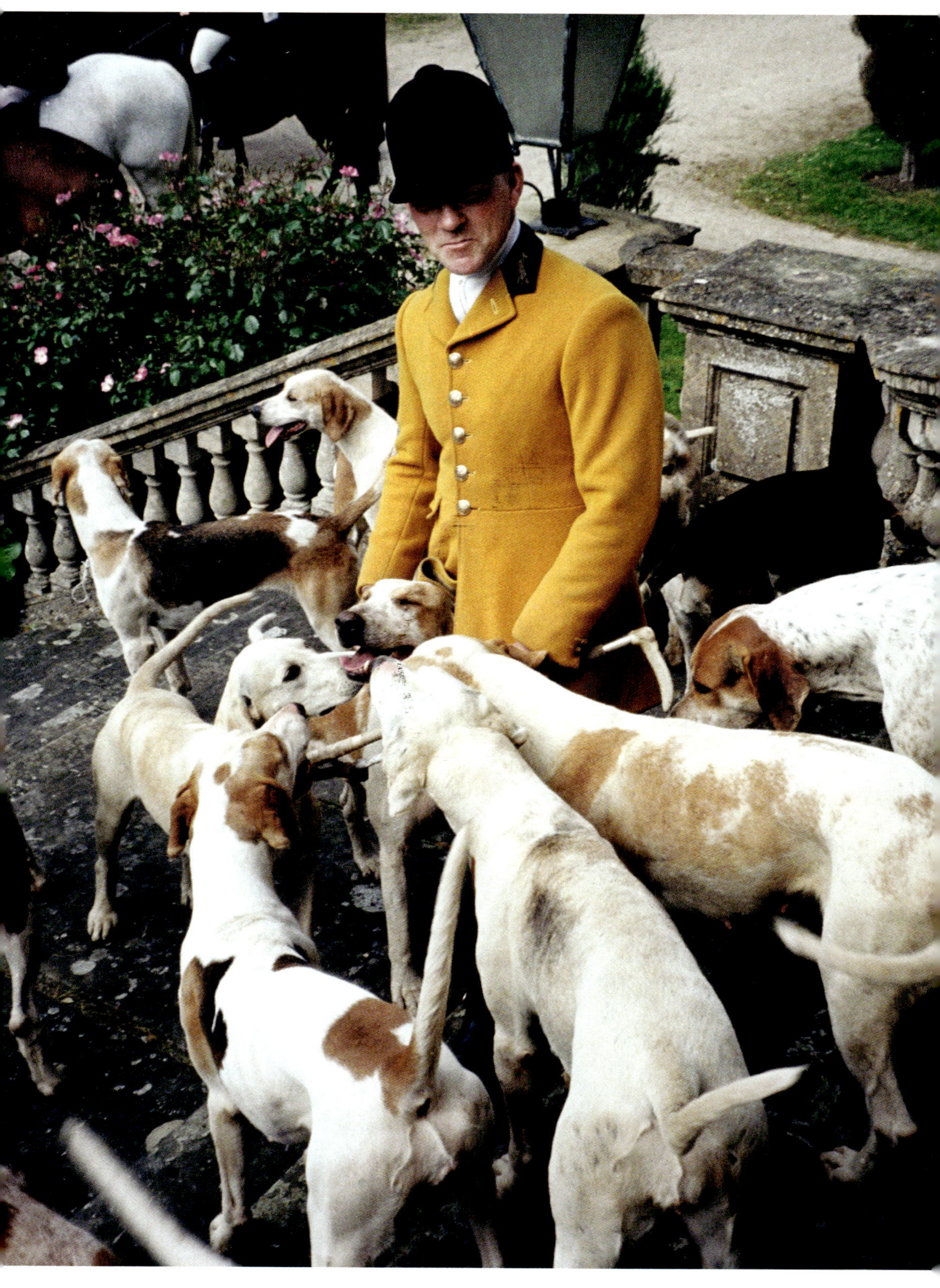

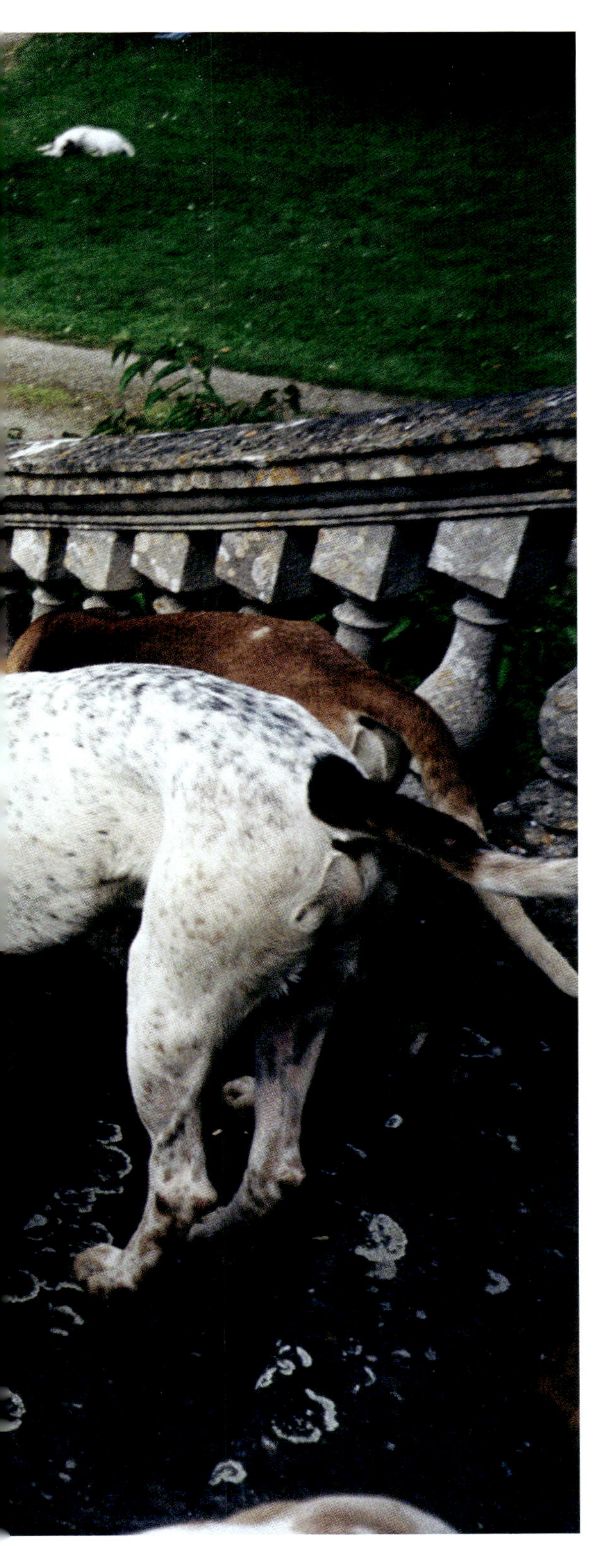

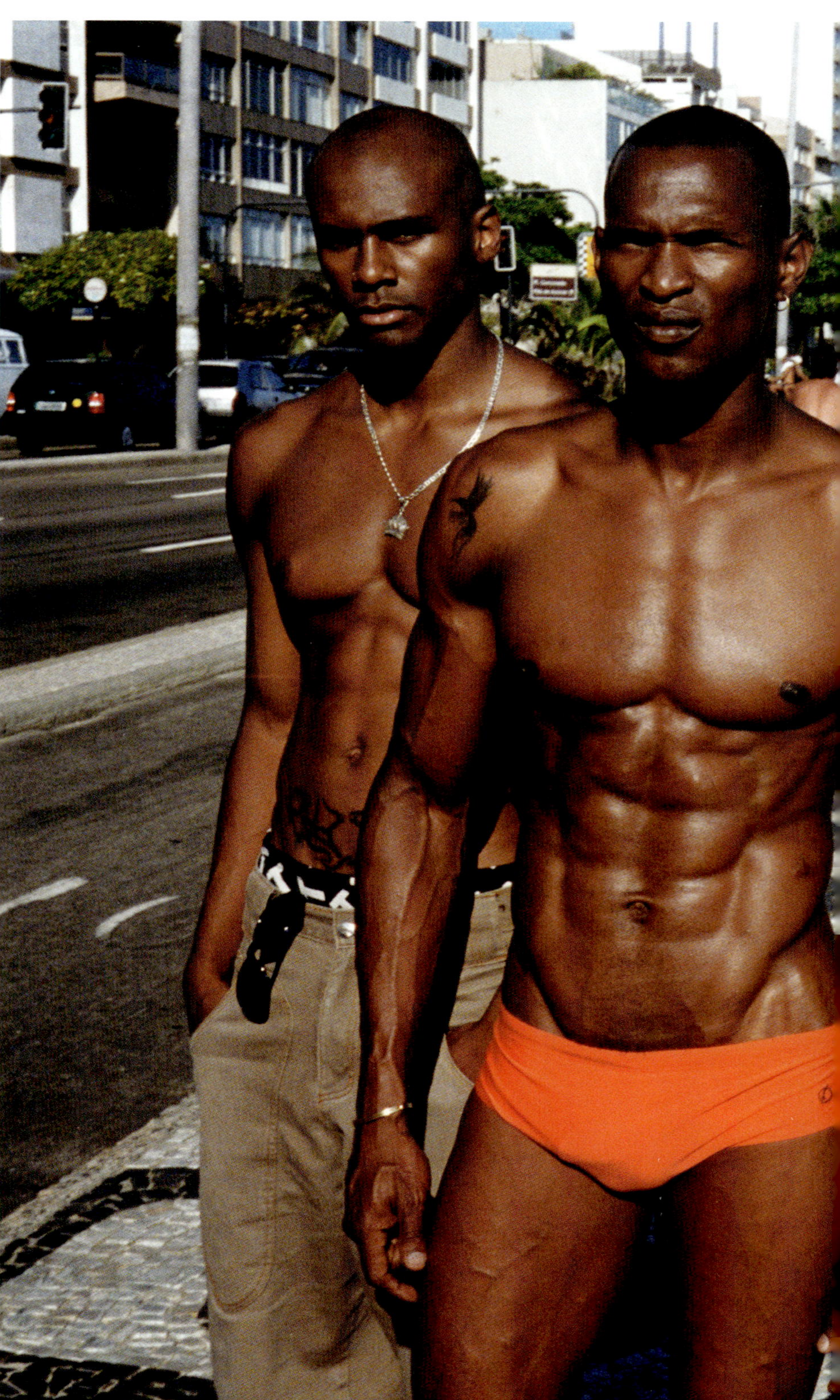

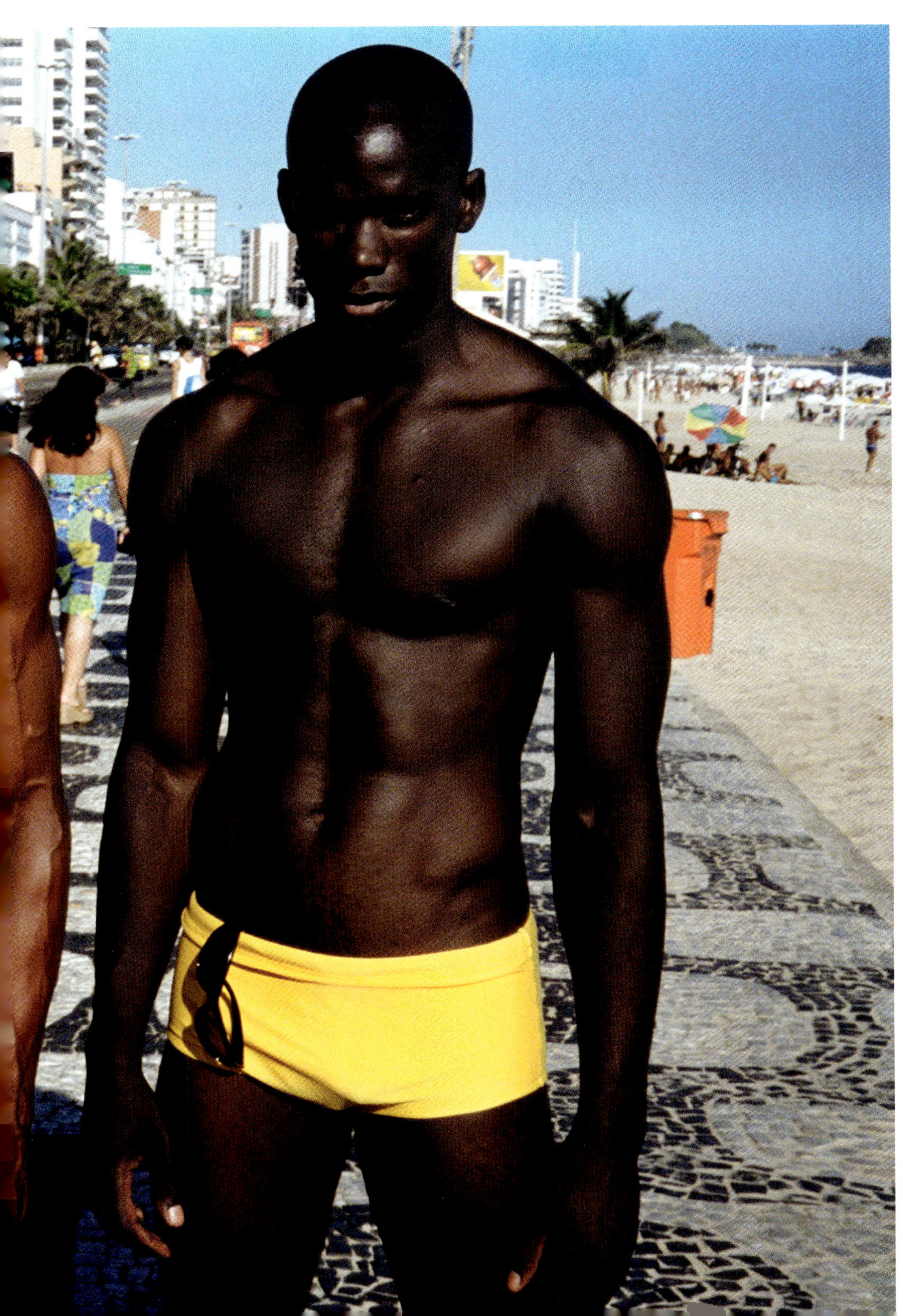

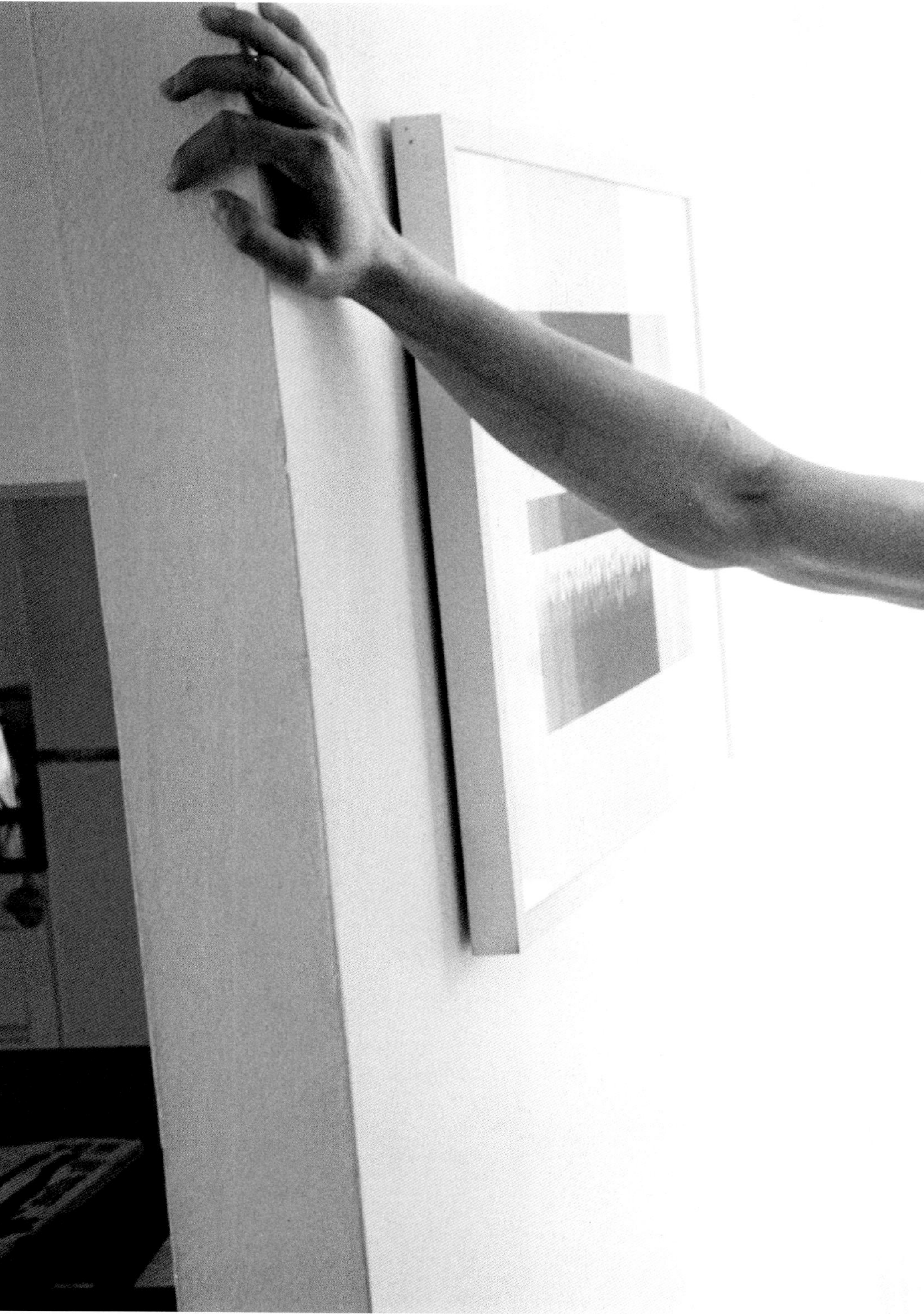

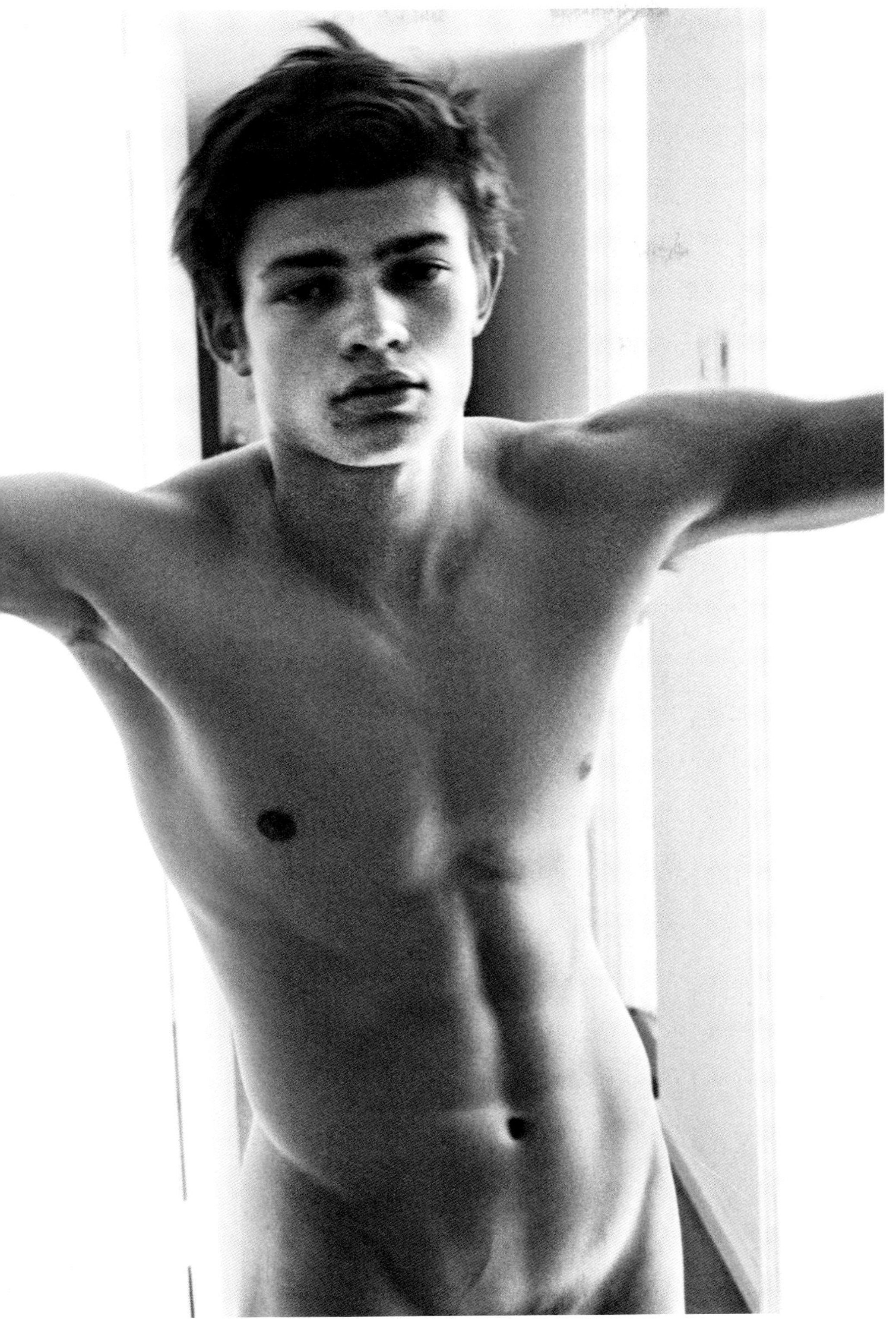

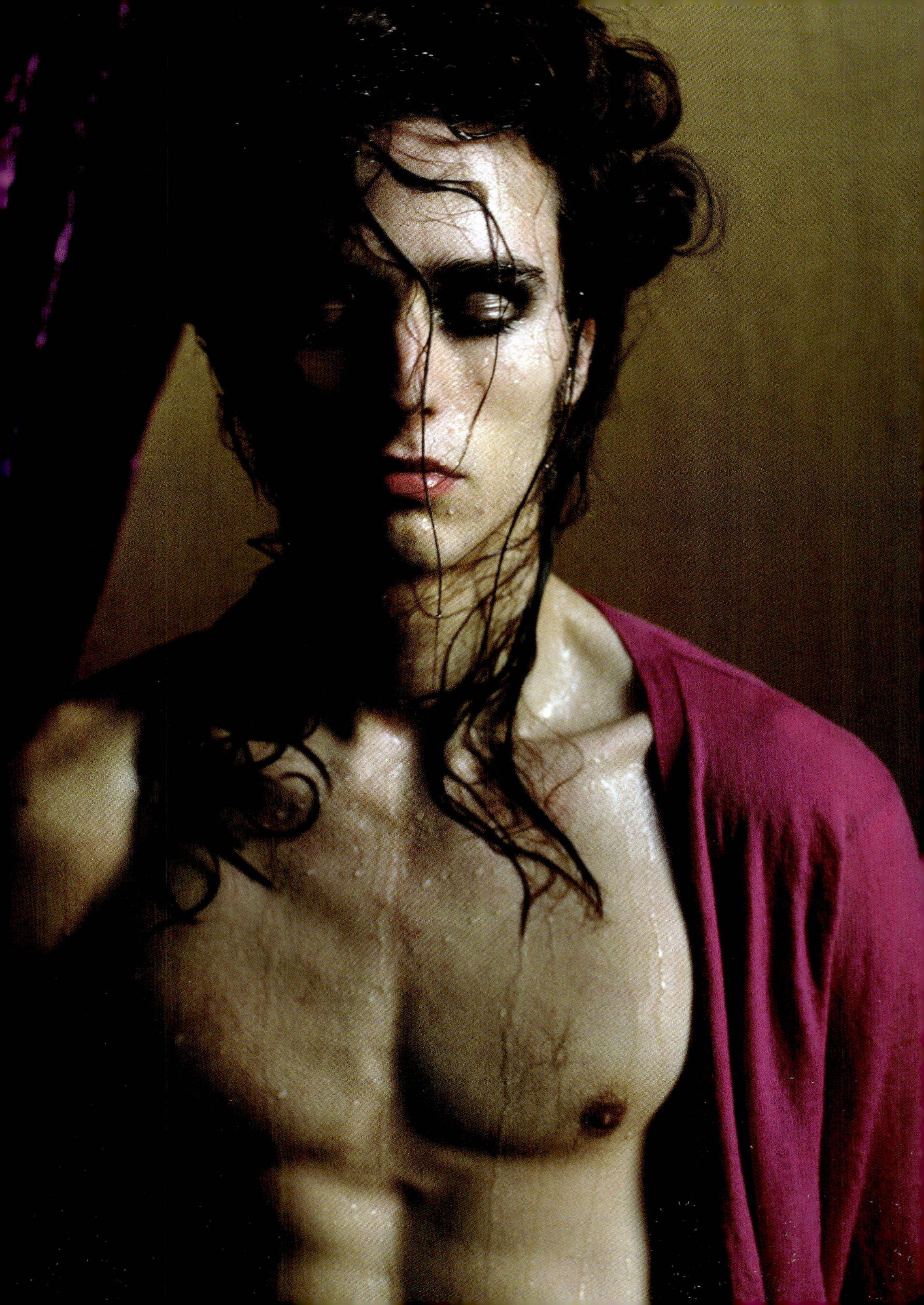

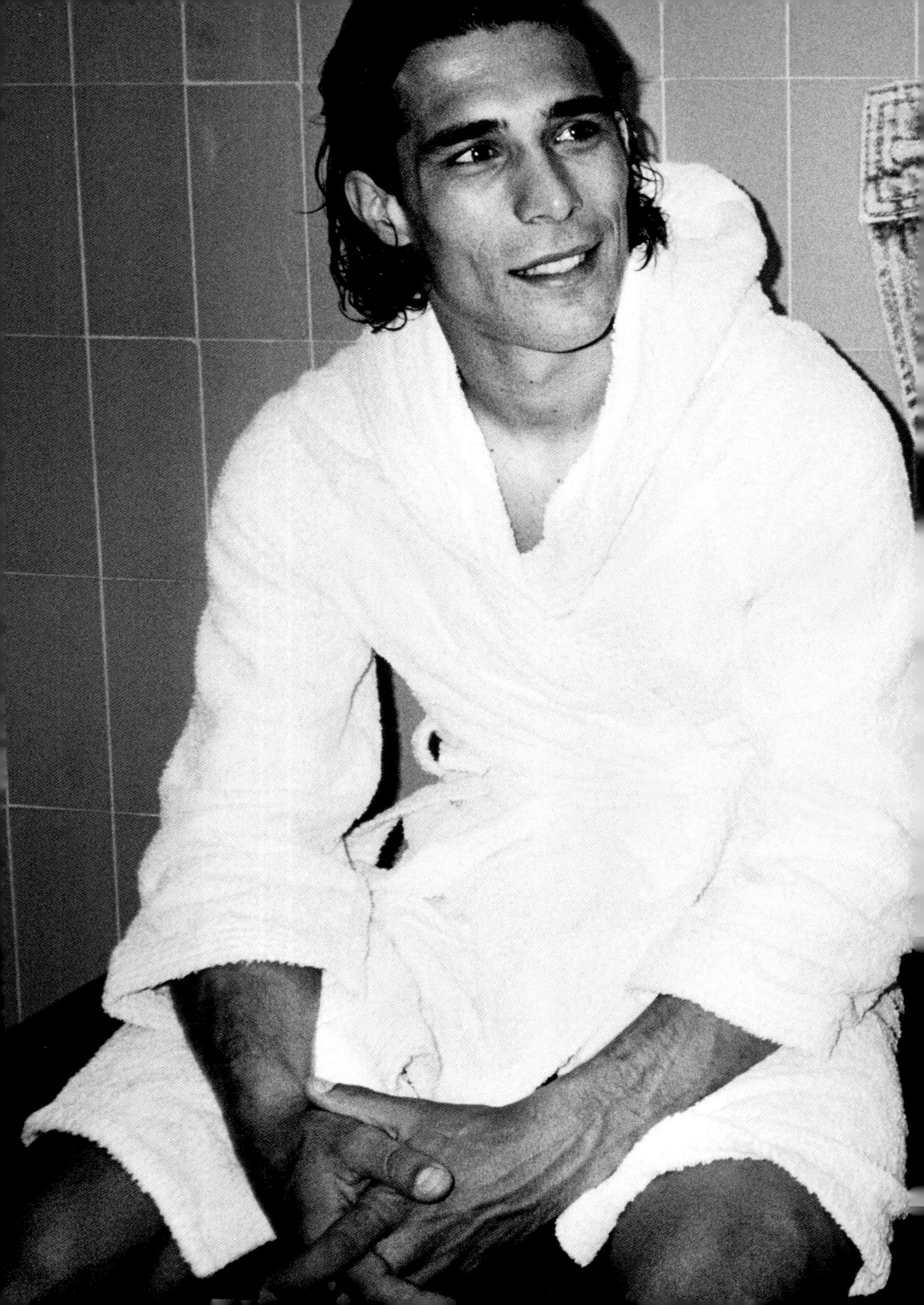

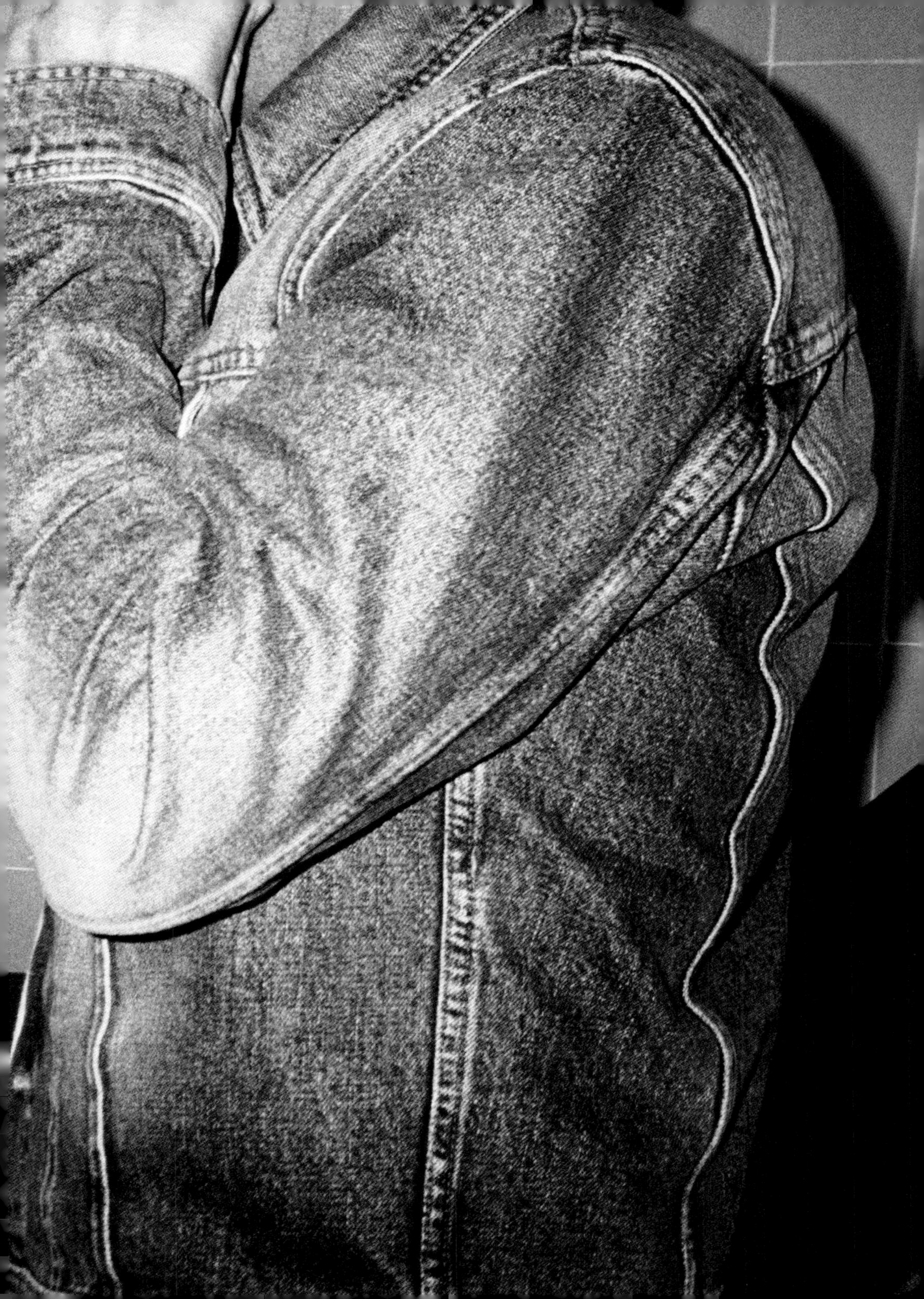

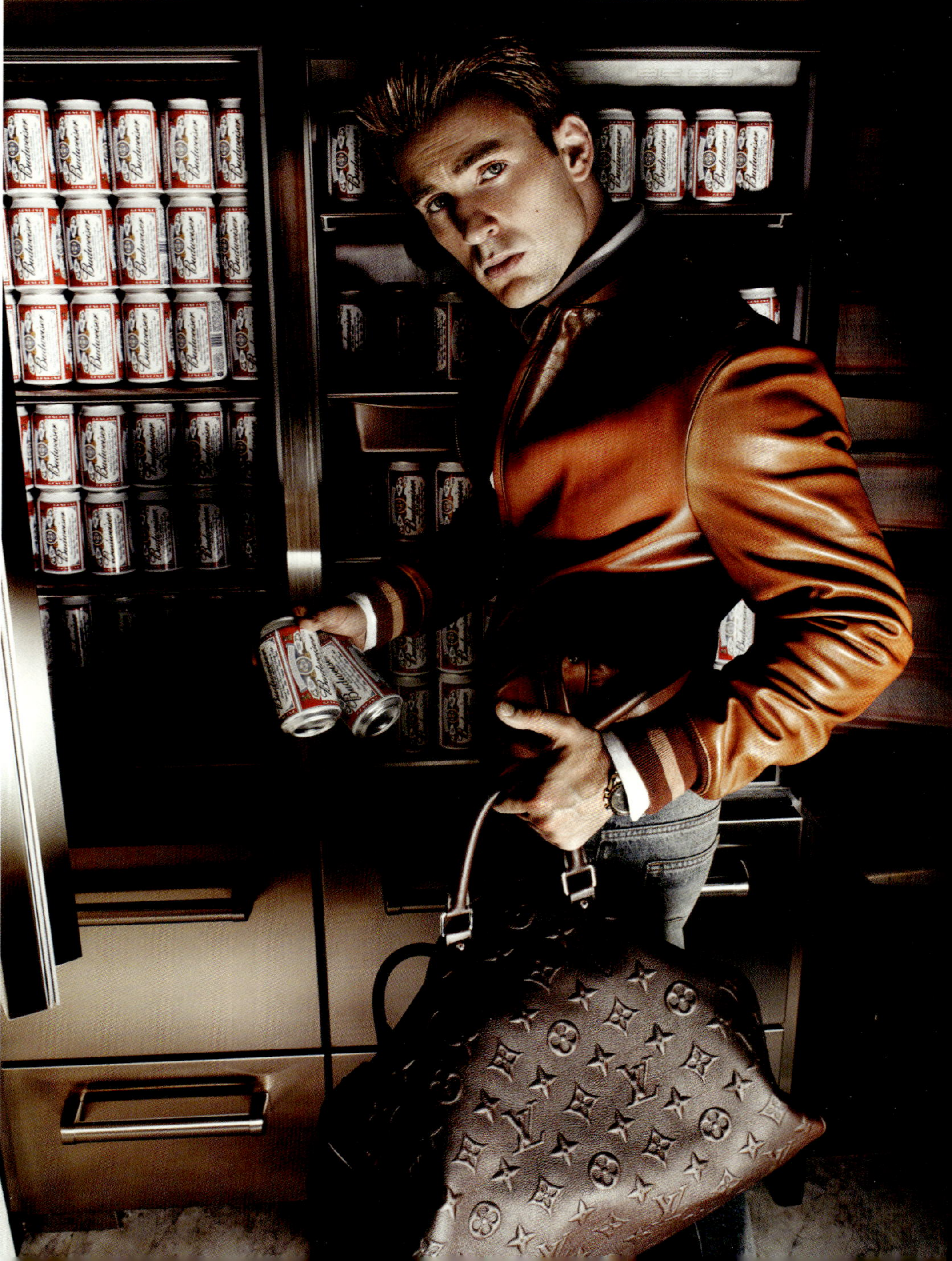

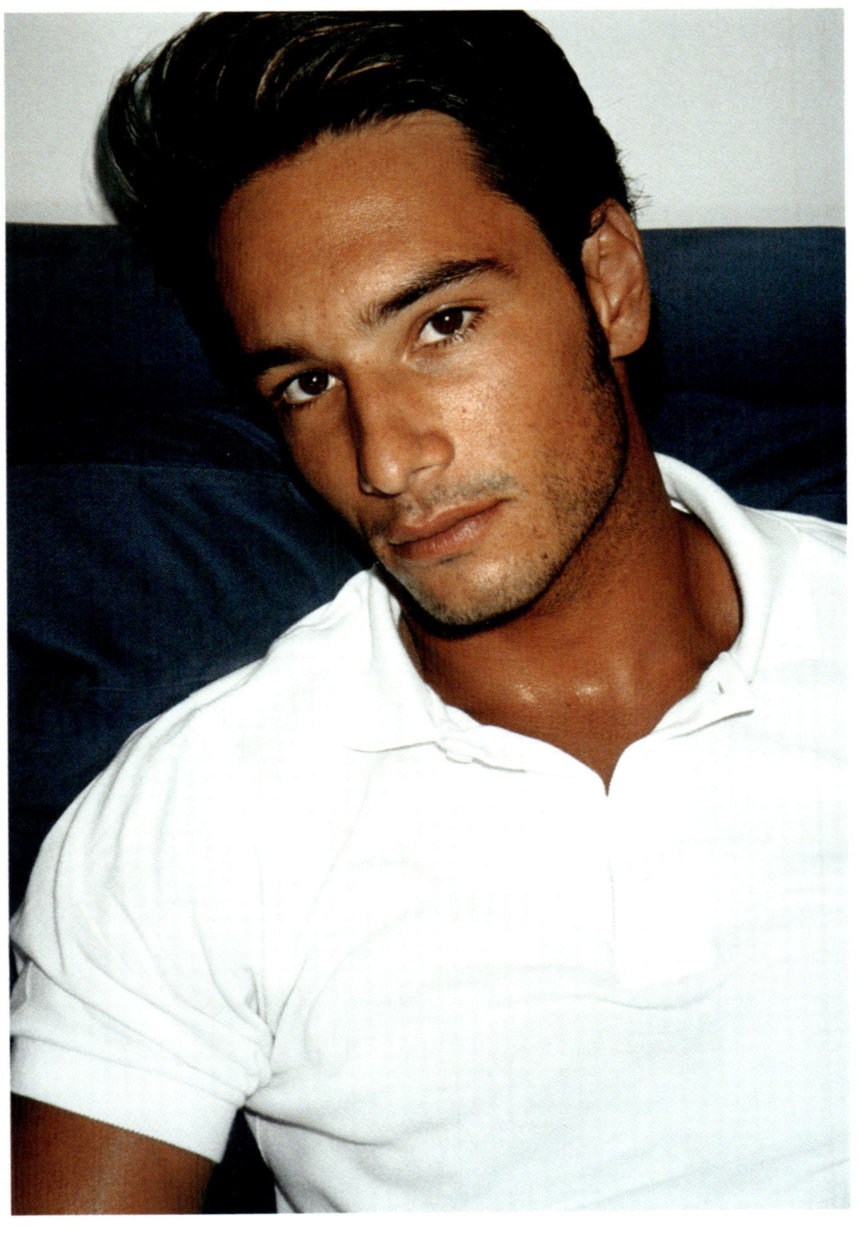

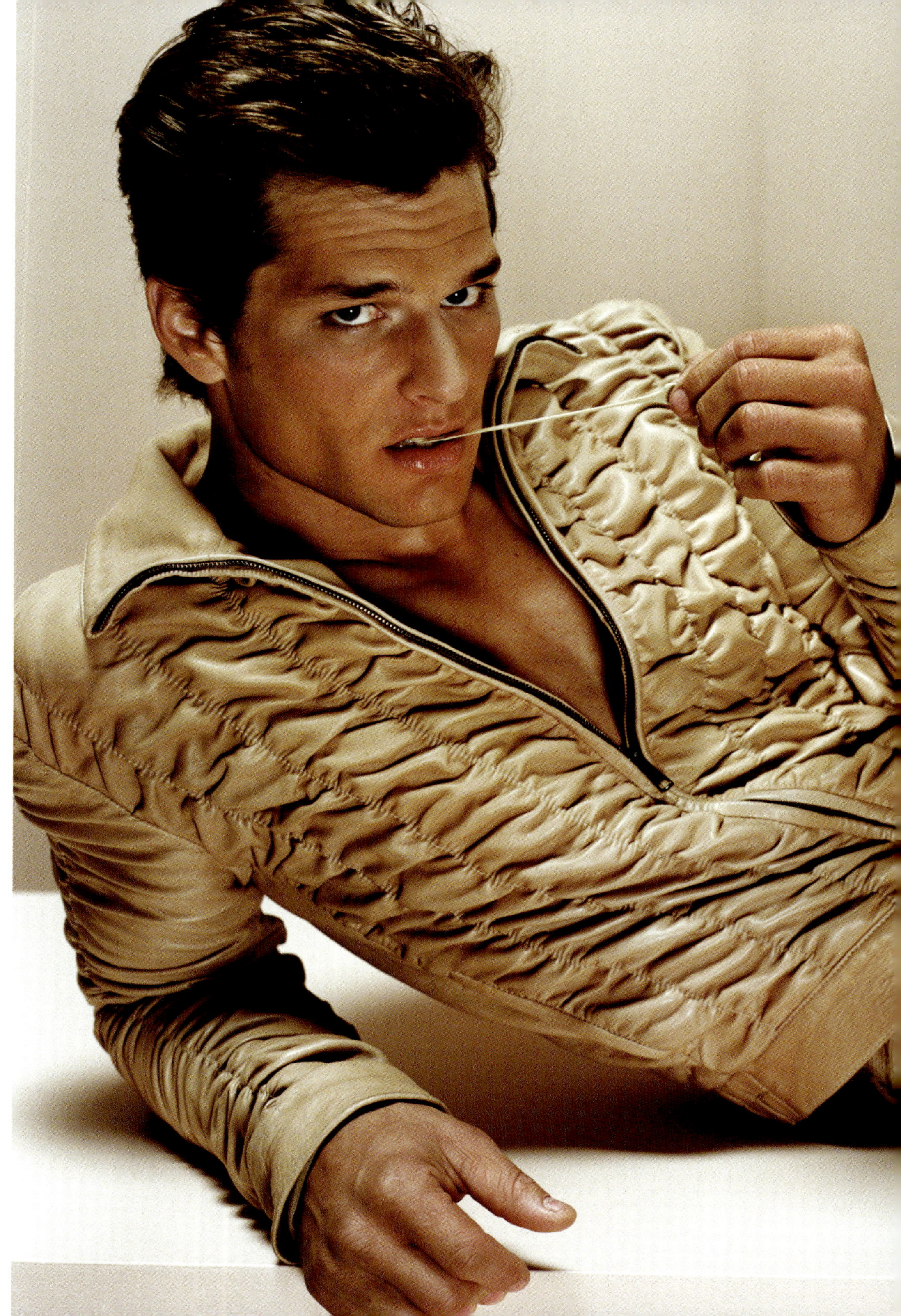

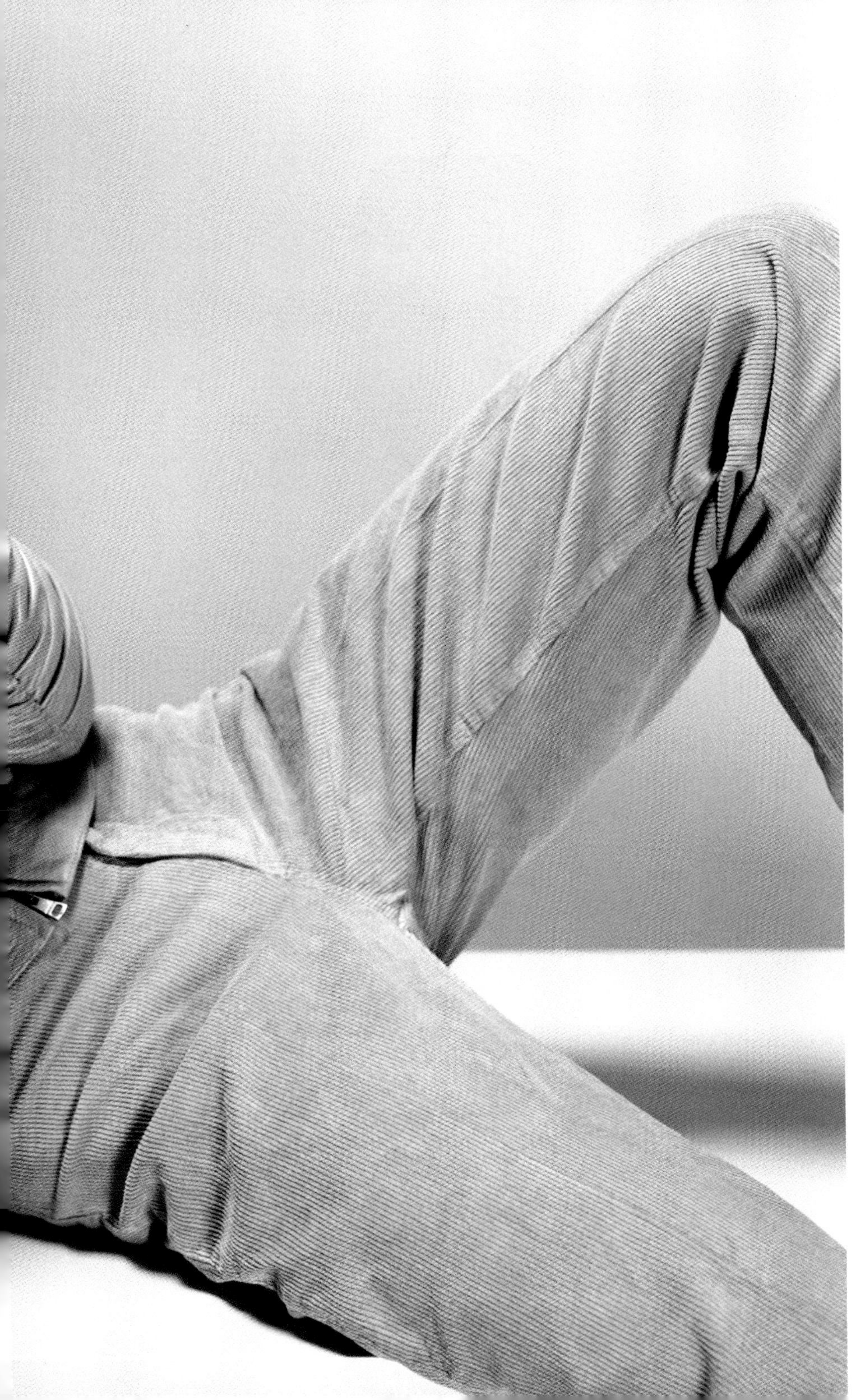

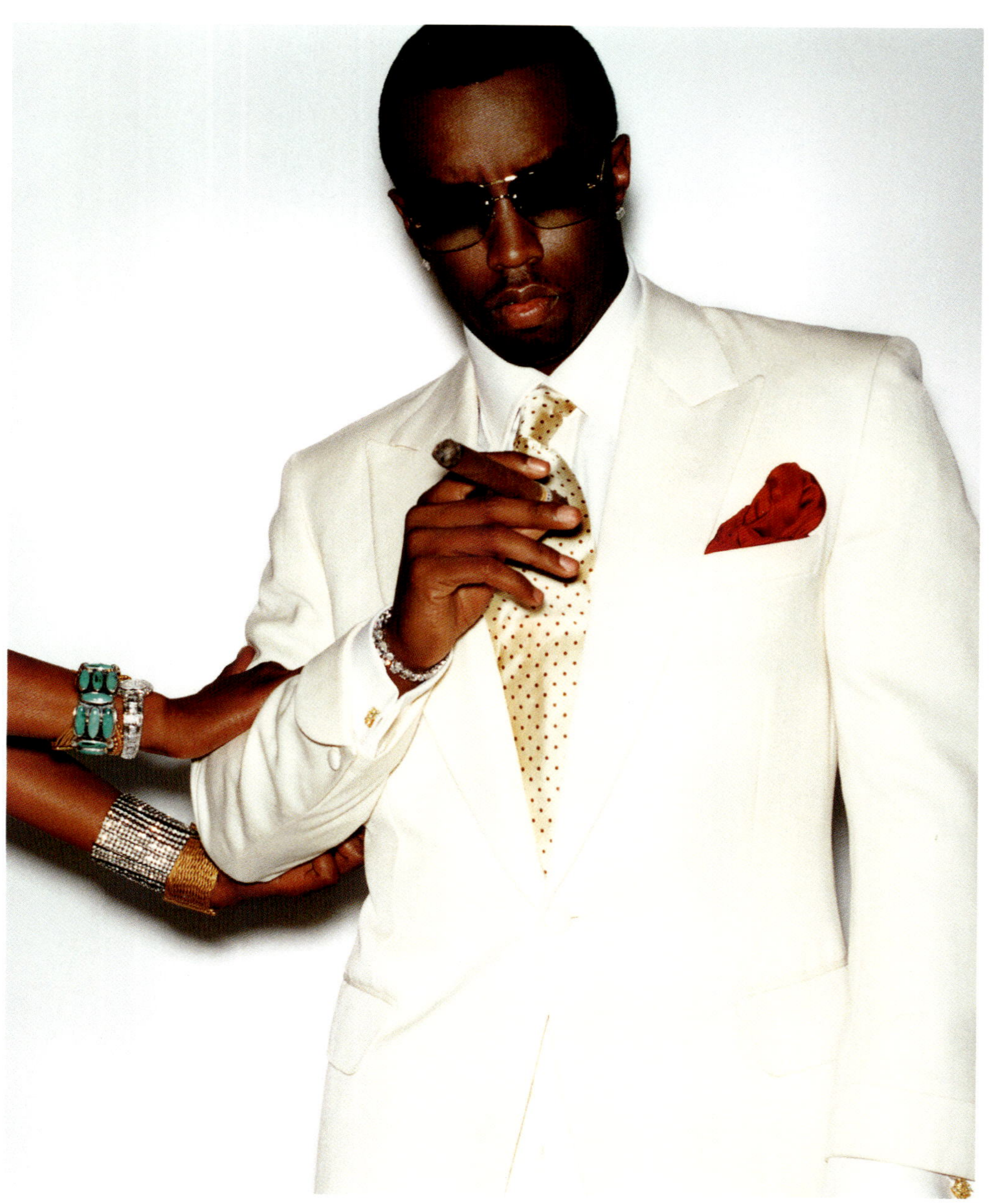

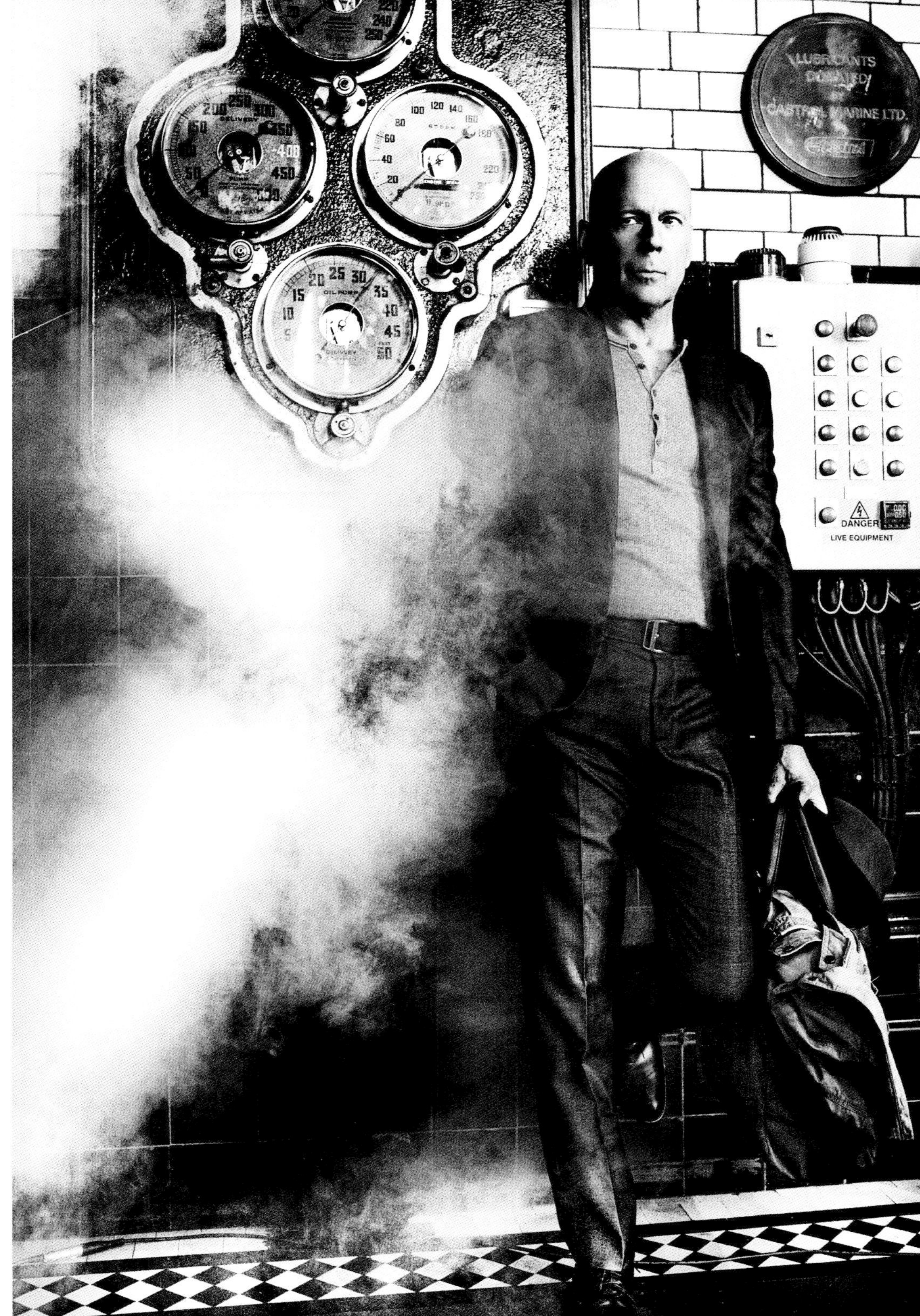
LUBRICANTS
CASTROL MARINE LTD.
DANGER
LIVE EQUIPMENT
OIL PUMP
DELIVERY

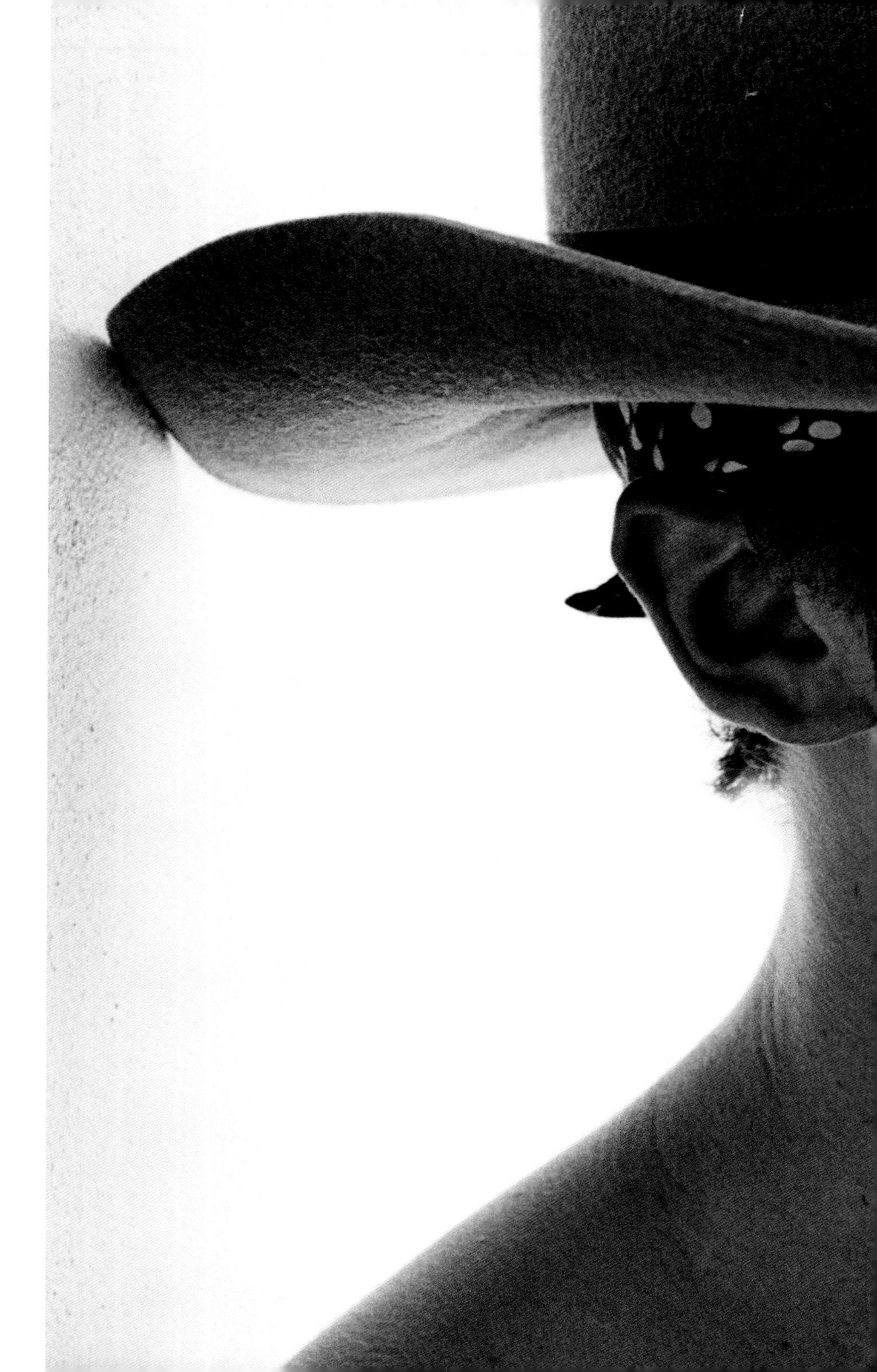

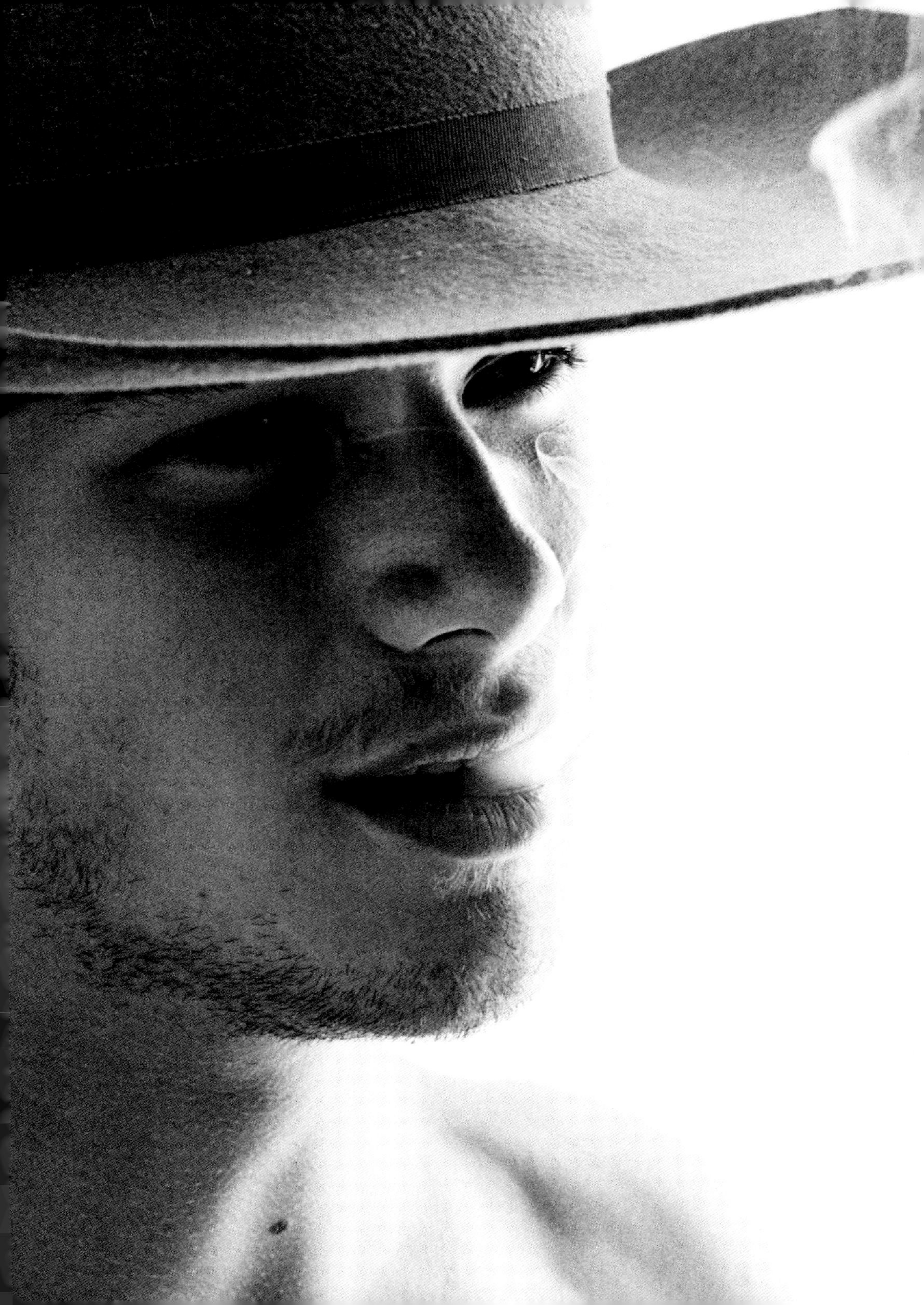

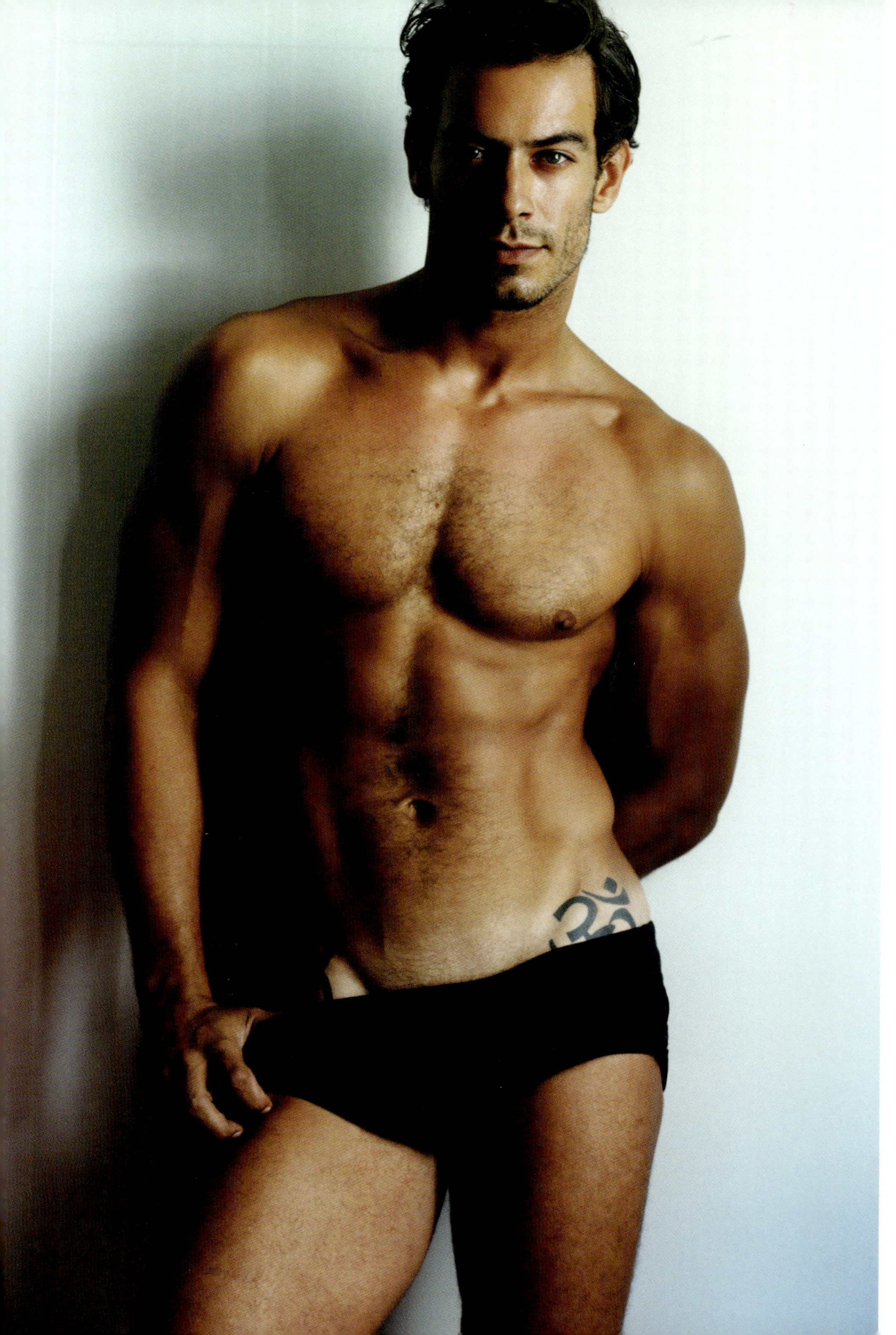

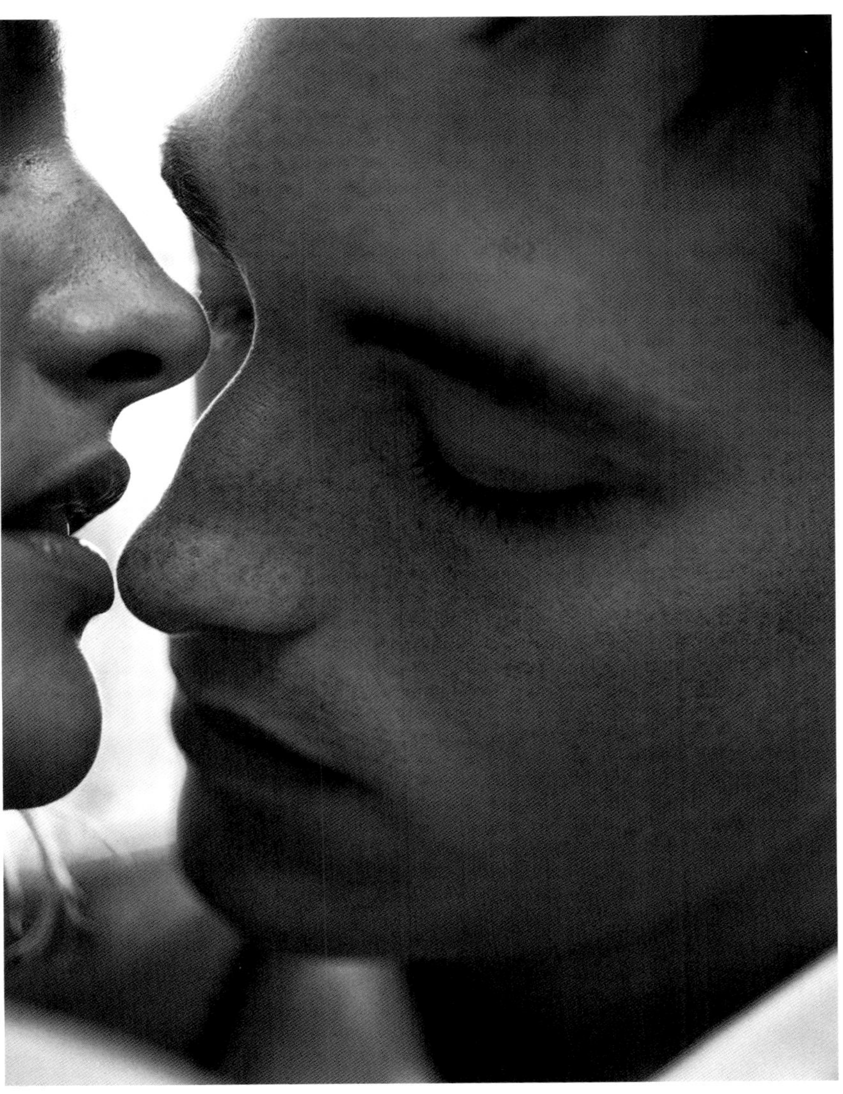

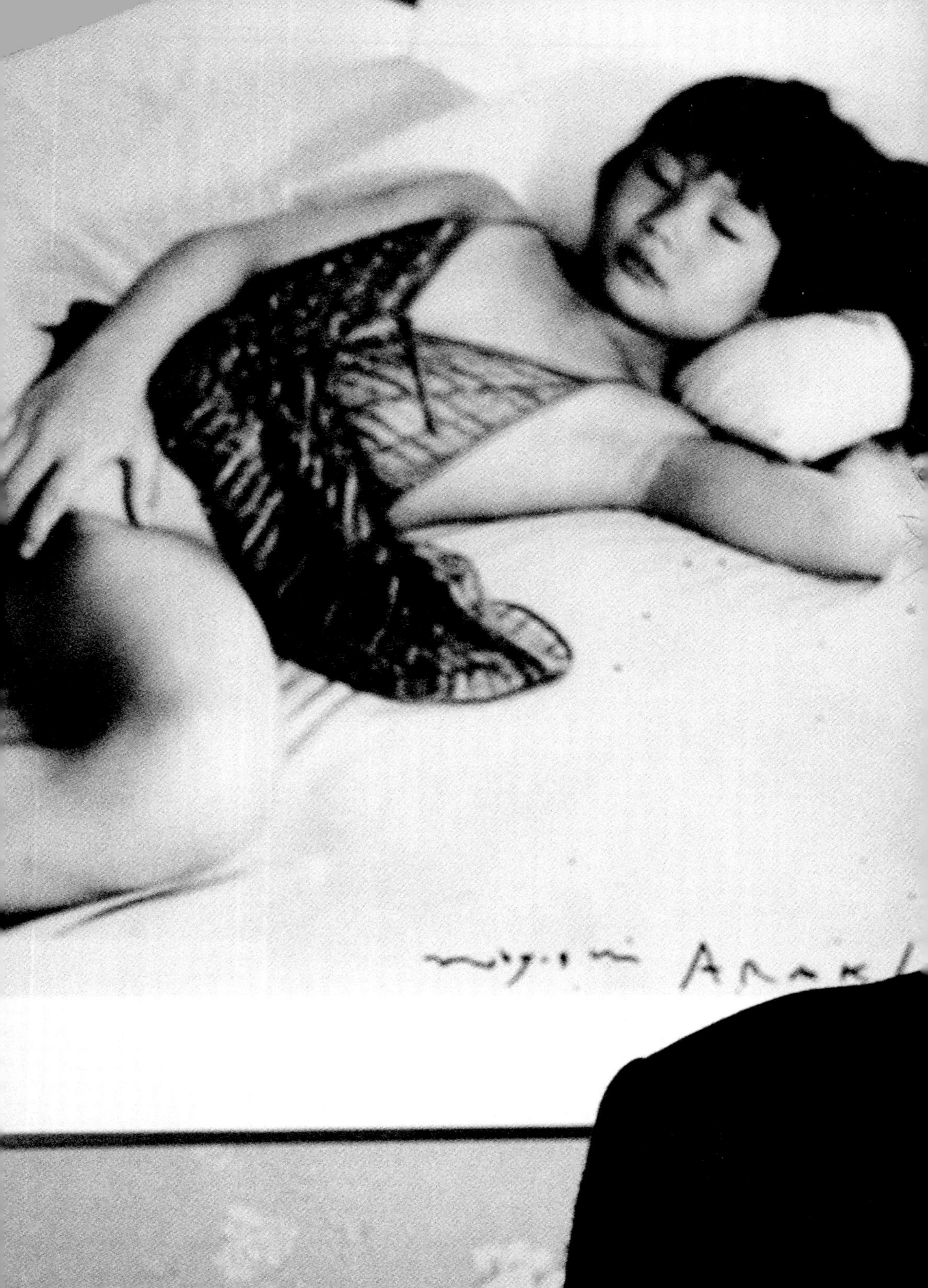

Nobuyoshi Araki

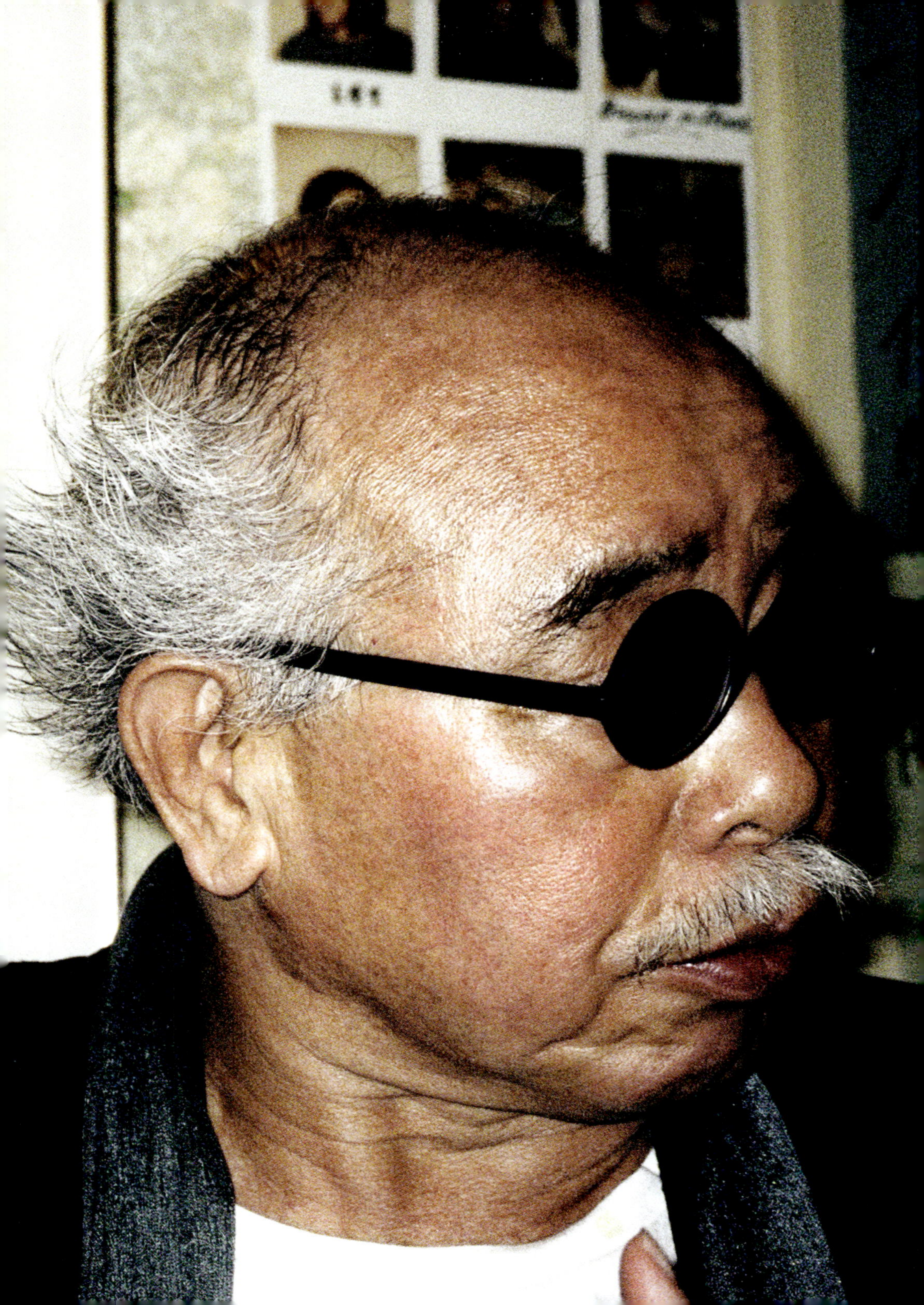

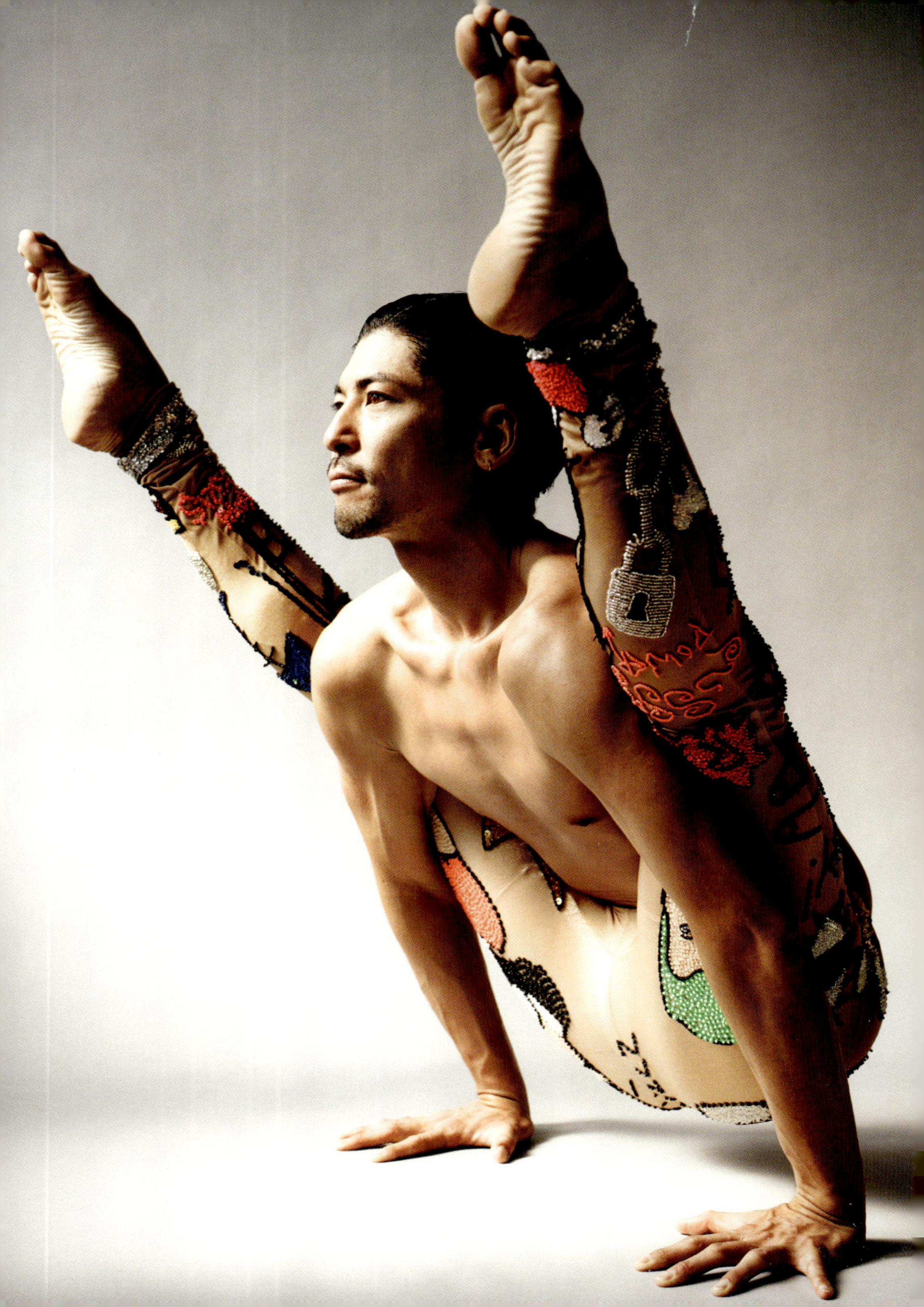

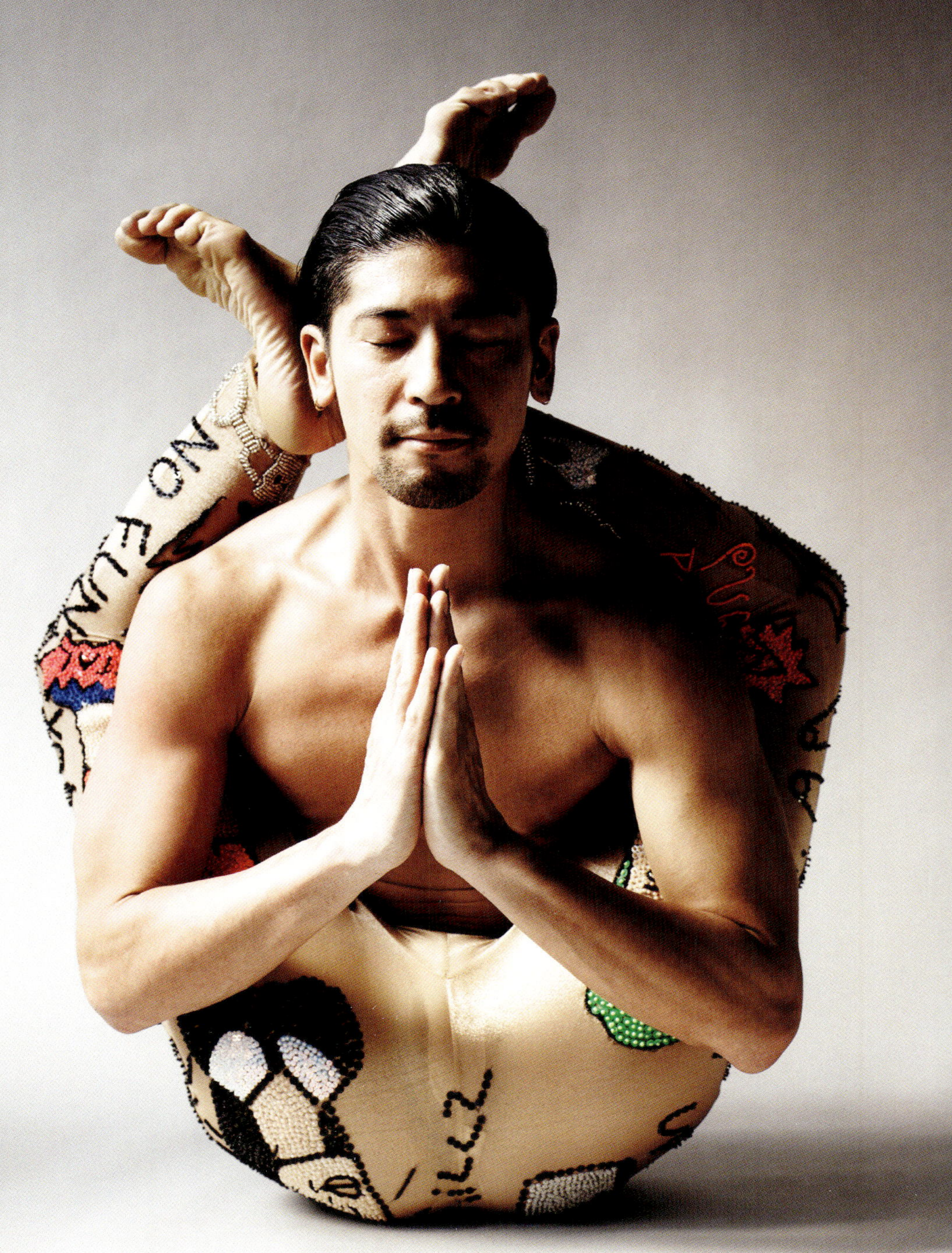

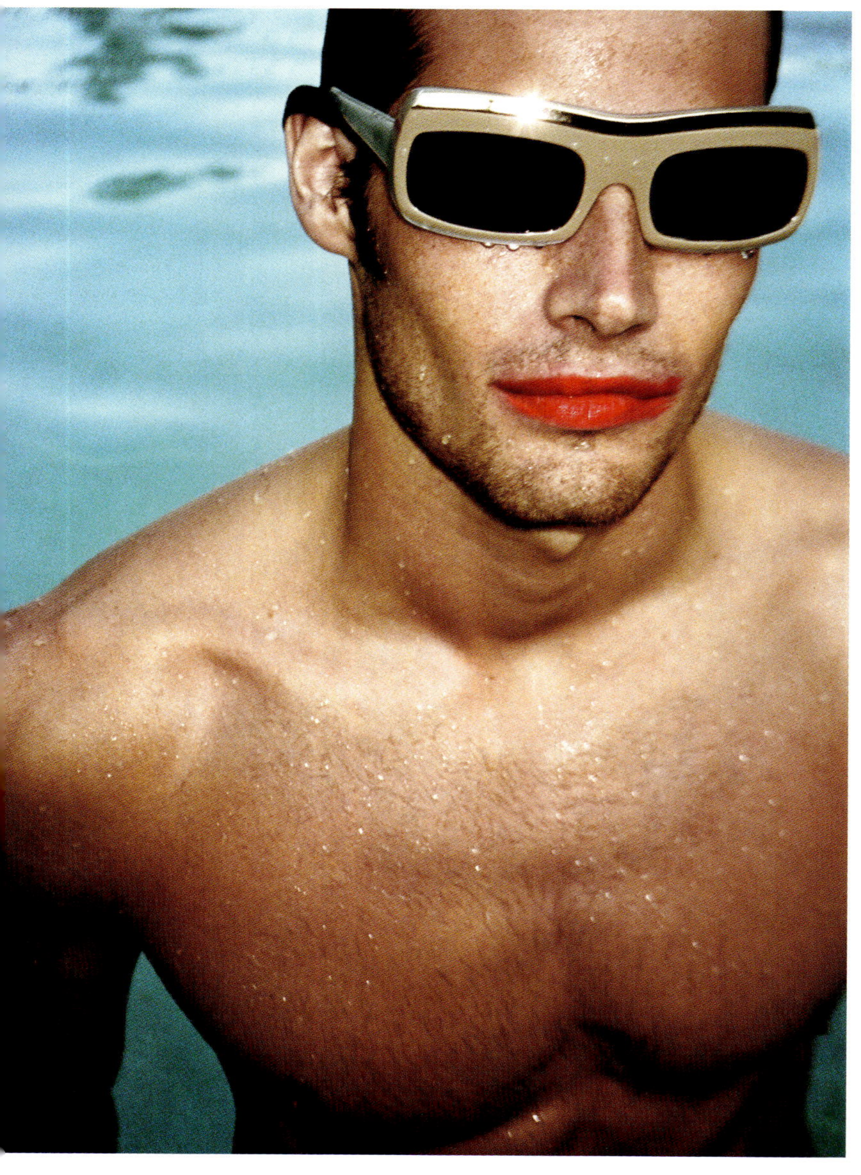

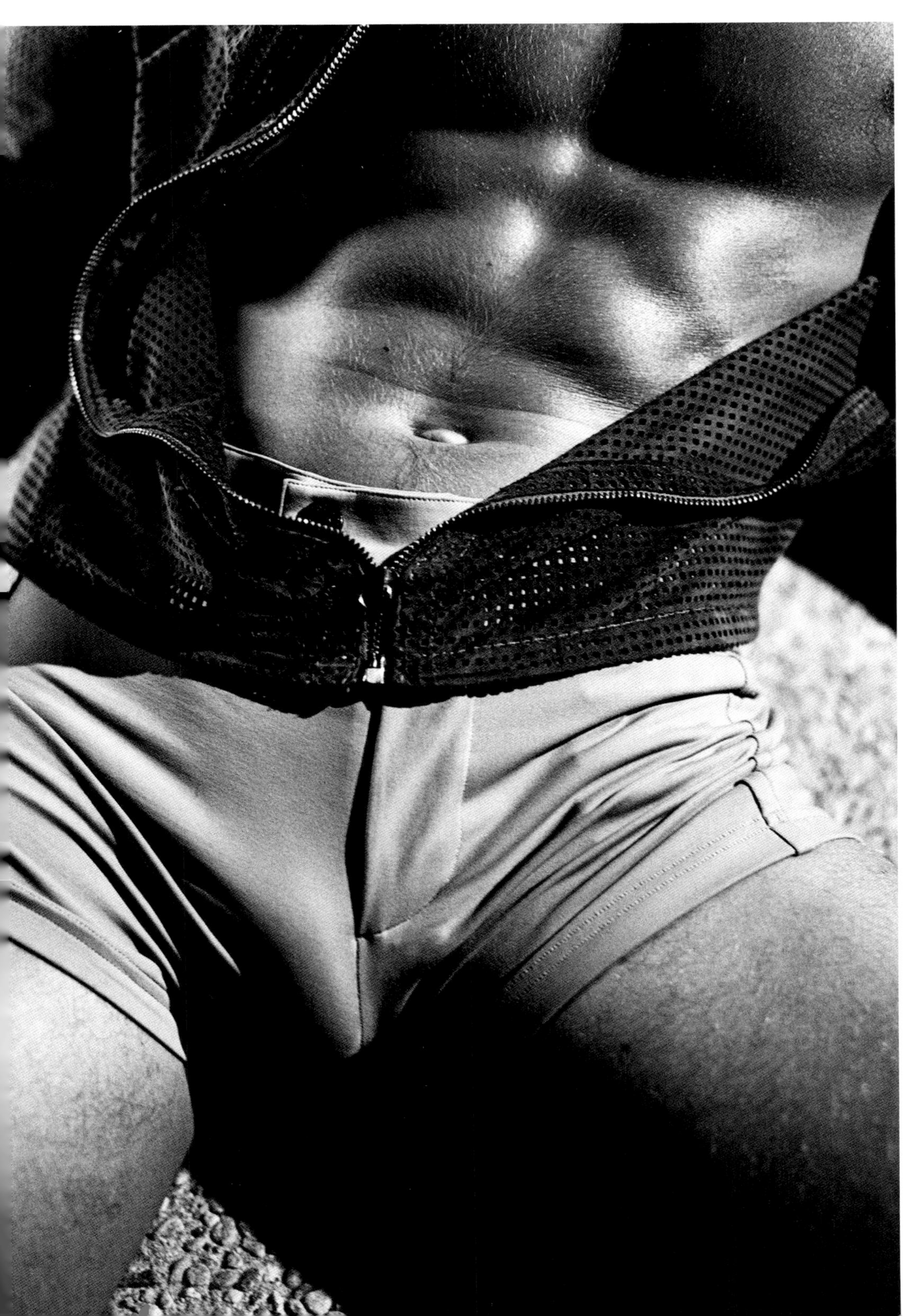

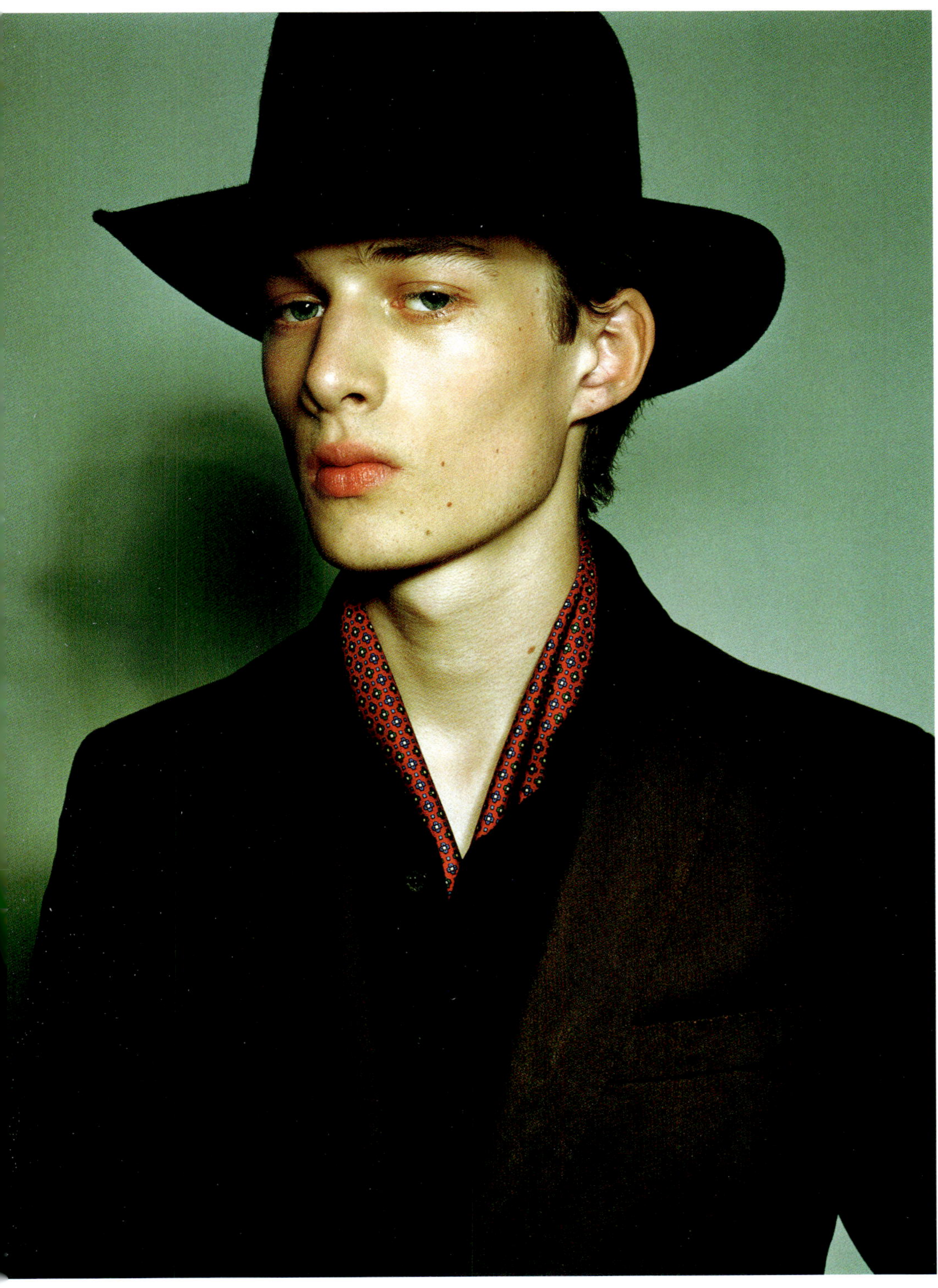

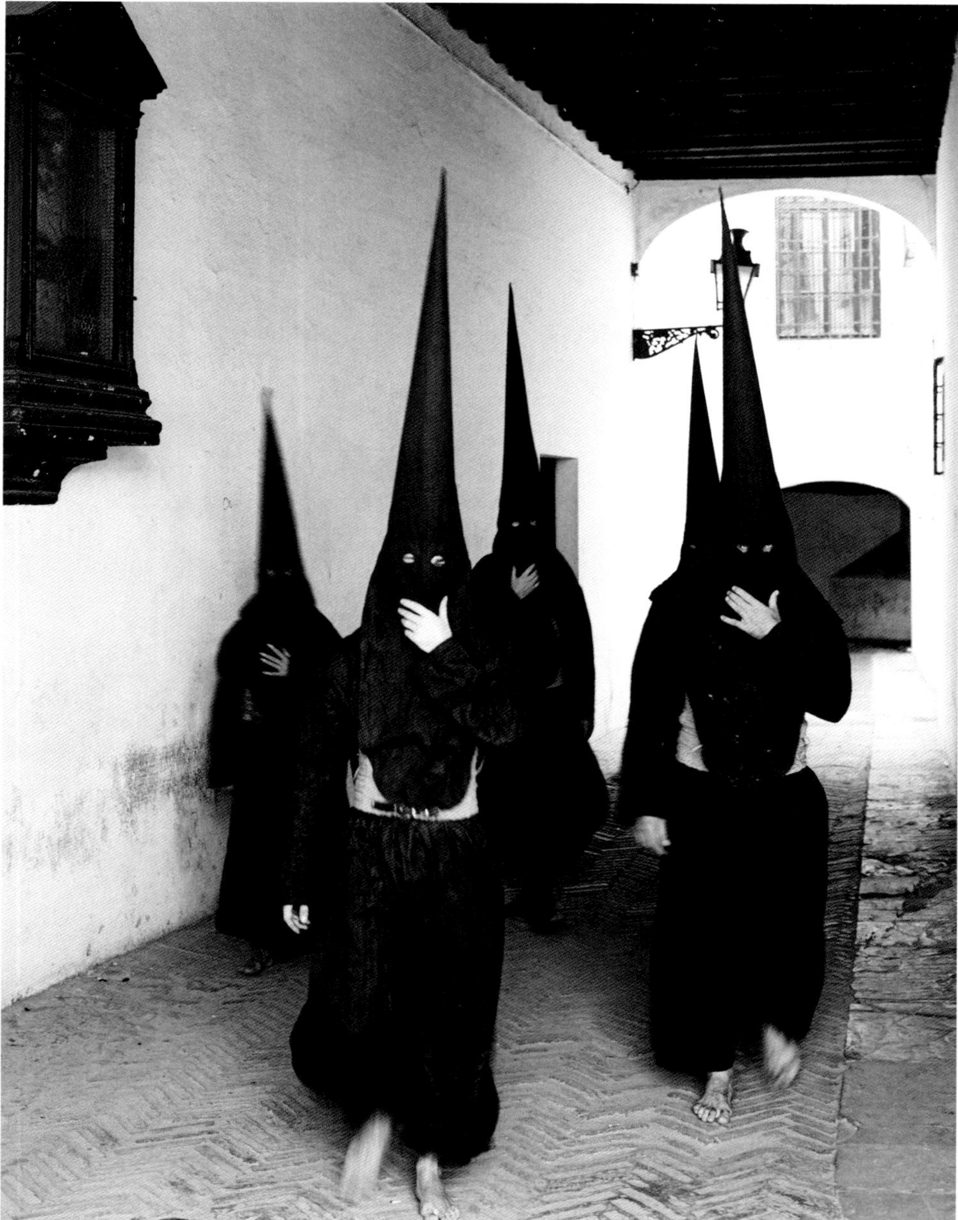

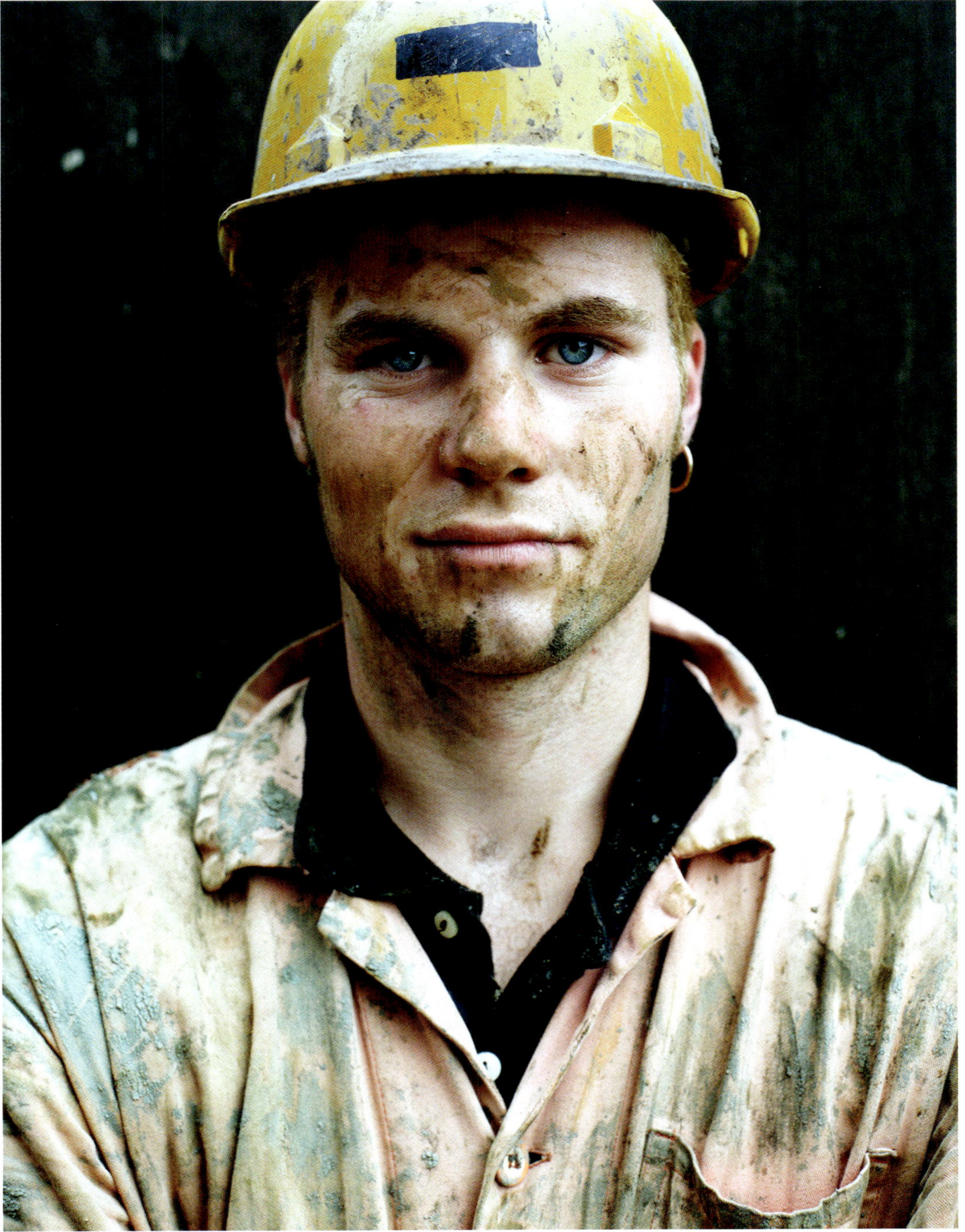

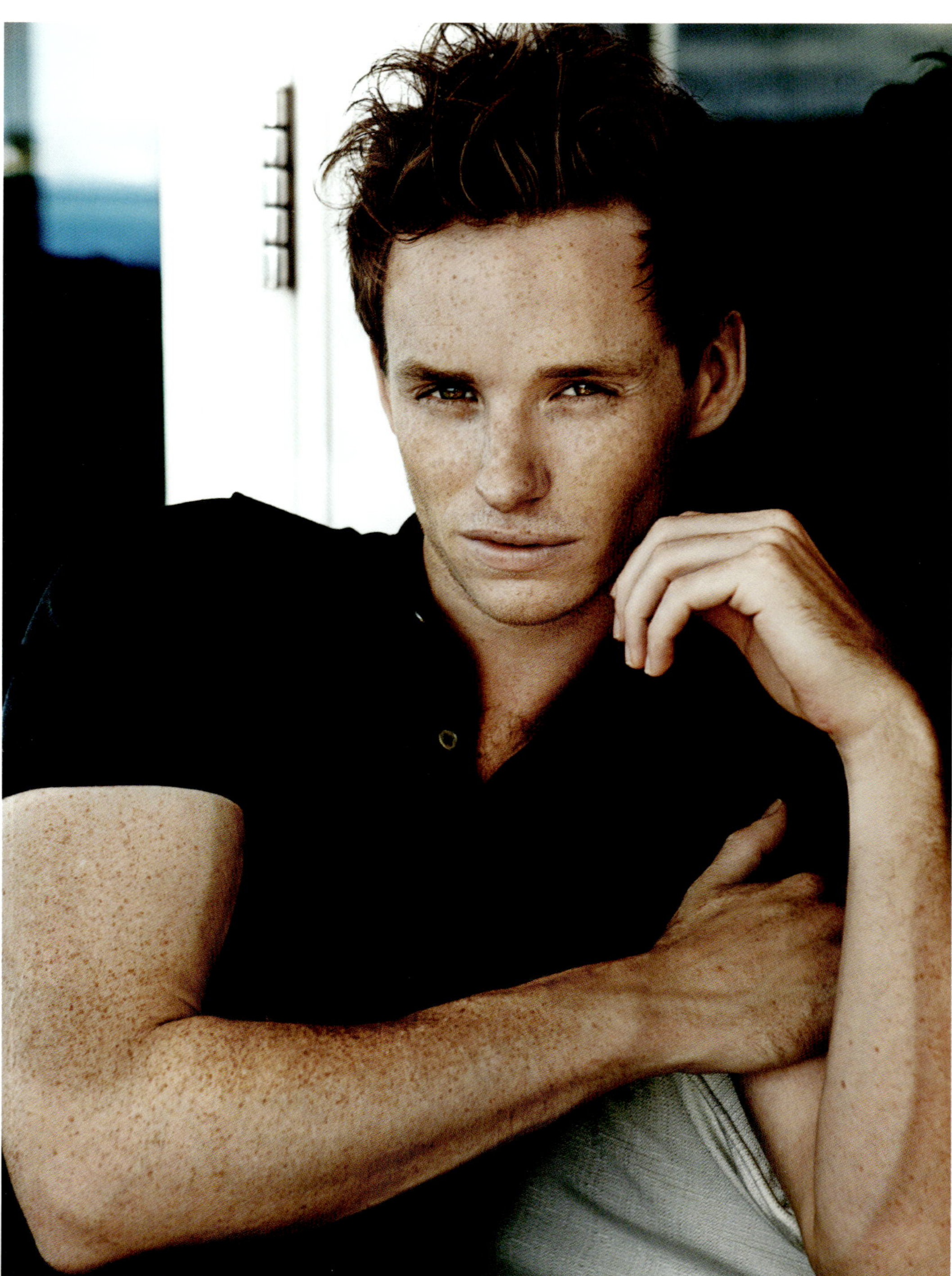

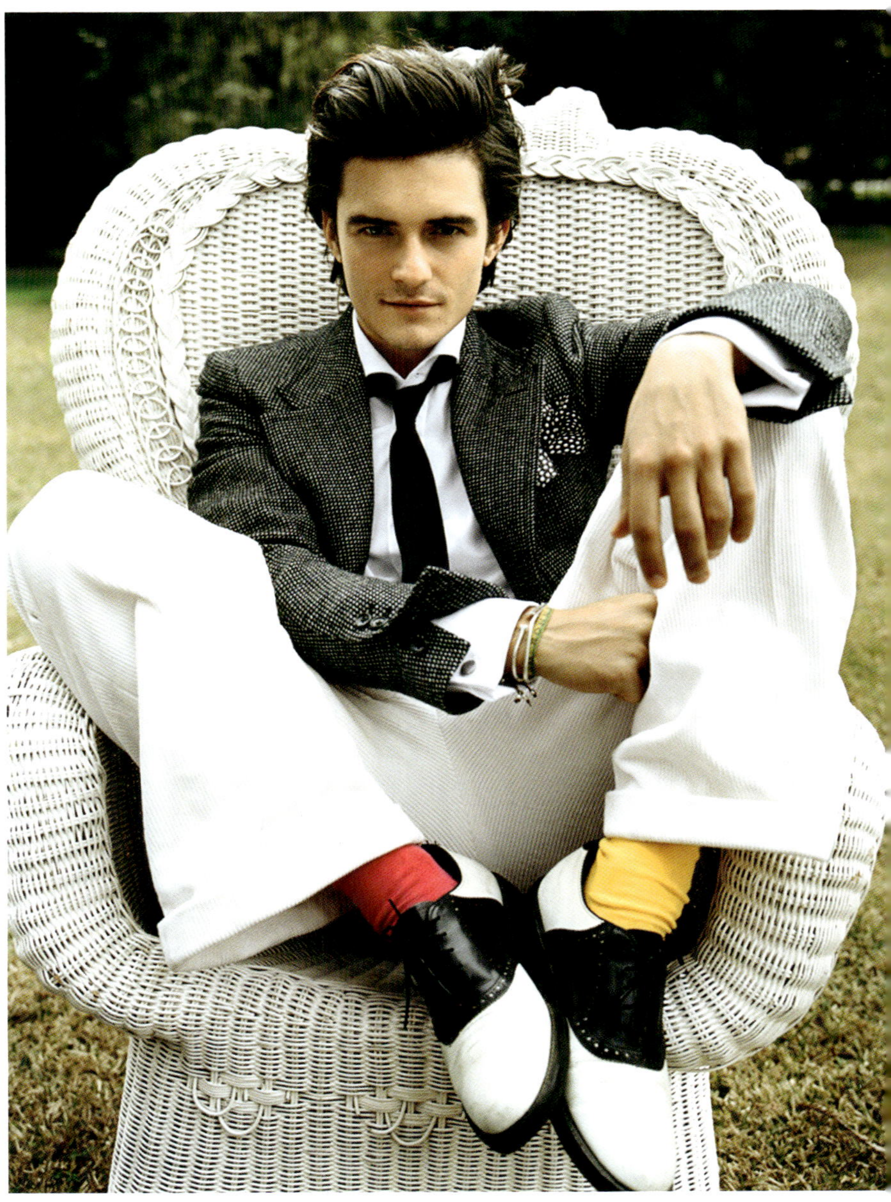

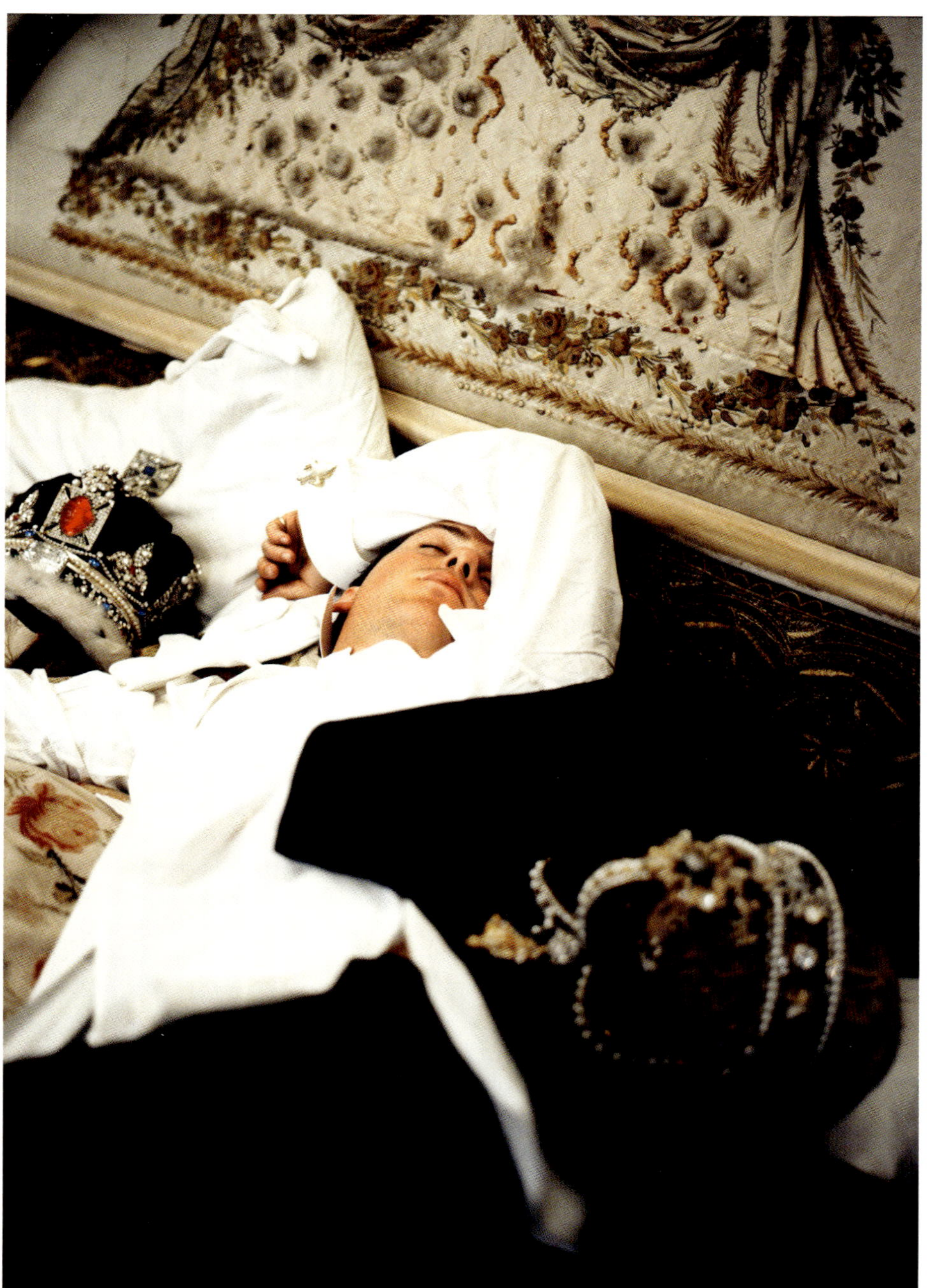

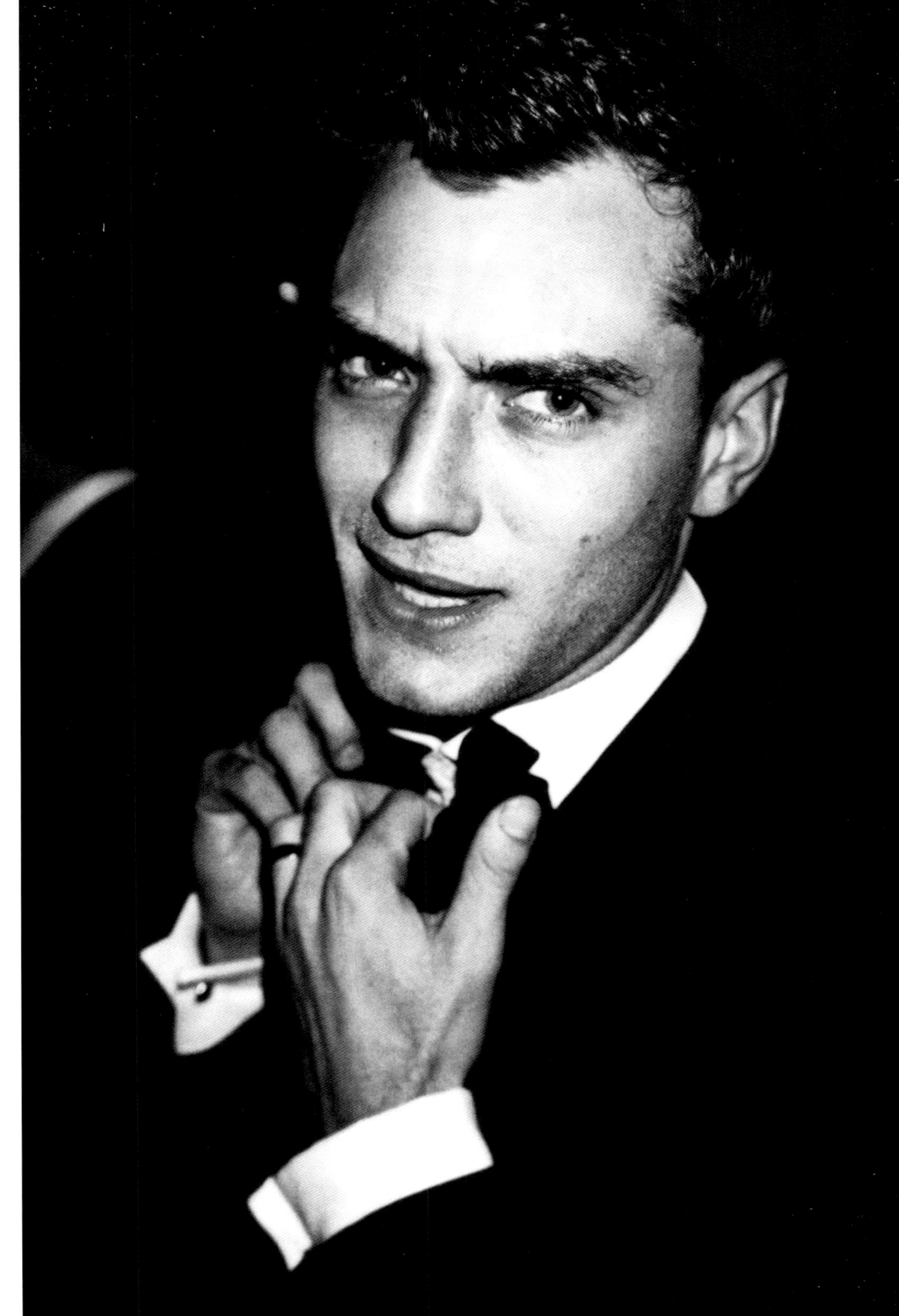

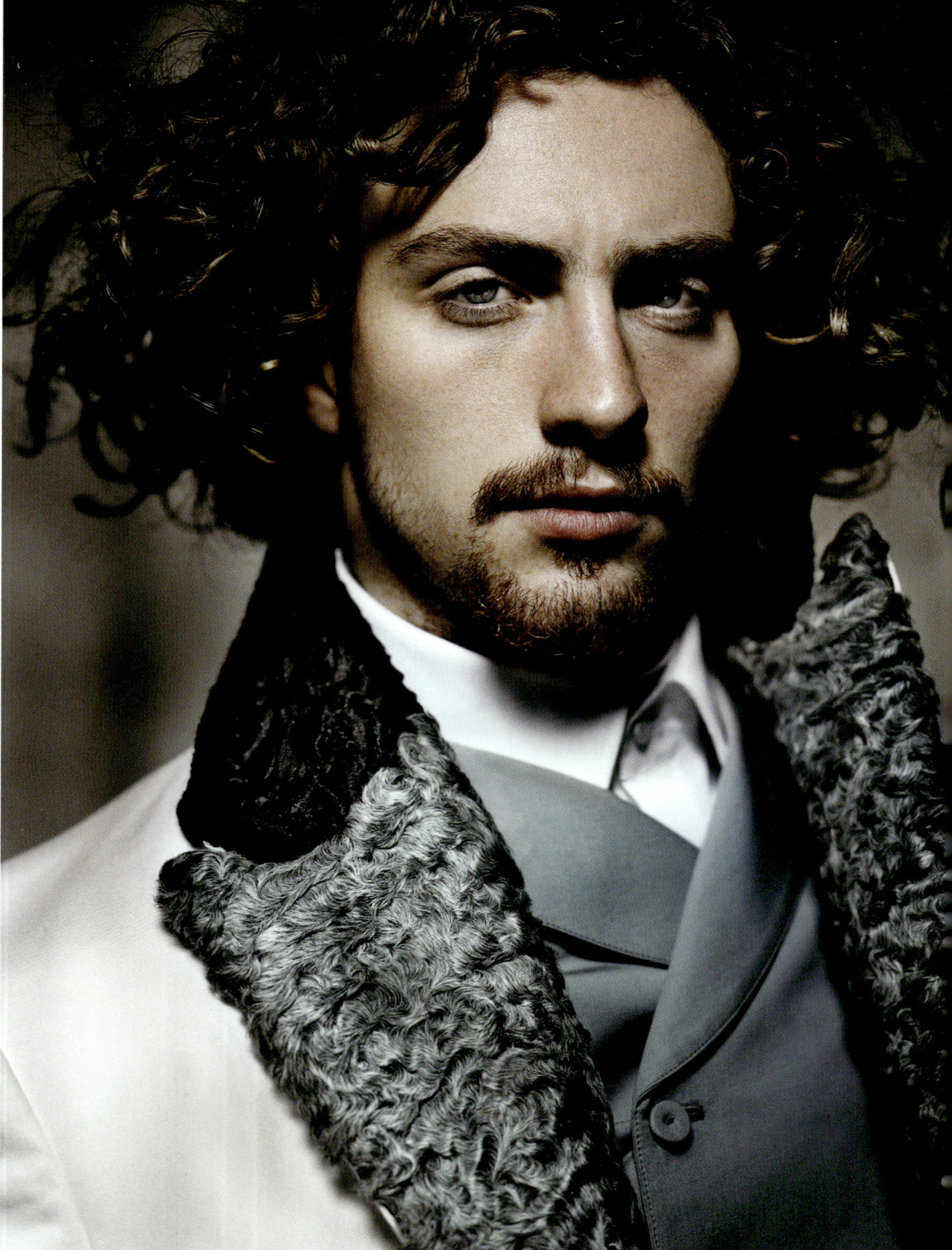

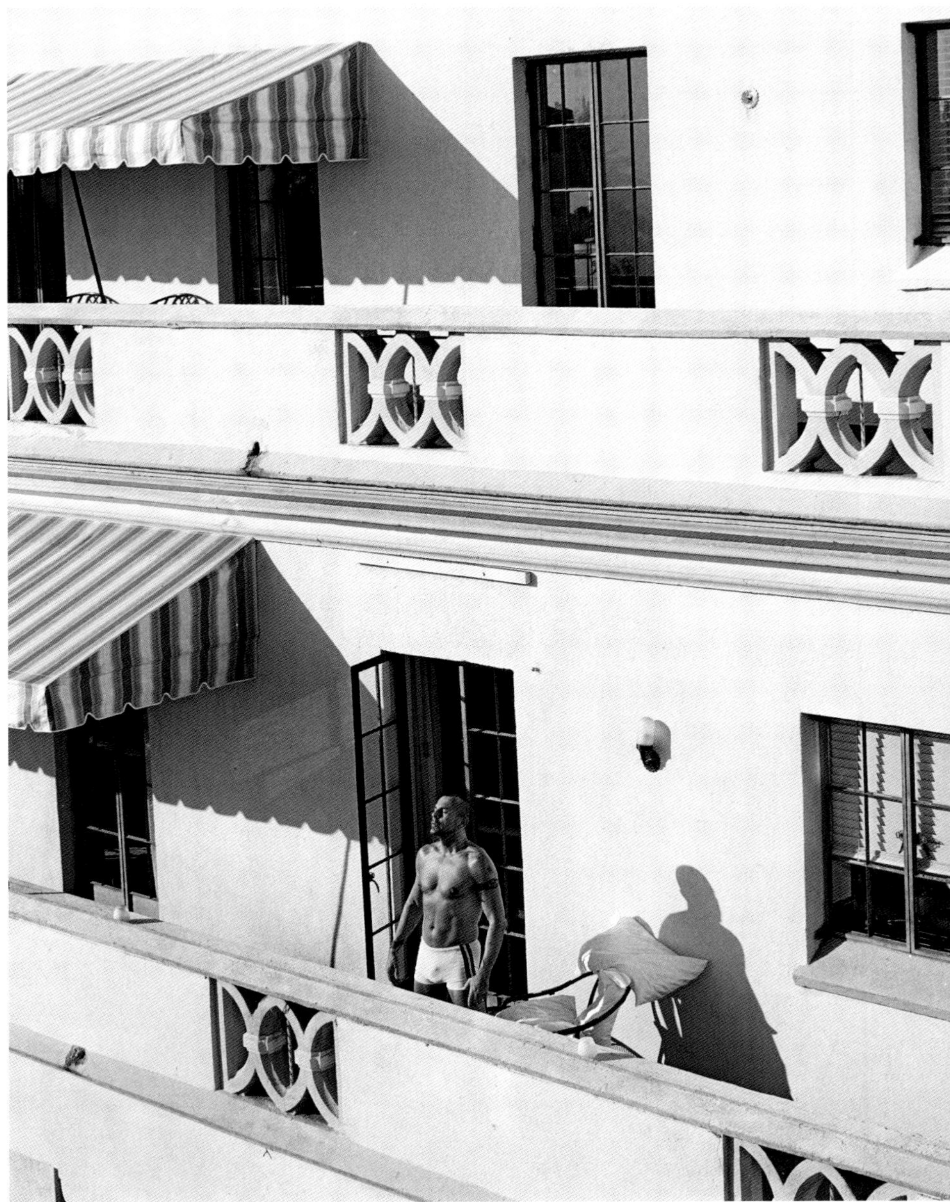

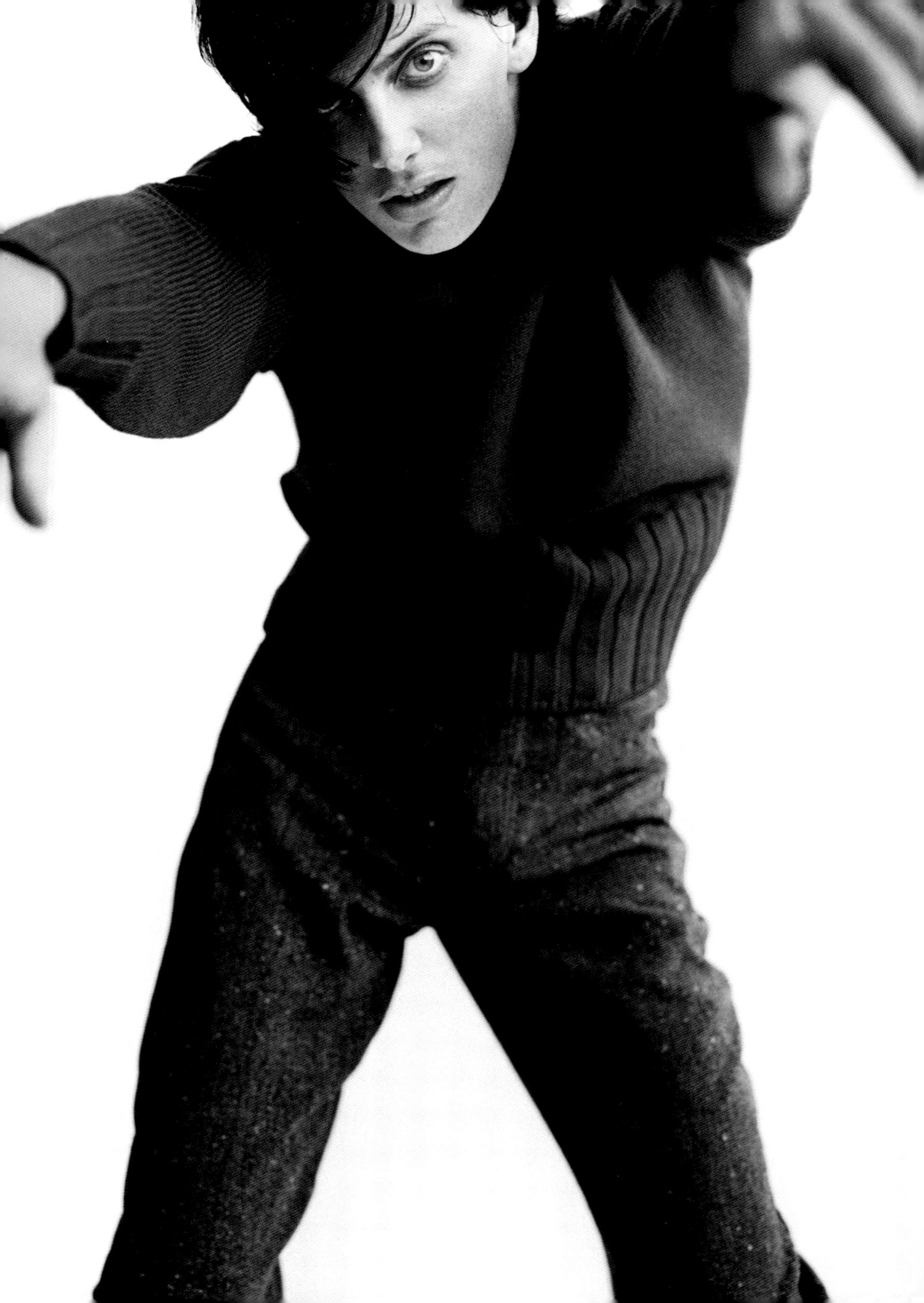

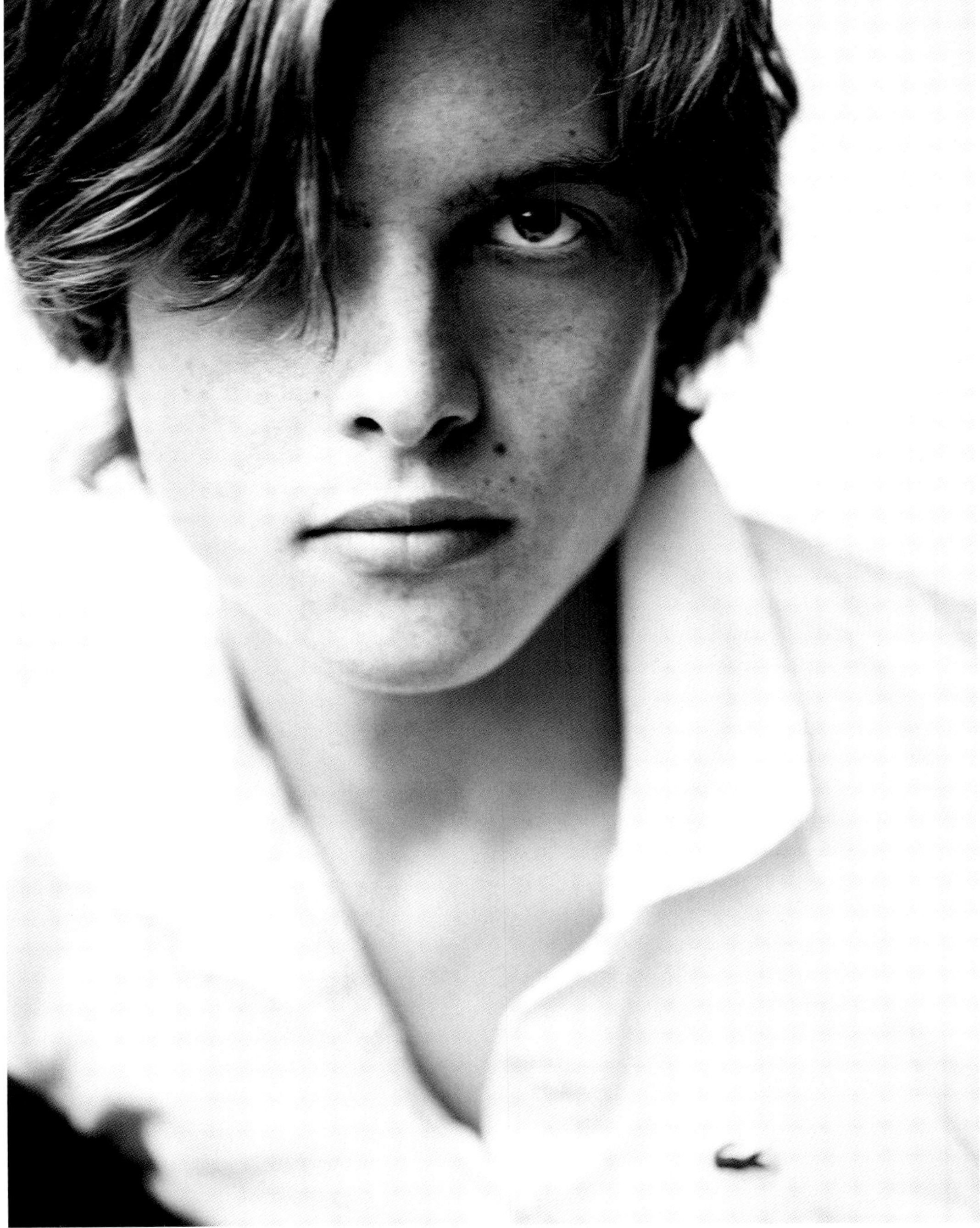

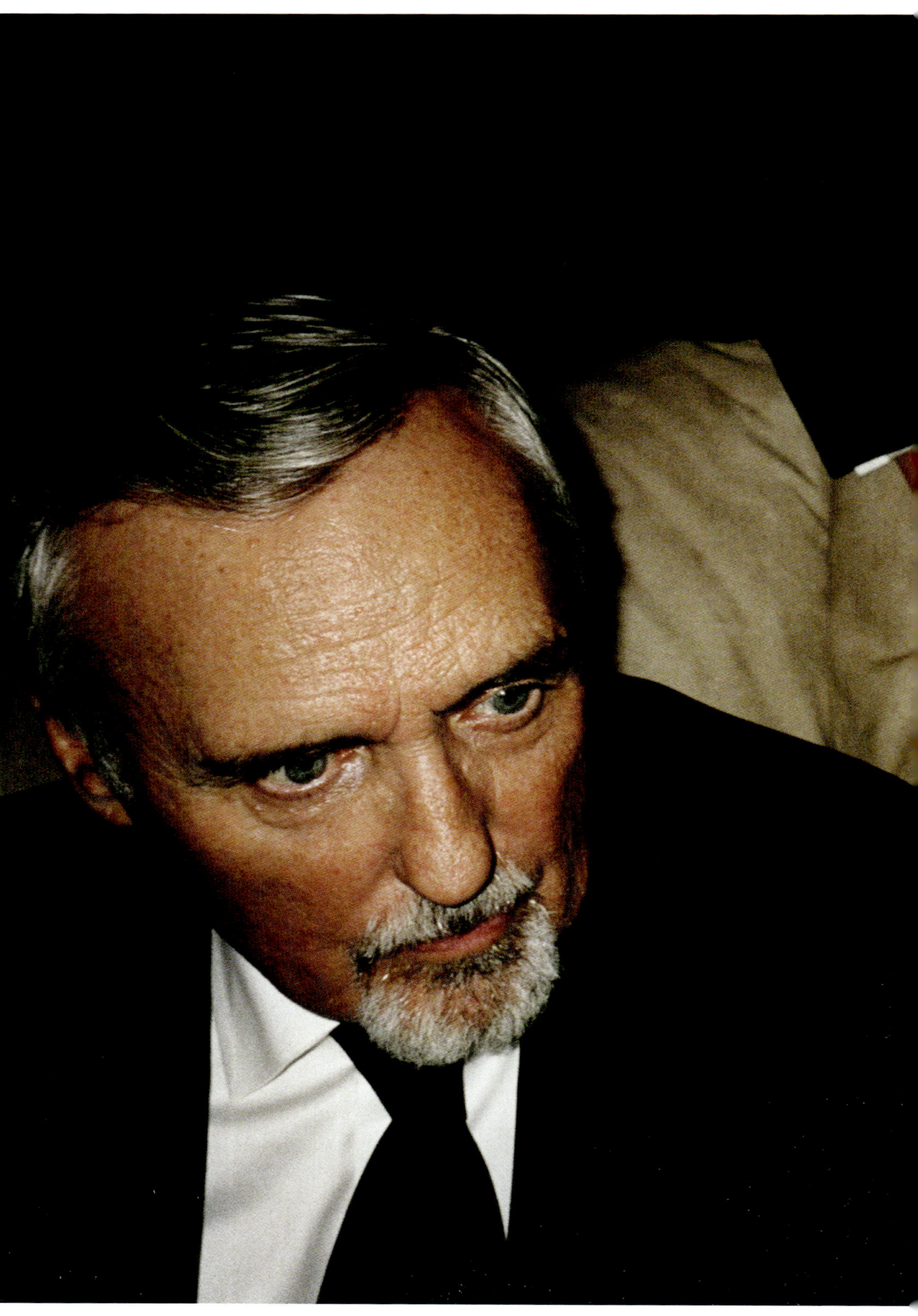

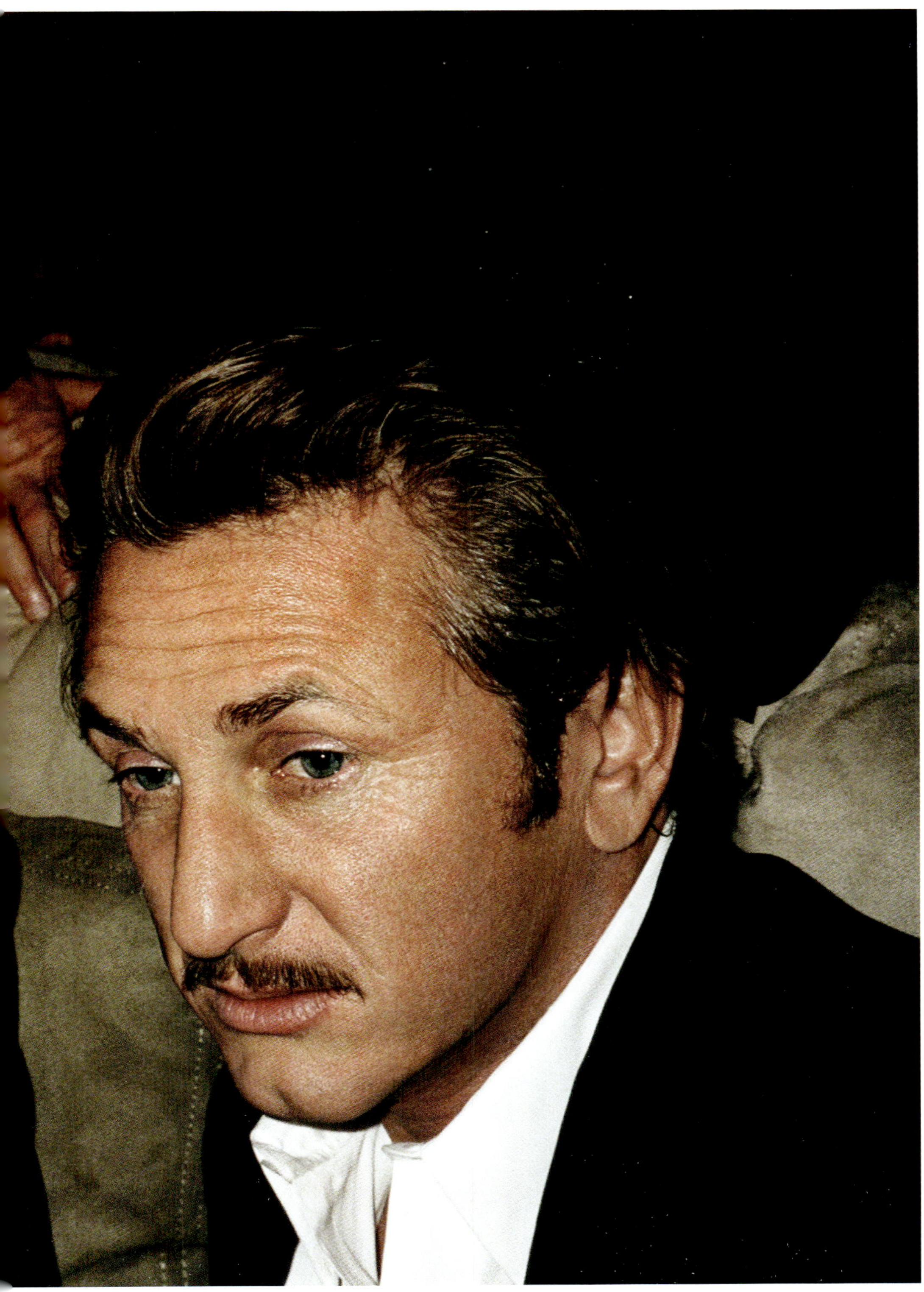

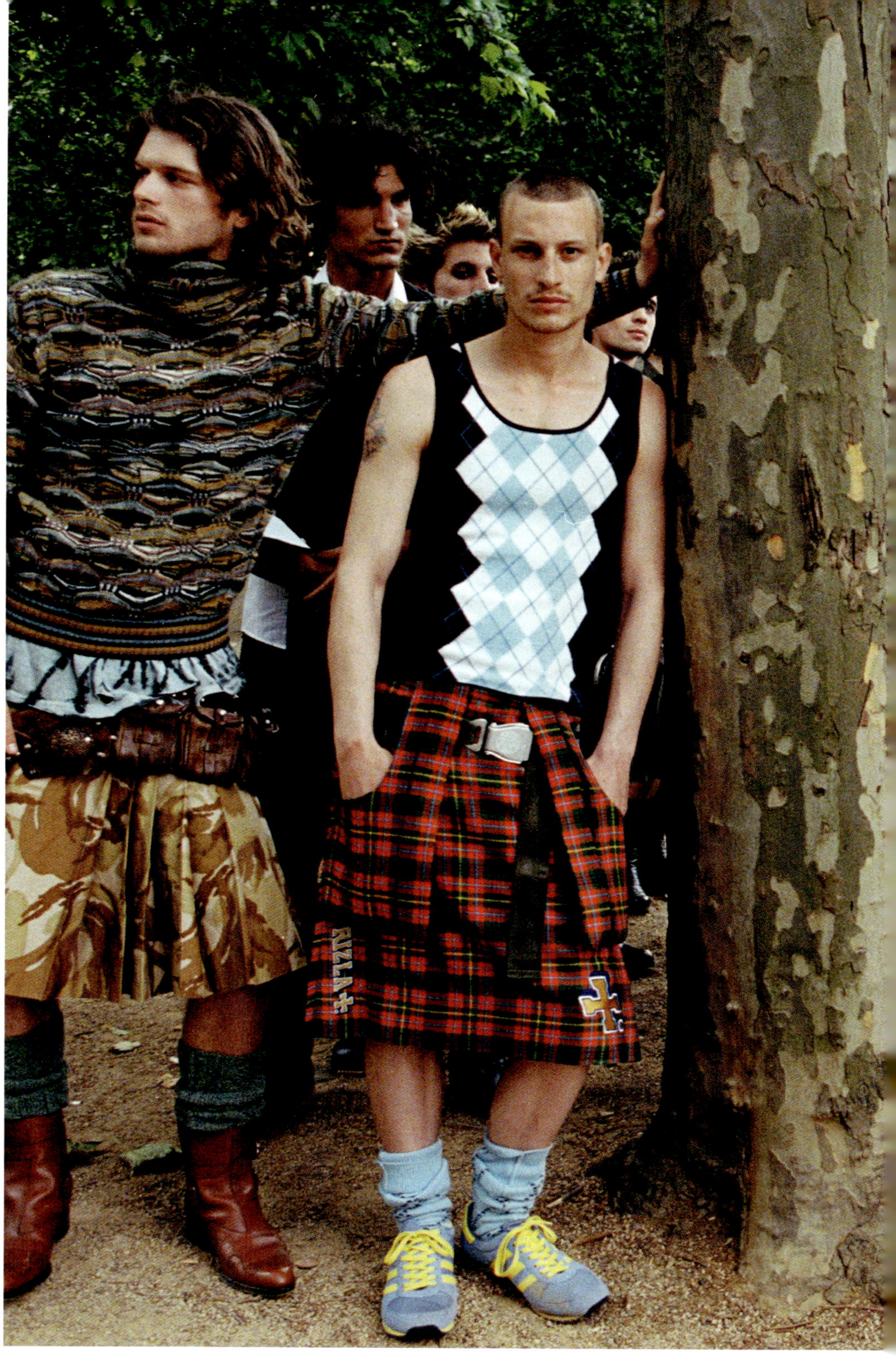
RIZLA+

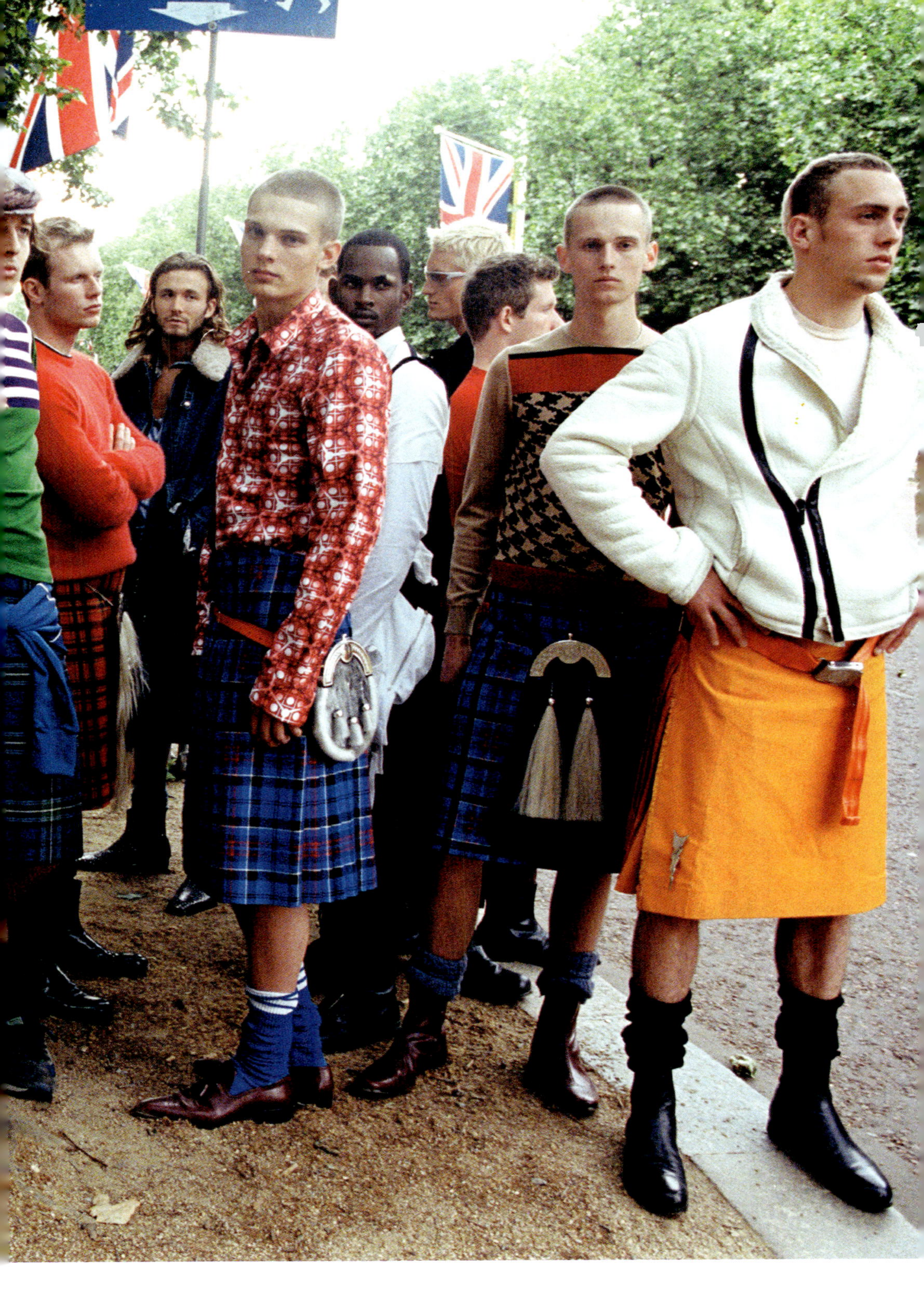

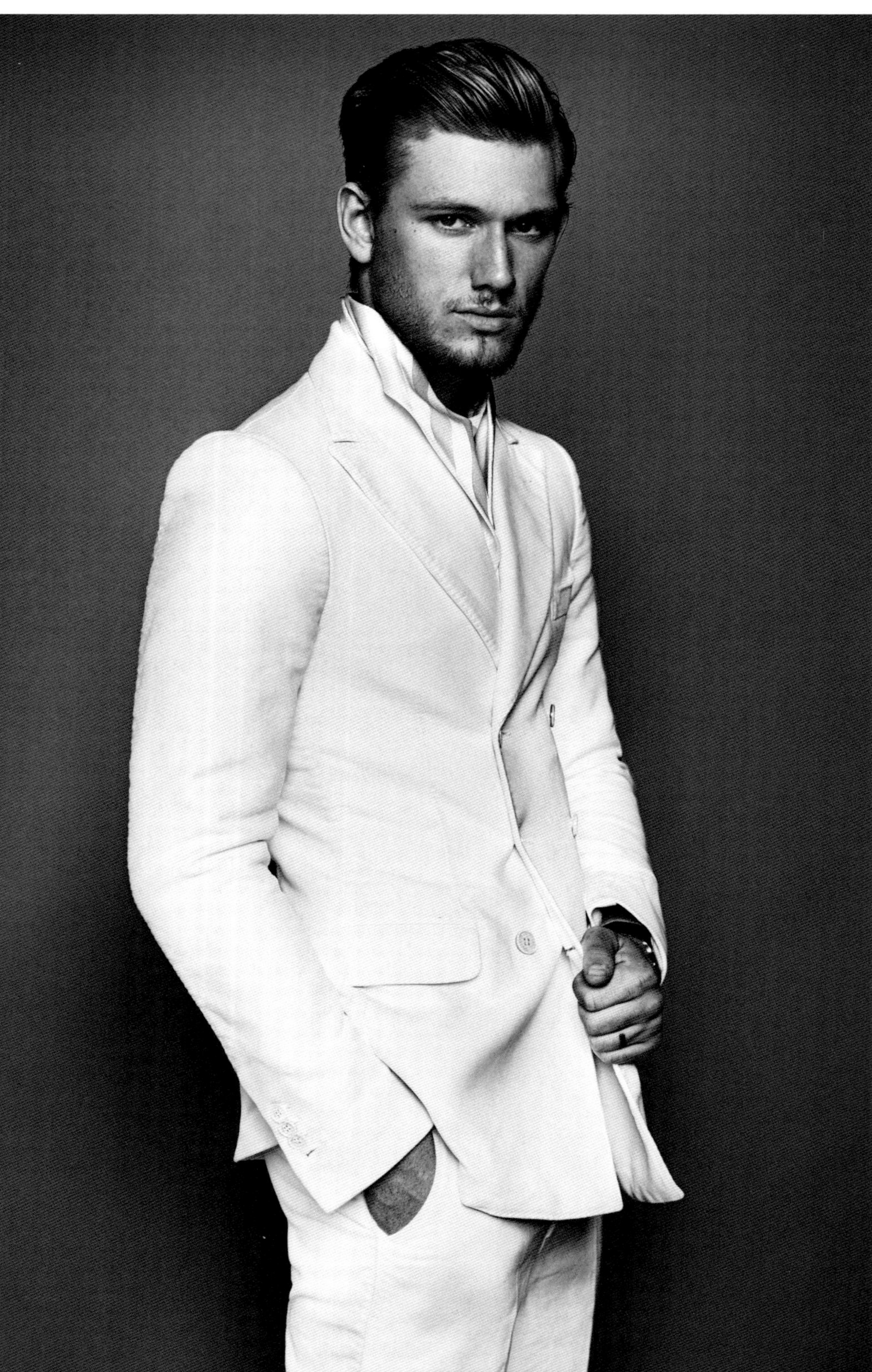

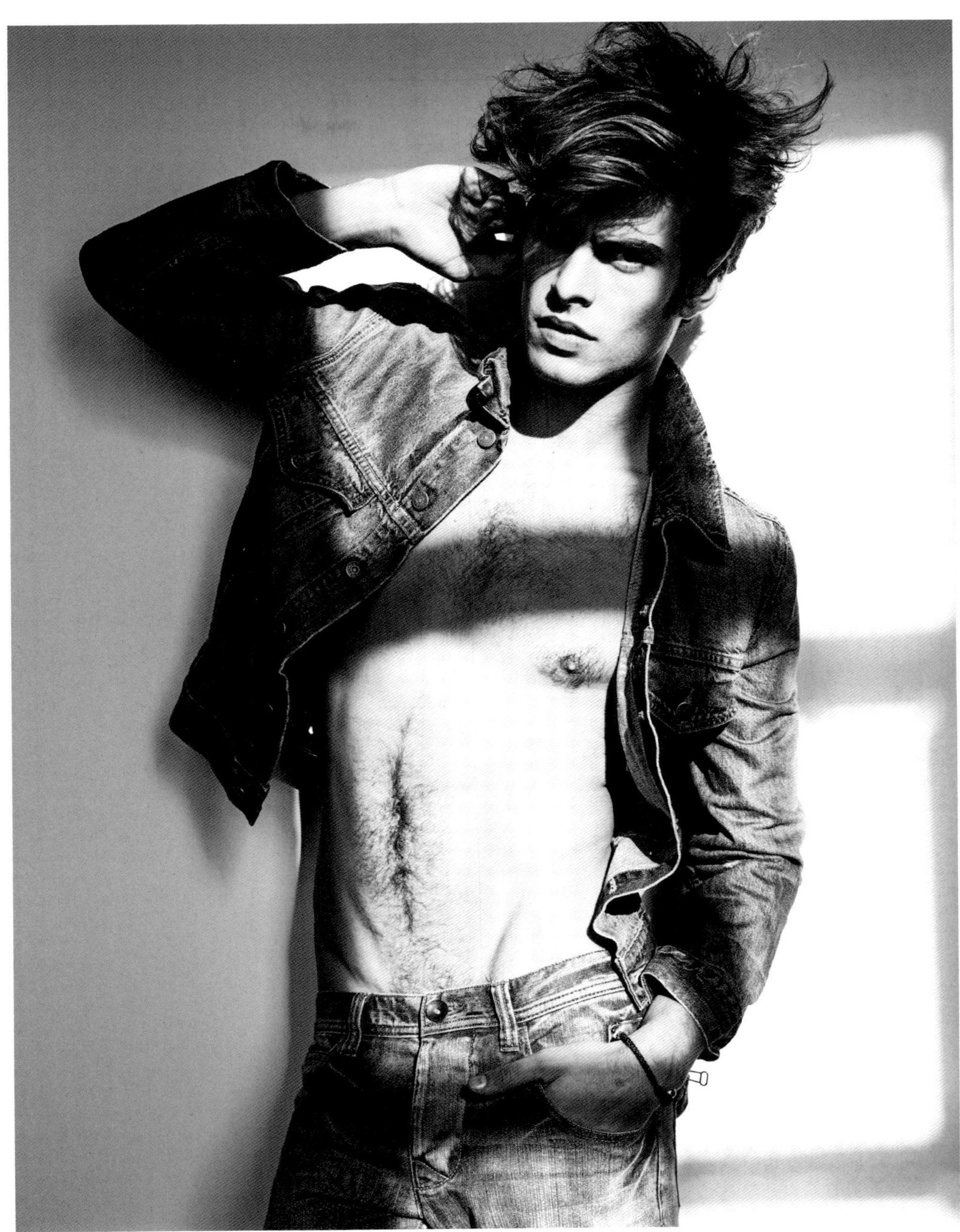

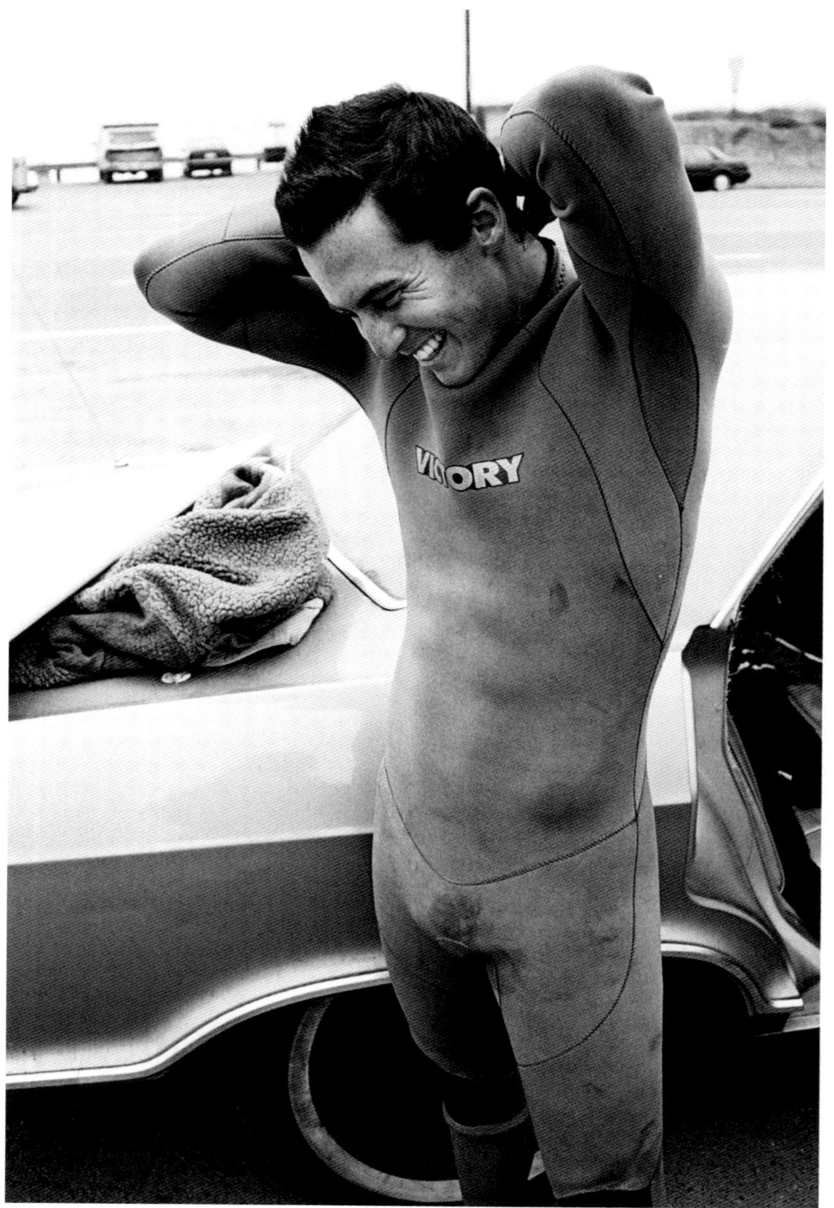
VICORY

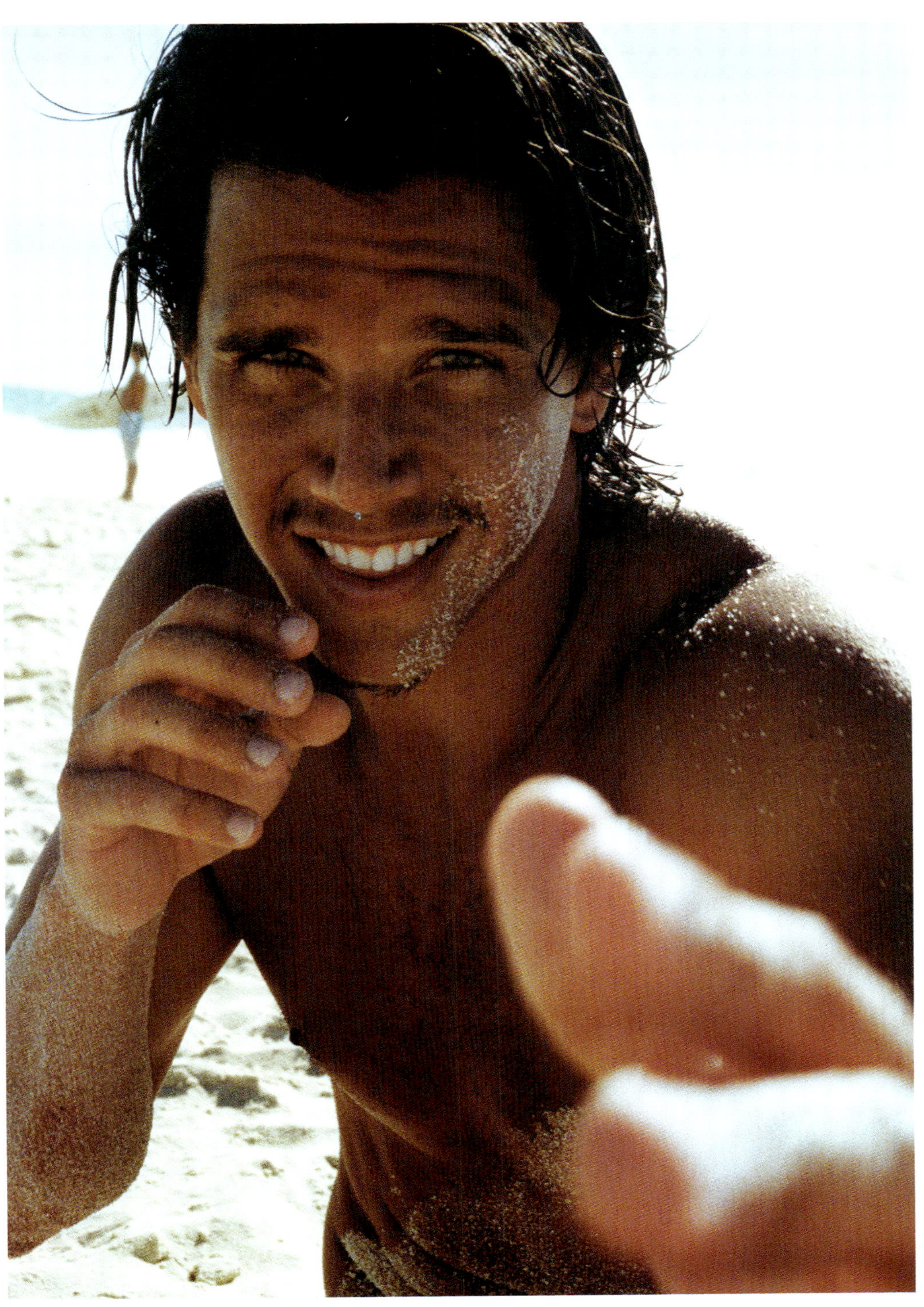

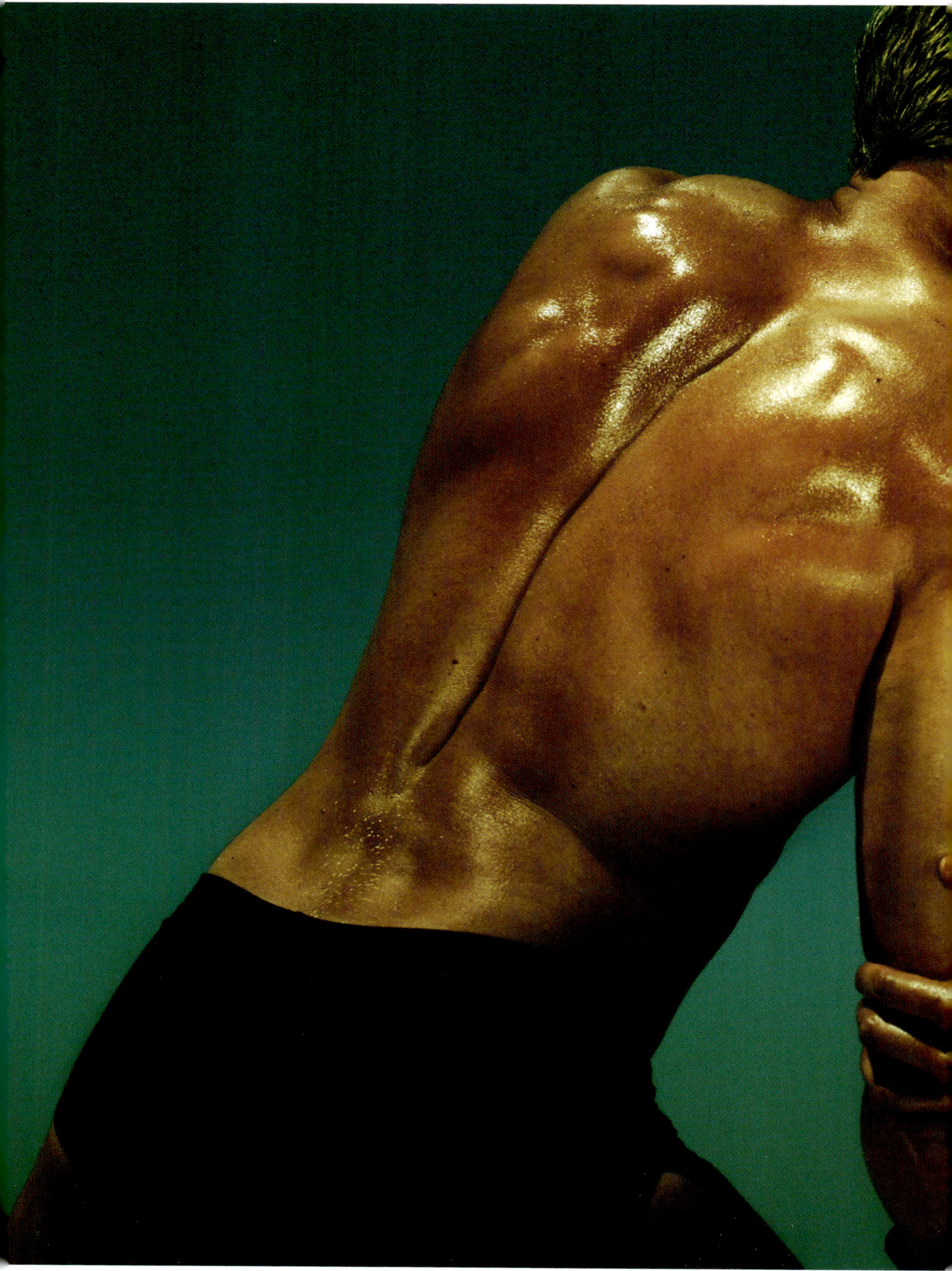

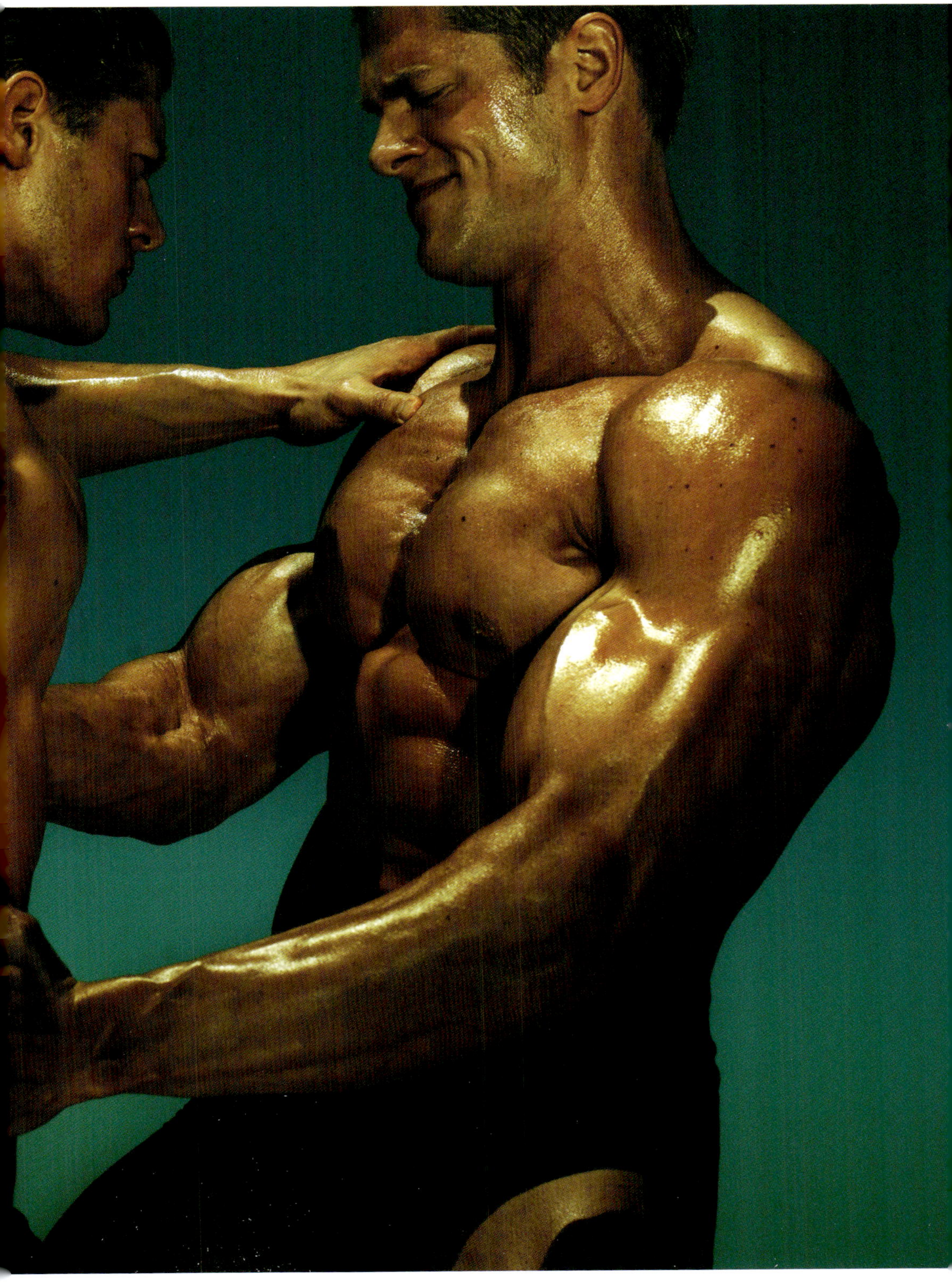

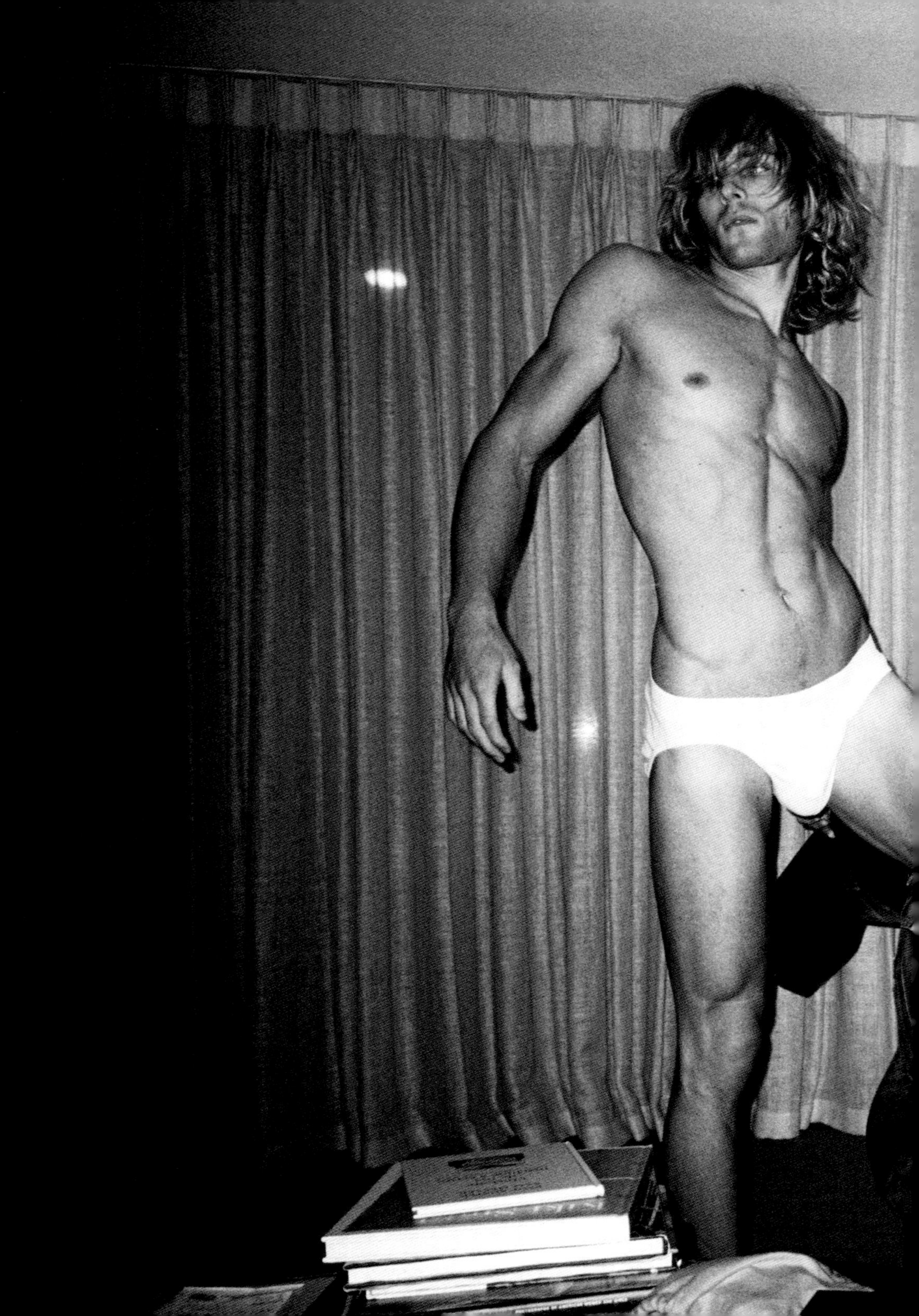

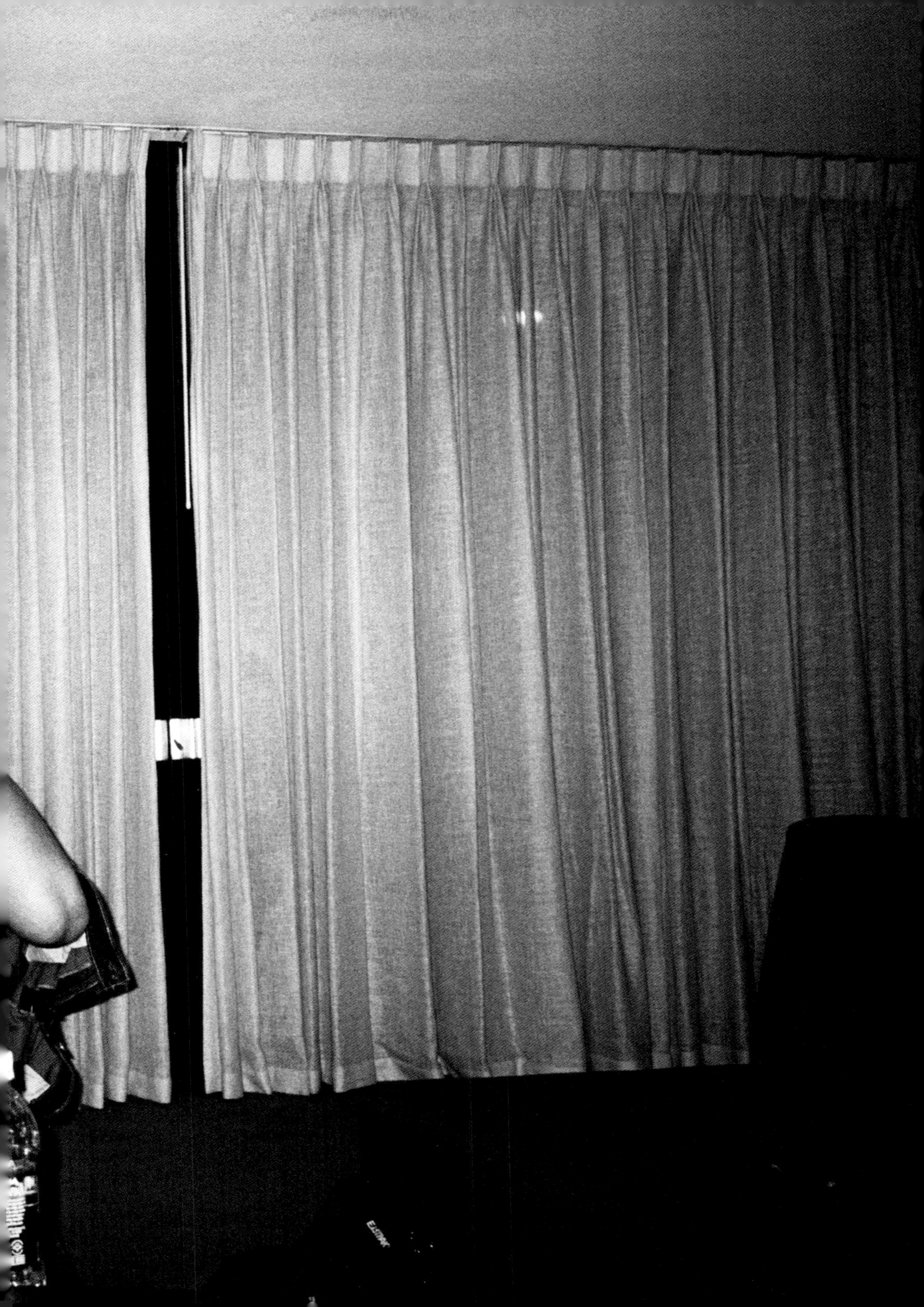

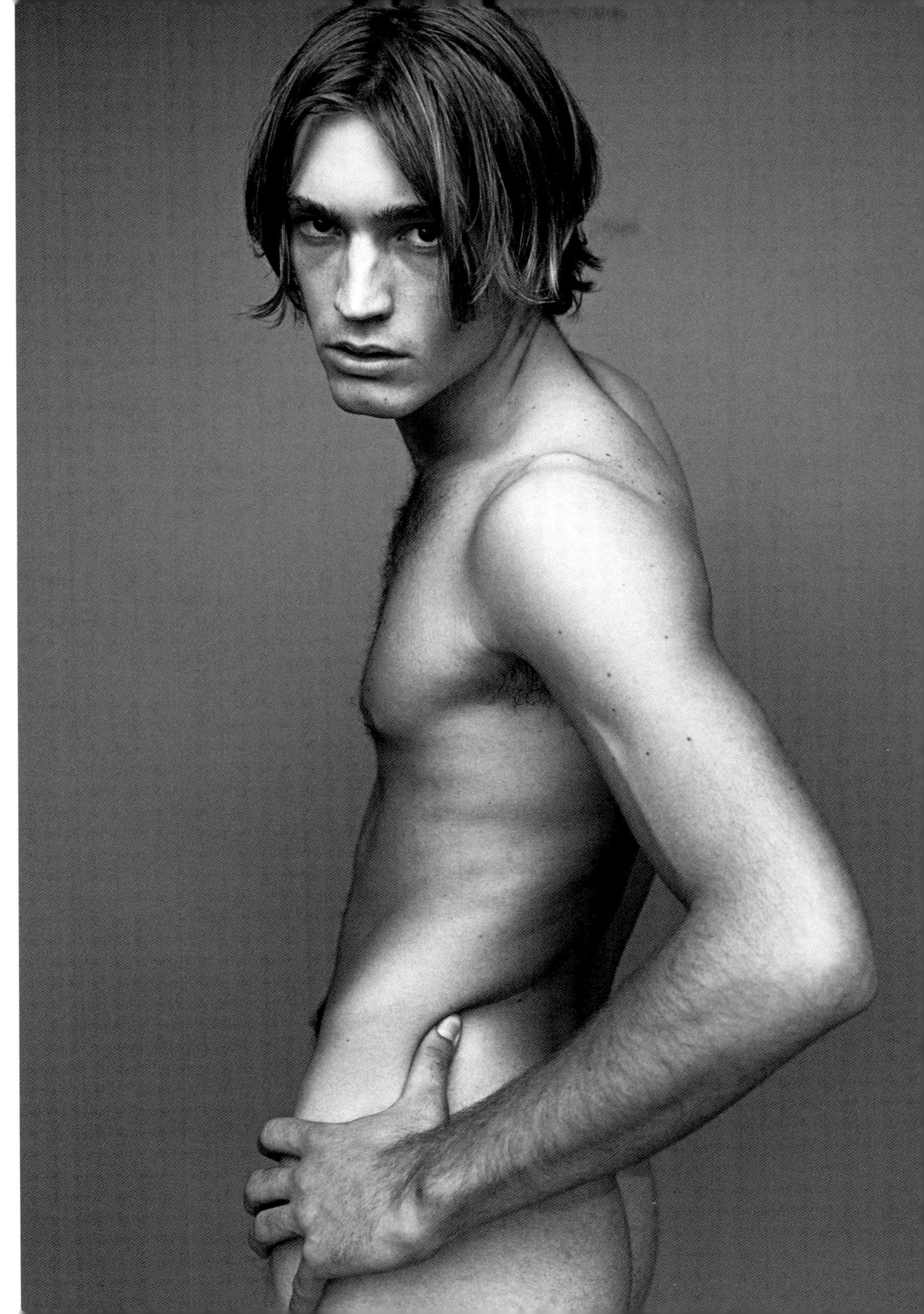

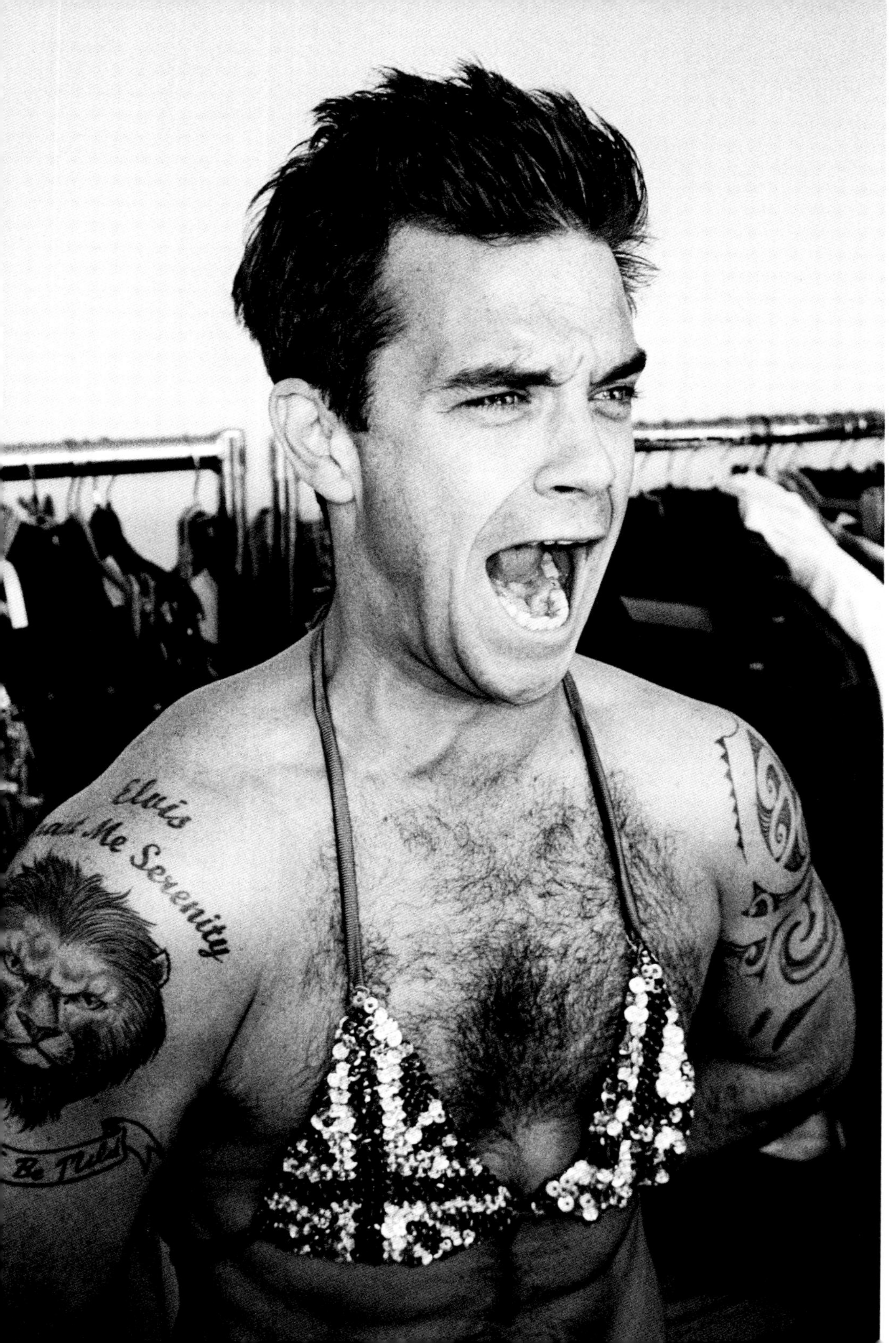
Elvis
Grant Me Serenity
Be Mild

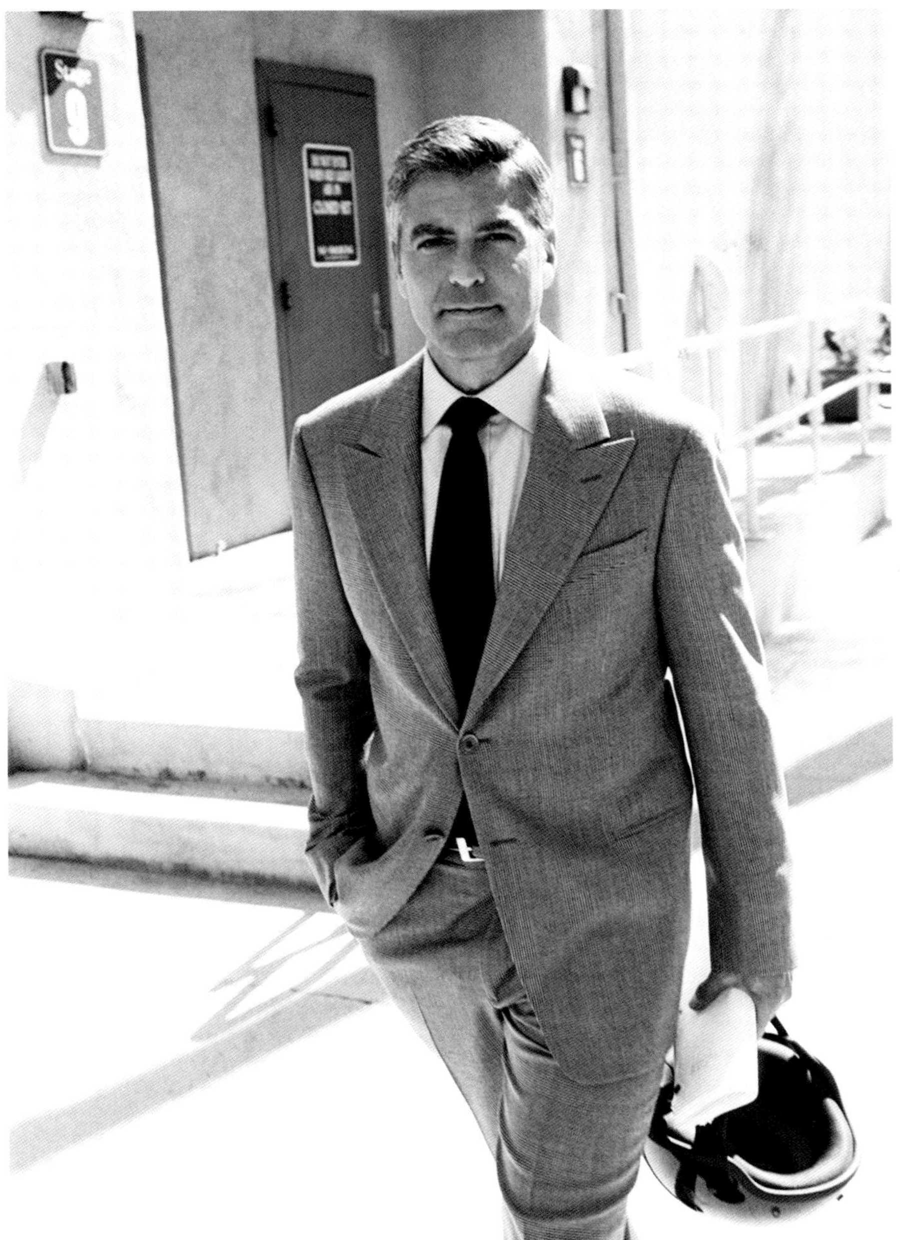

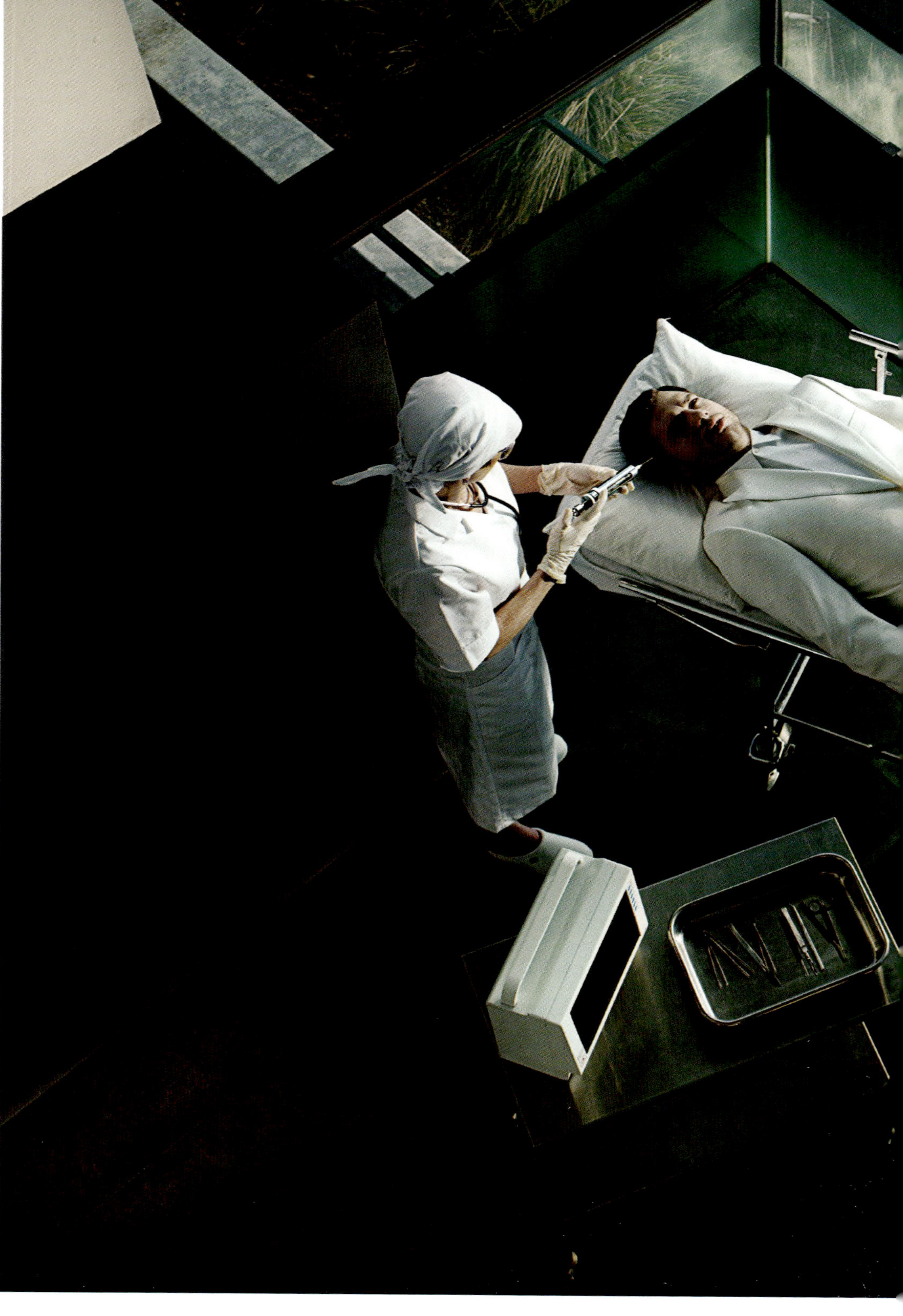

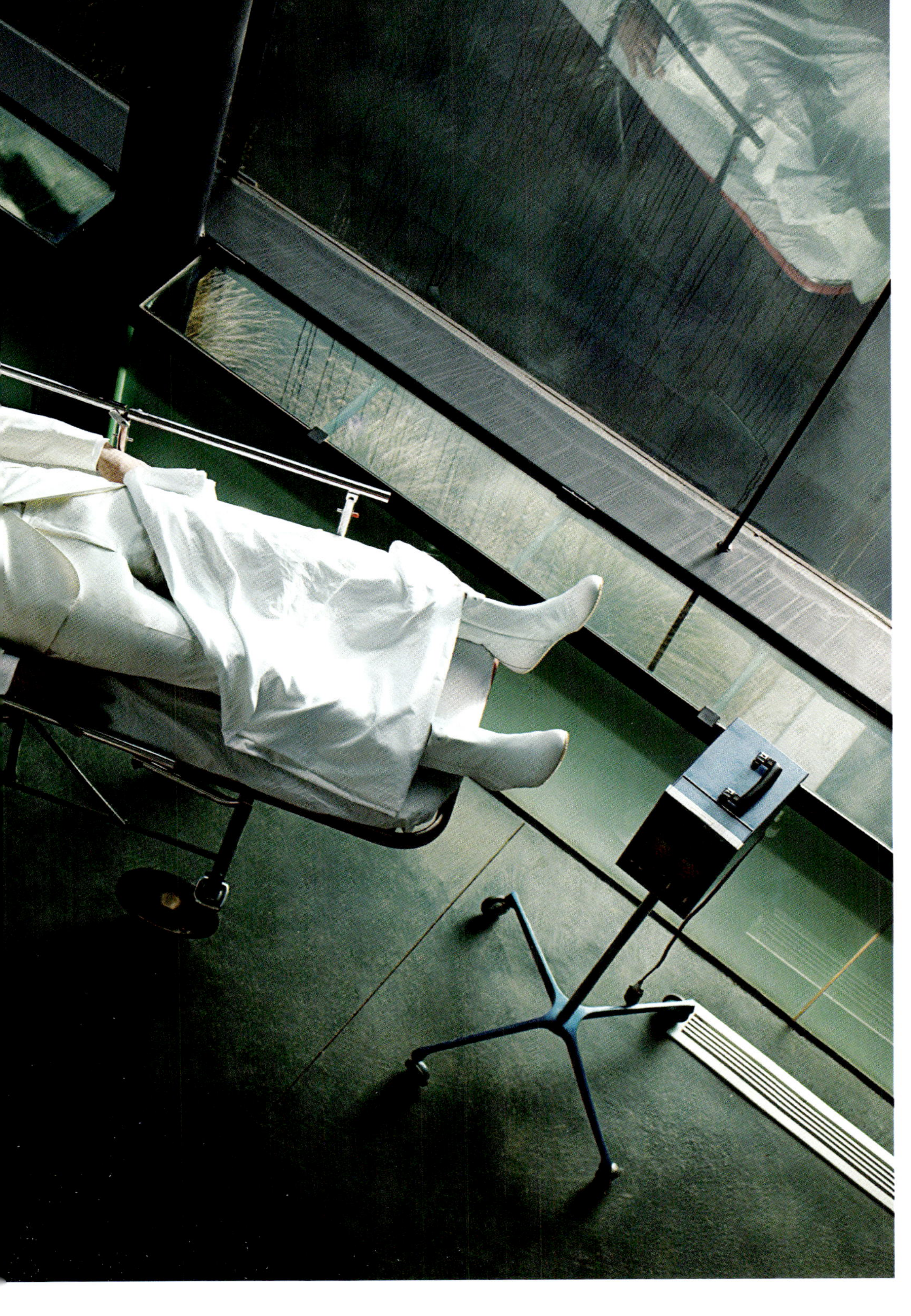

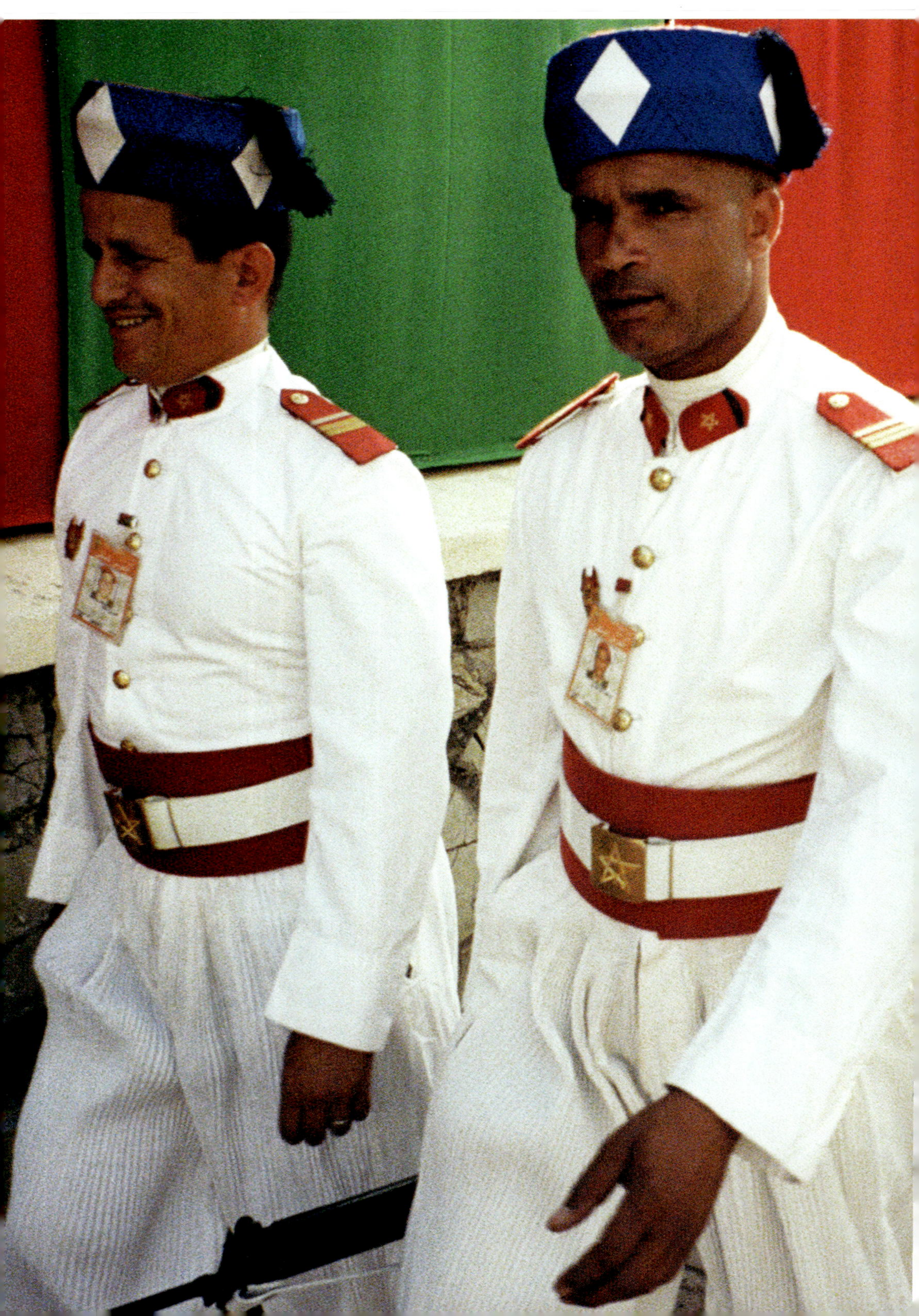

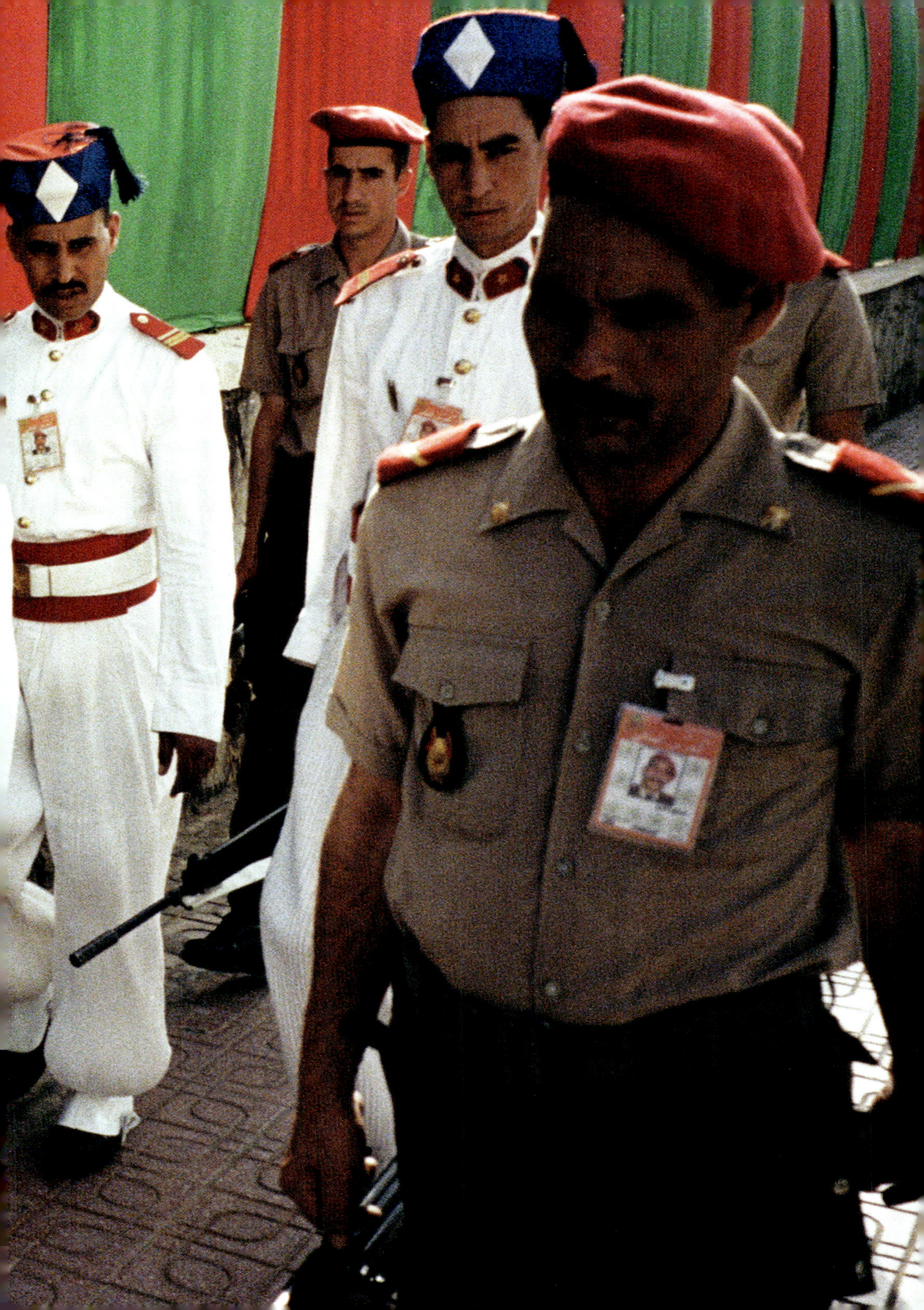

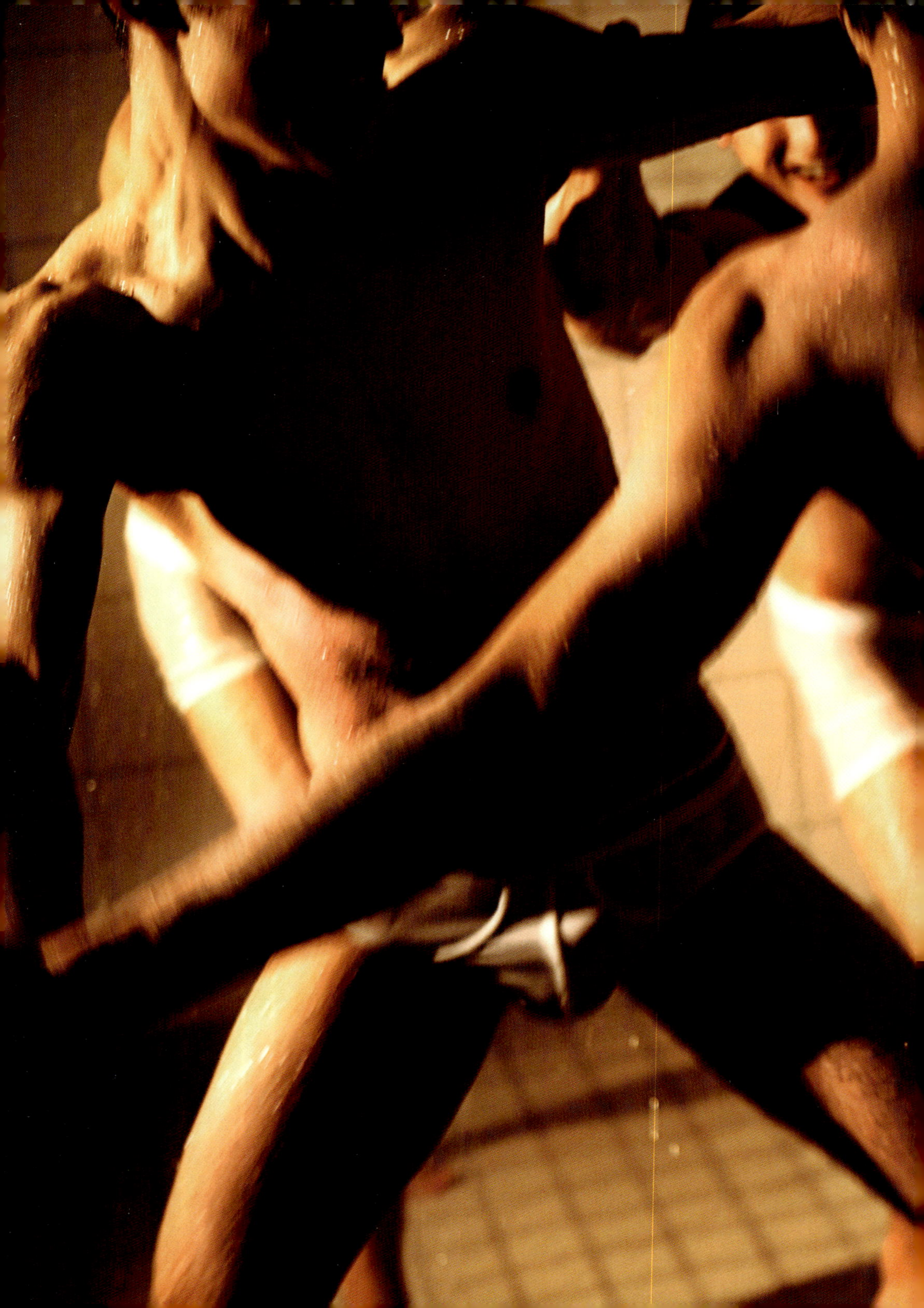

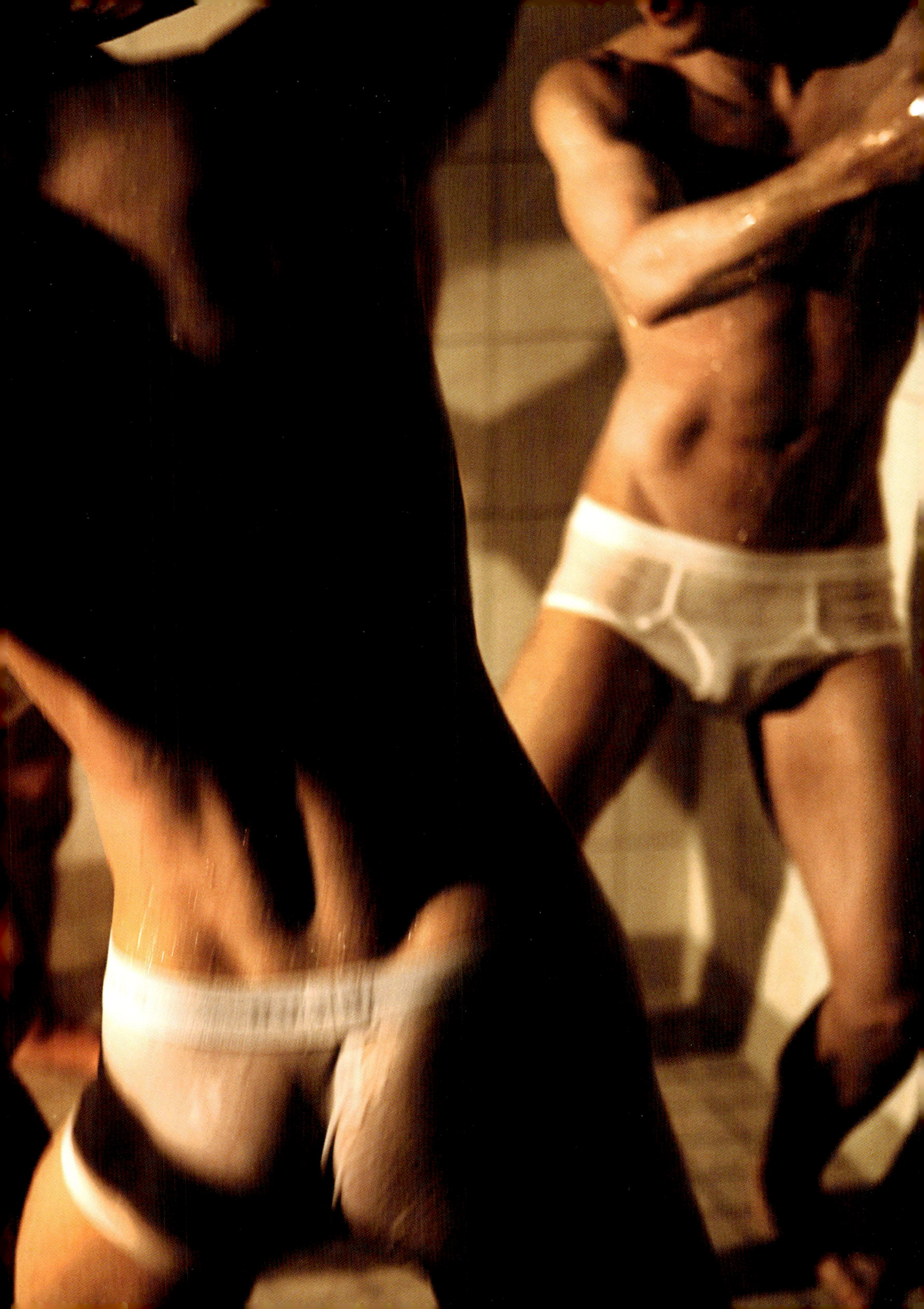

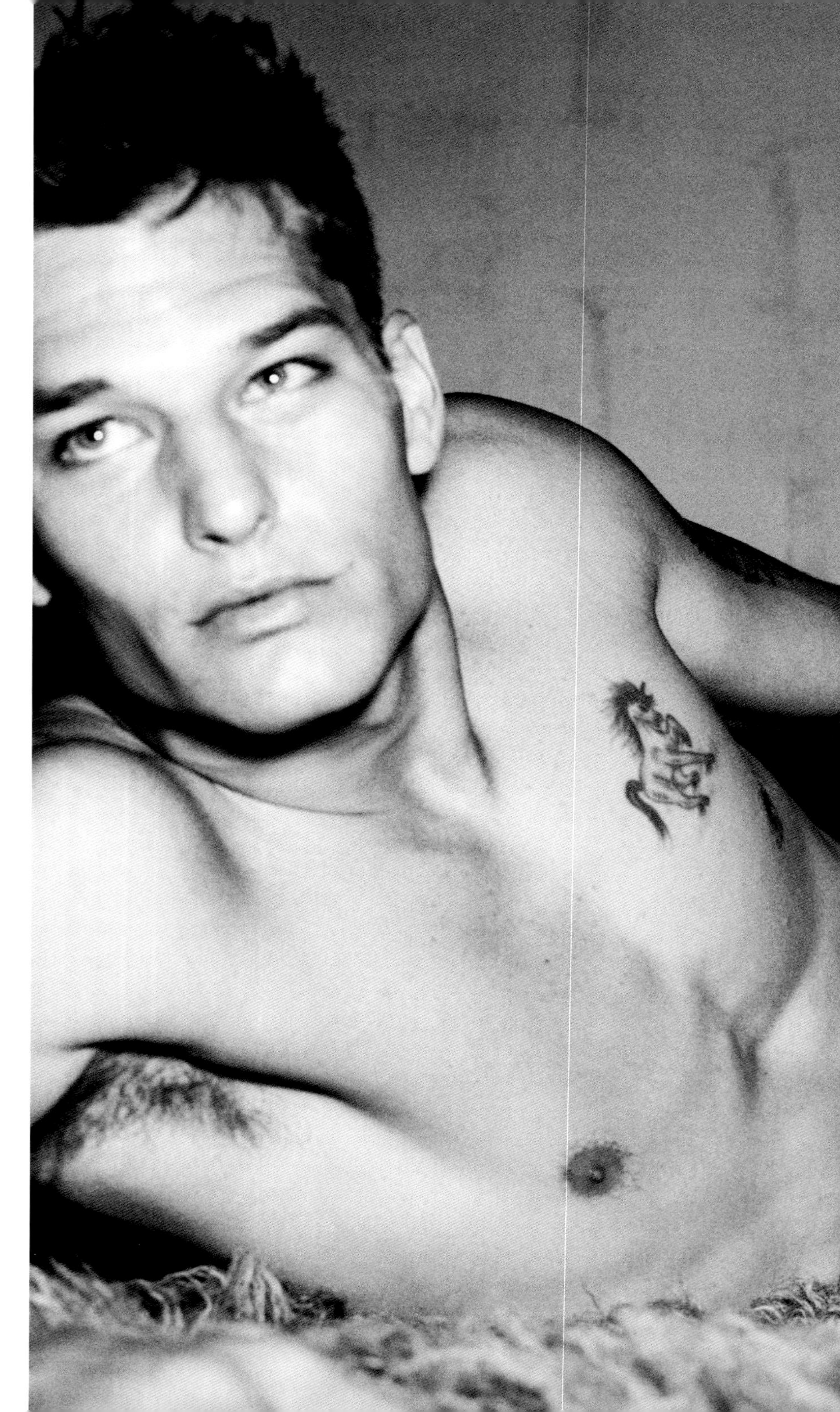

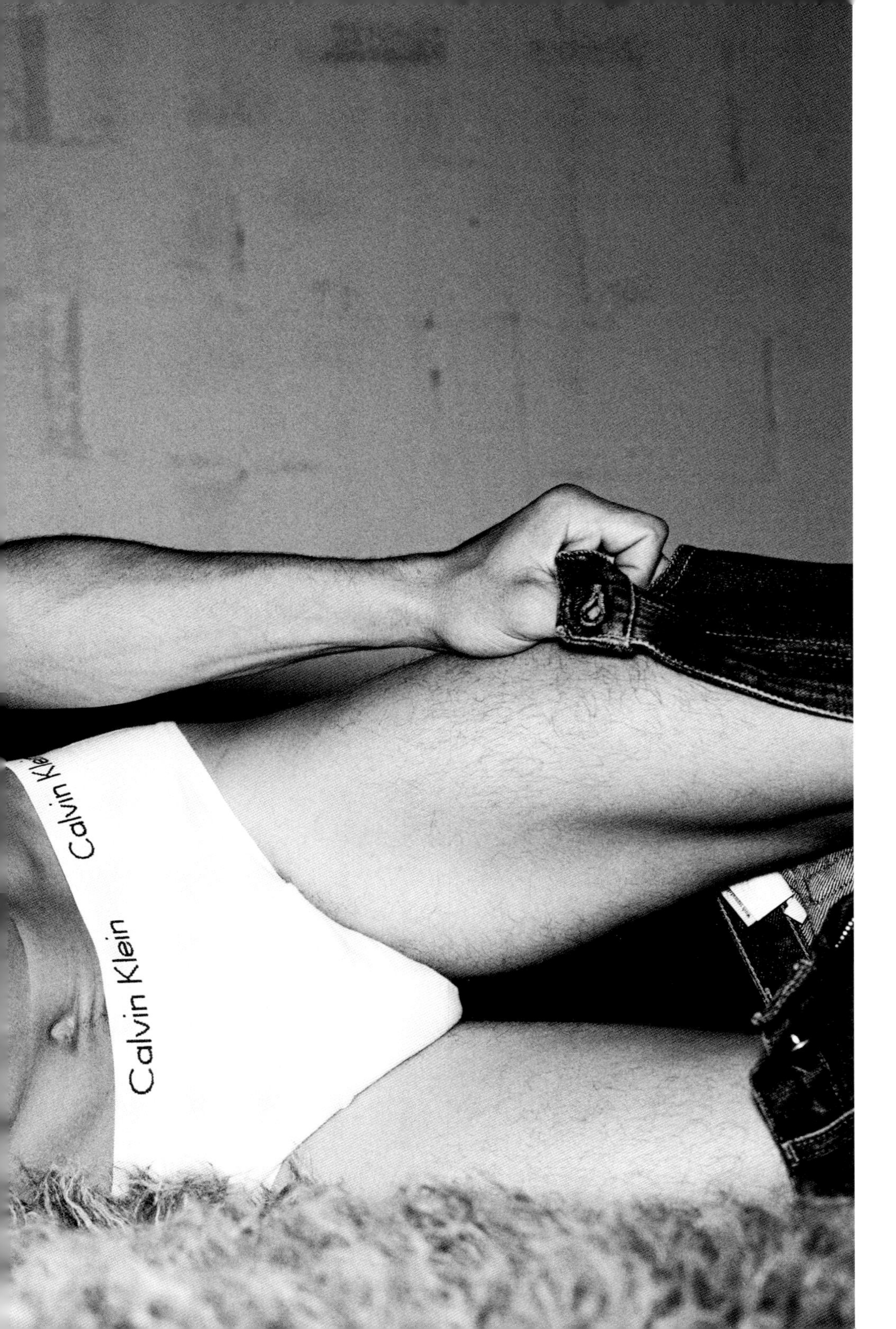

Calvin Klein

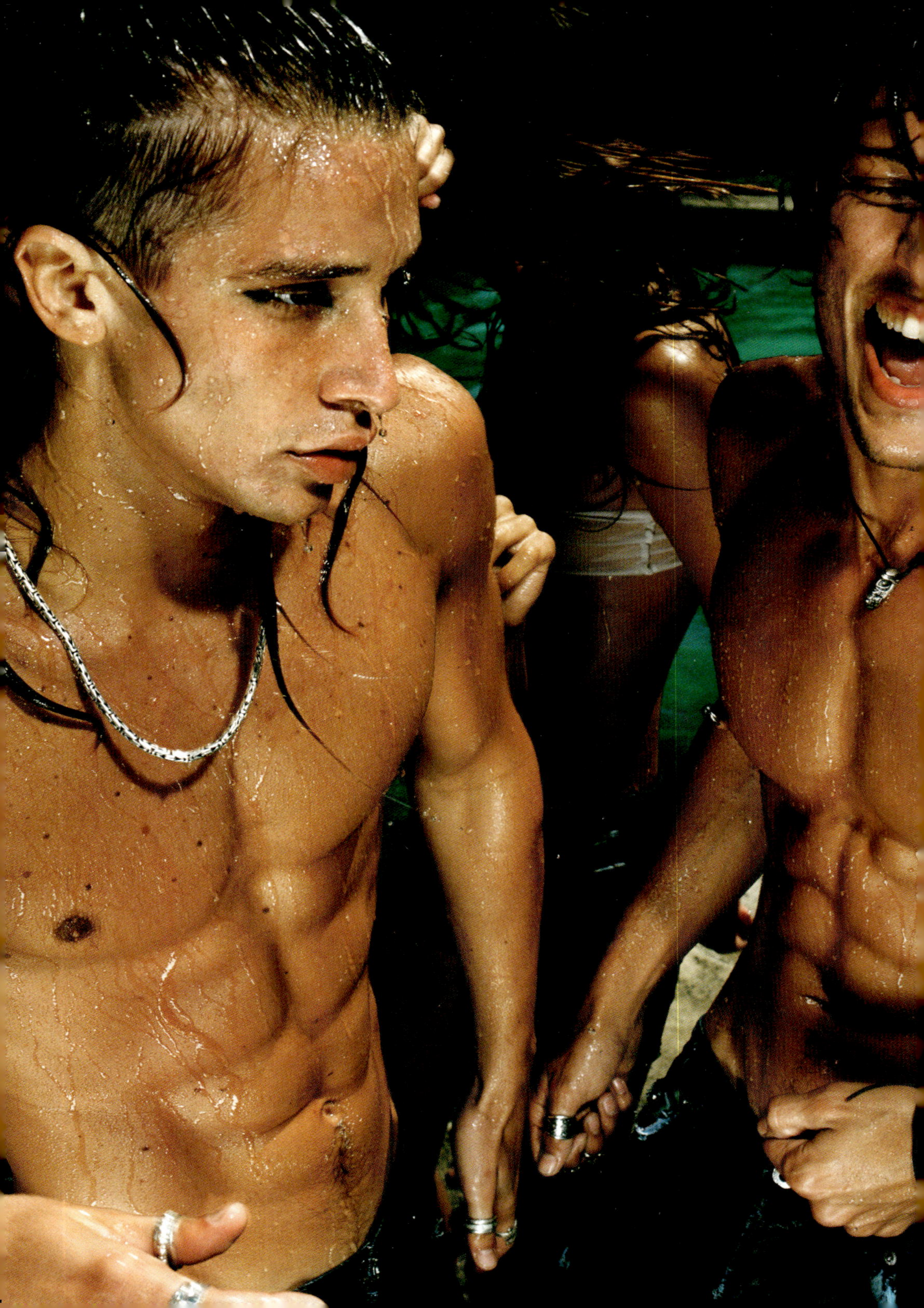

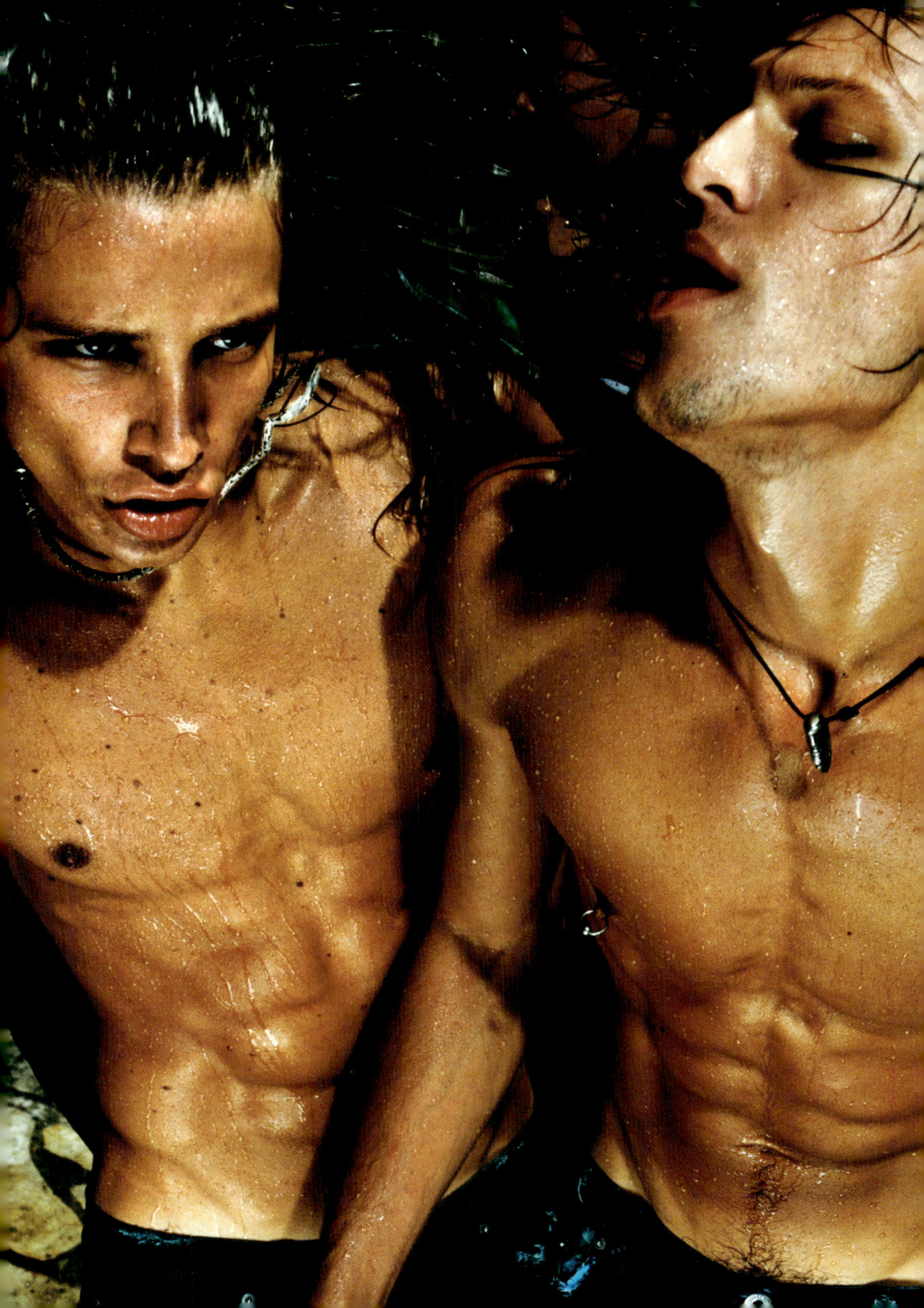

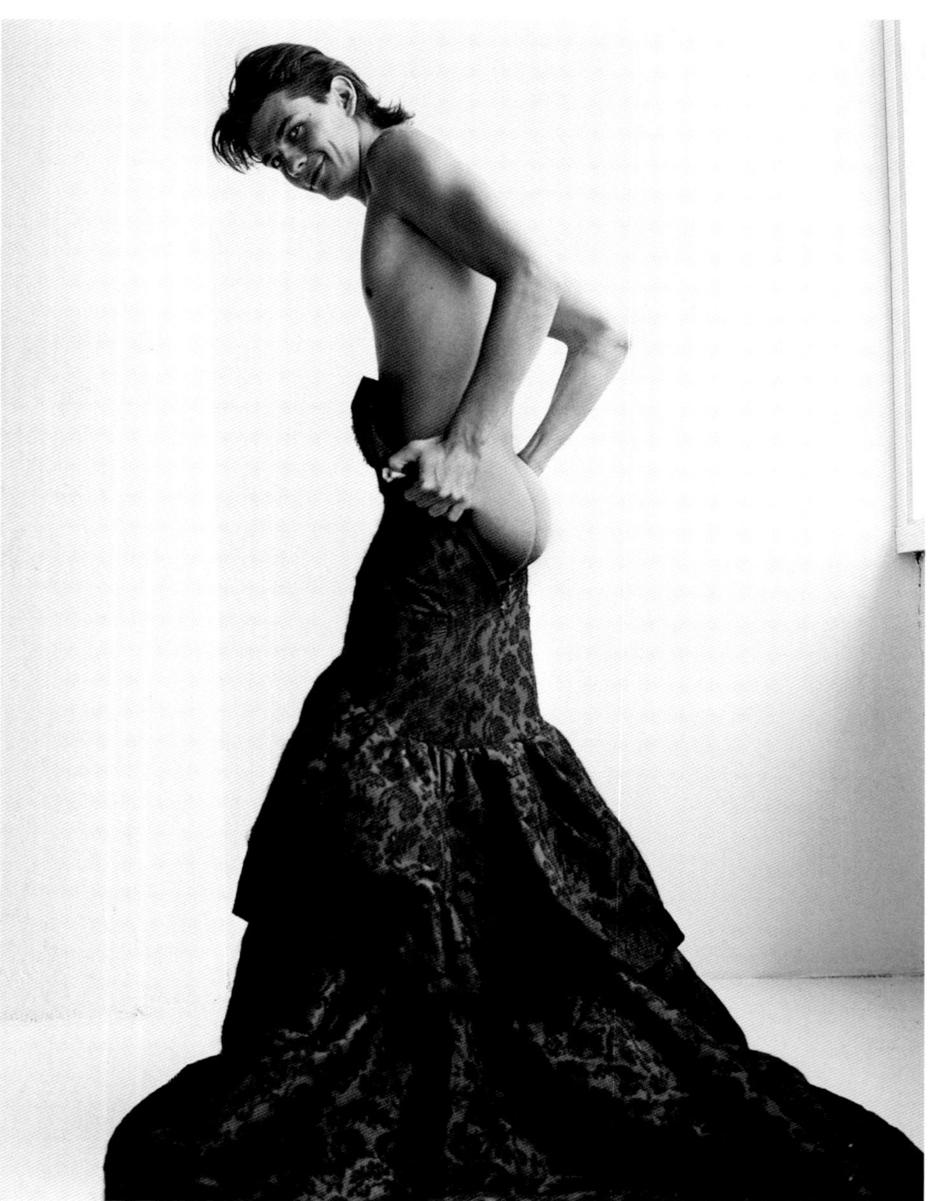

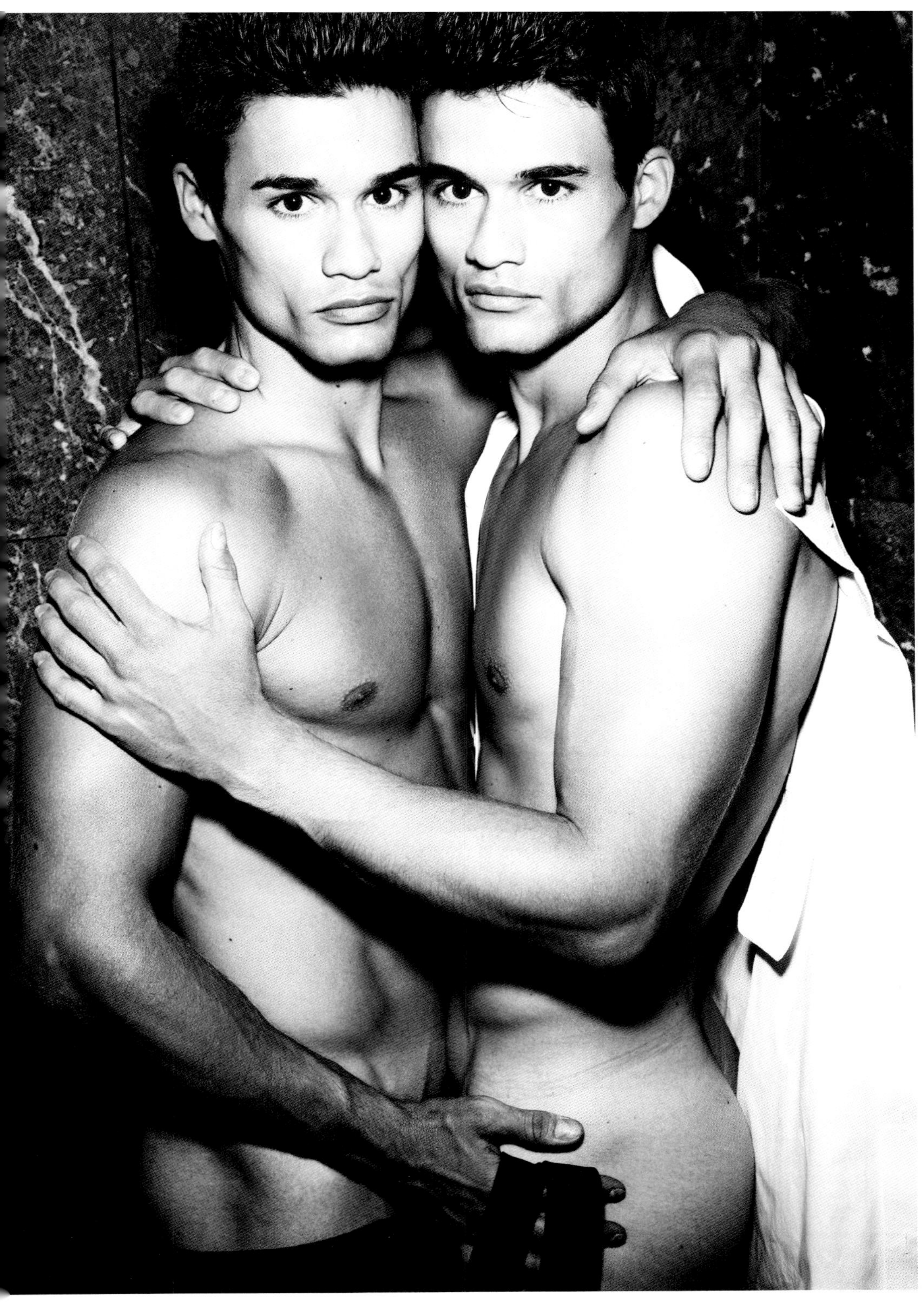

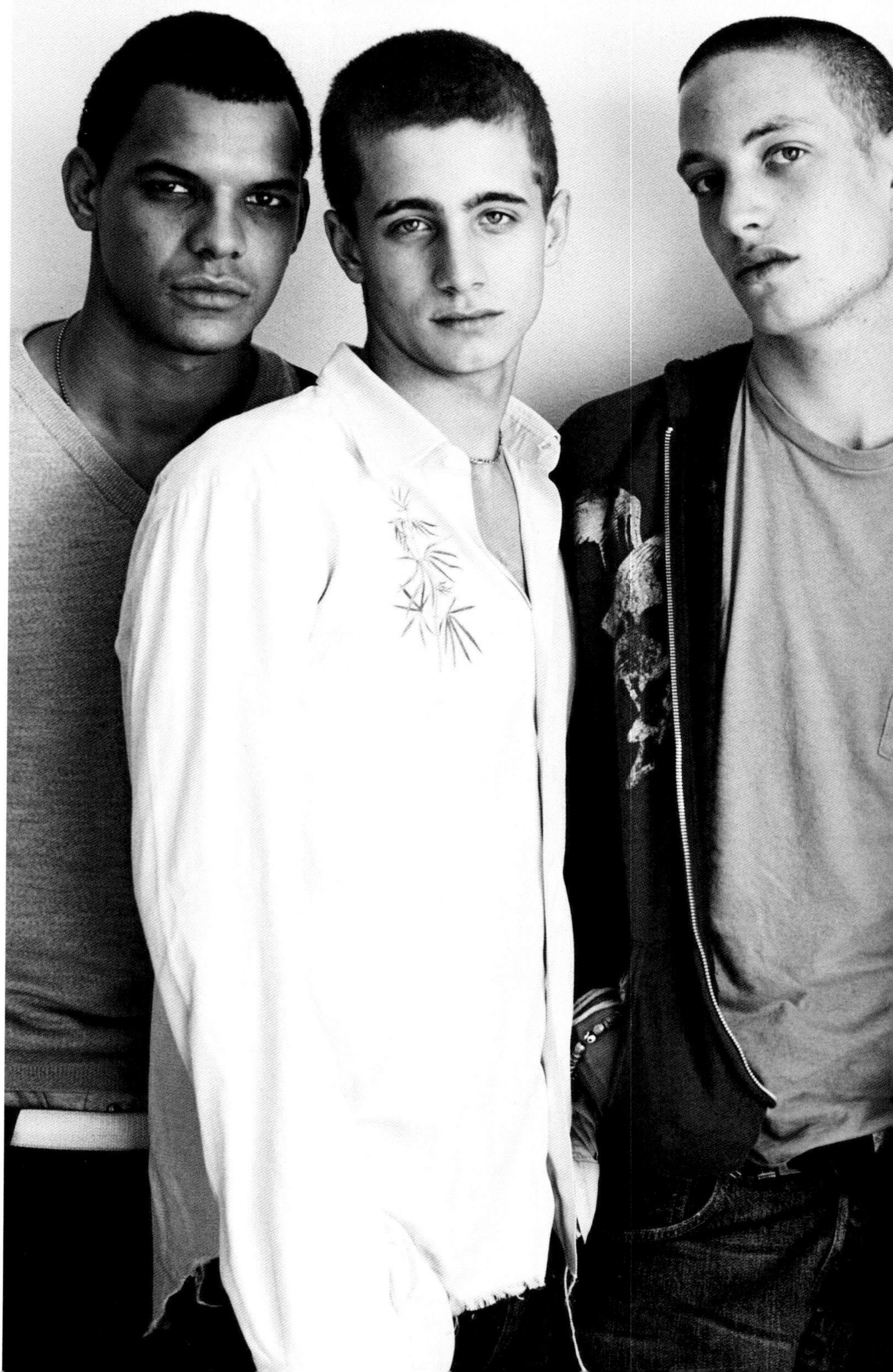

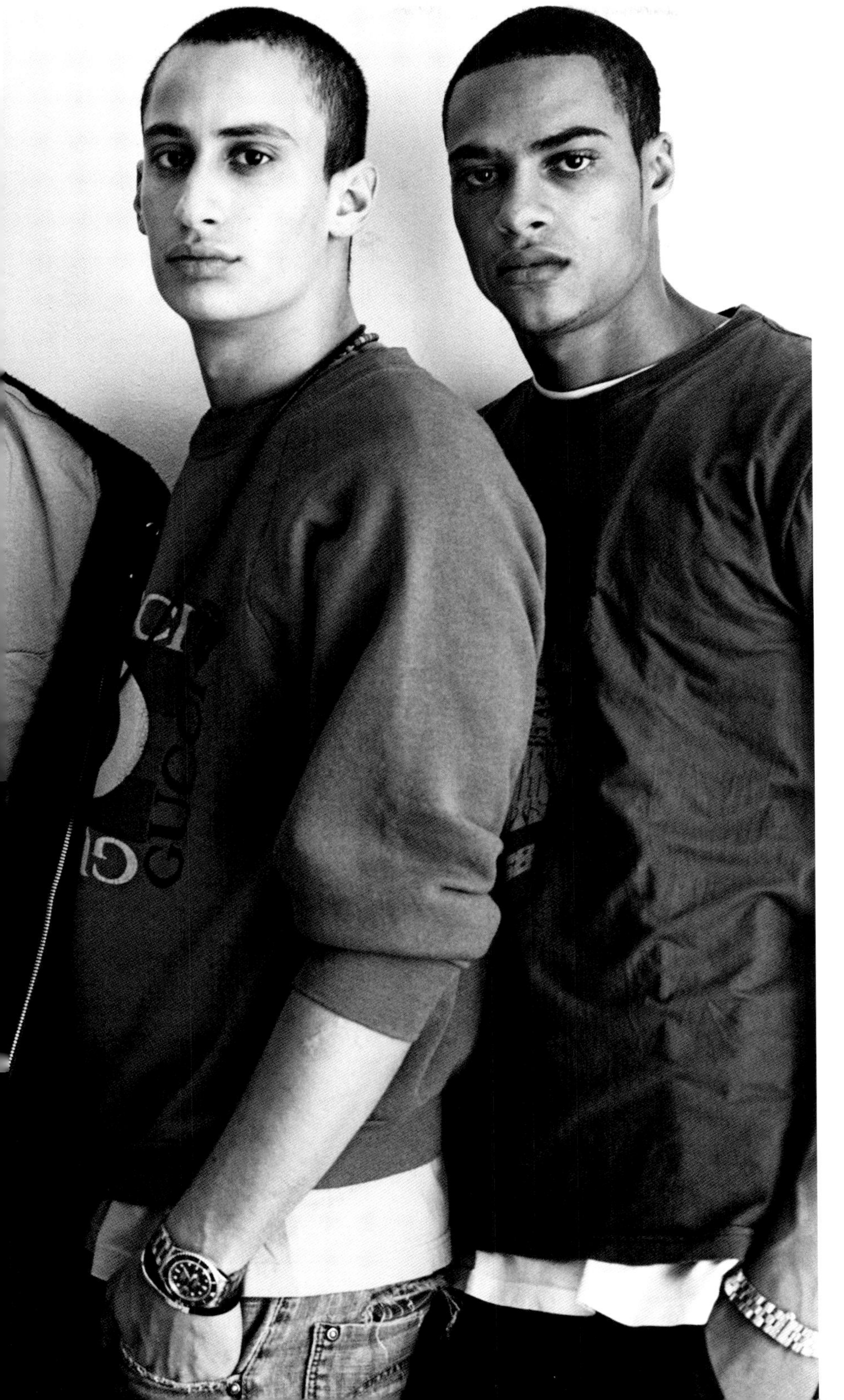

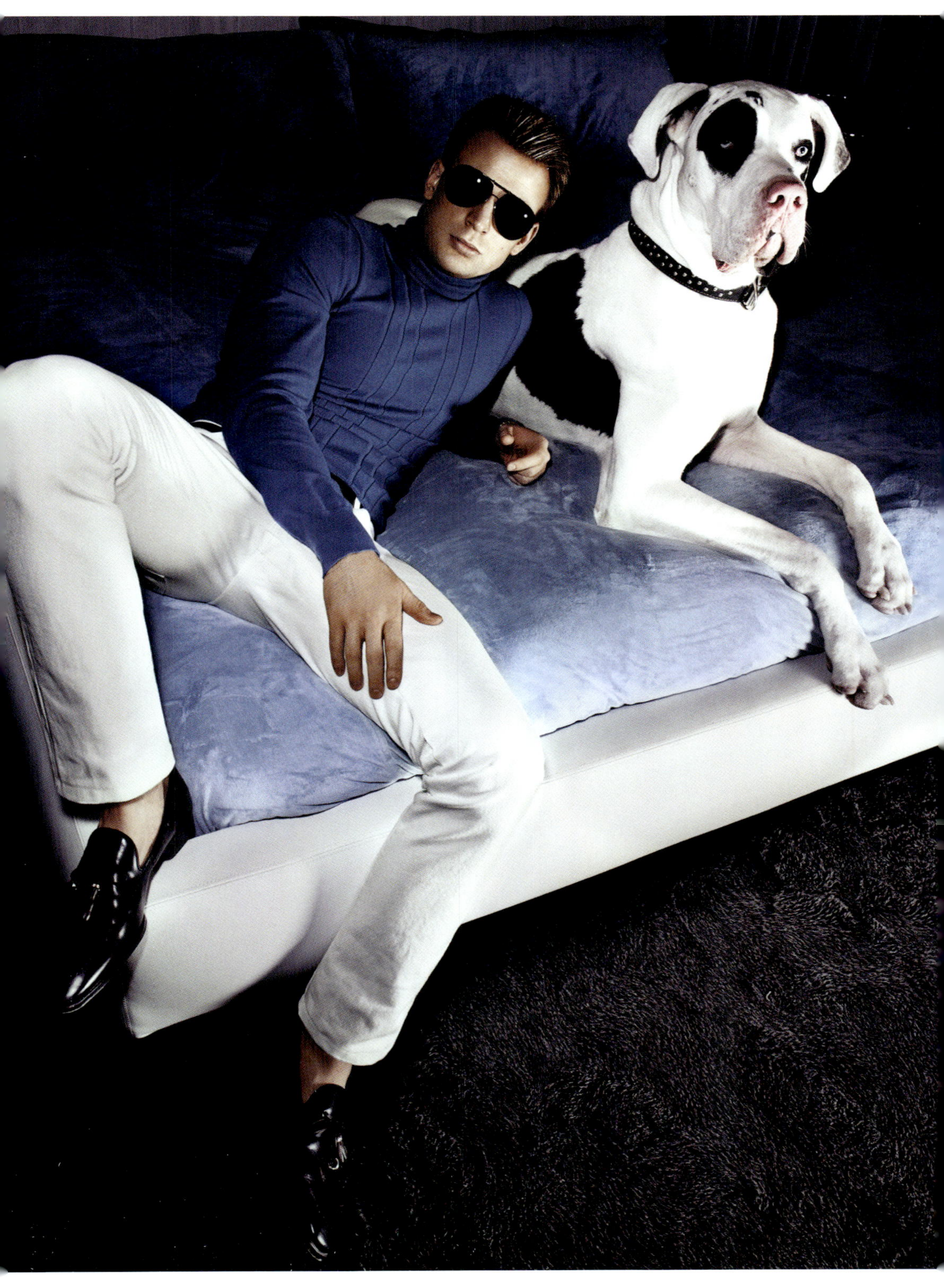

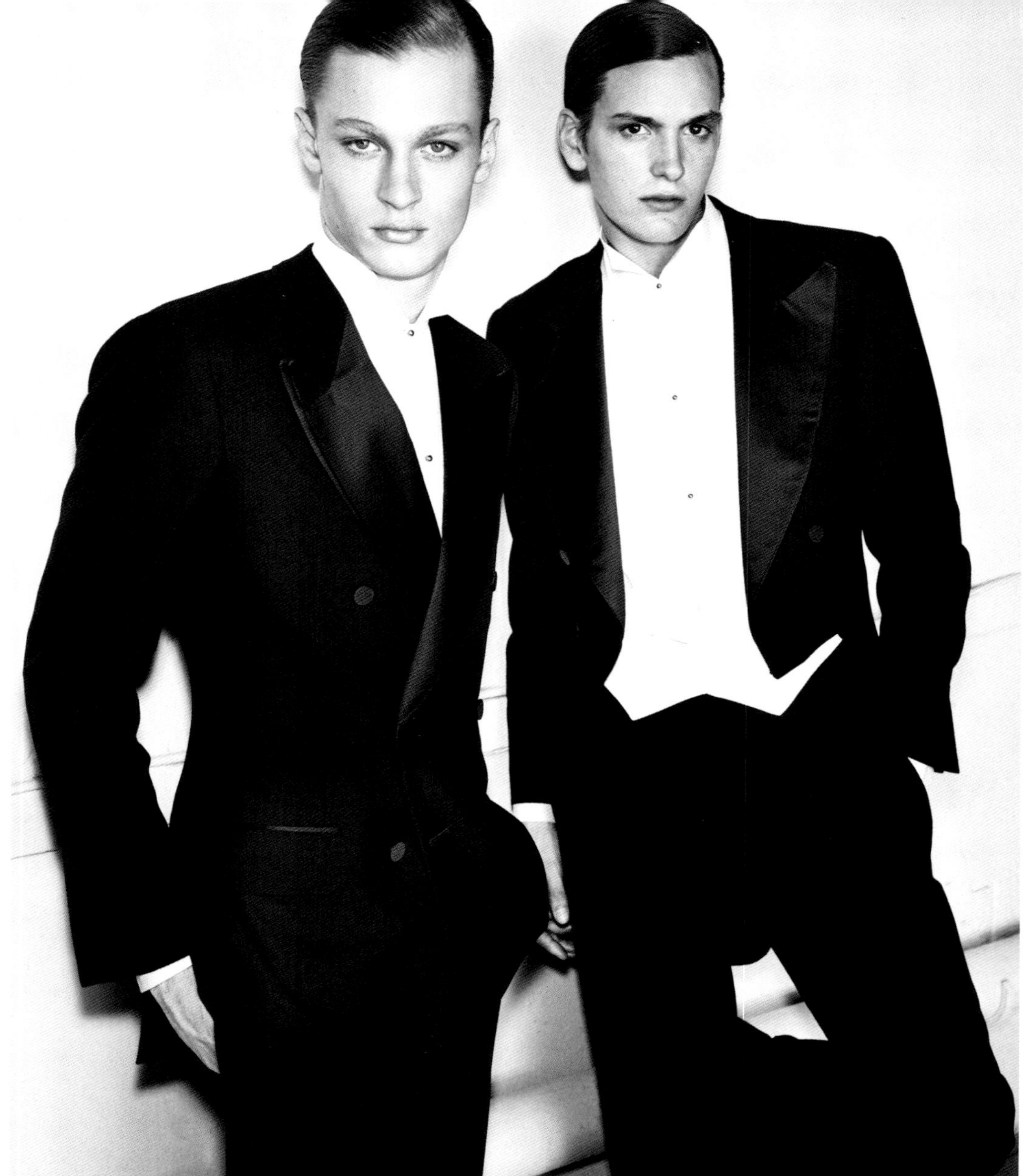

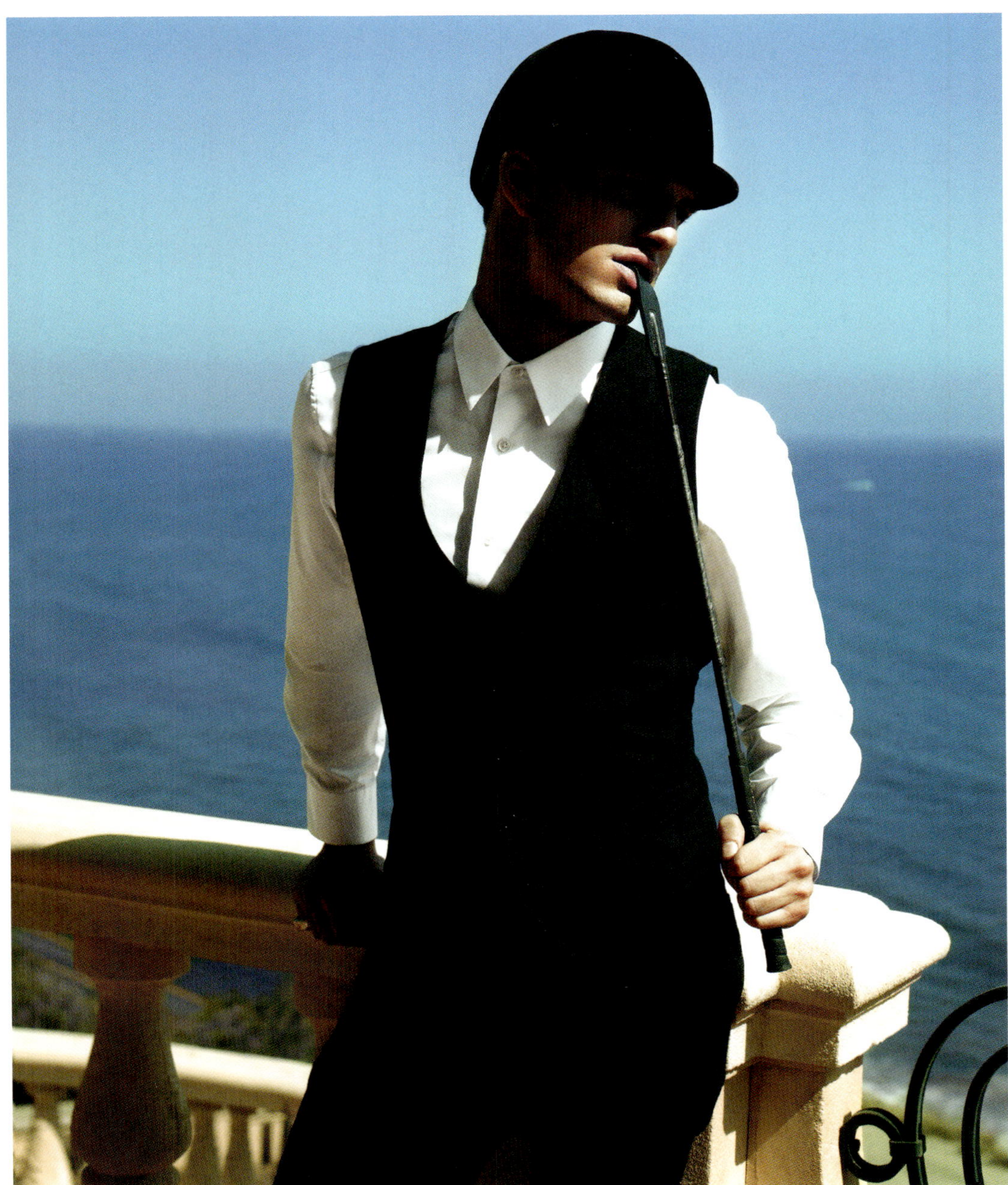

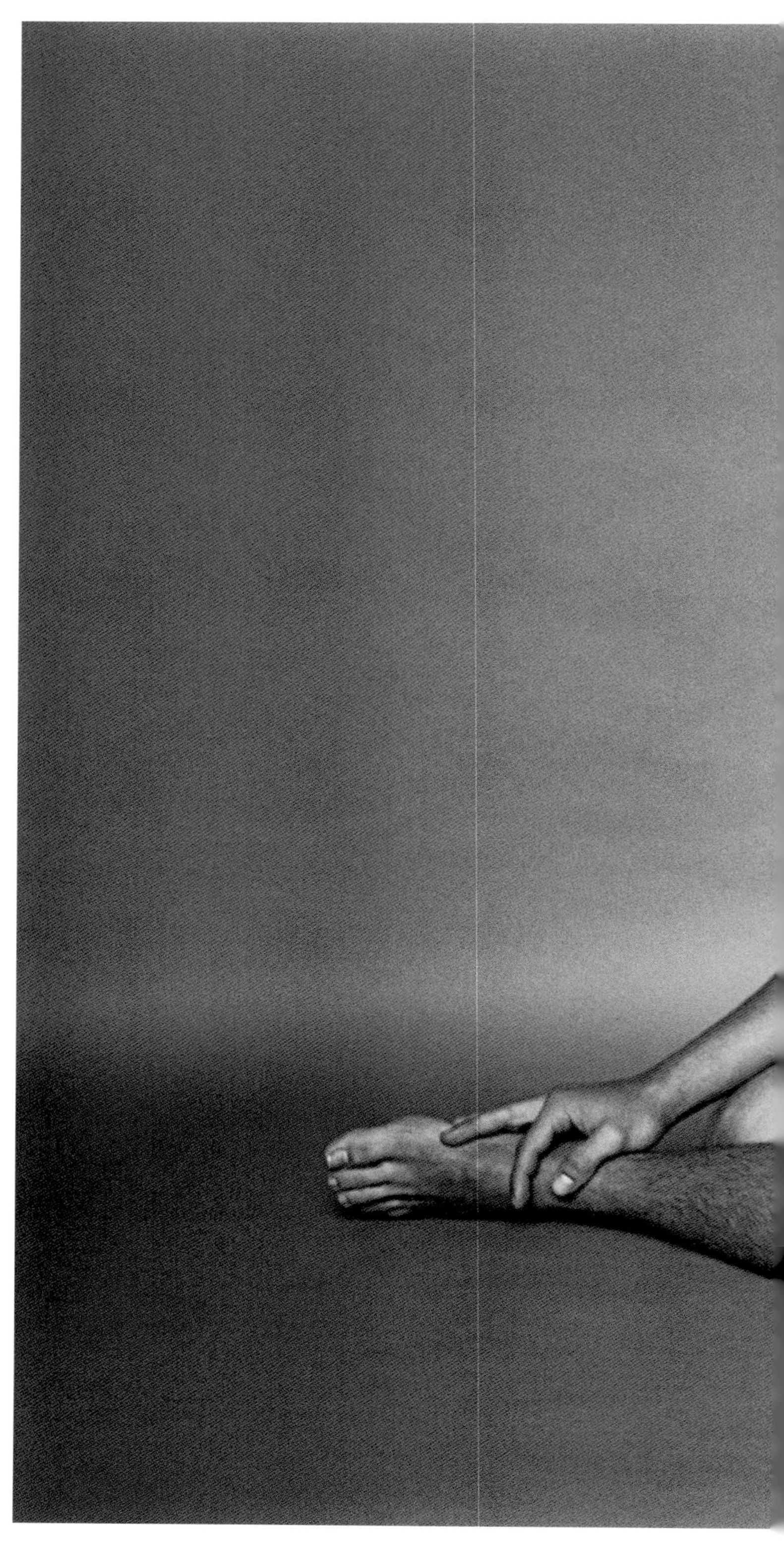

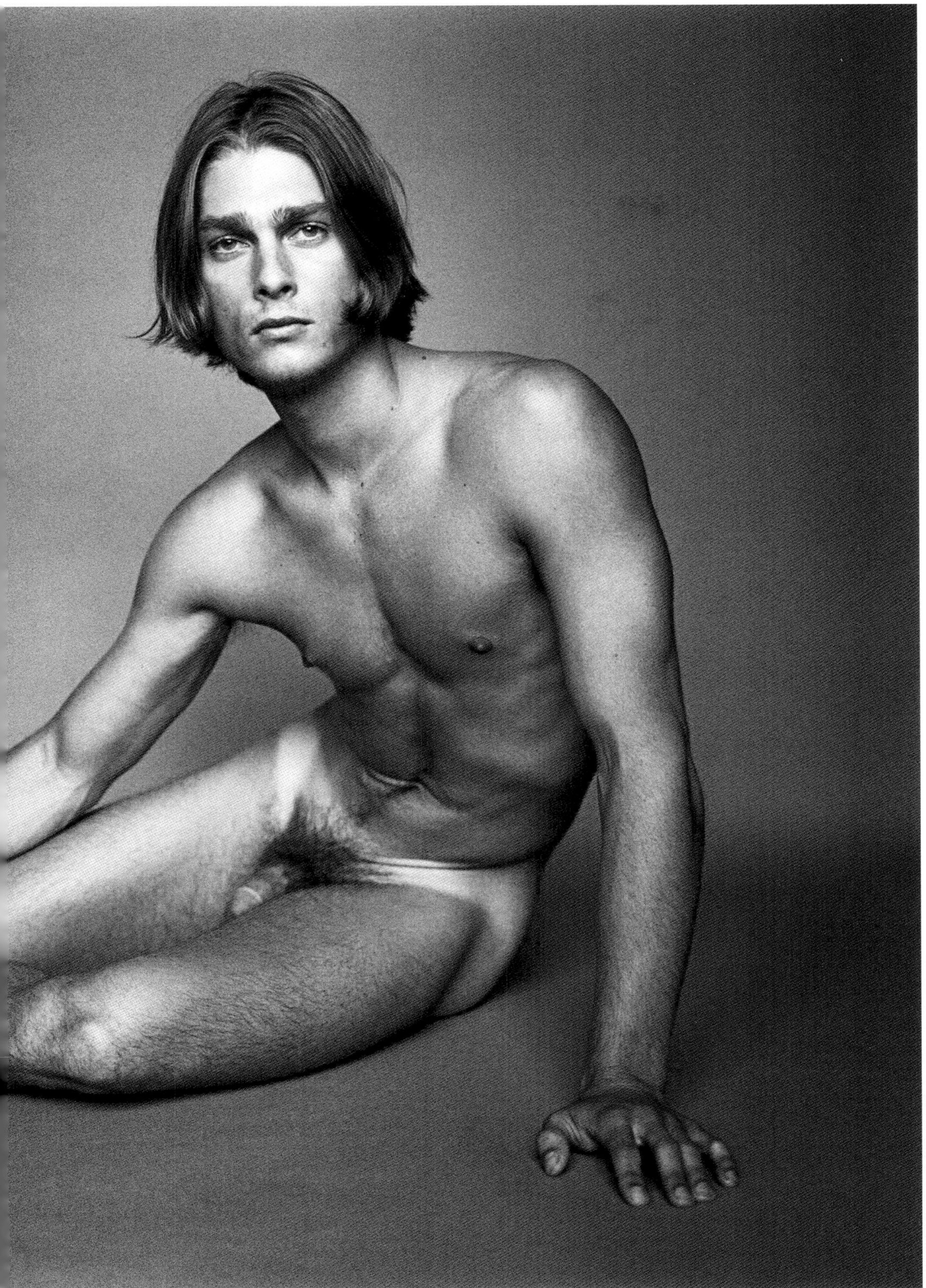

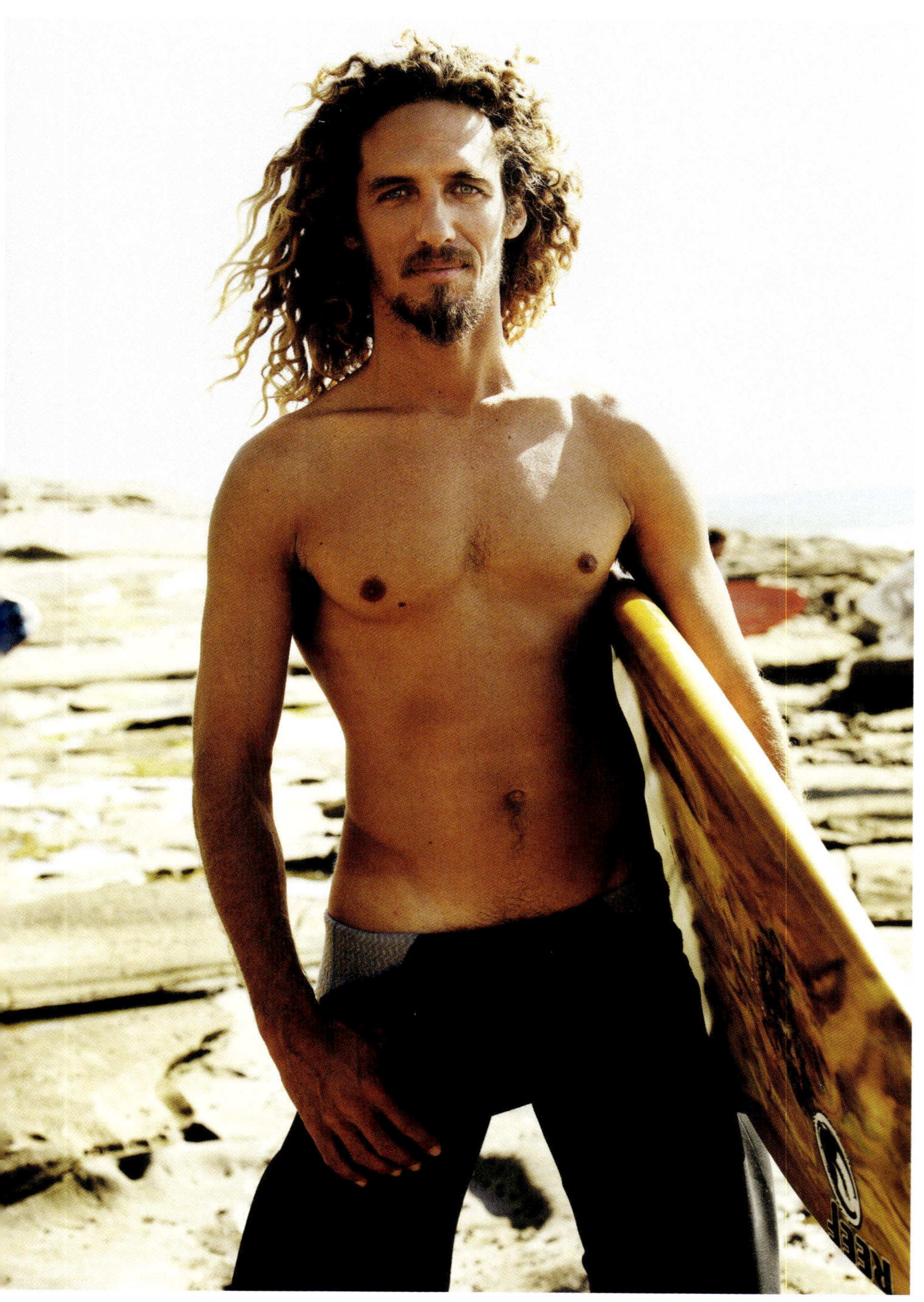

REEF

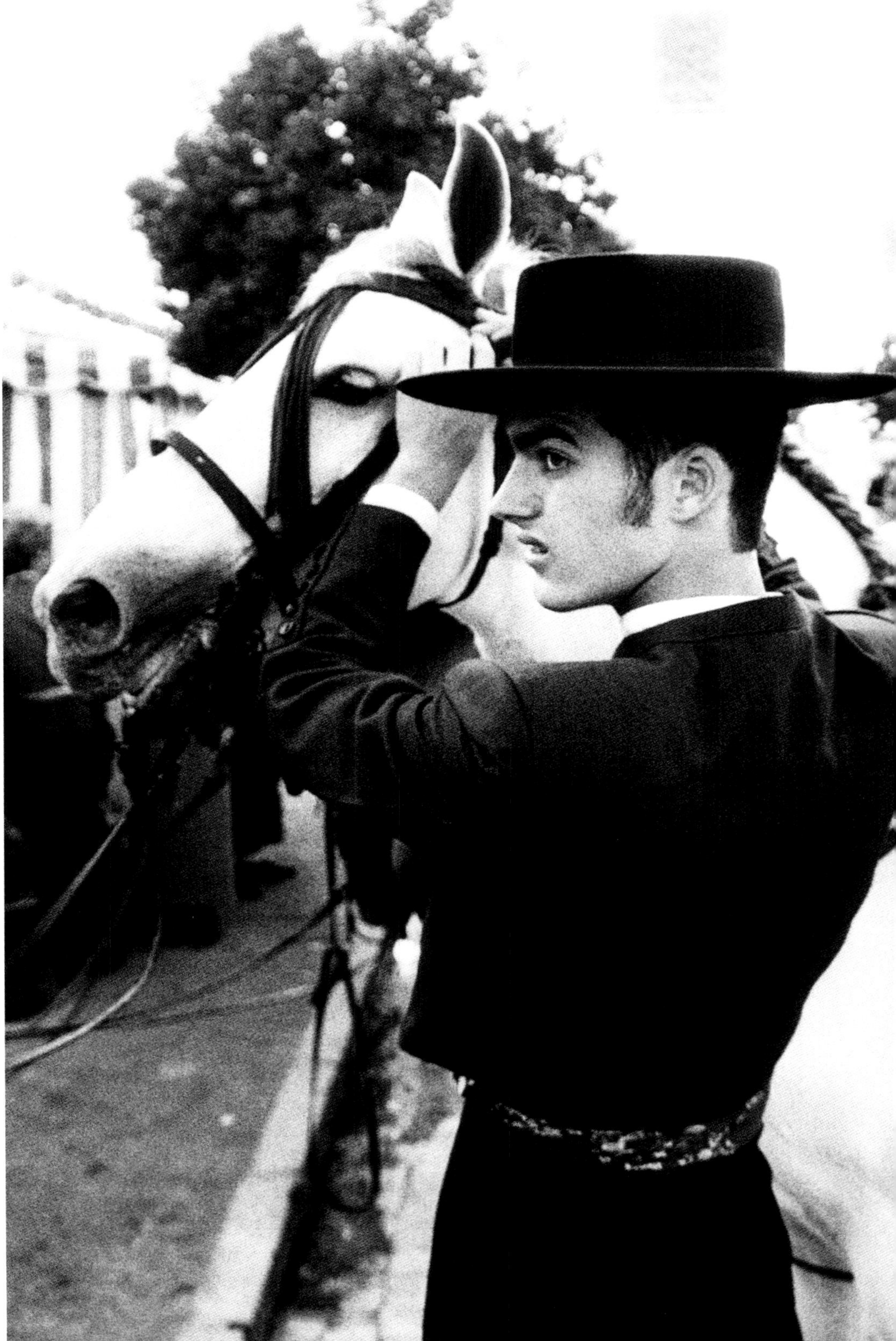

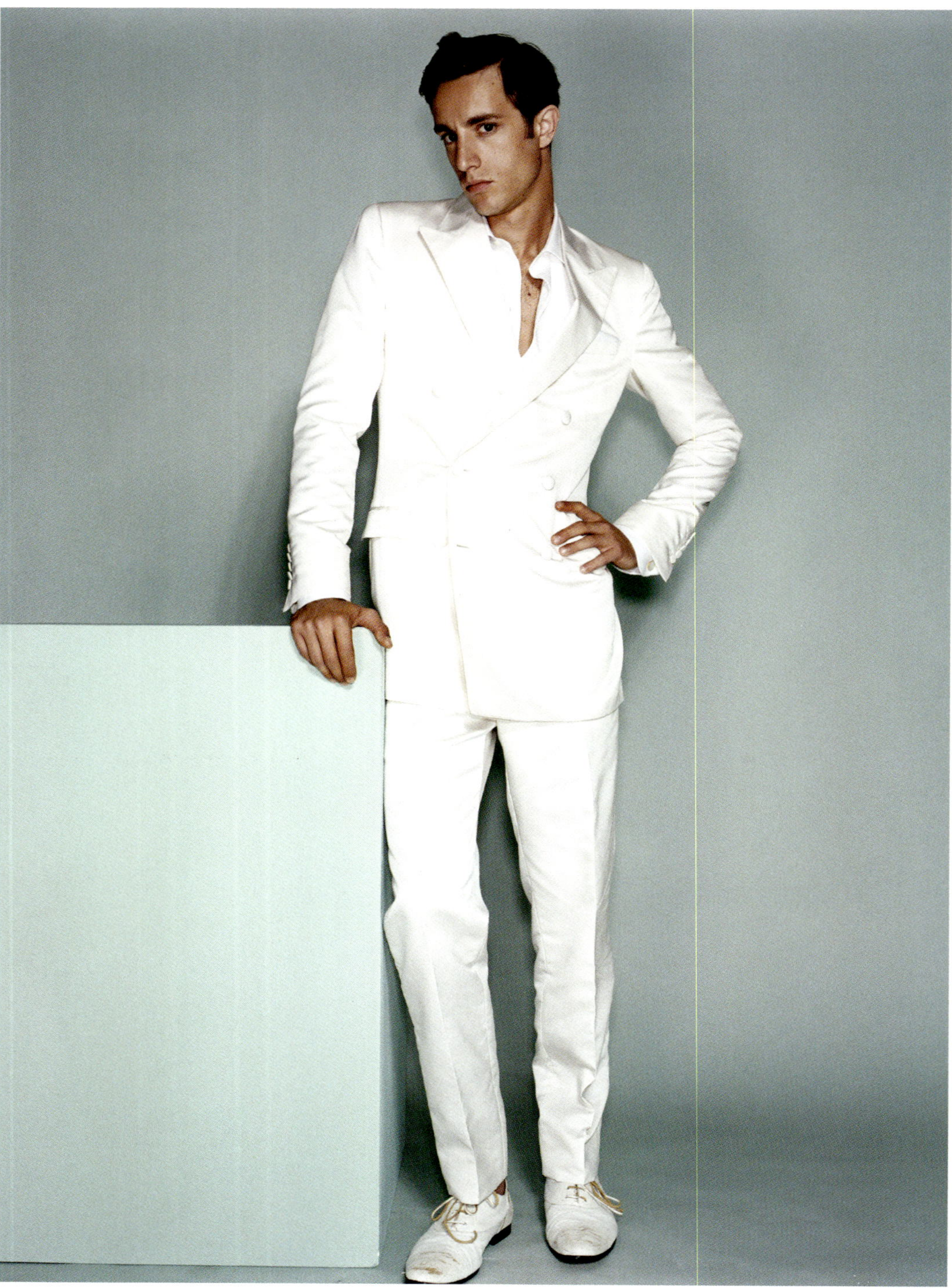

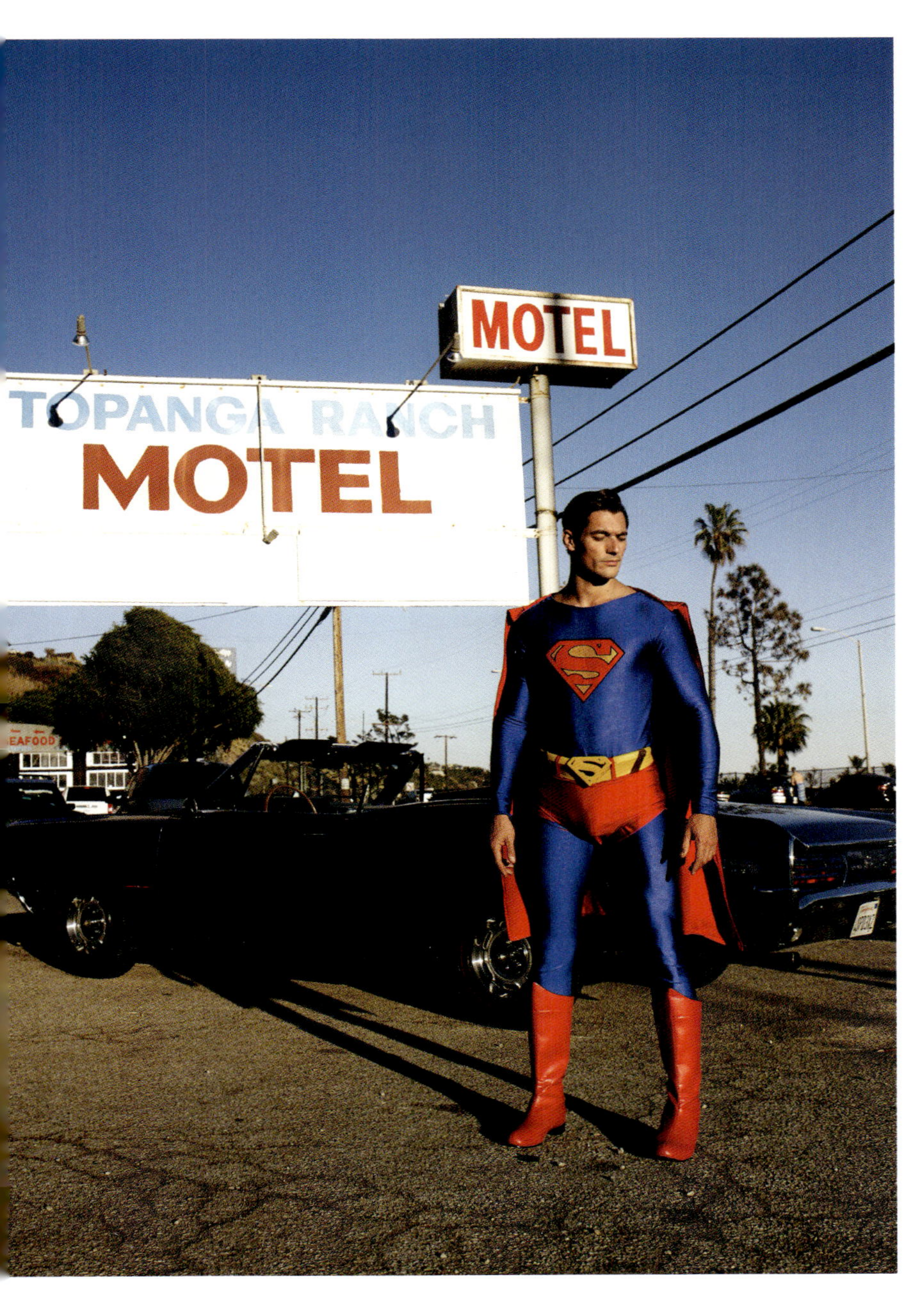
MOTEL
TOPANGA RANCH
MOTEL
EAFOOD

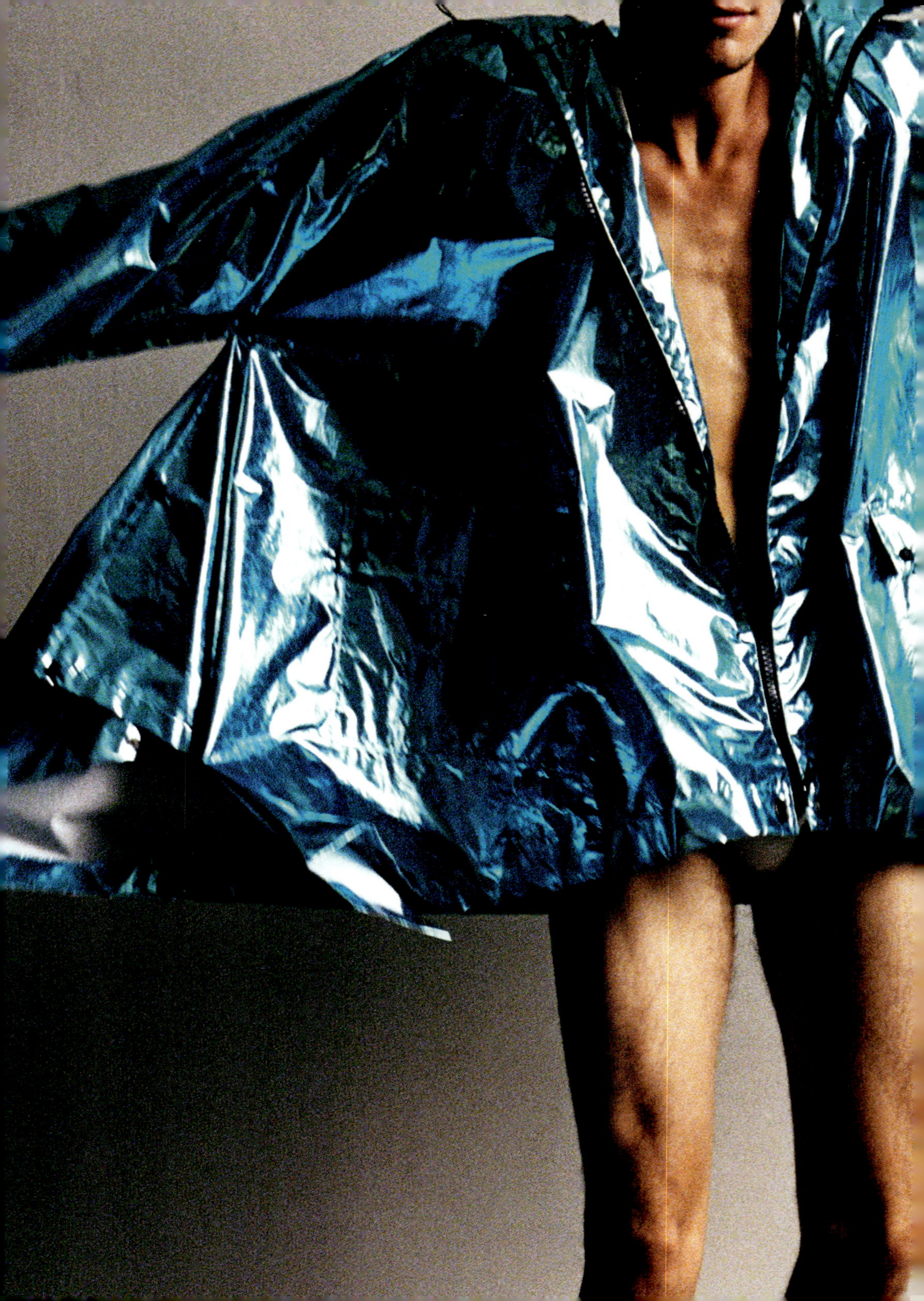

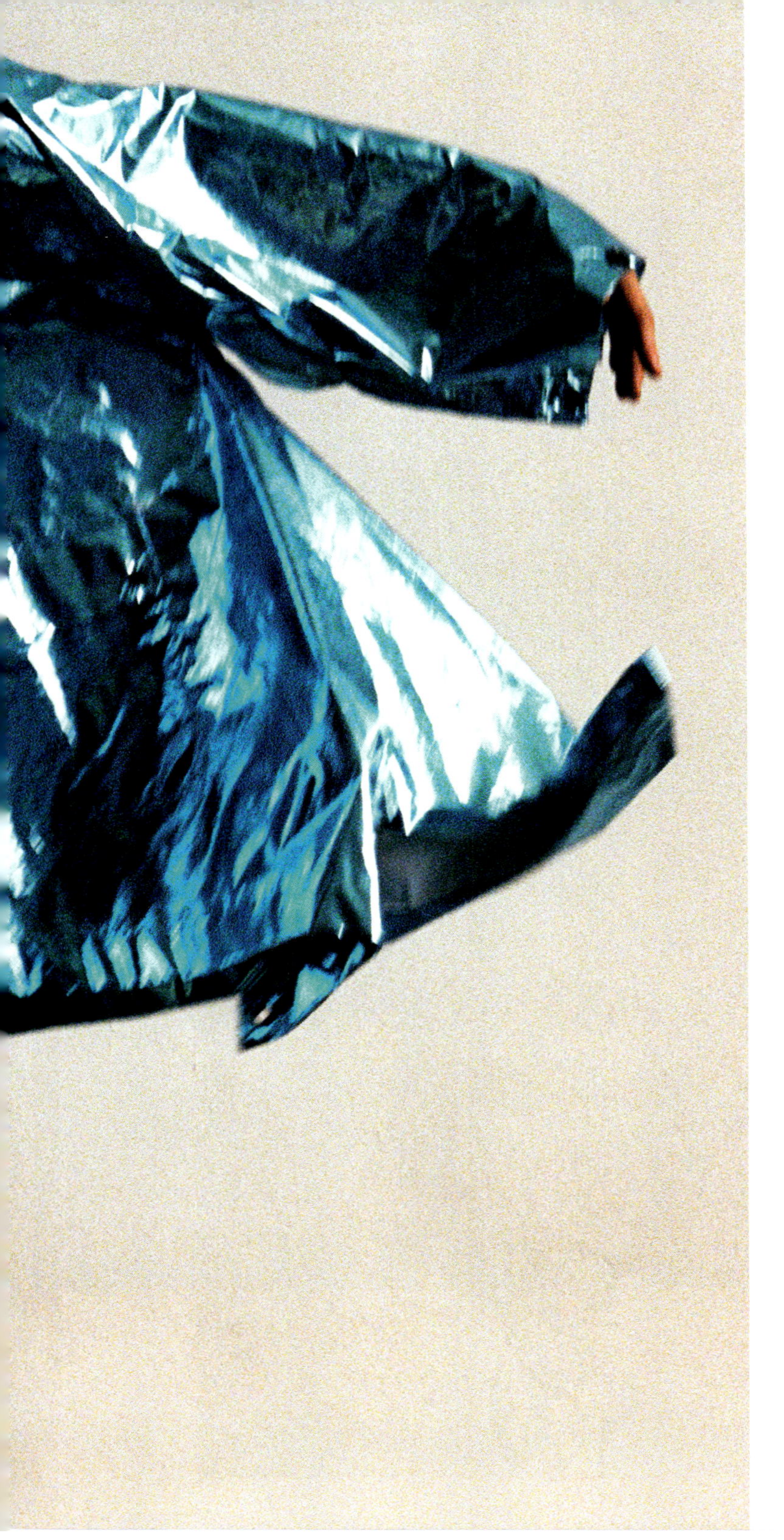

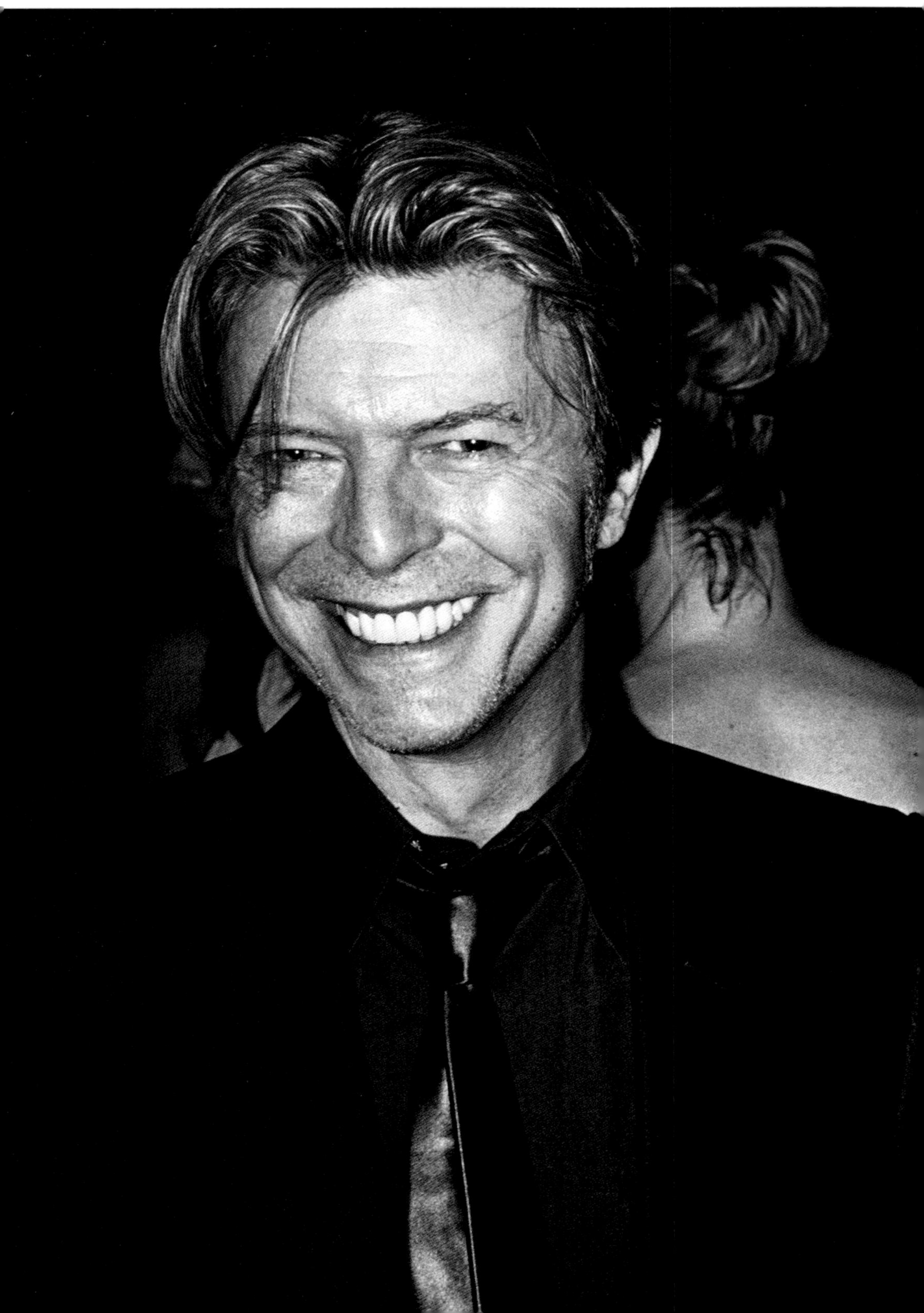

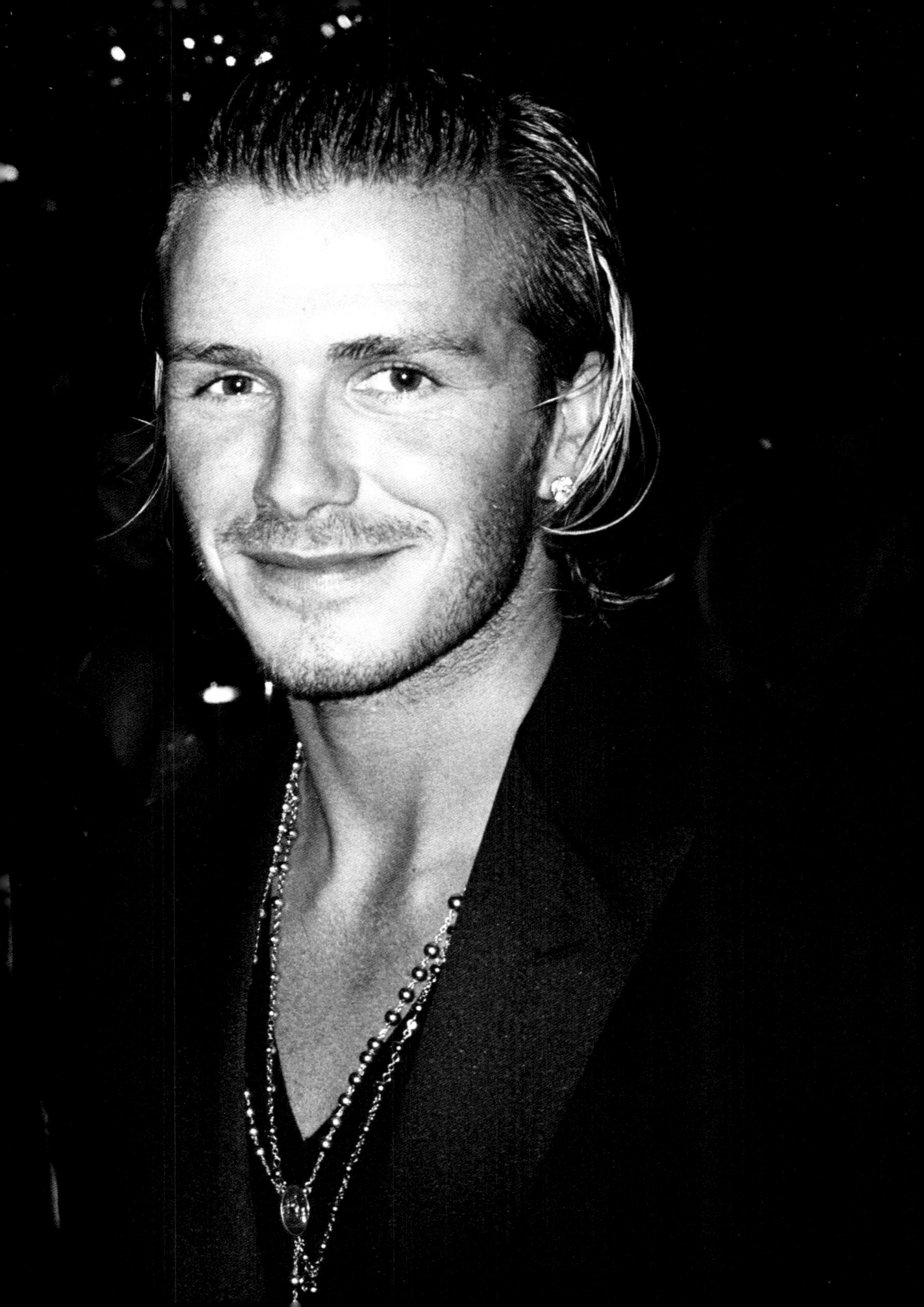

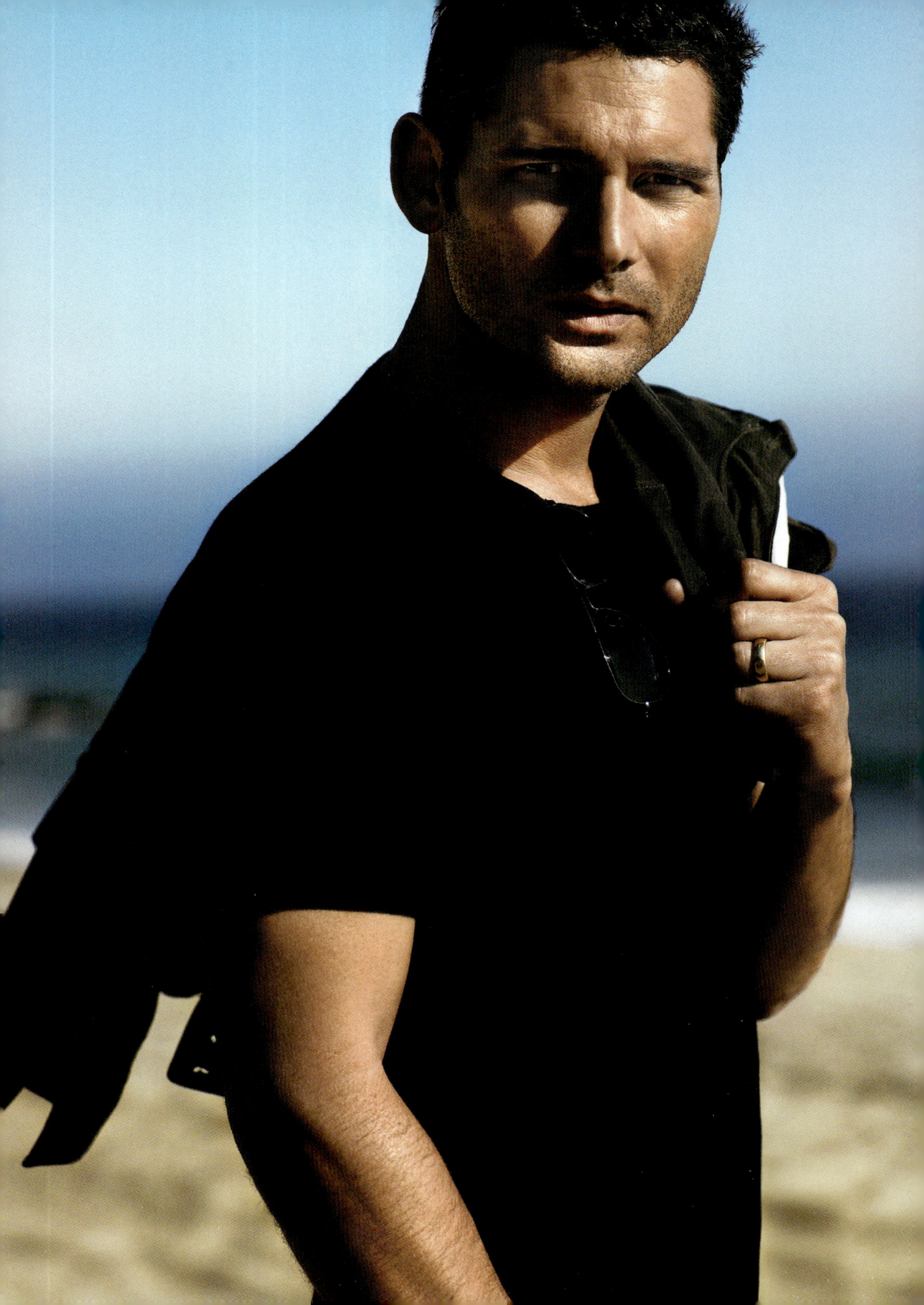

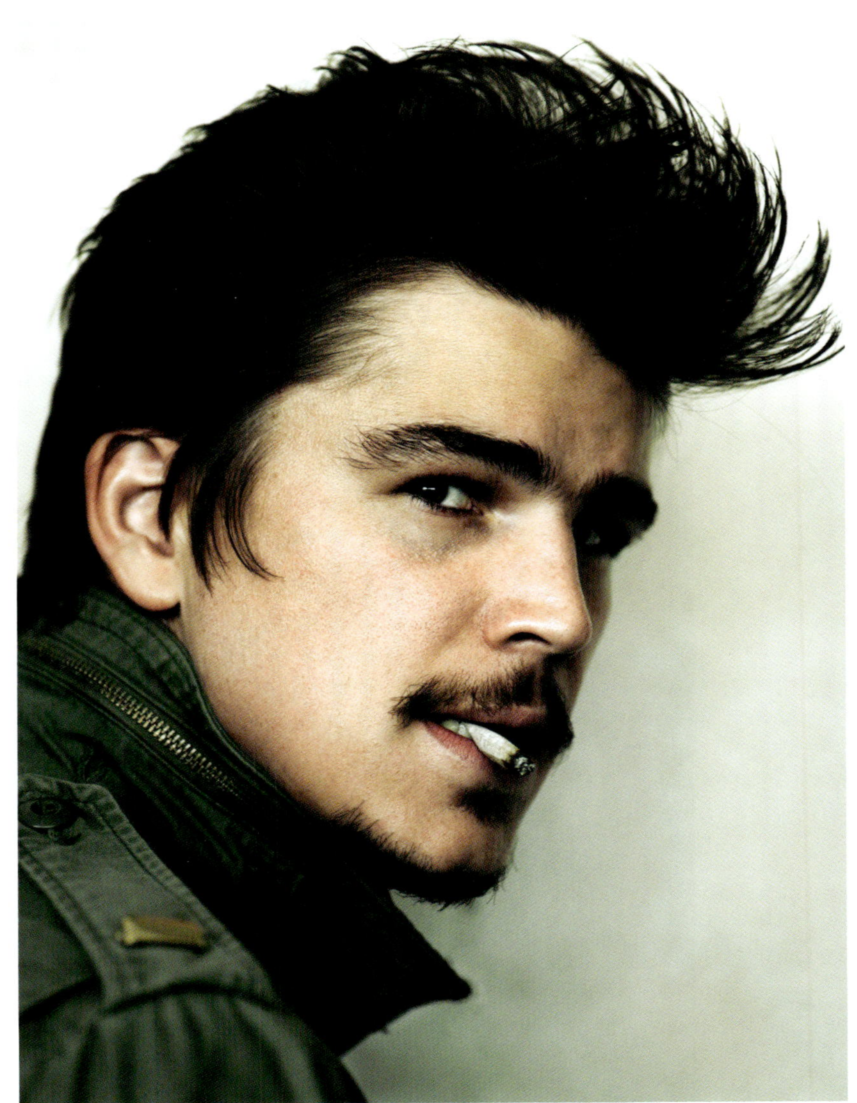

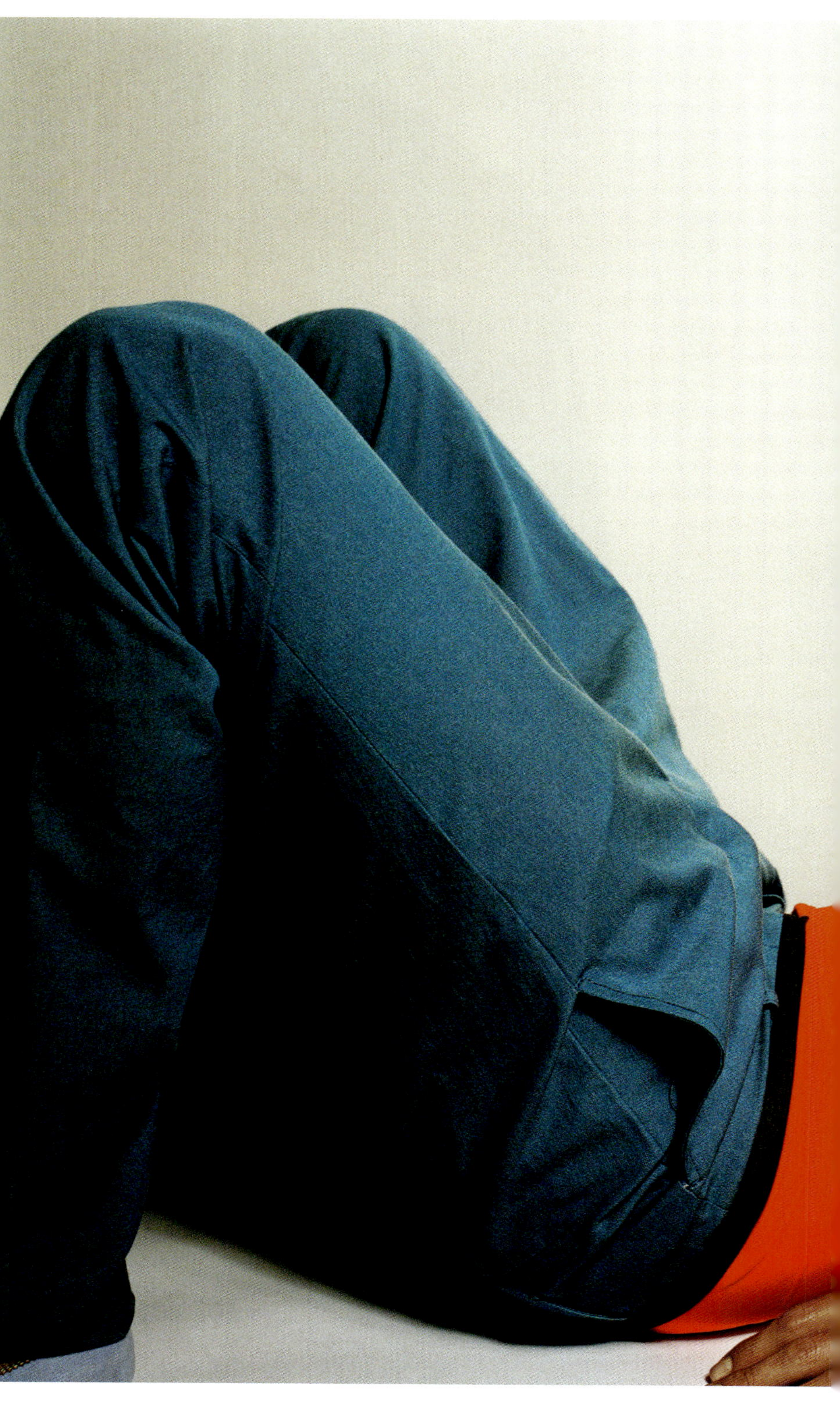

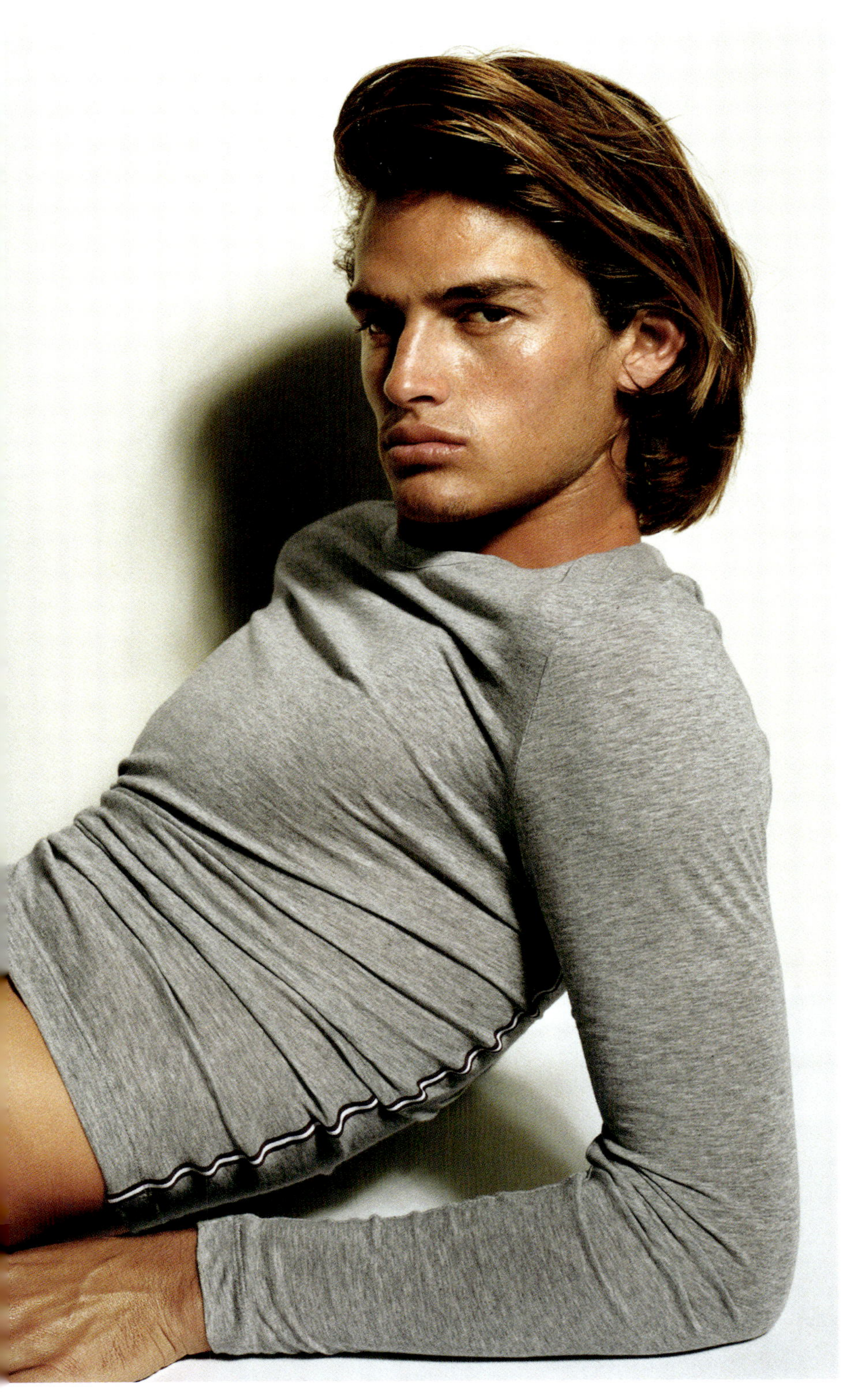

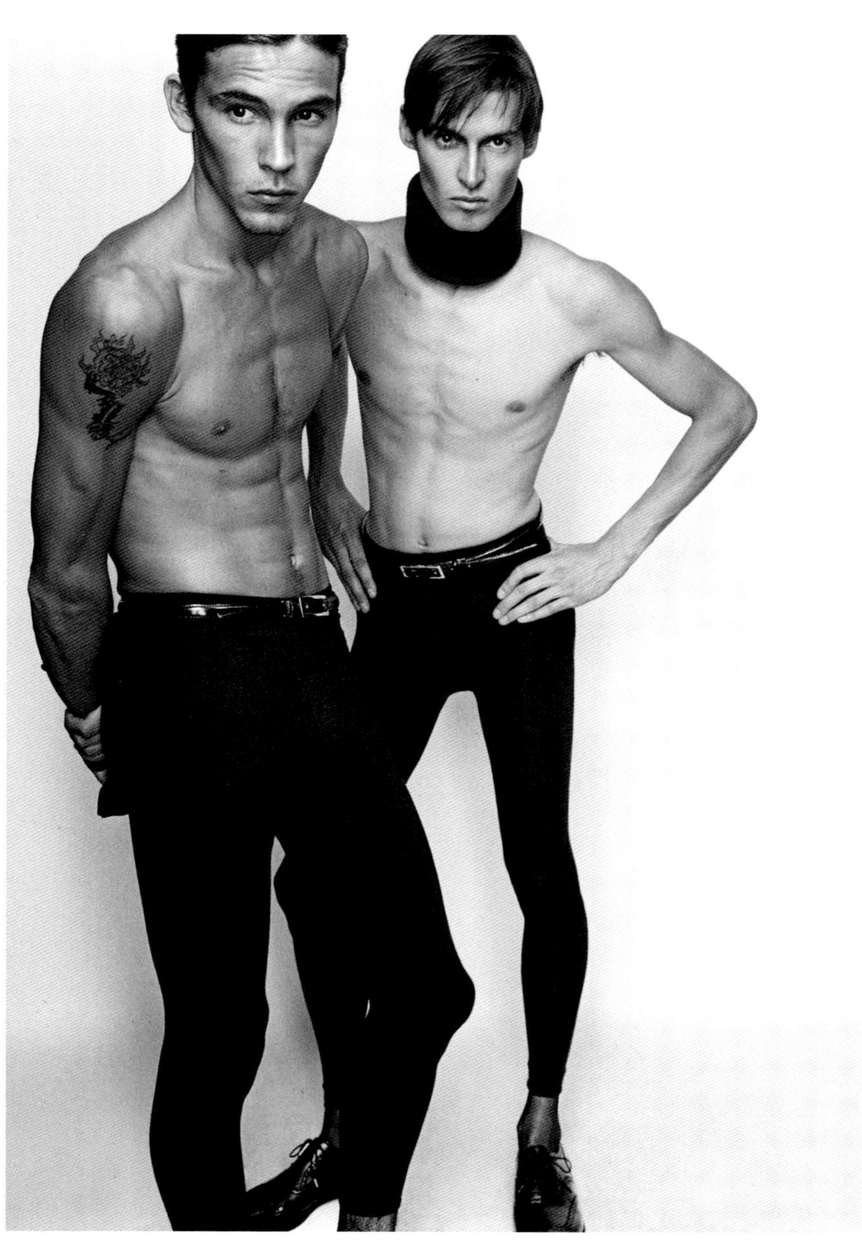

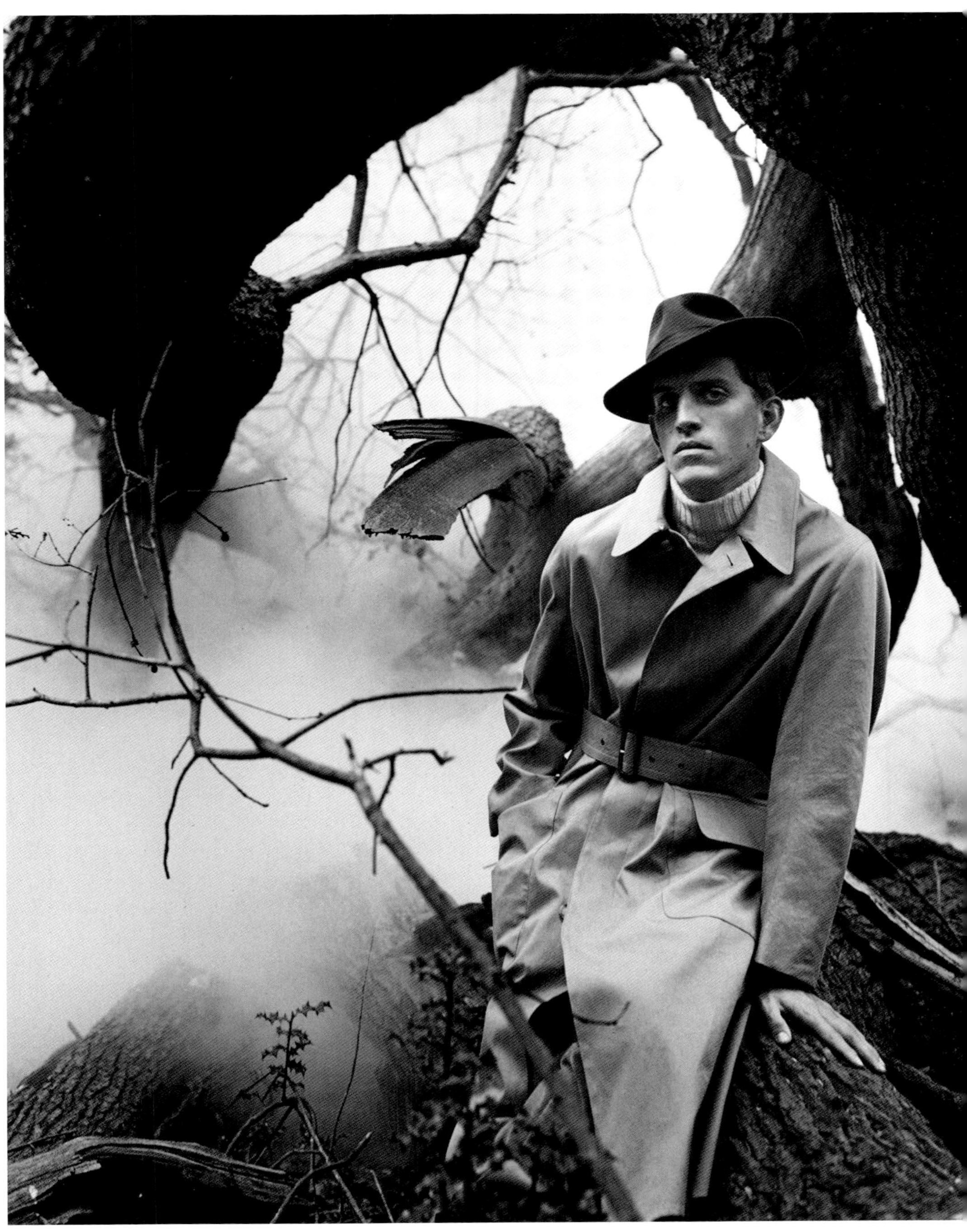

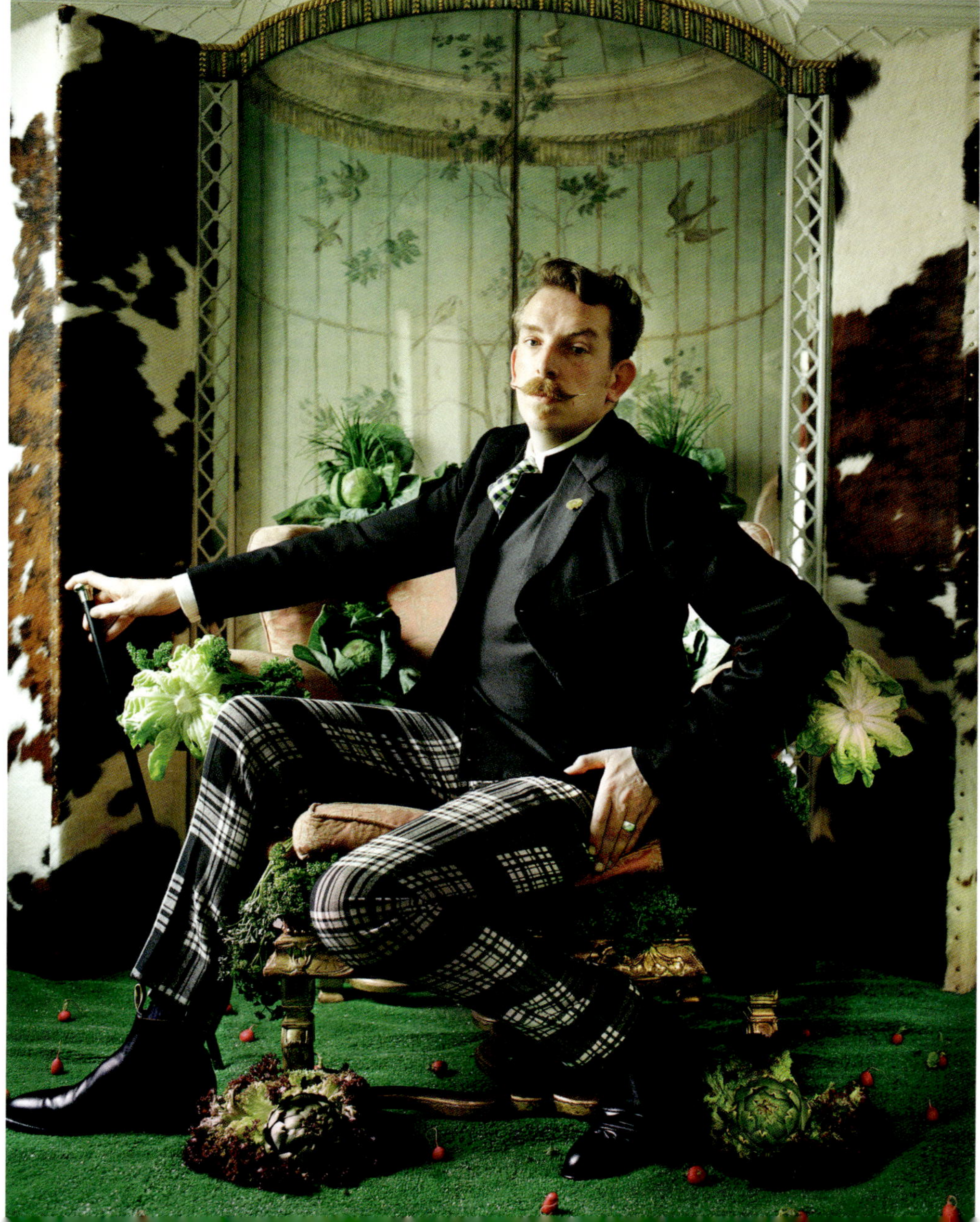

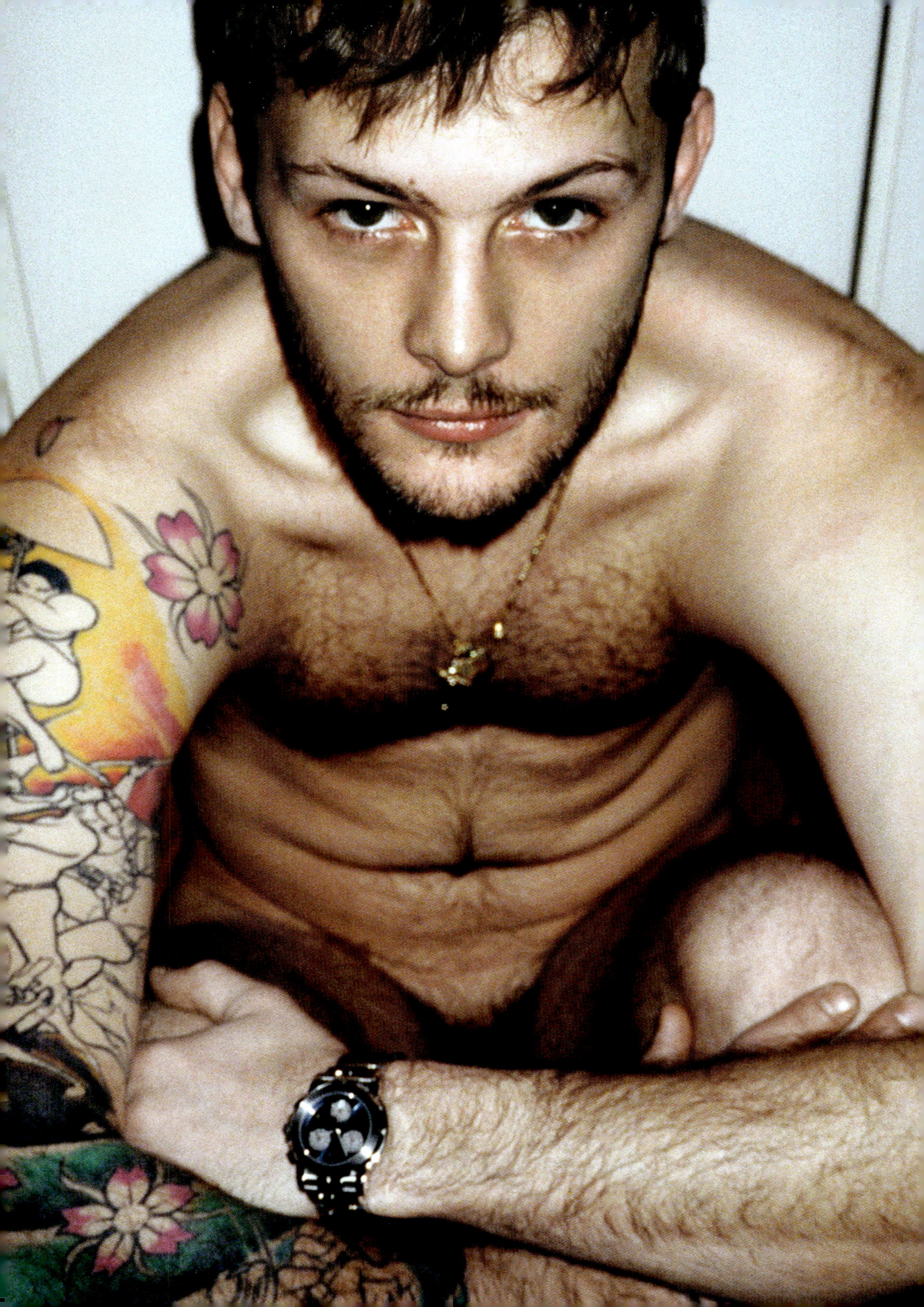

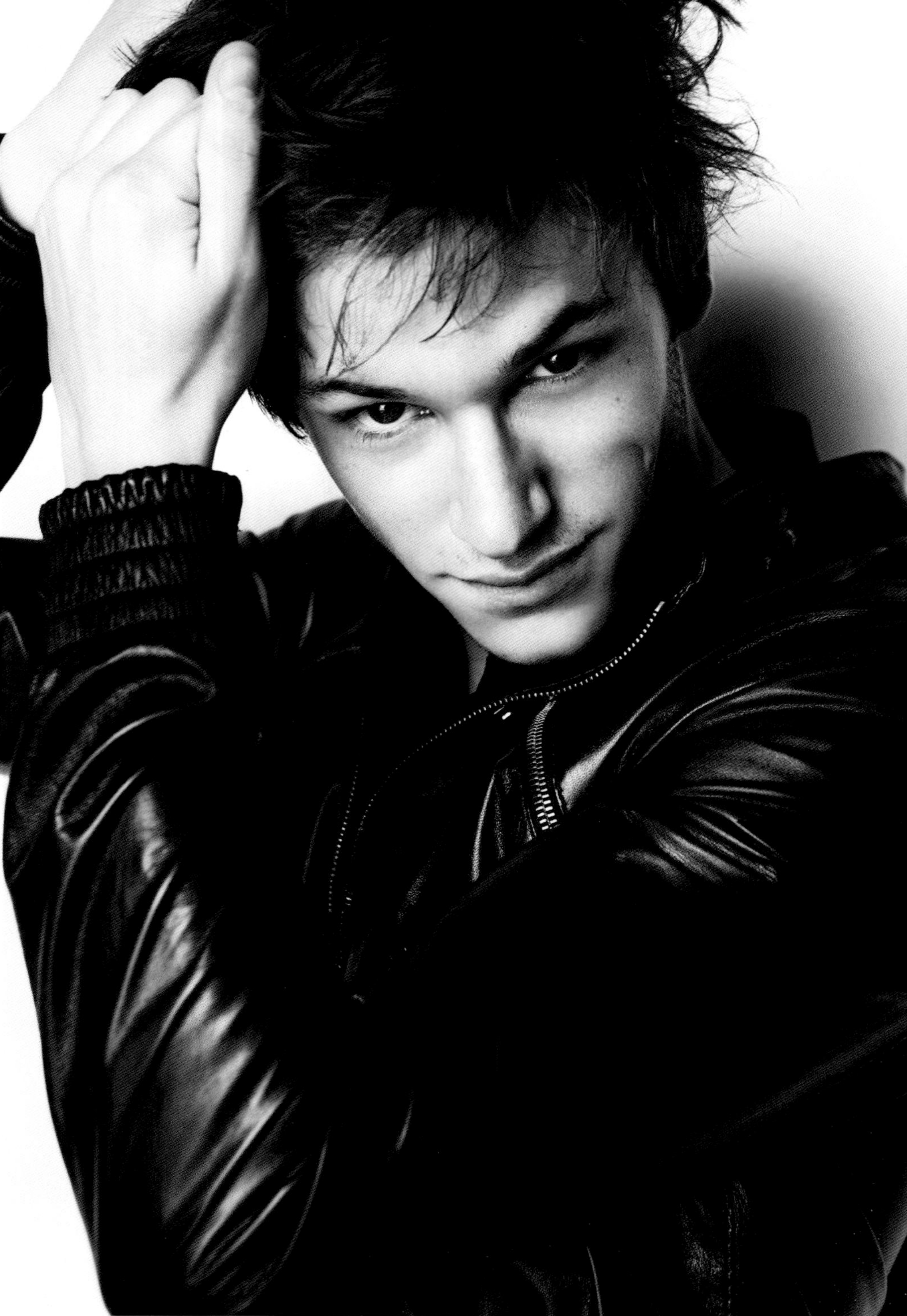

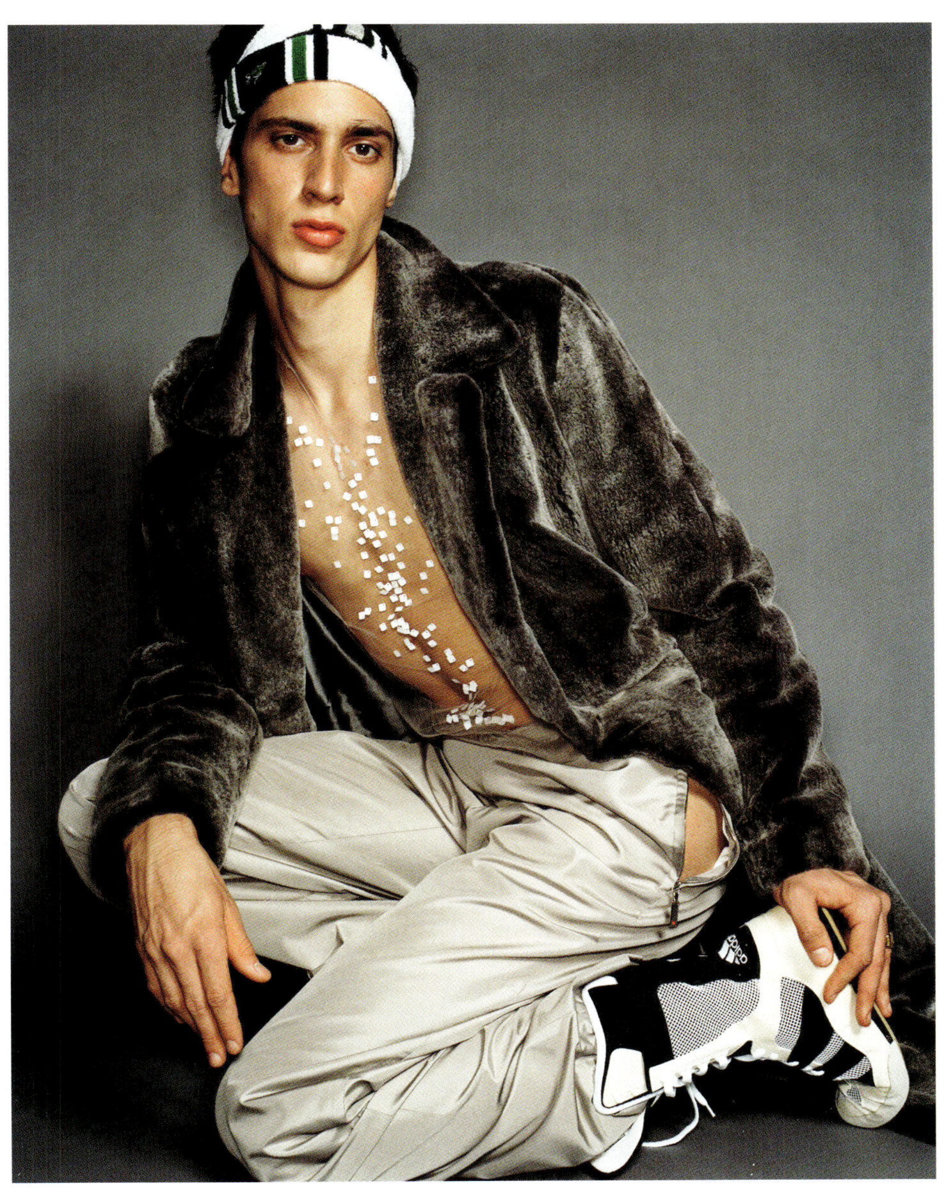

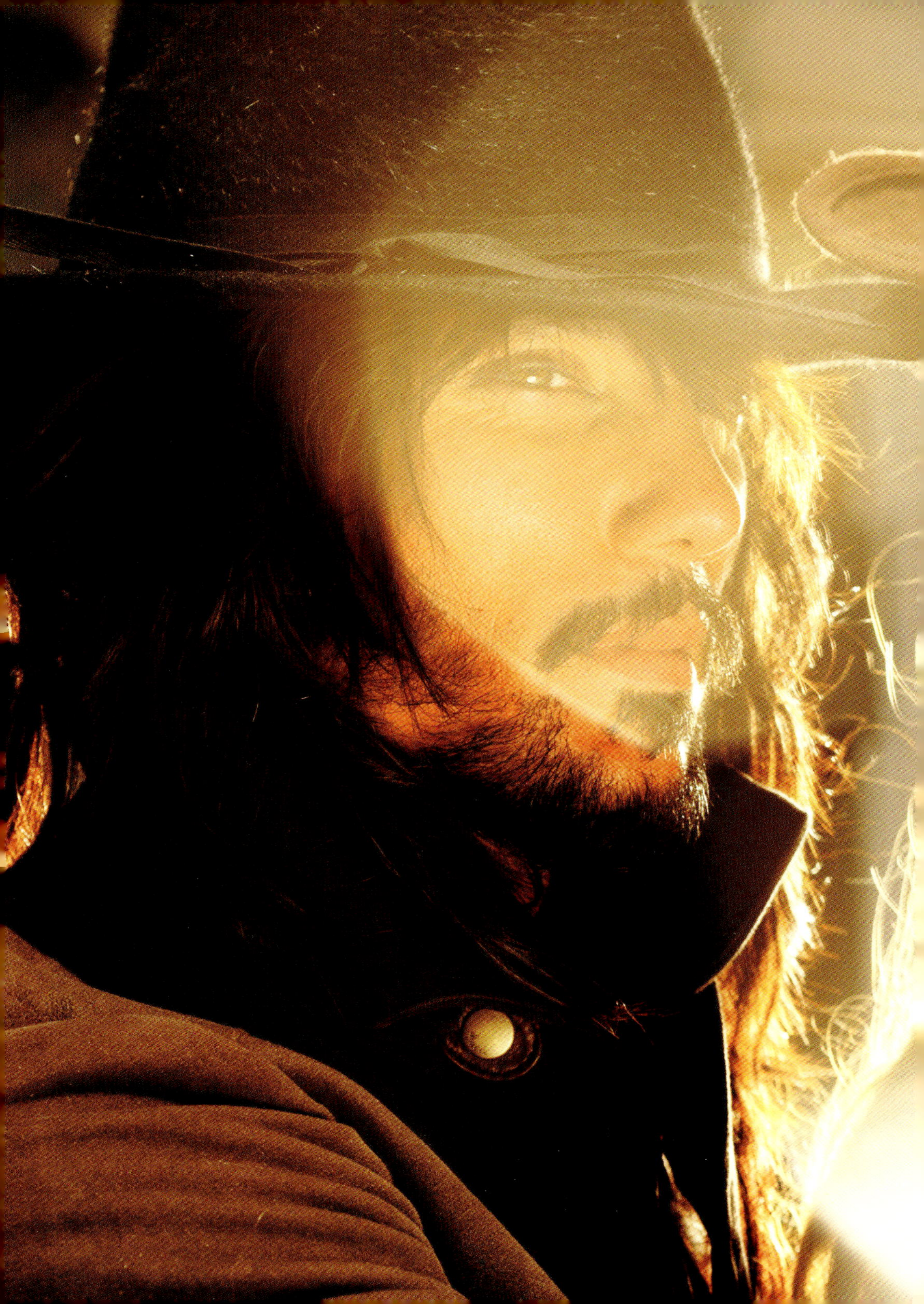

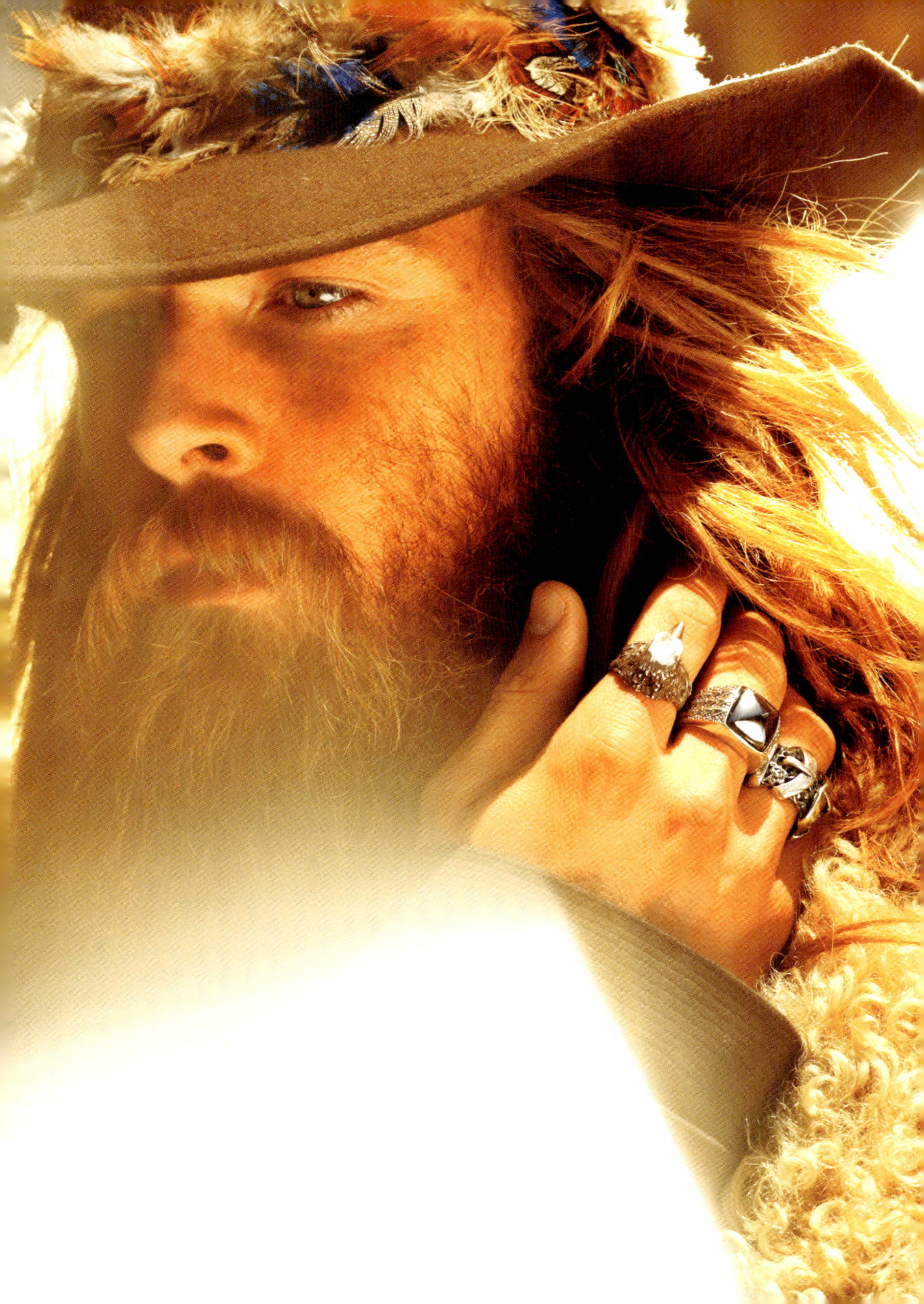

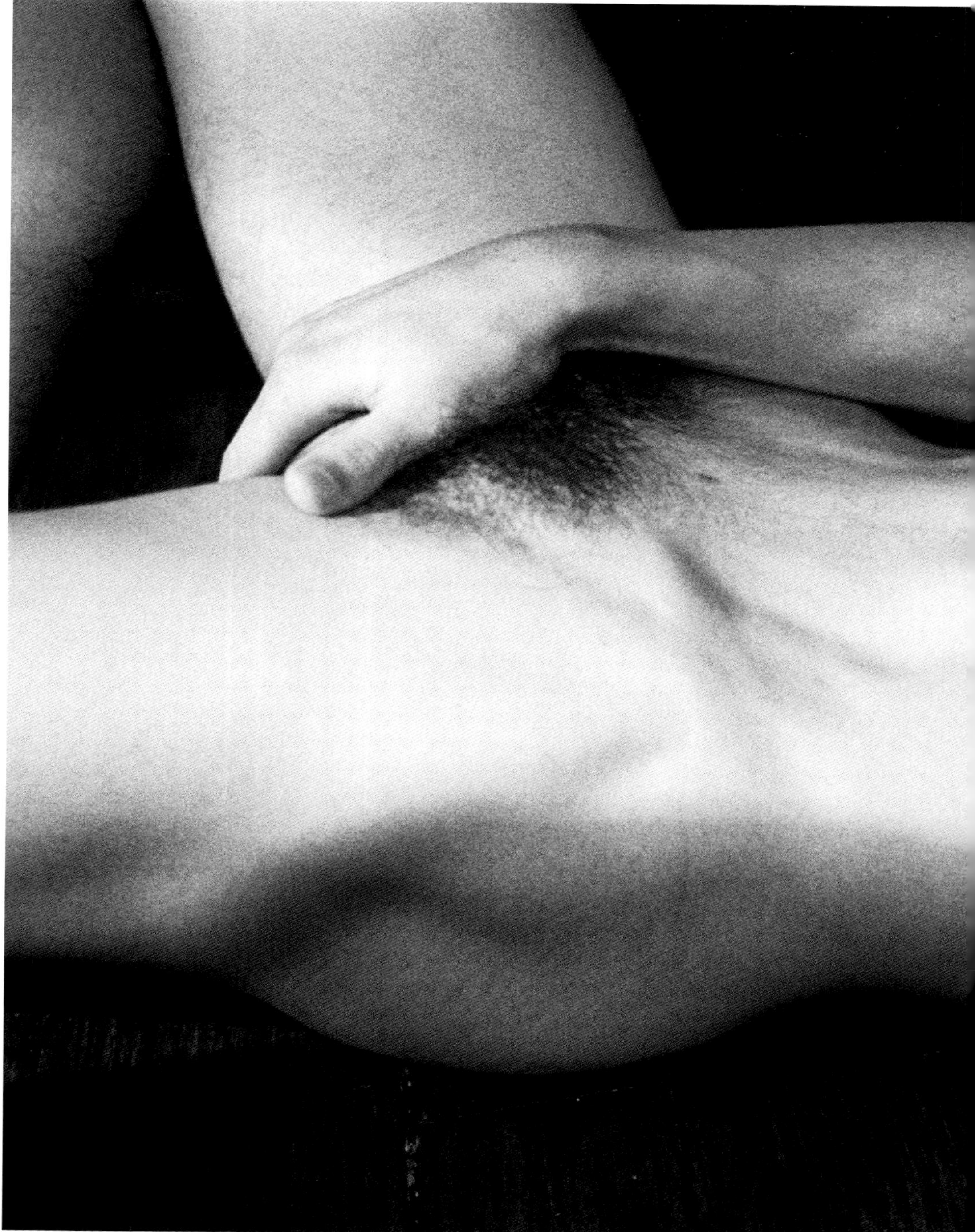

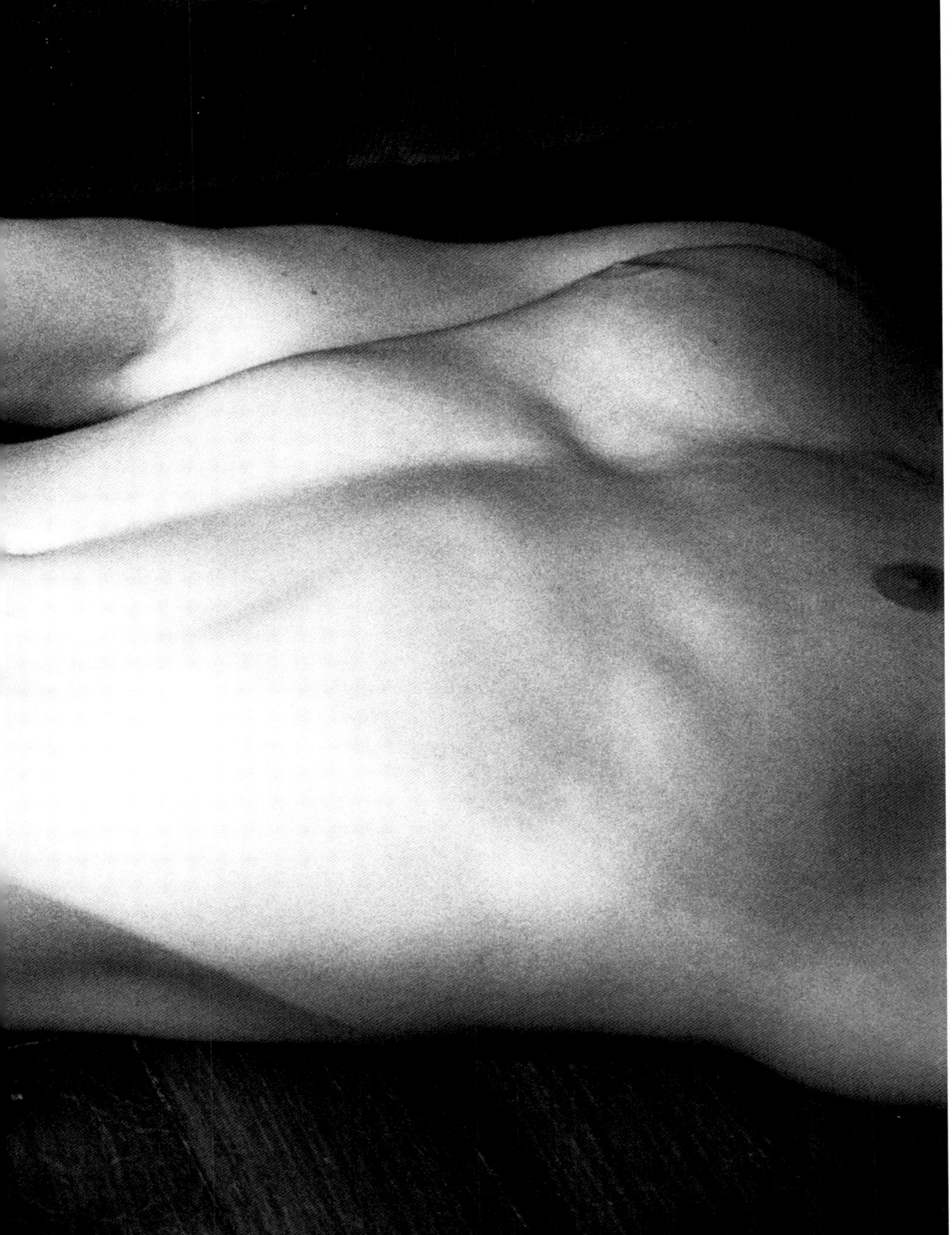

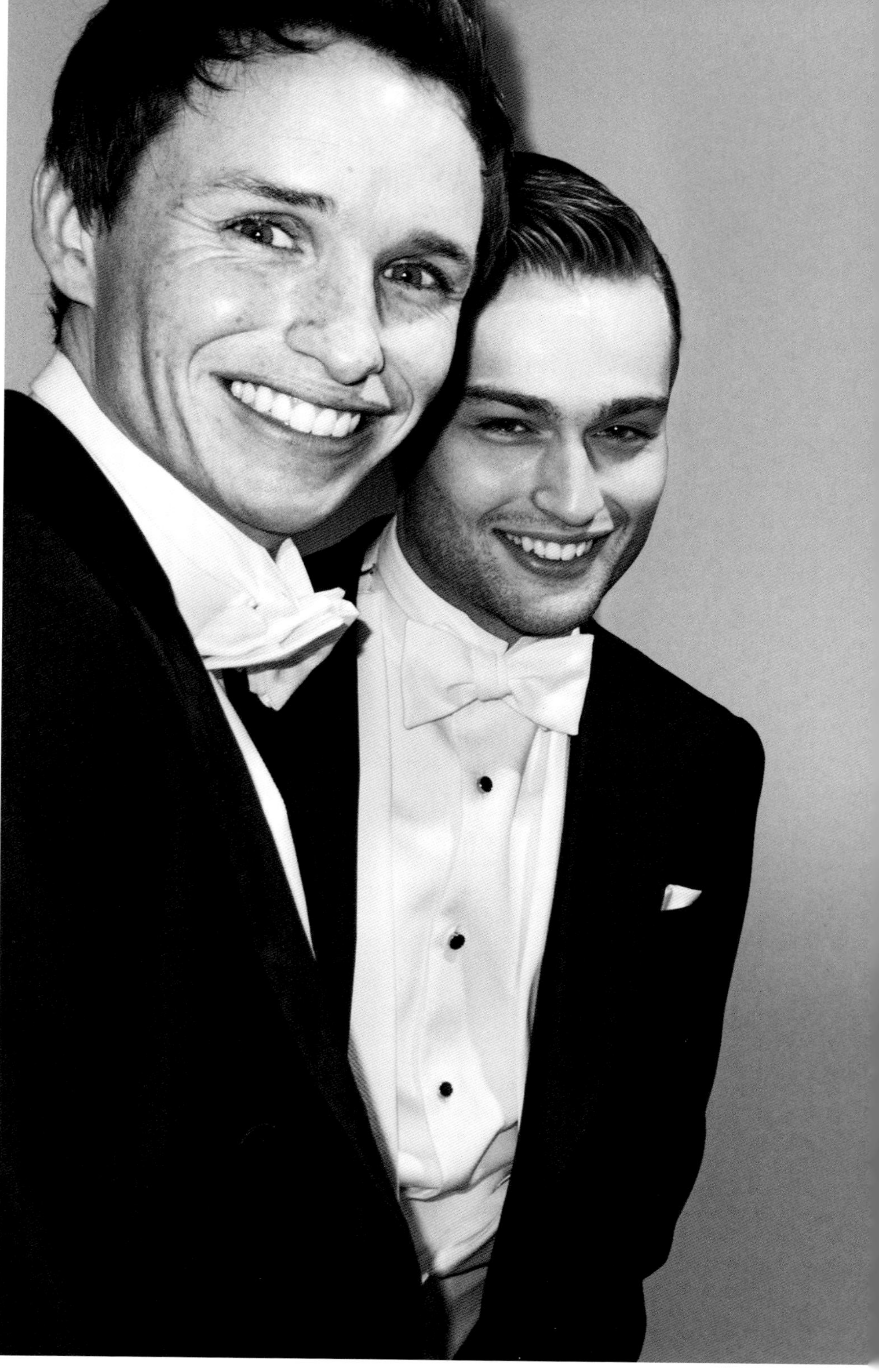

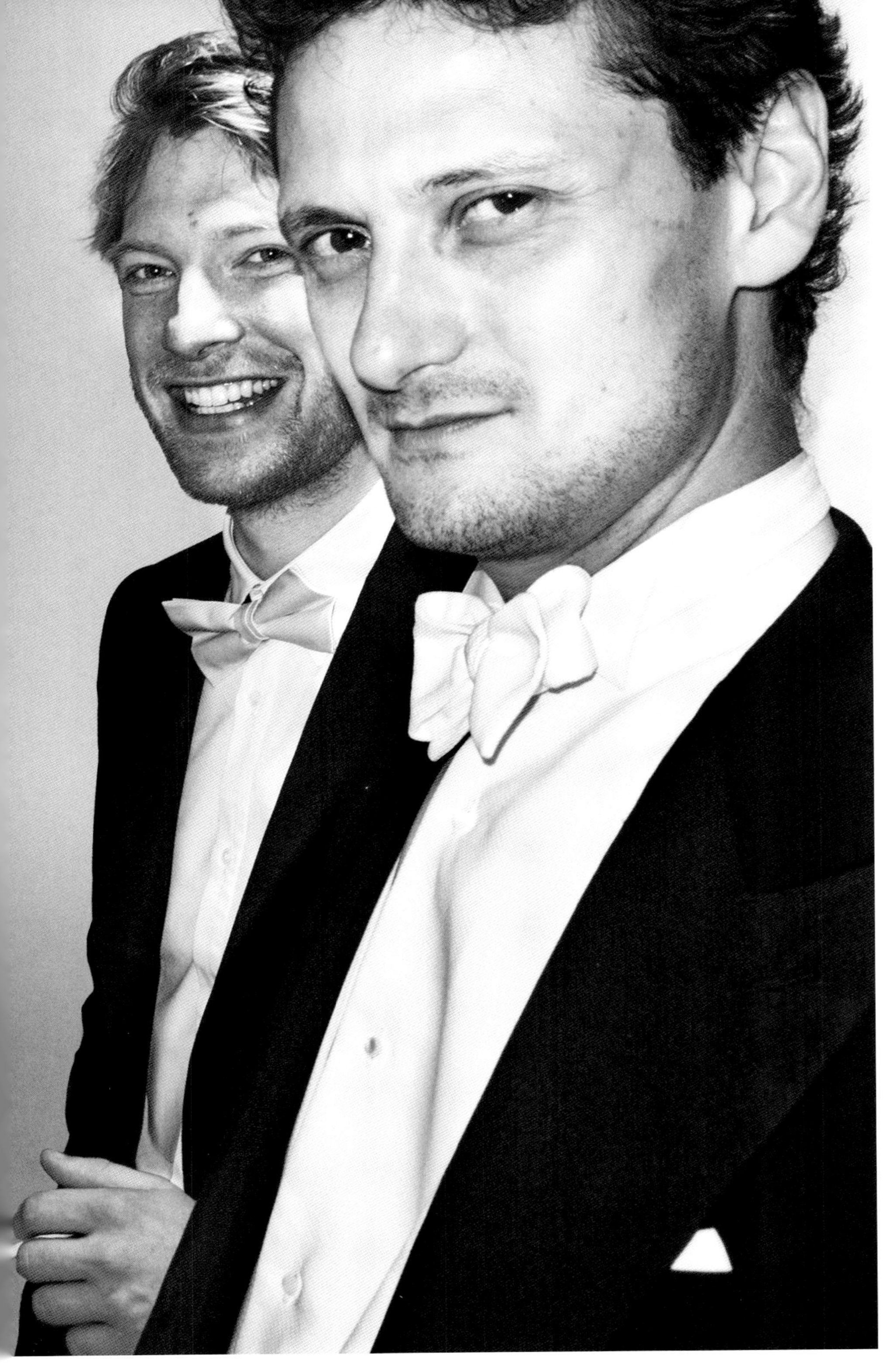

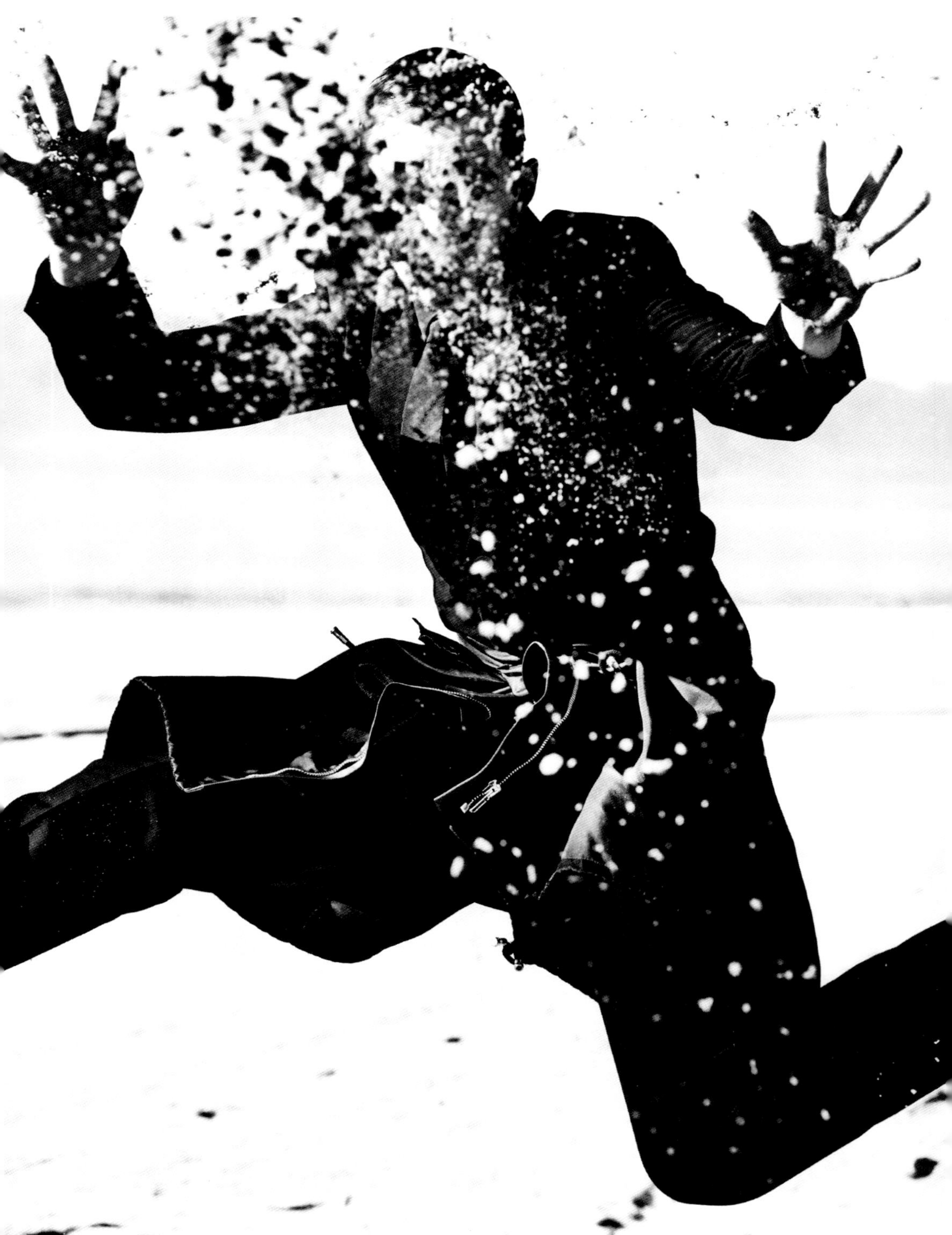

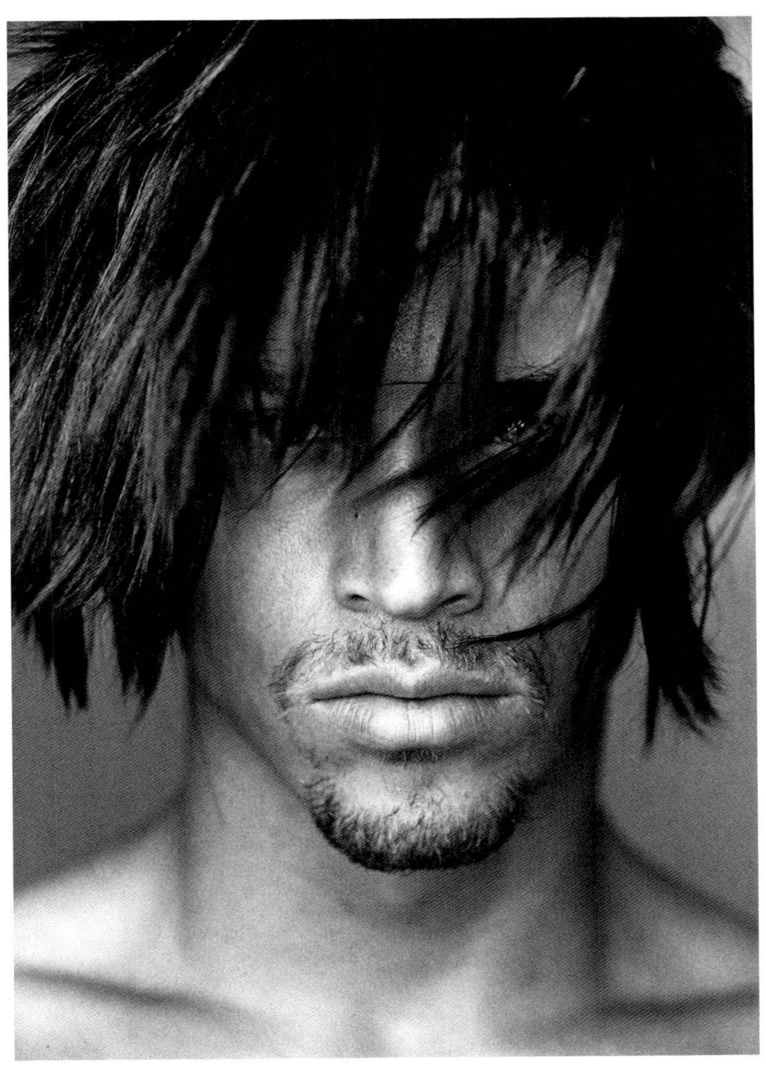

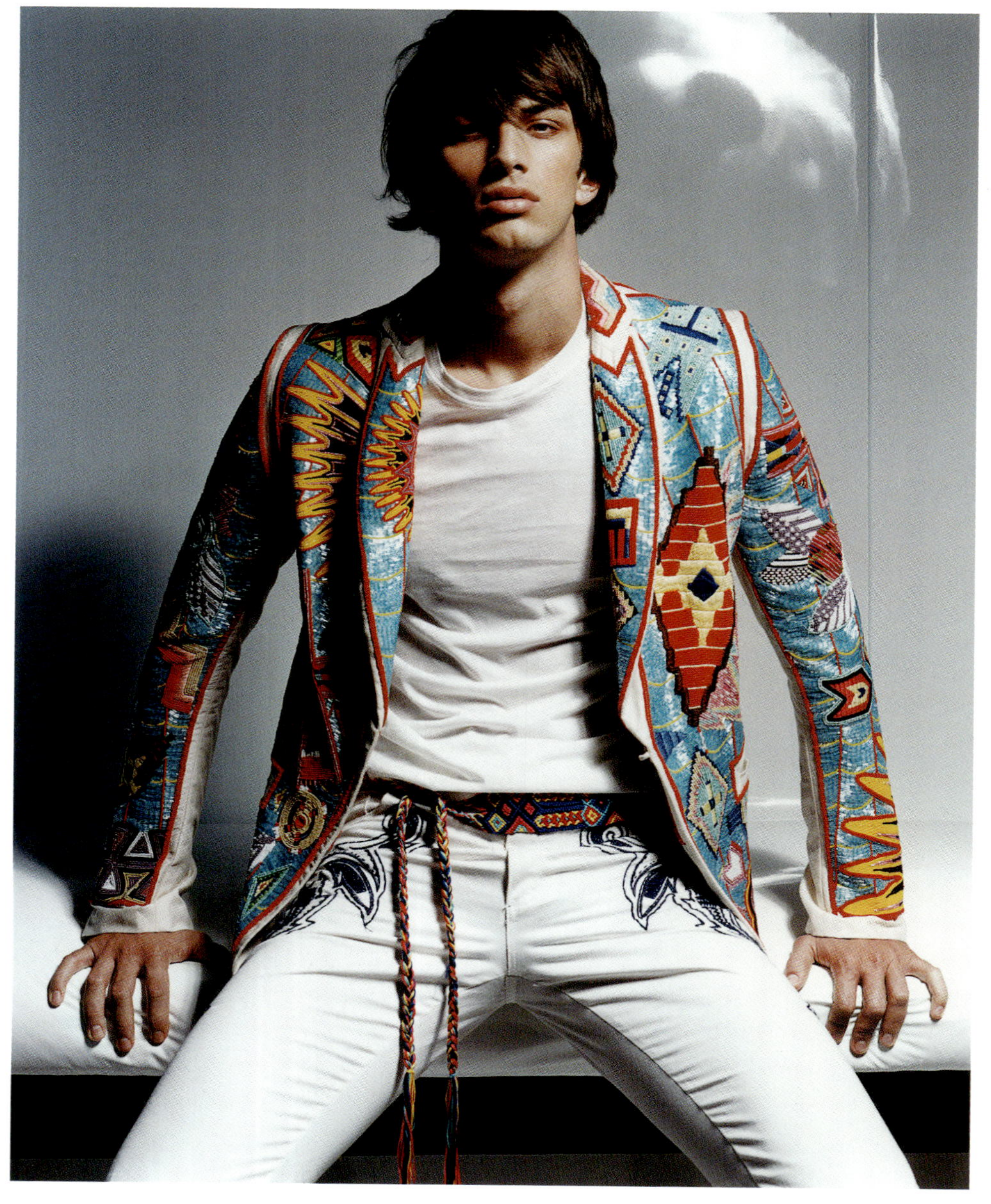

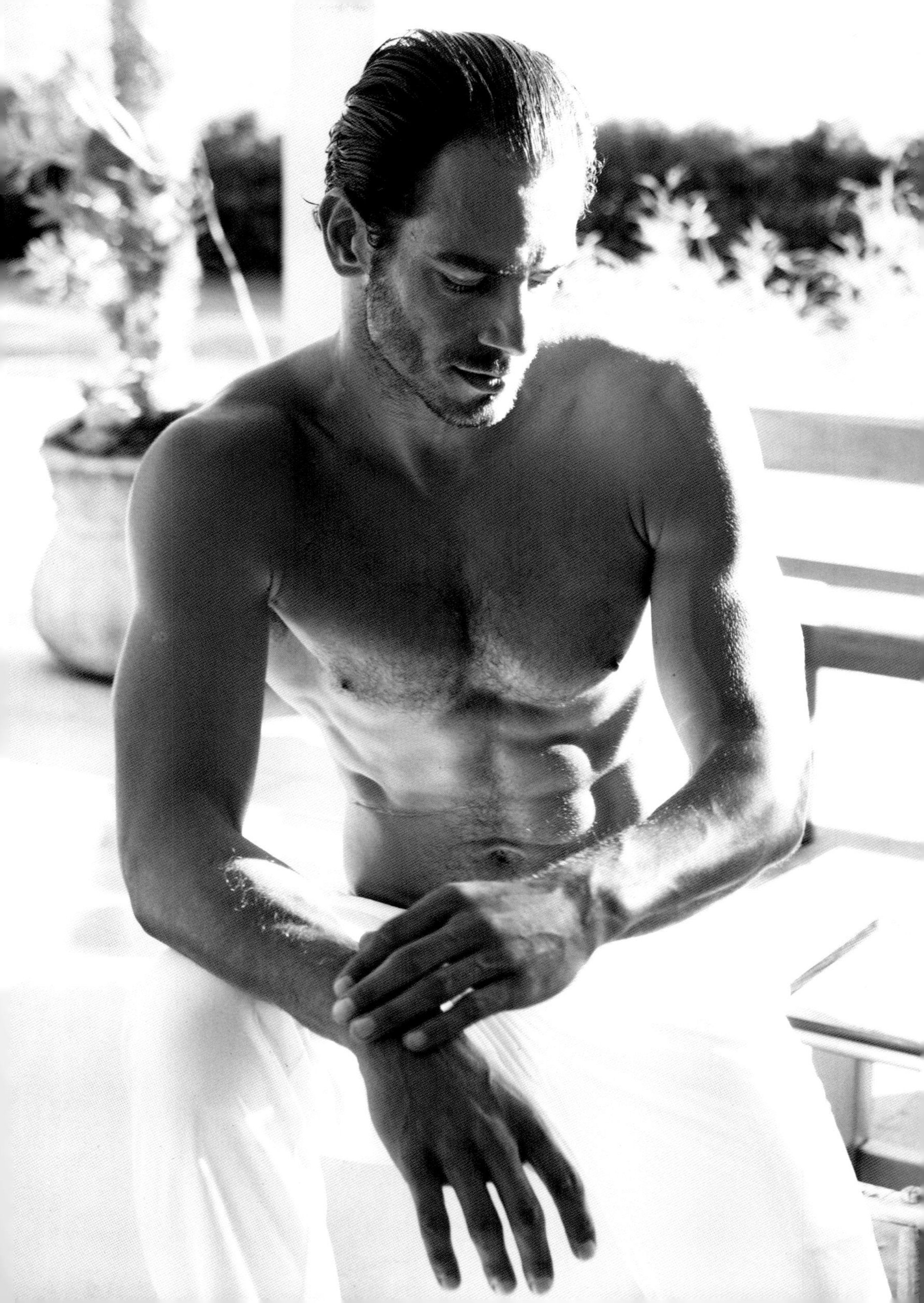

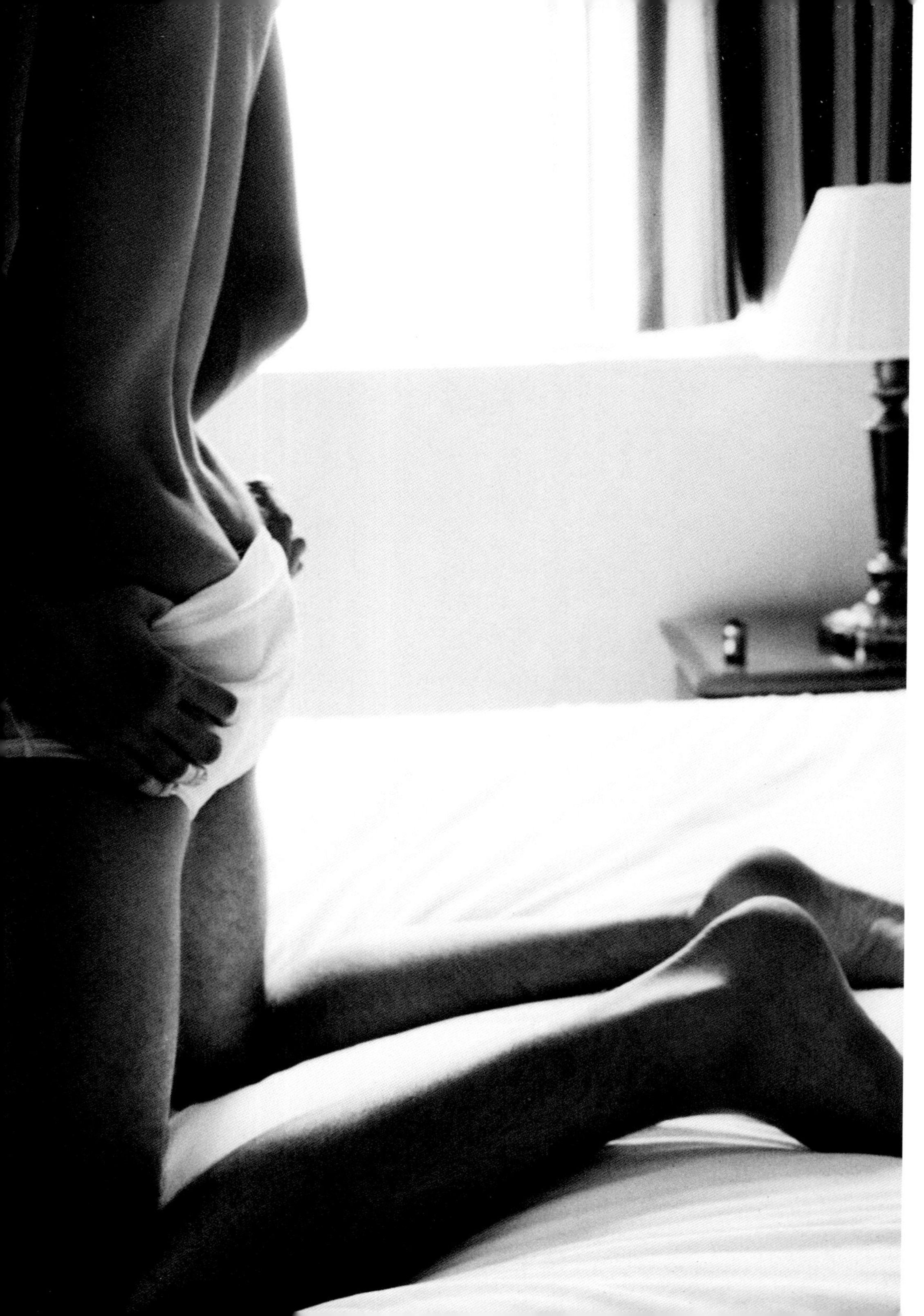

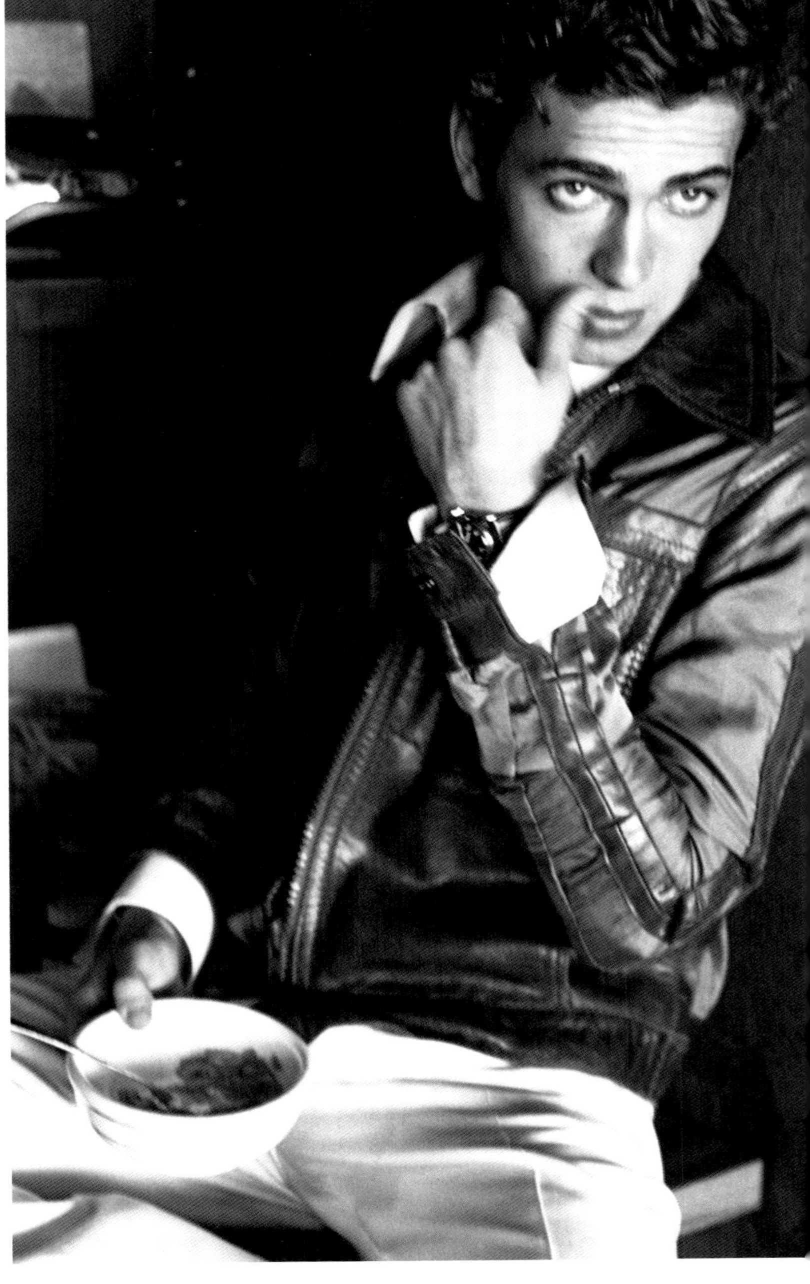

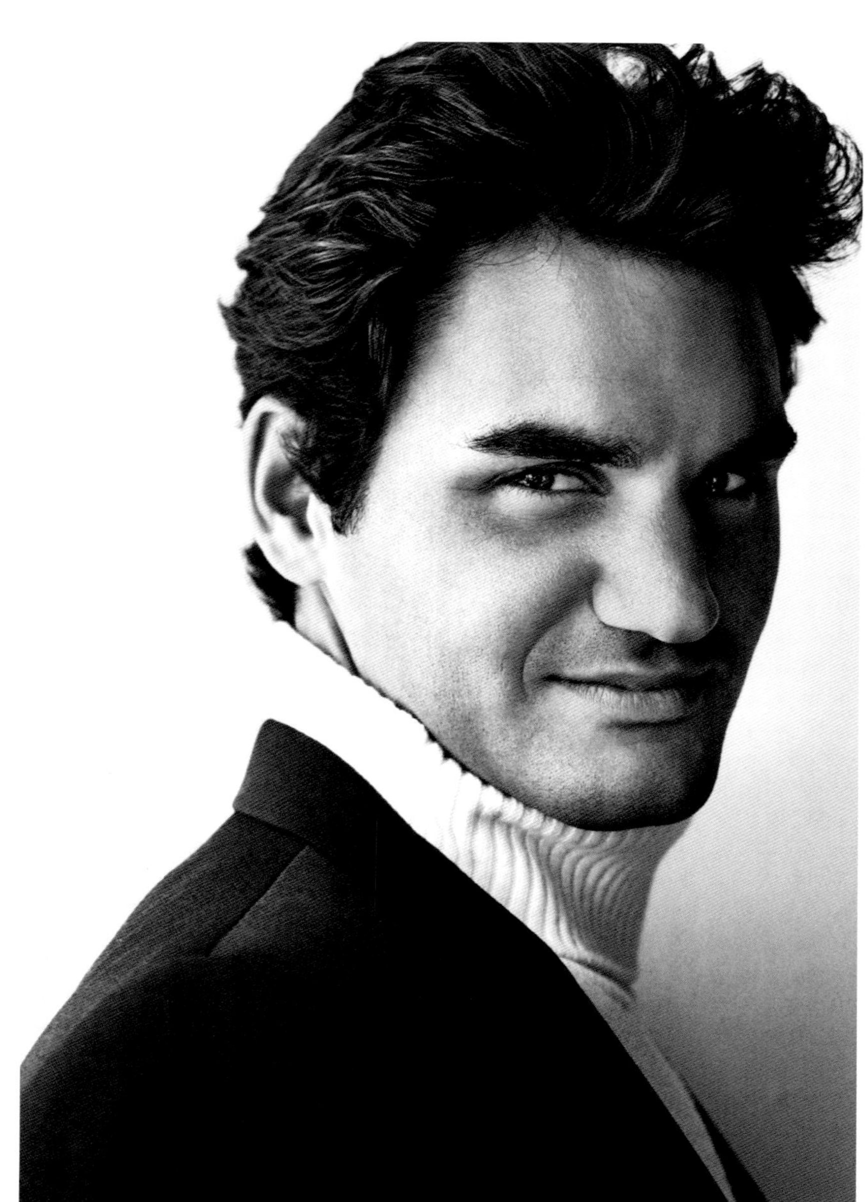

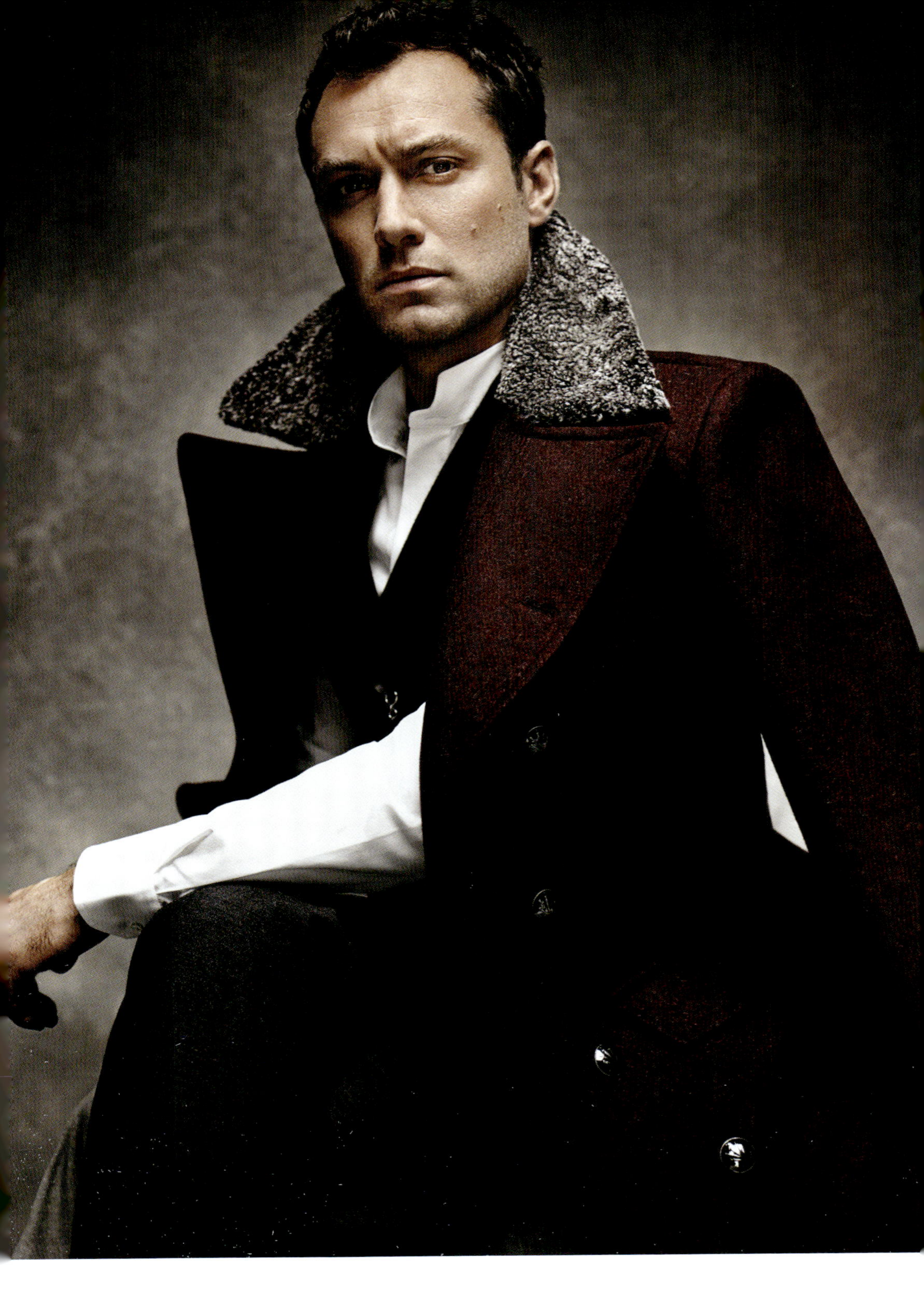

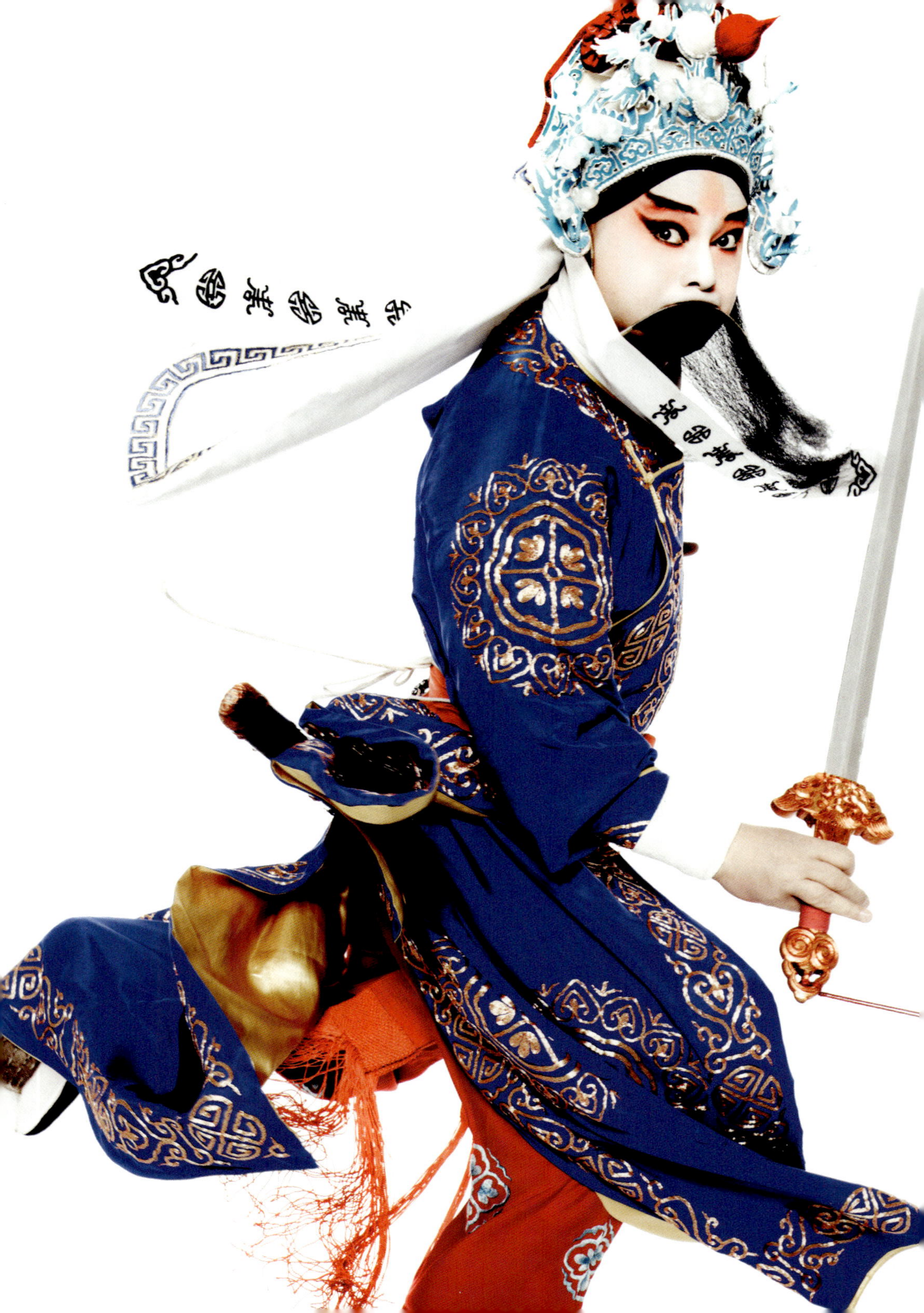

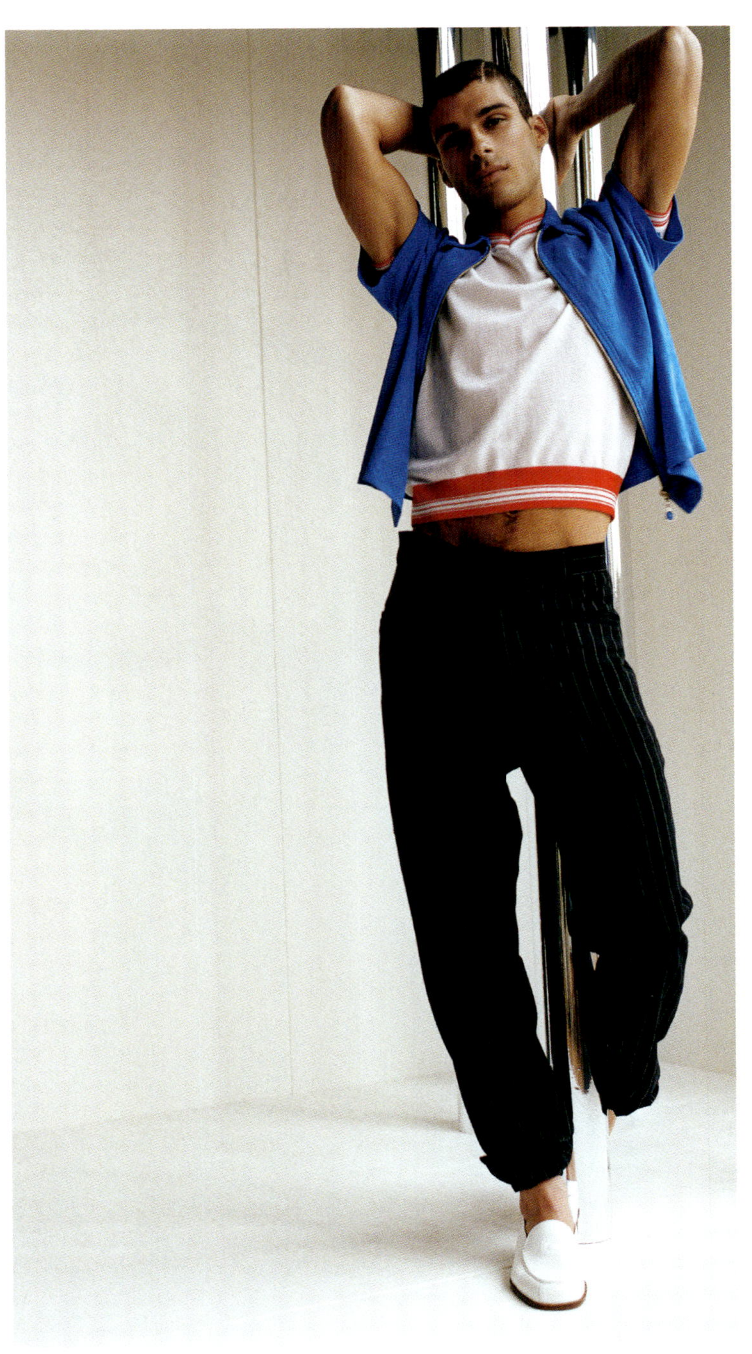

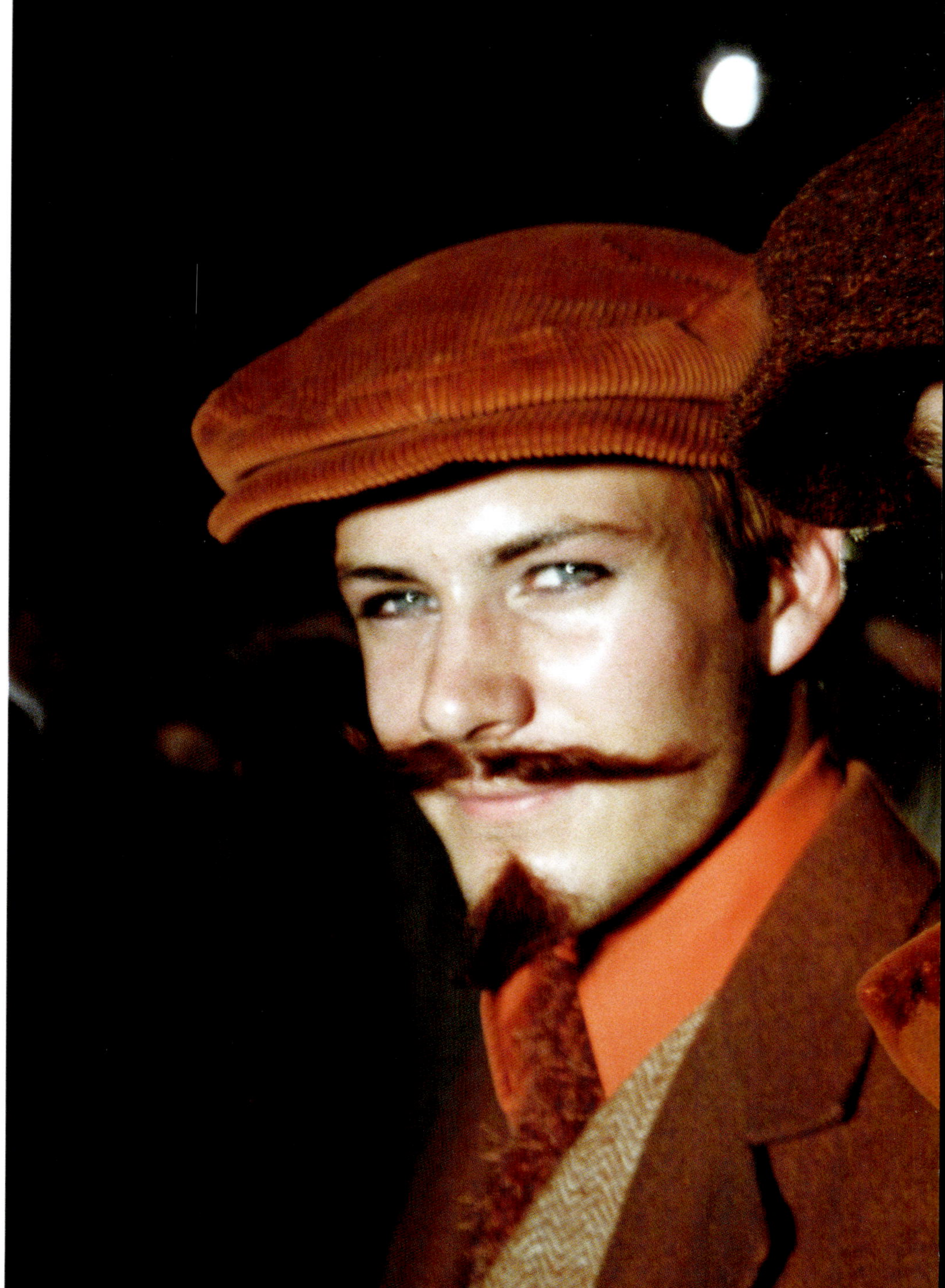

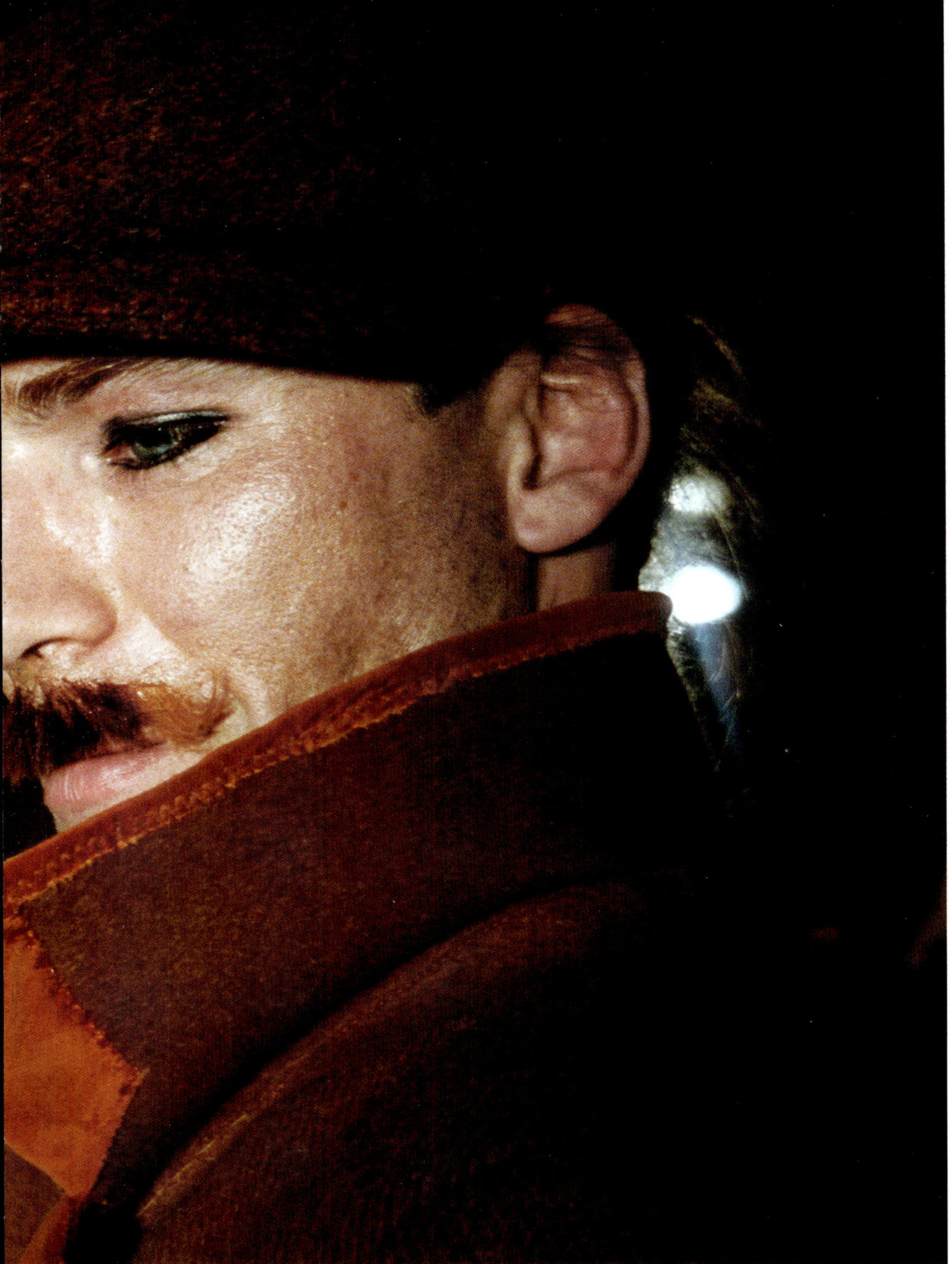

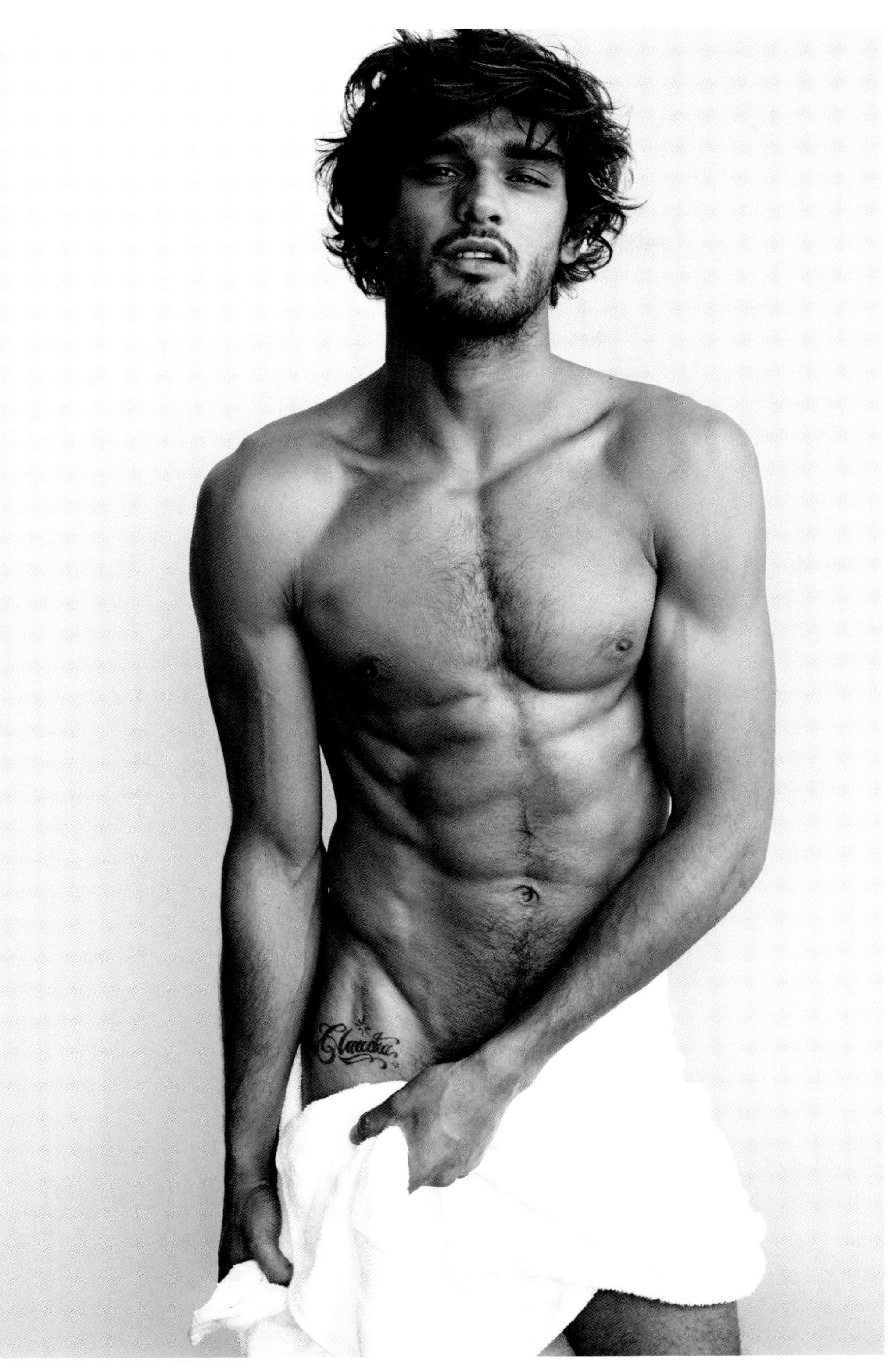

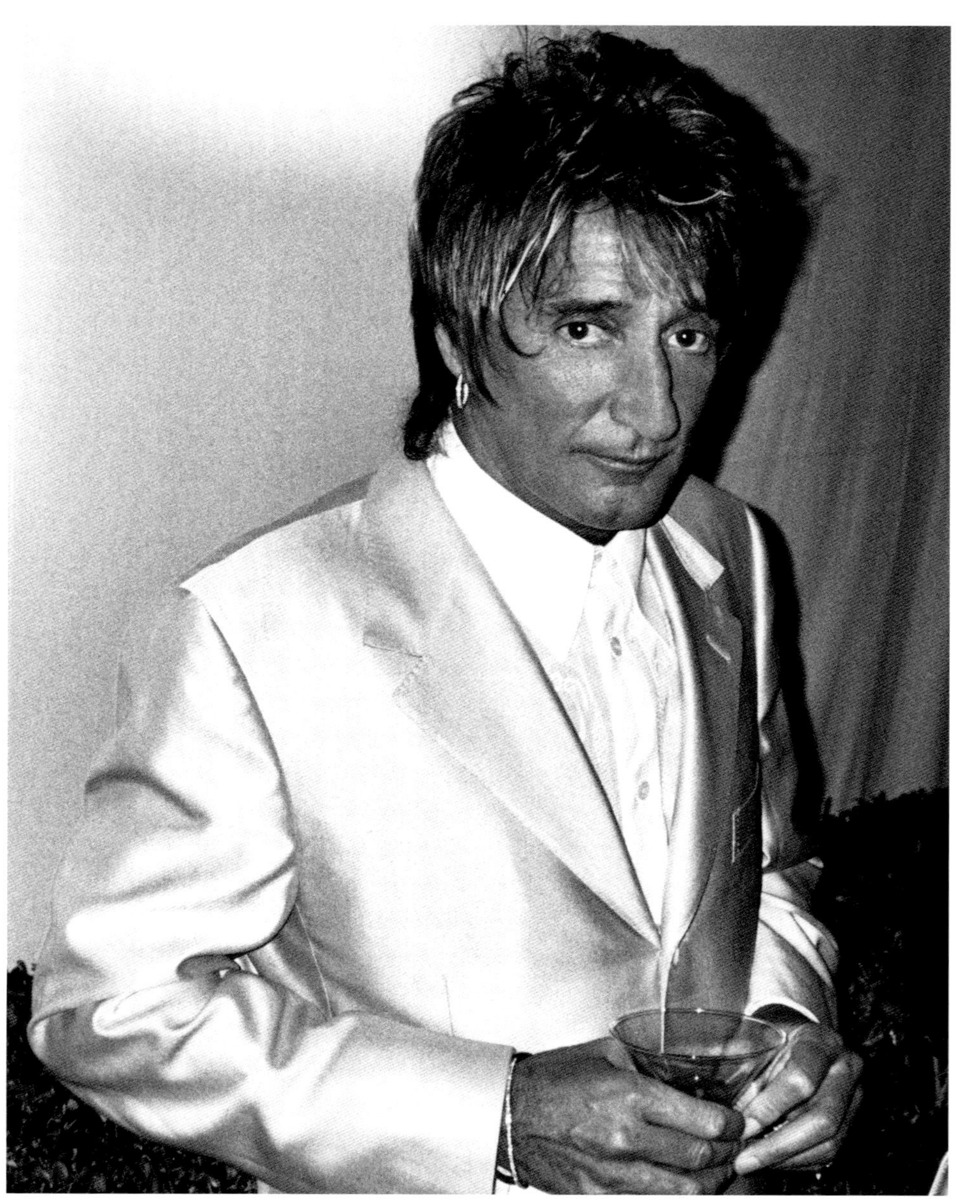

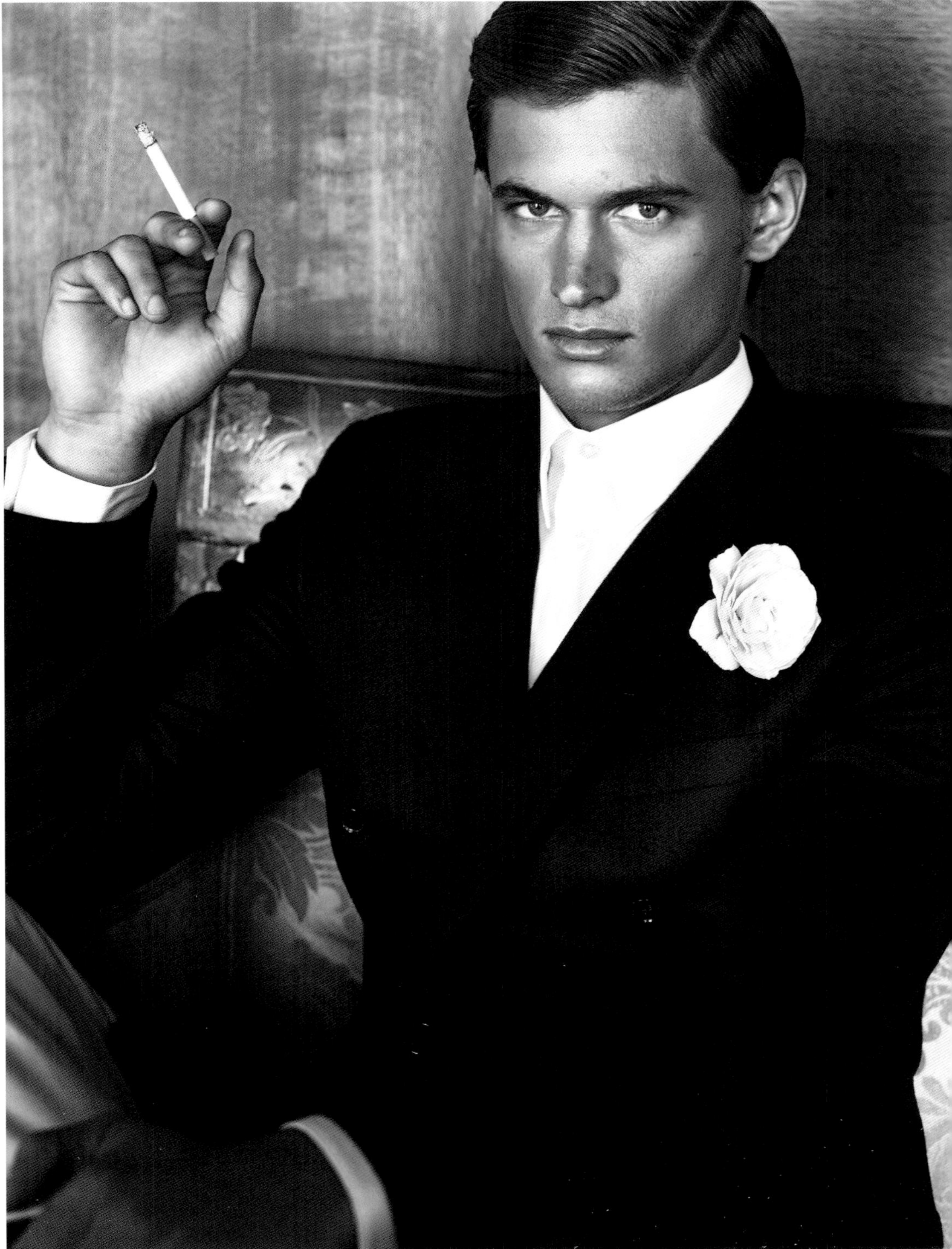

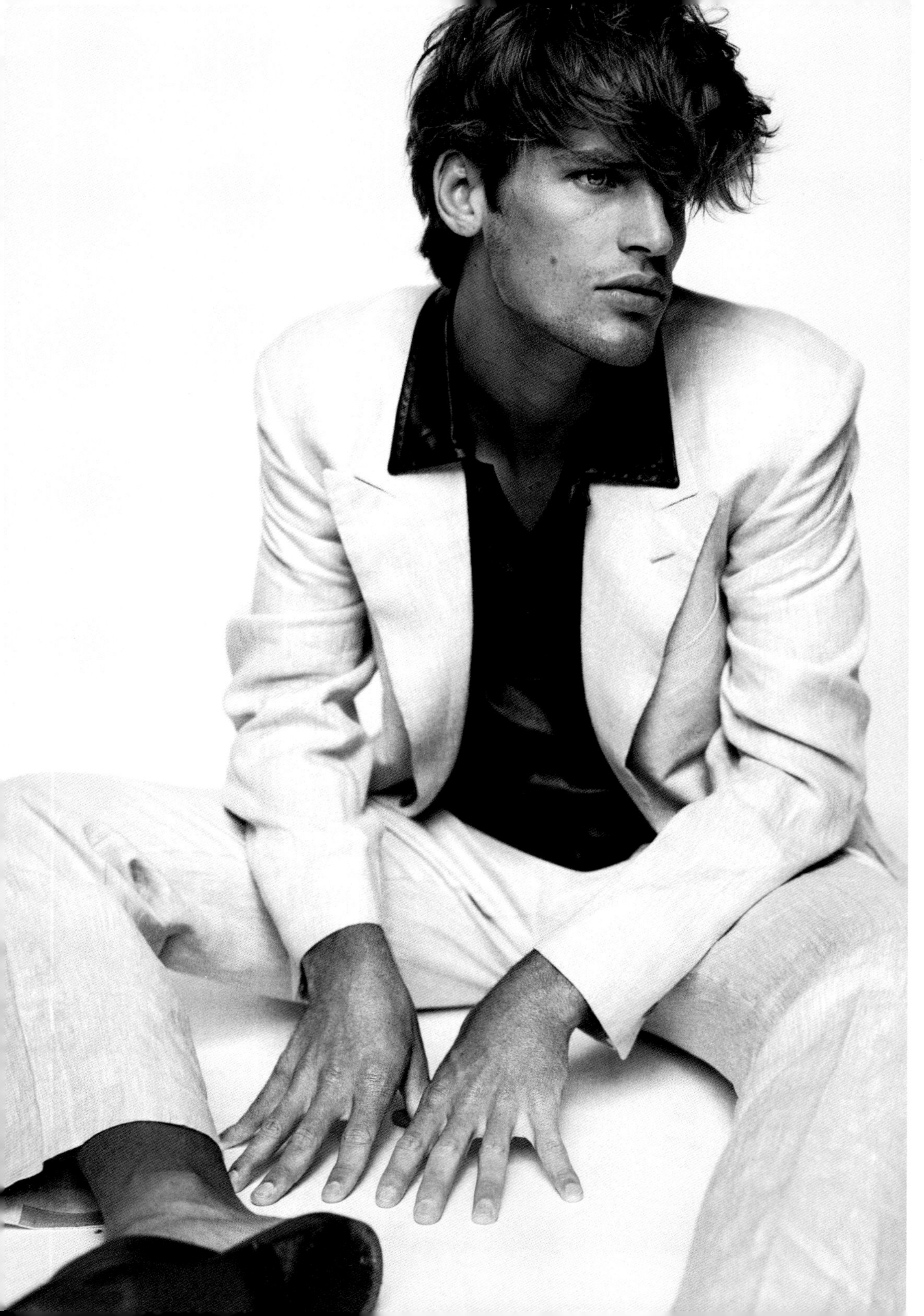

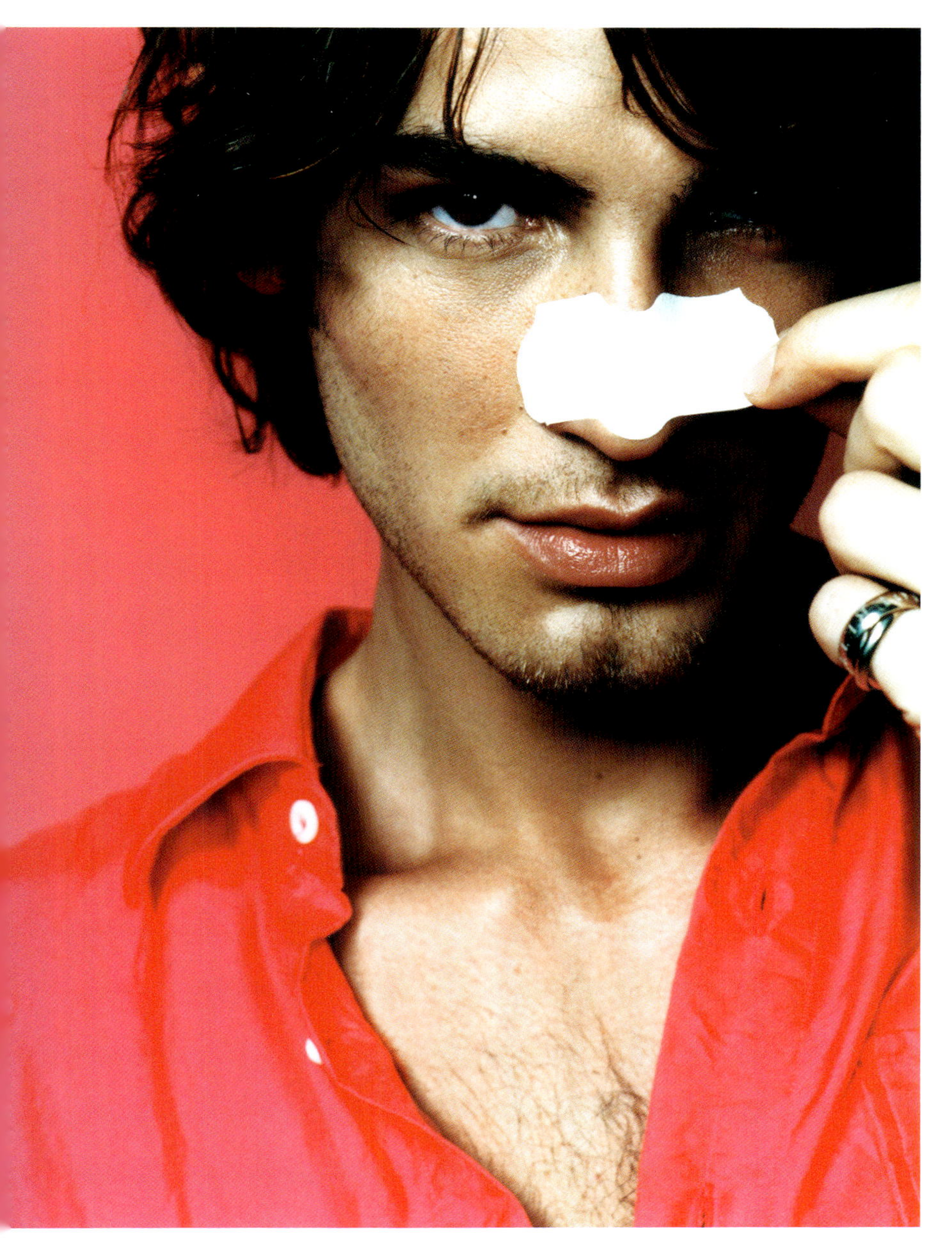

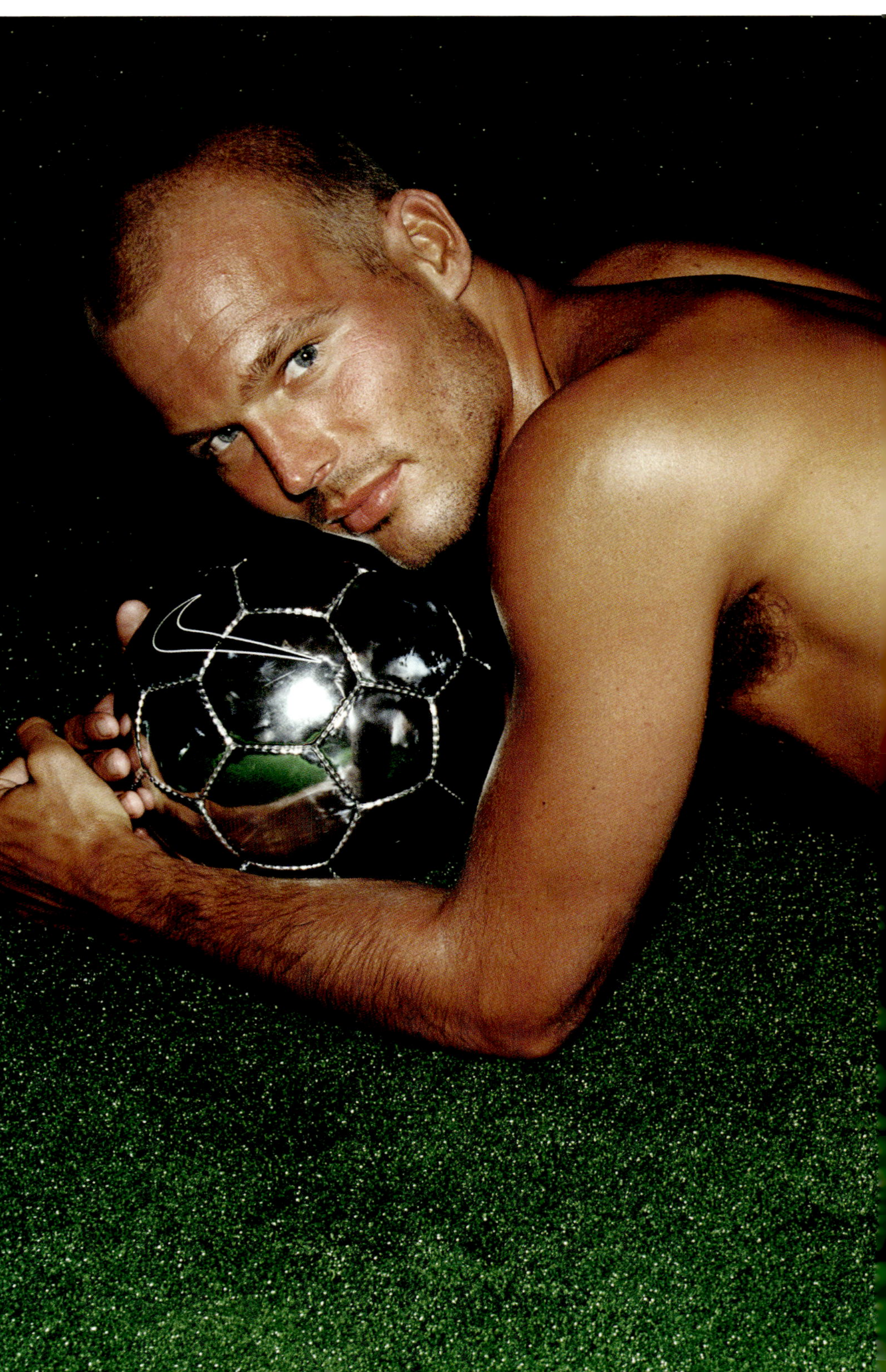

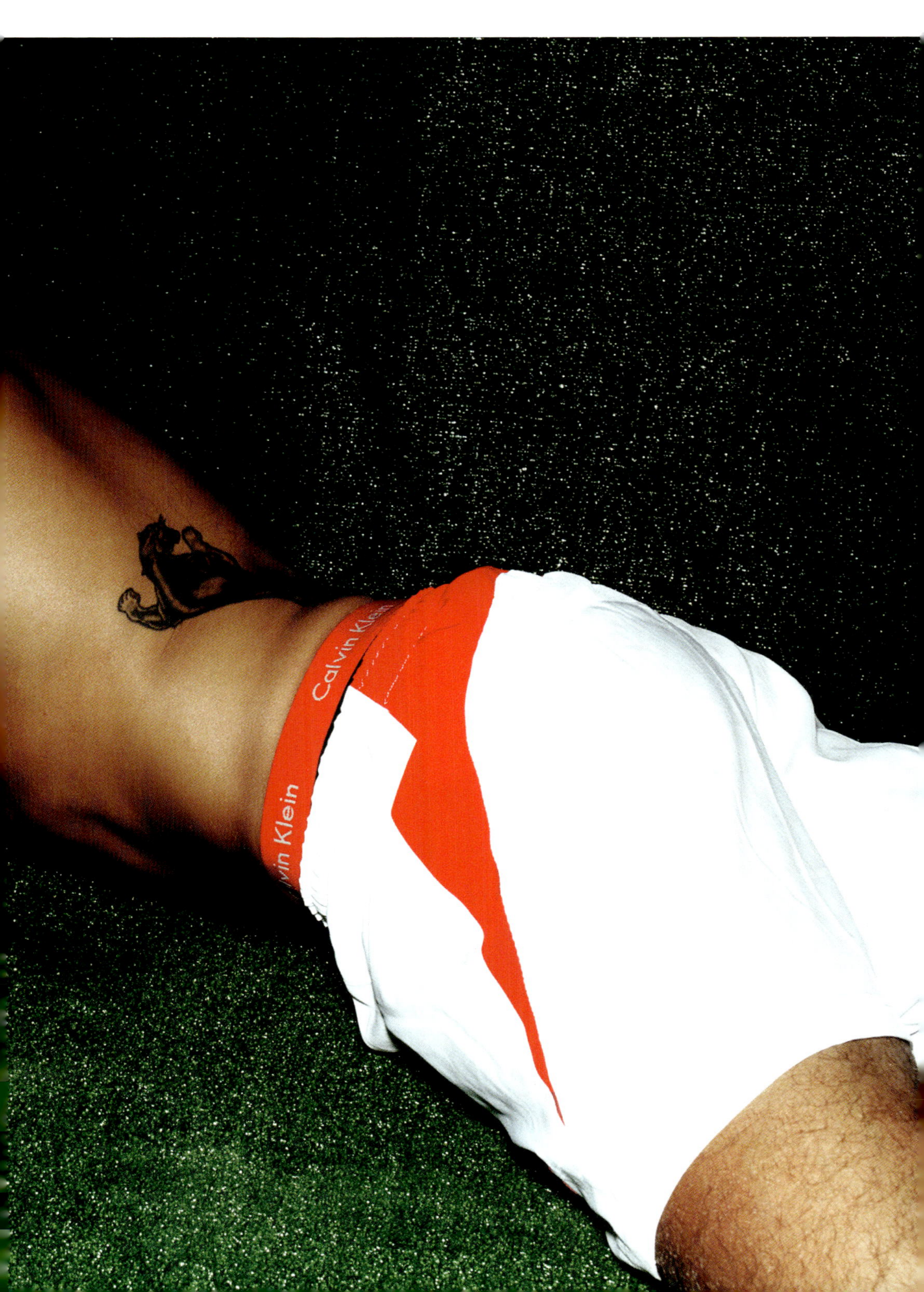
Calvin Klein
vin Klein

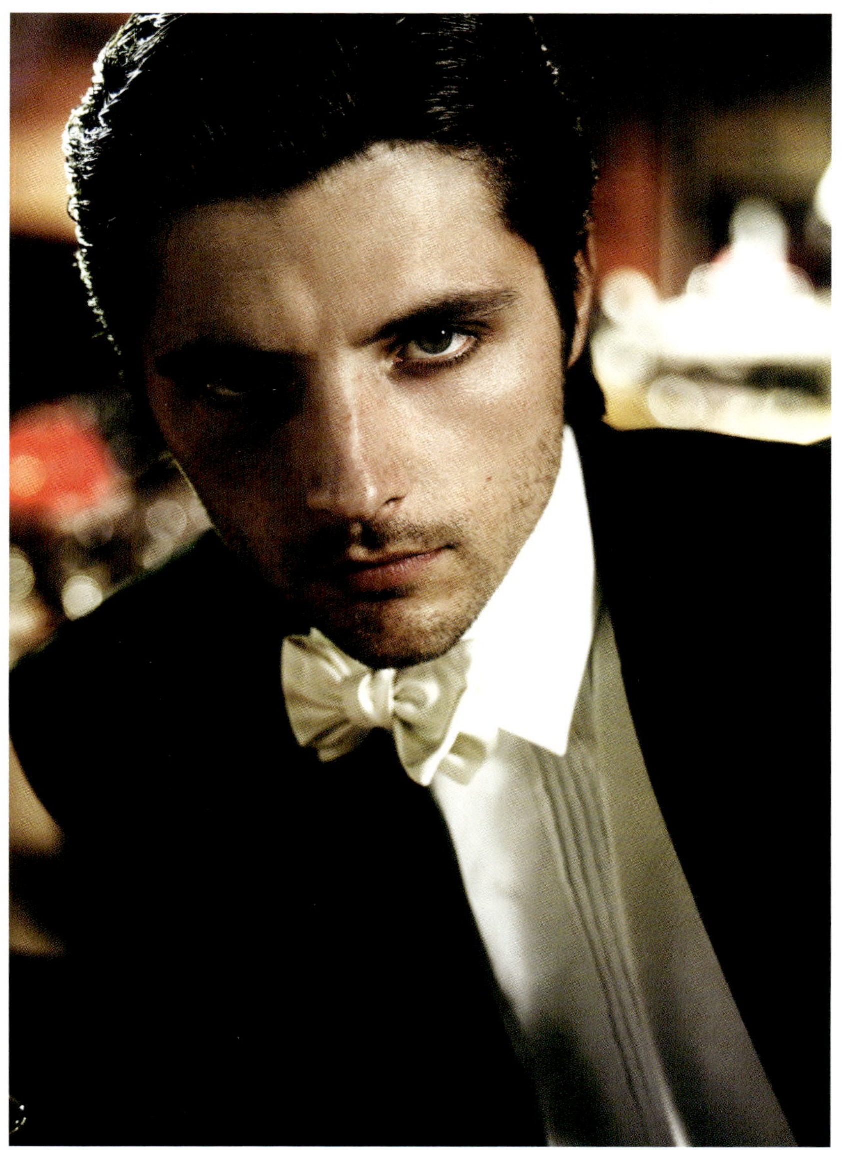

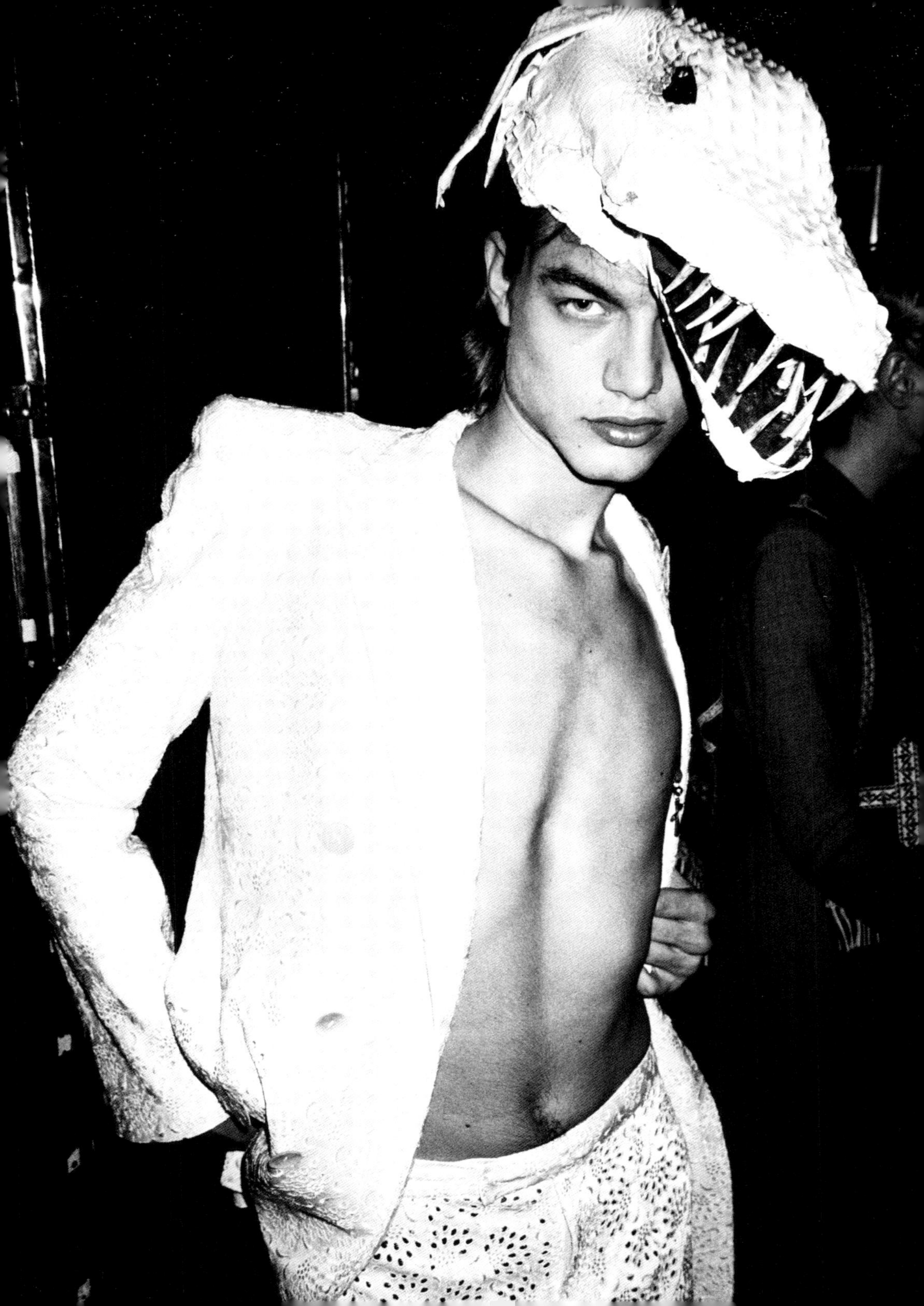

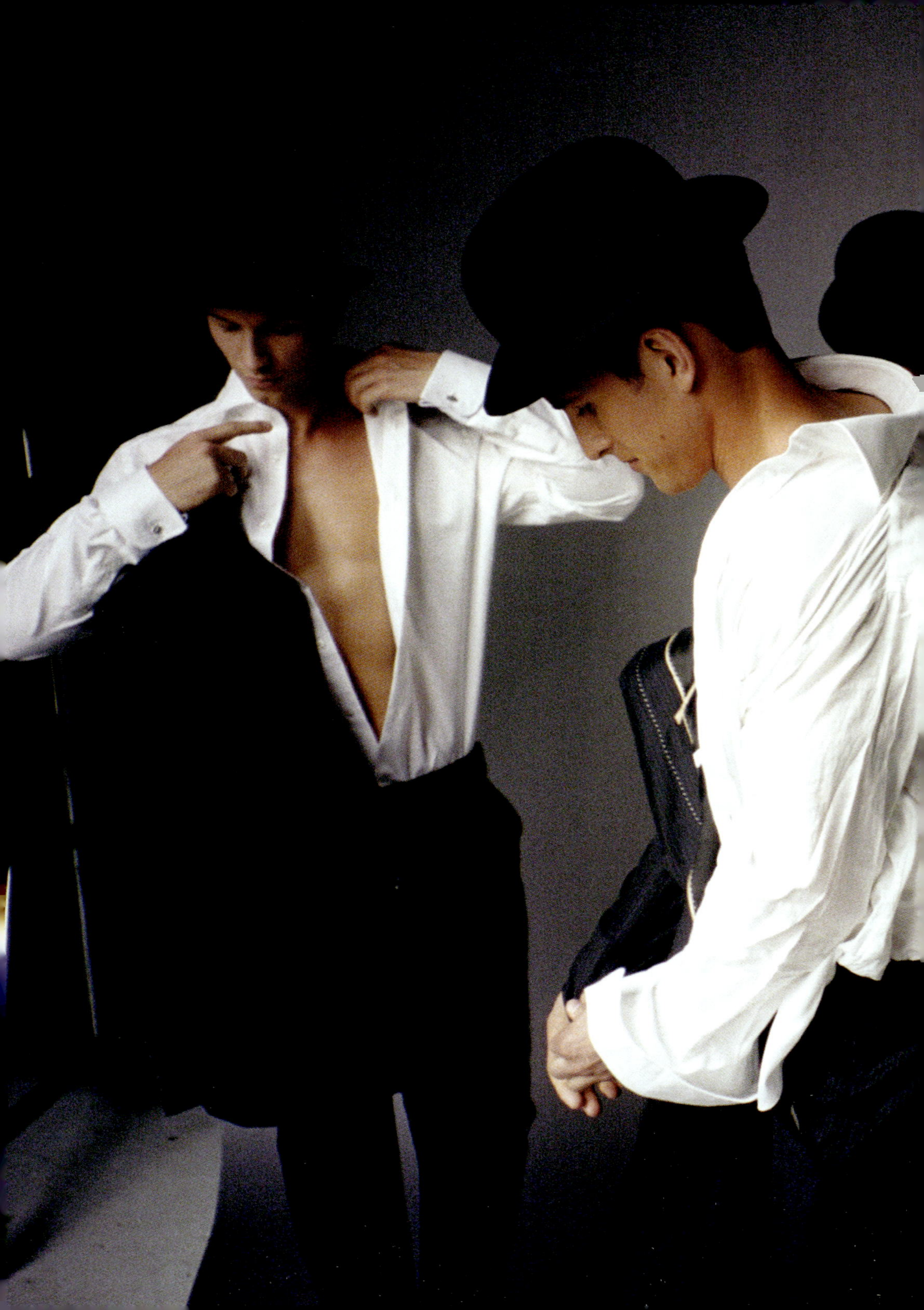

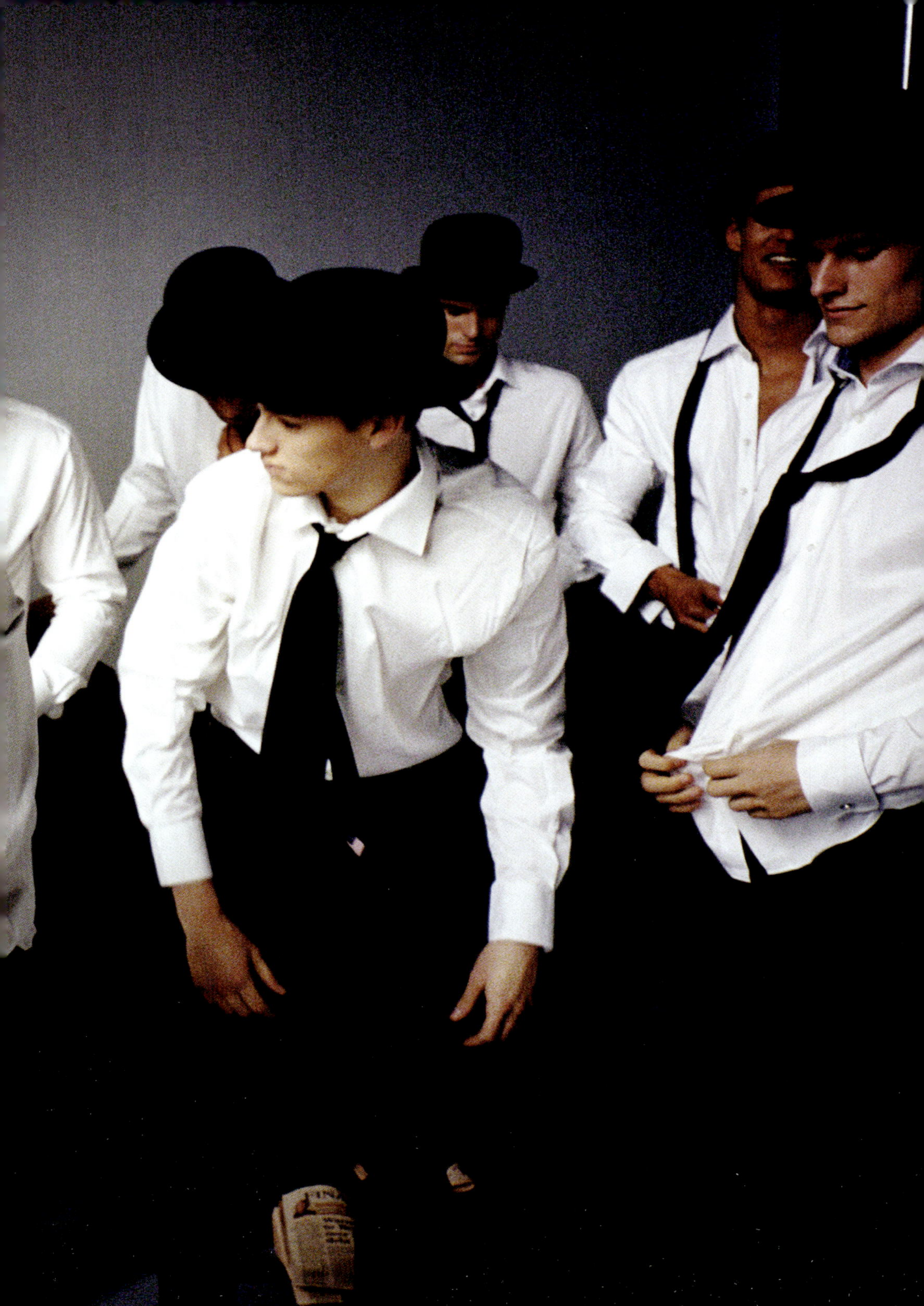

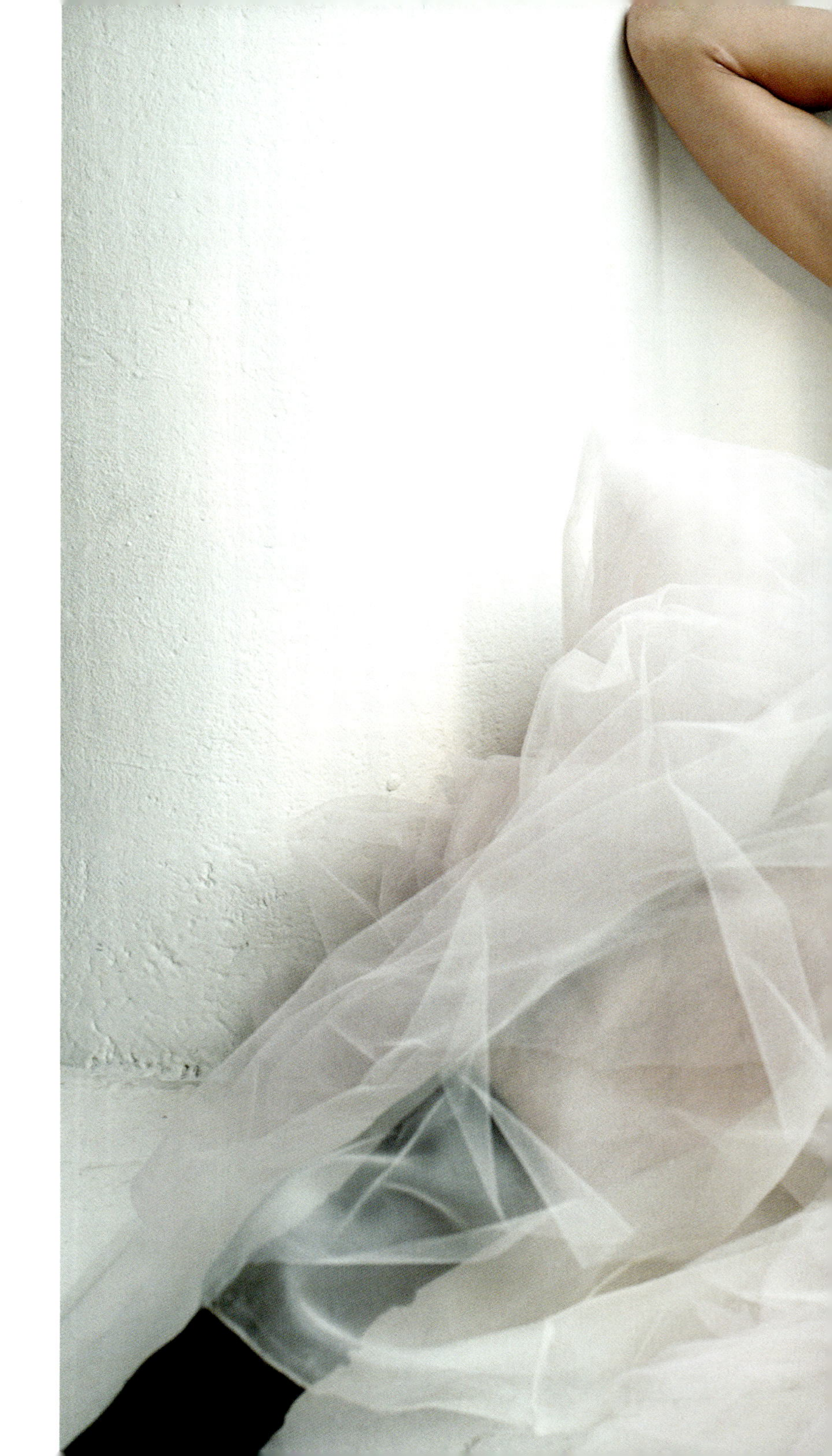

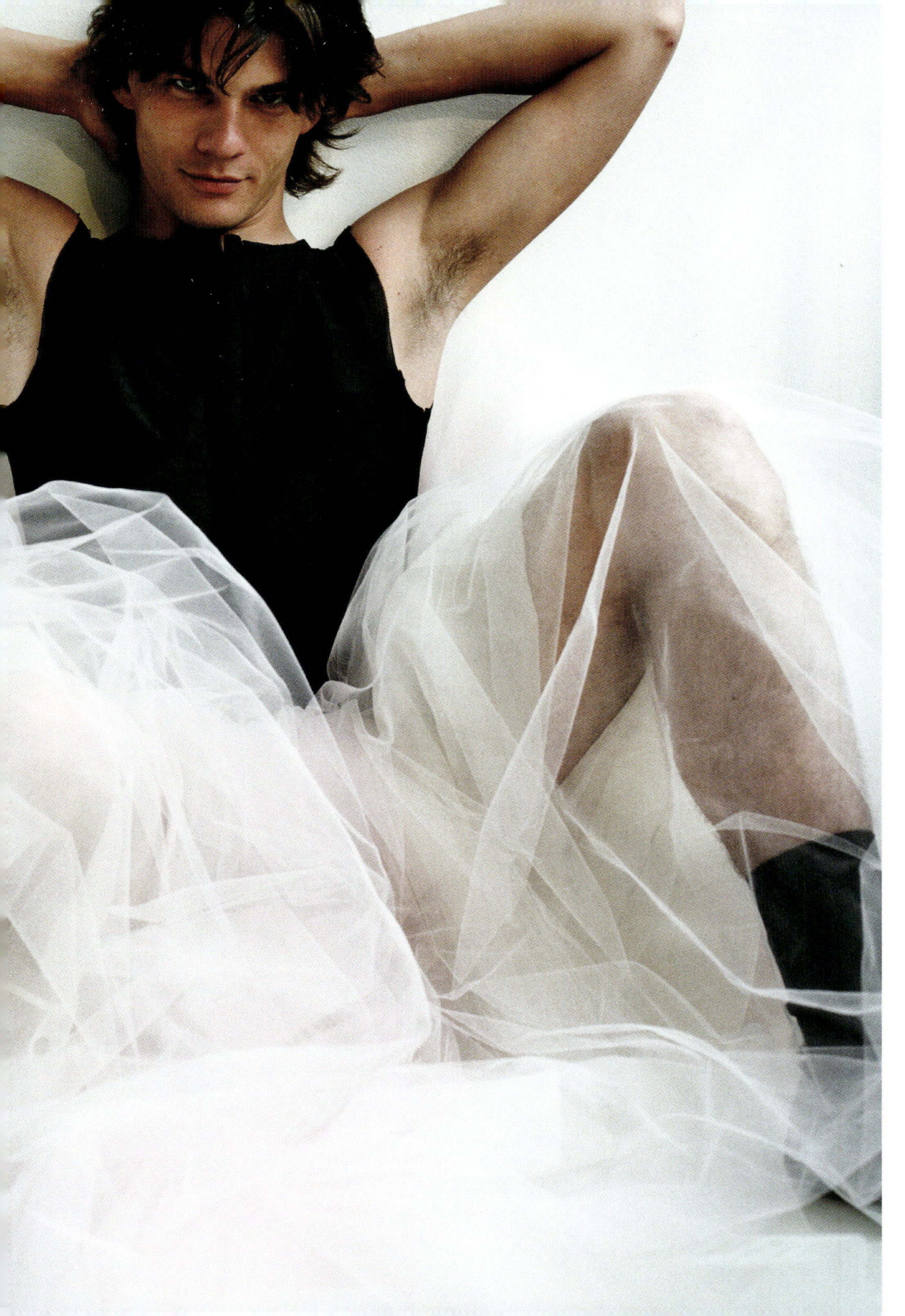

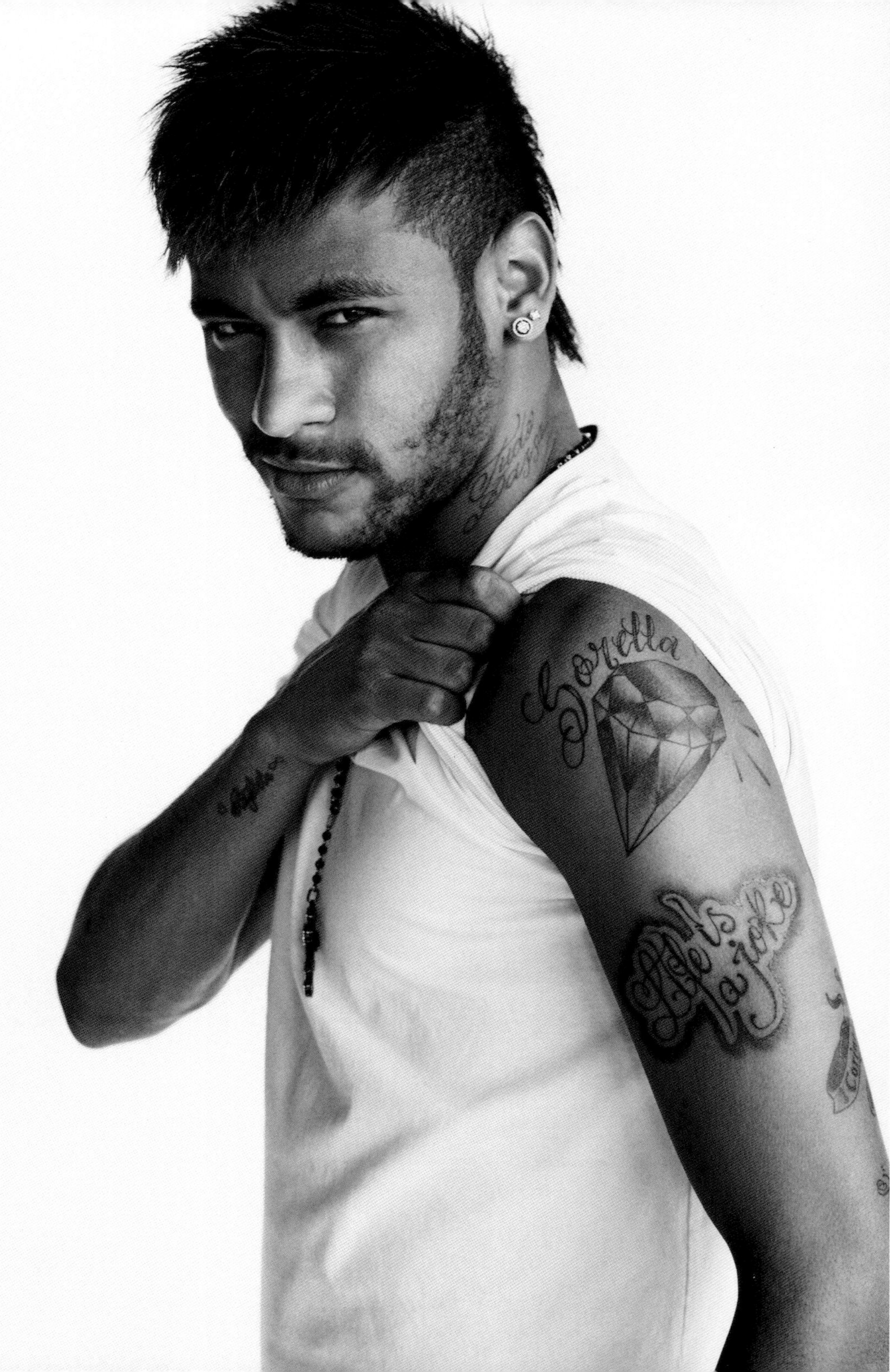

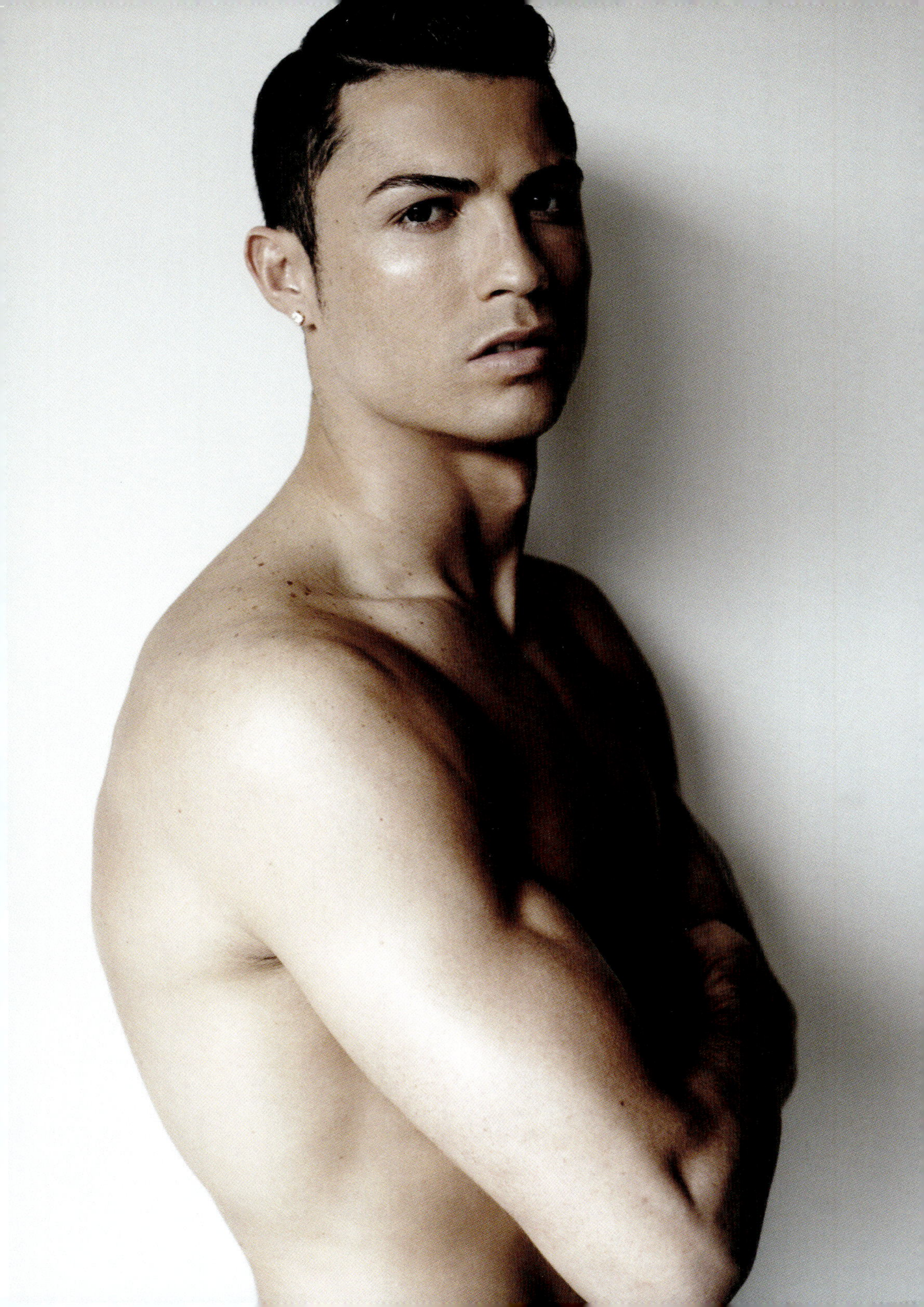

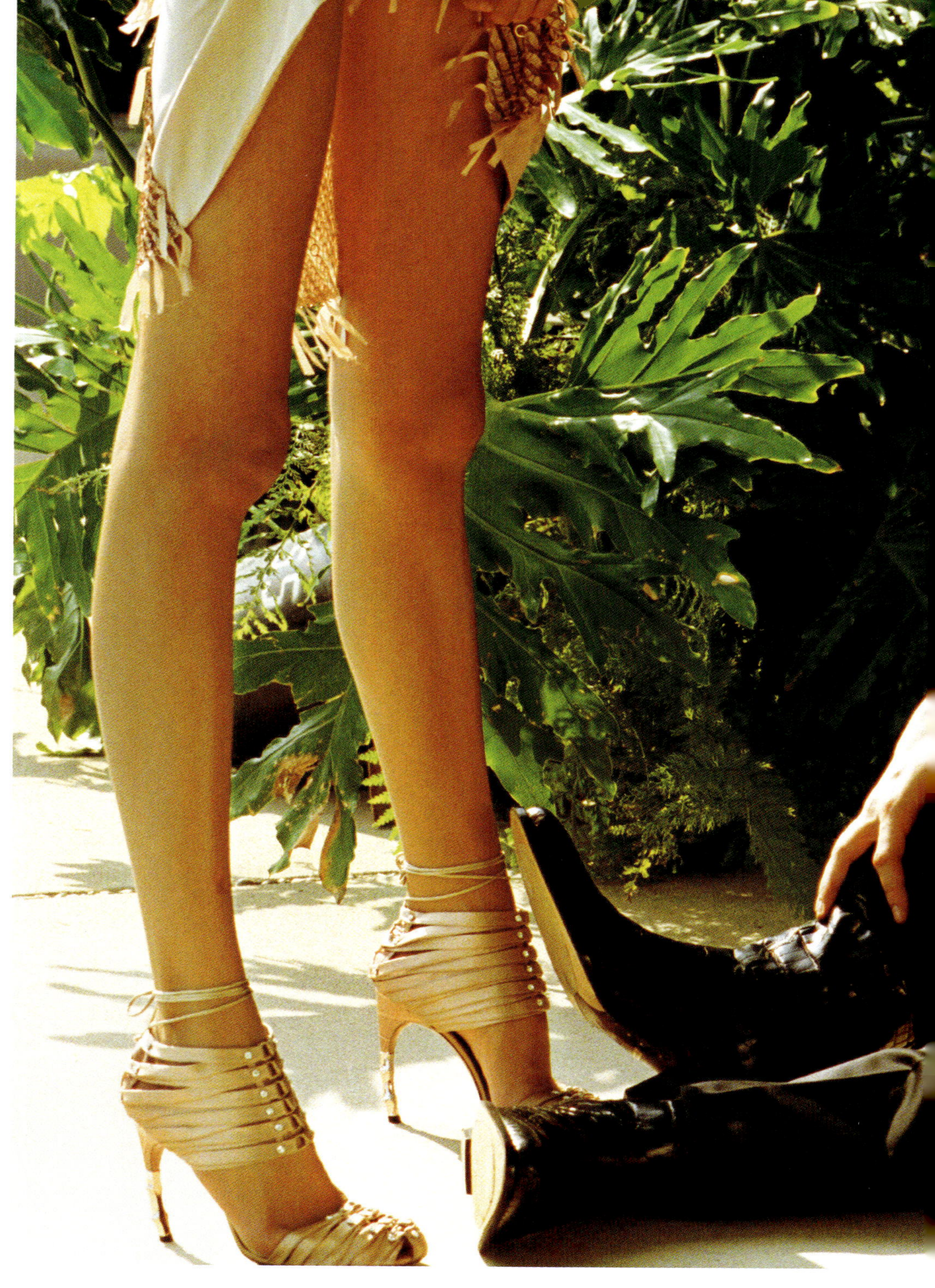

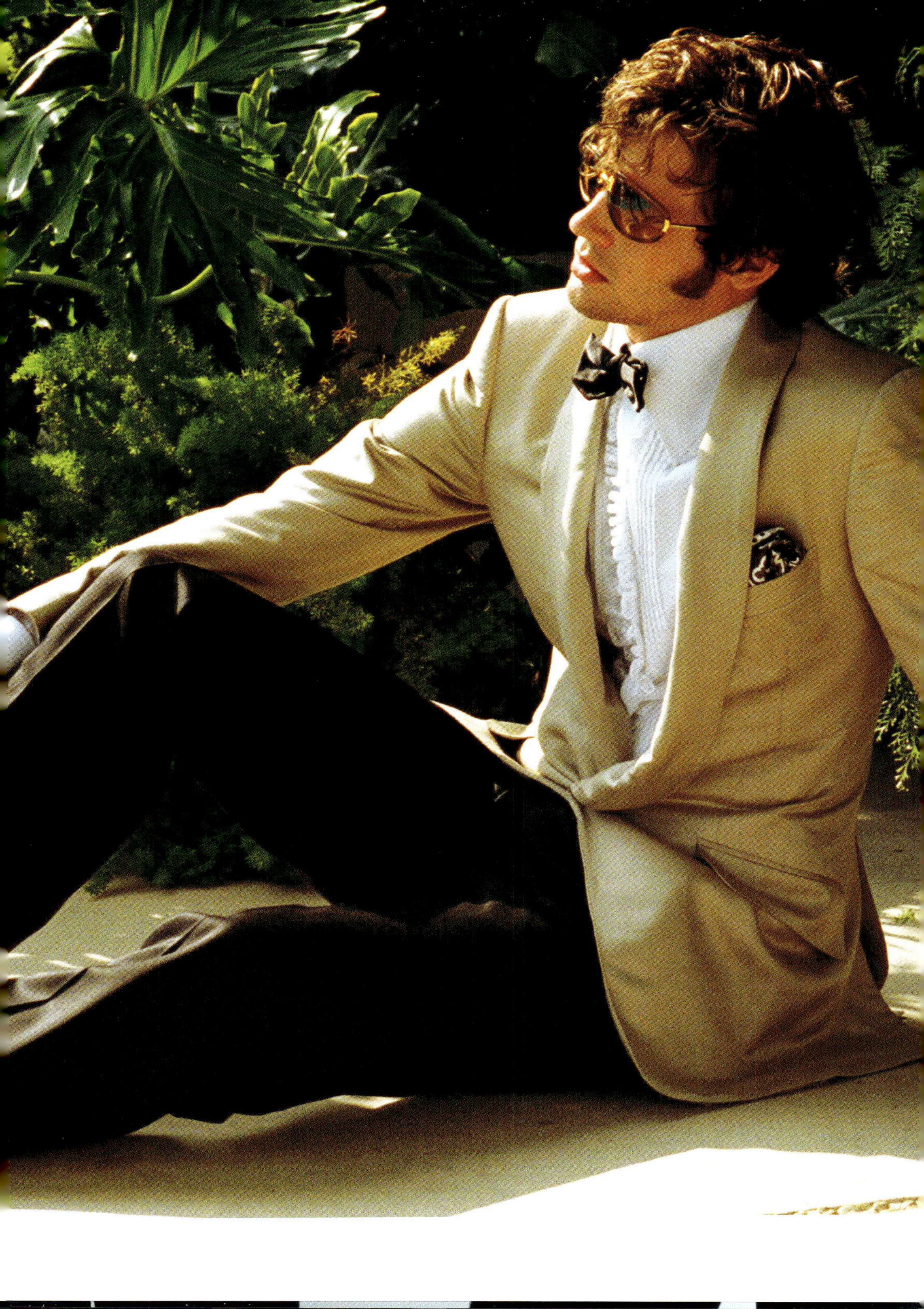

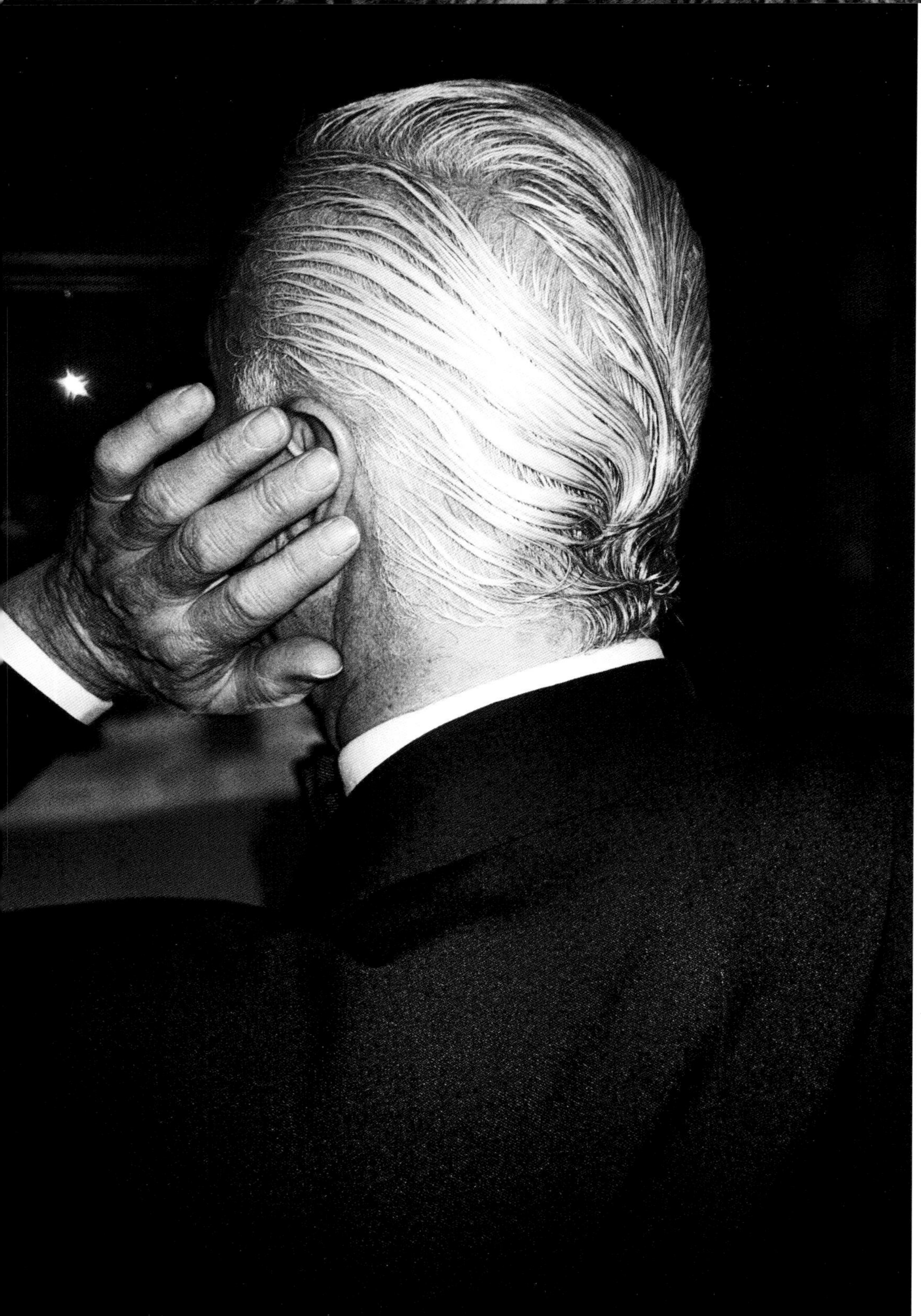

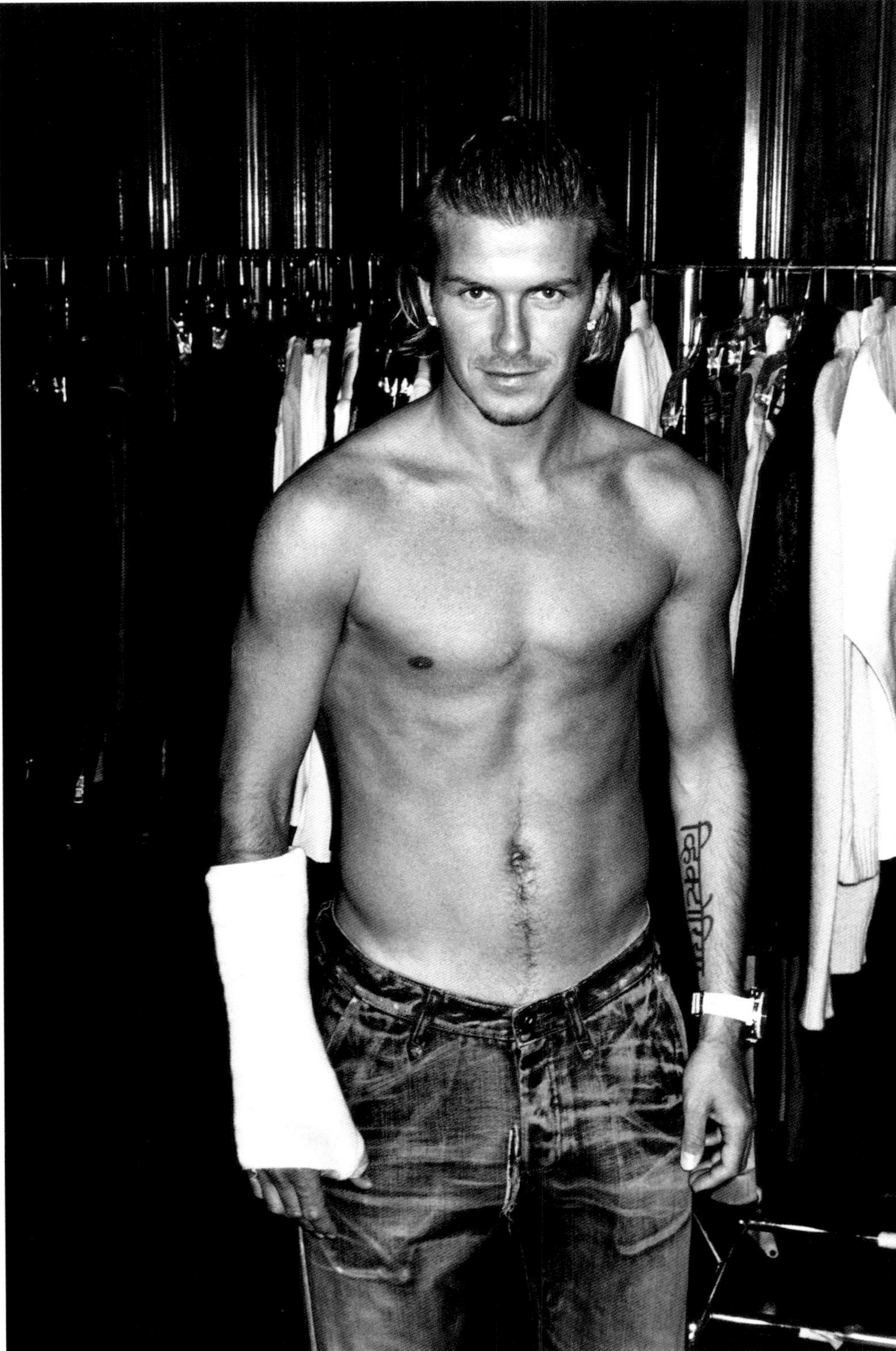

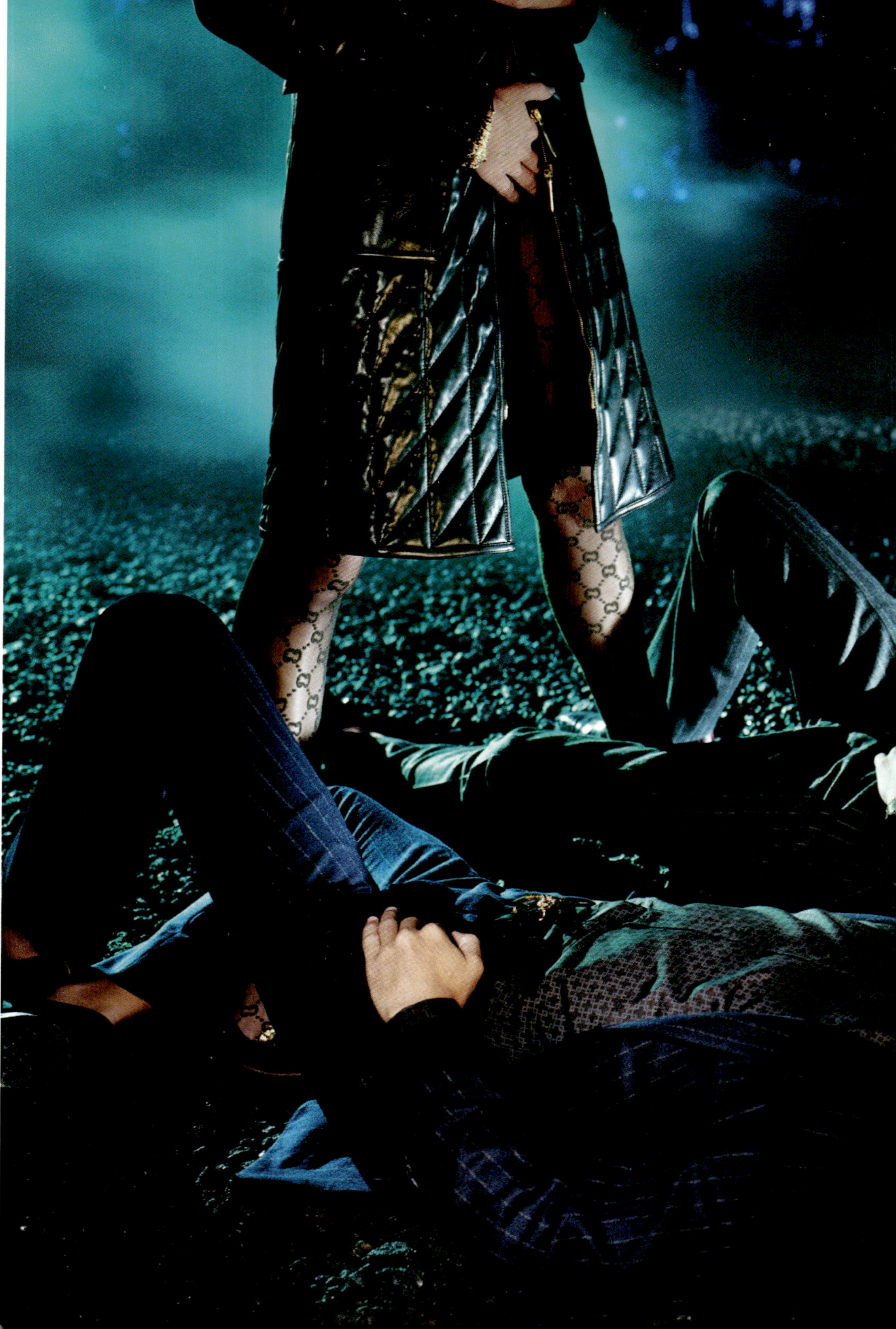

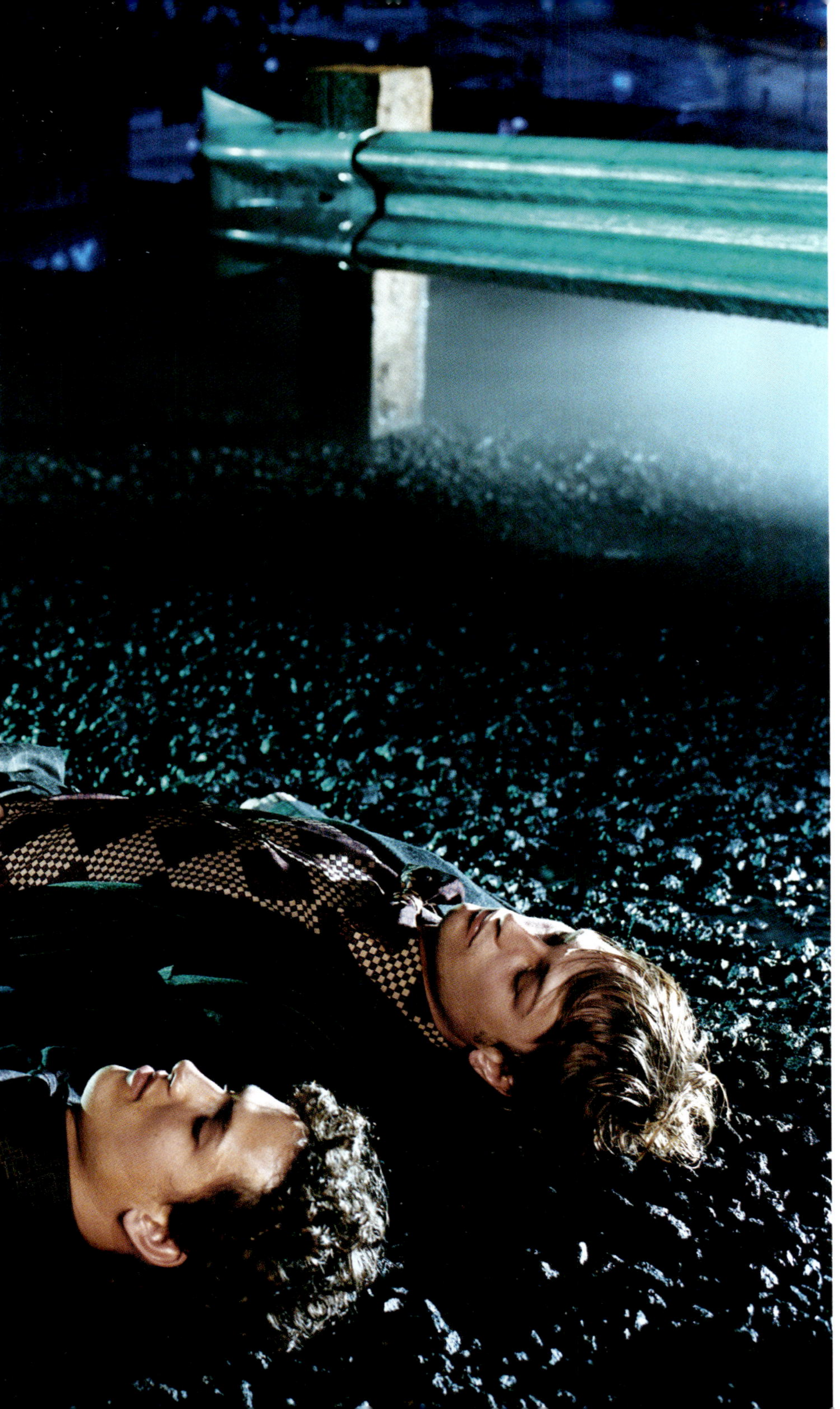

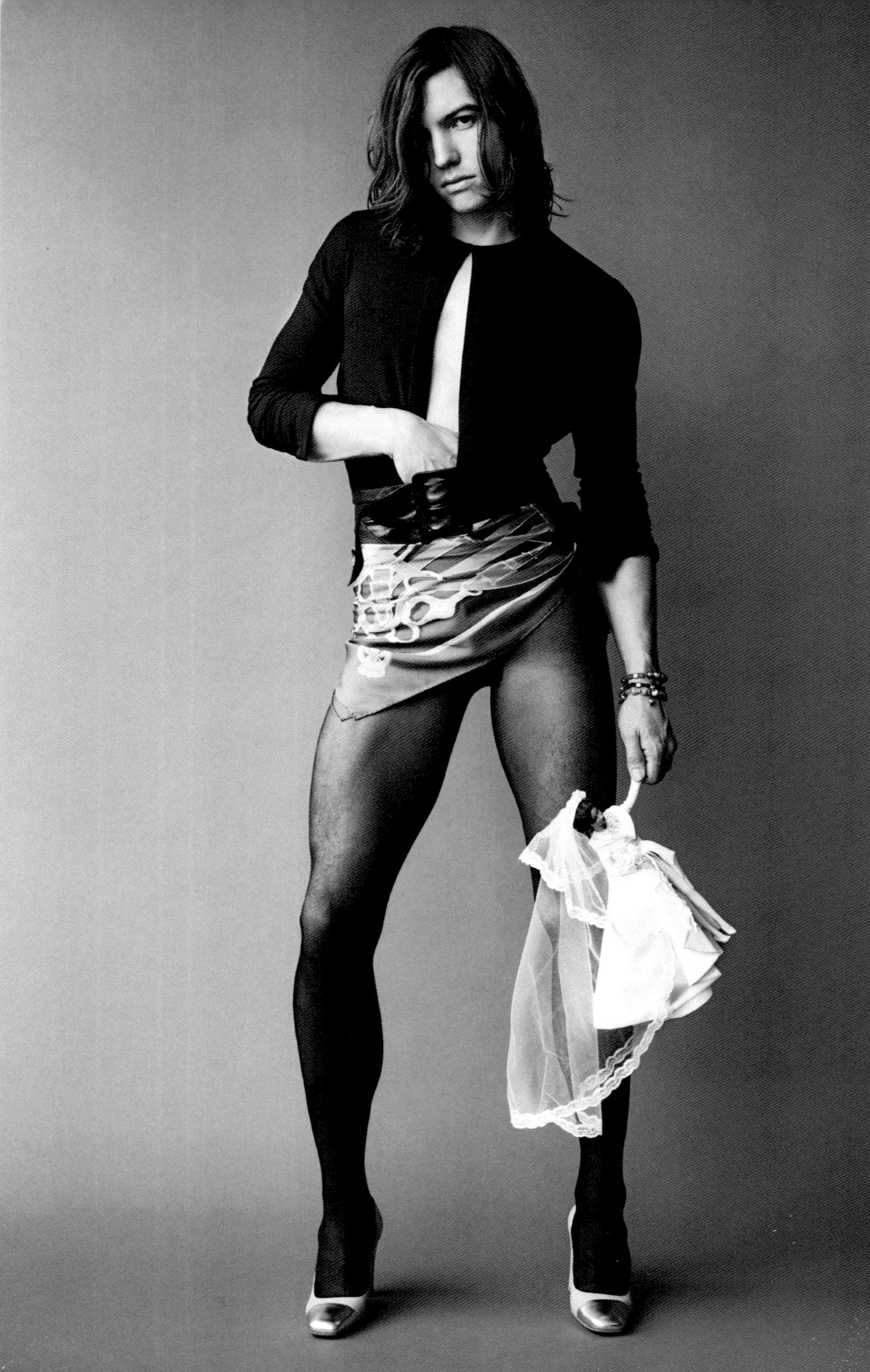

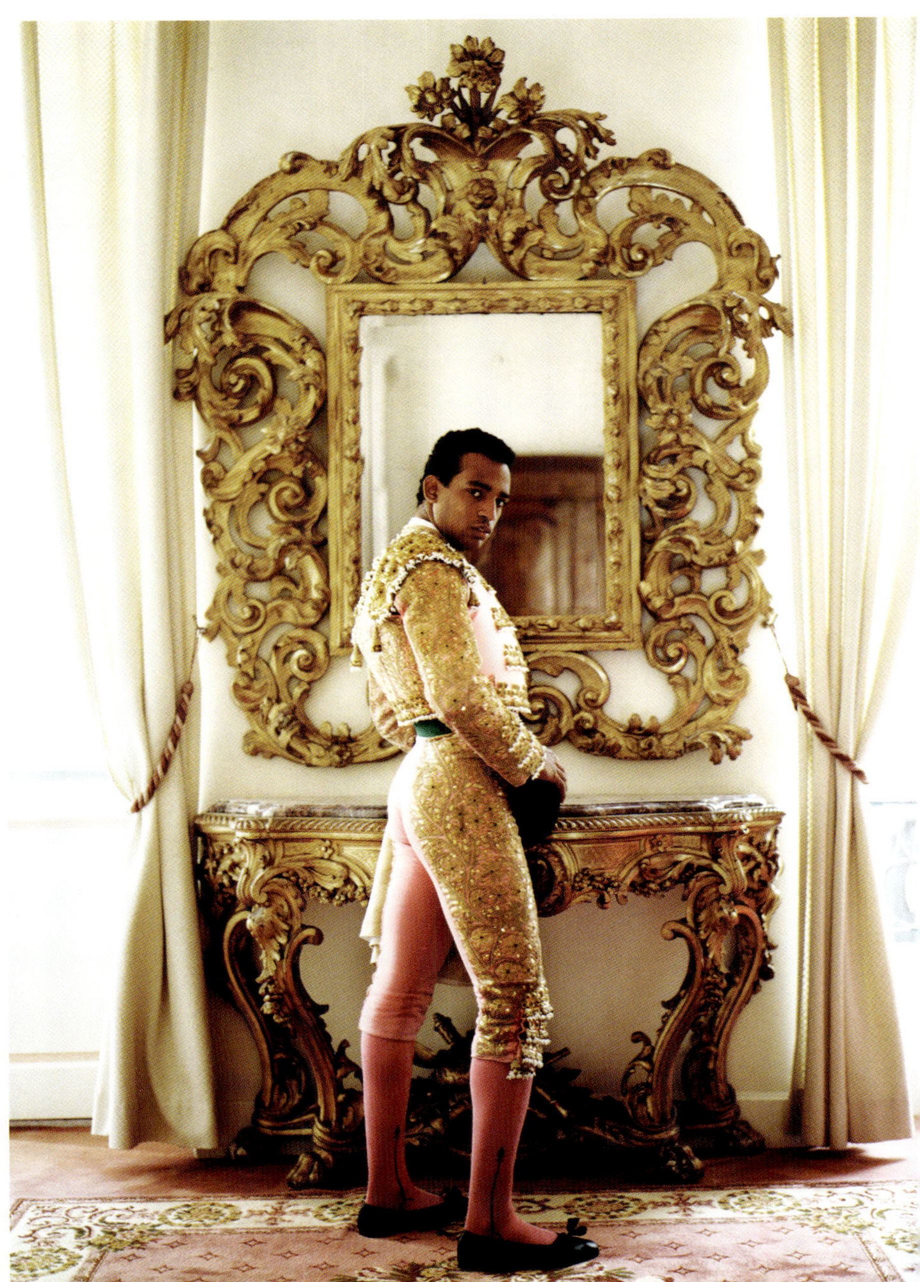

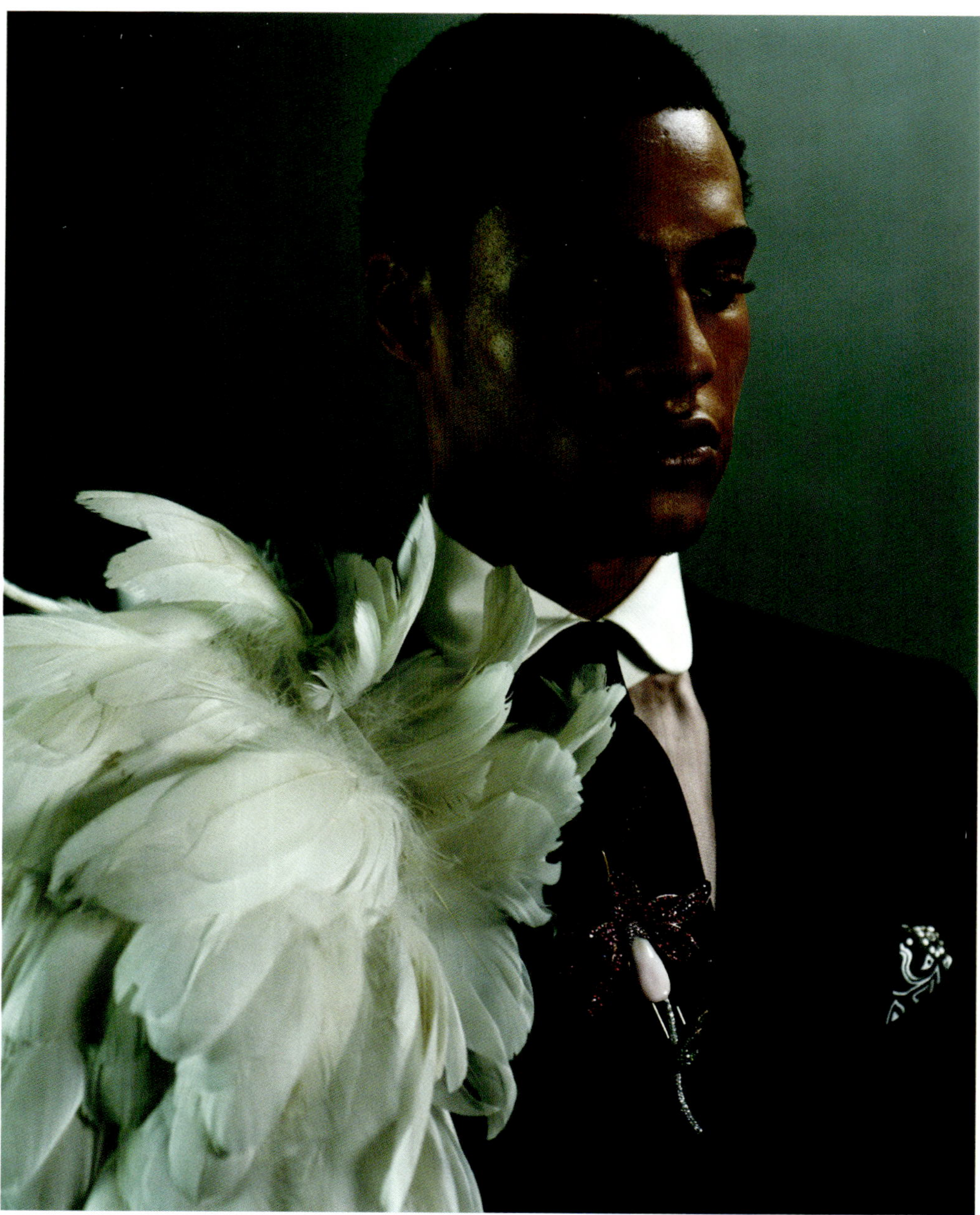

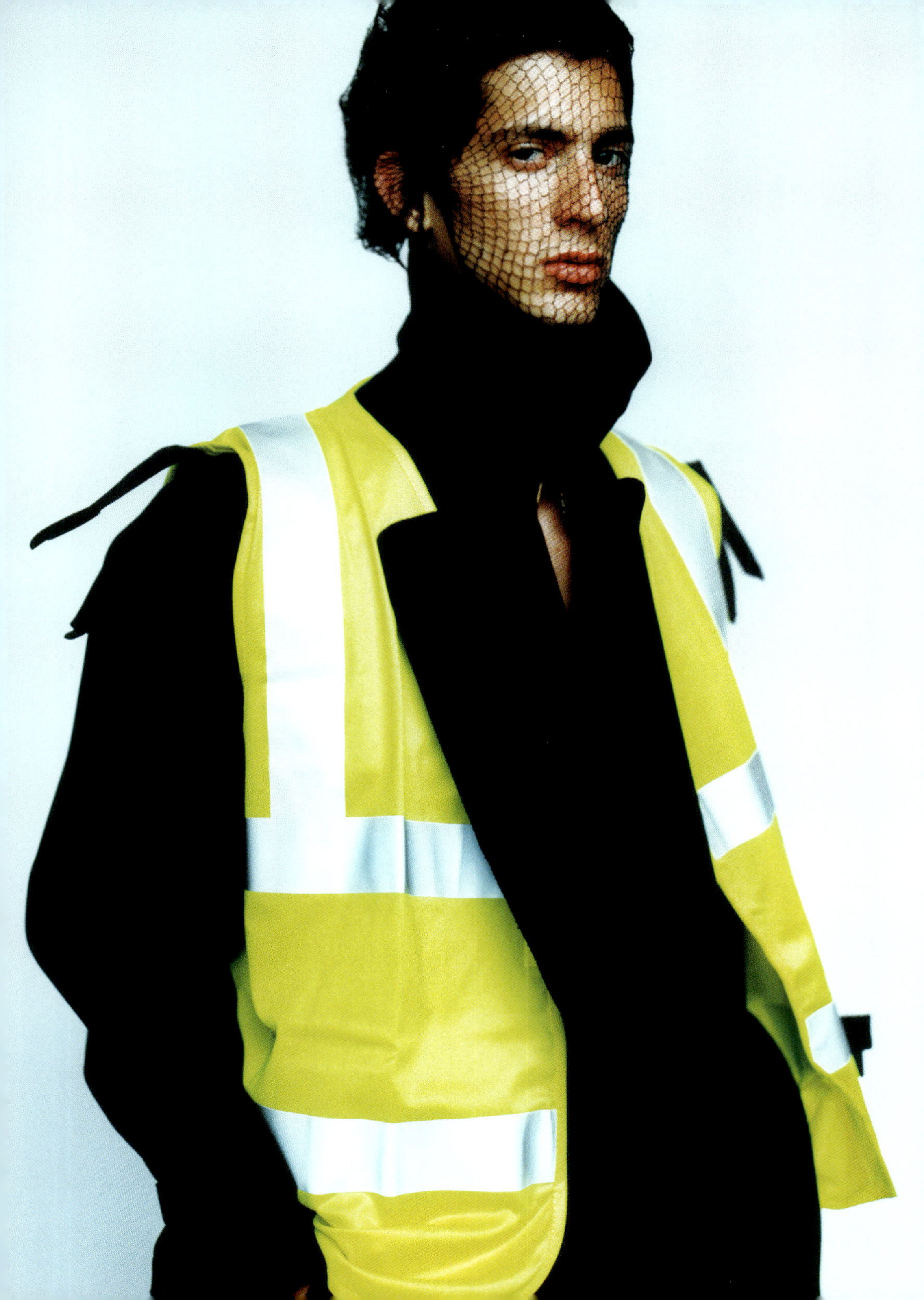

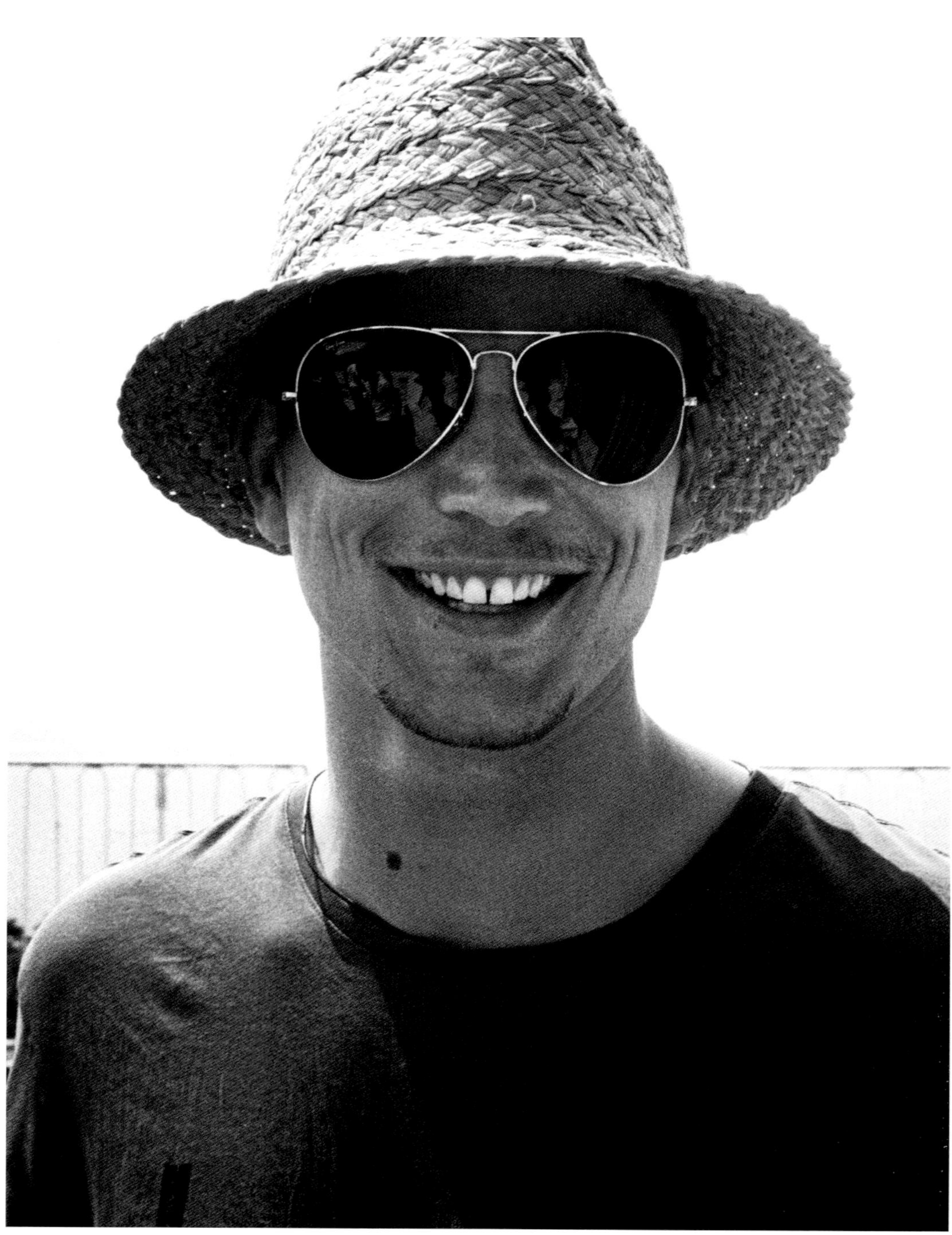

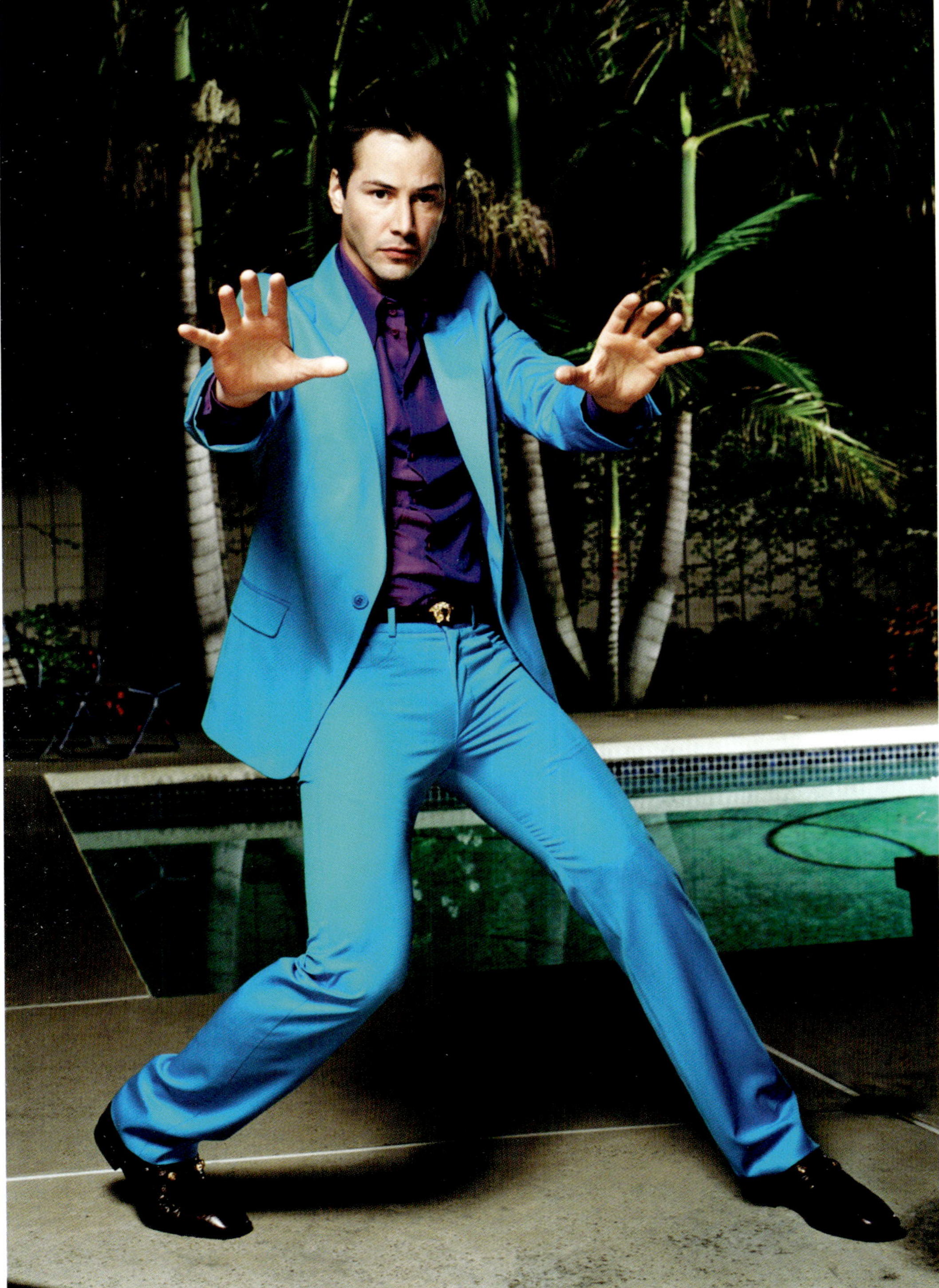

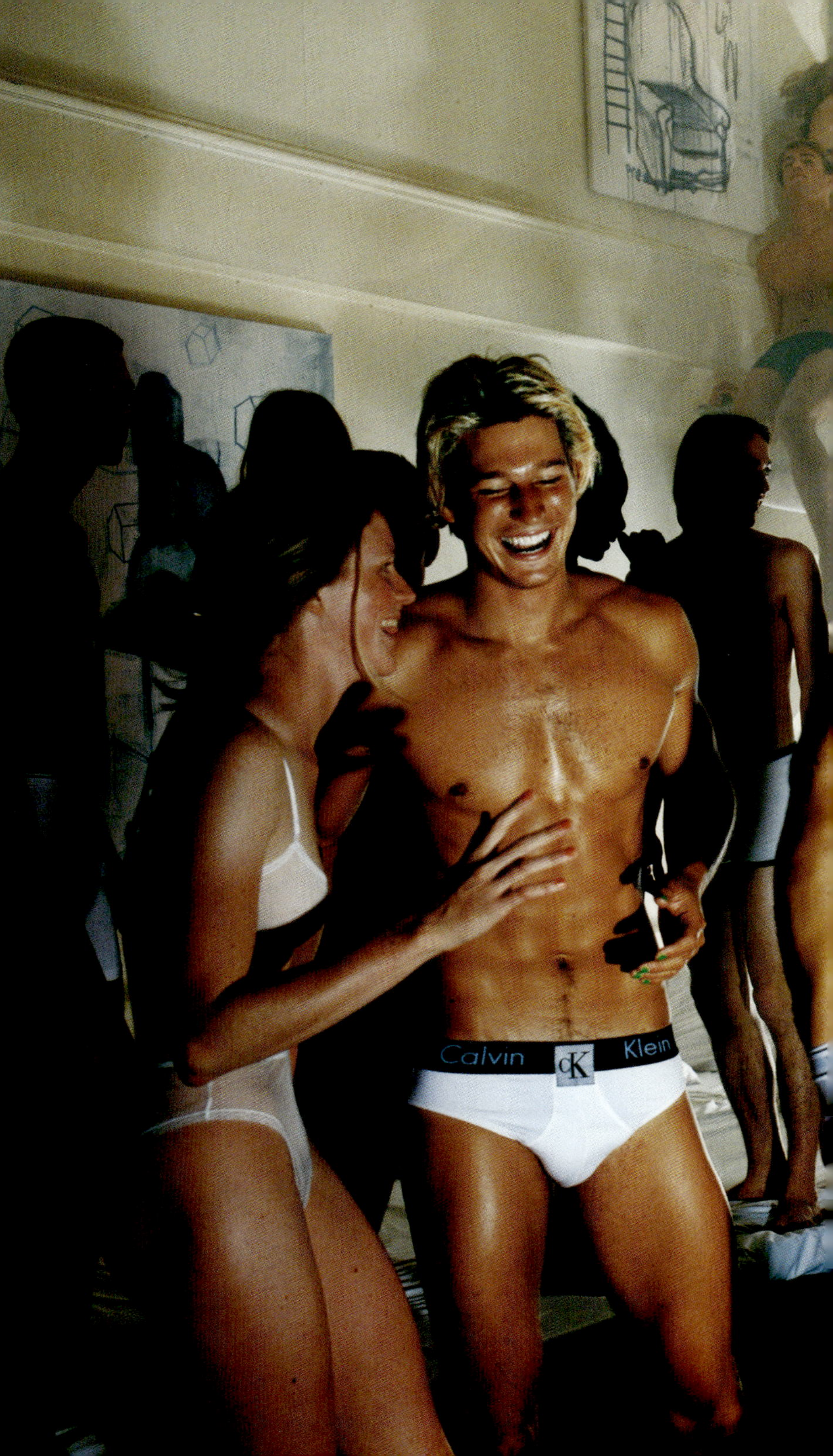

Calvin Klein
cK

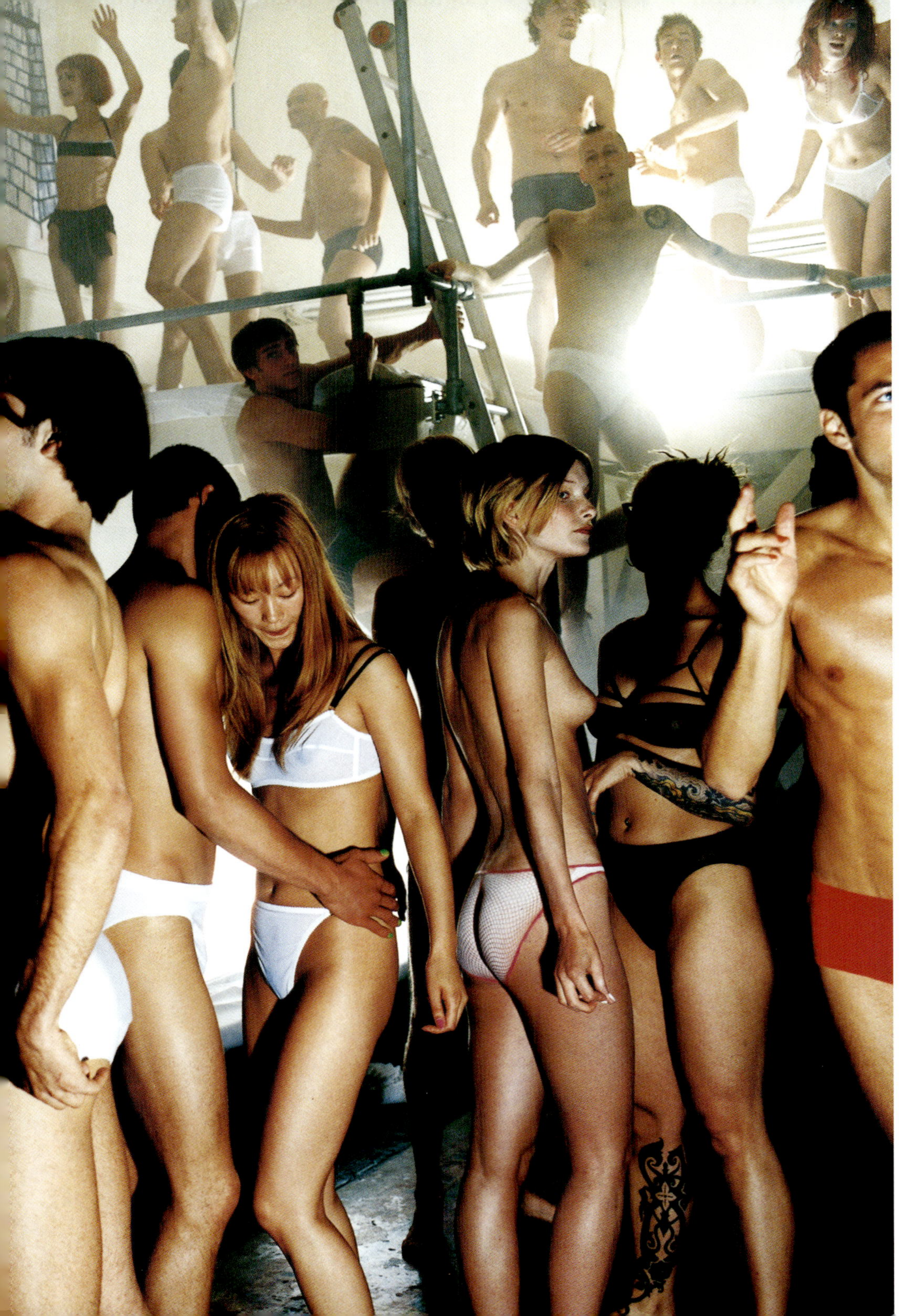

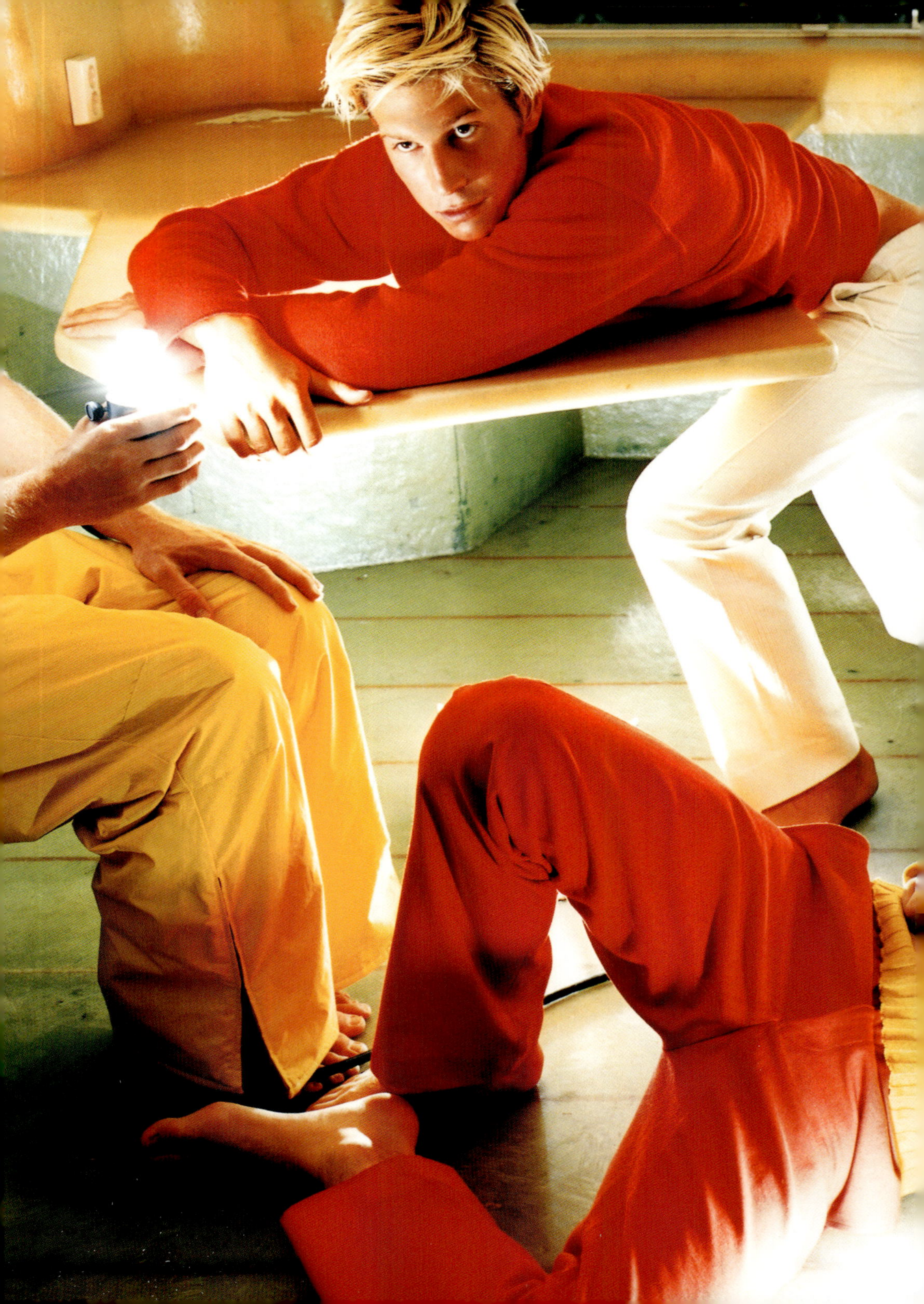

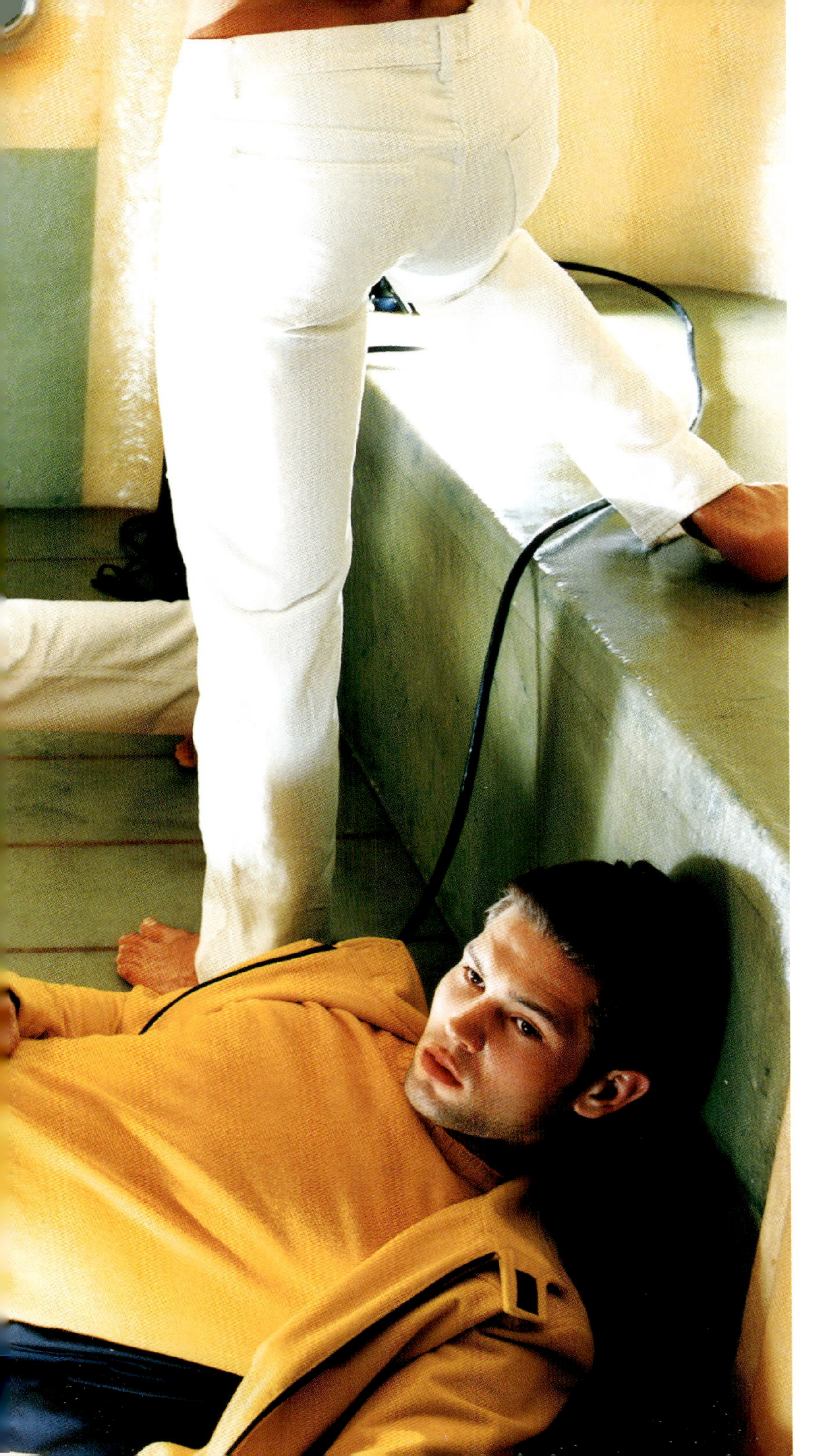

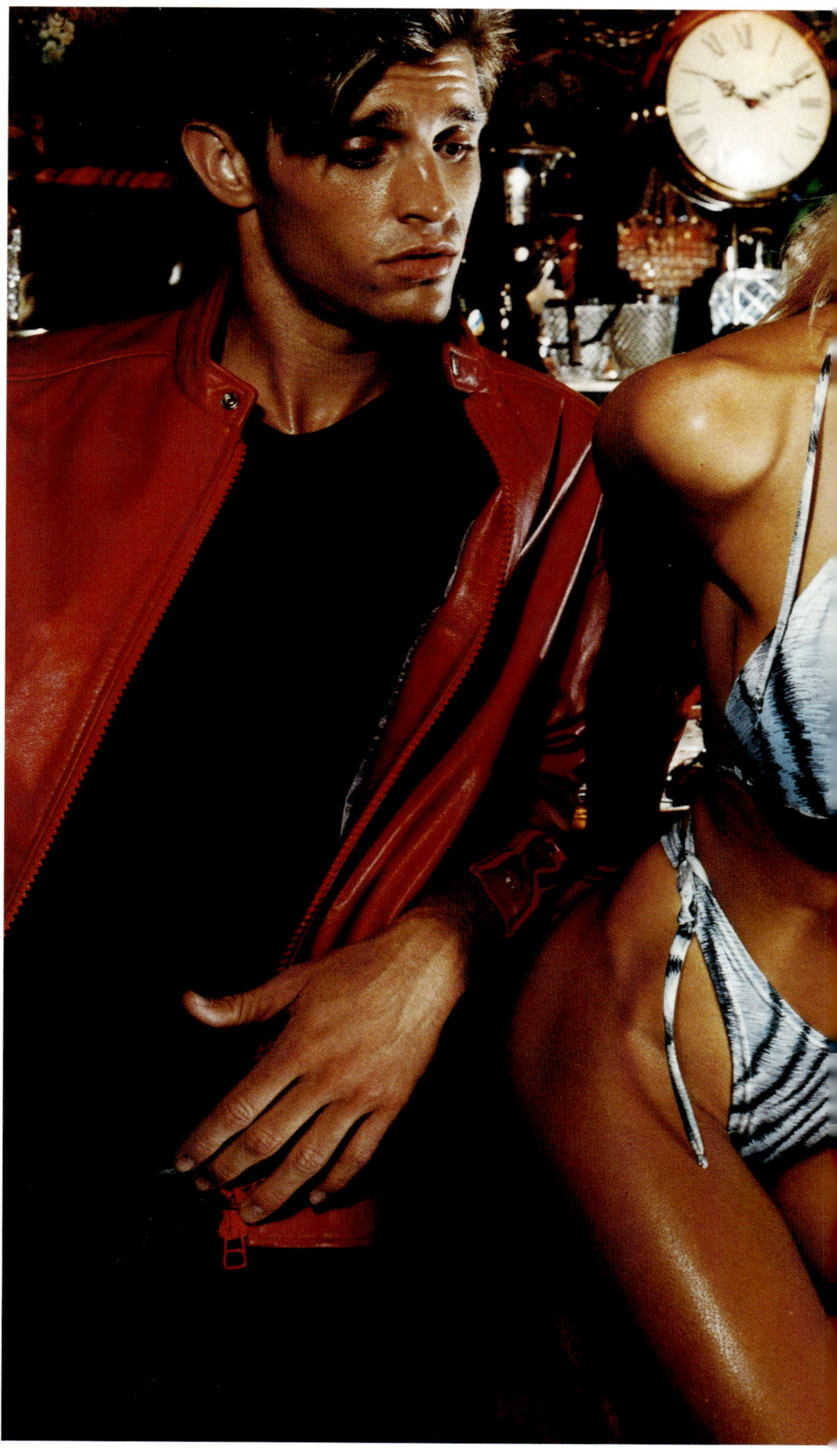

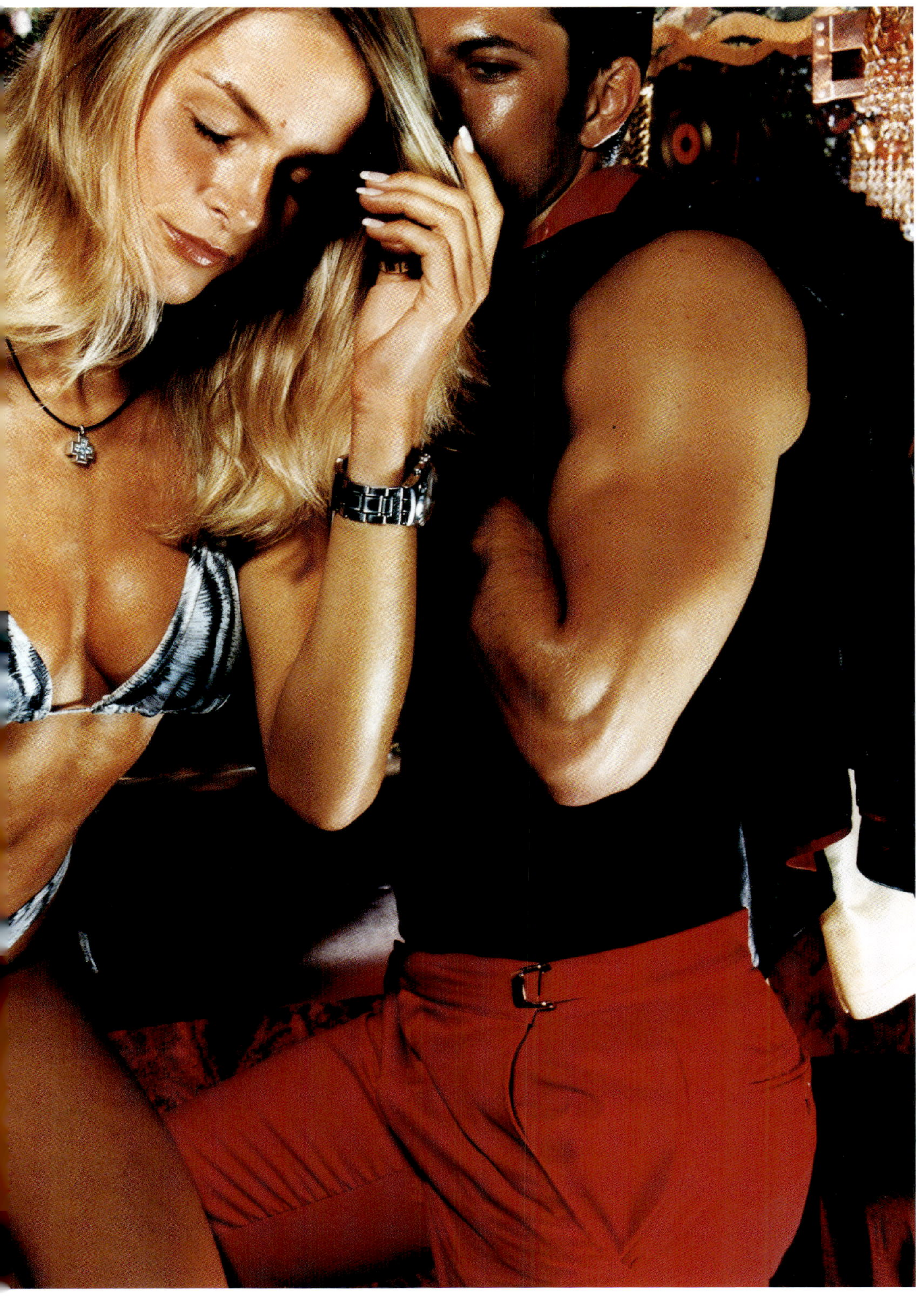

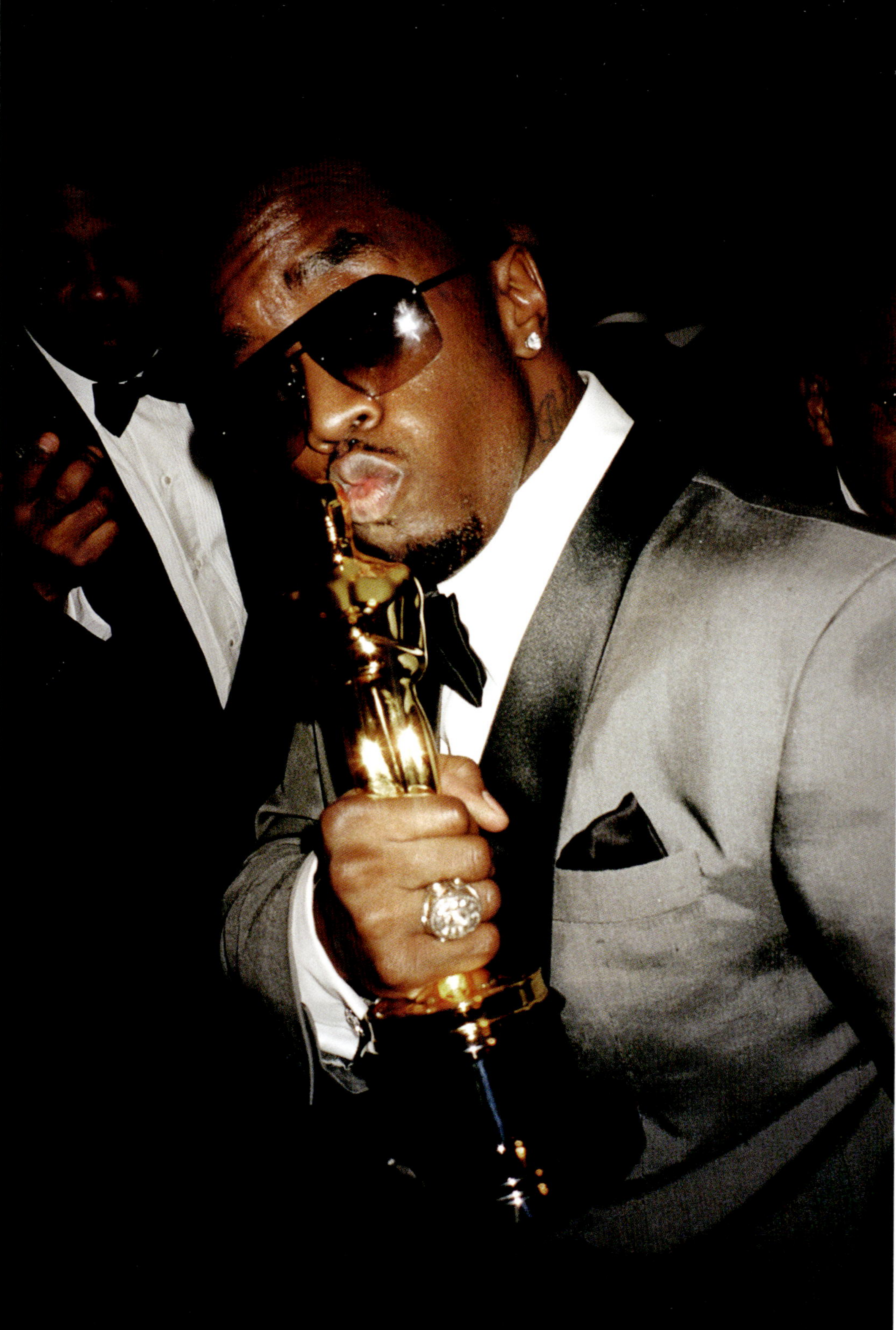

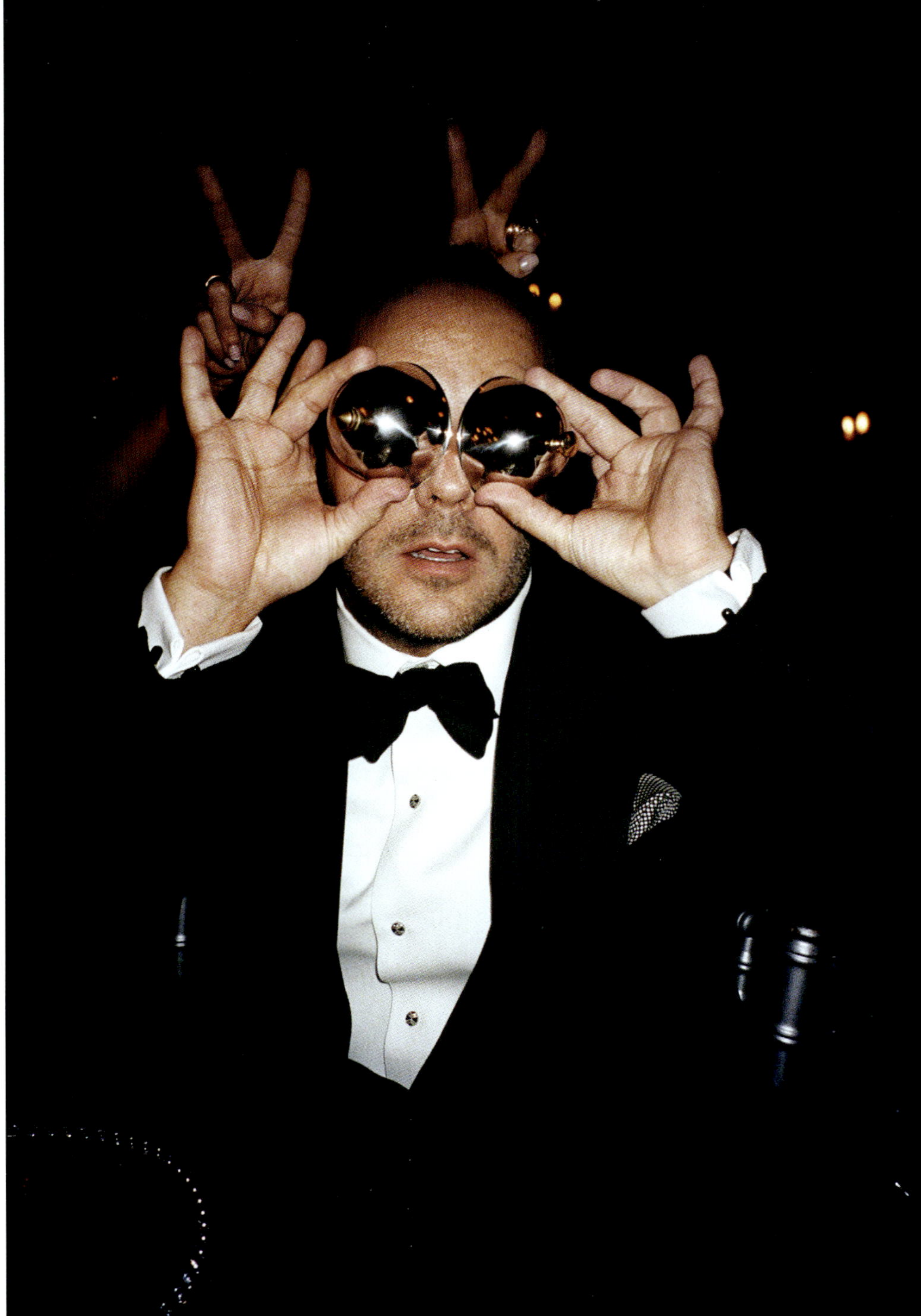

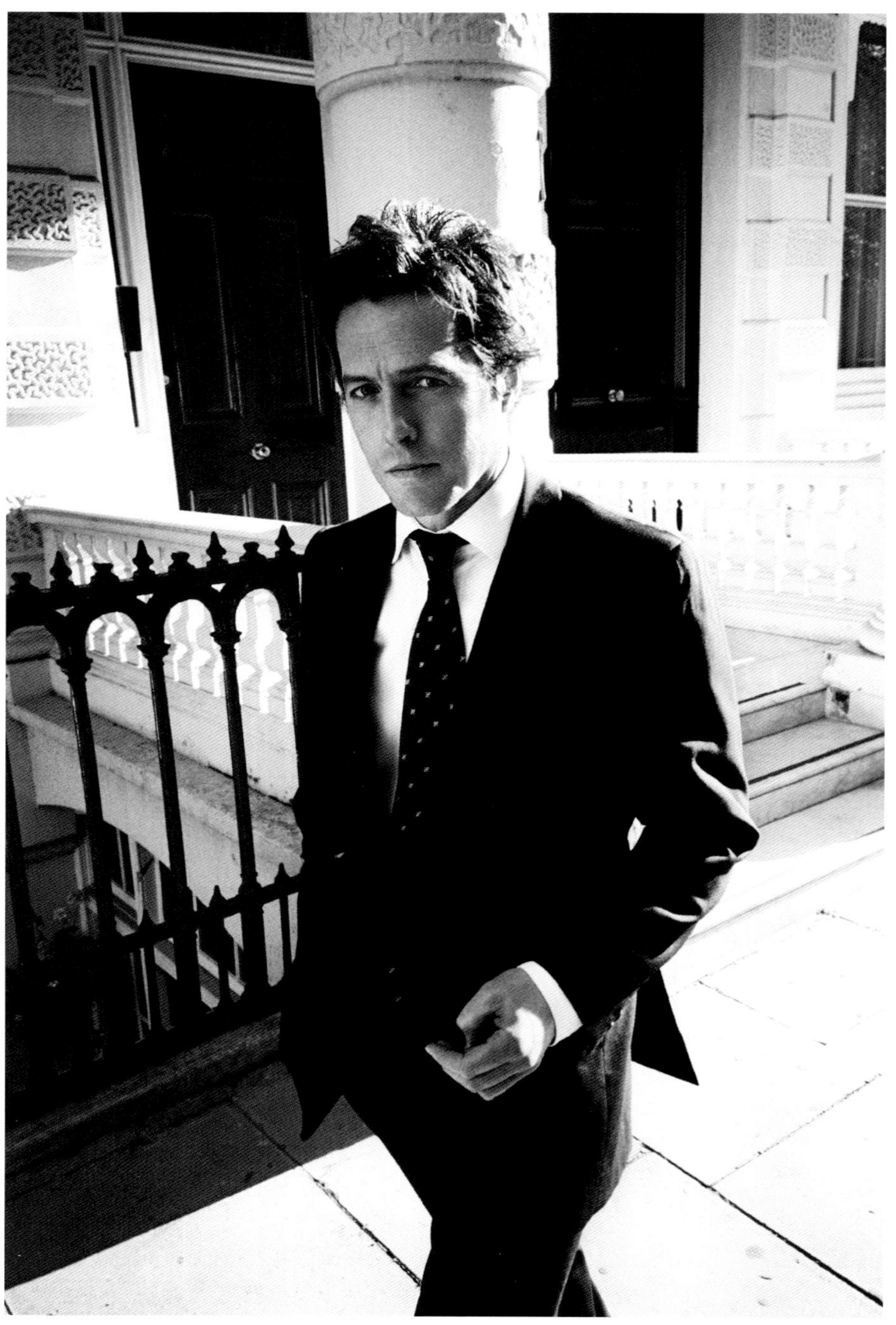

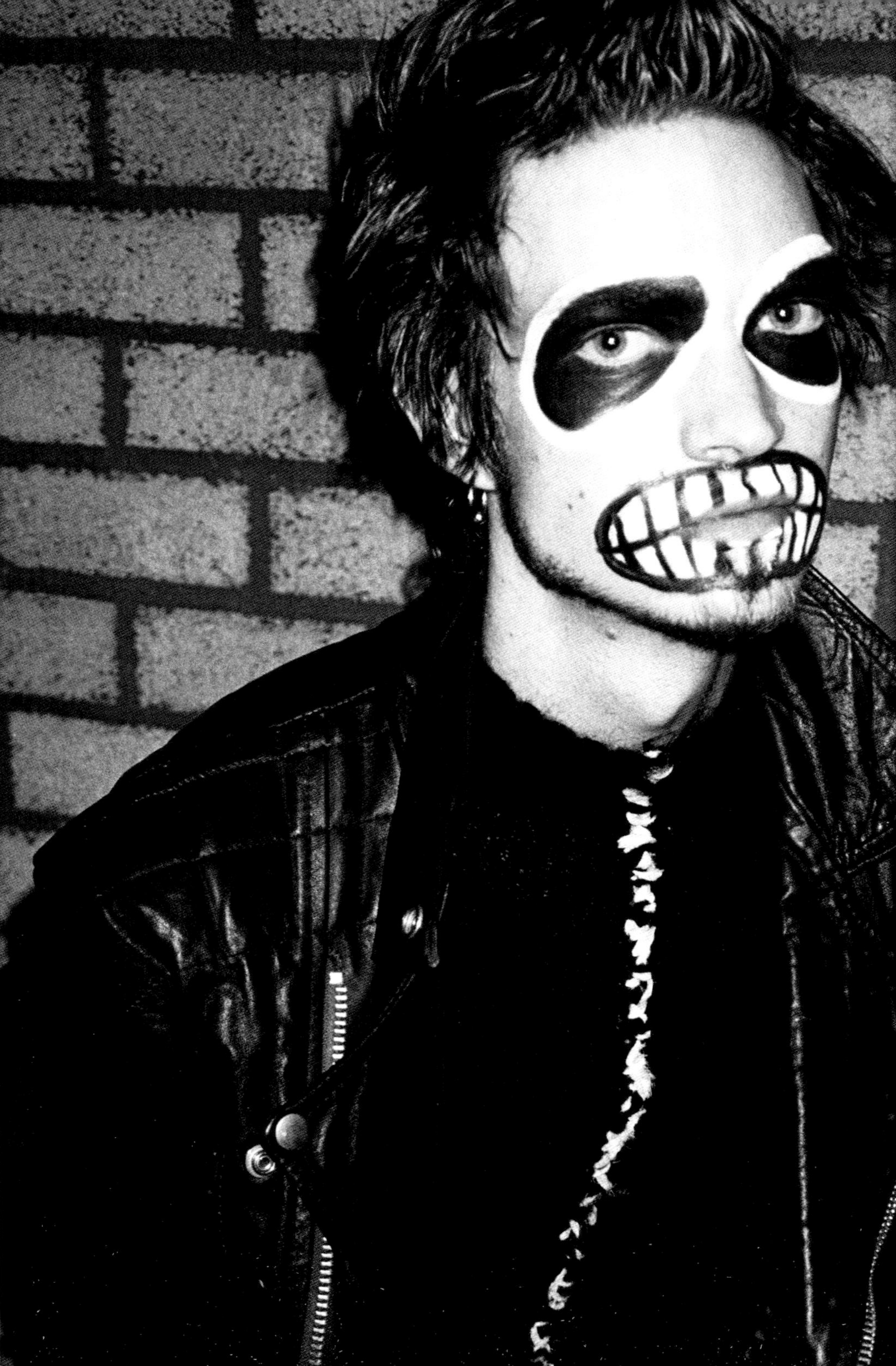

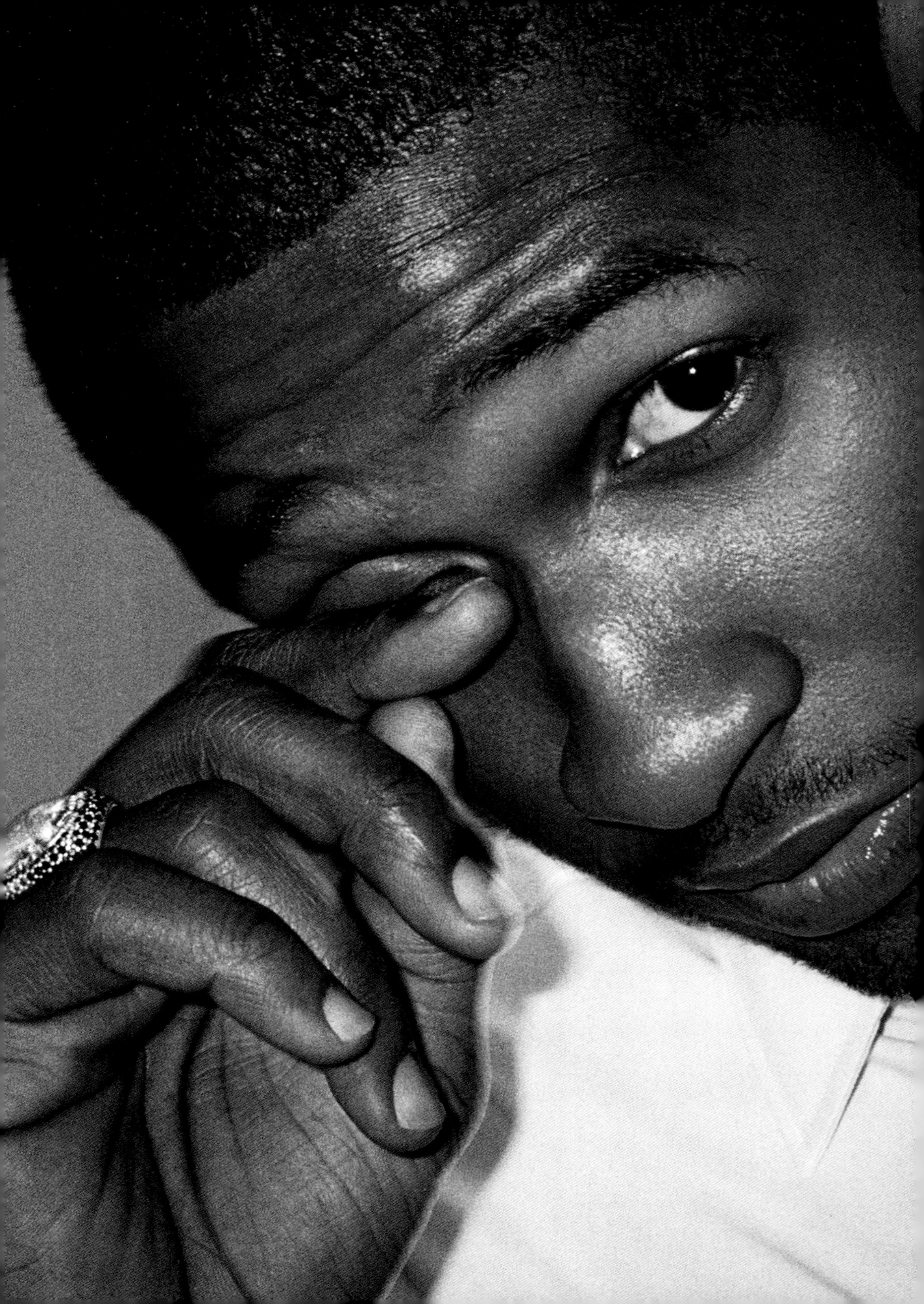

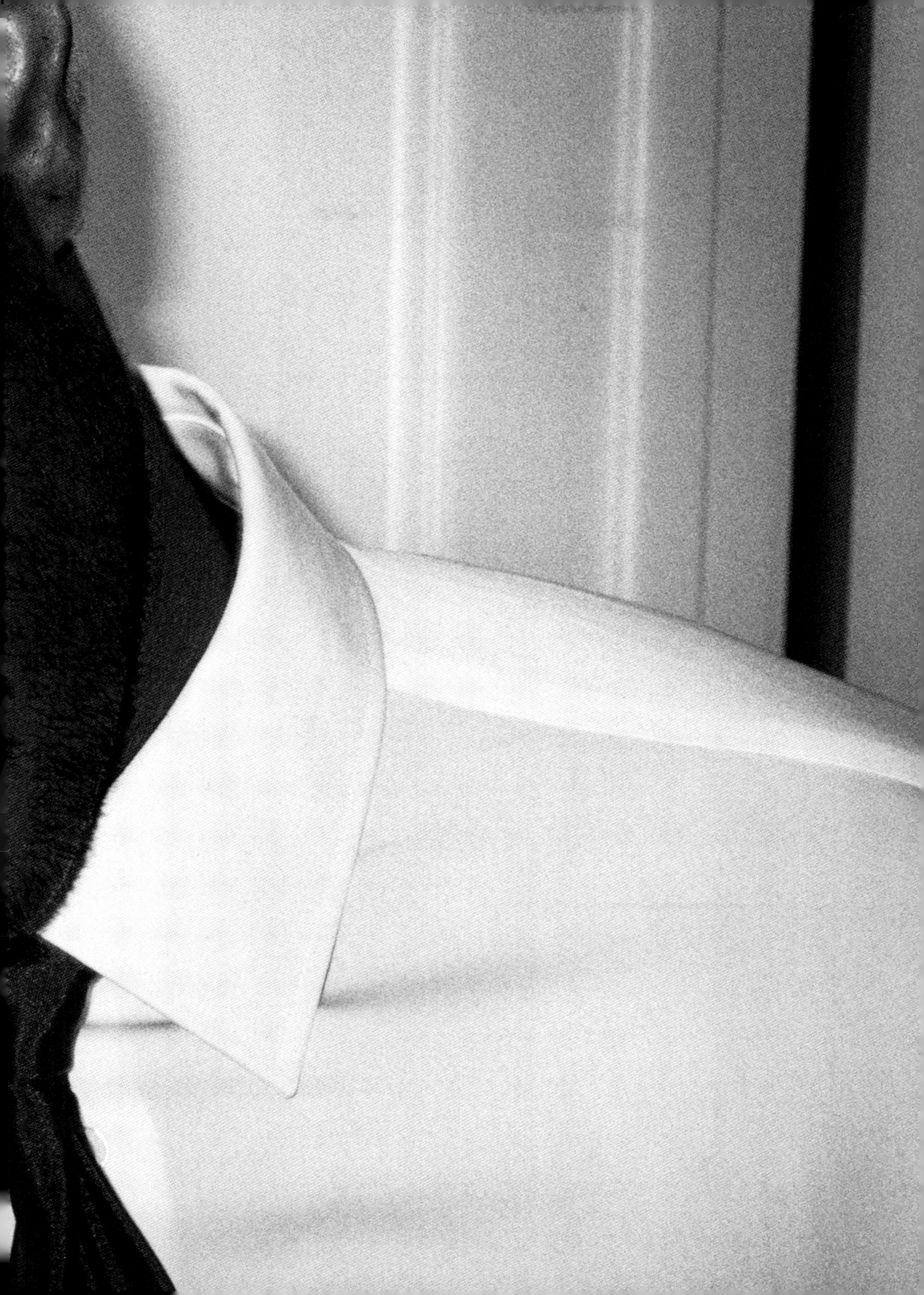

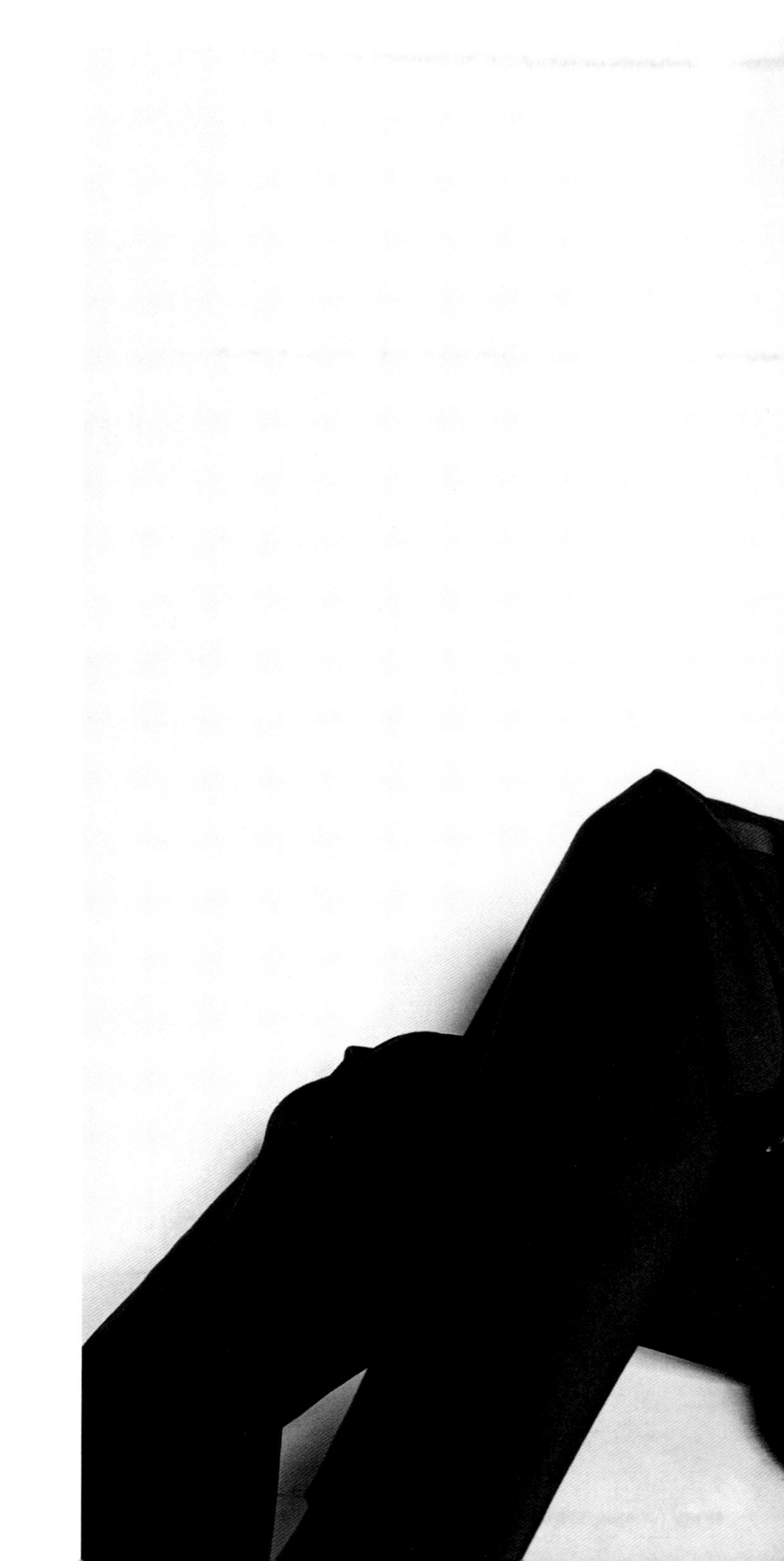

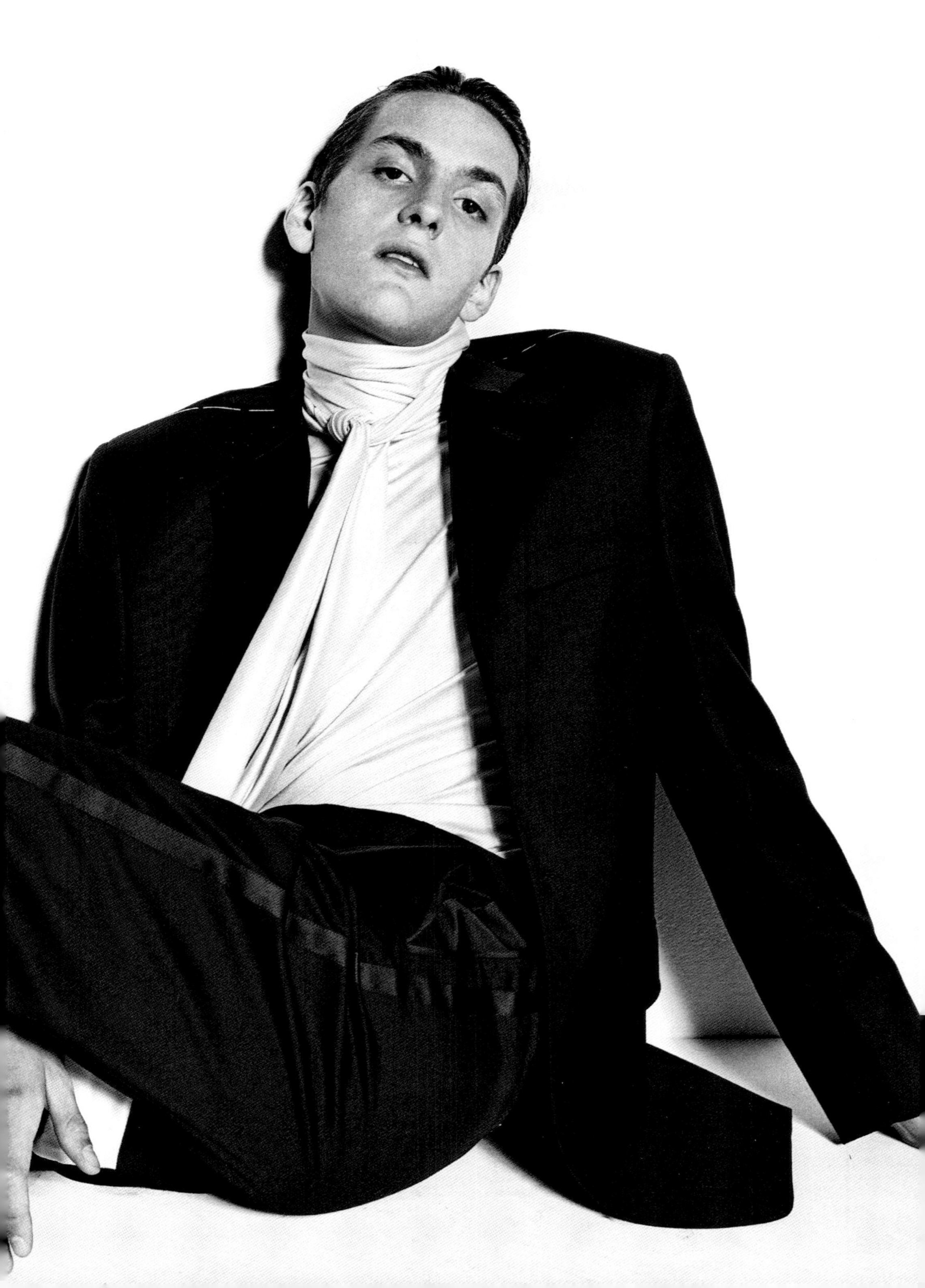

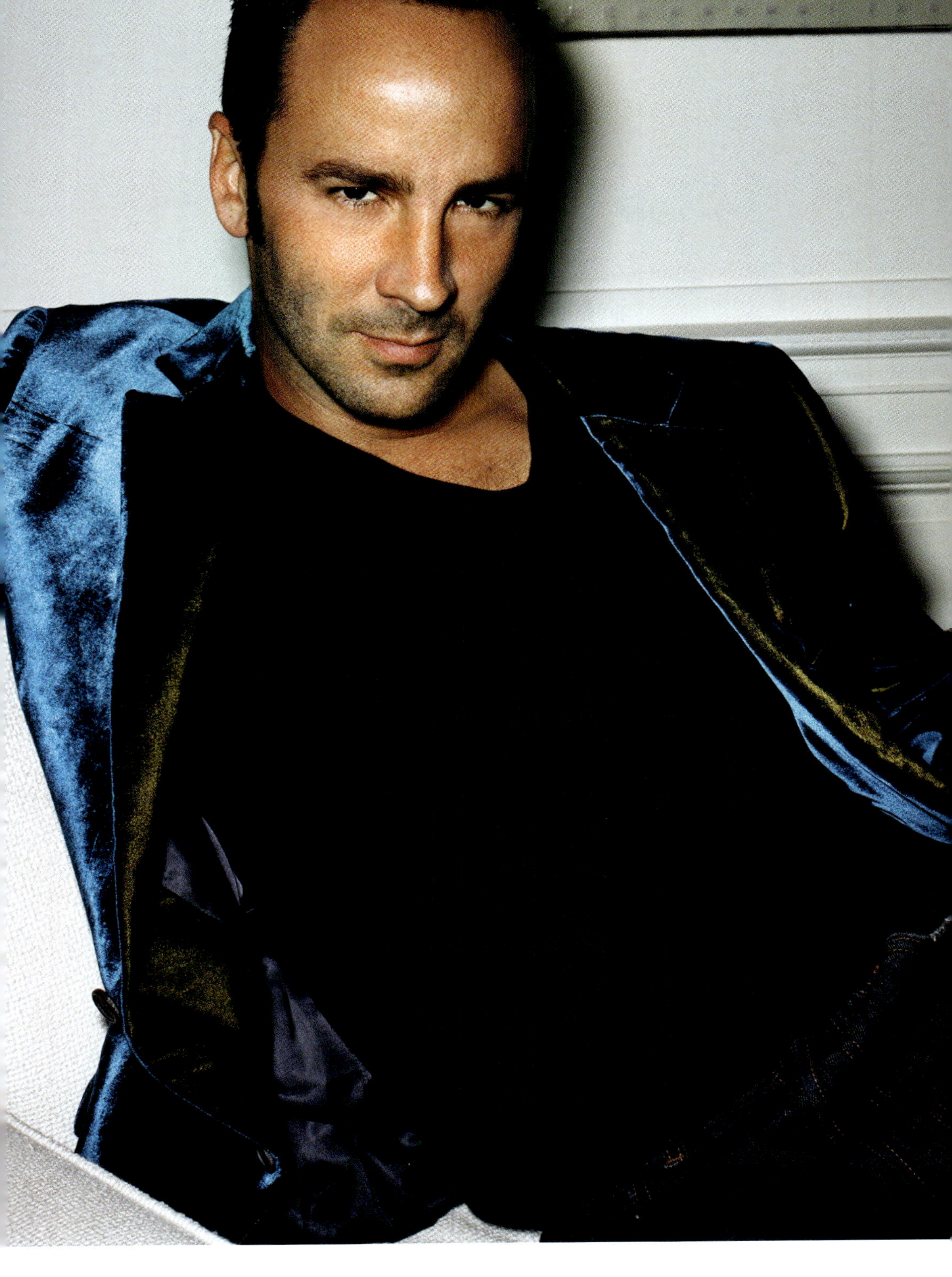

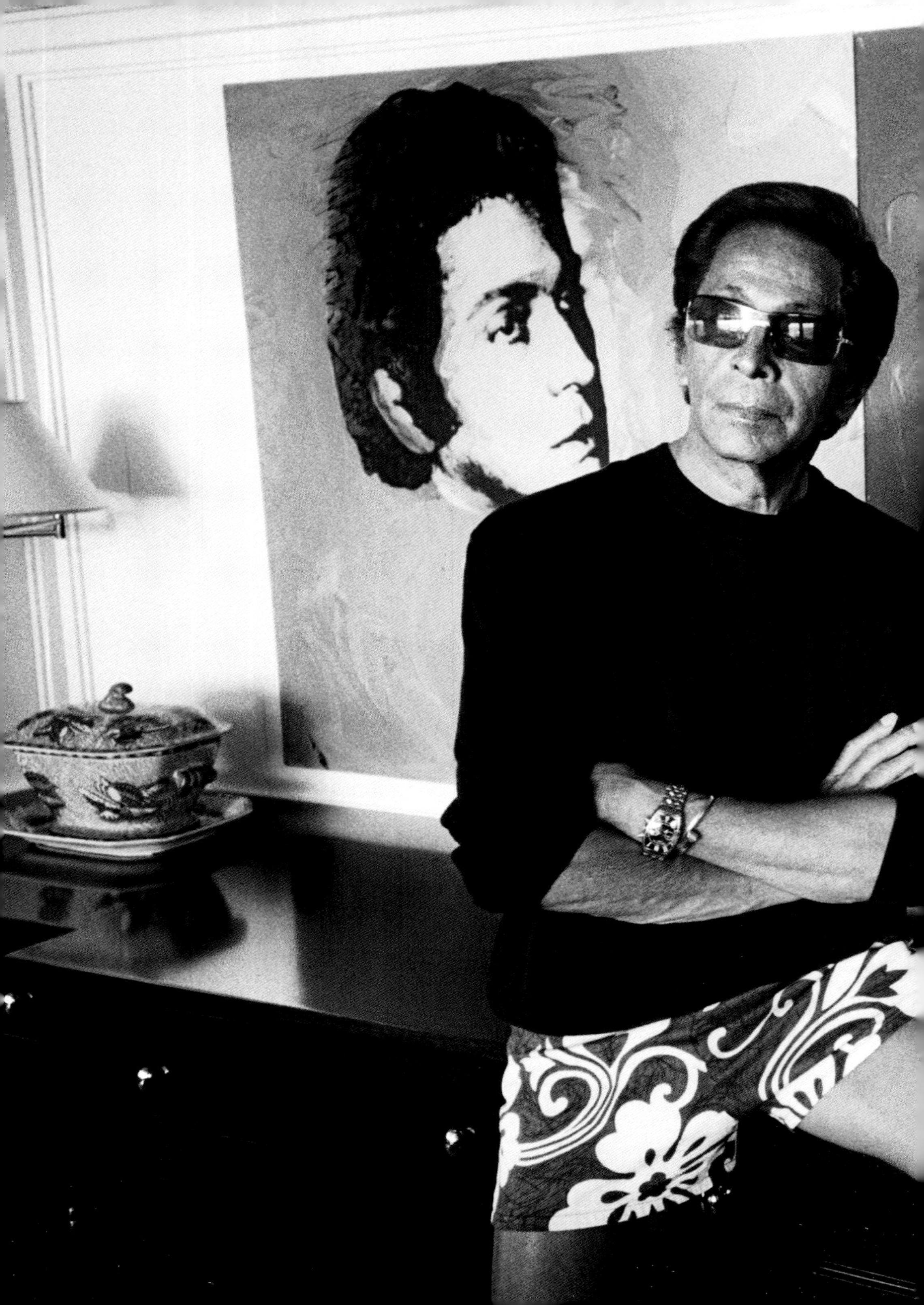

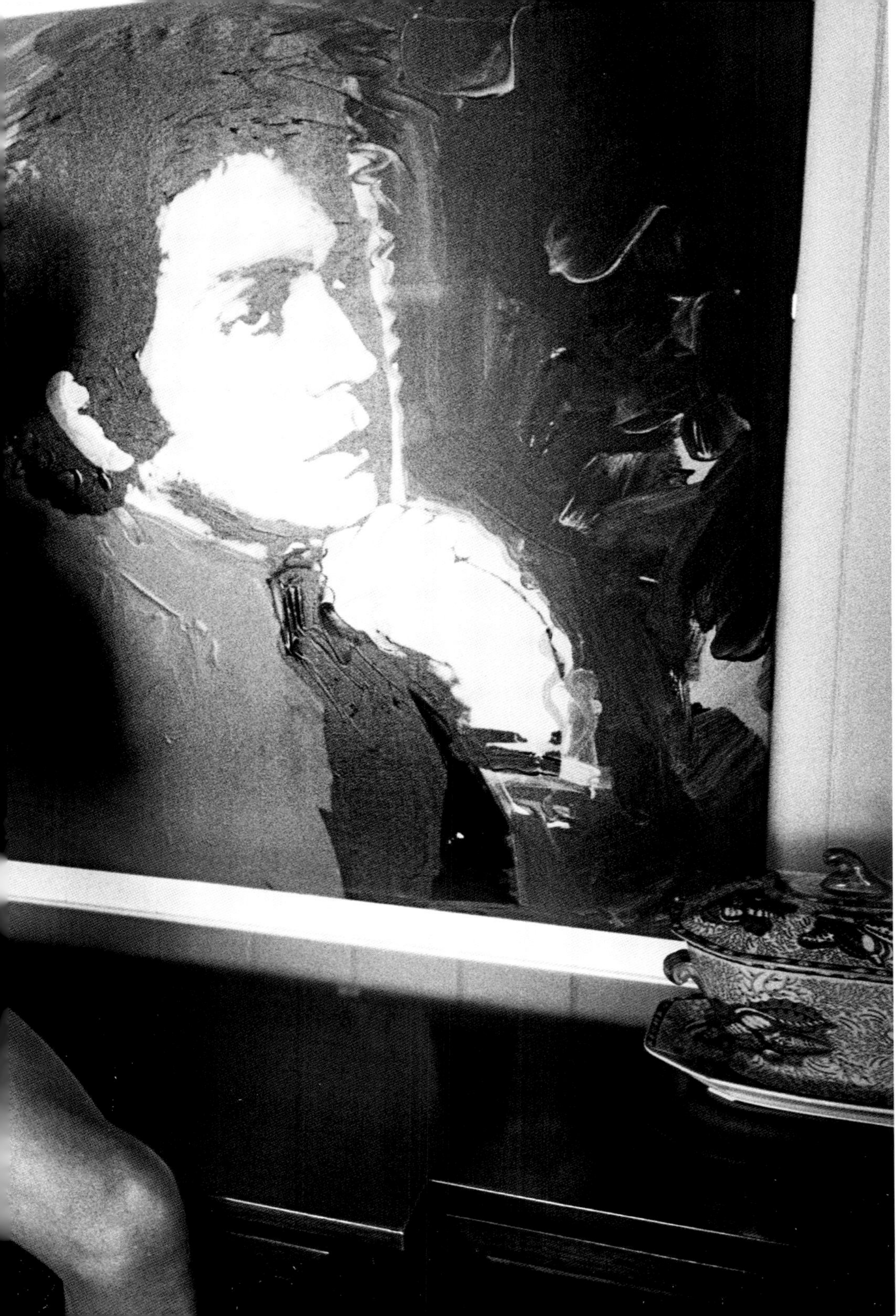

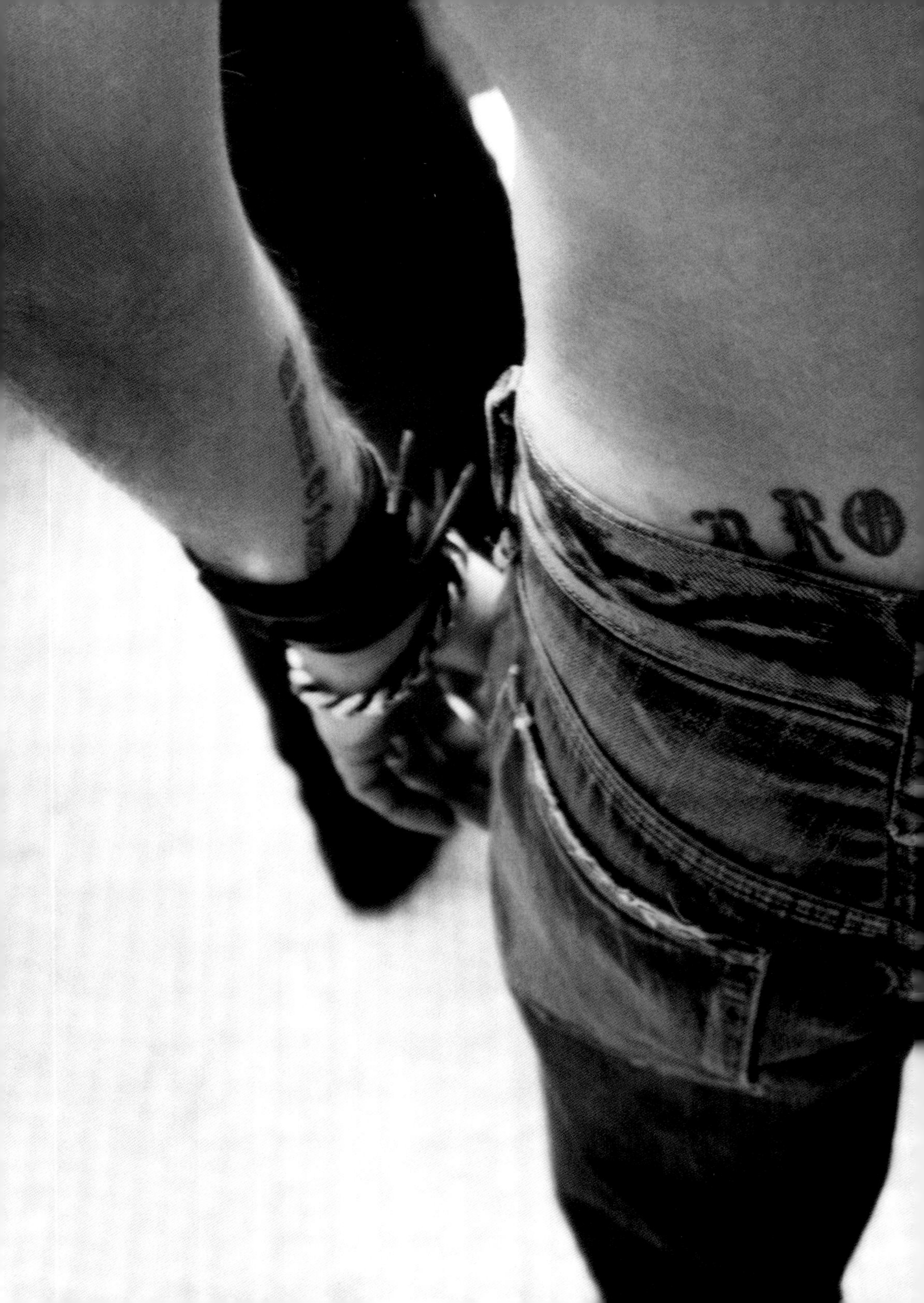

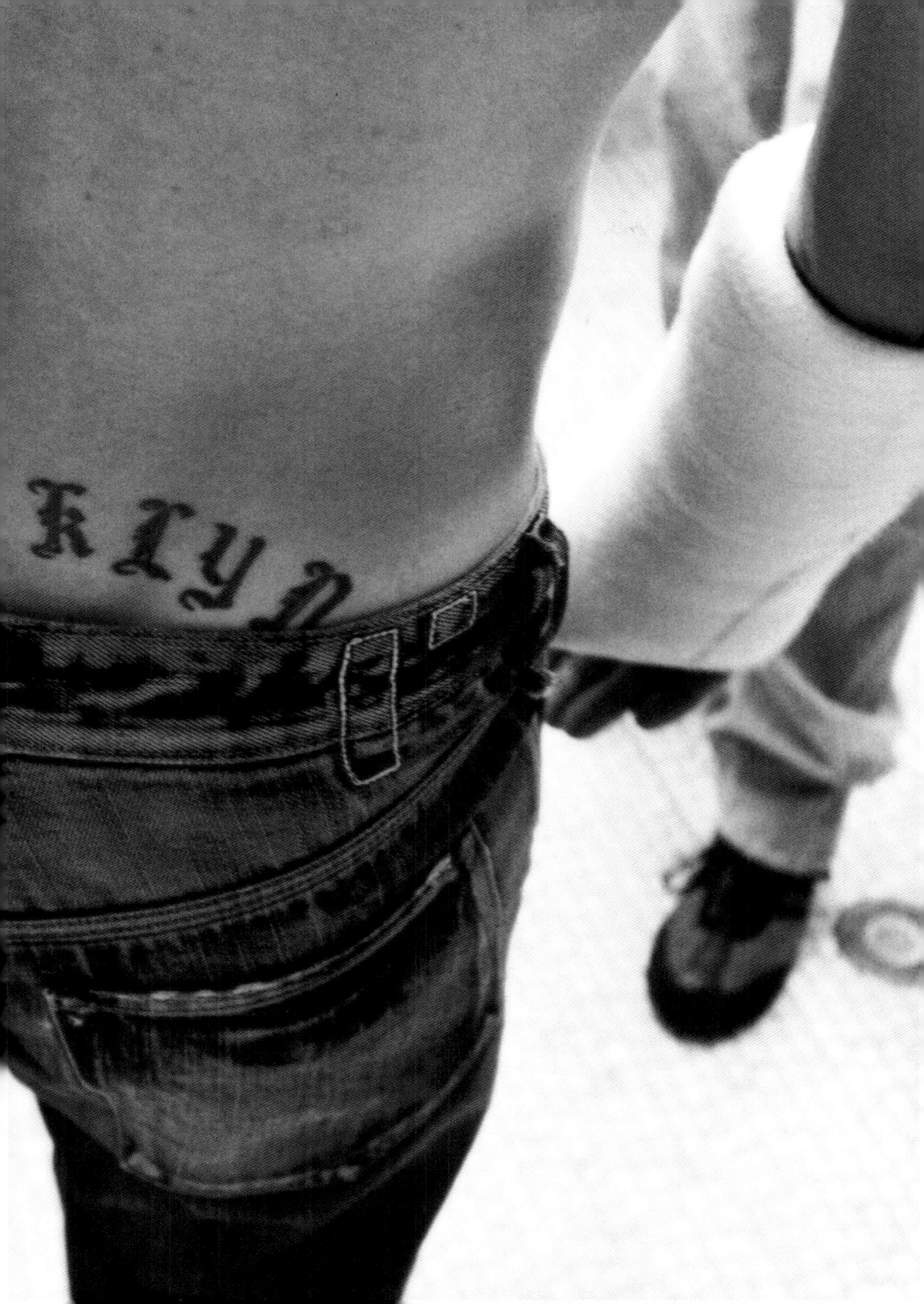

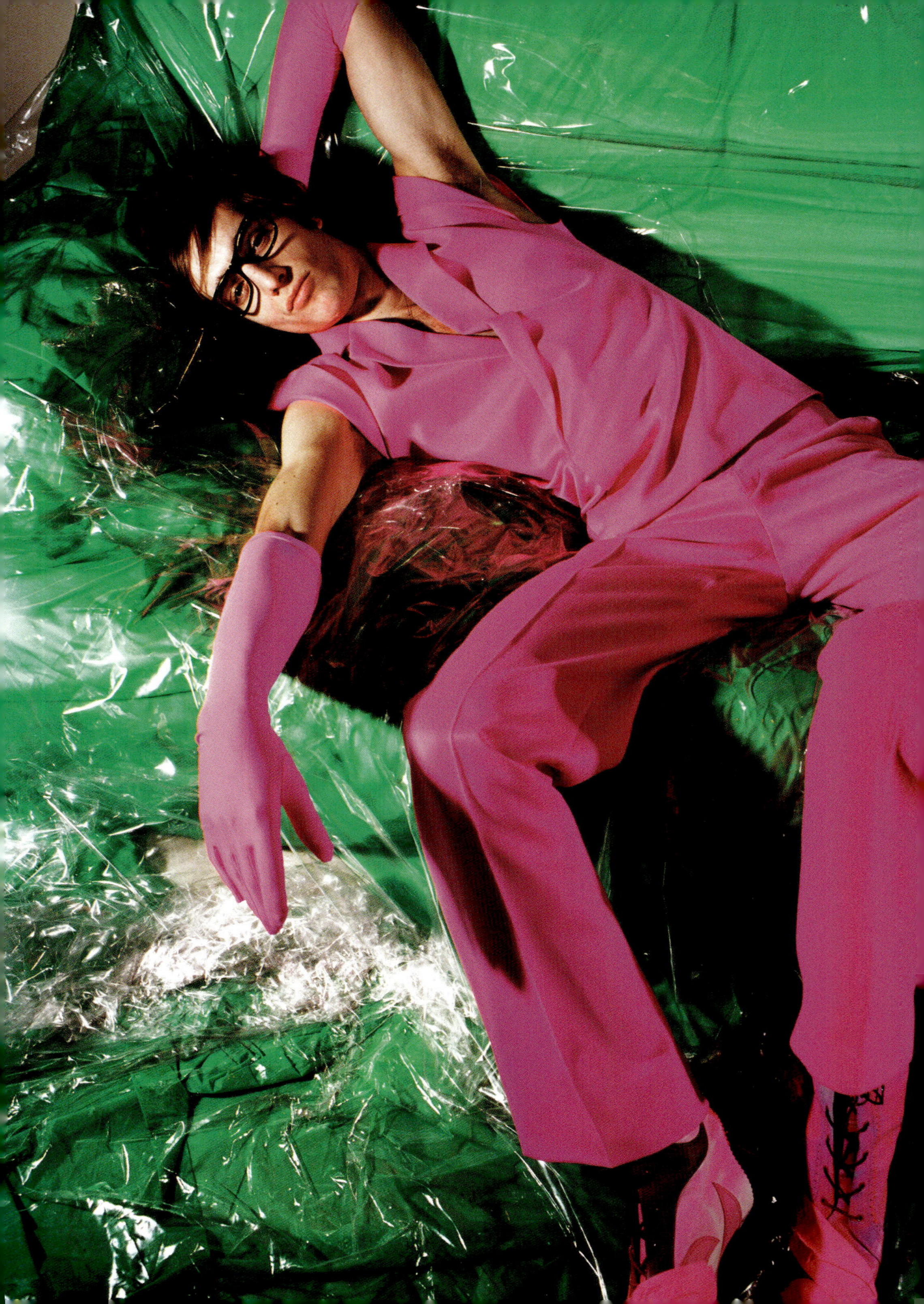

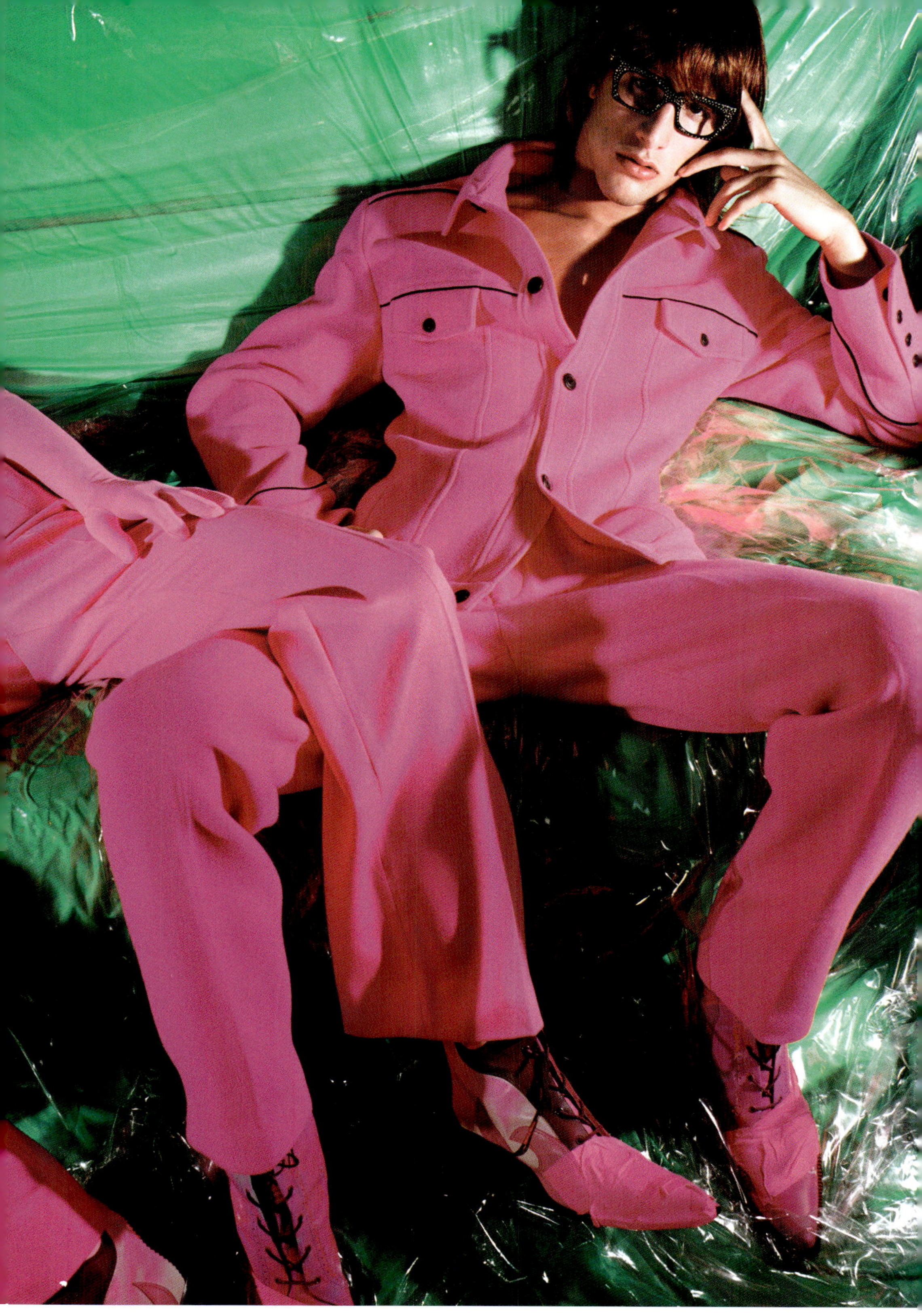

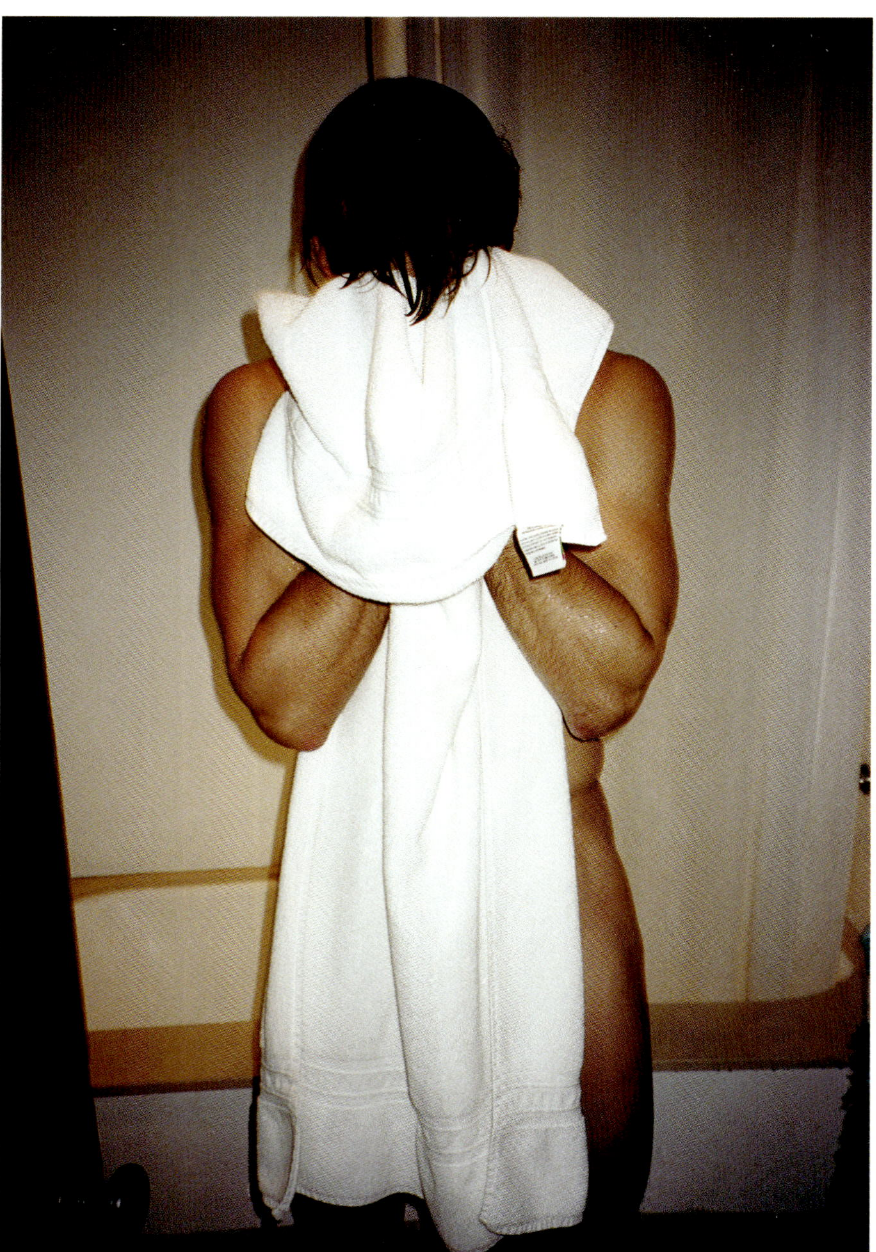

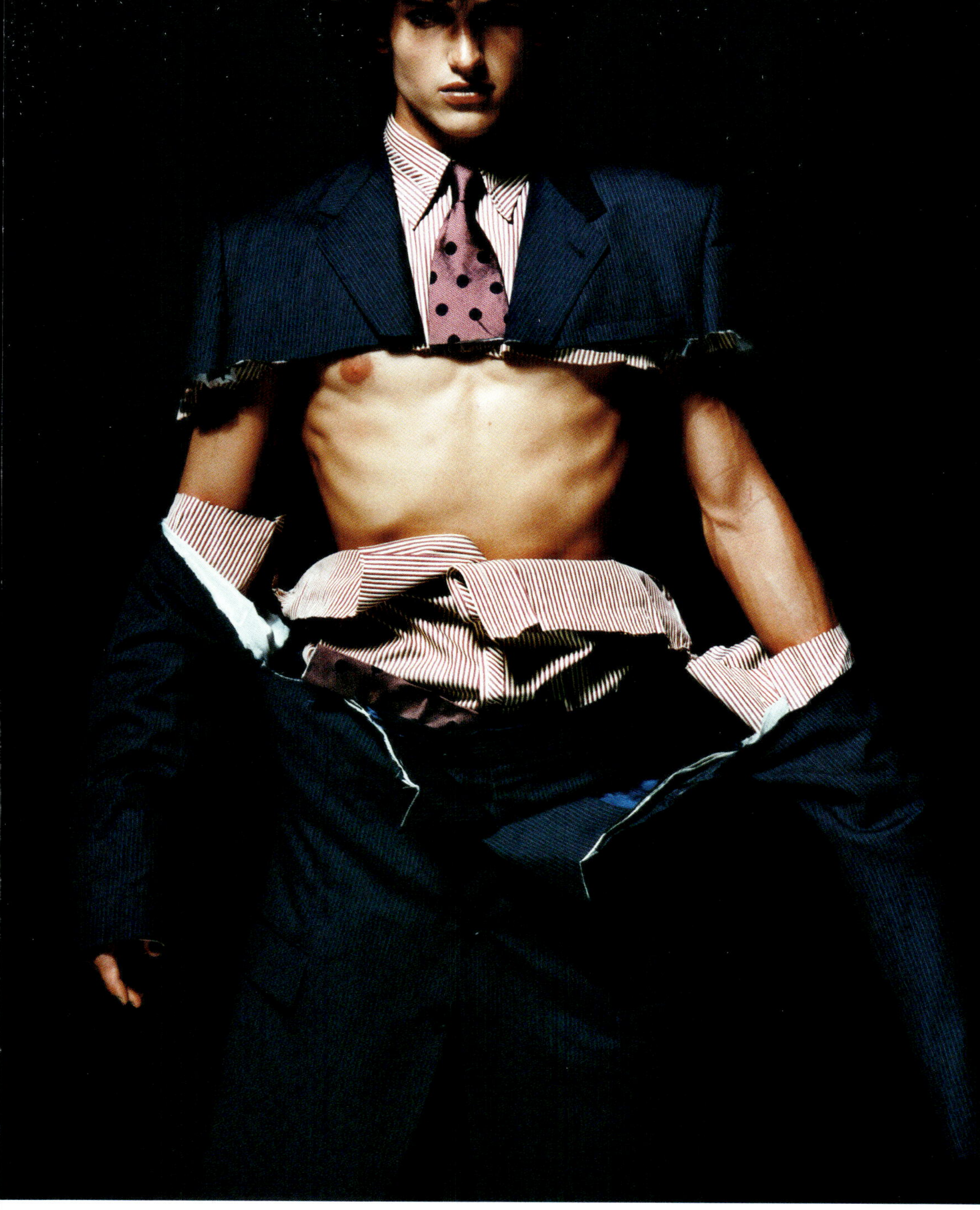

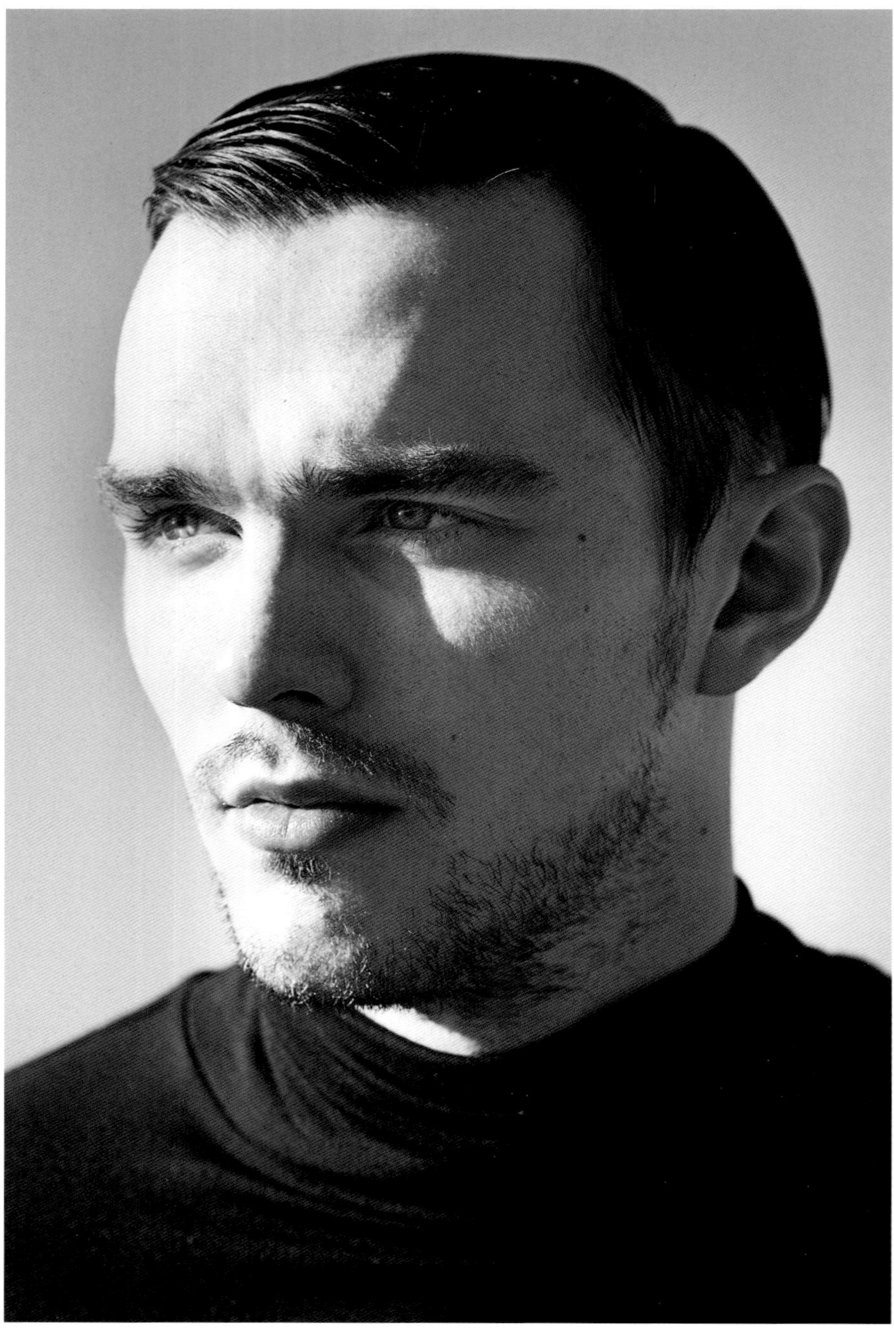

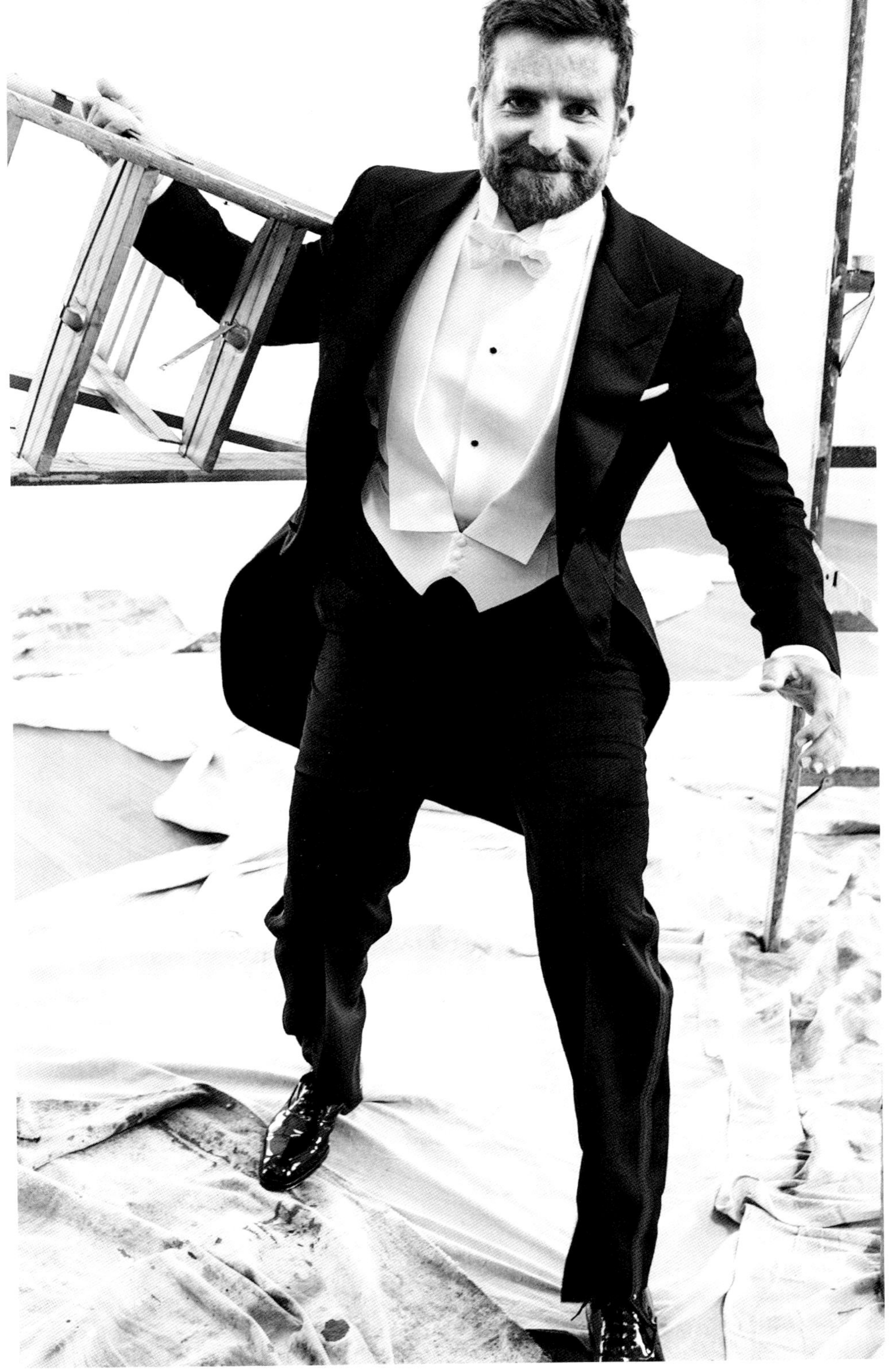

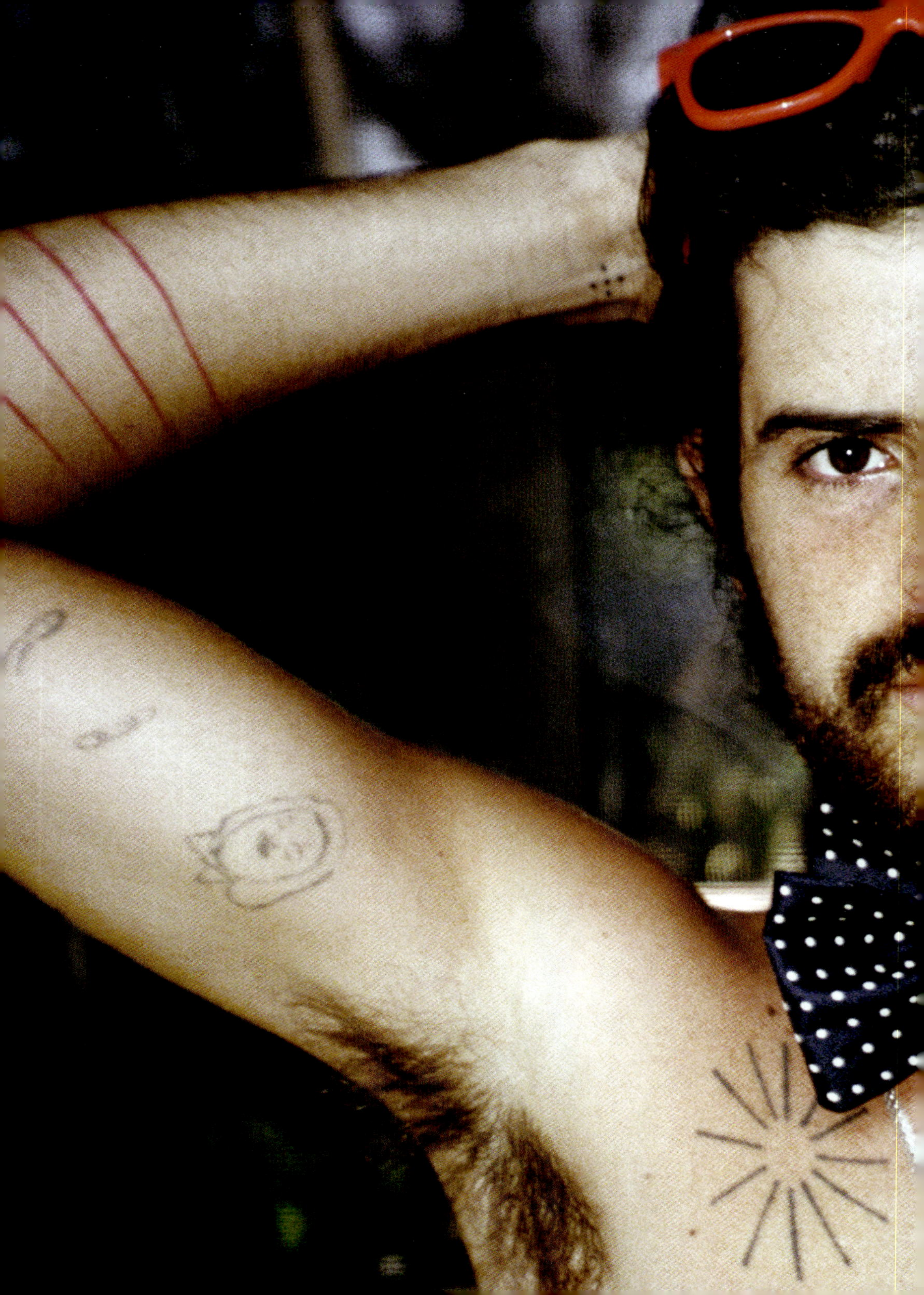

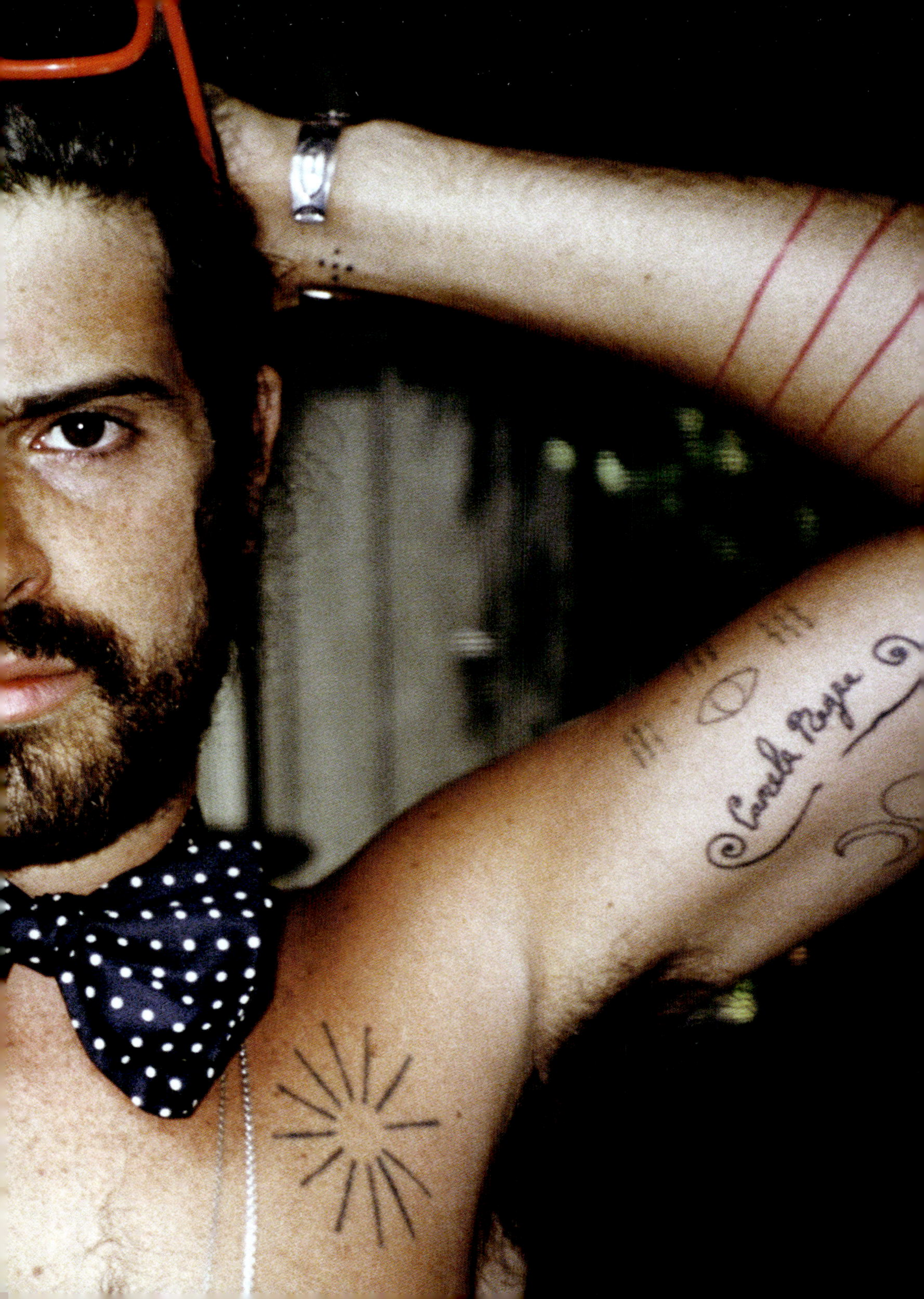

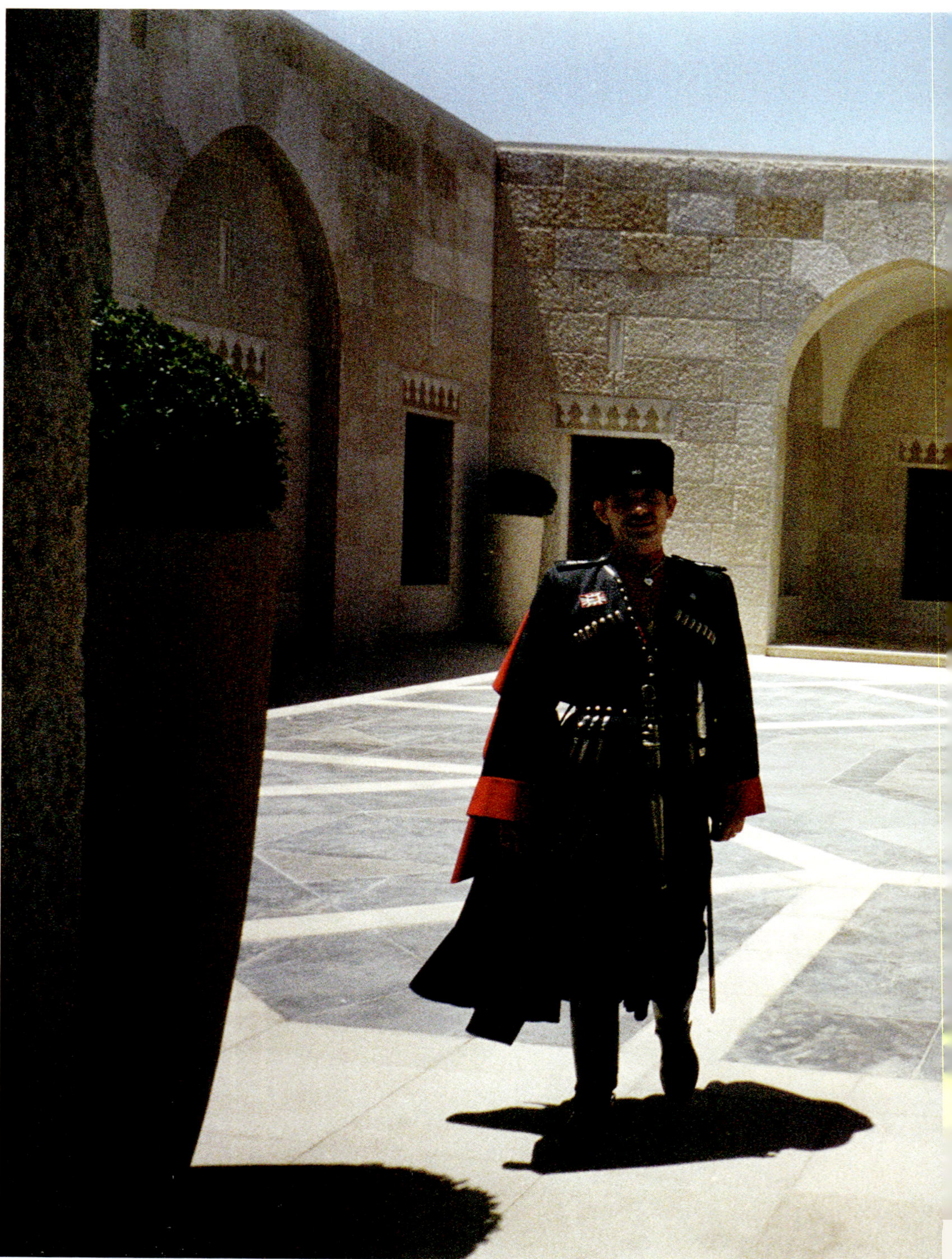

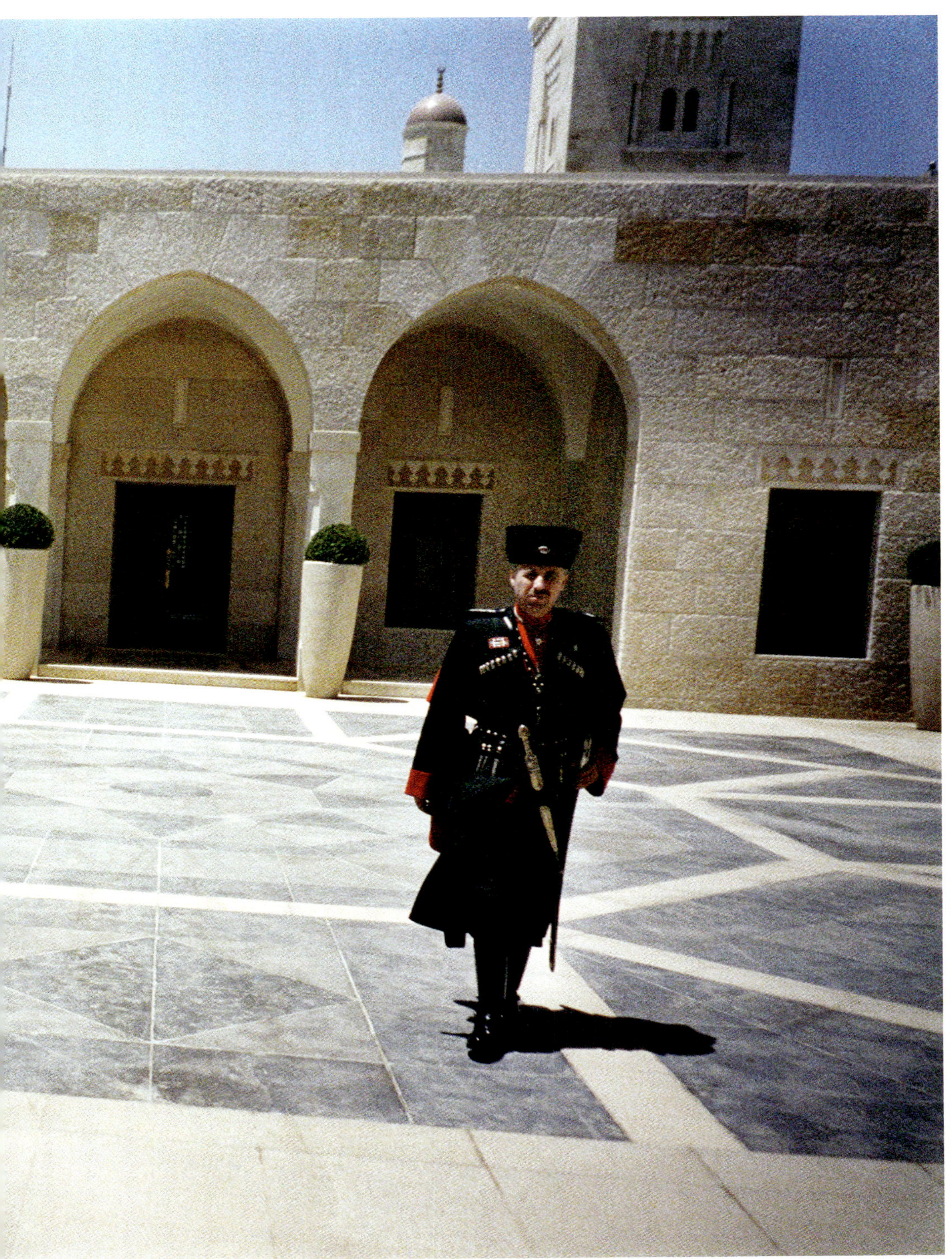

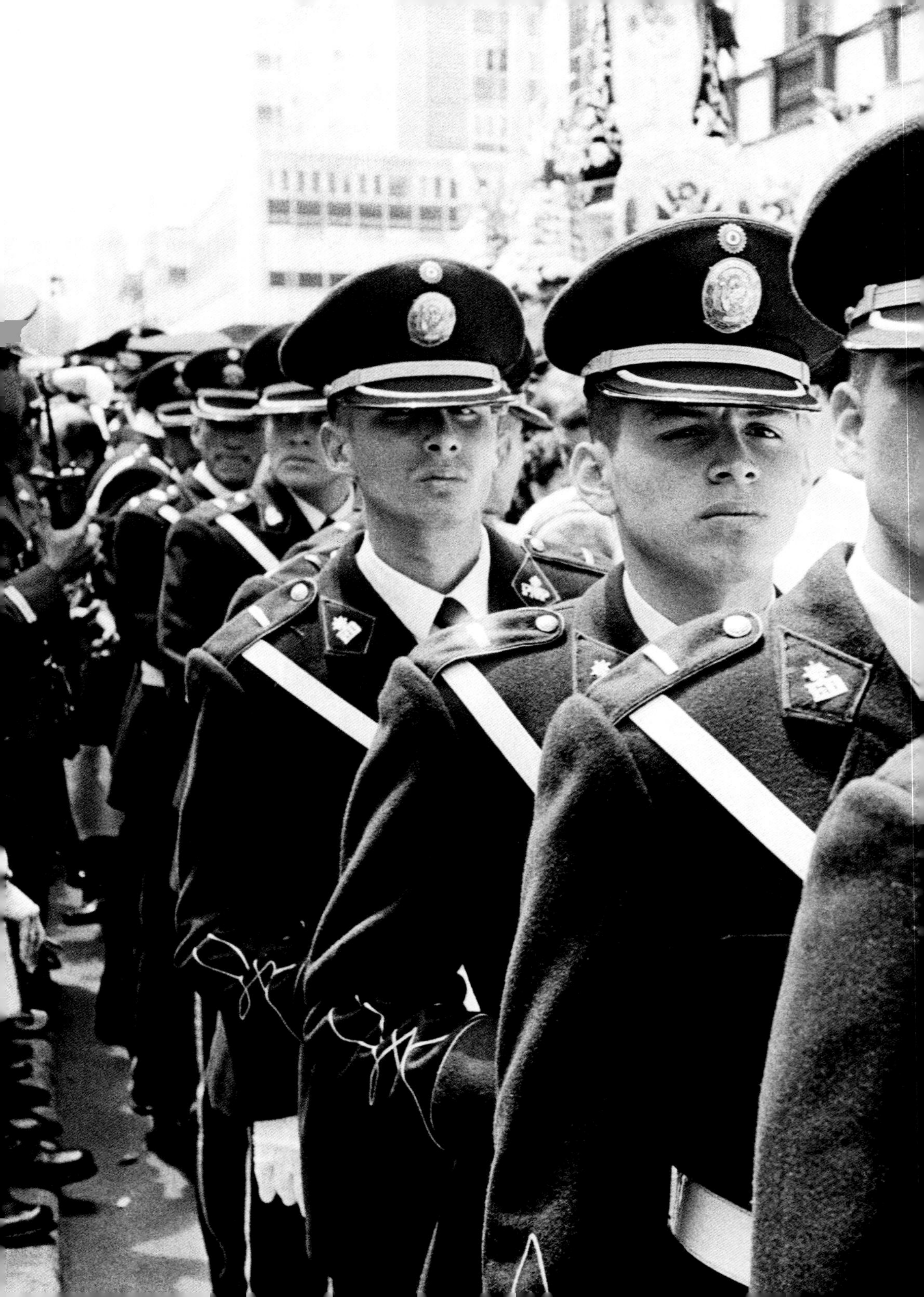

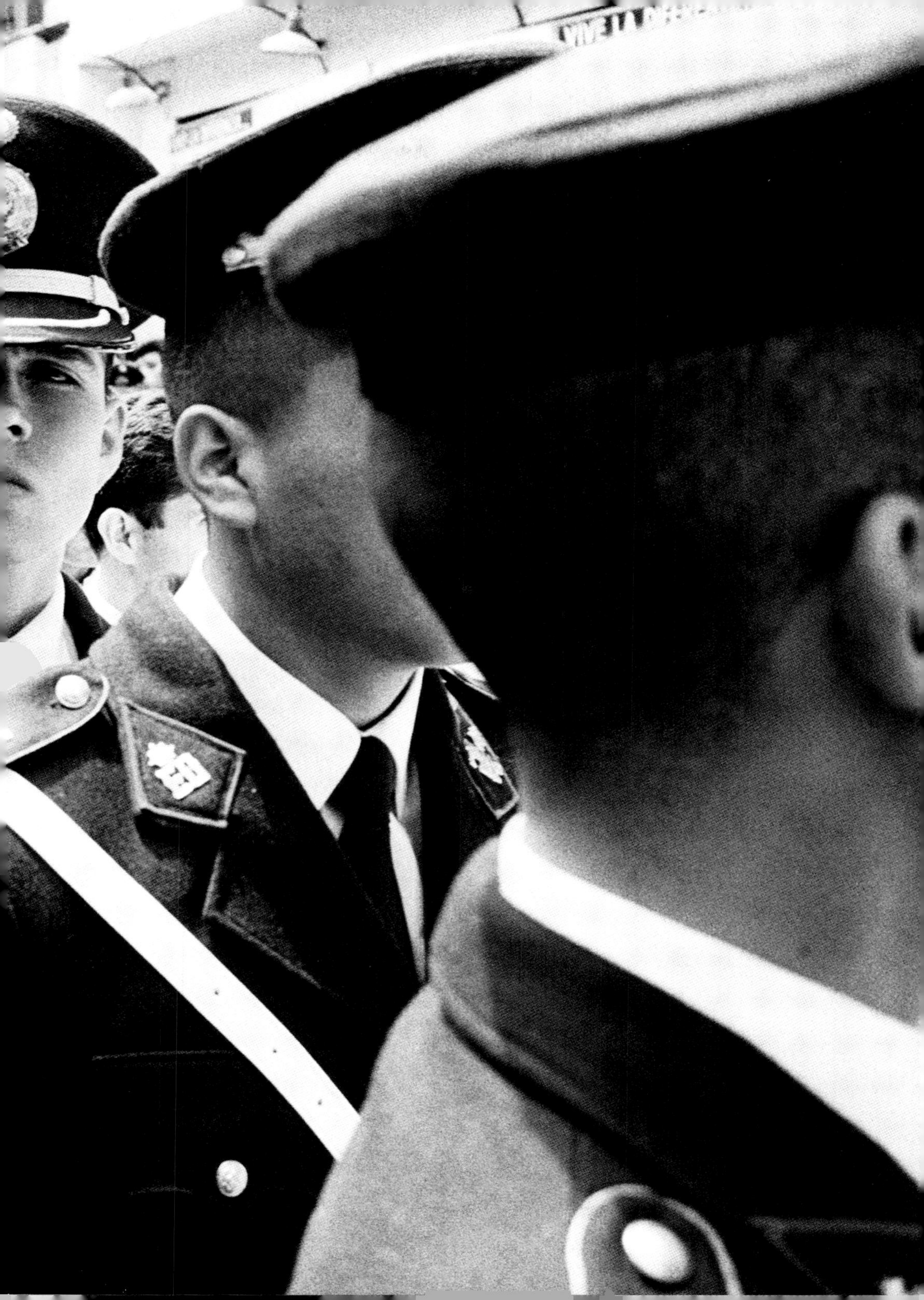

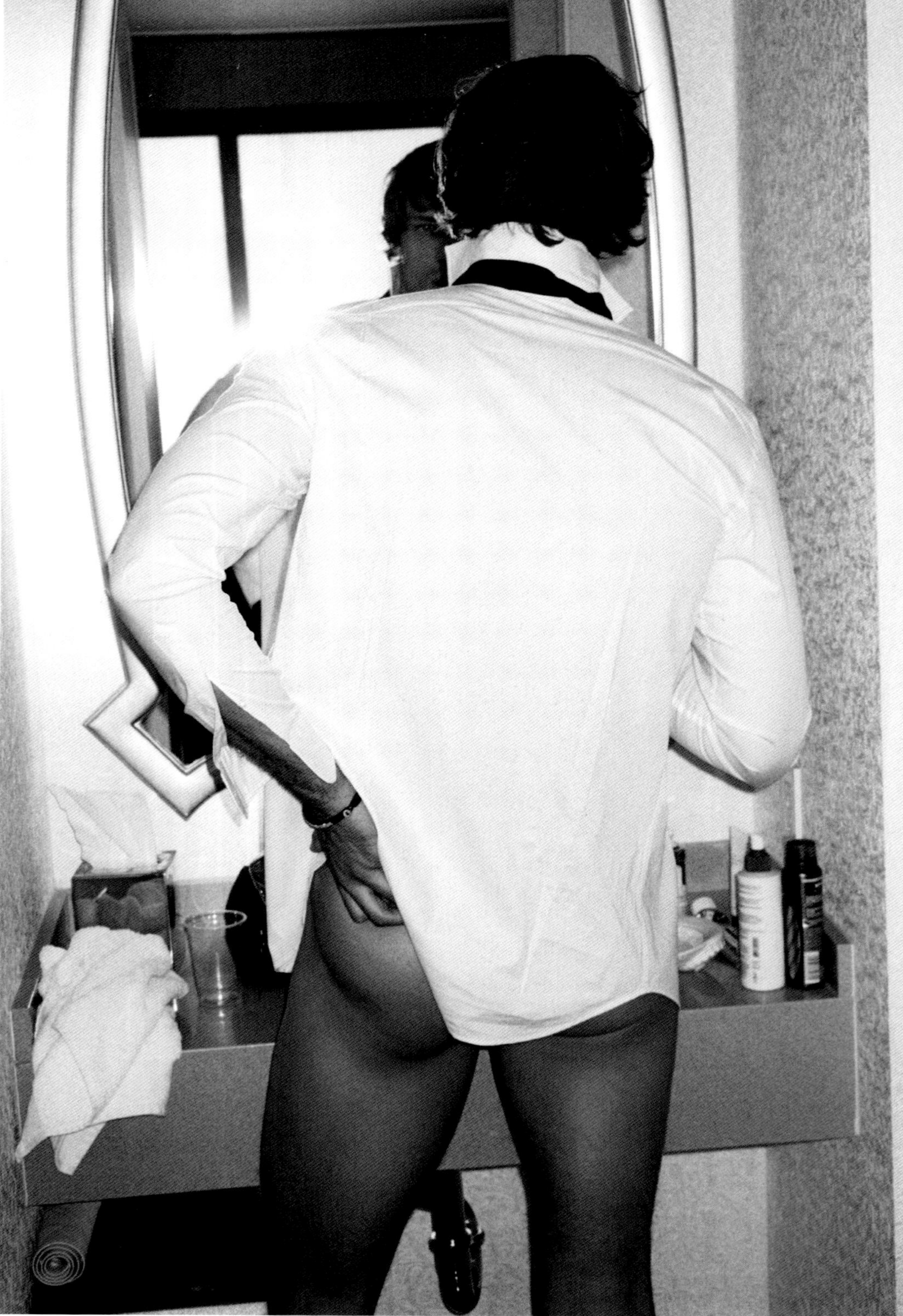

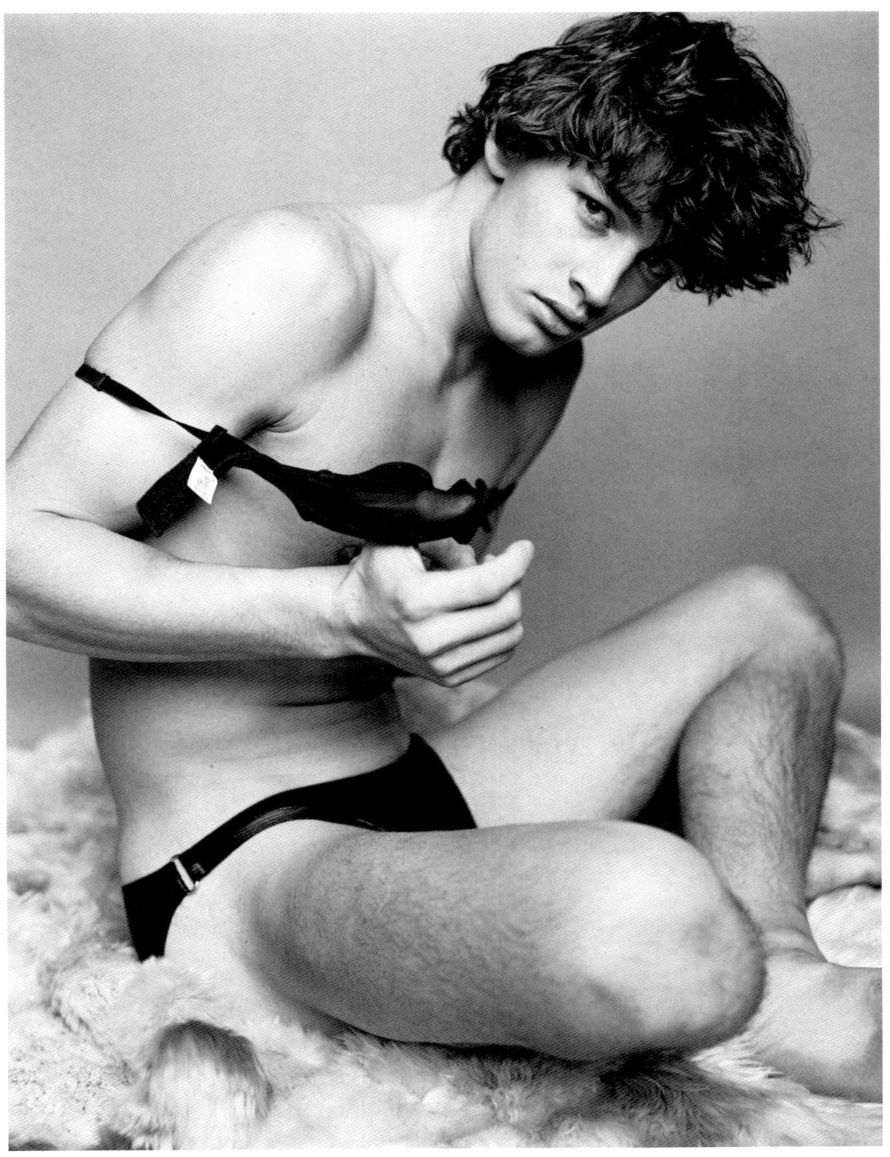

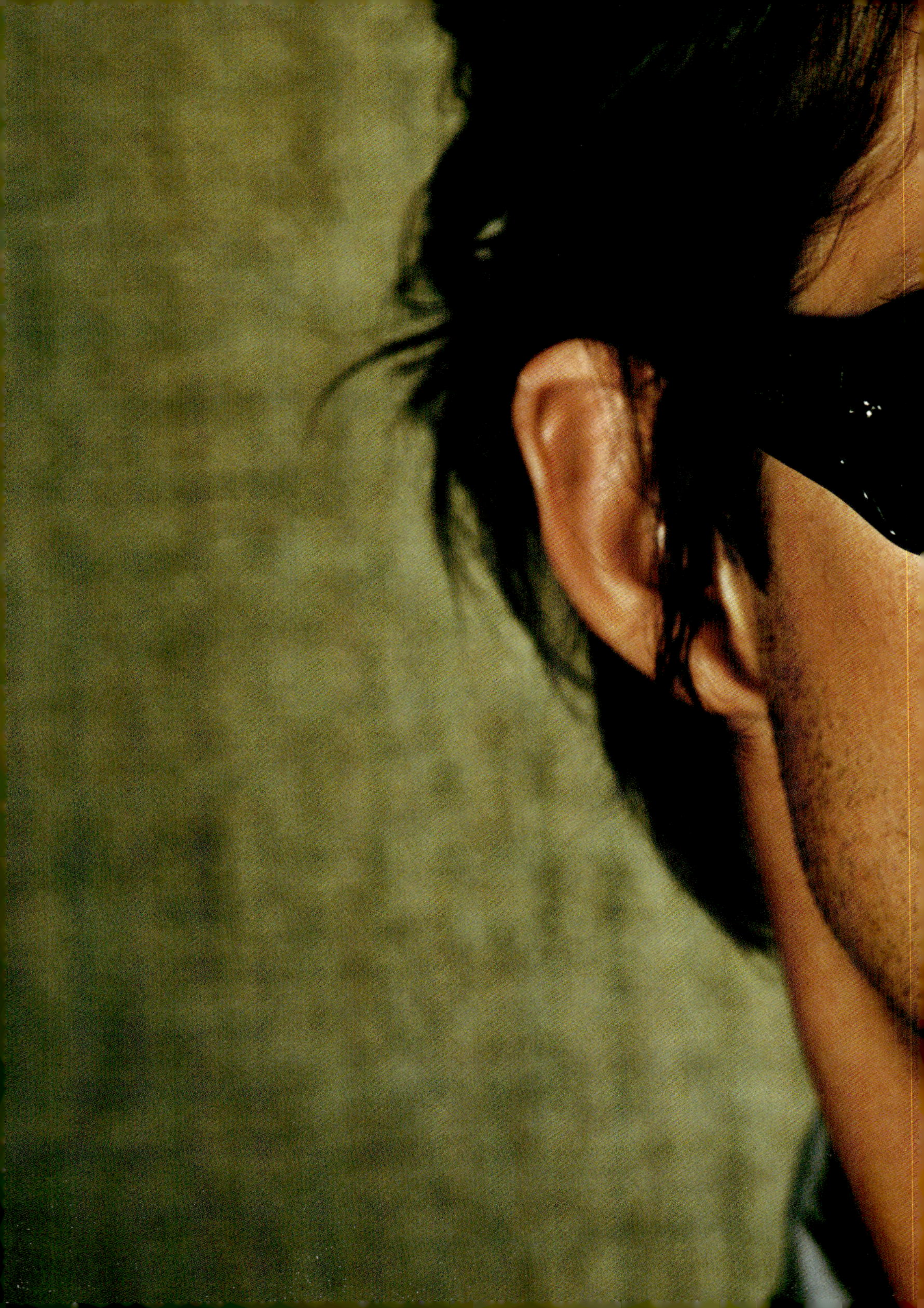

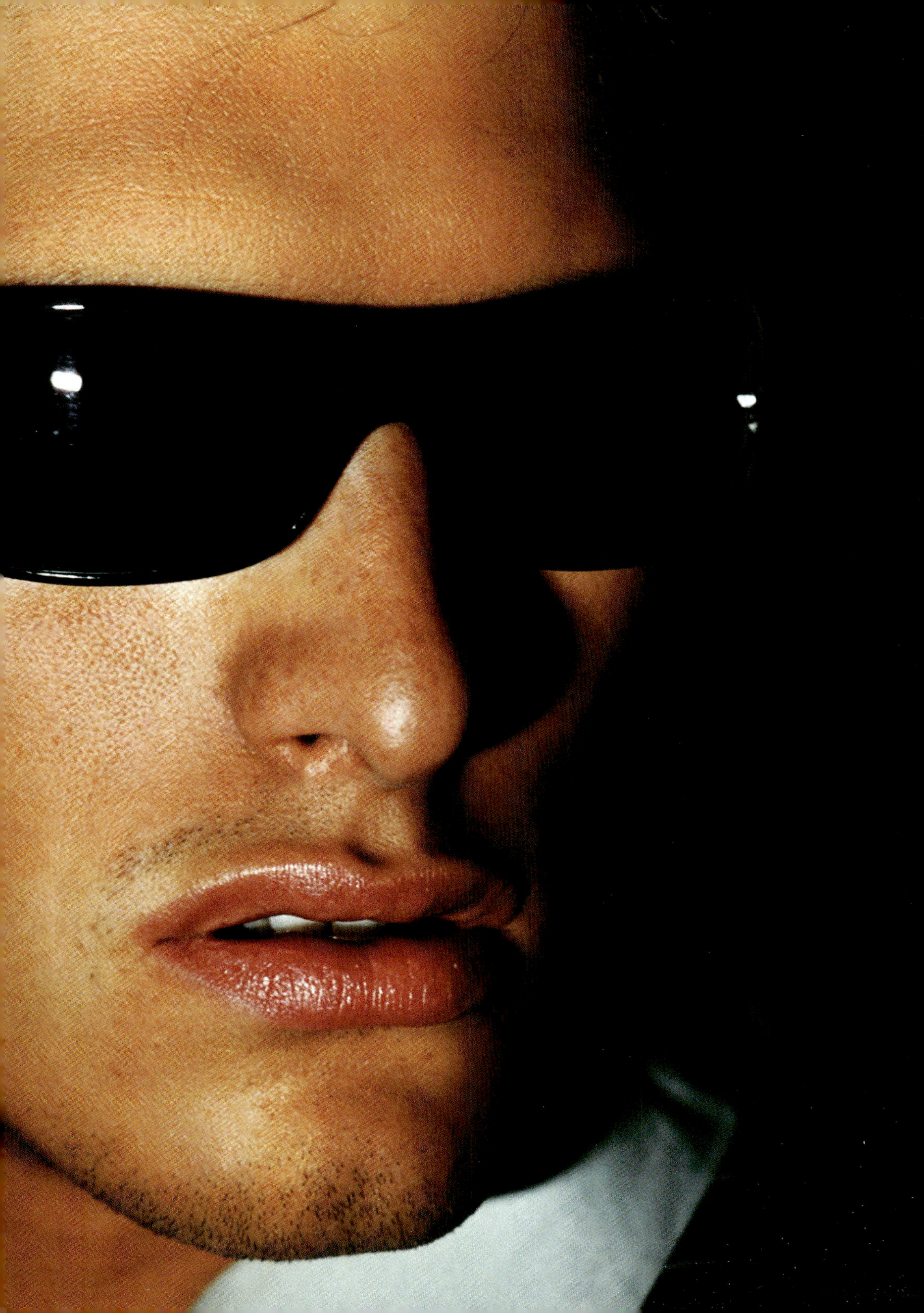

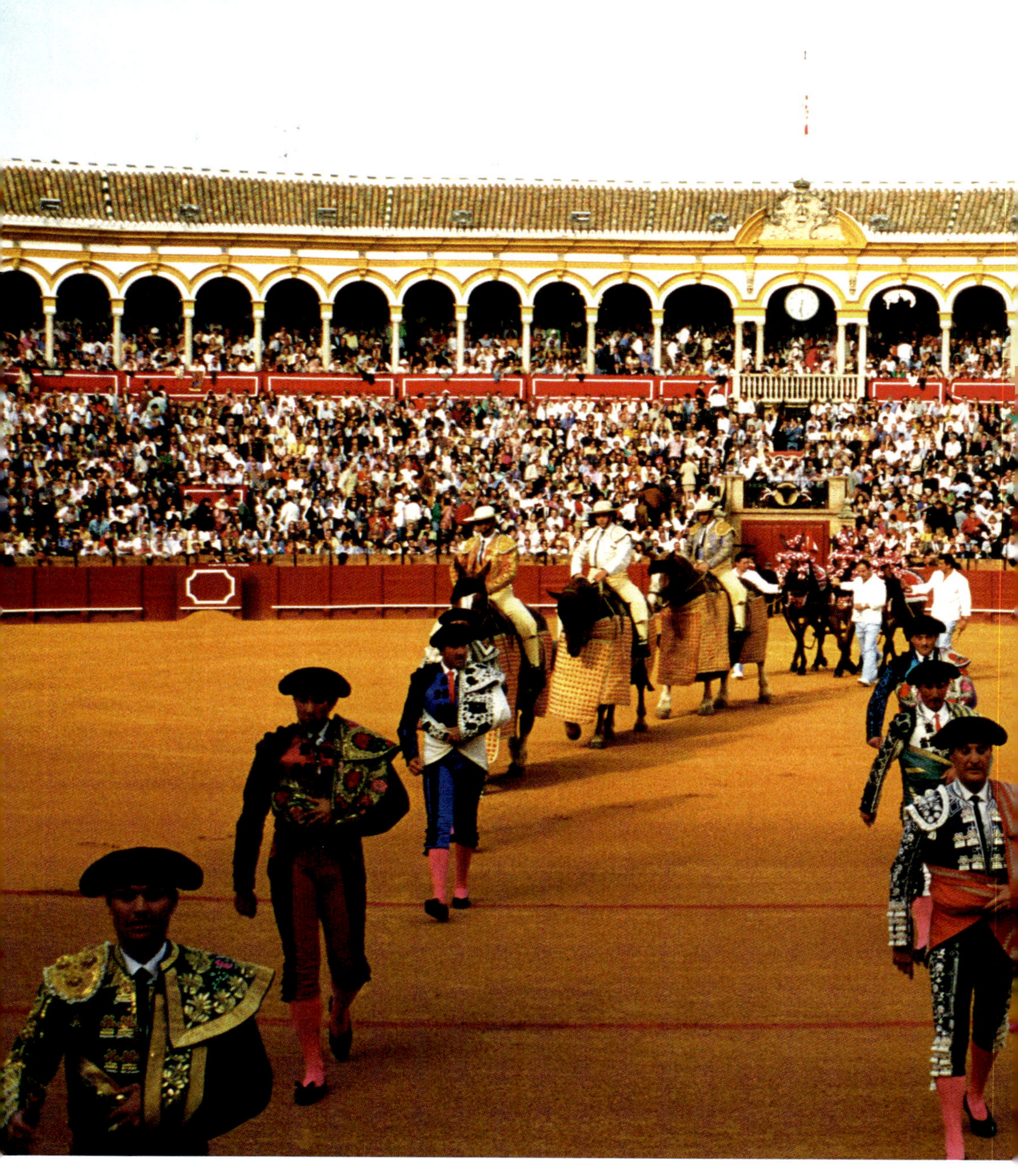

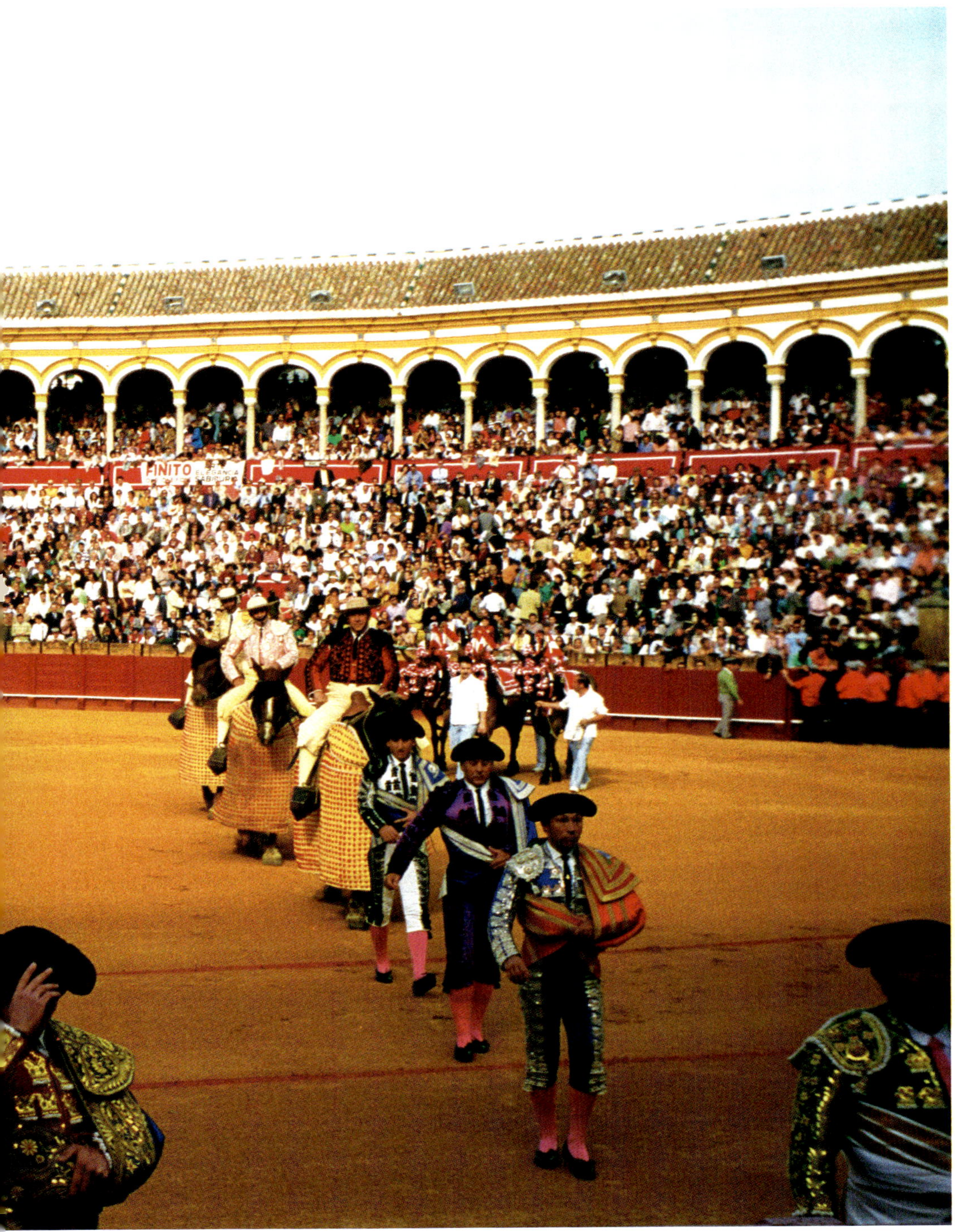

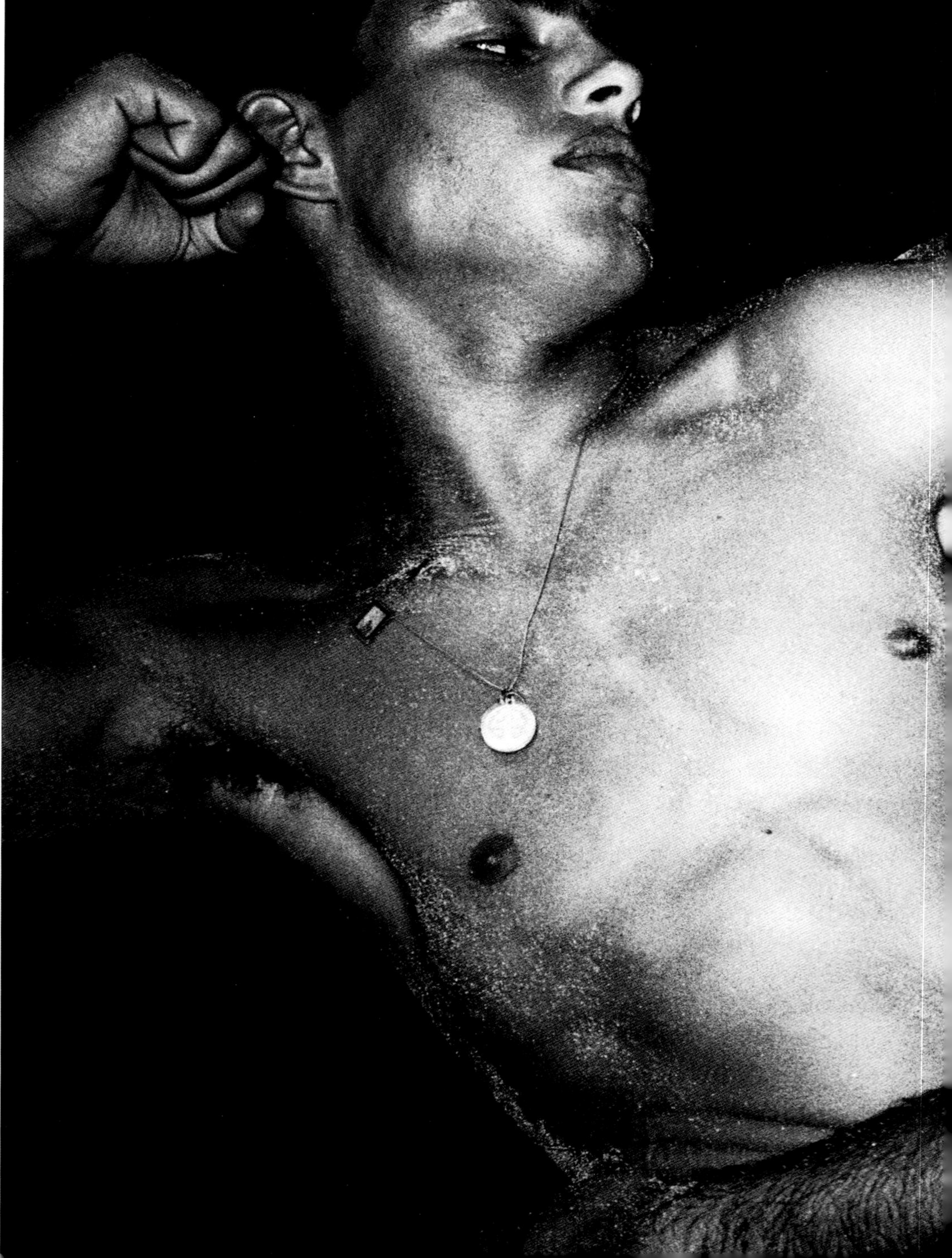

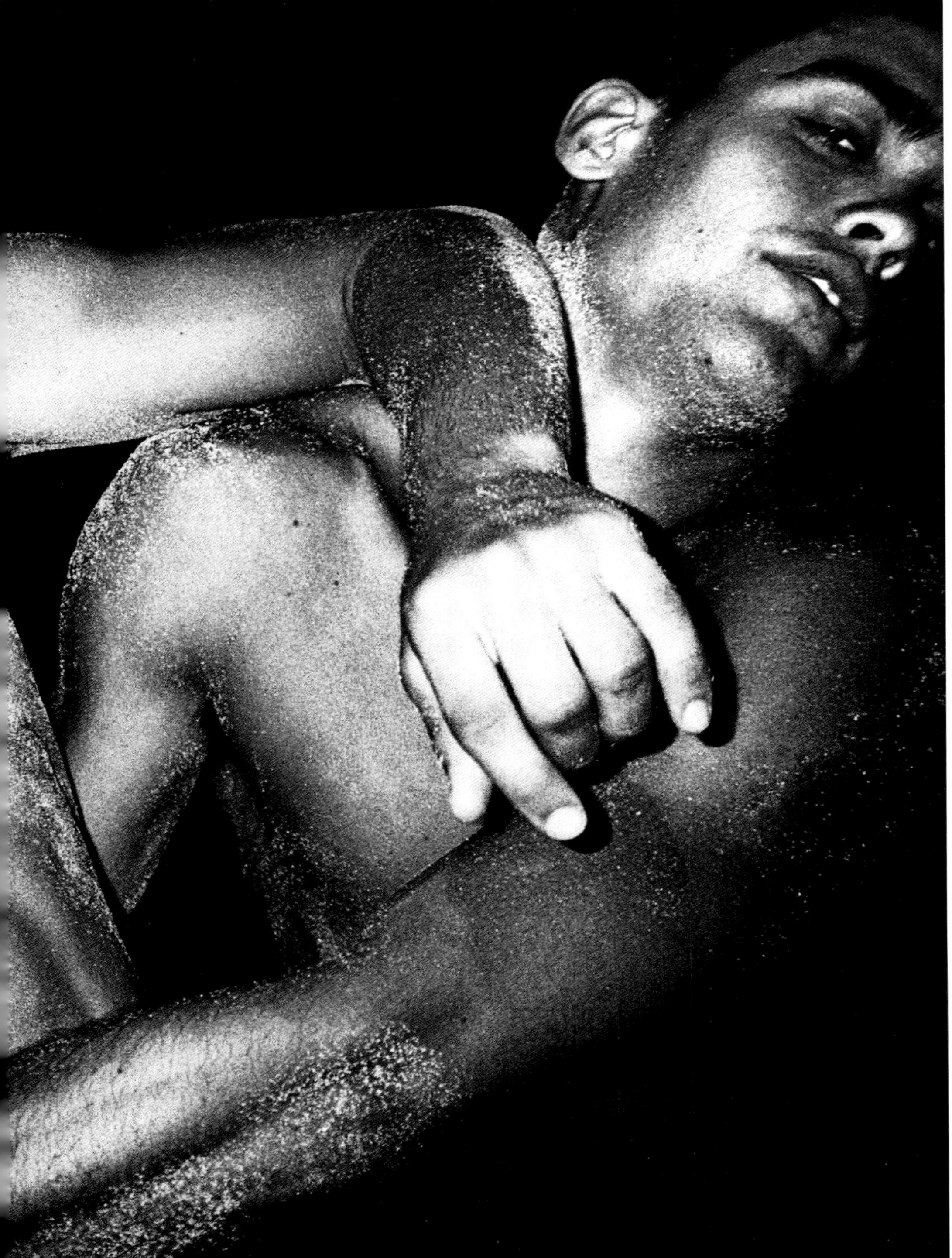

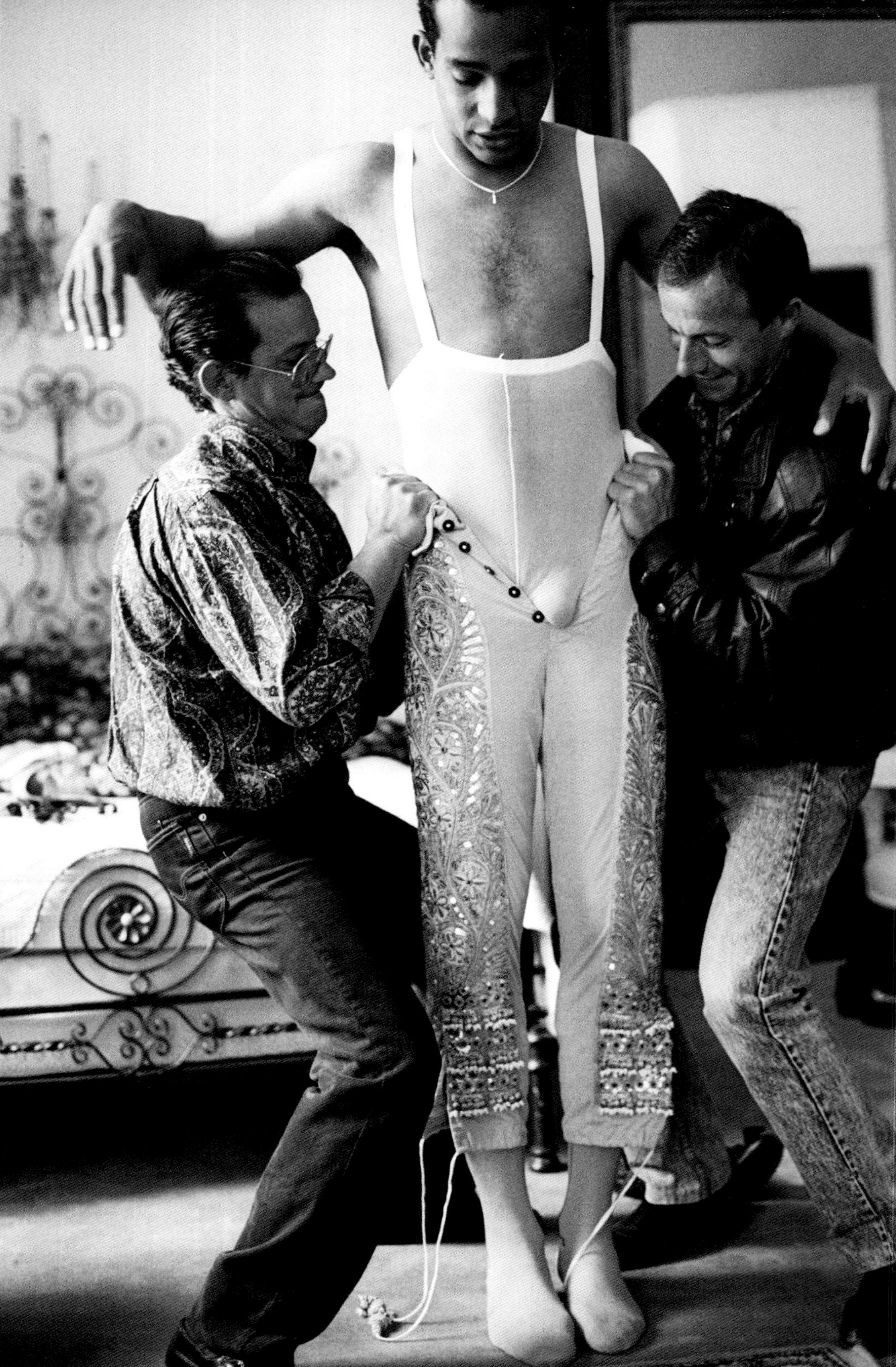

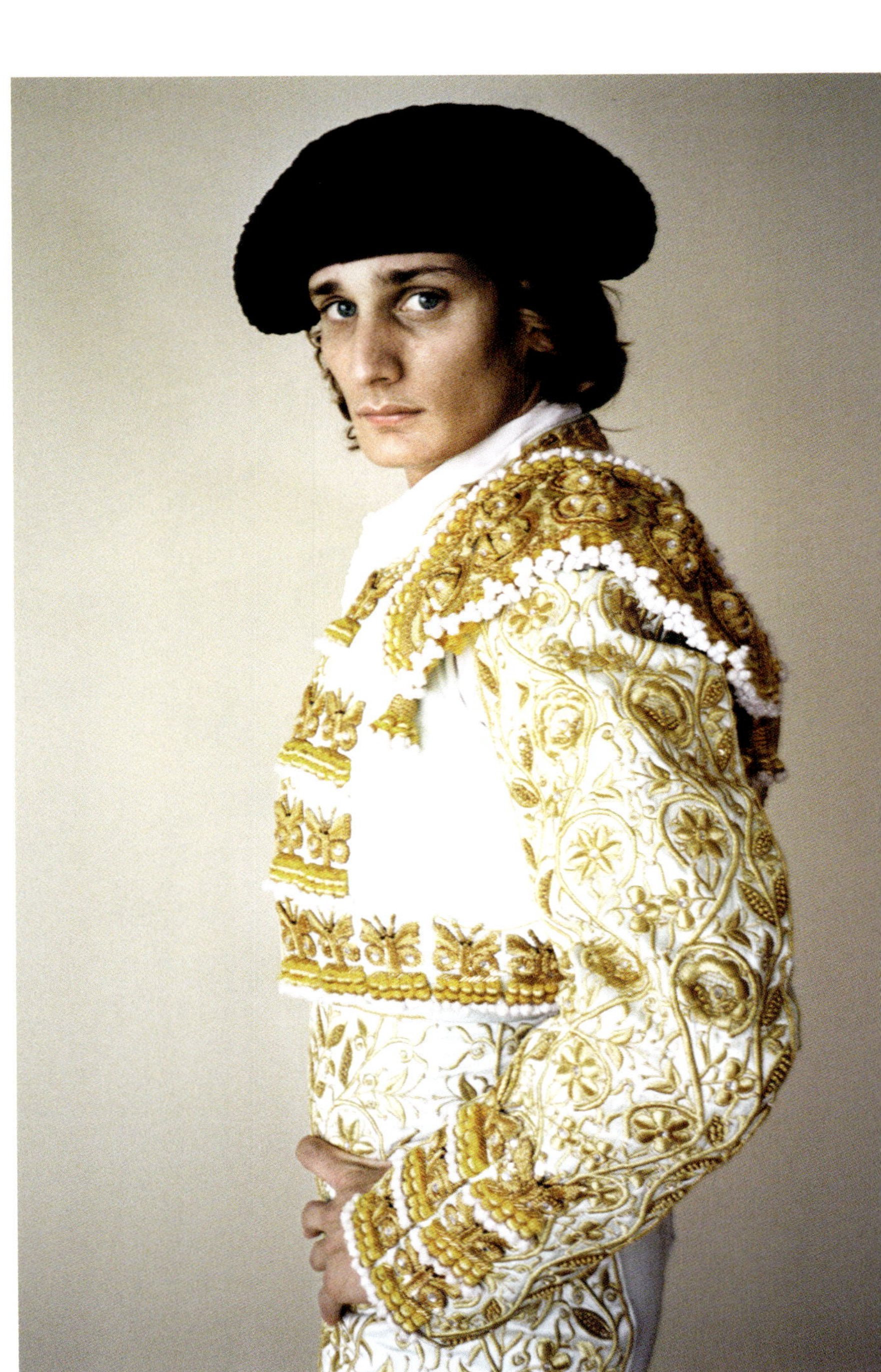

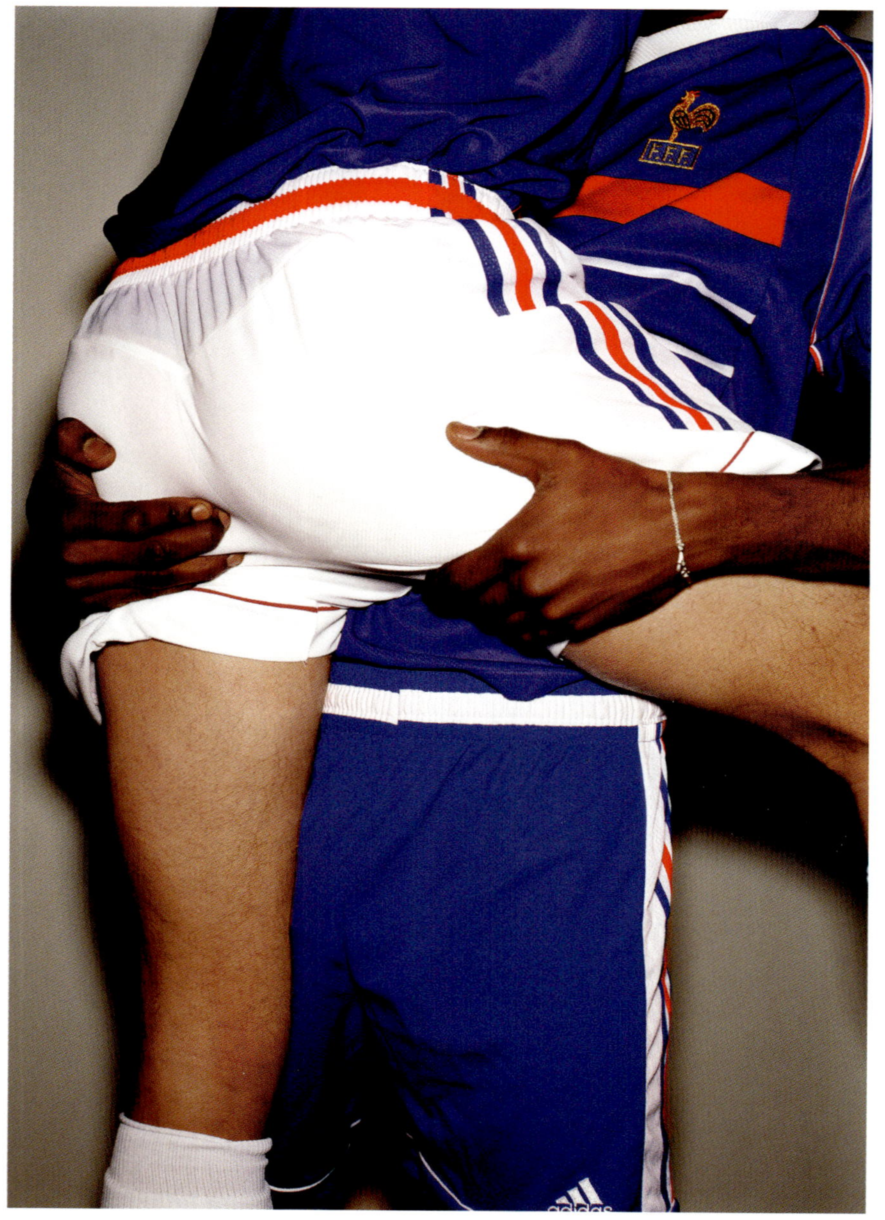

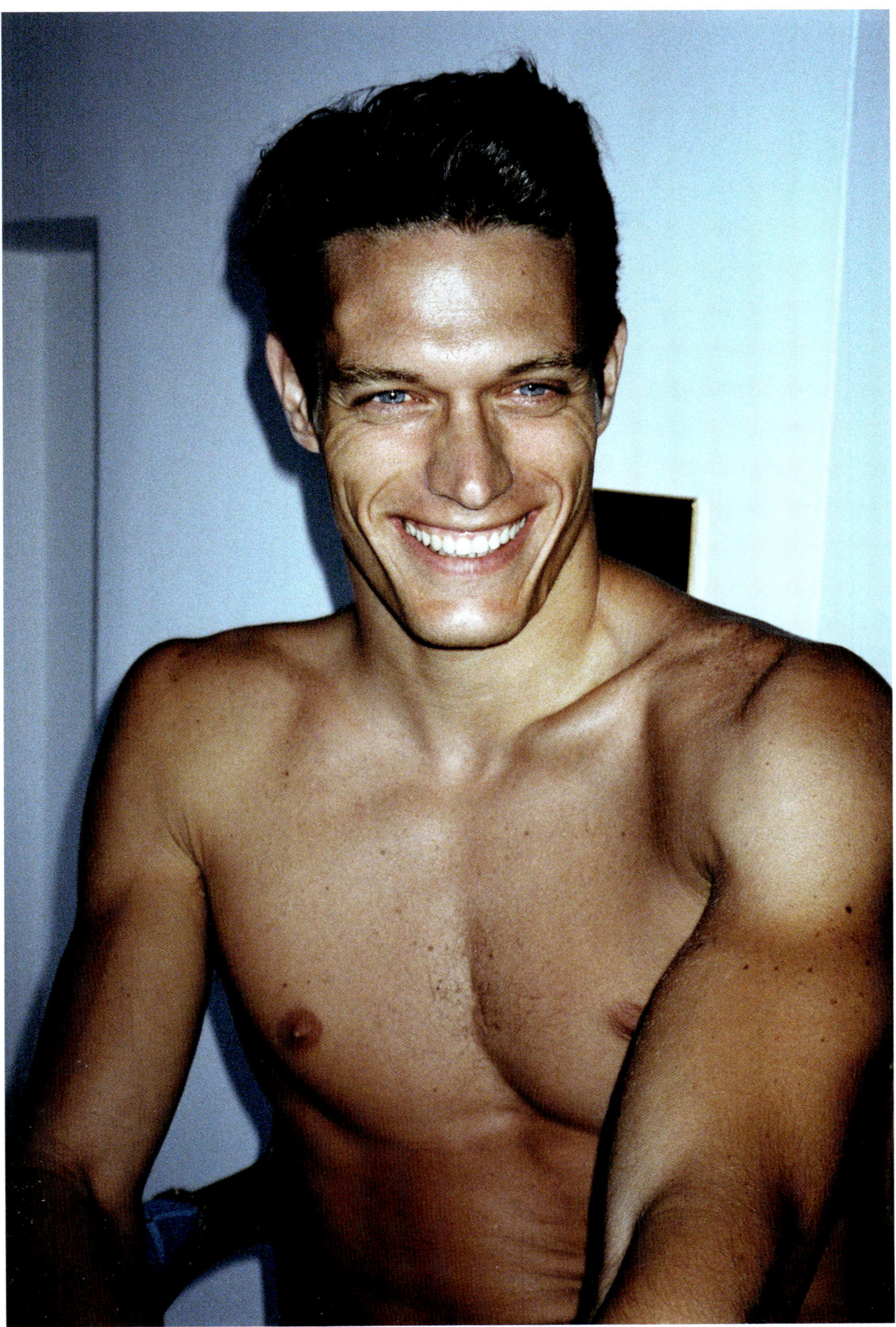

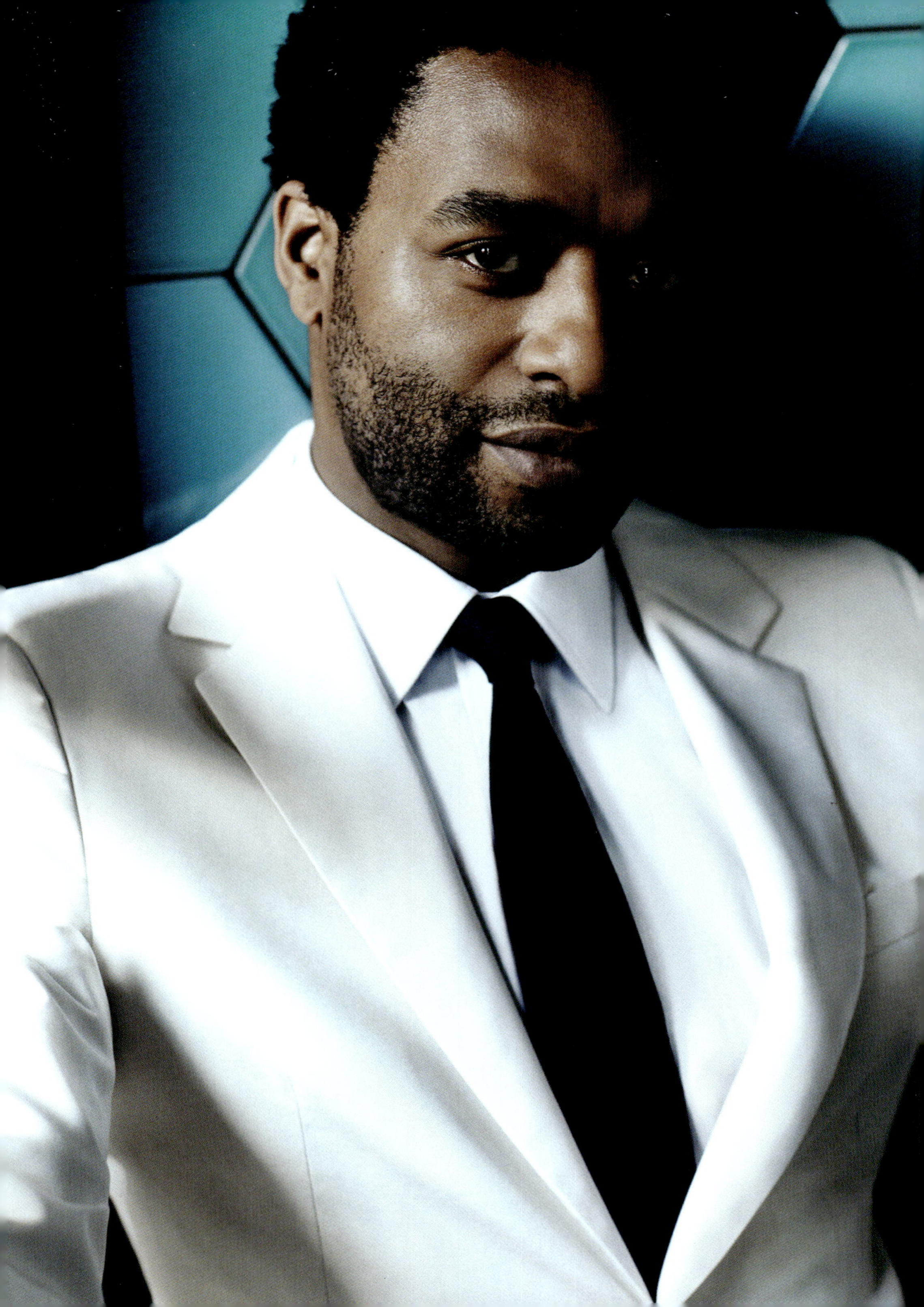

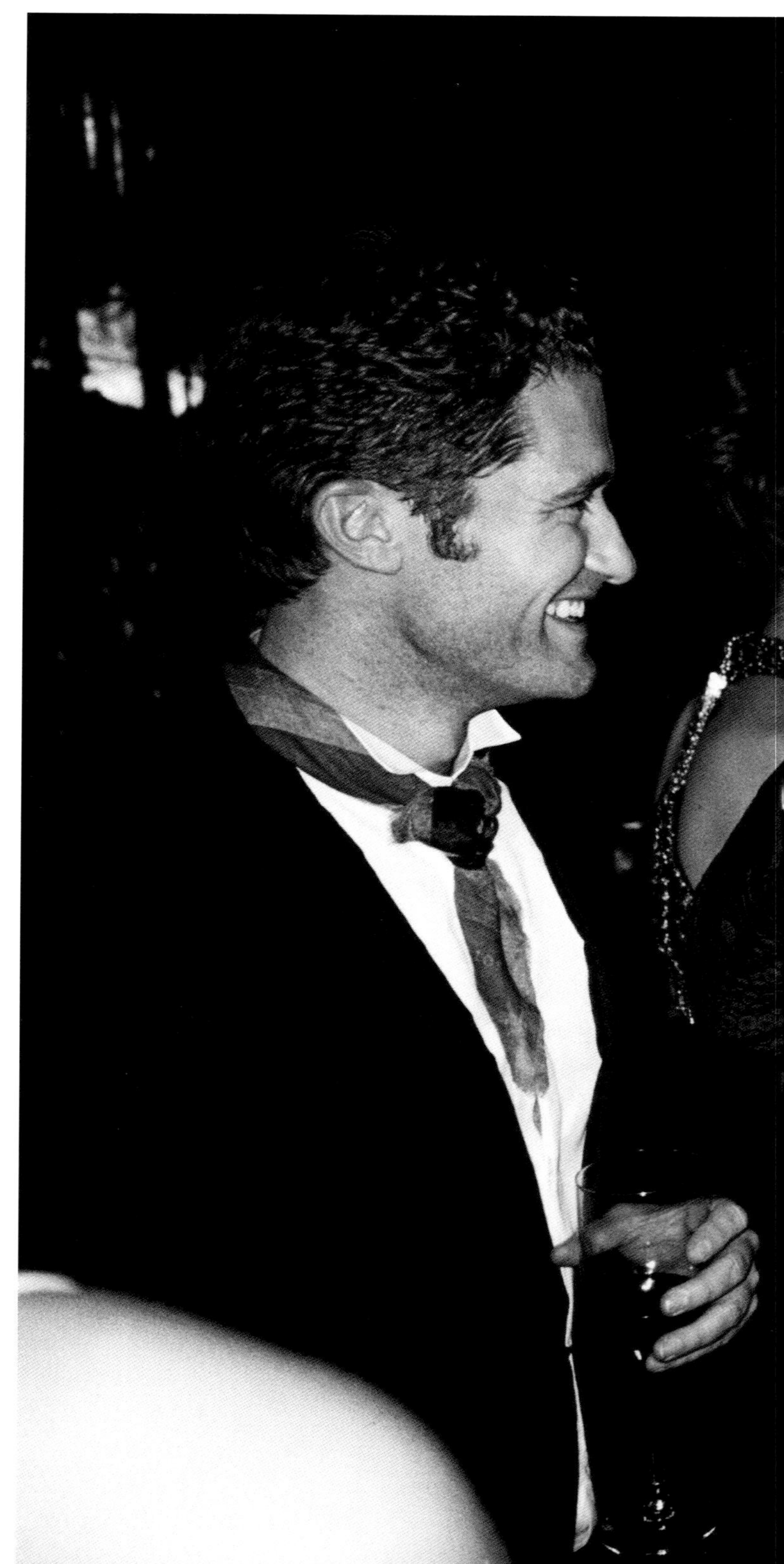

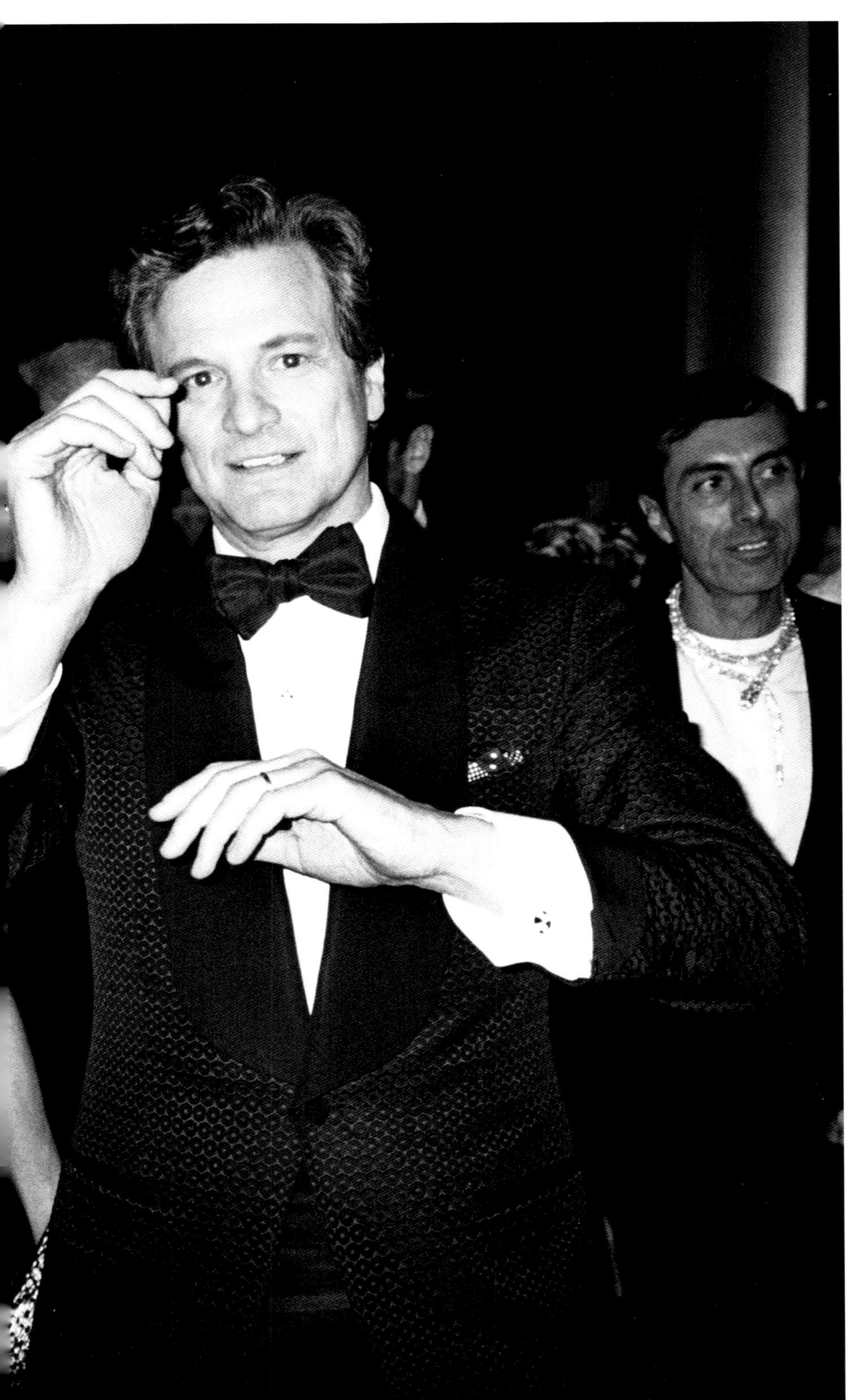

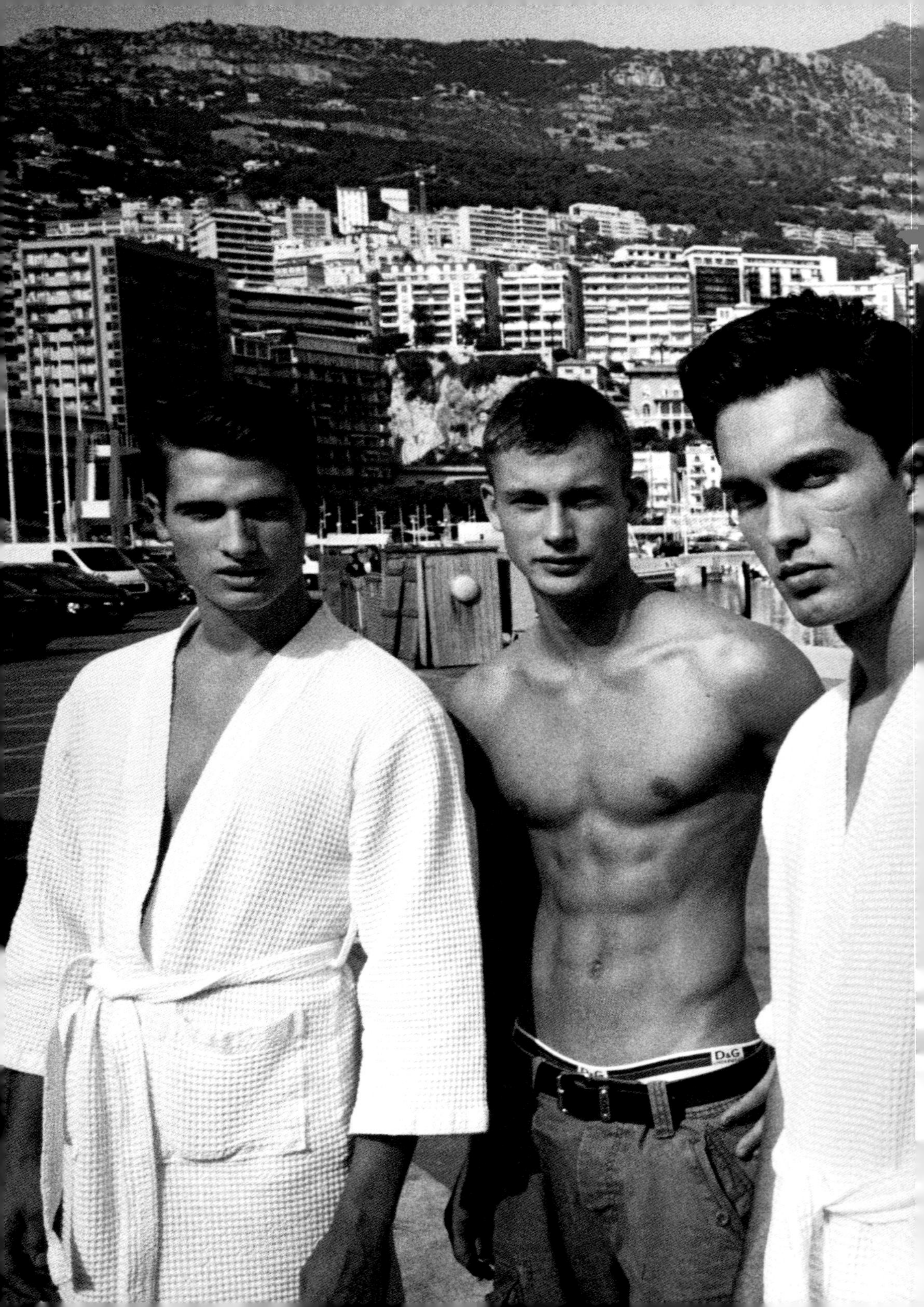

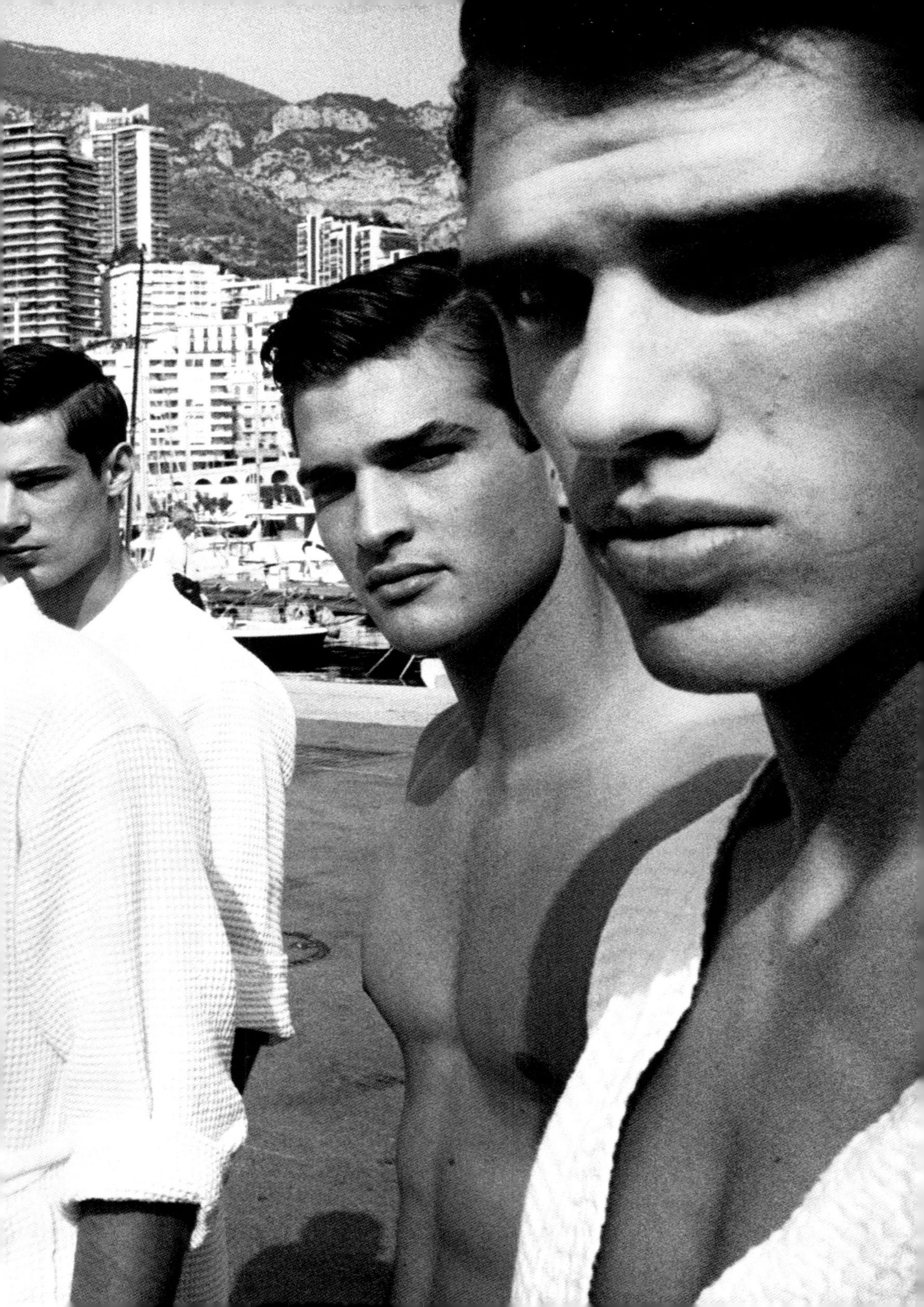

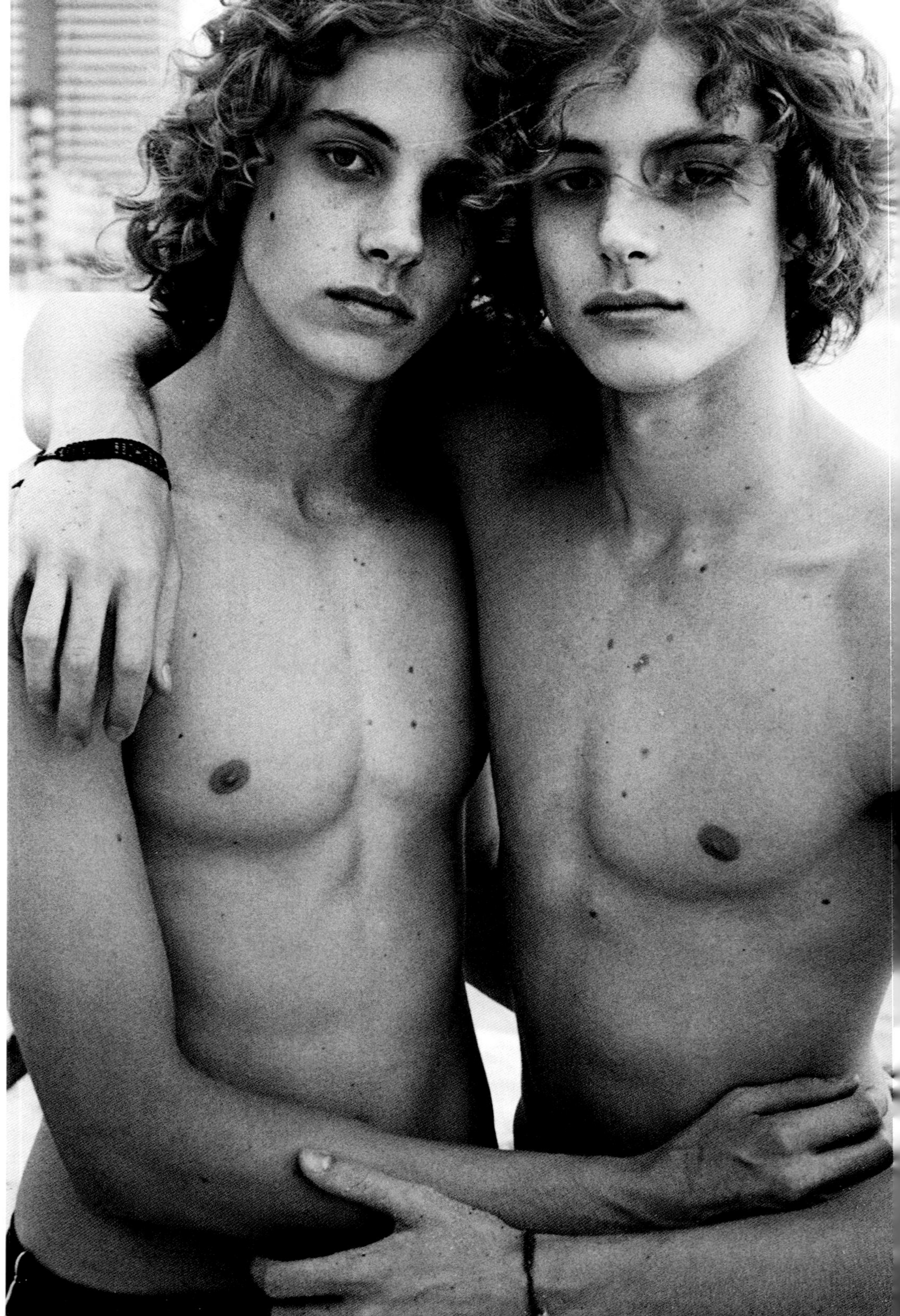

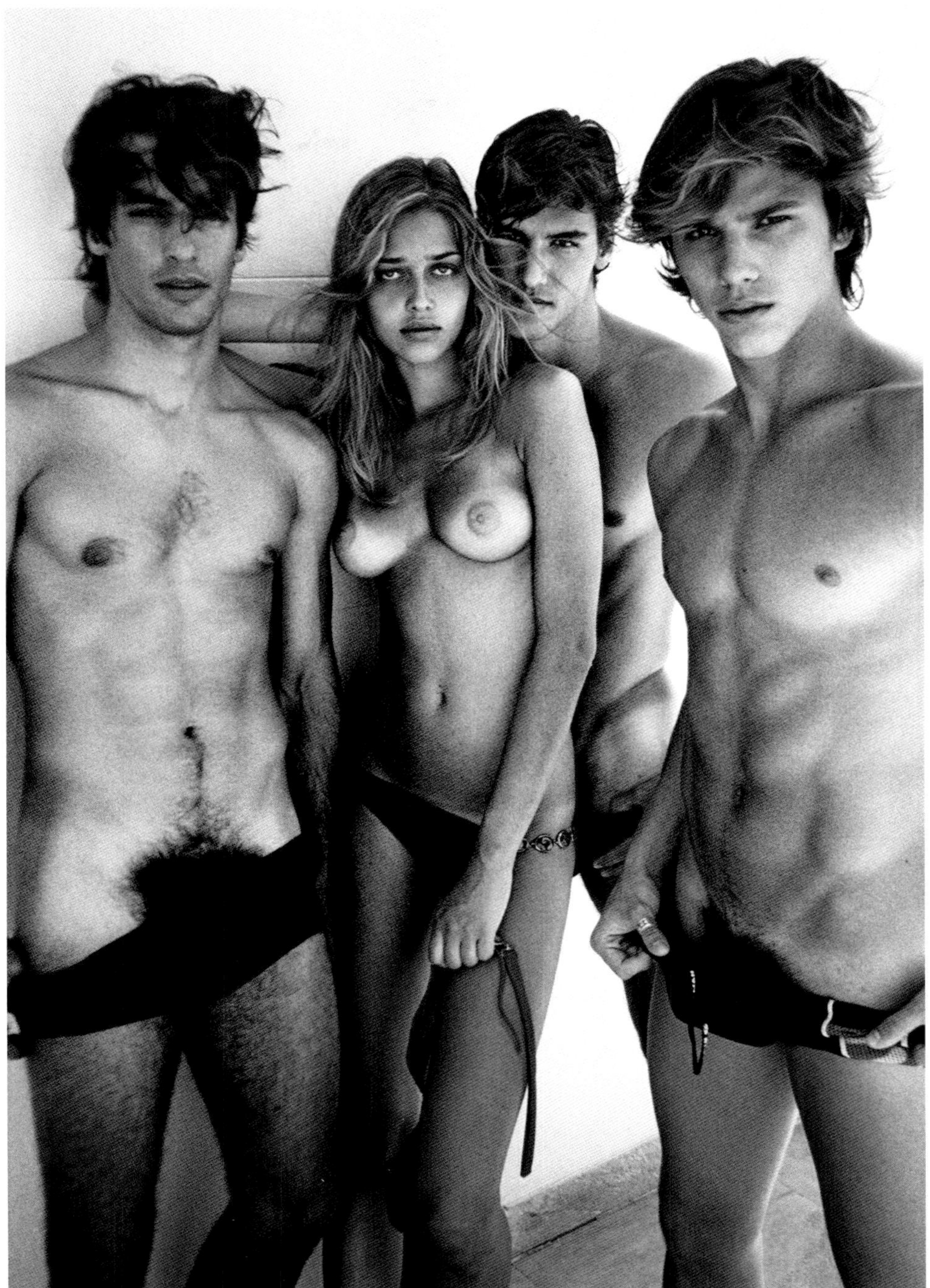

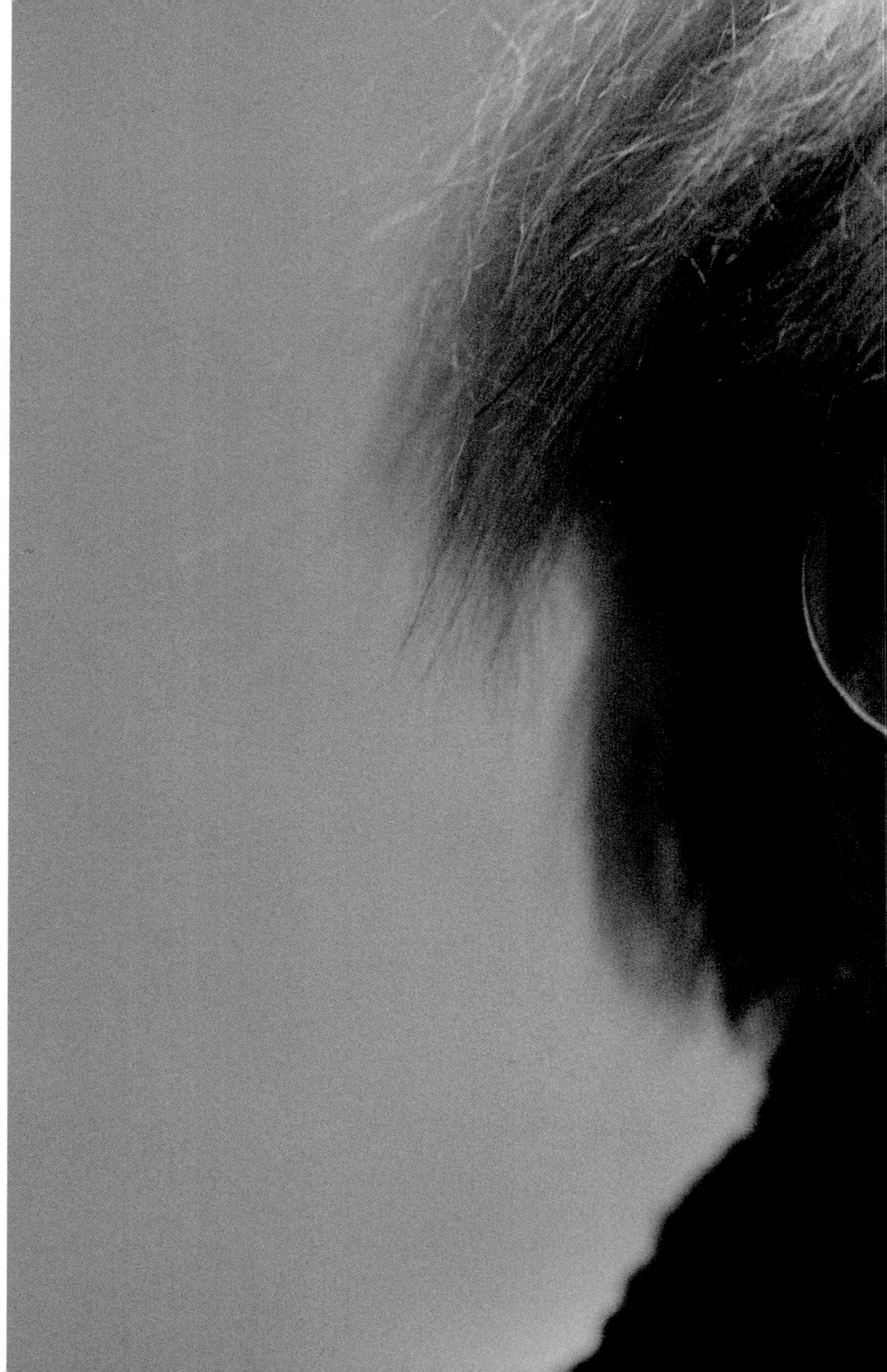

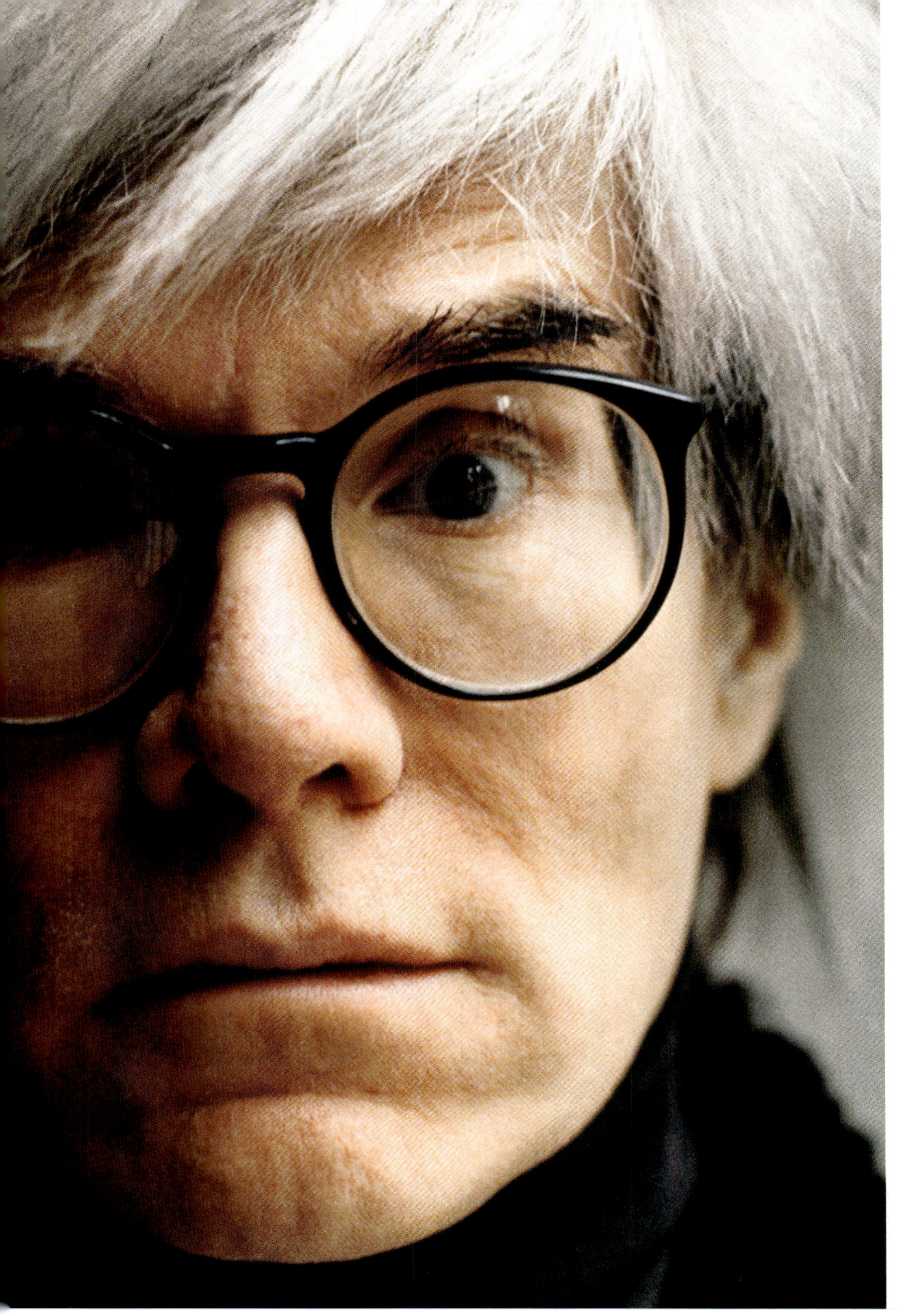

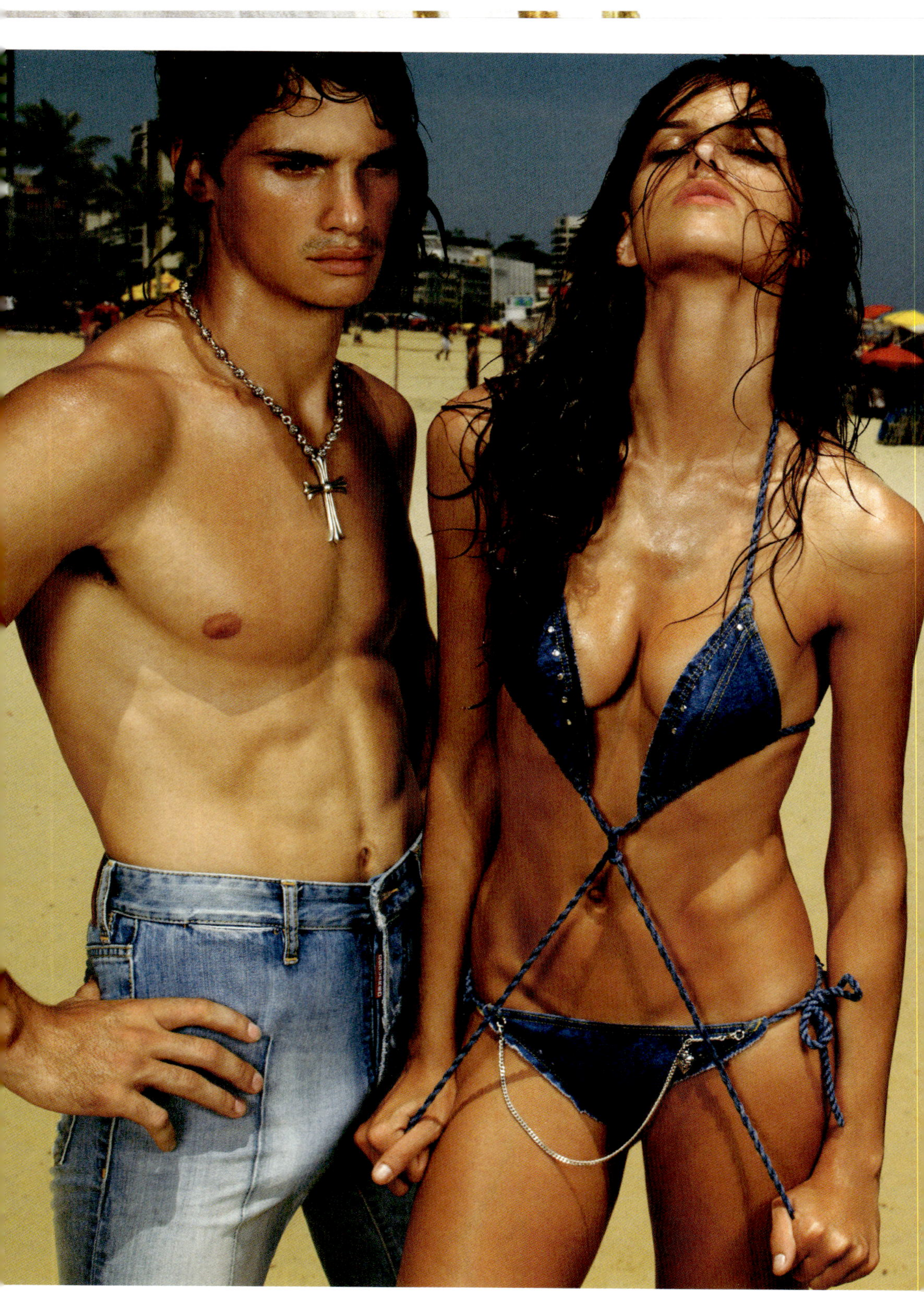

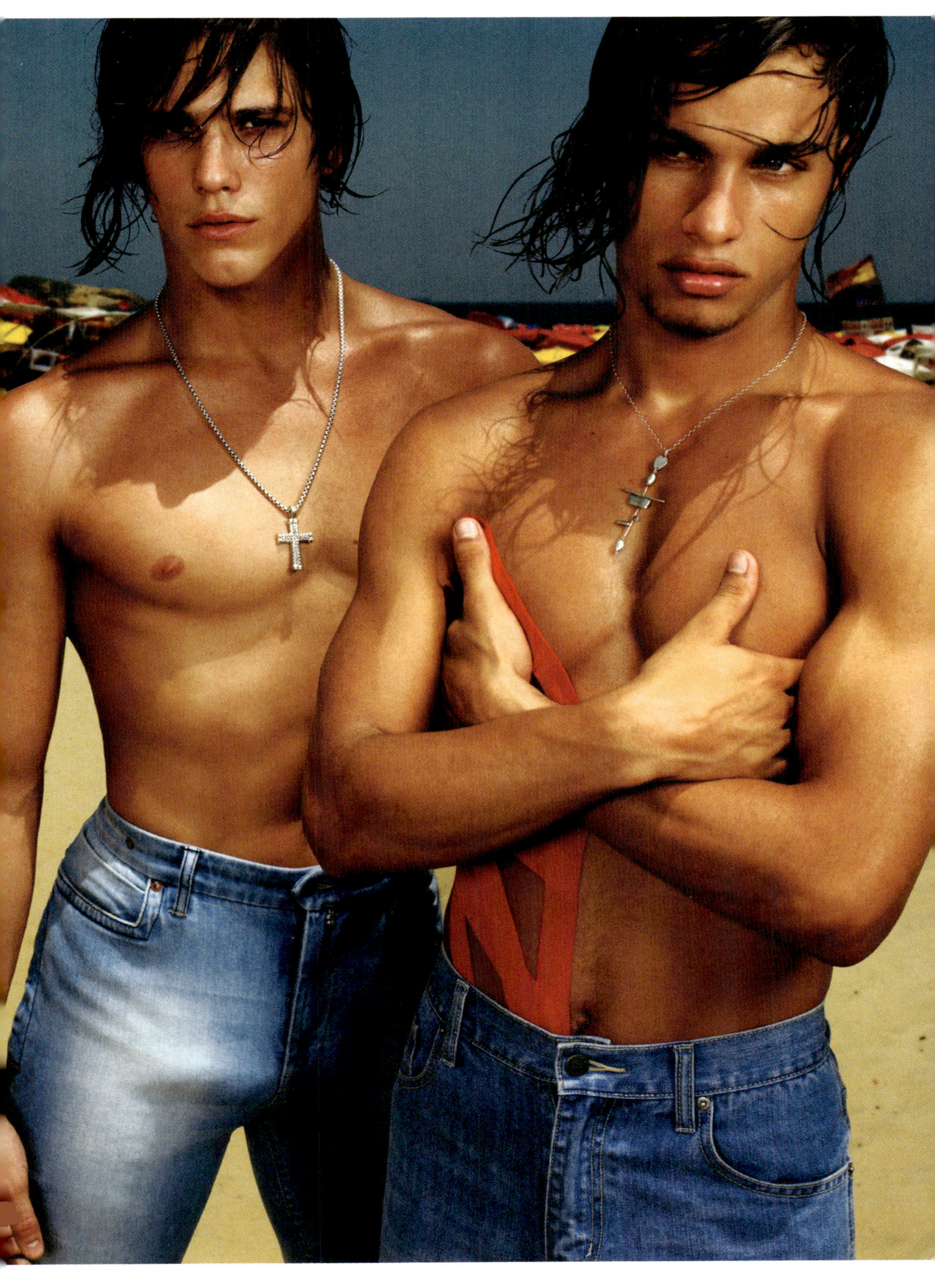

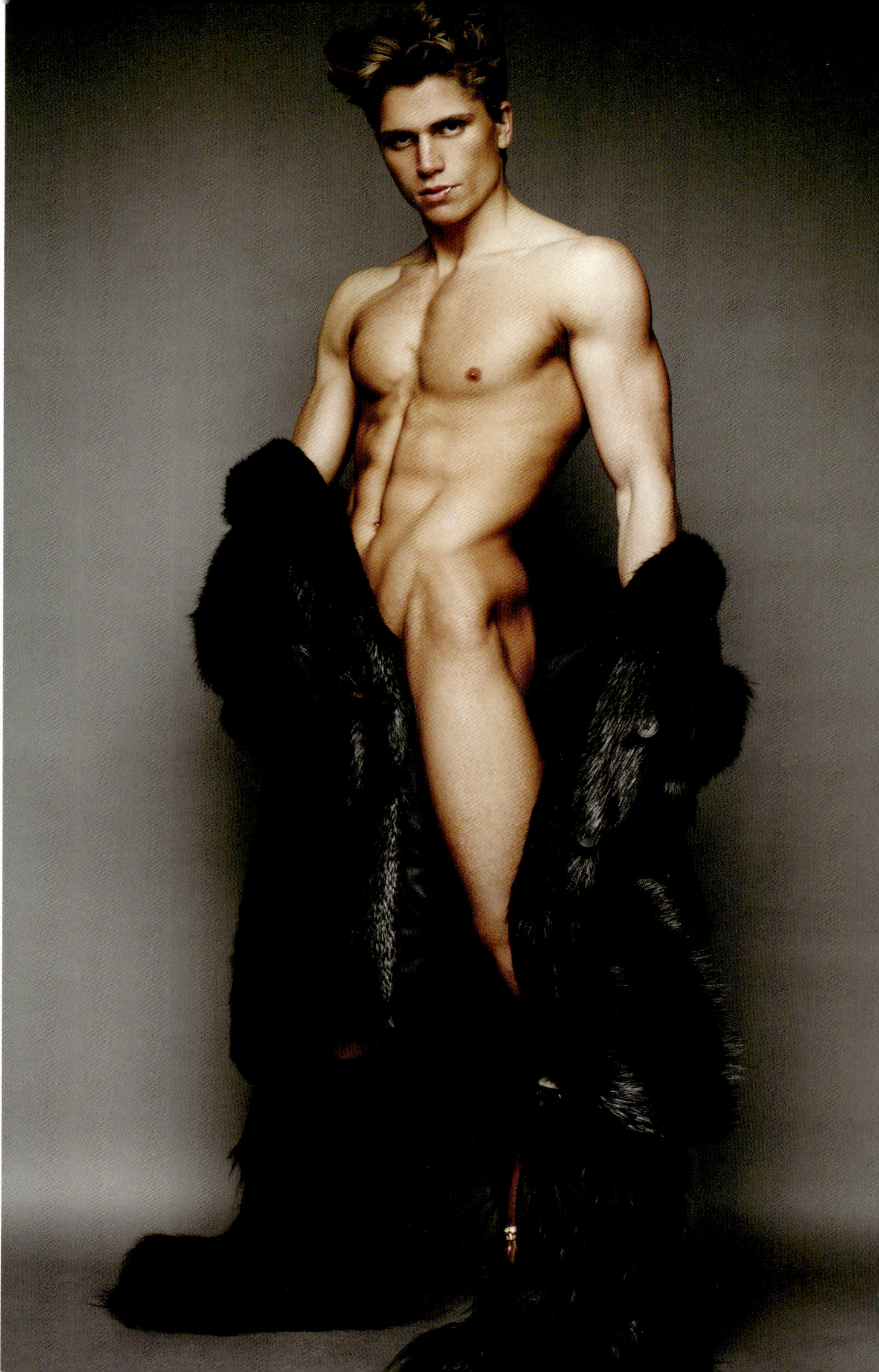

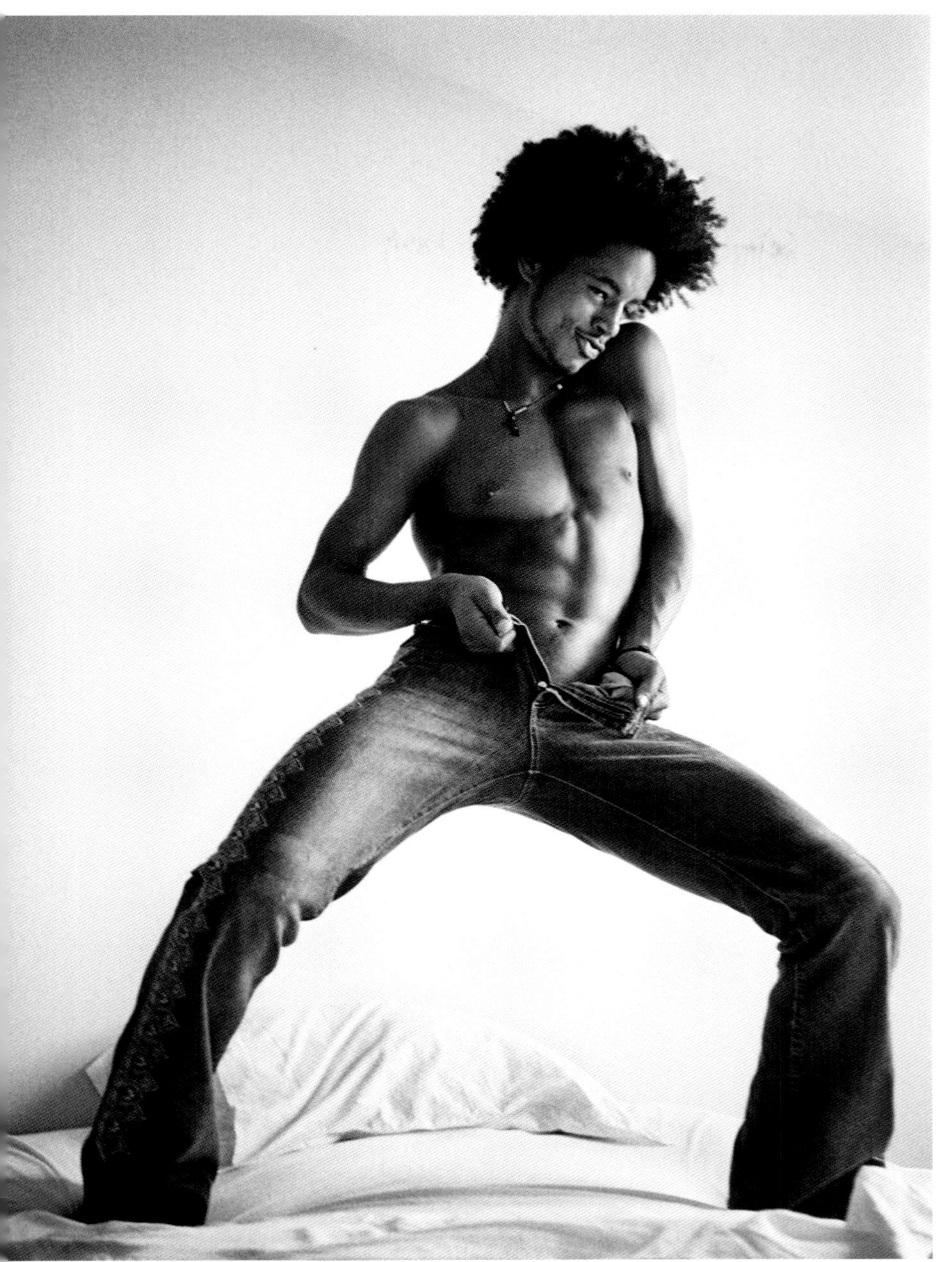

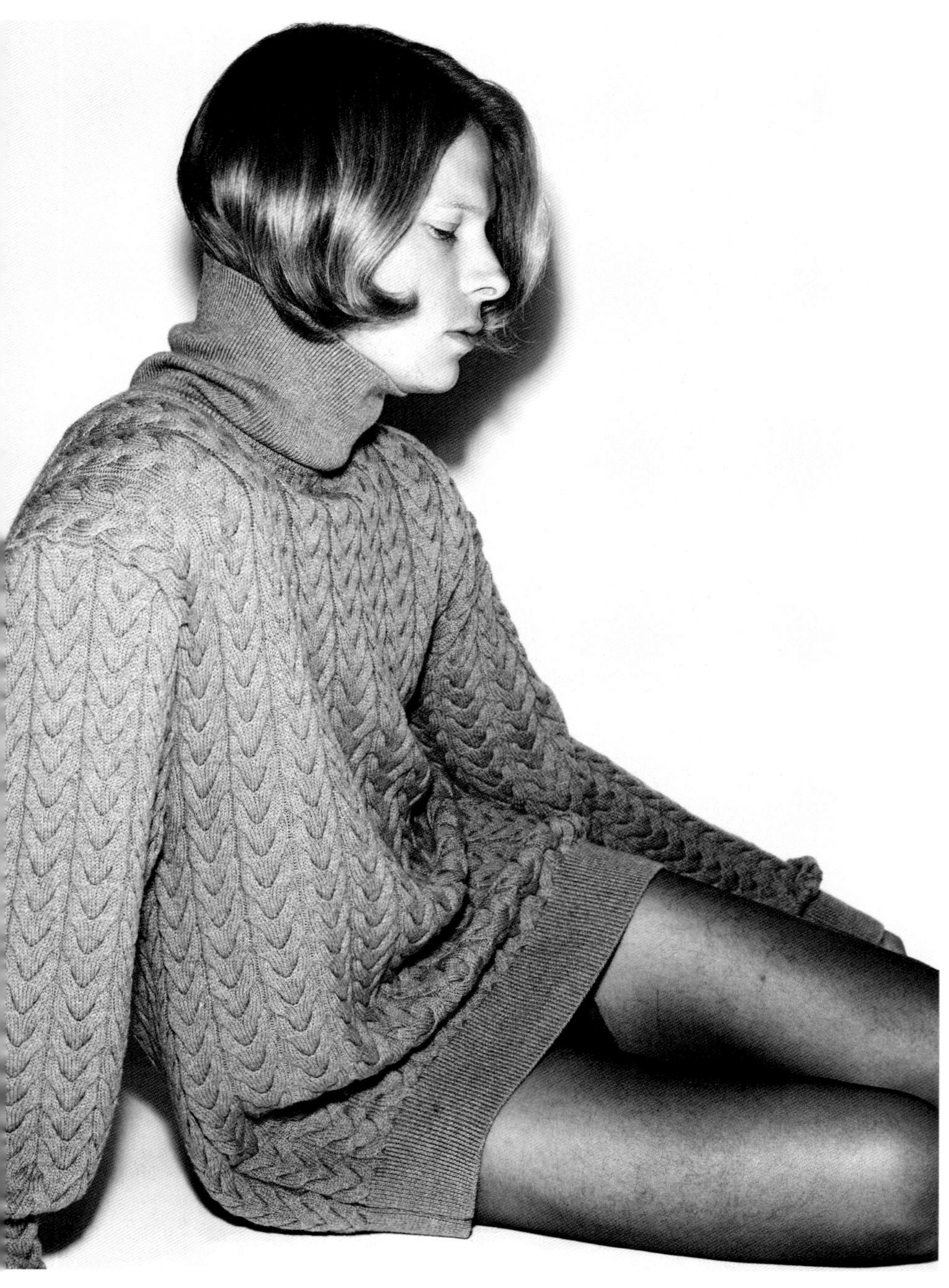

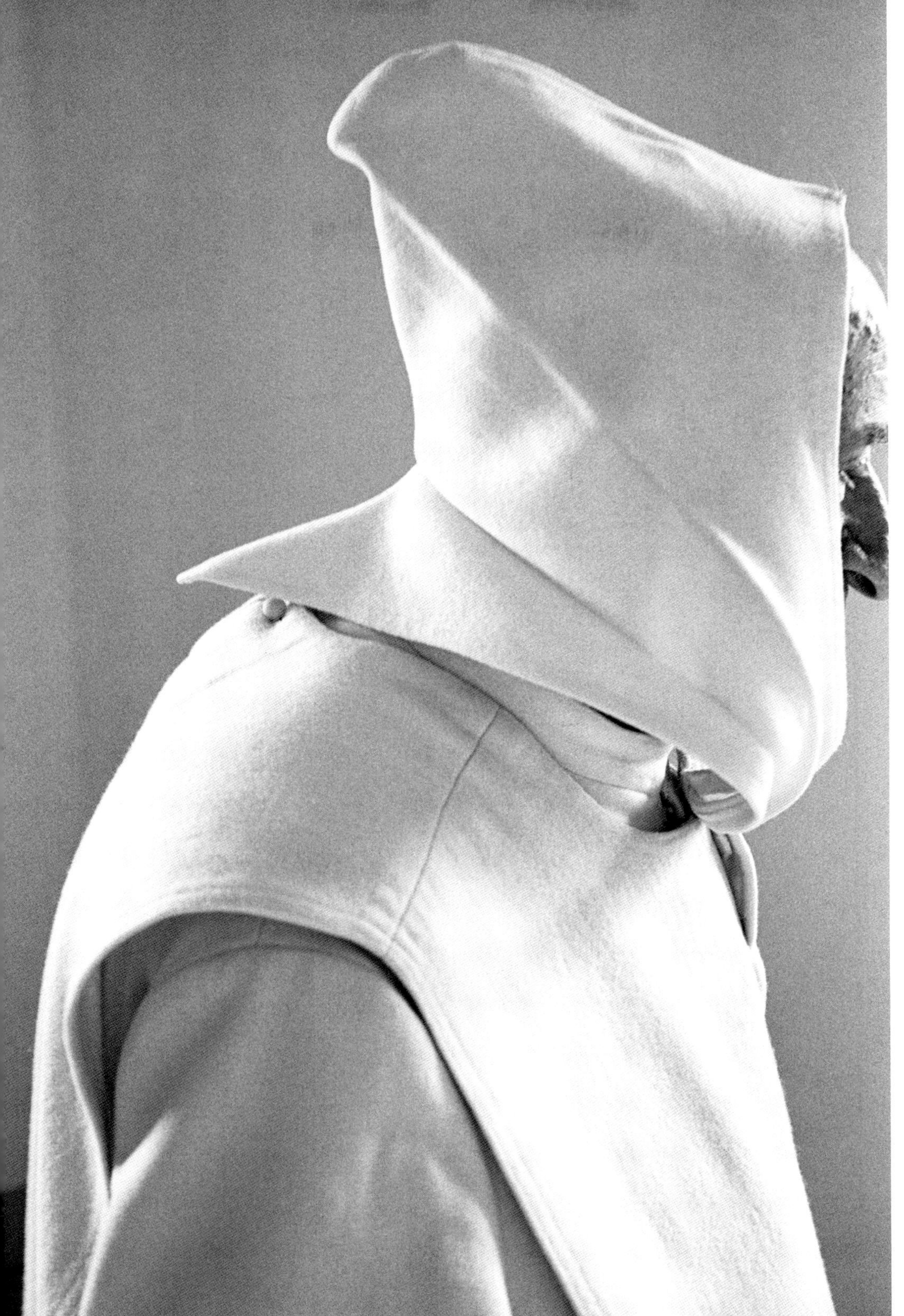

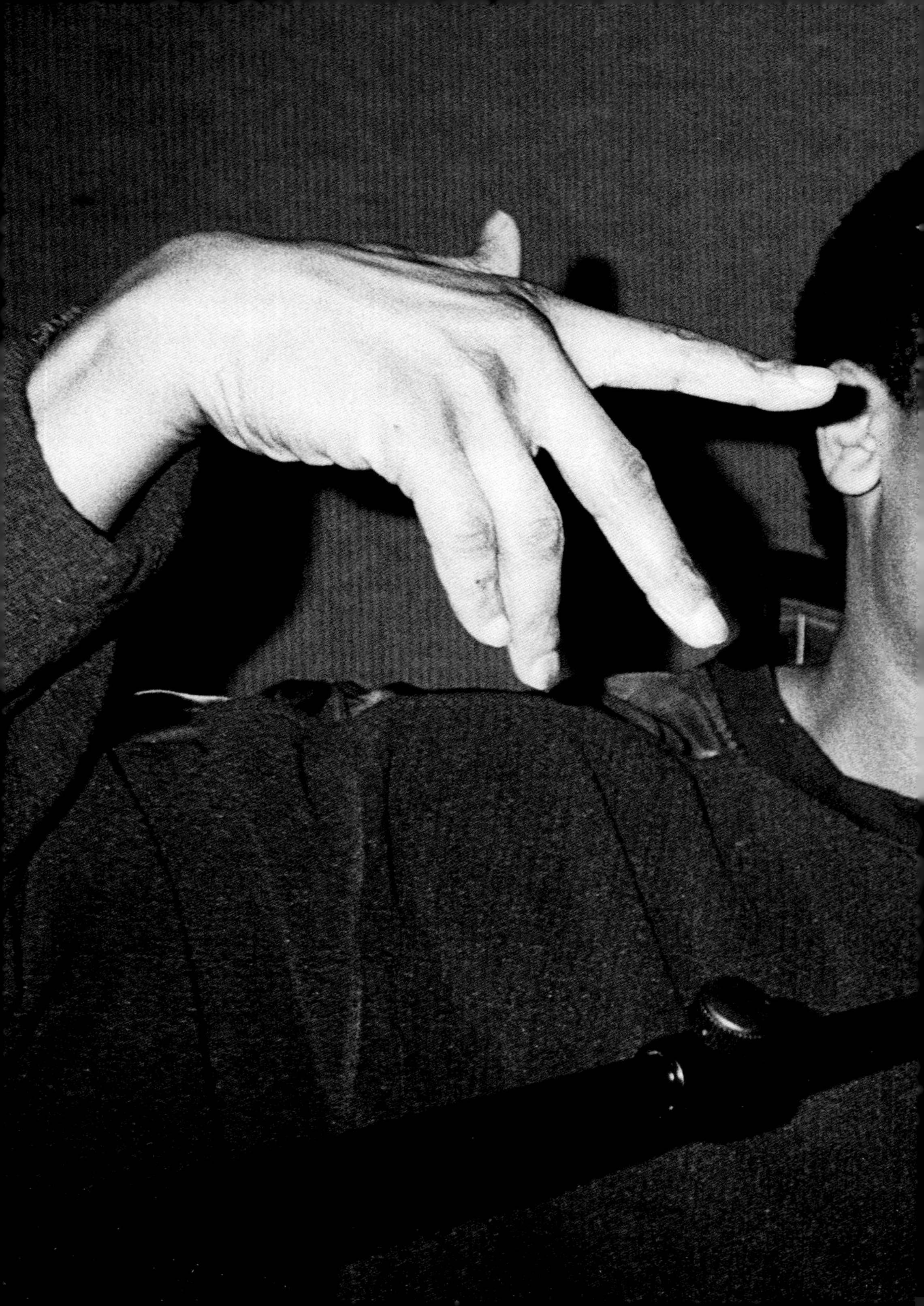

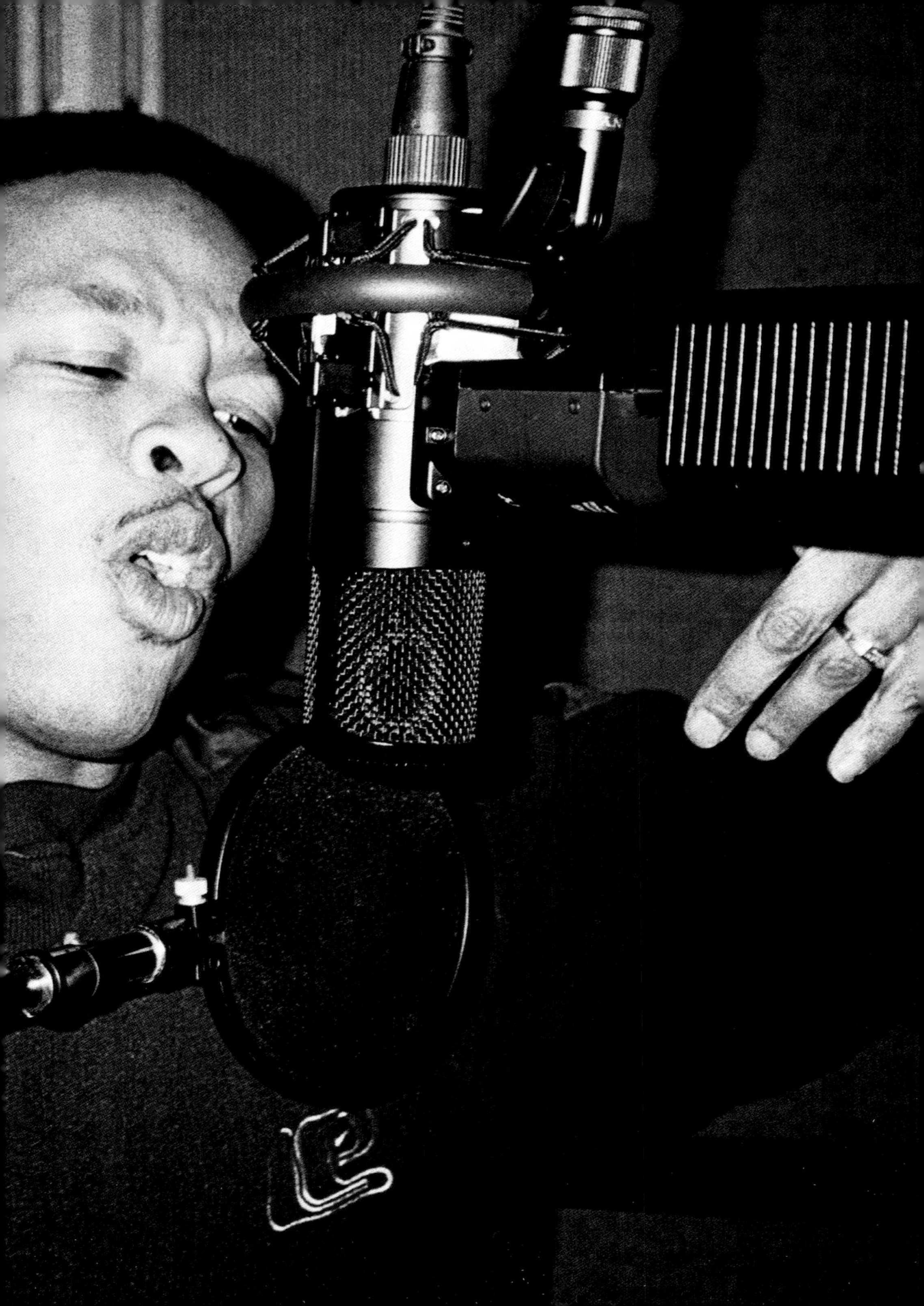

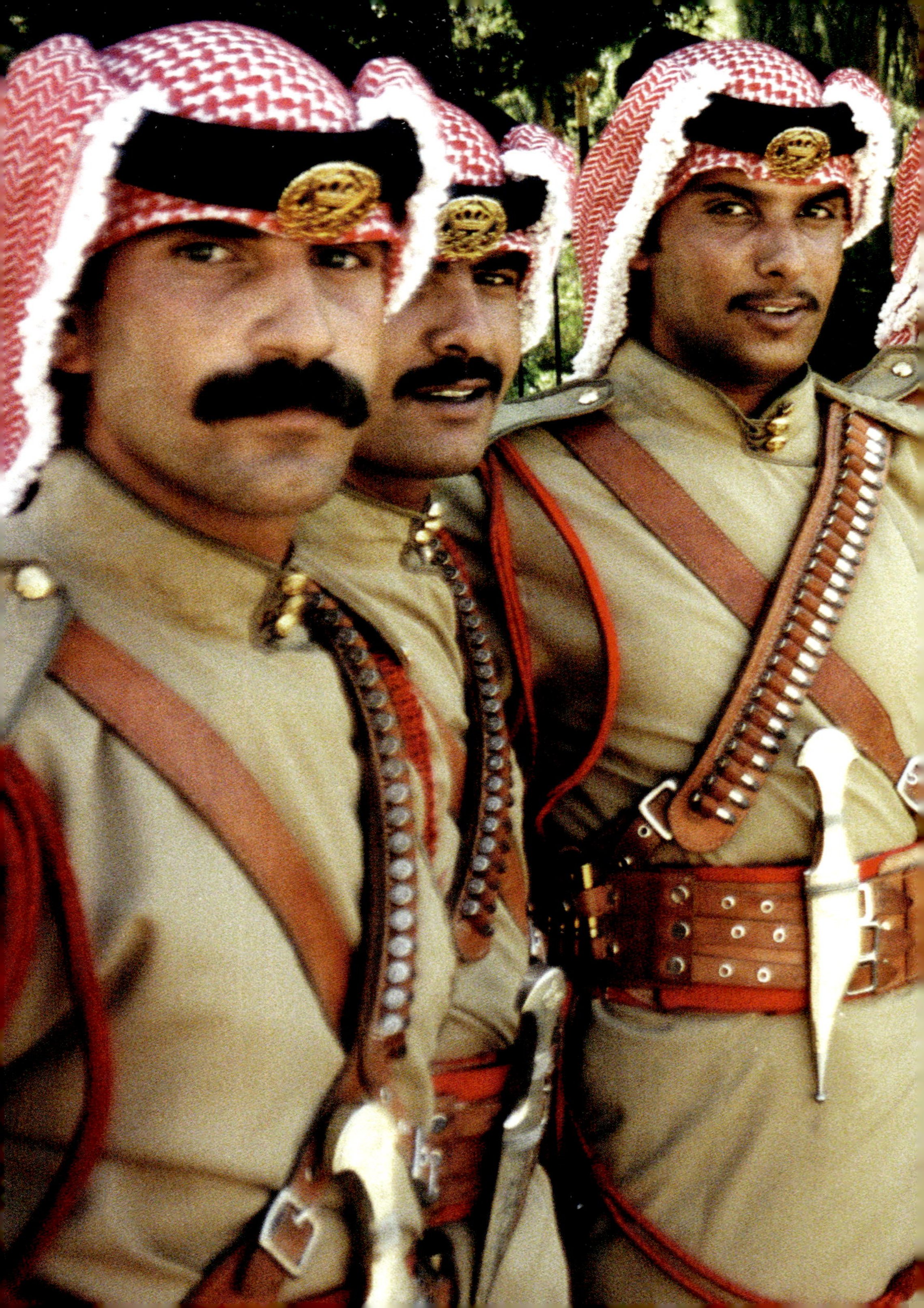

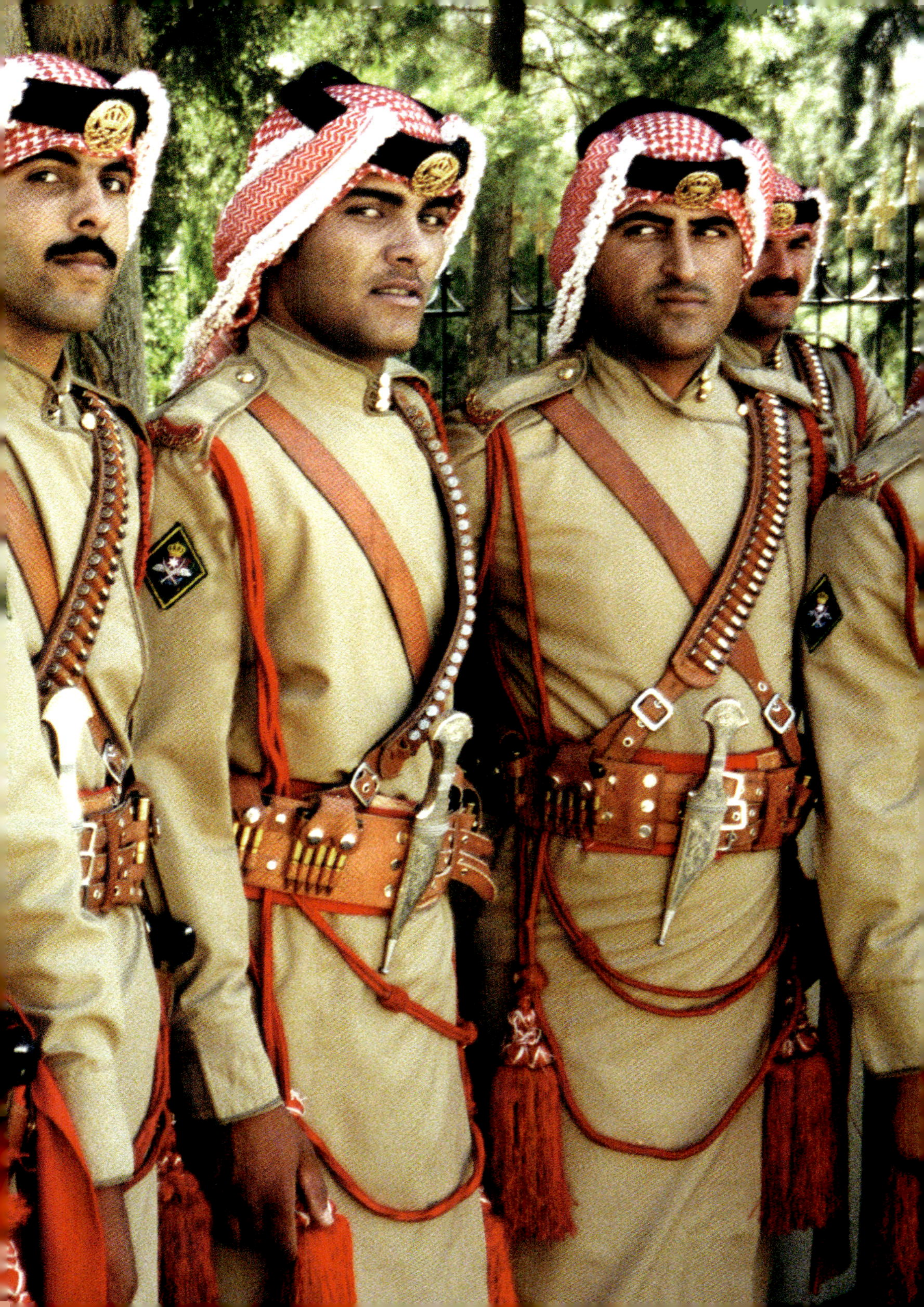

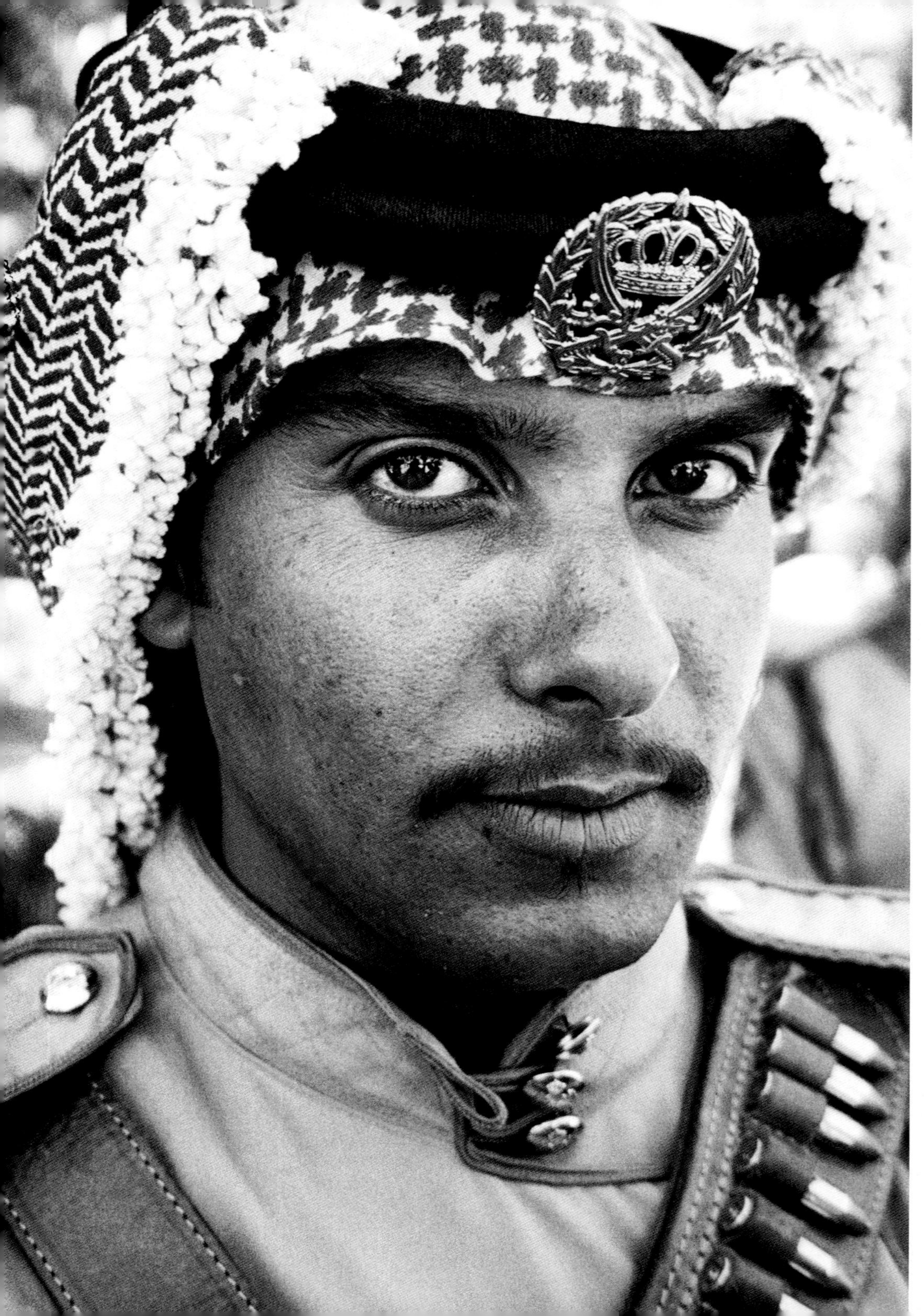

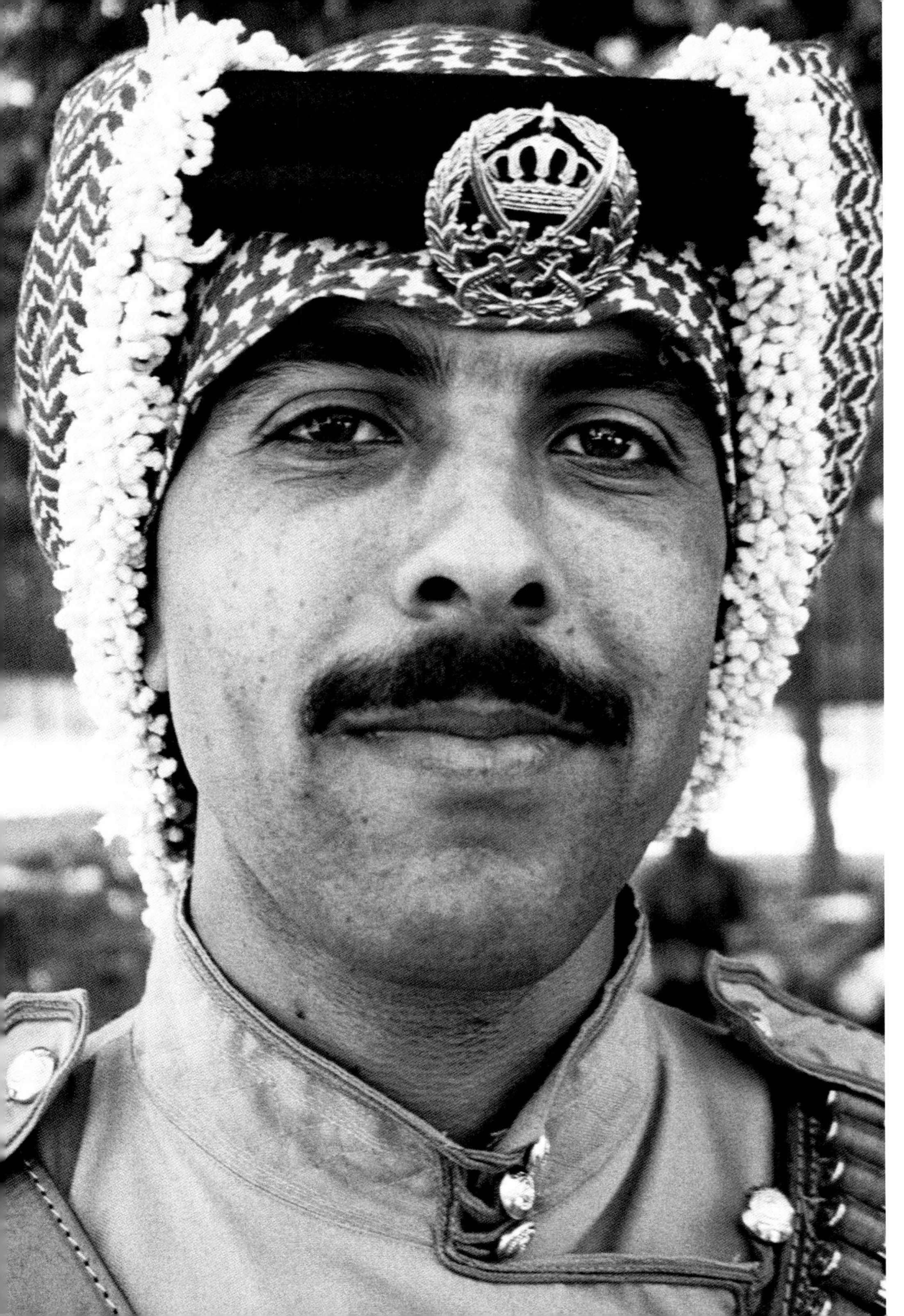

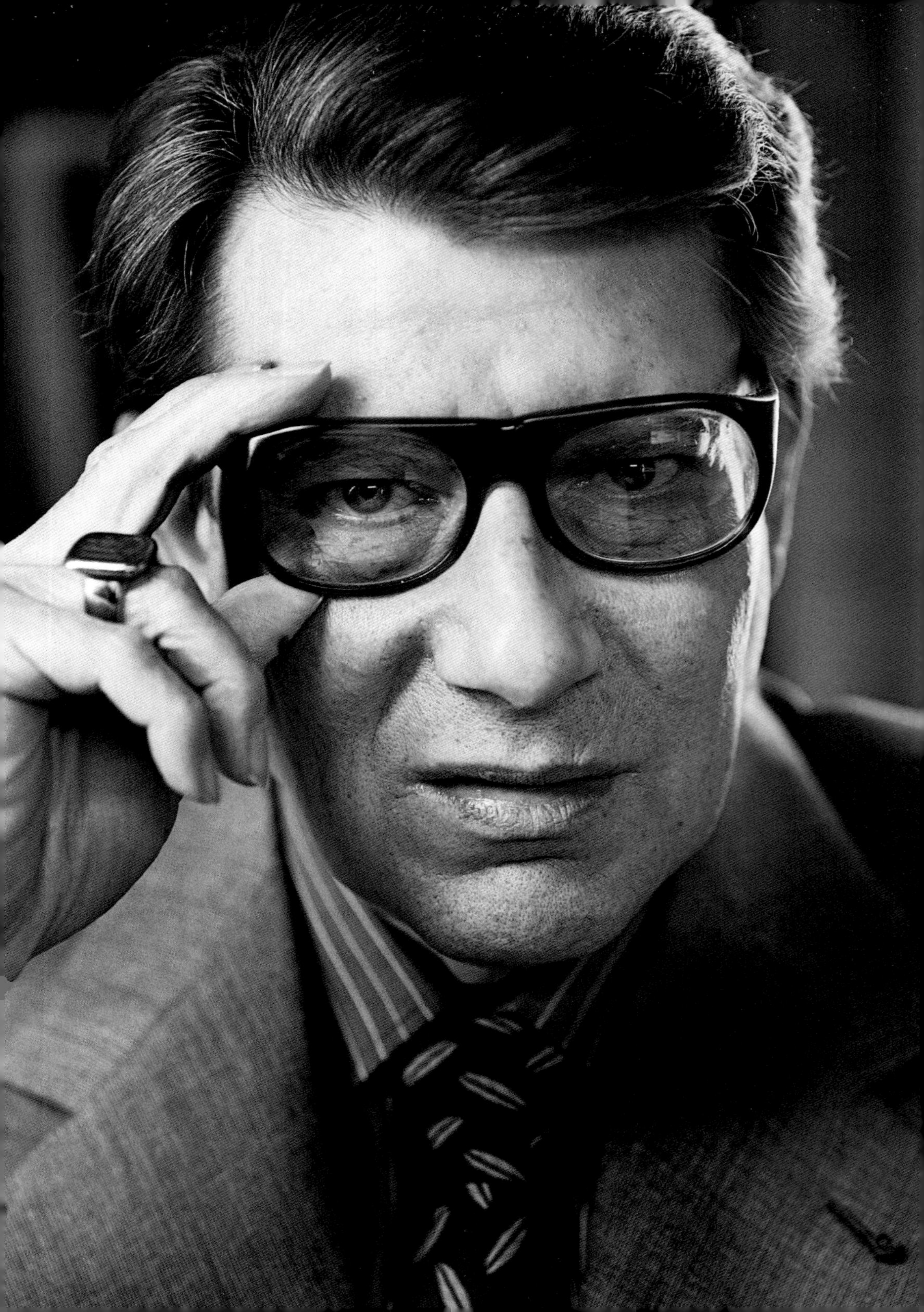

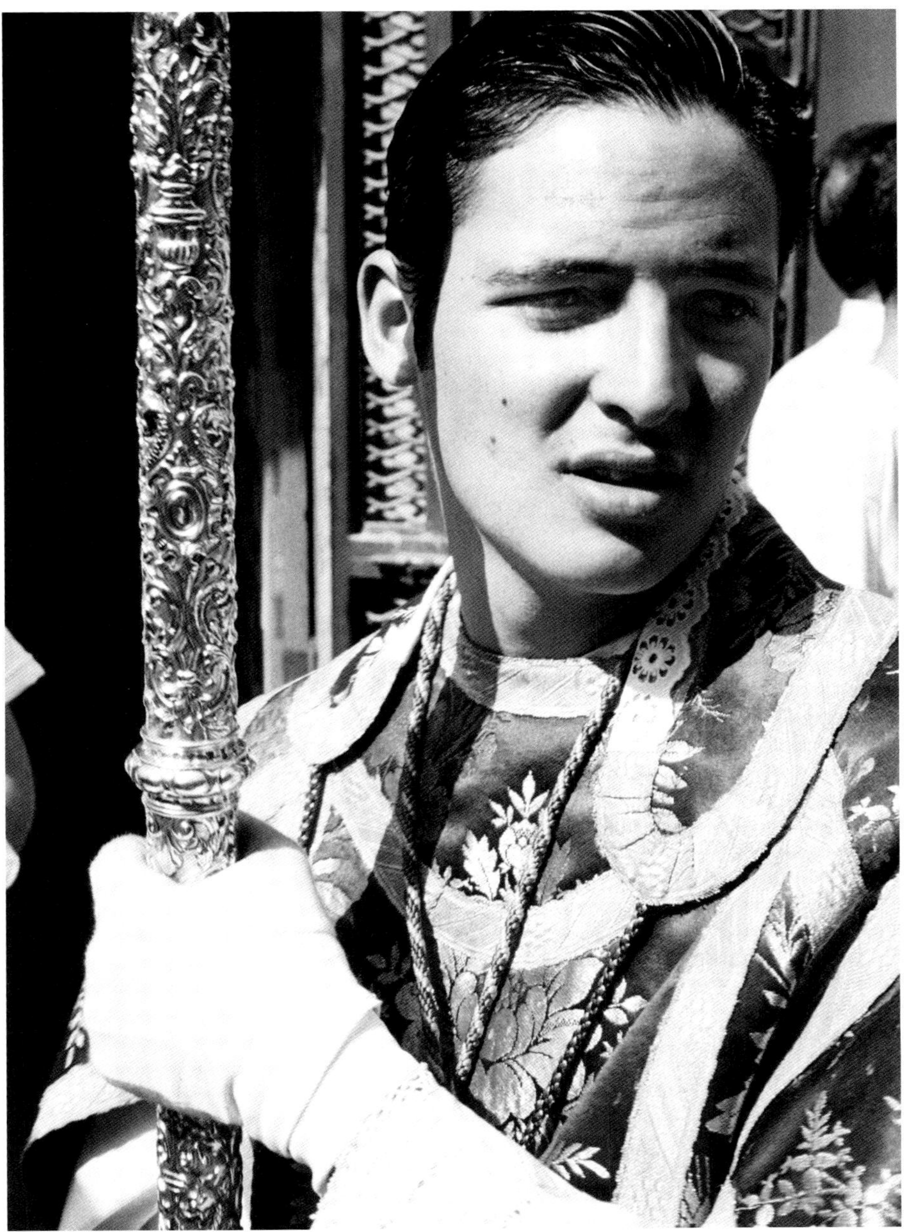

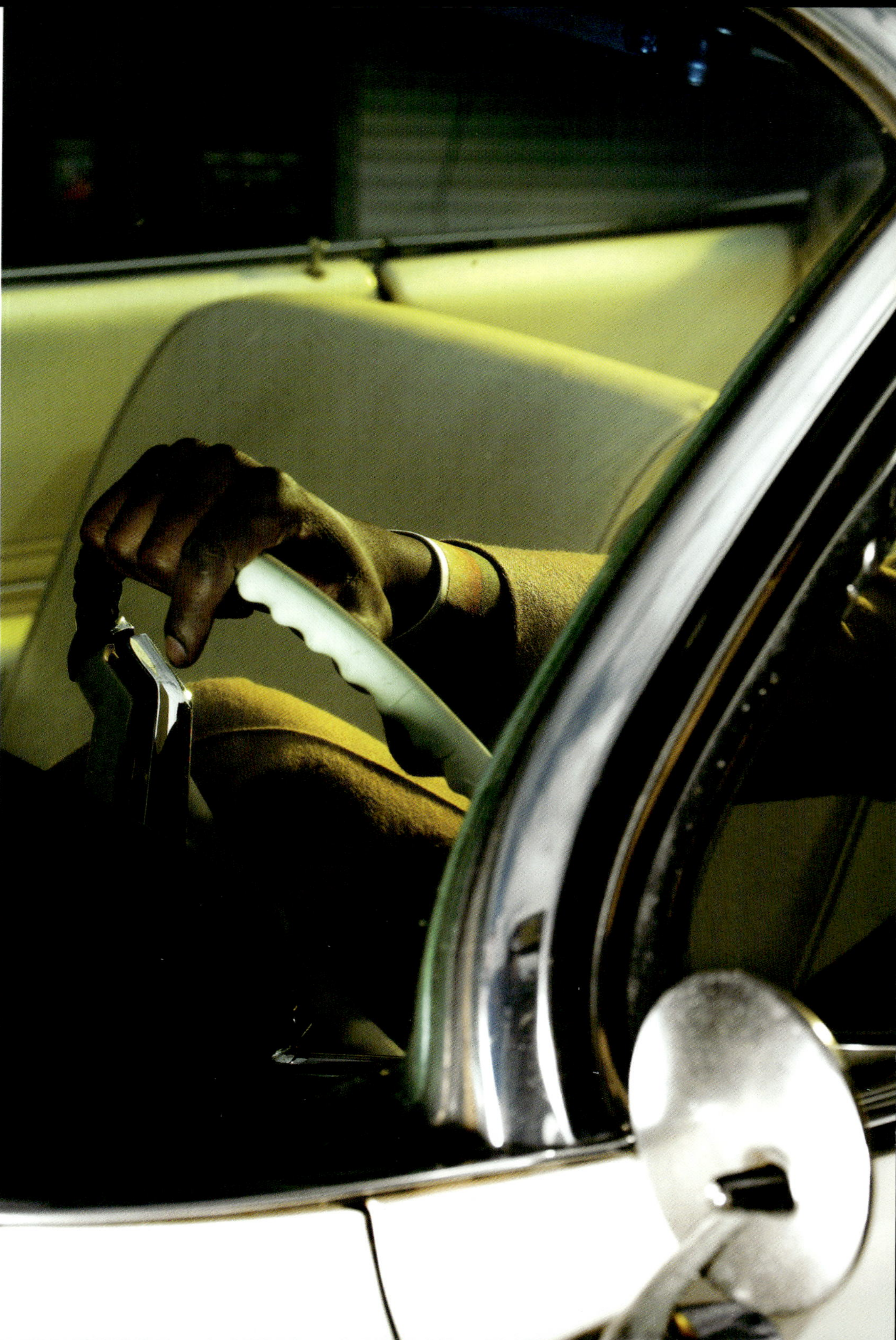

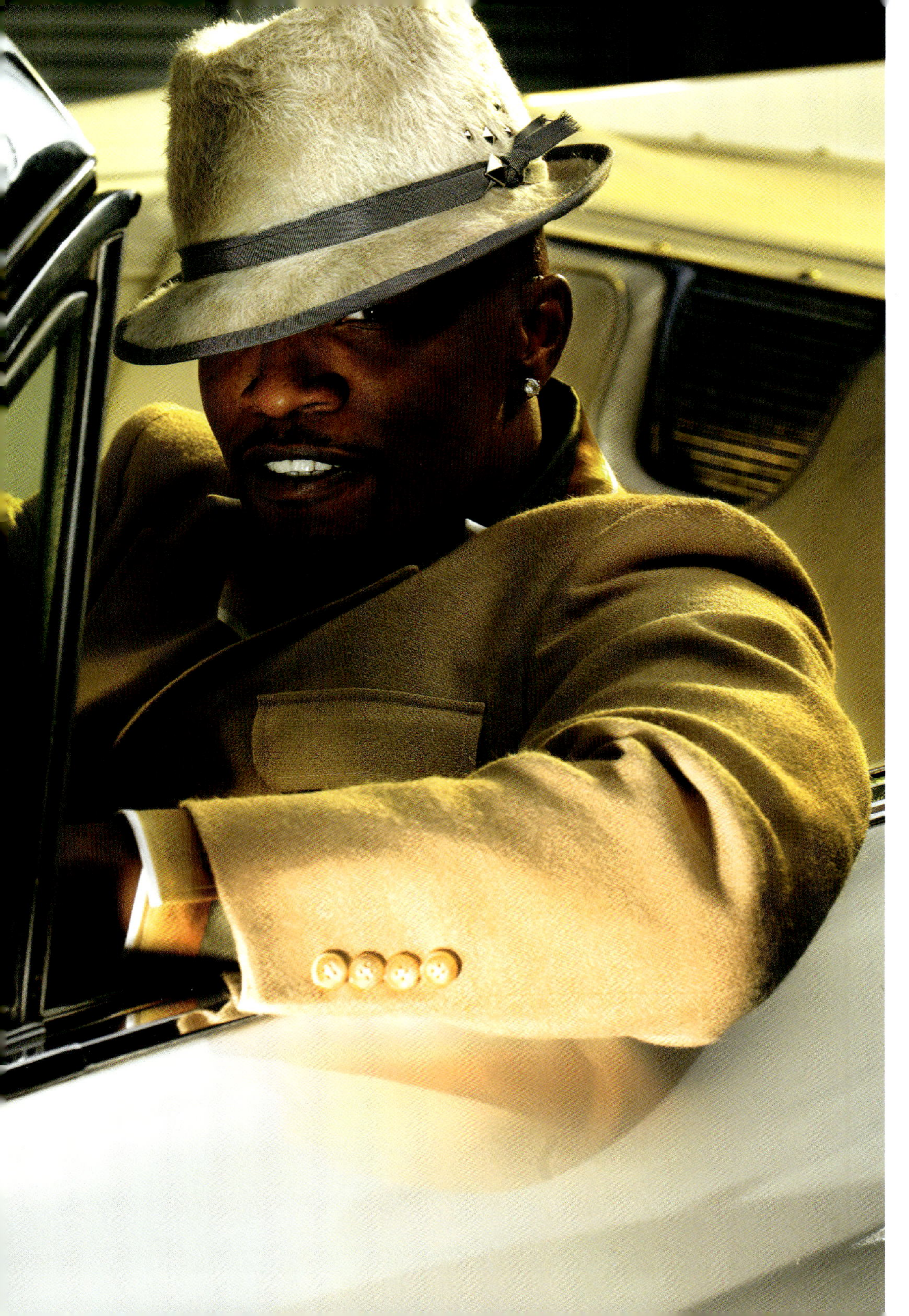

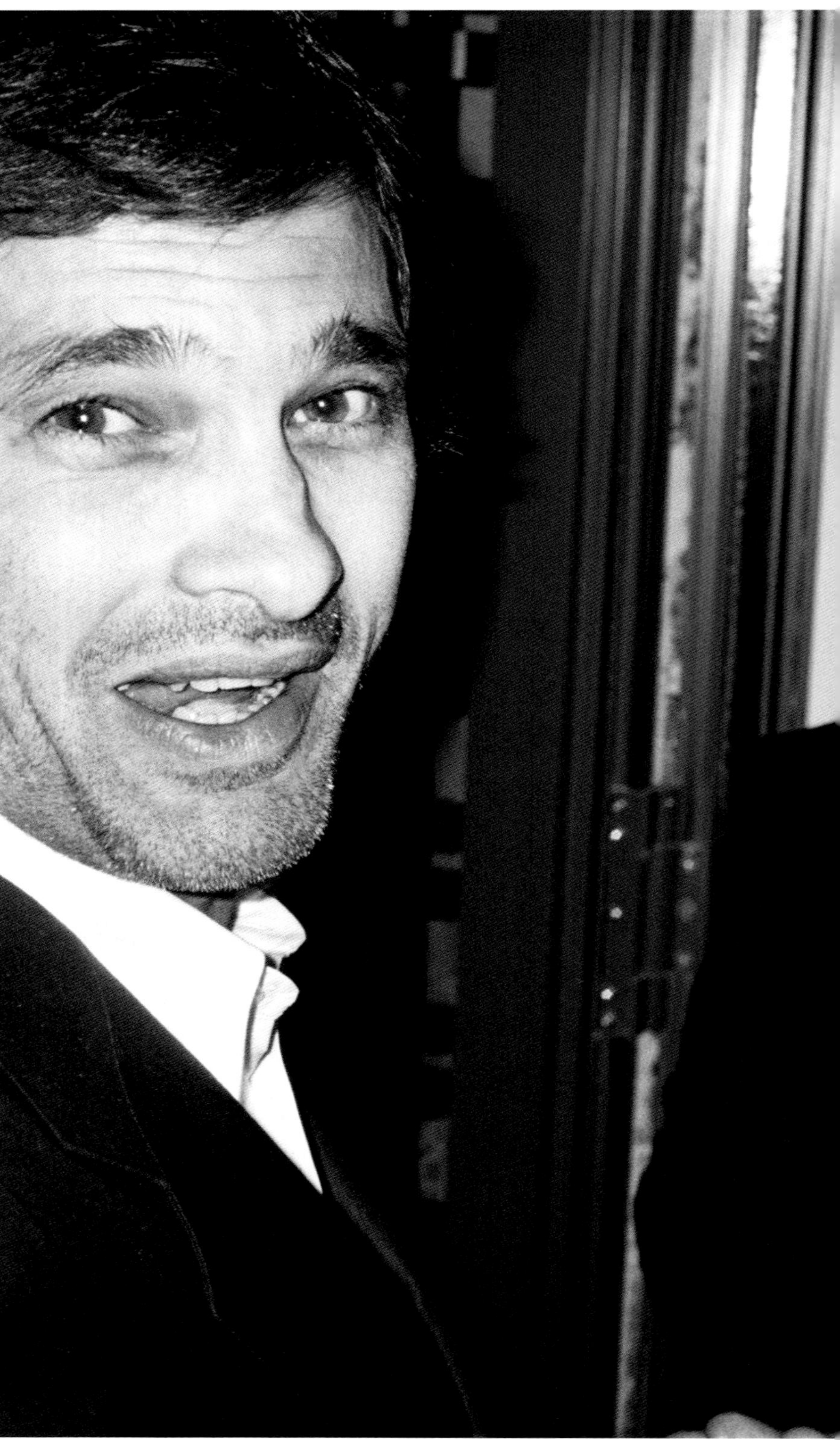

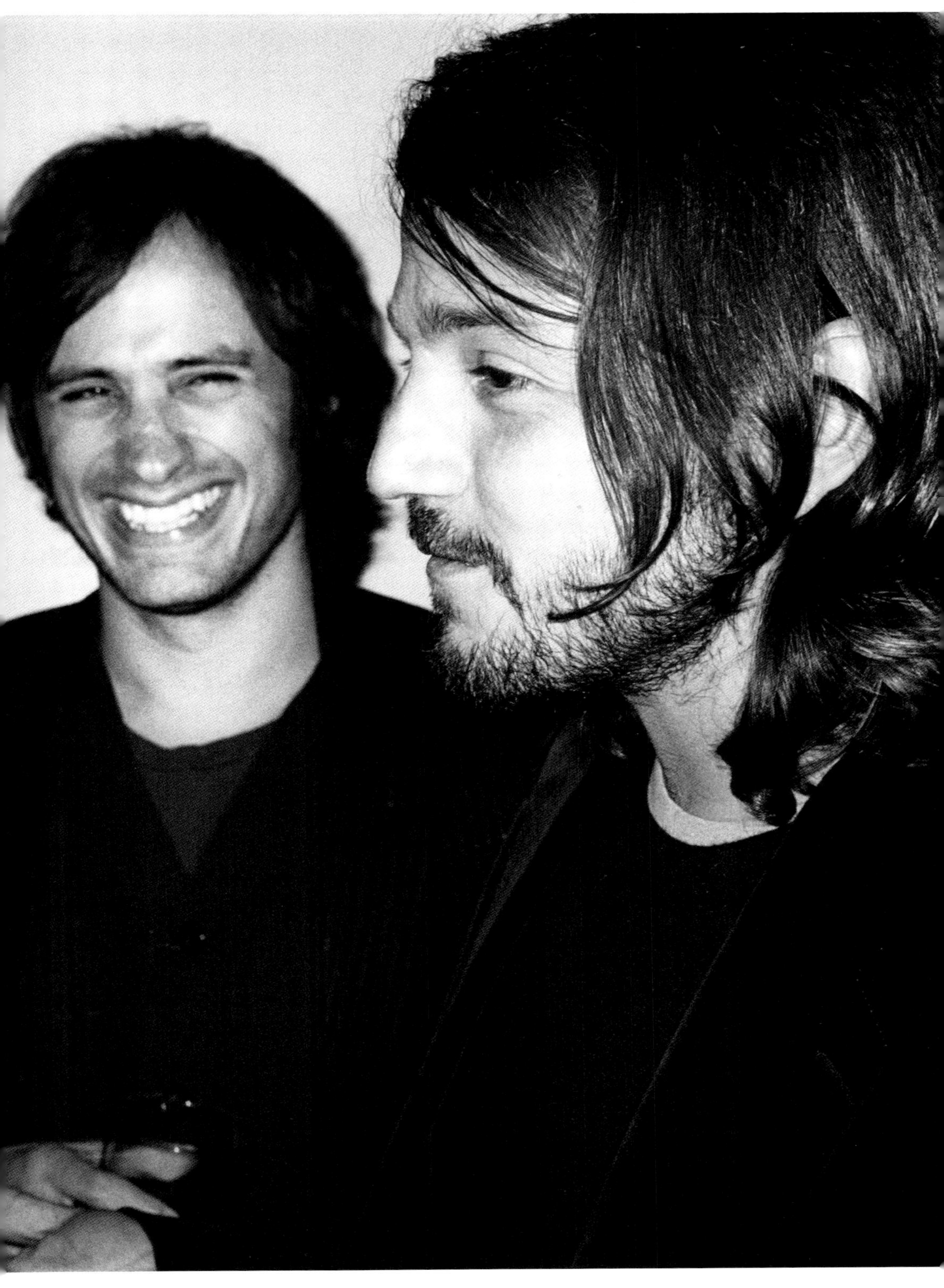

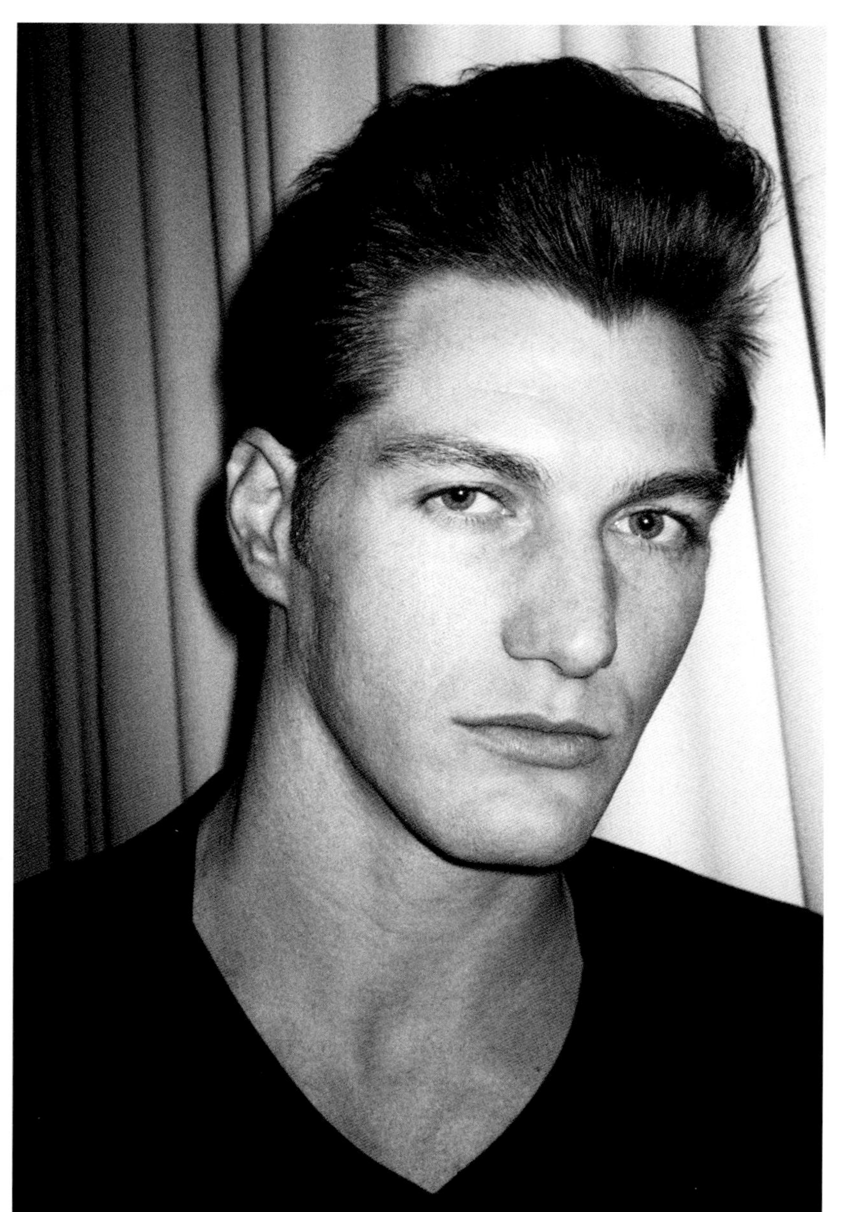

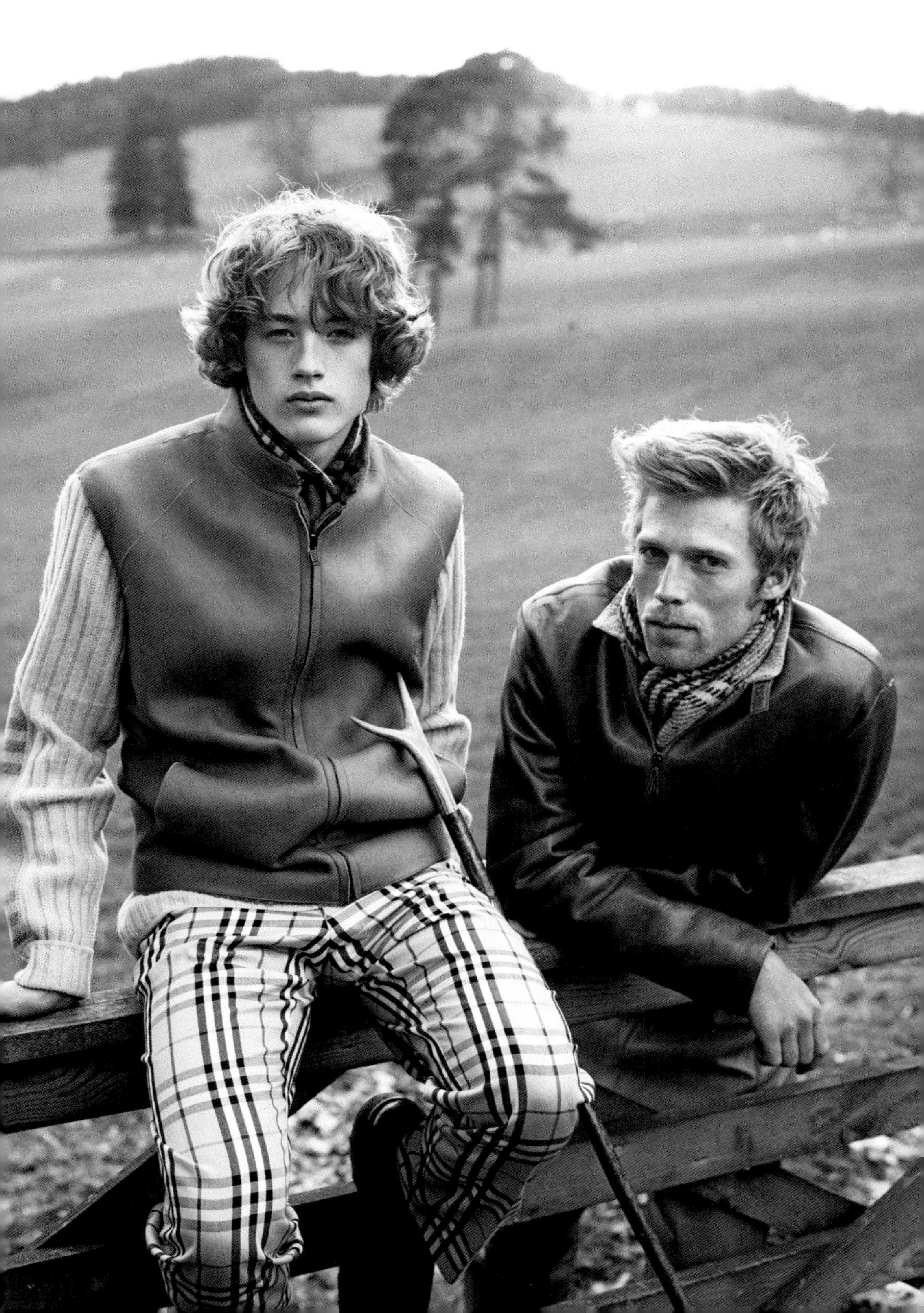

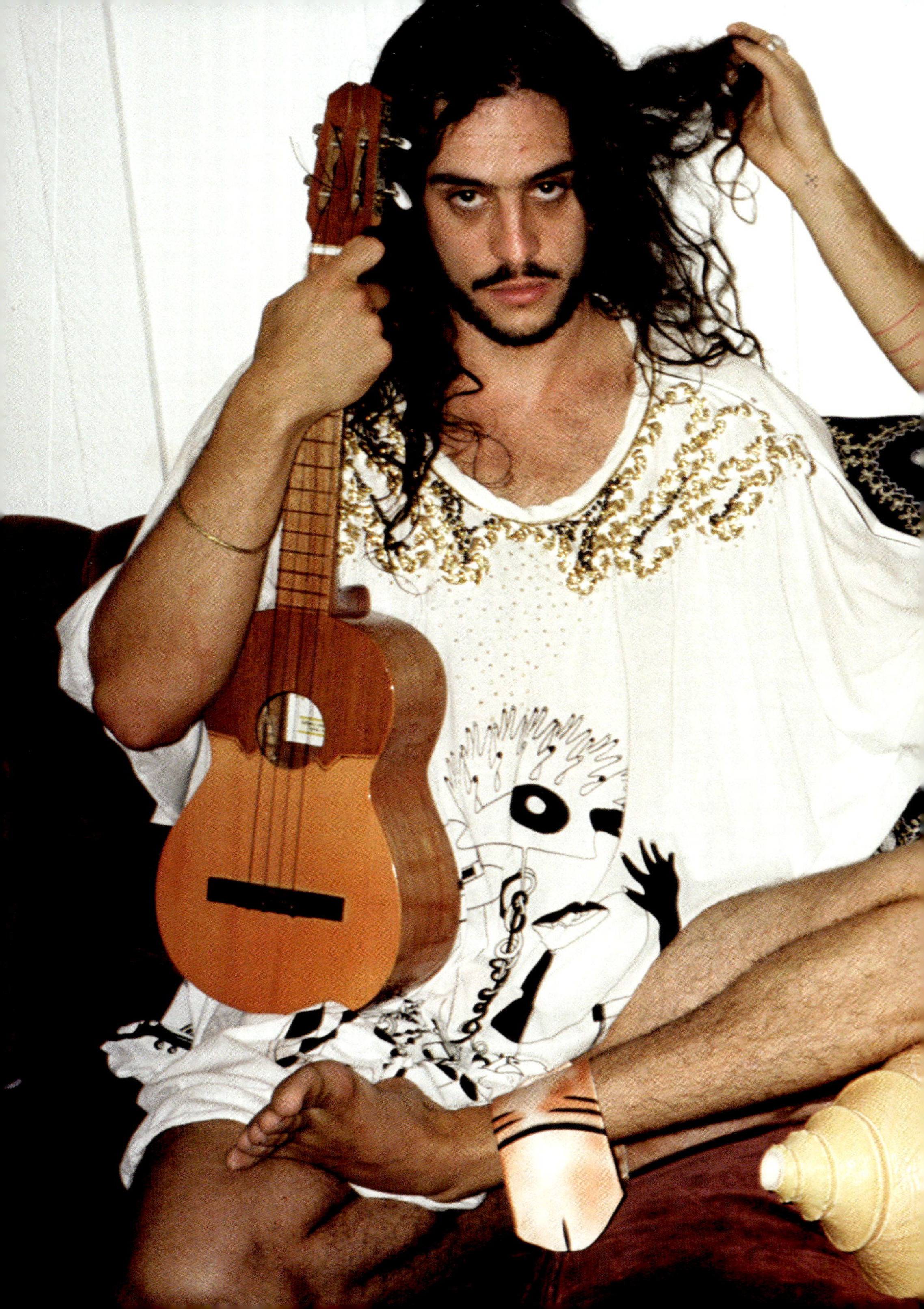

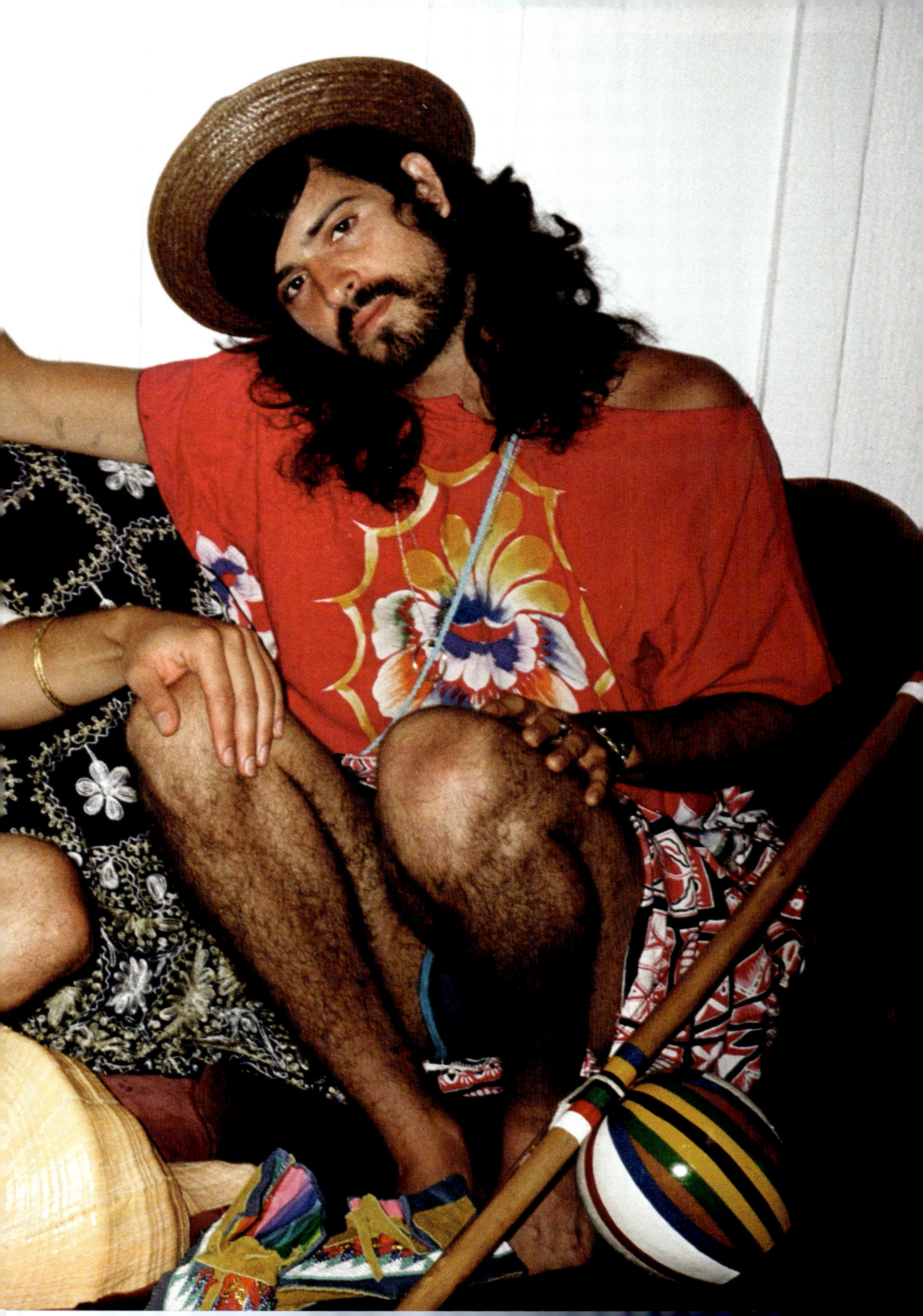

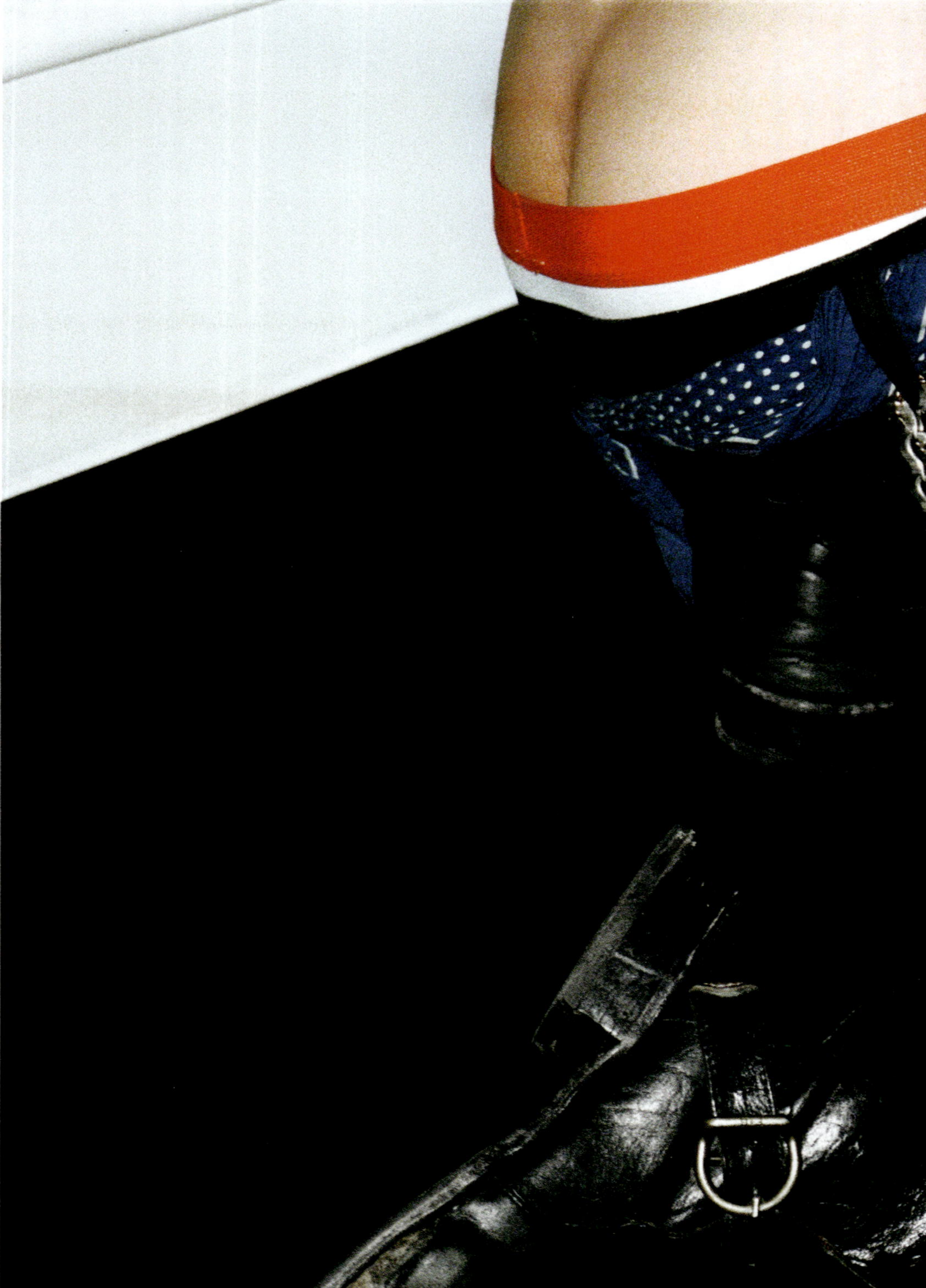

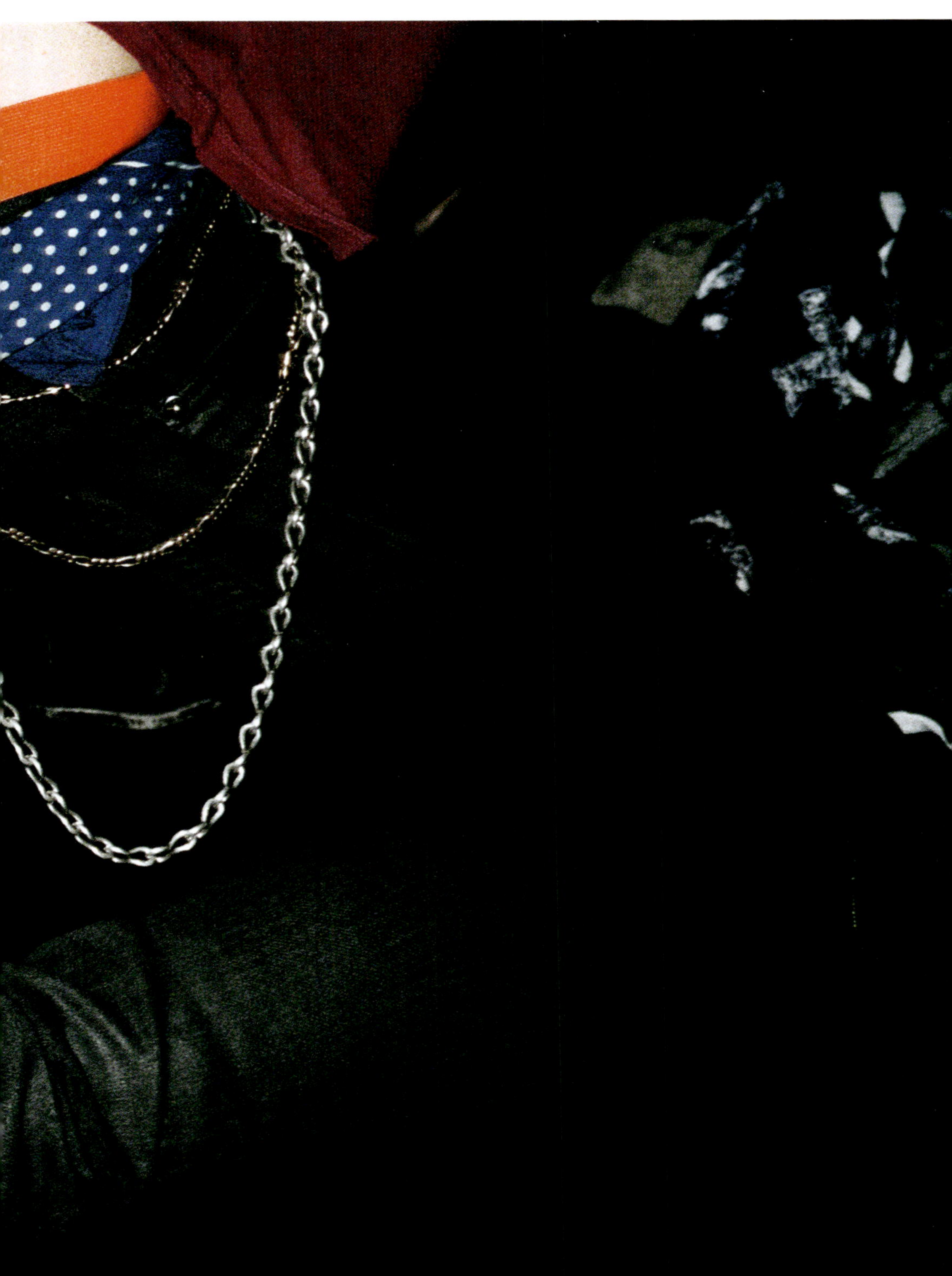

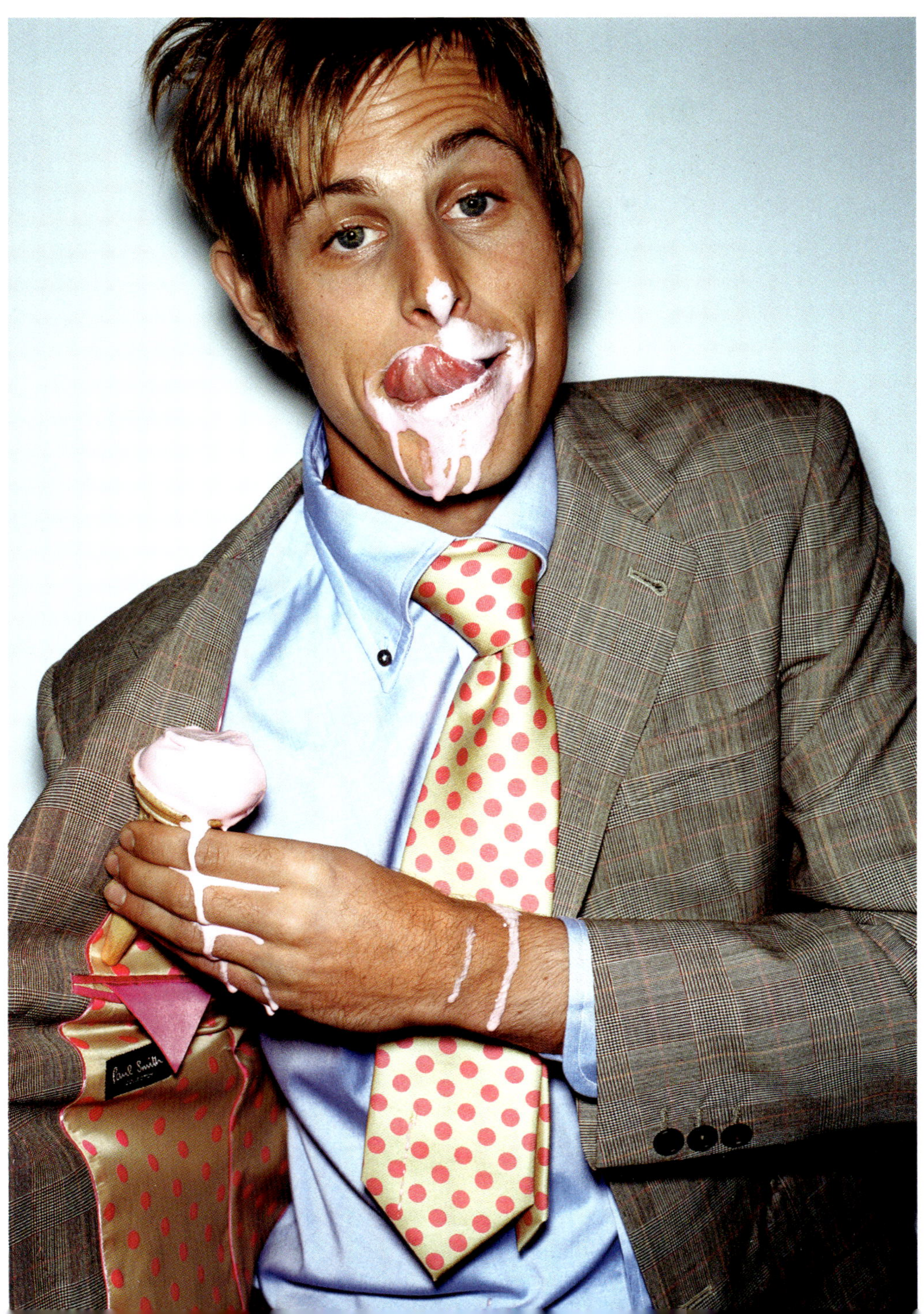

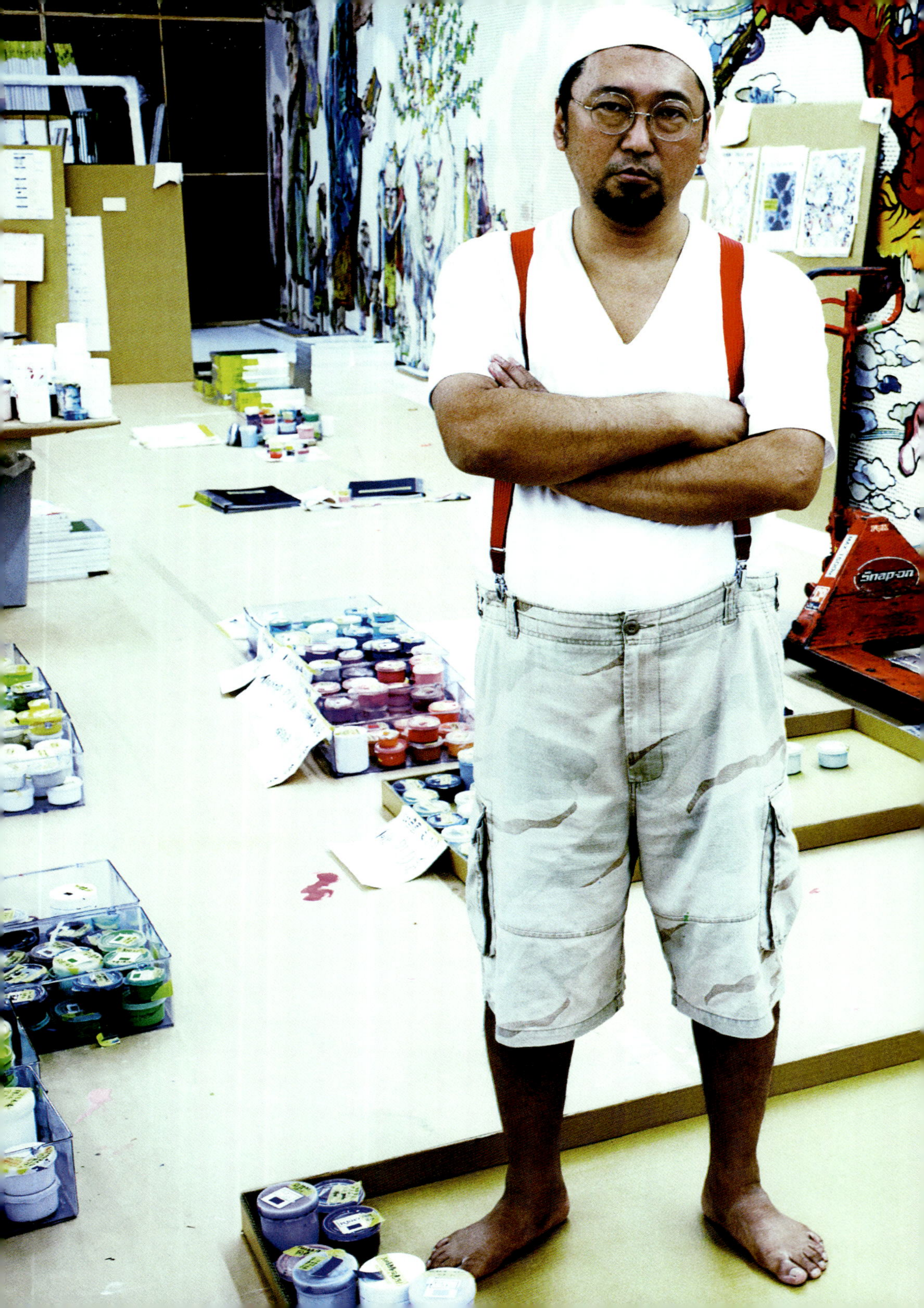

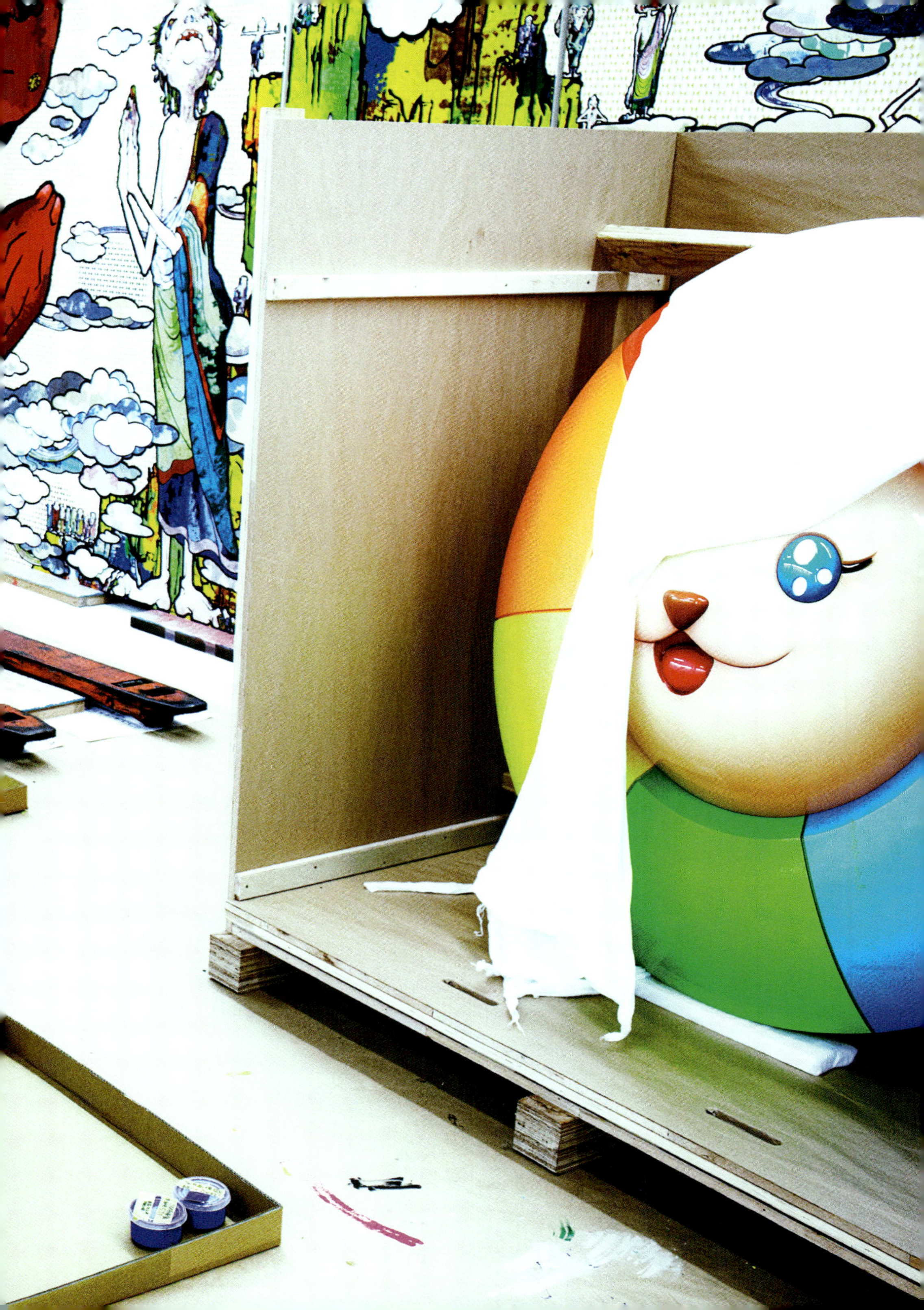

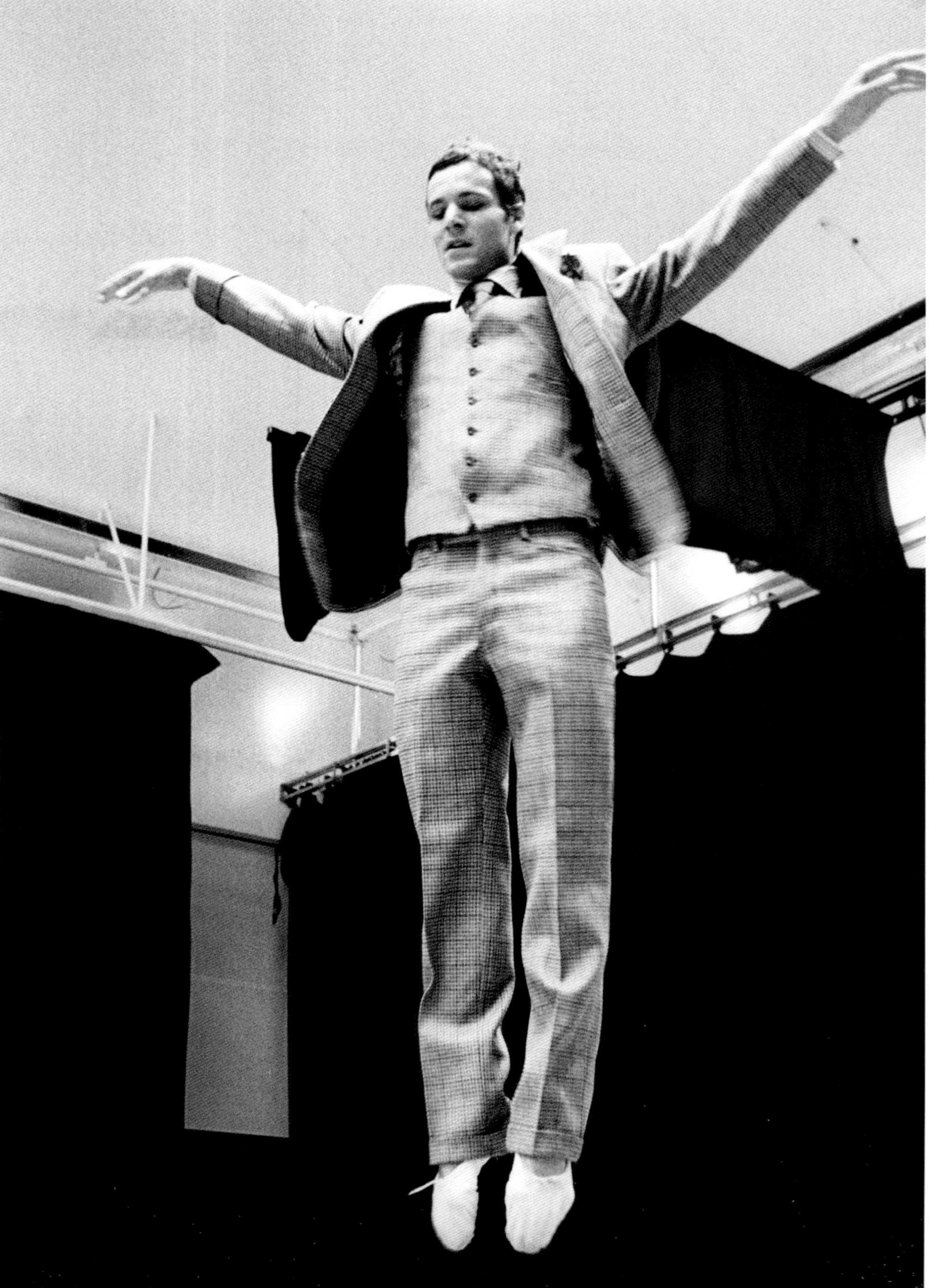

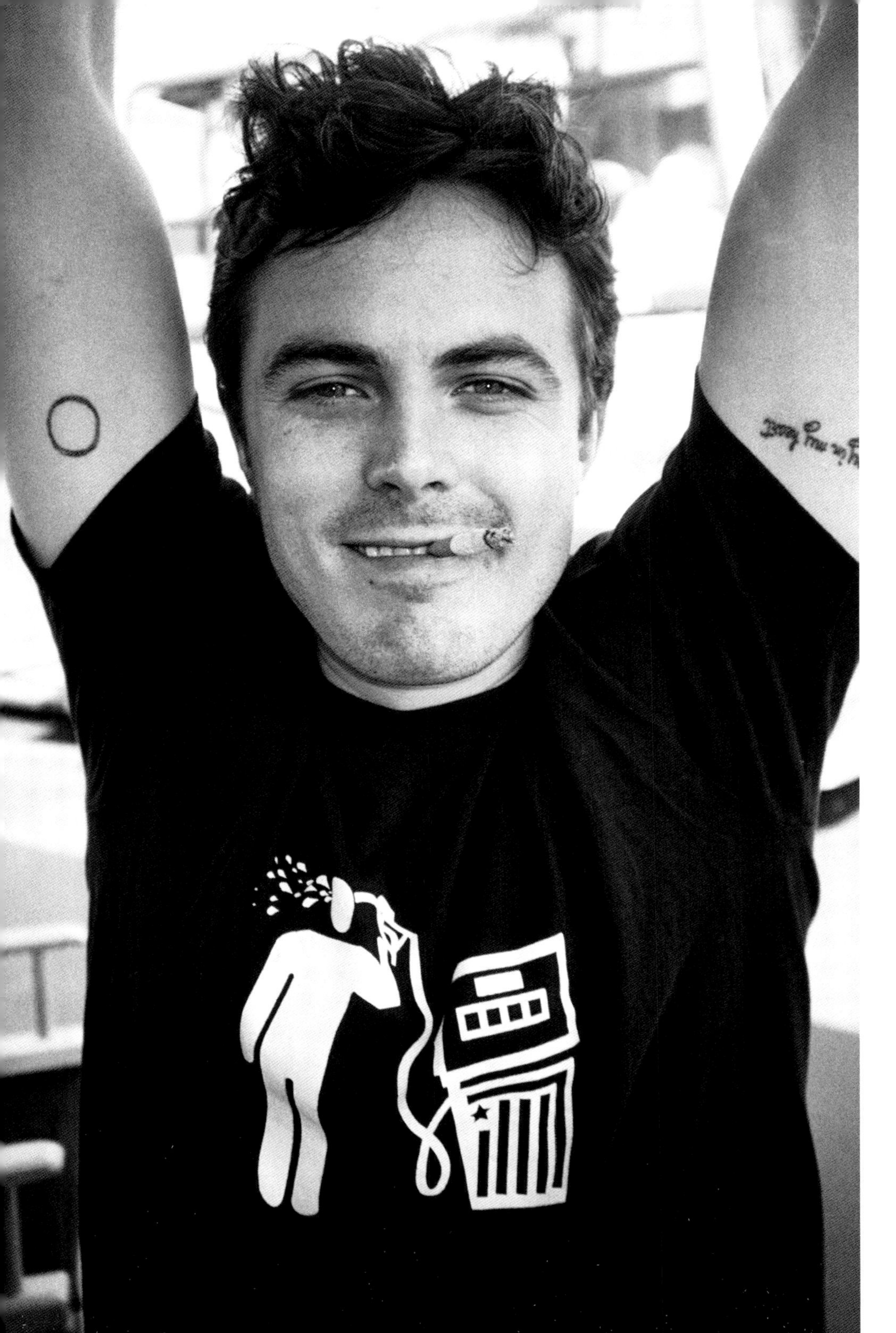

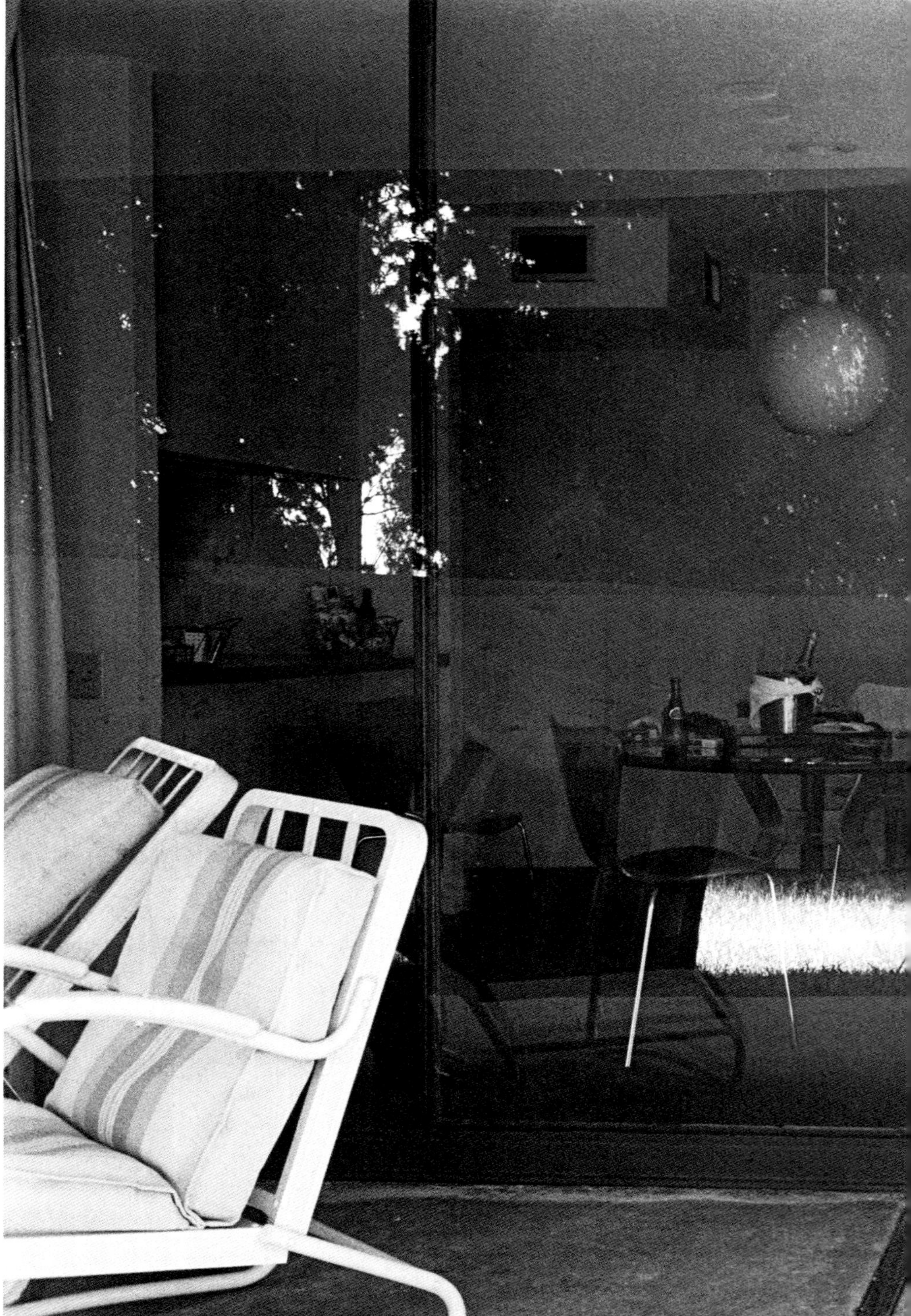

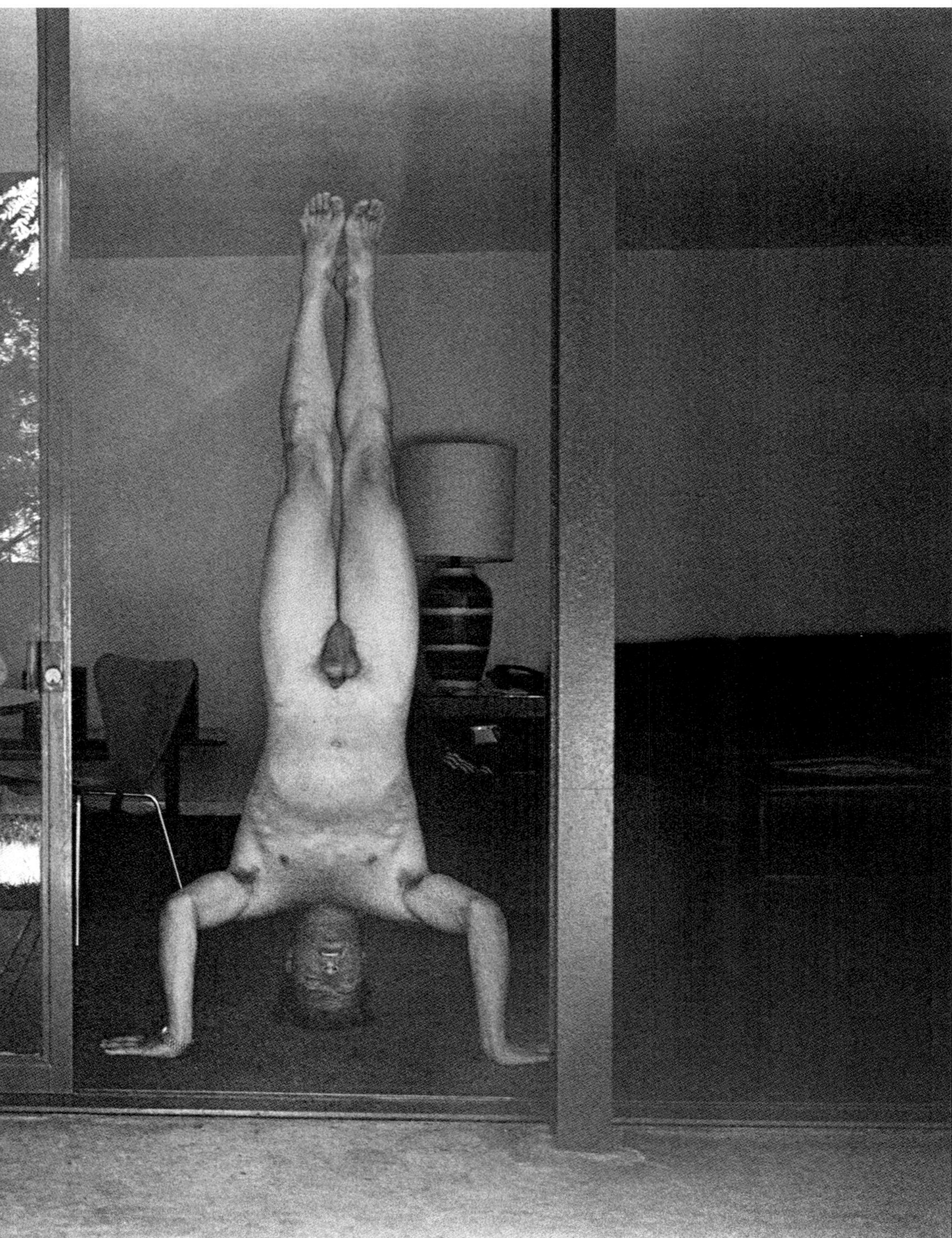

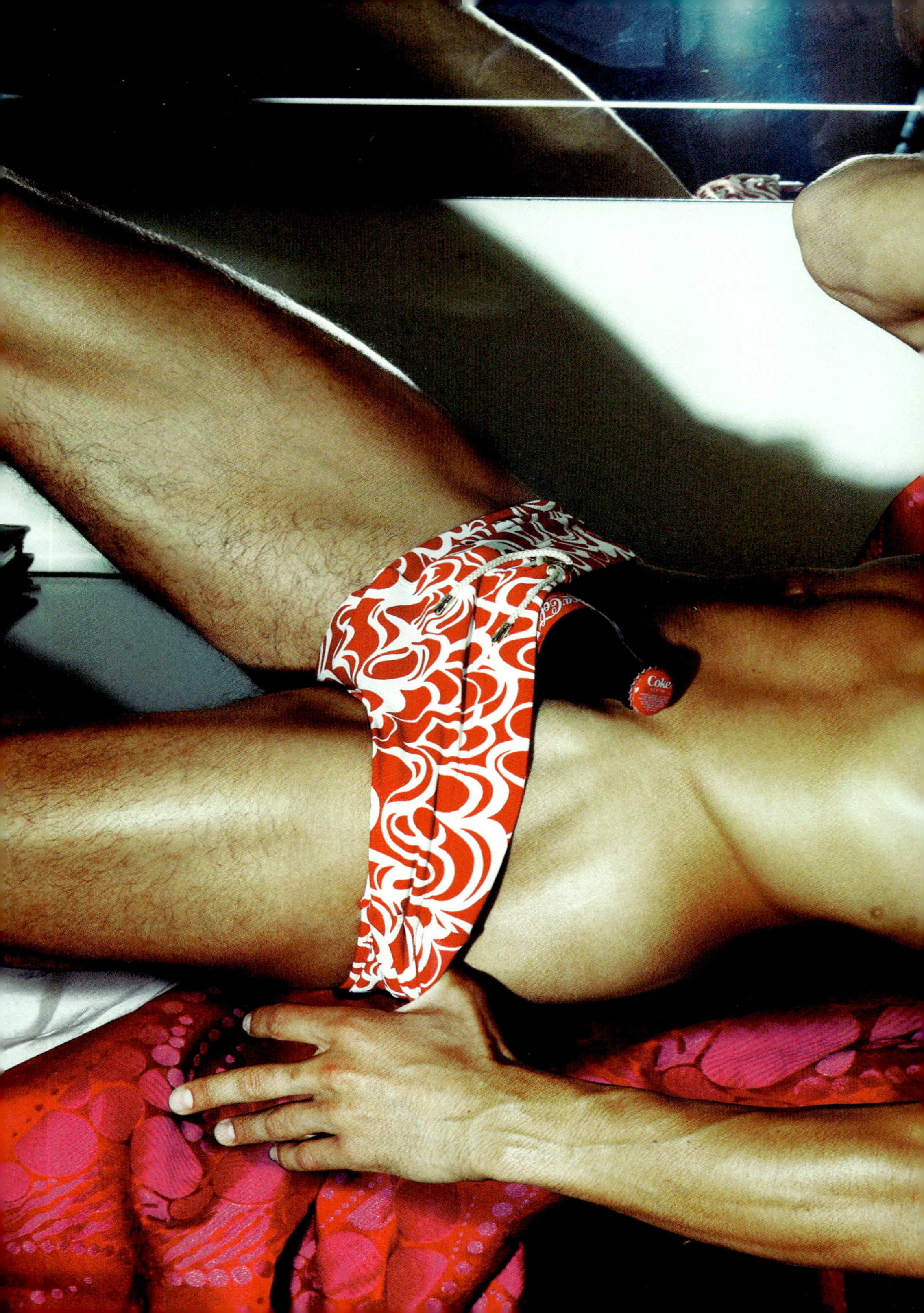

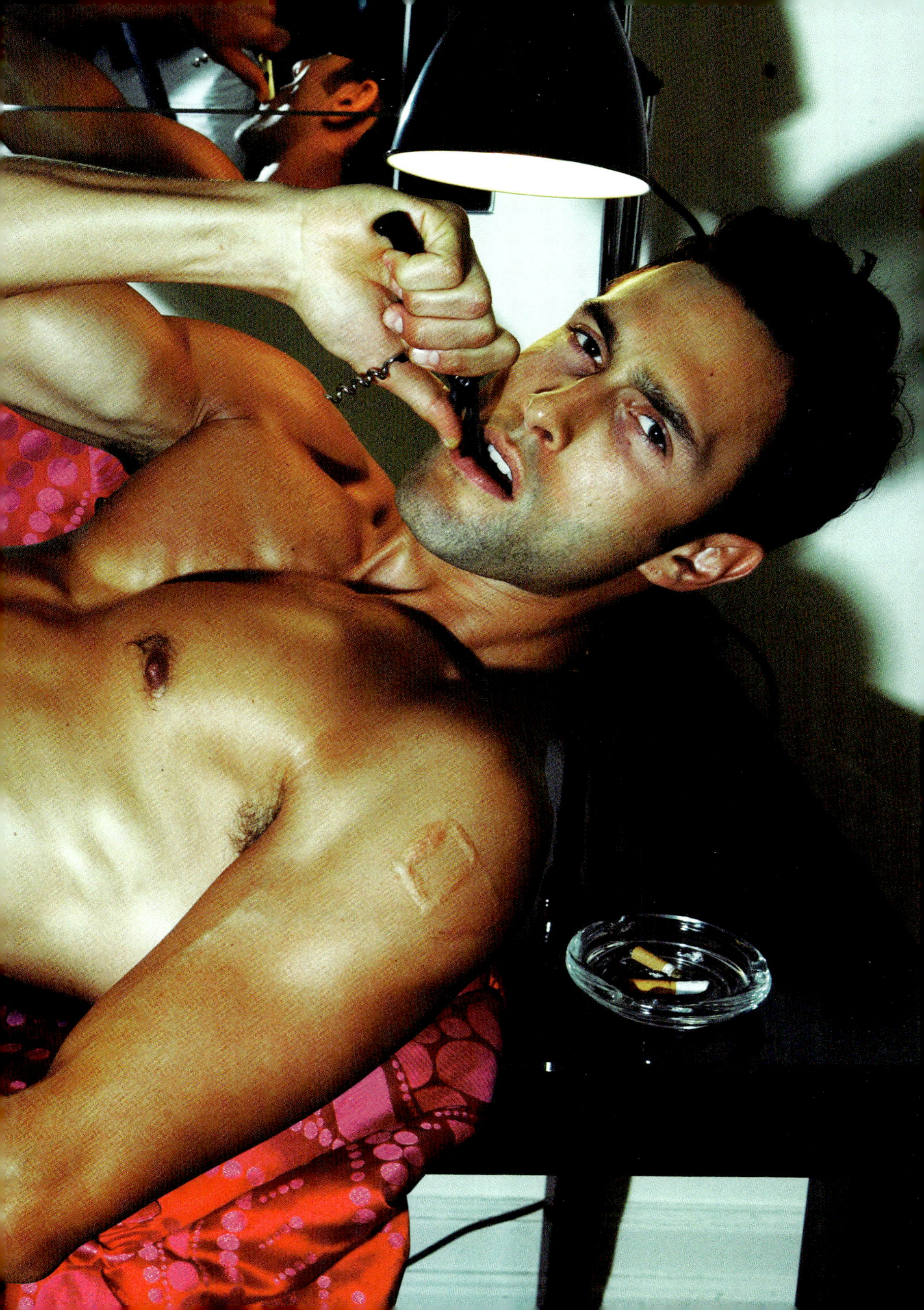

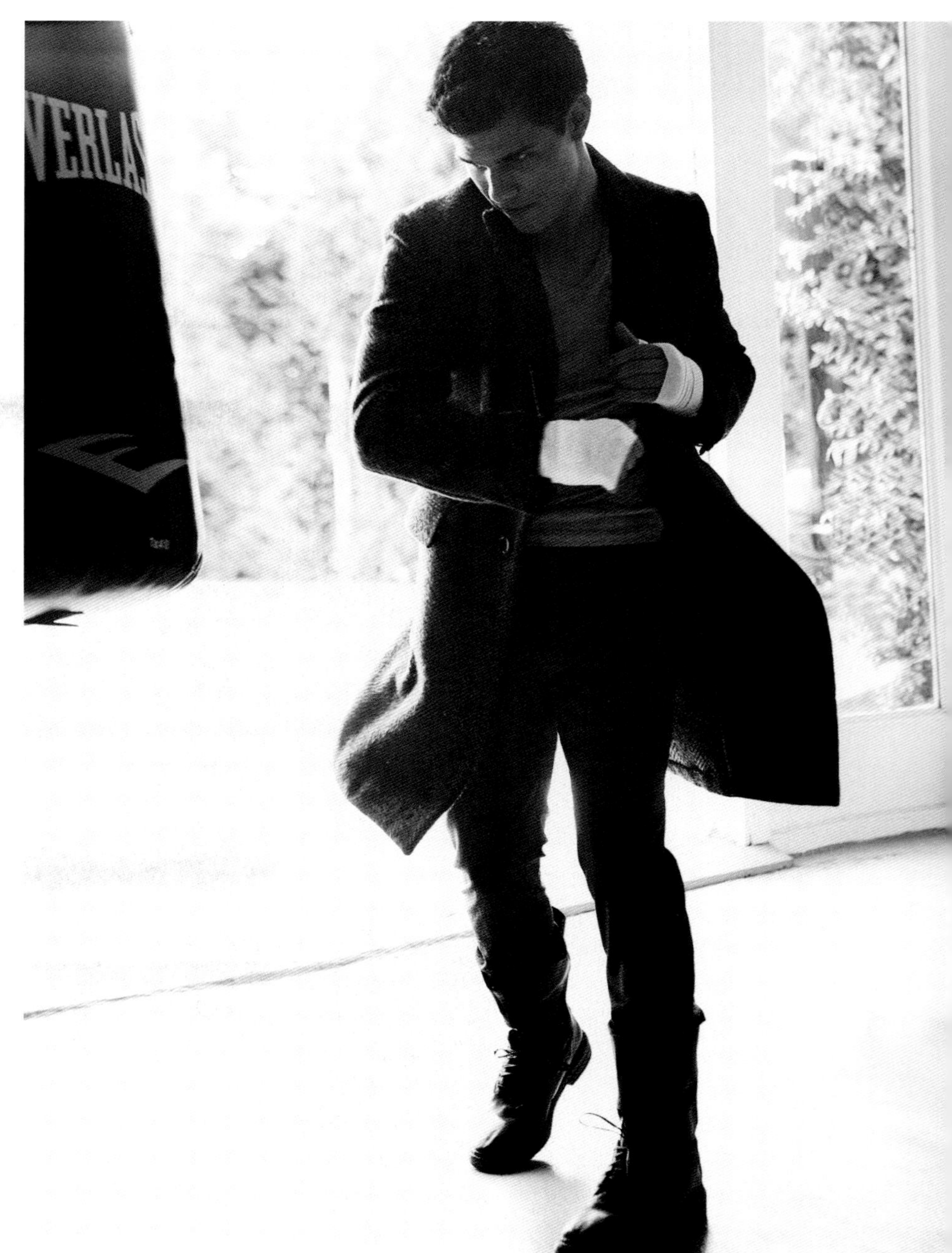

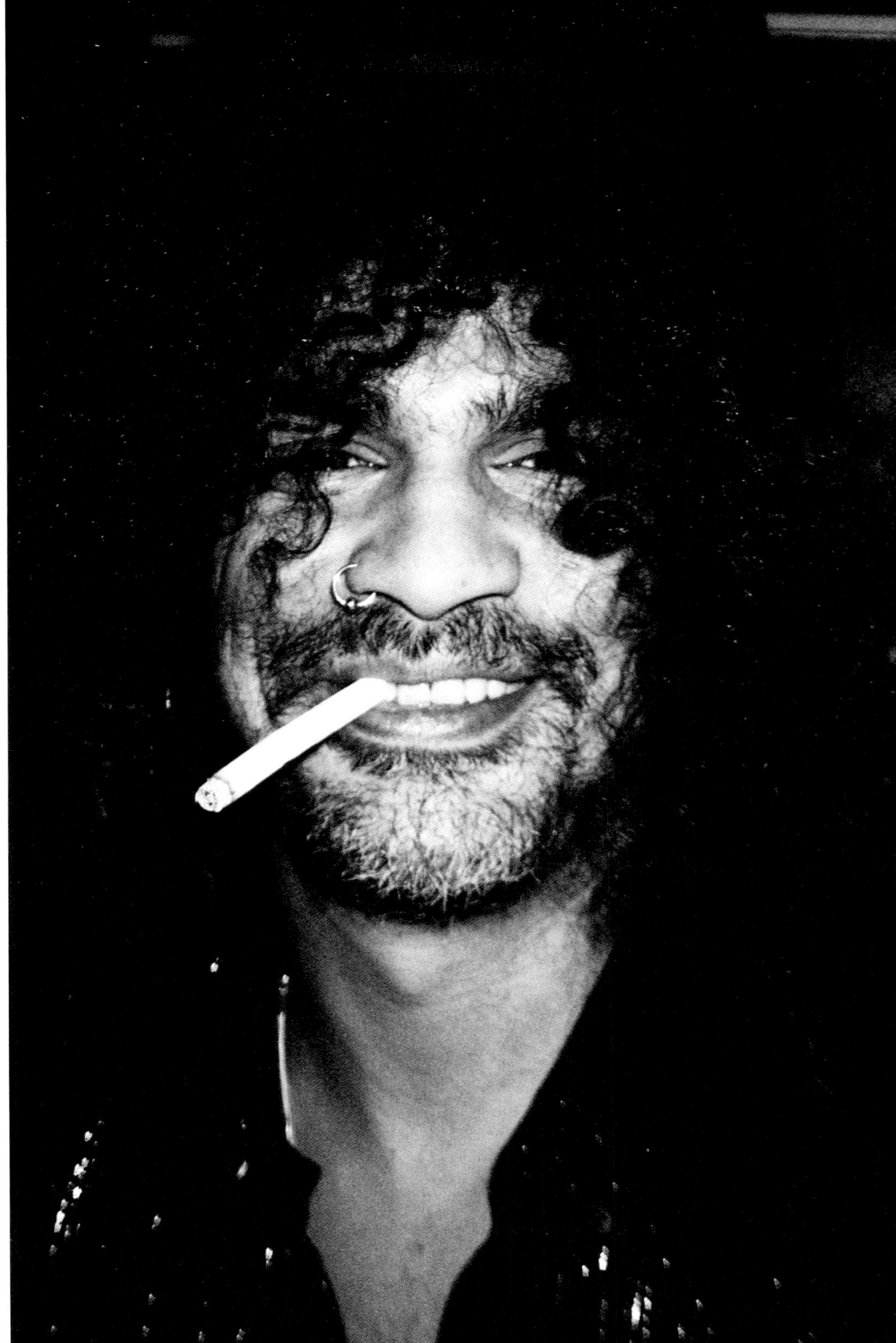

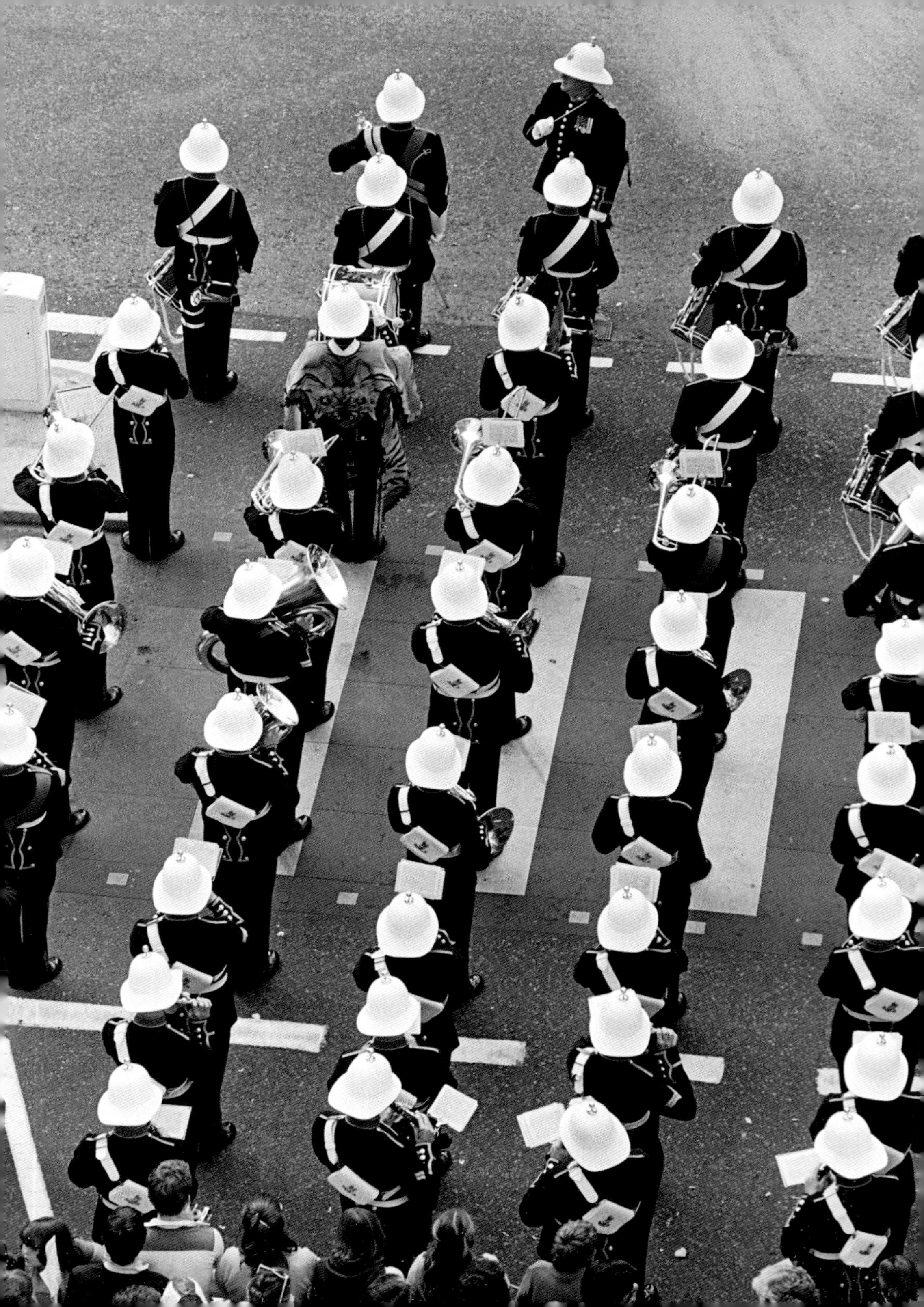

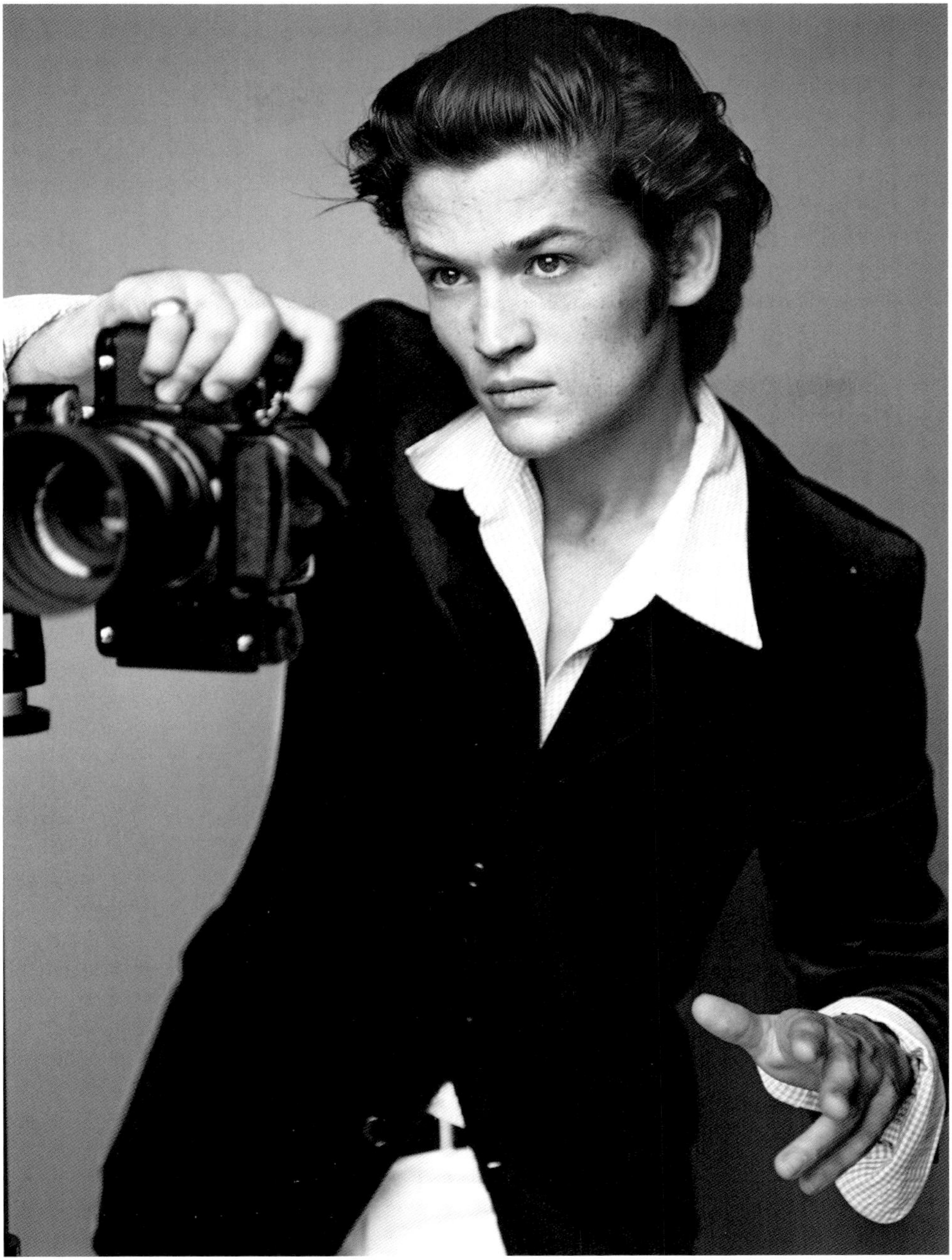

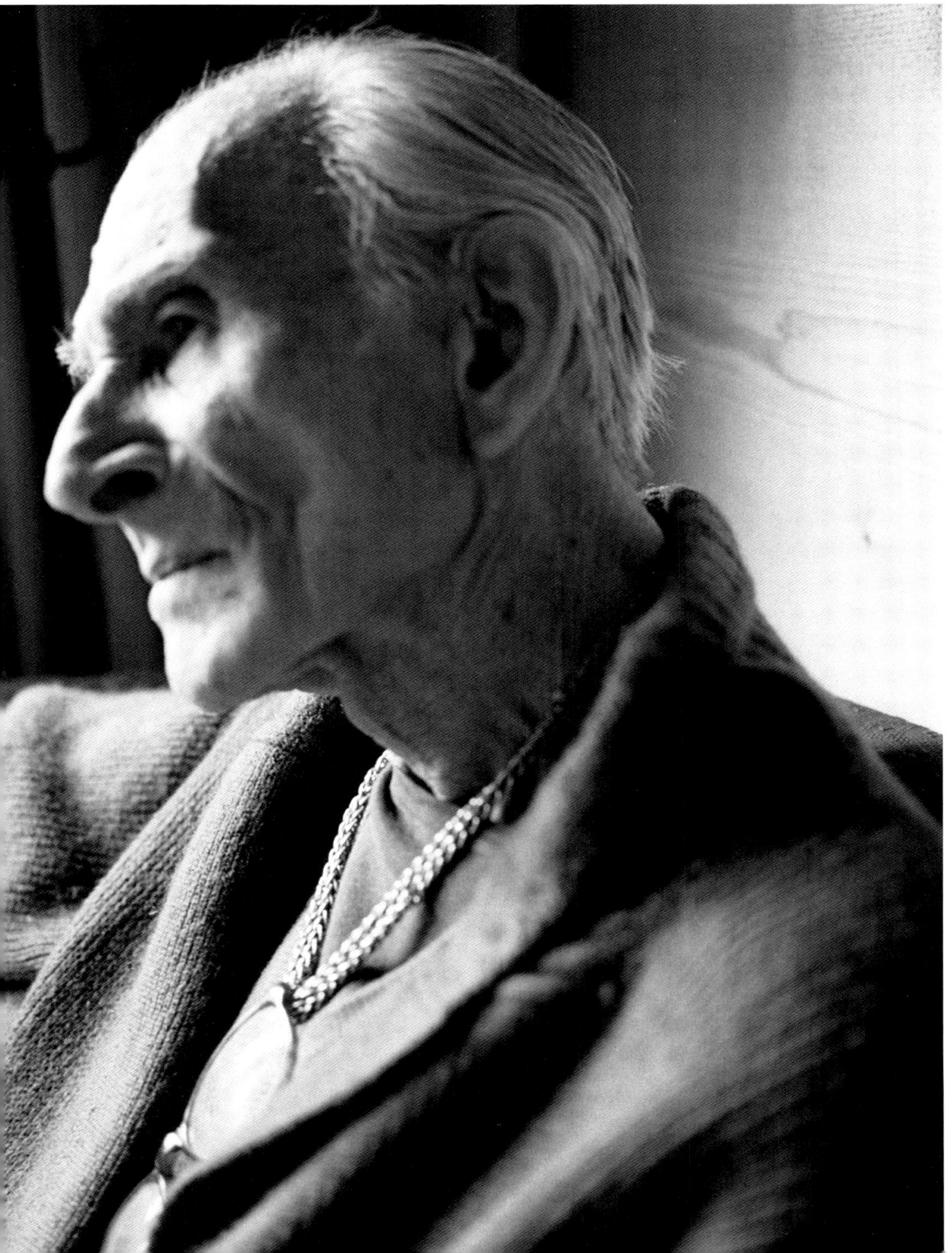

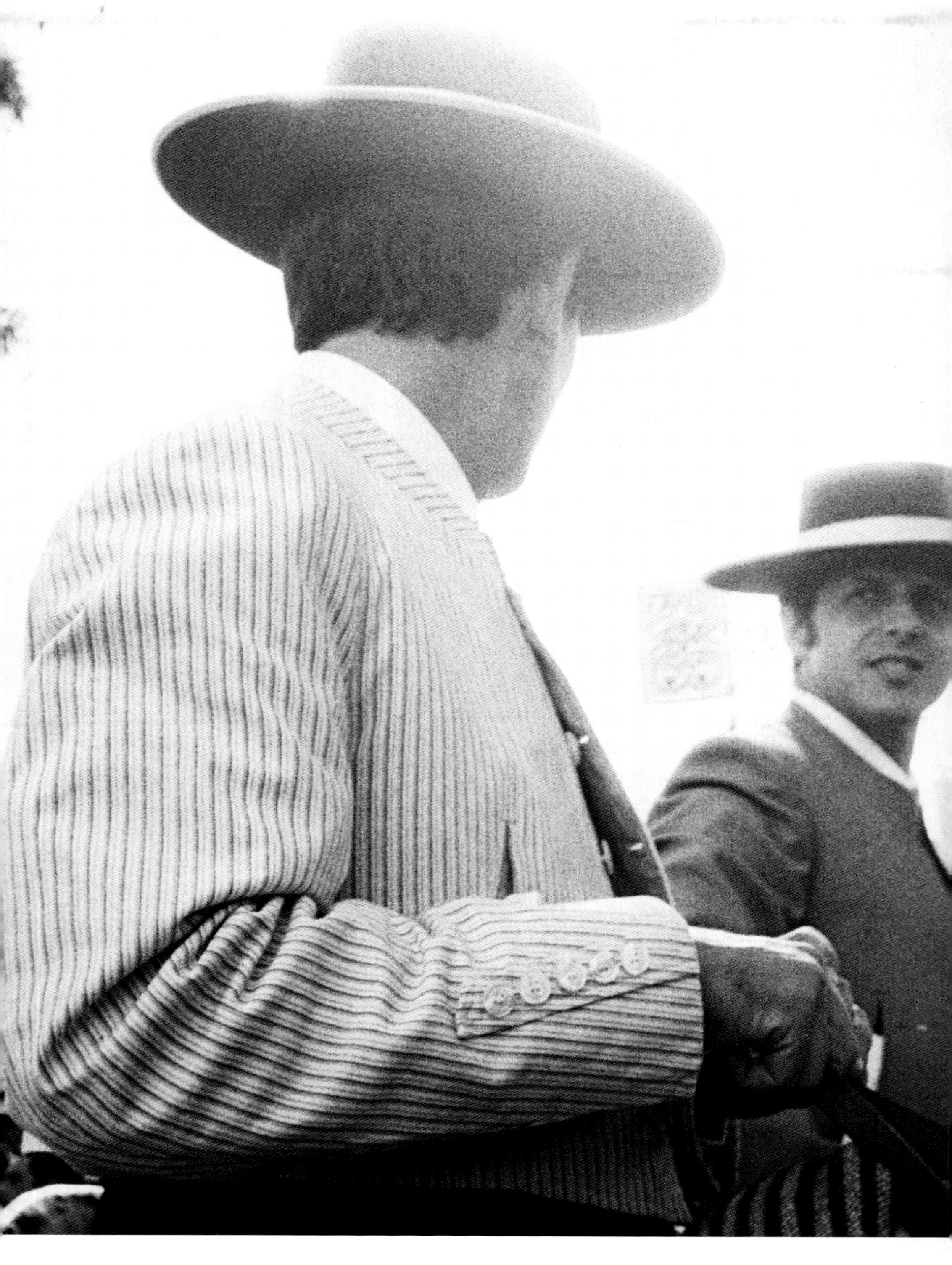

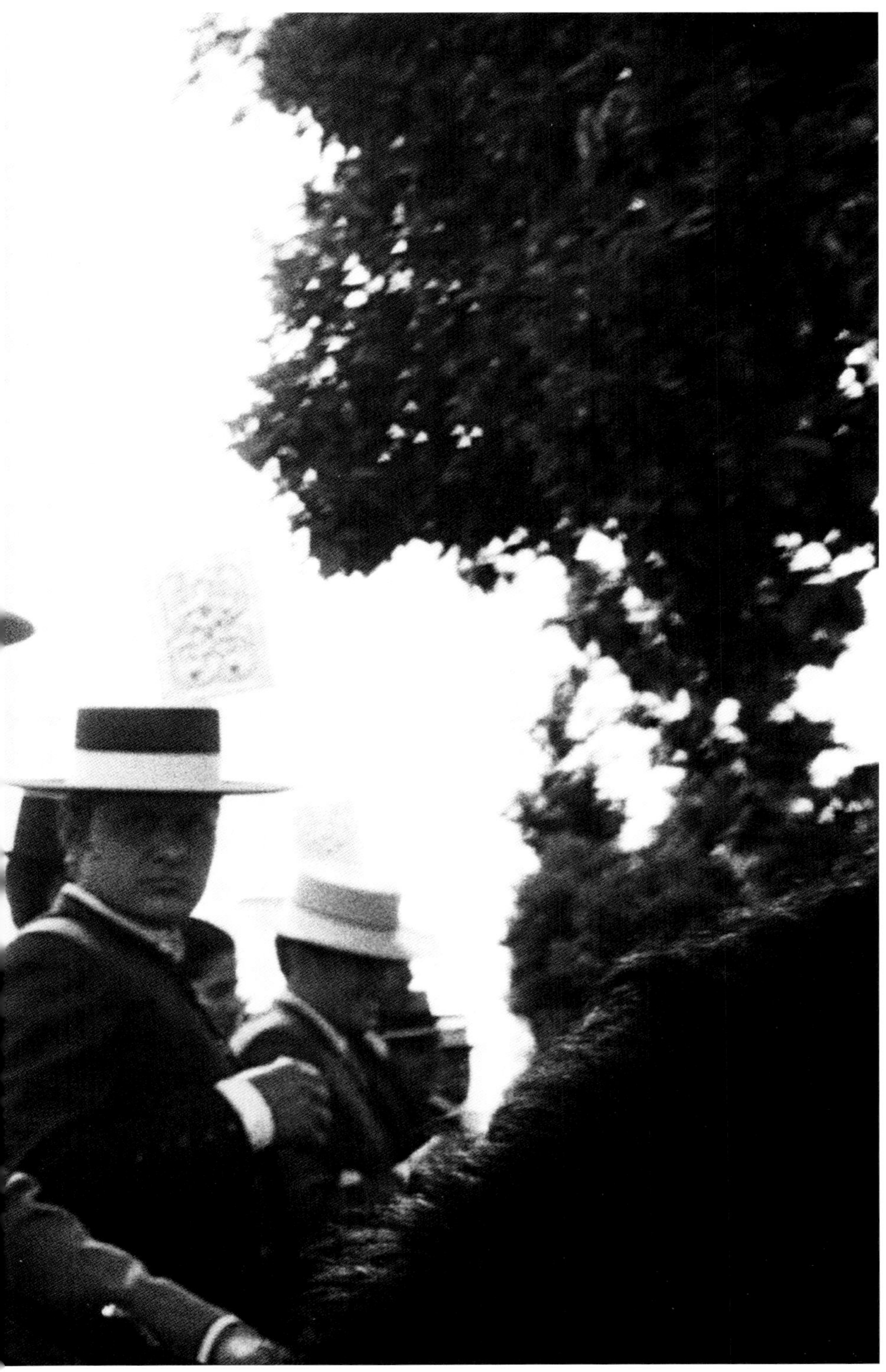

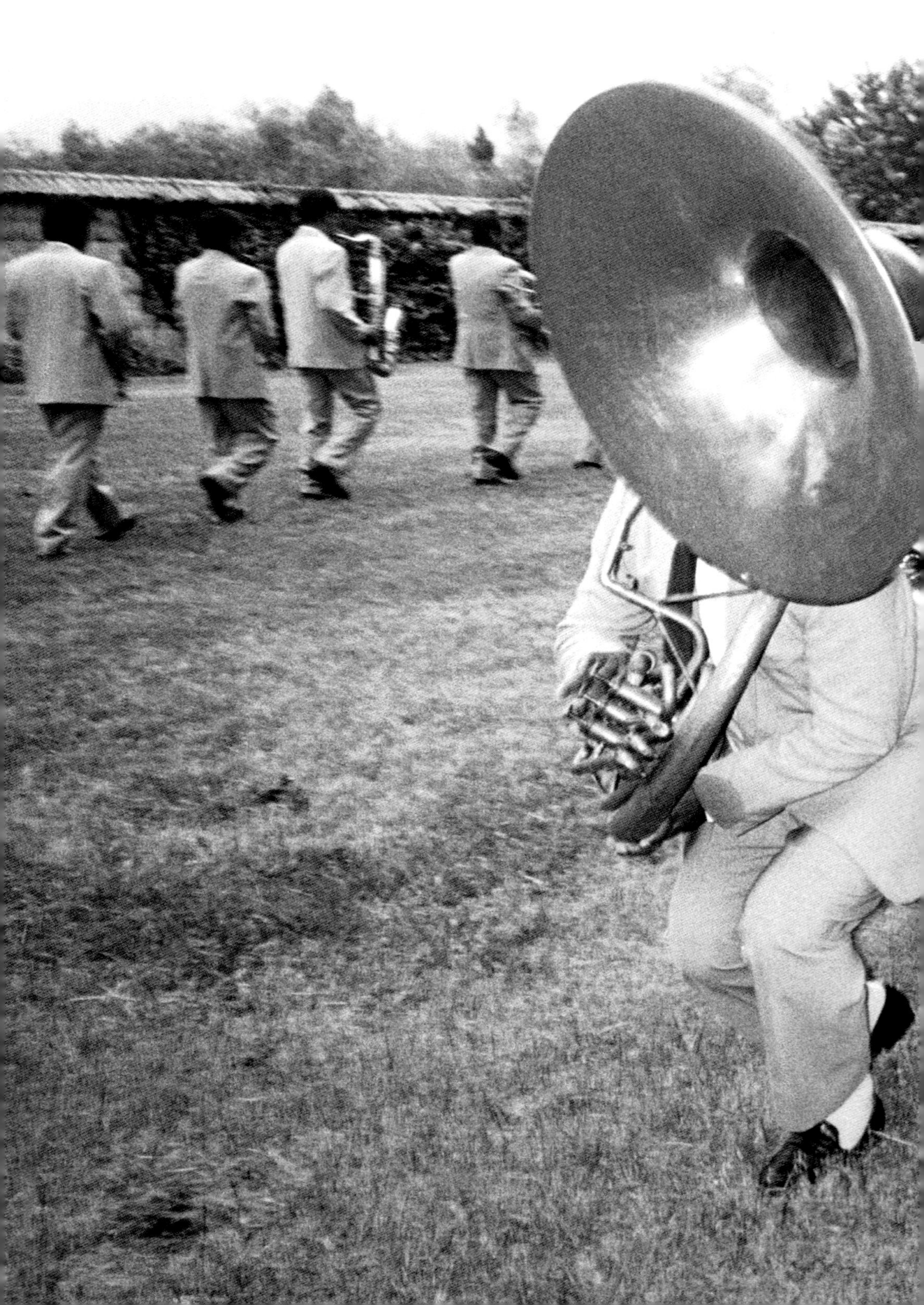

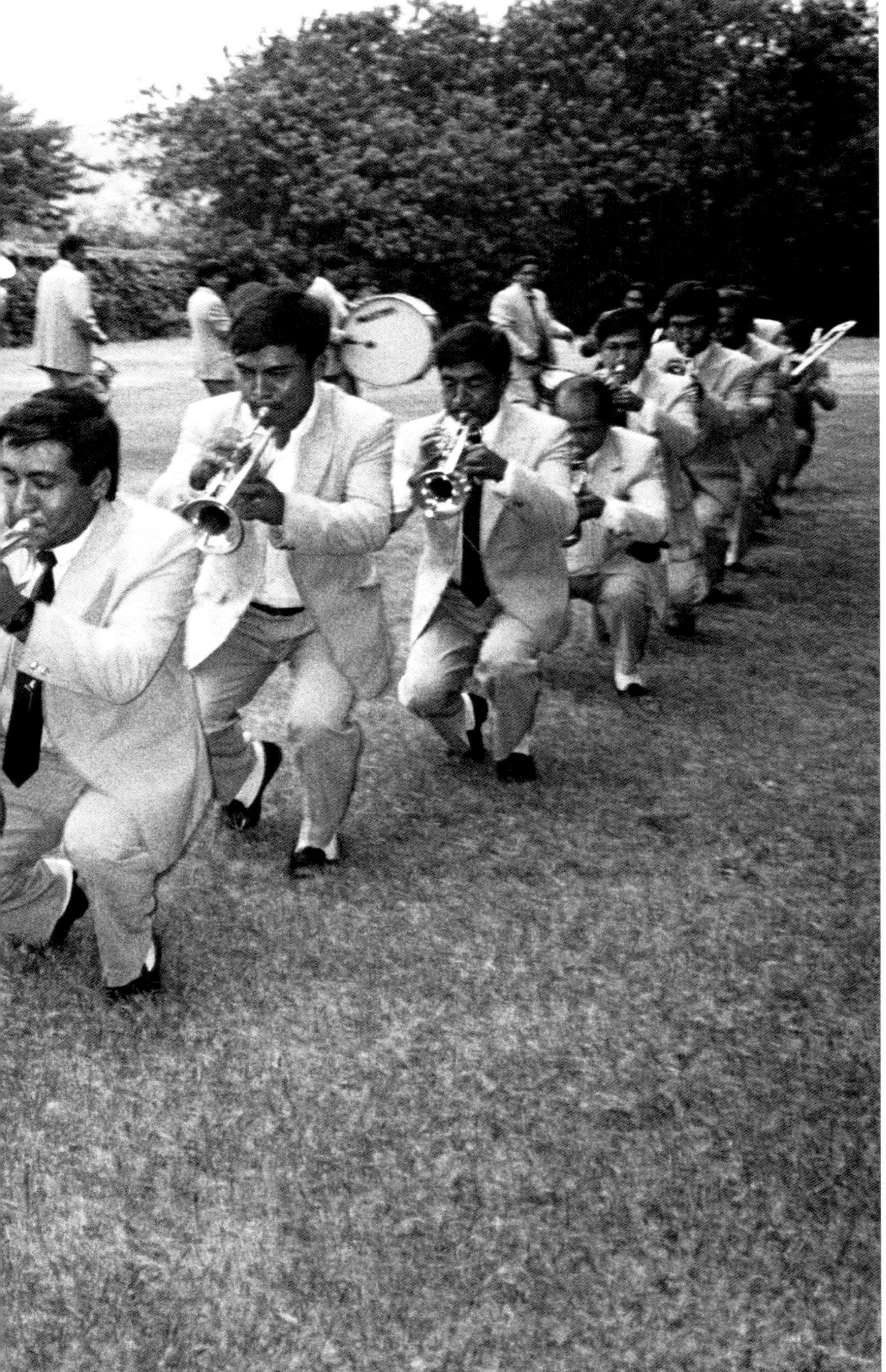

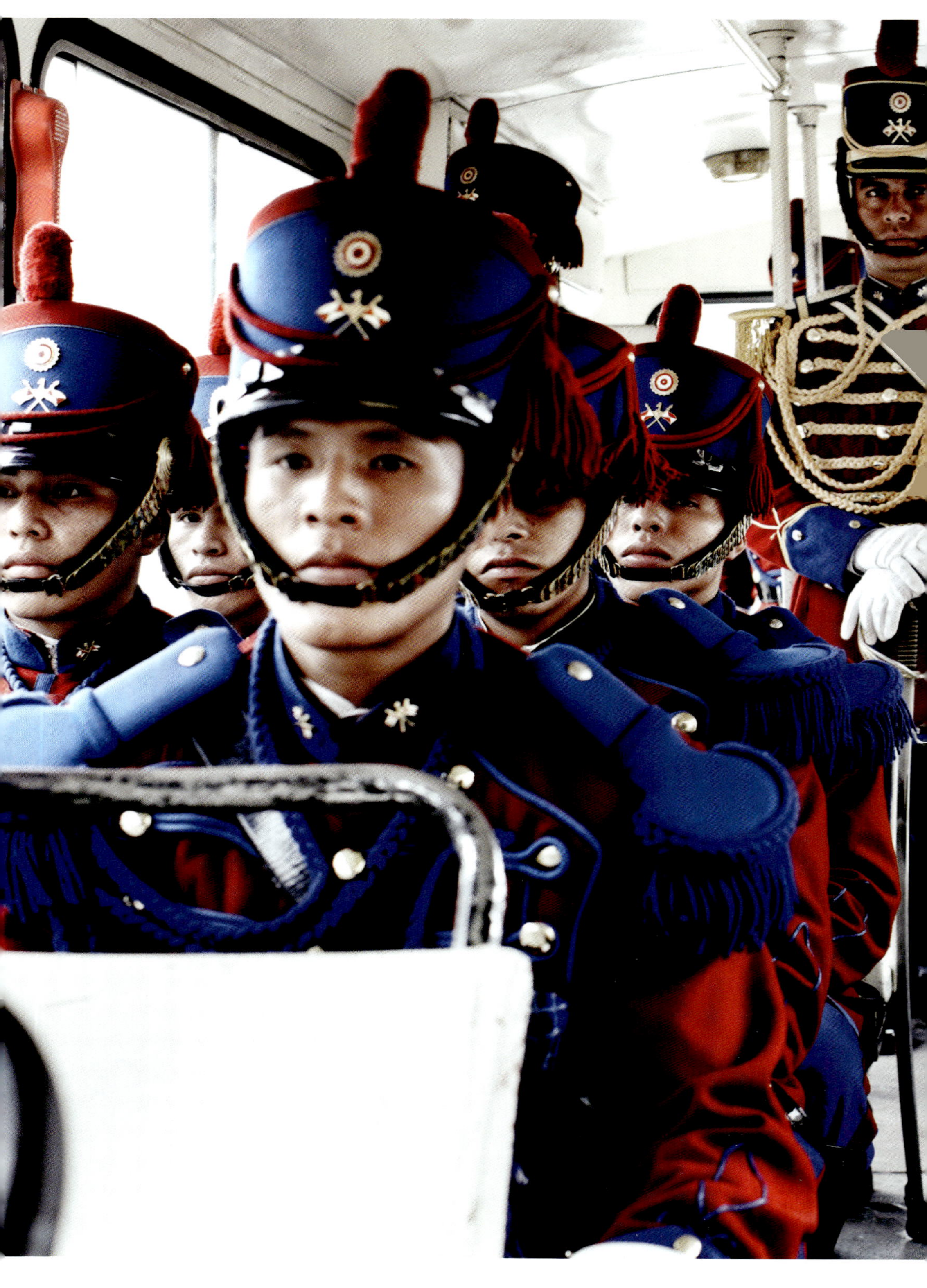

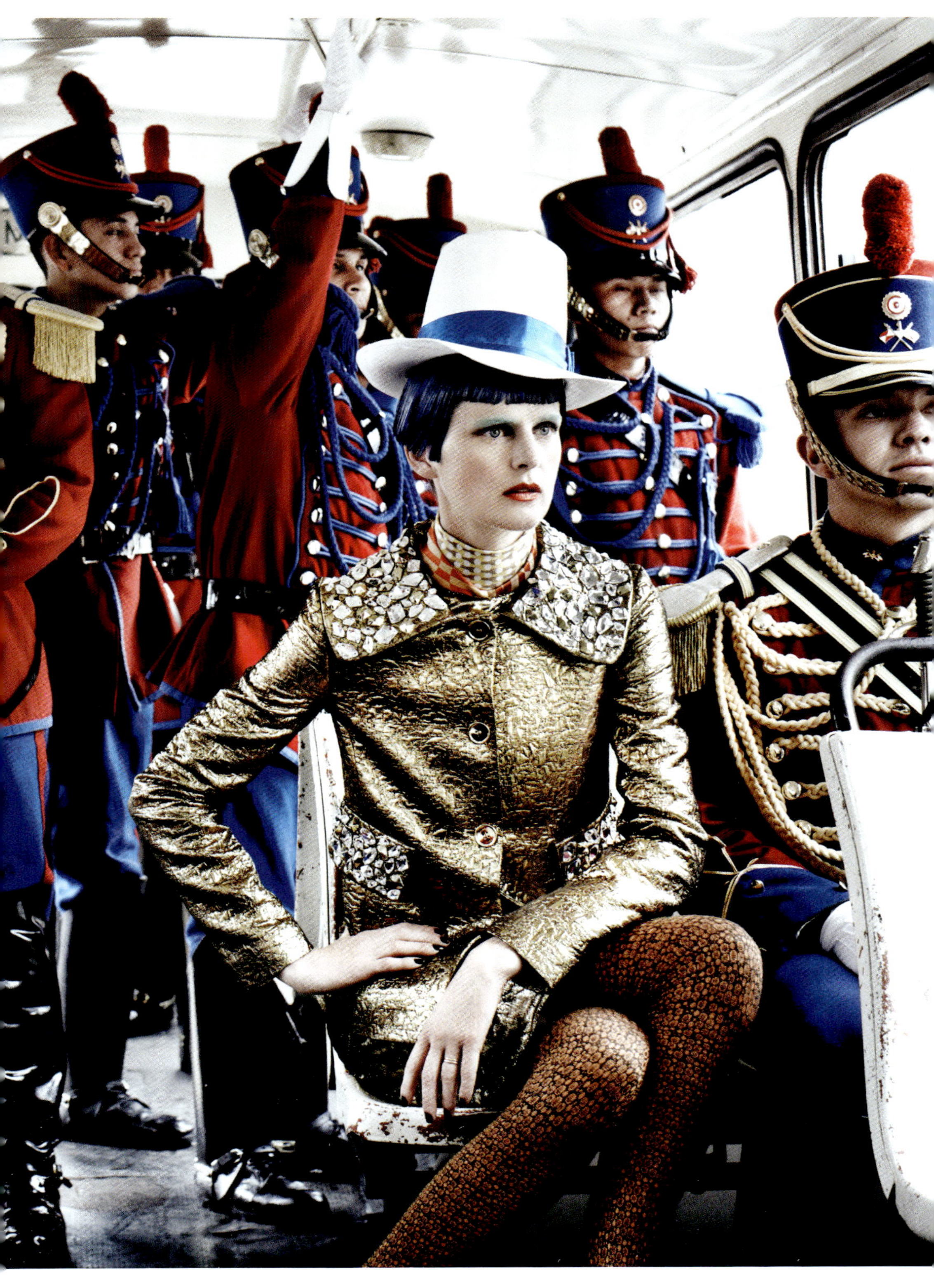

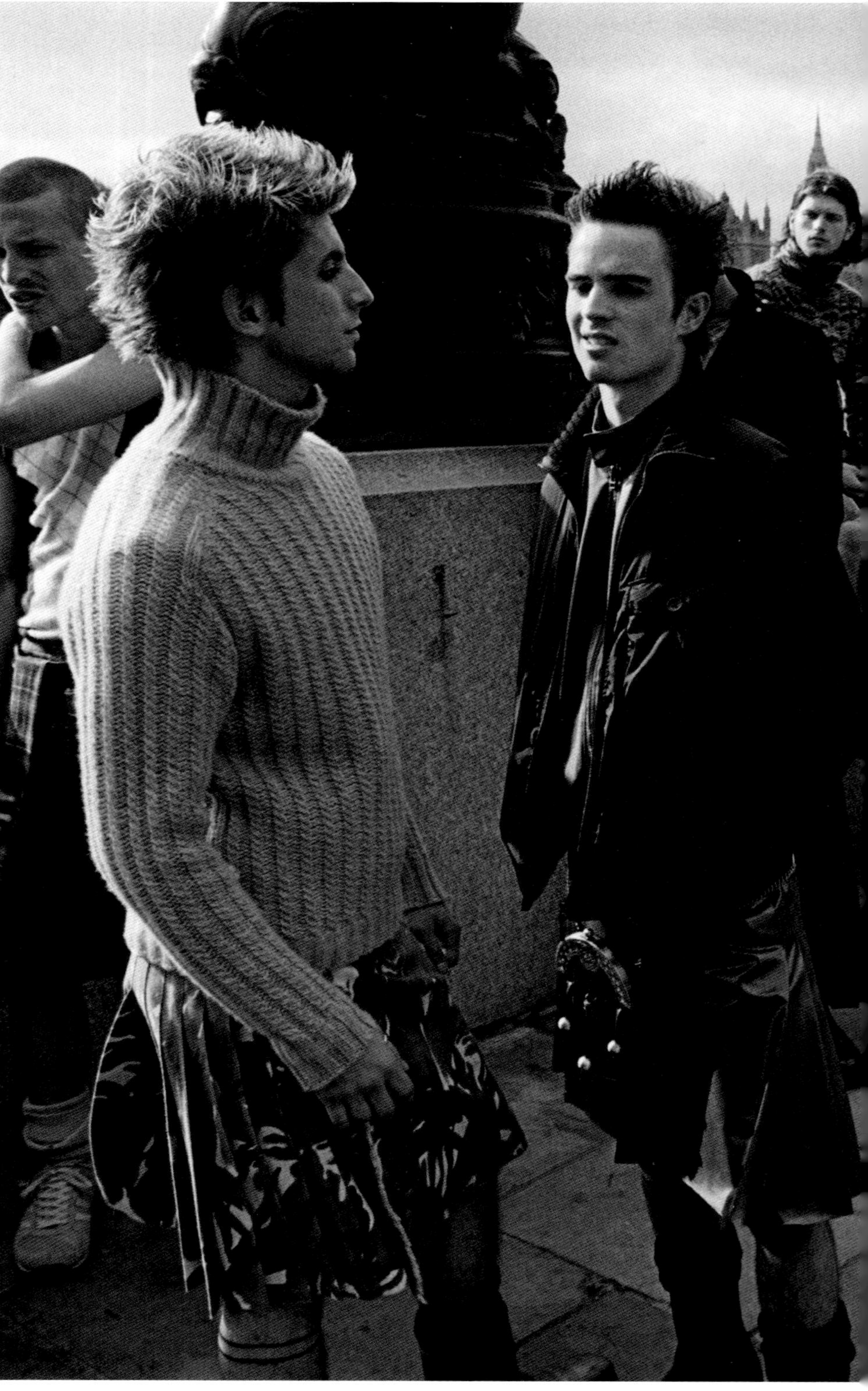

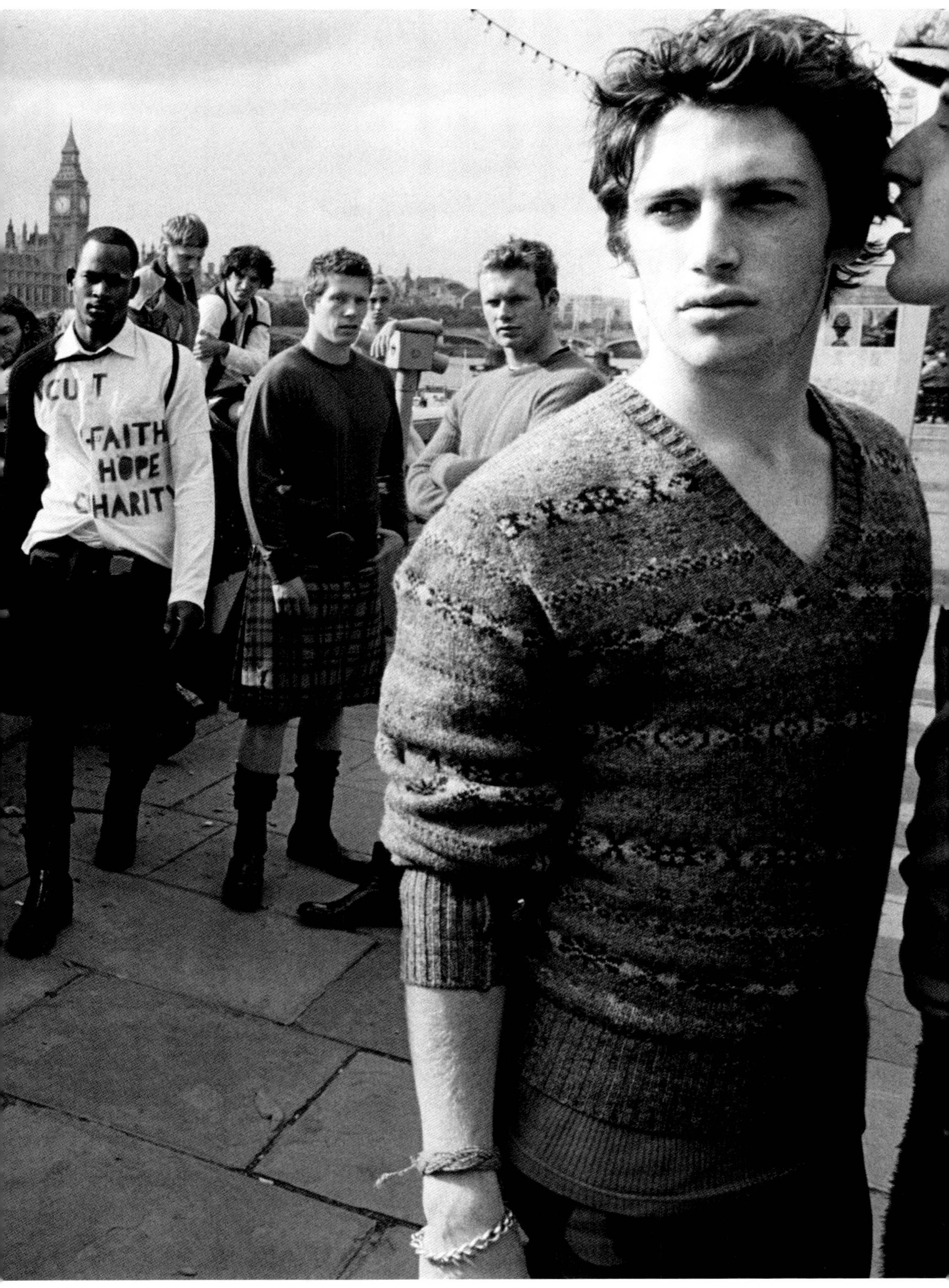
CU T
FAITH
HOPE
CHARITY

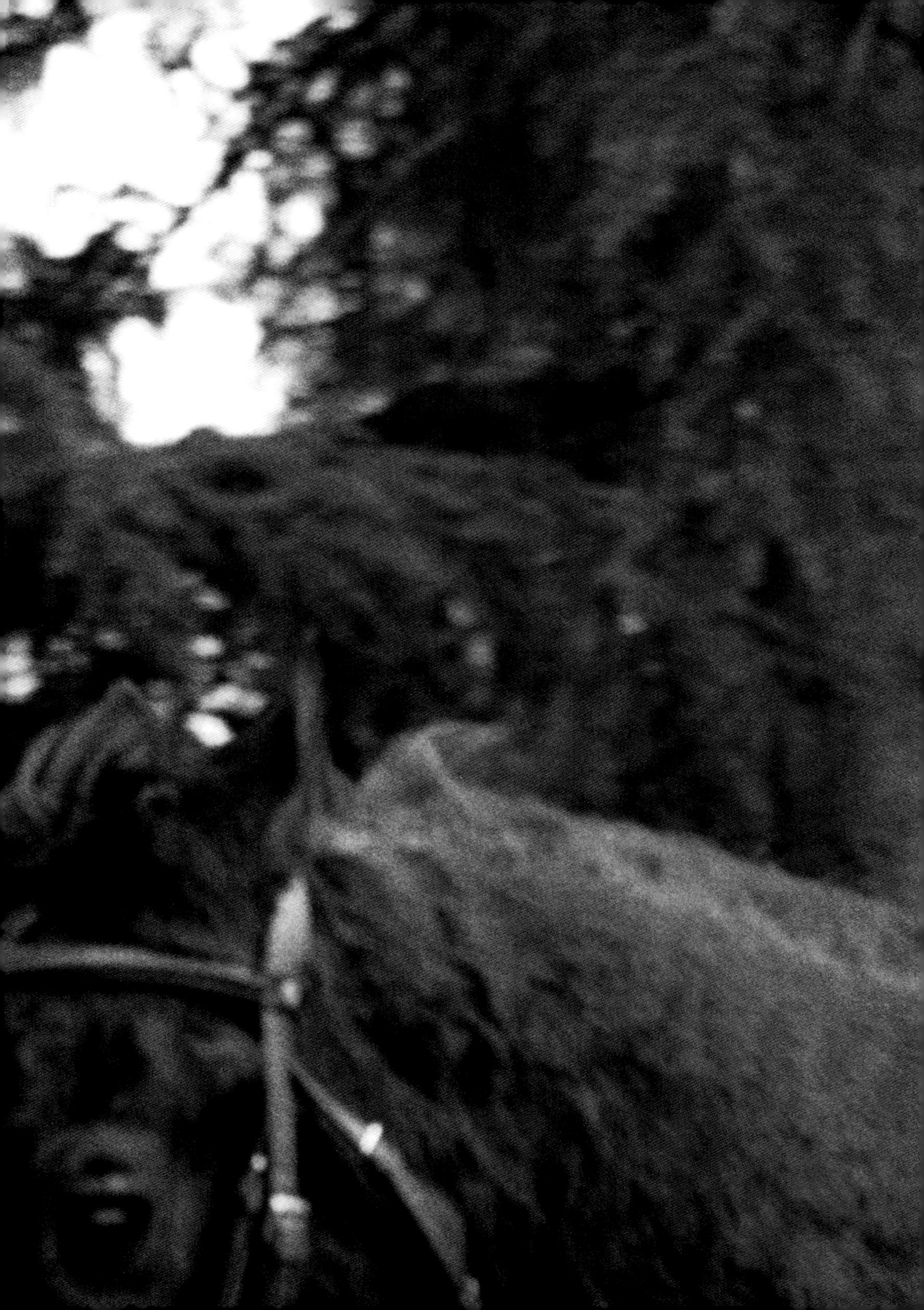

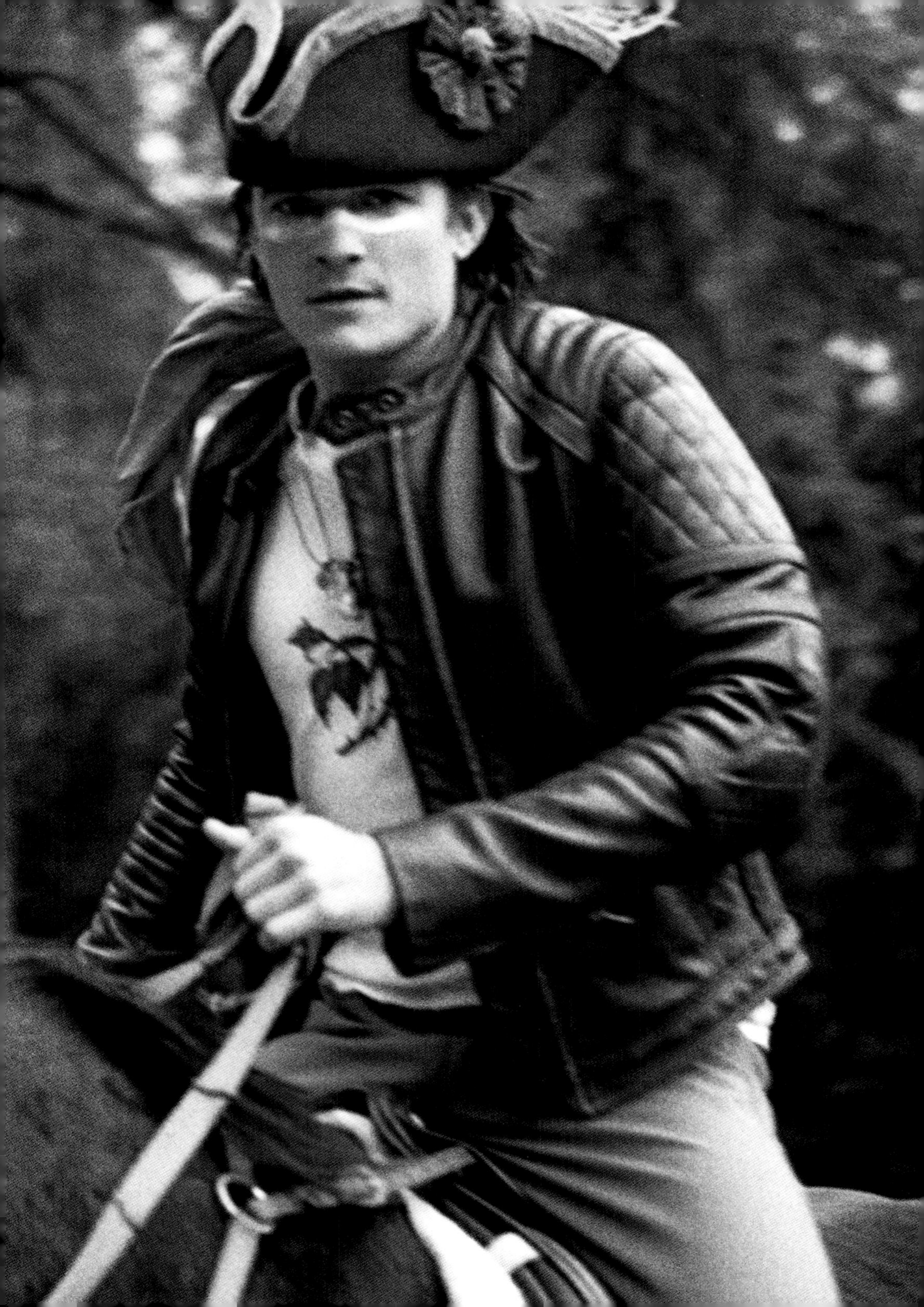

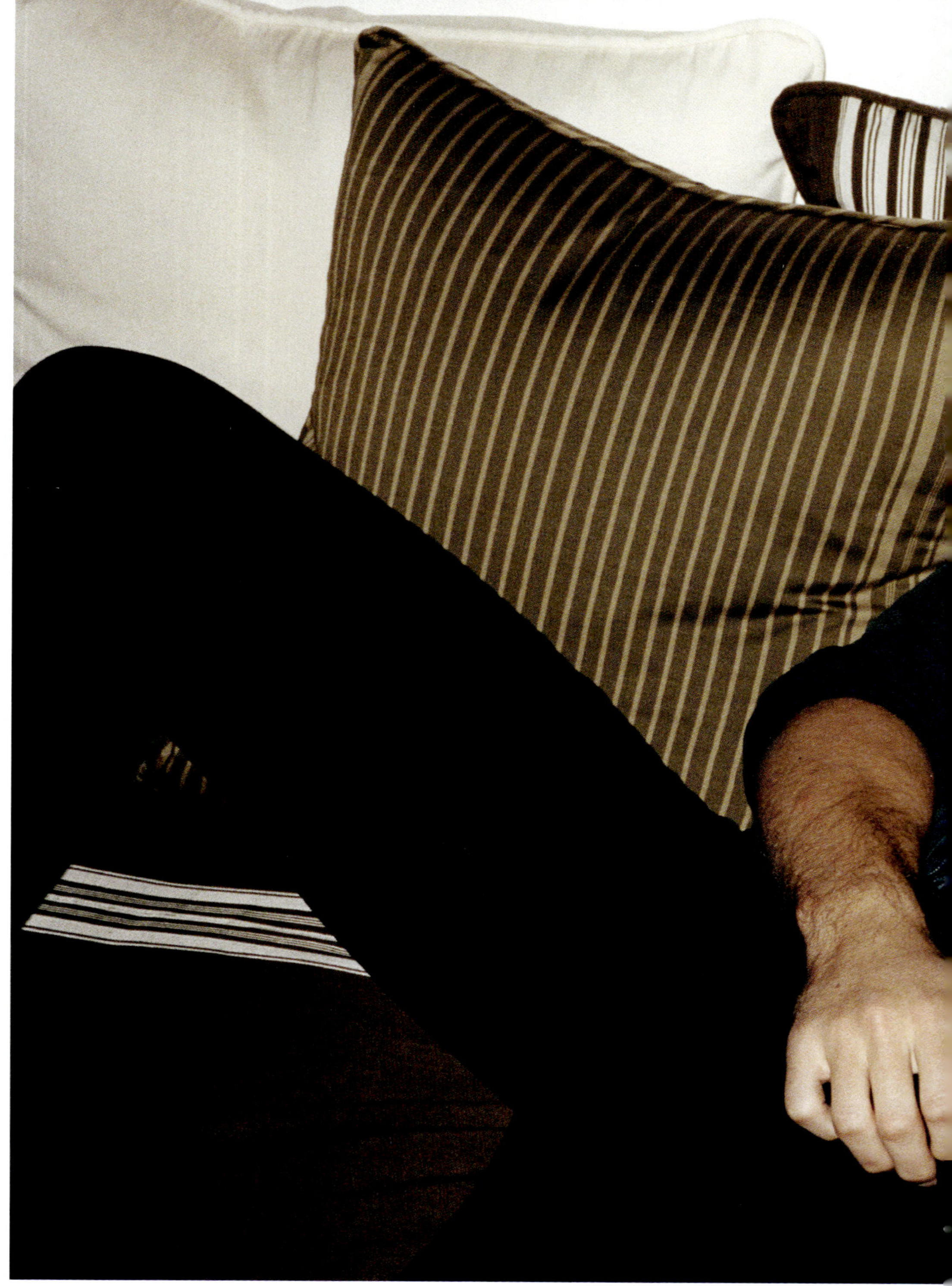

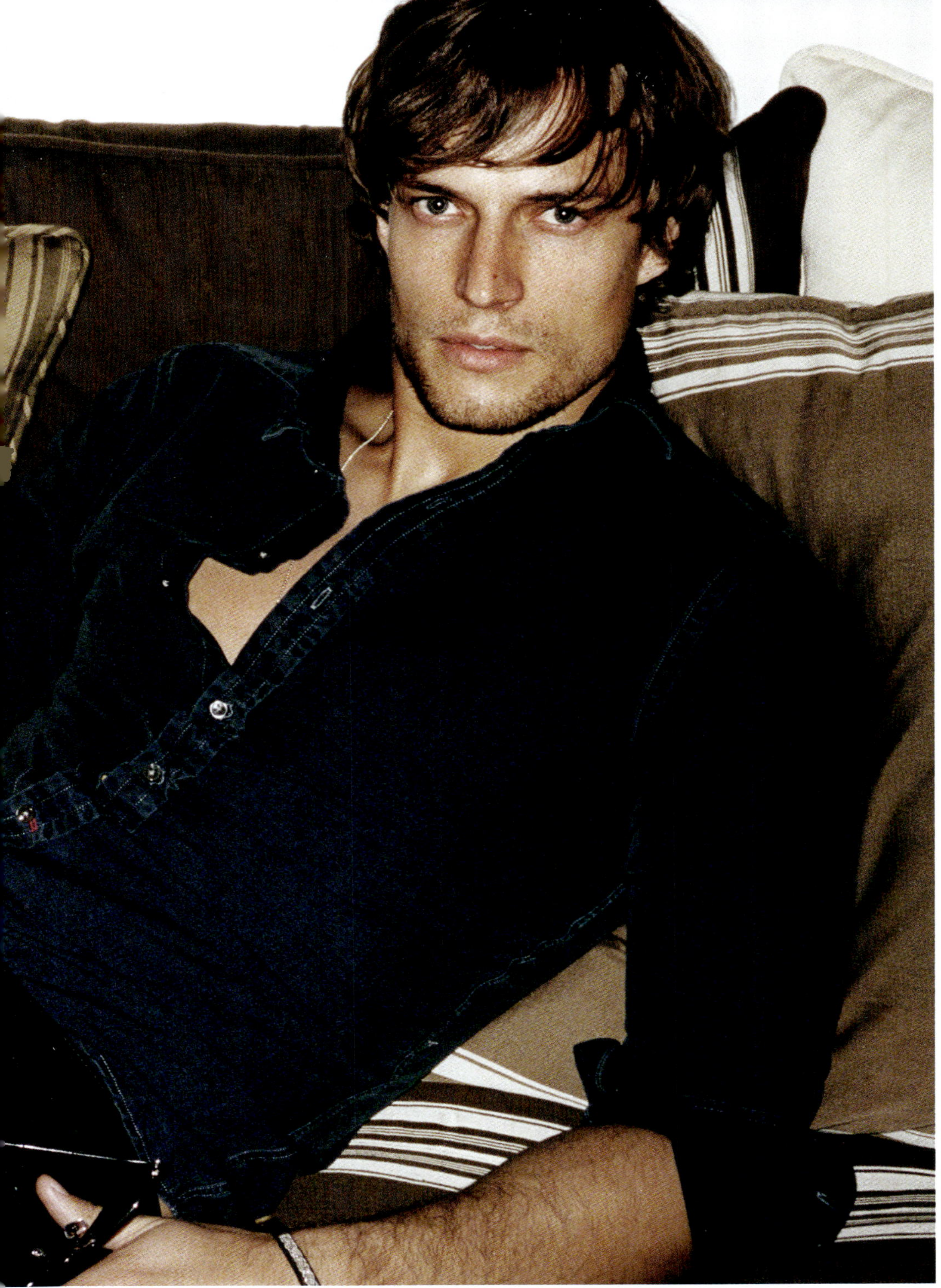

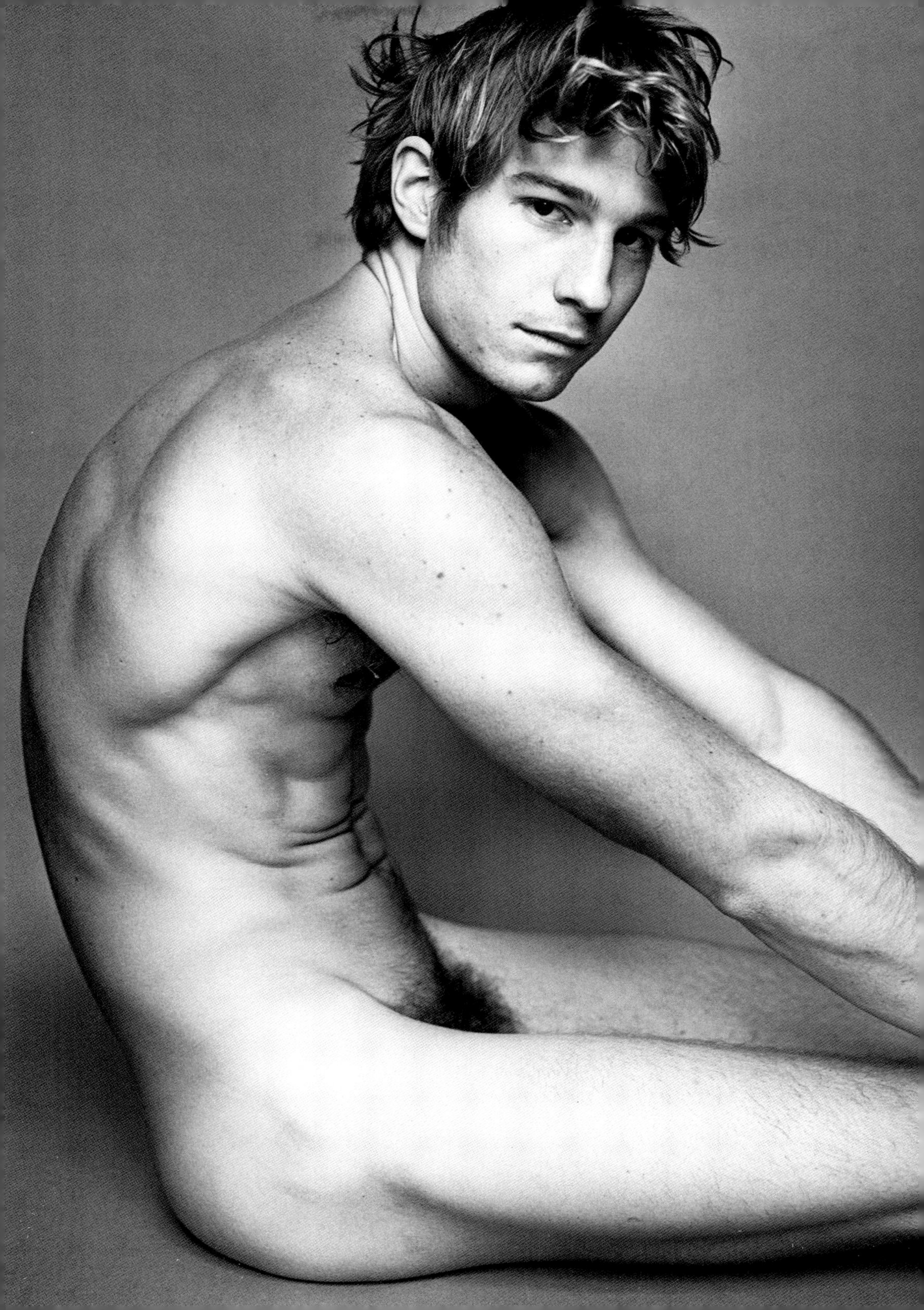

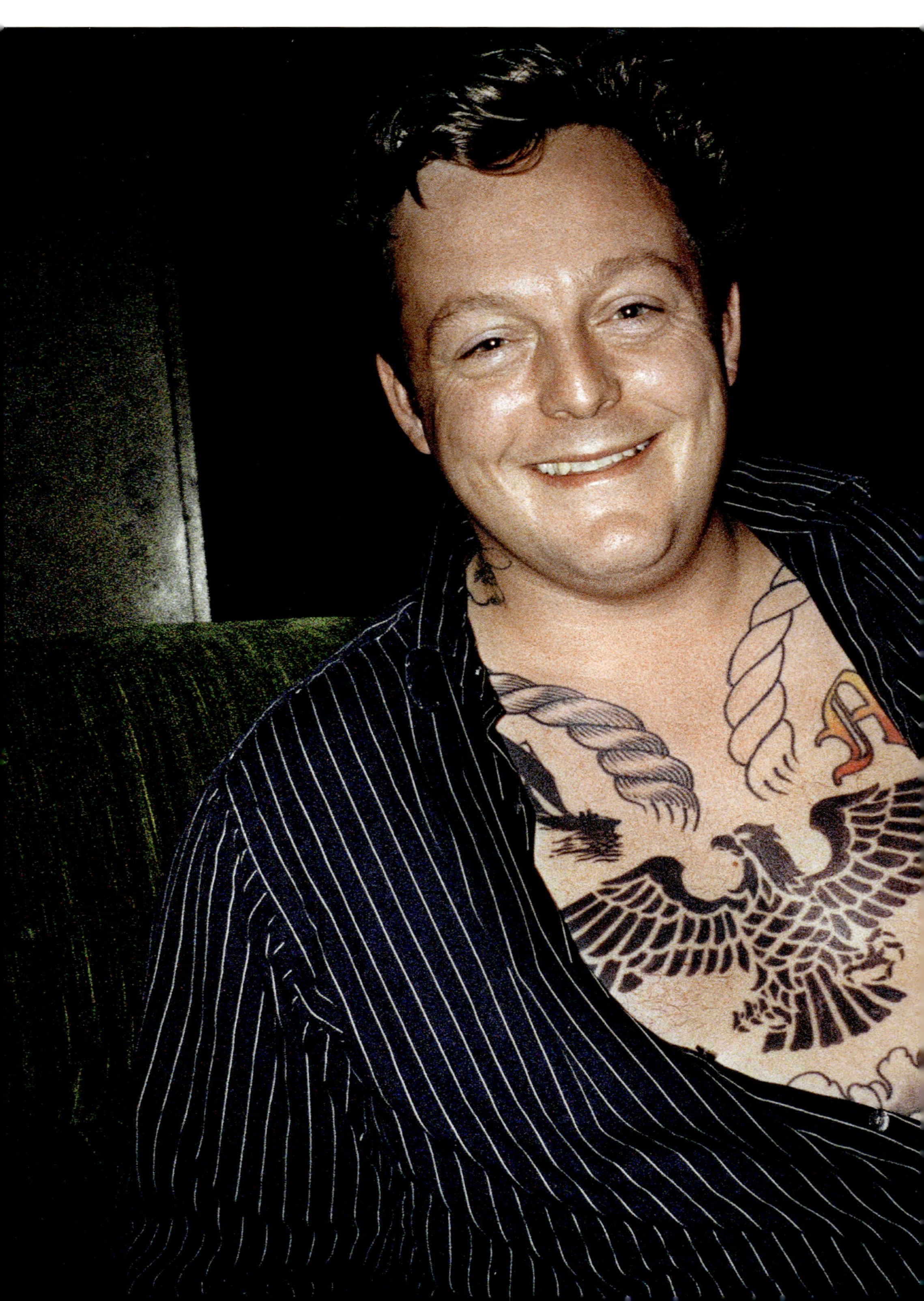

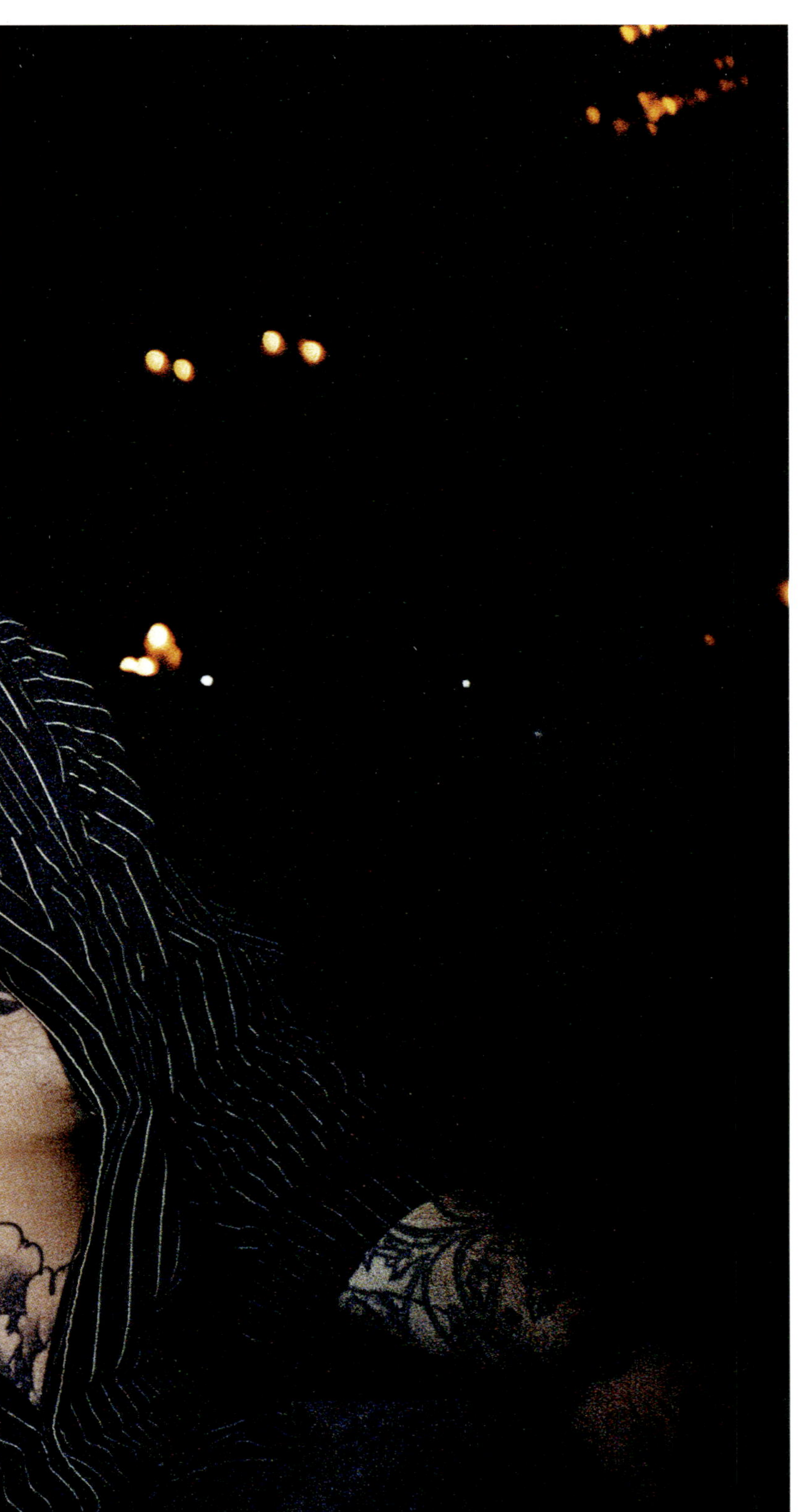

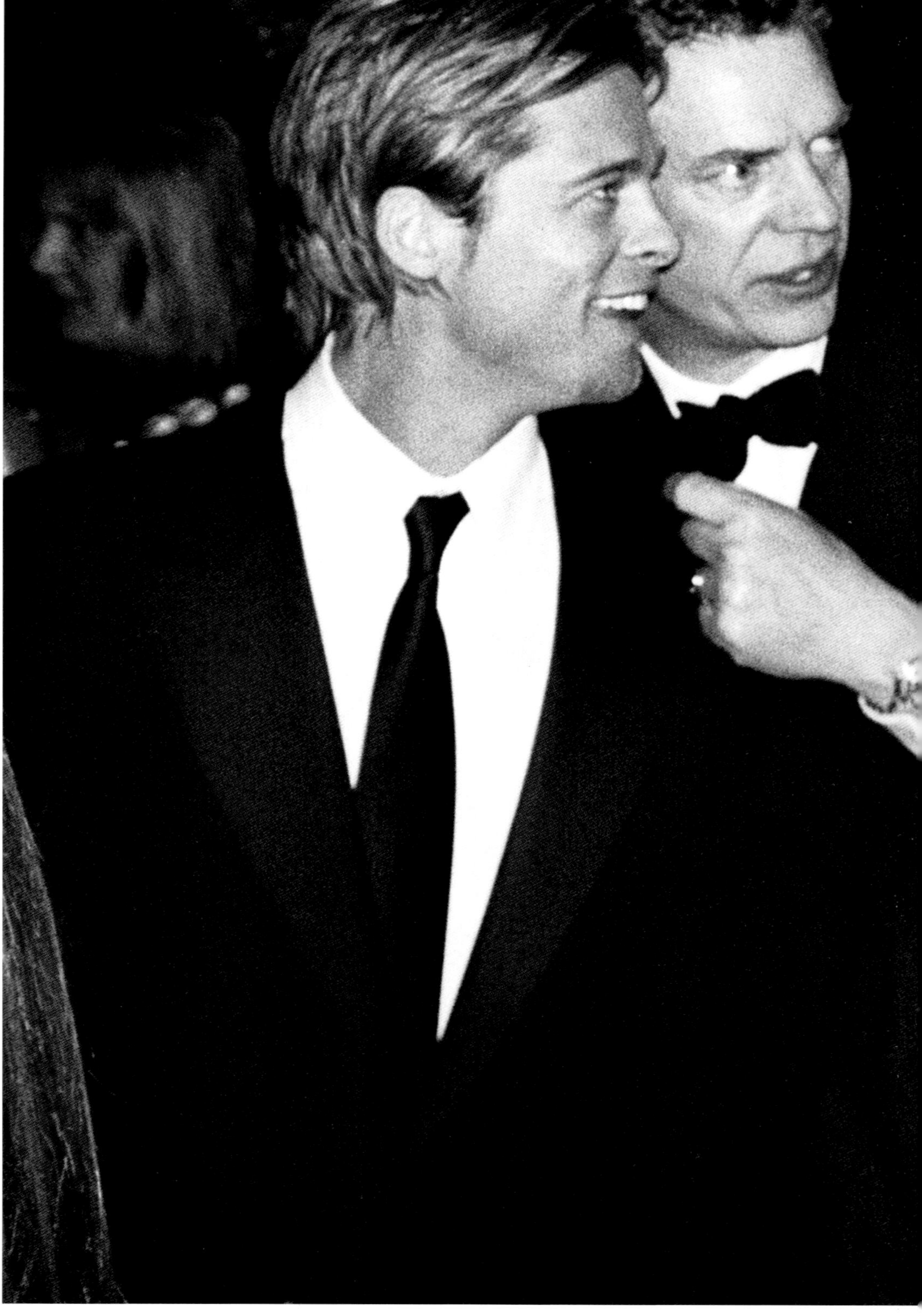

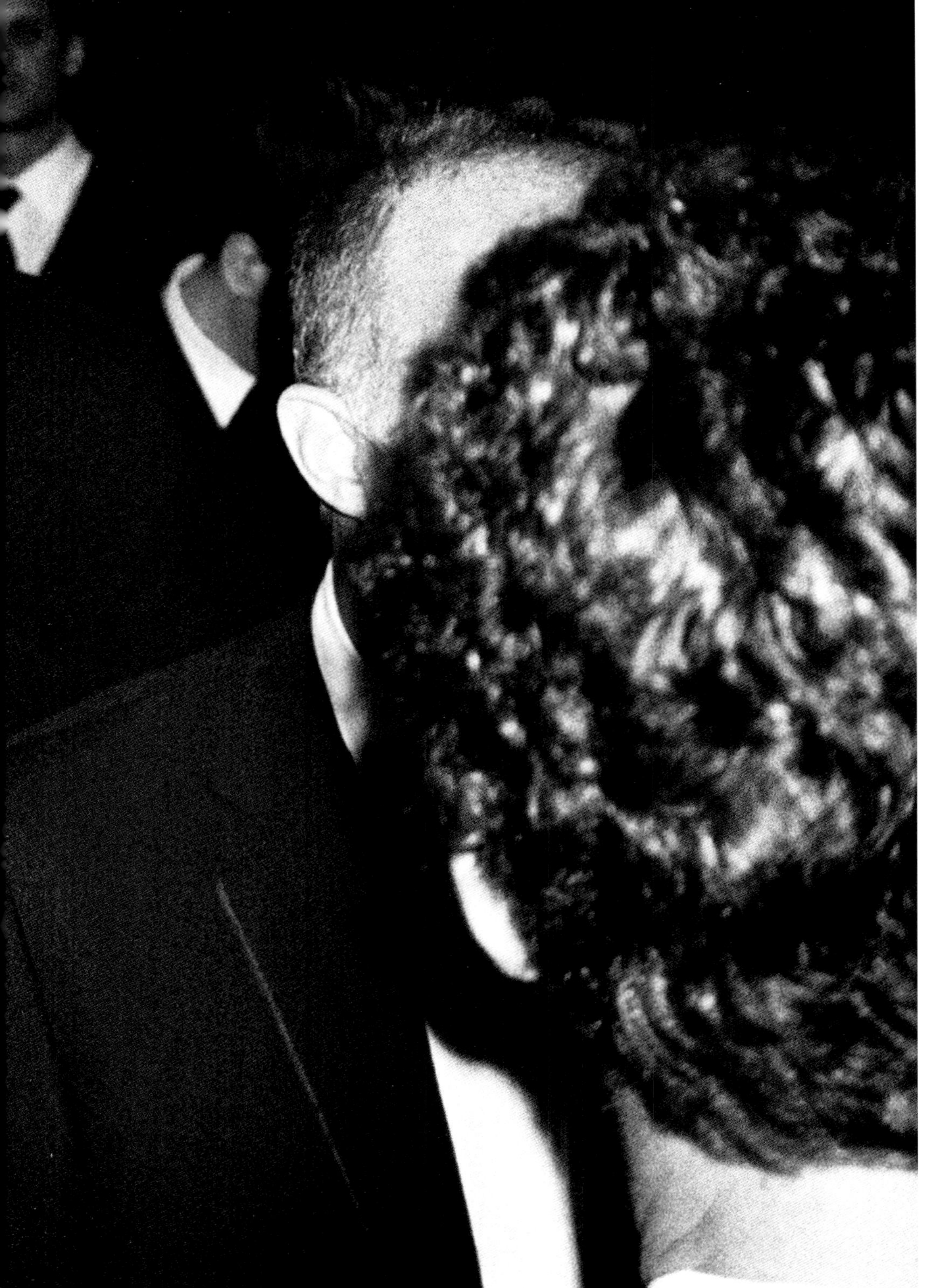

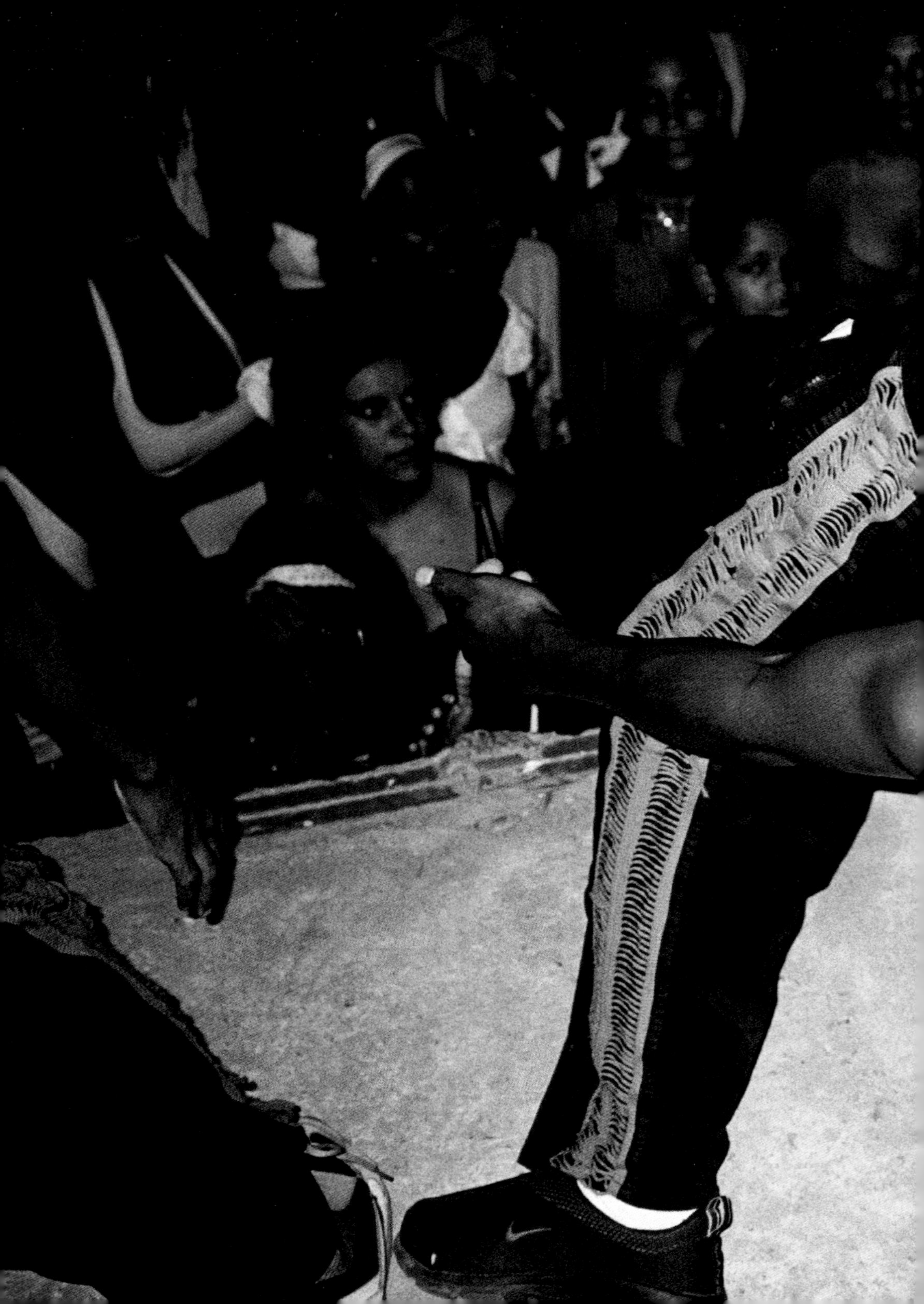

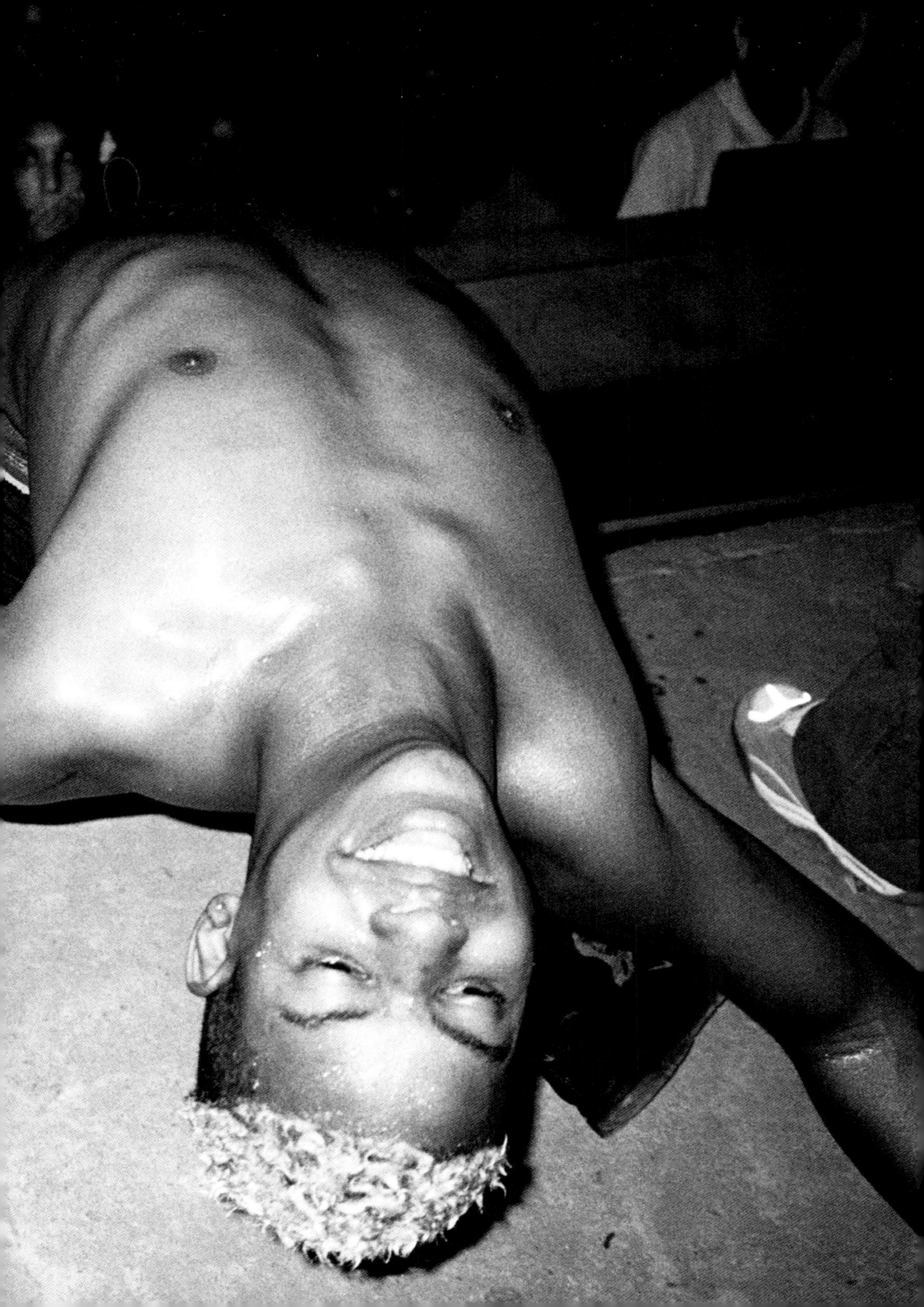

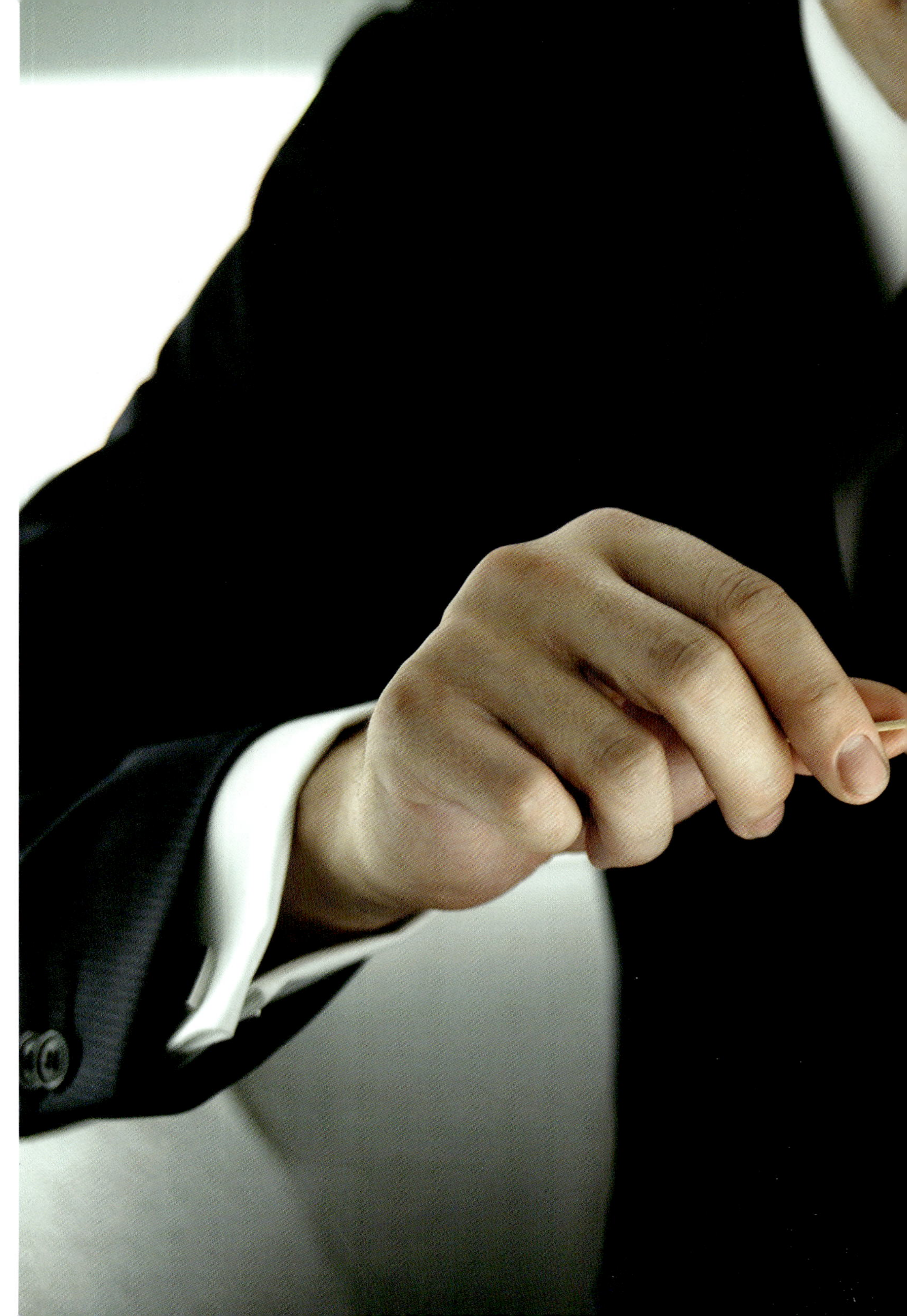

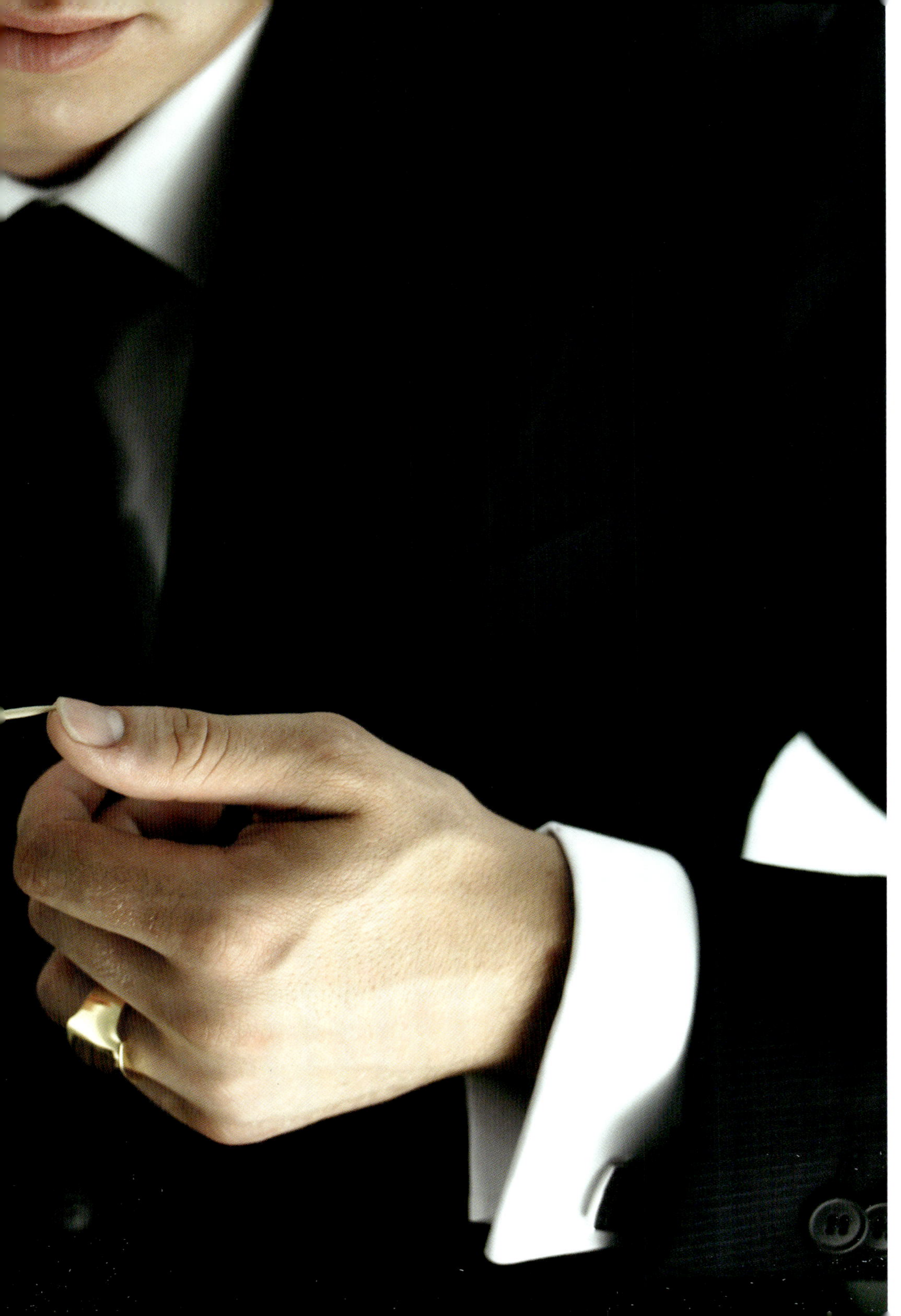

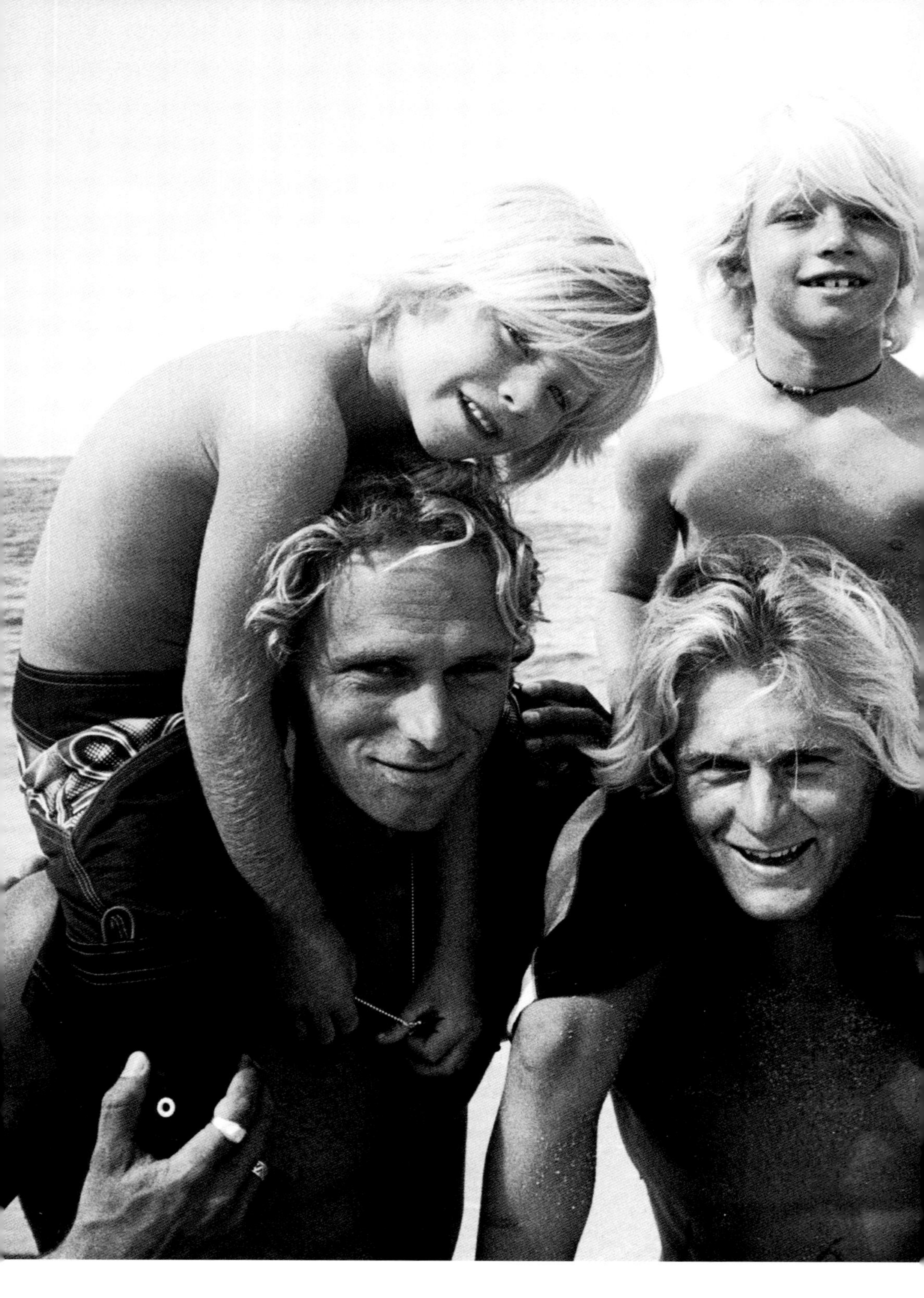

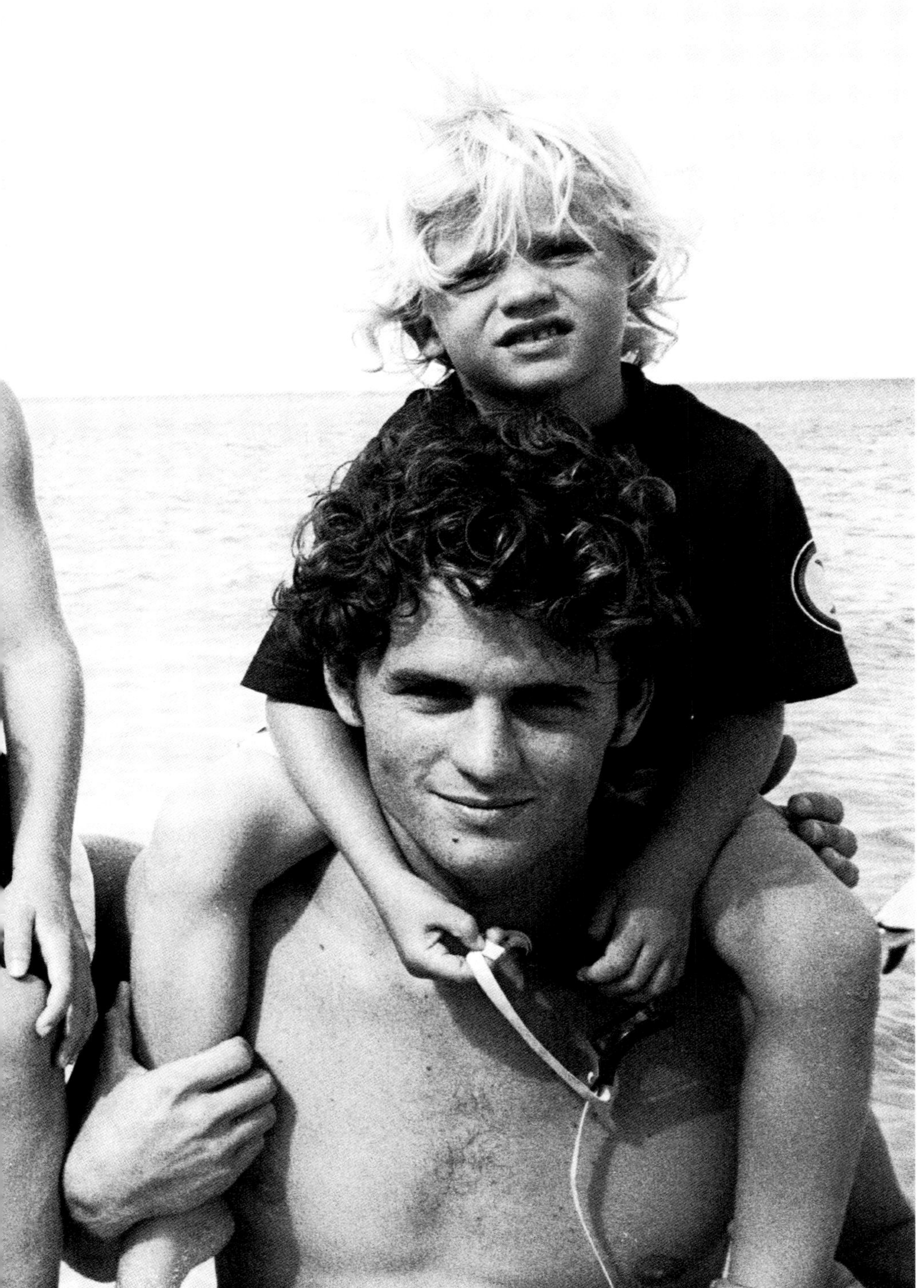

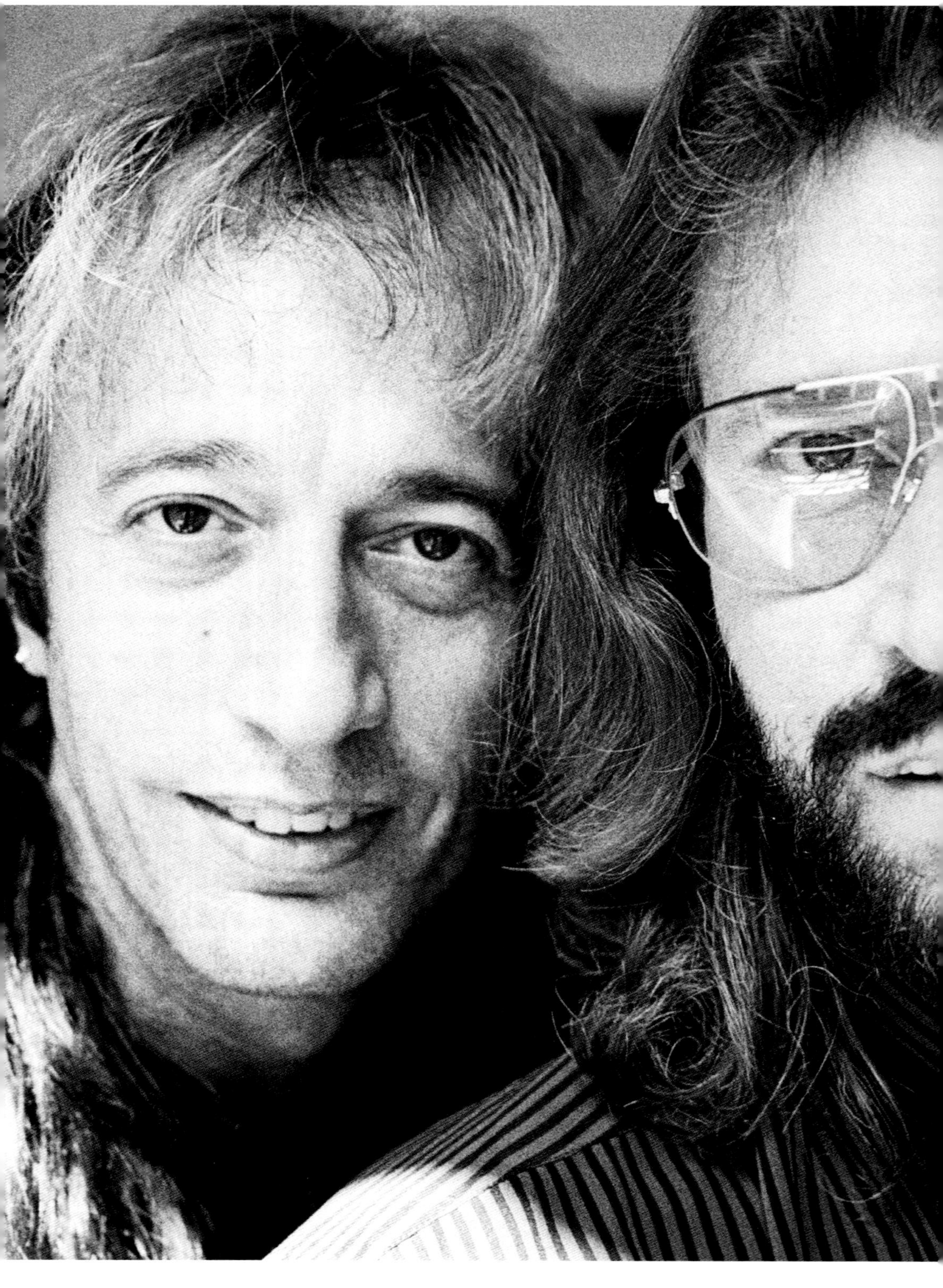

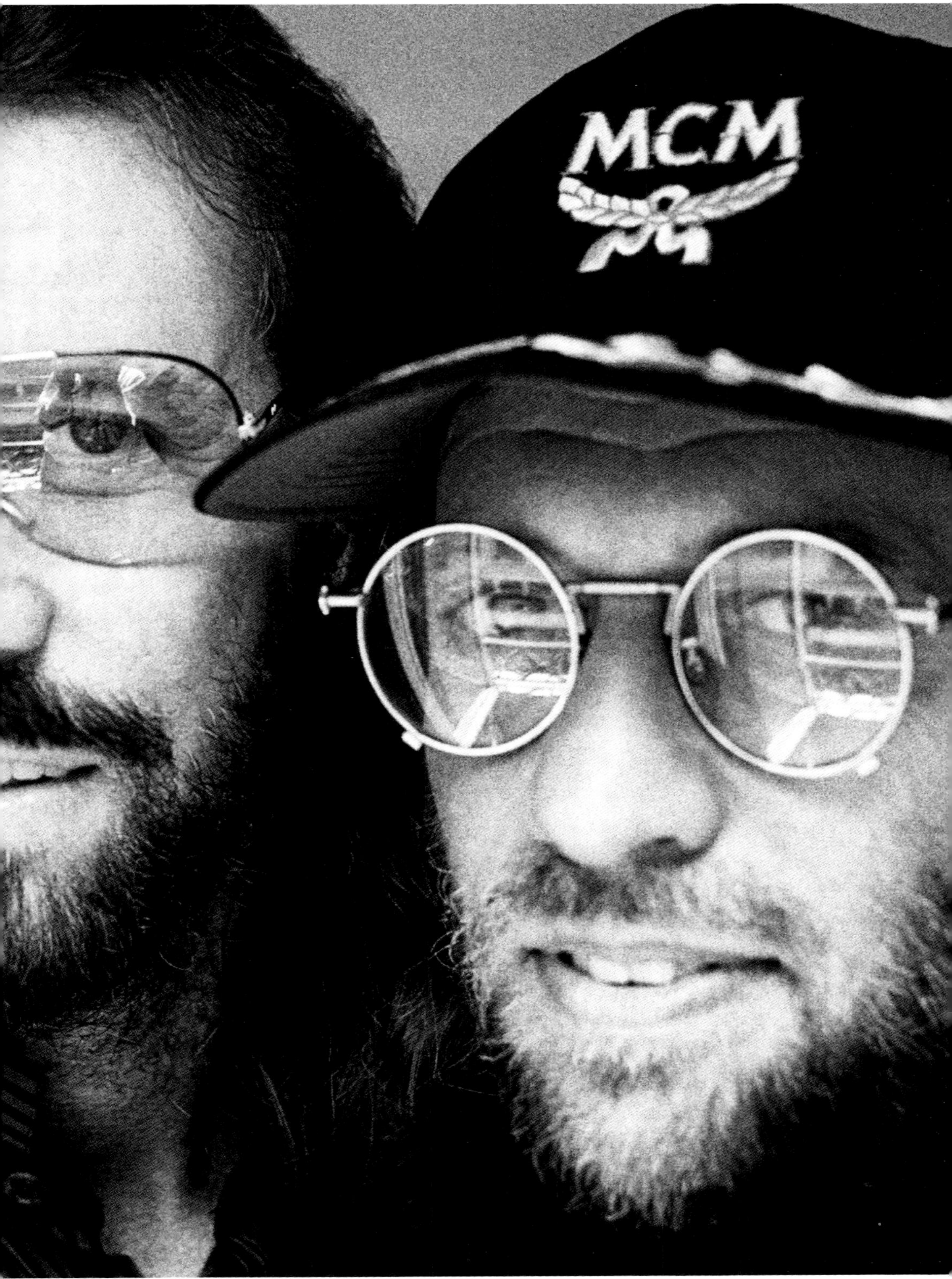
MCM

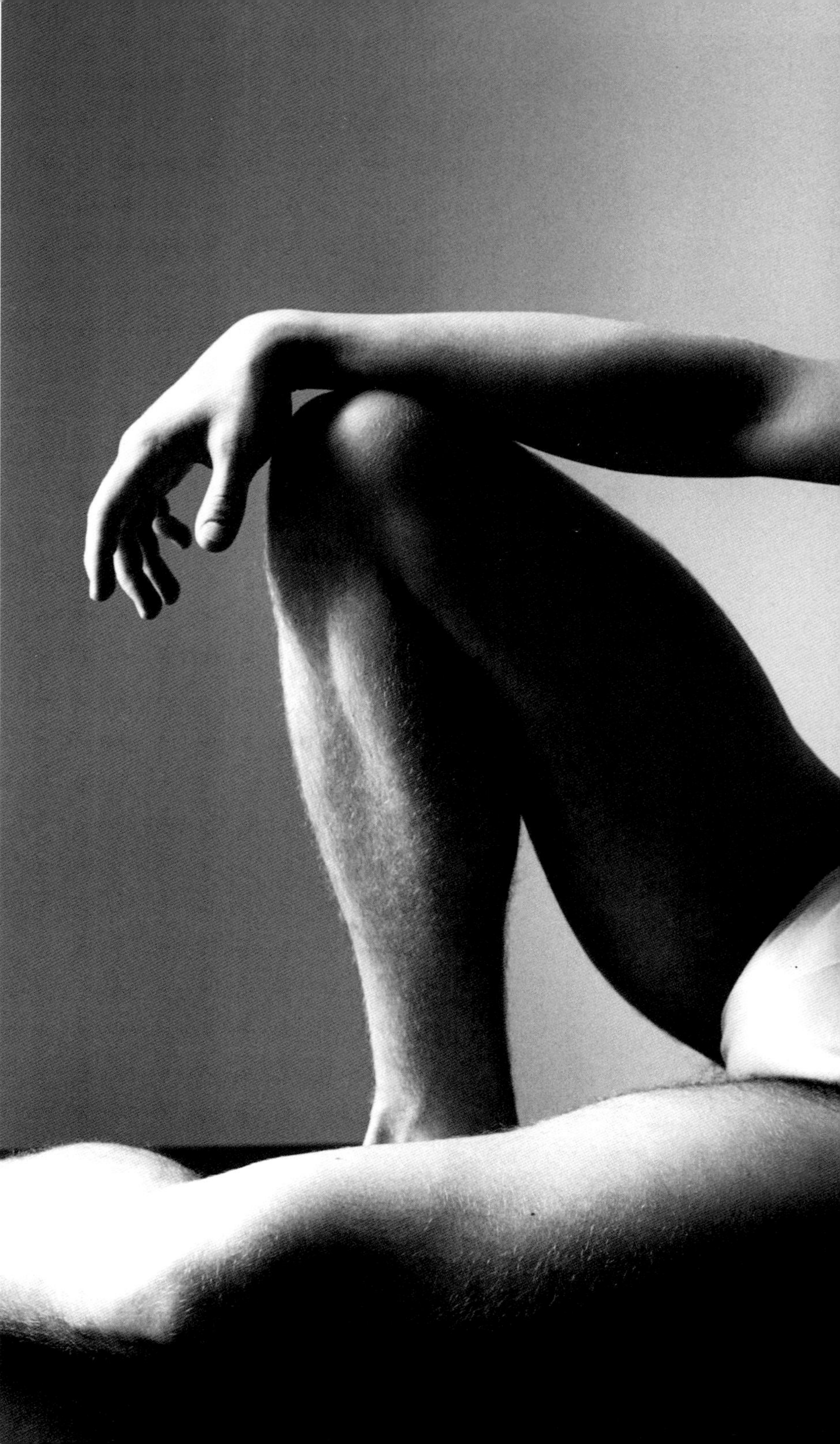

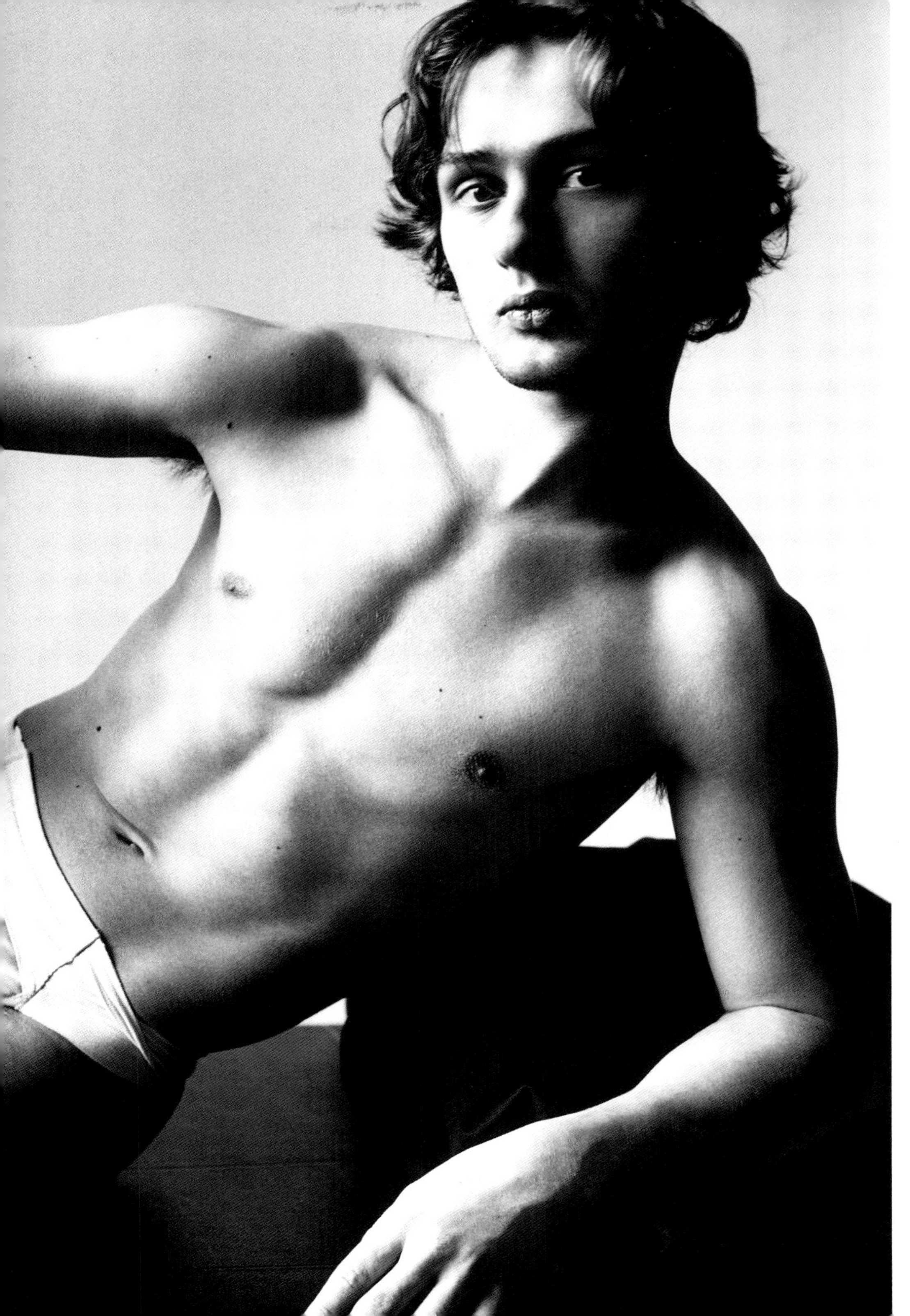

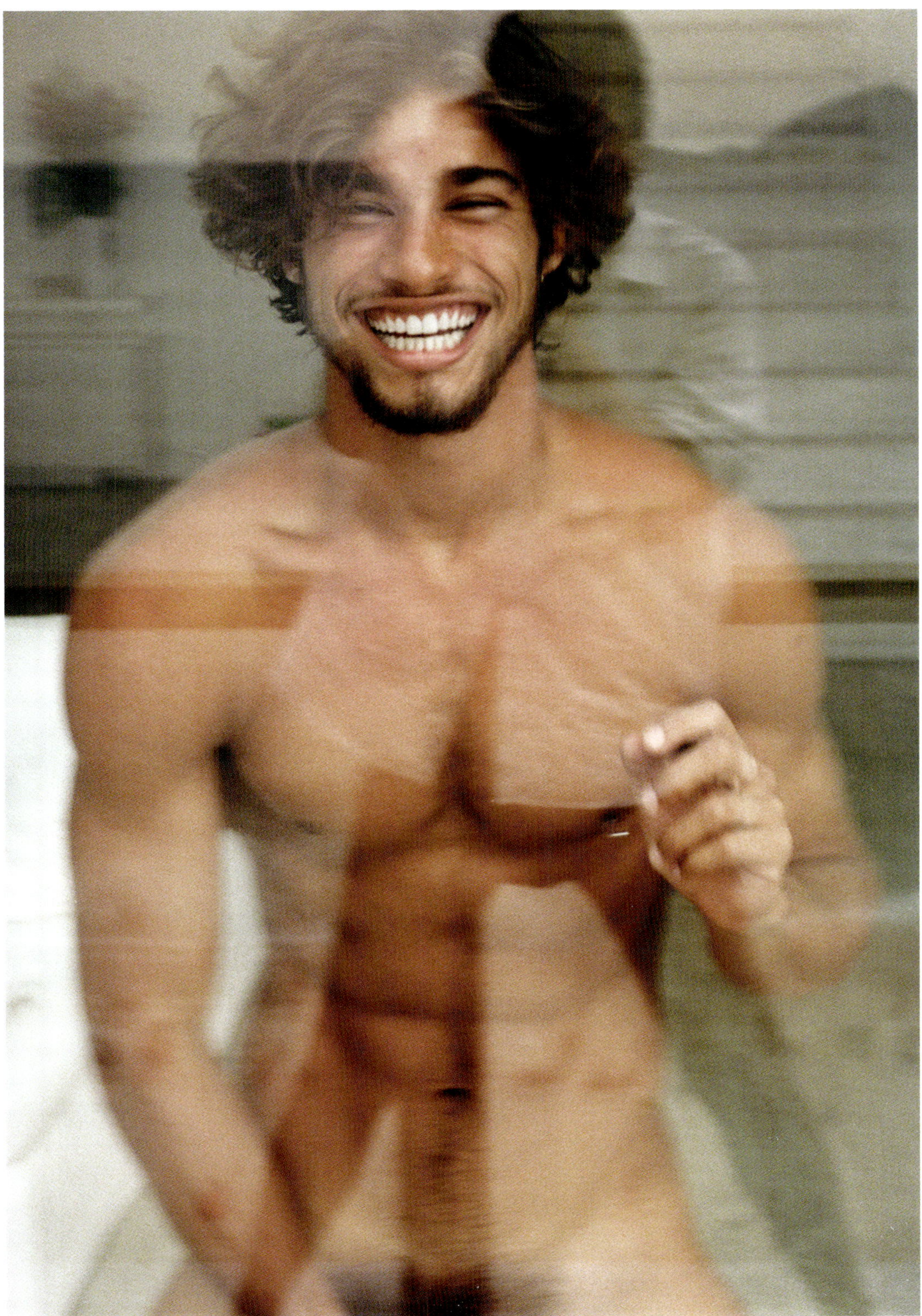

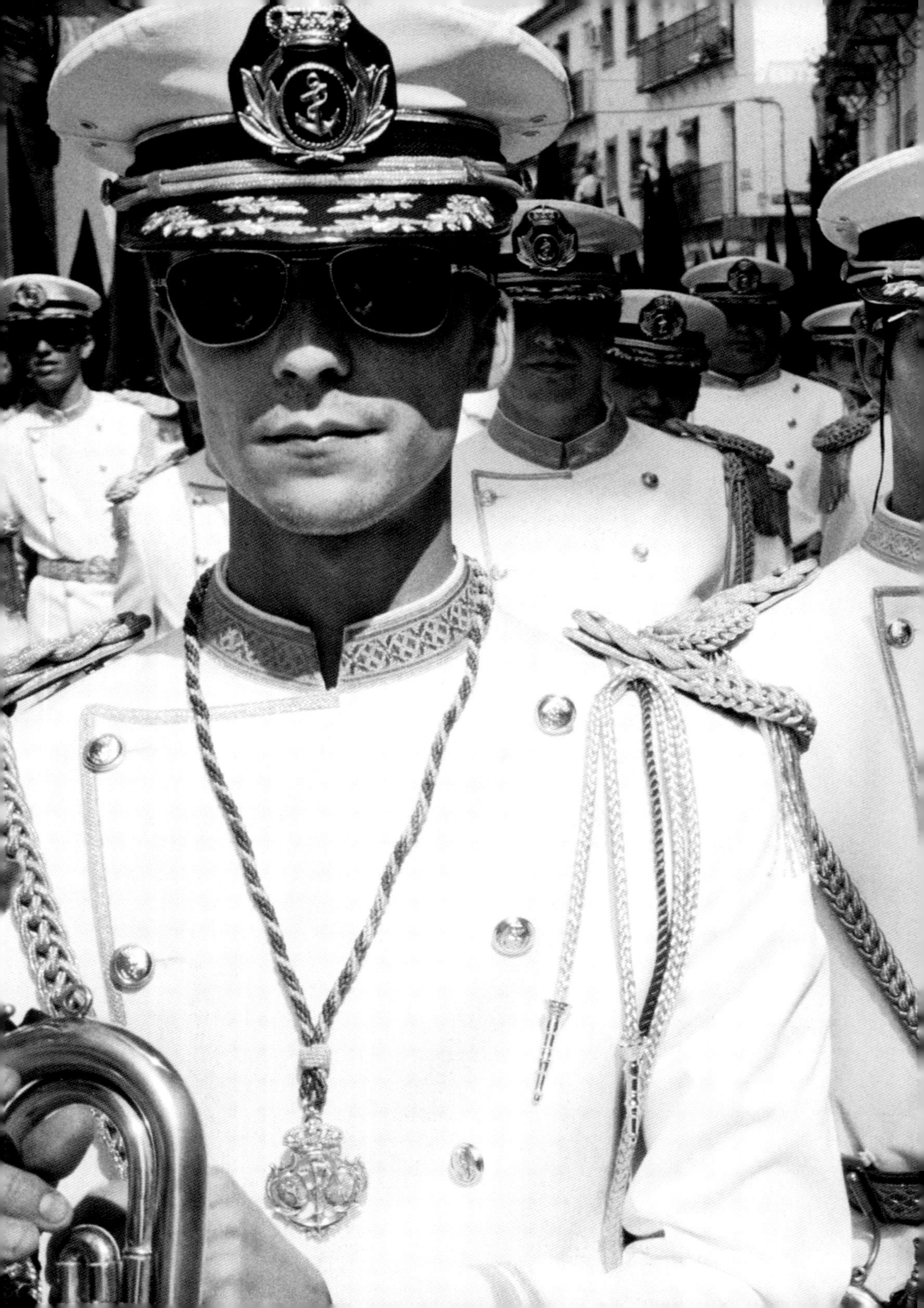

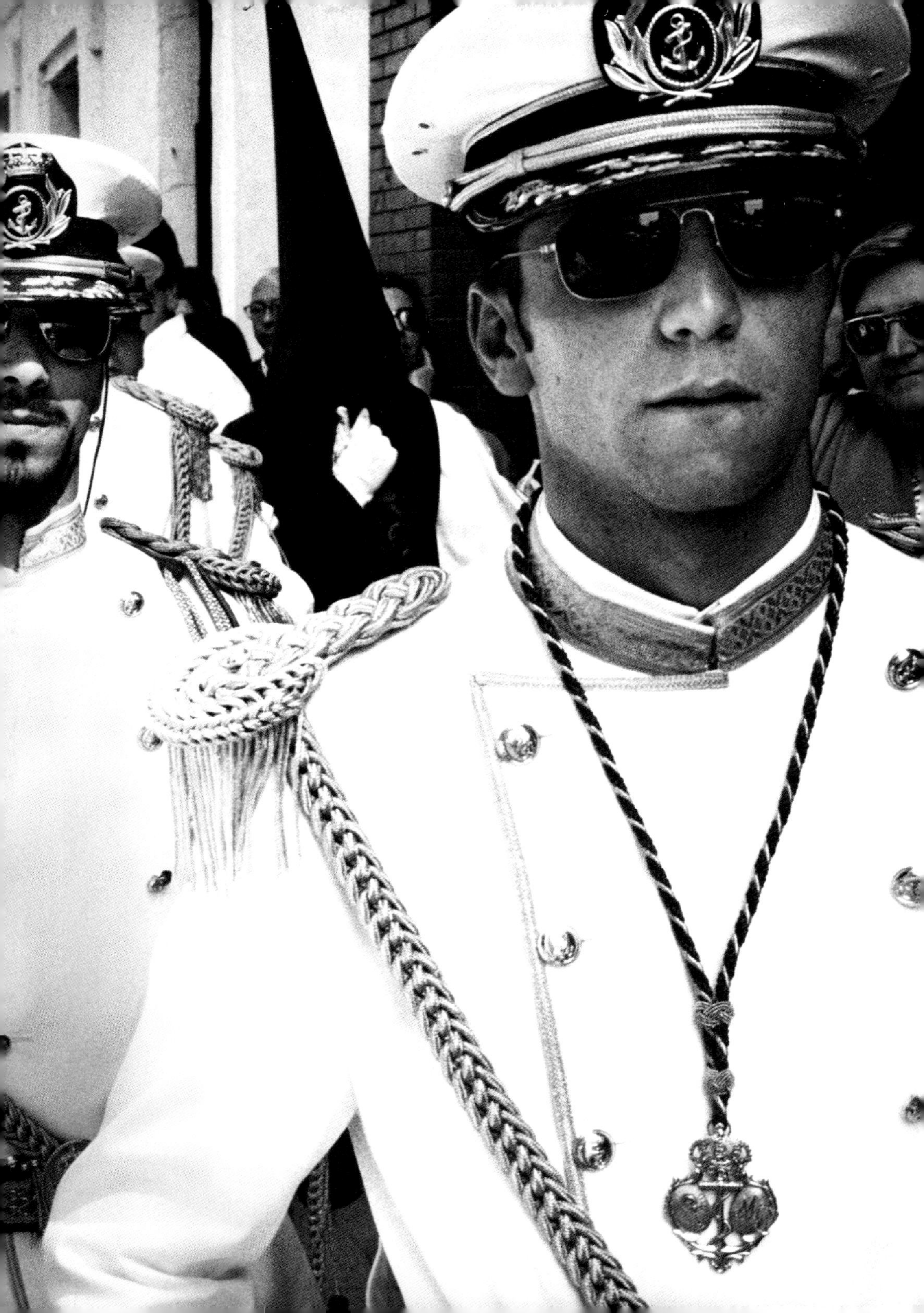

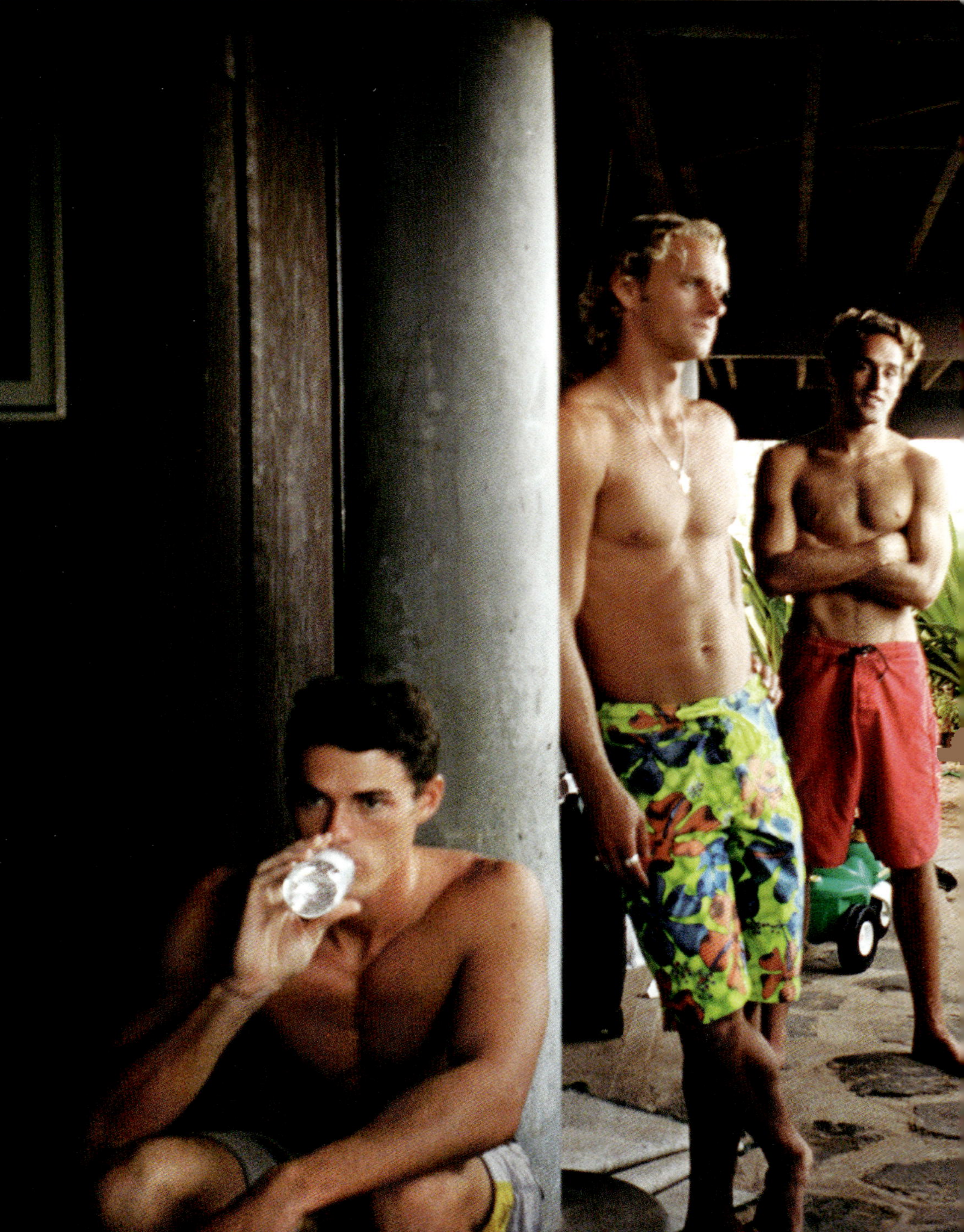

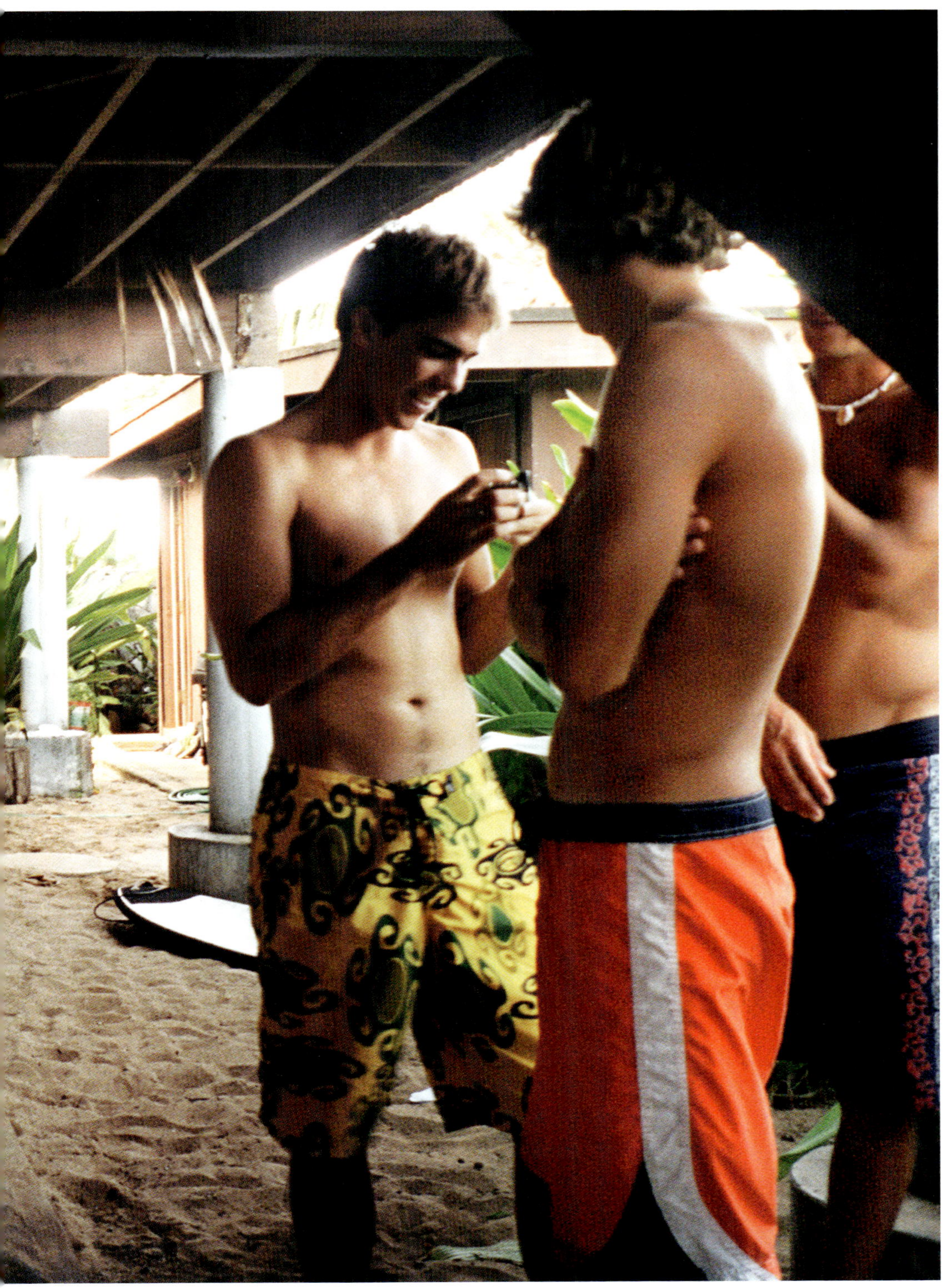

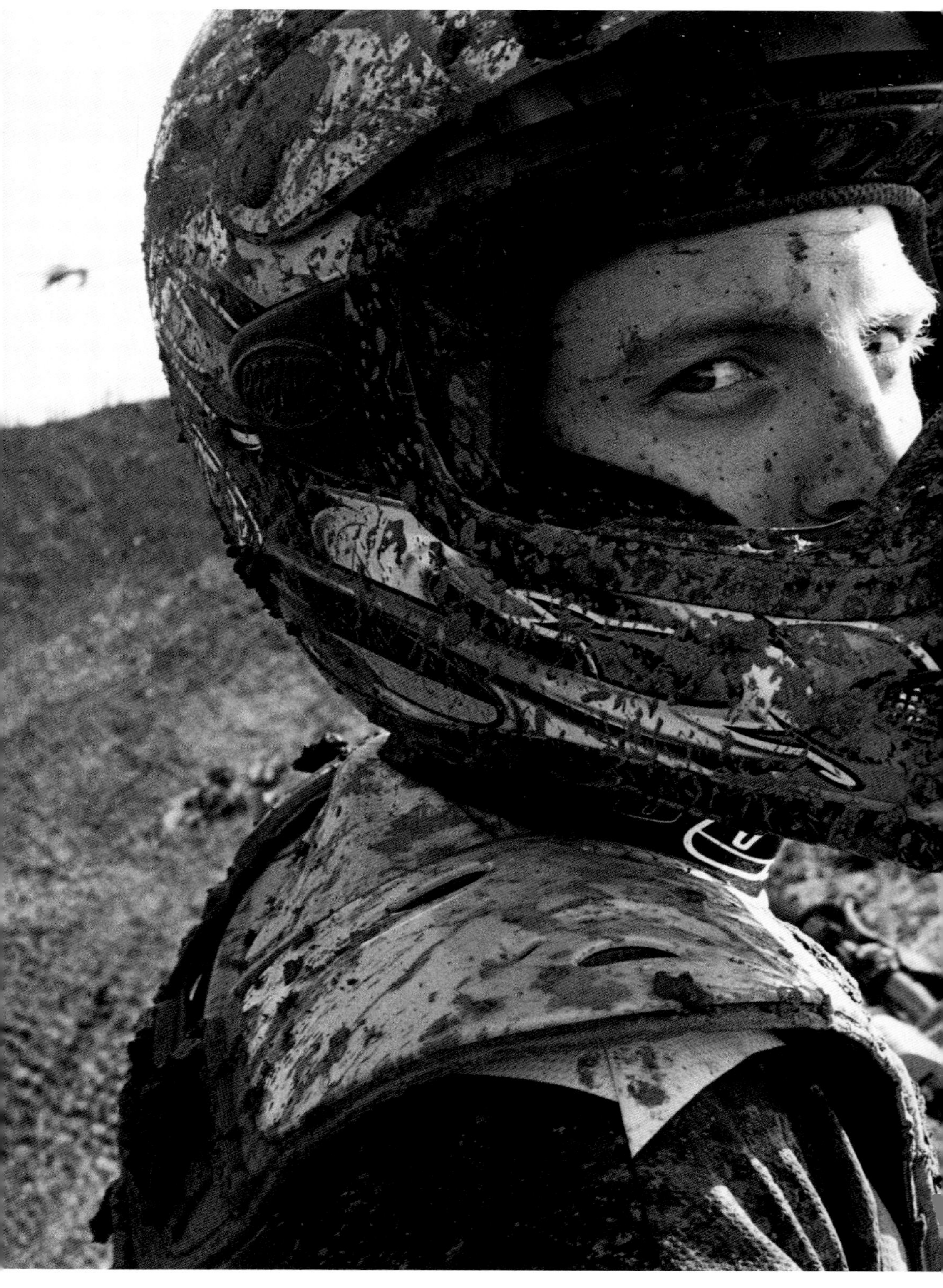

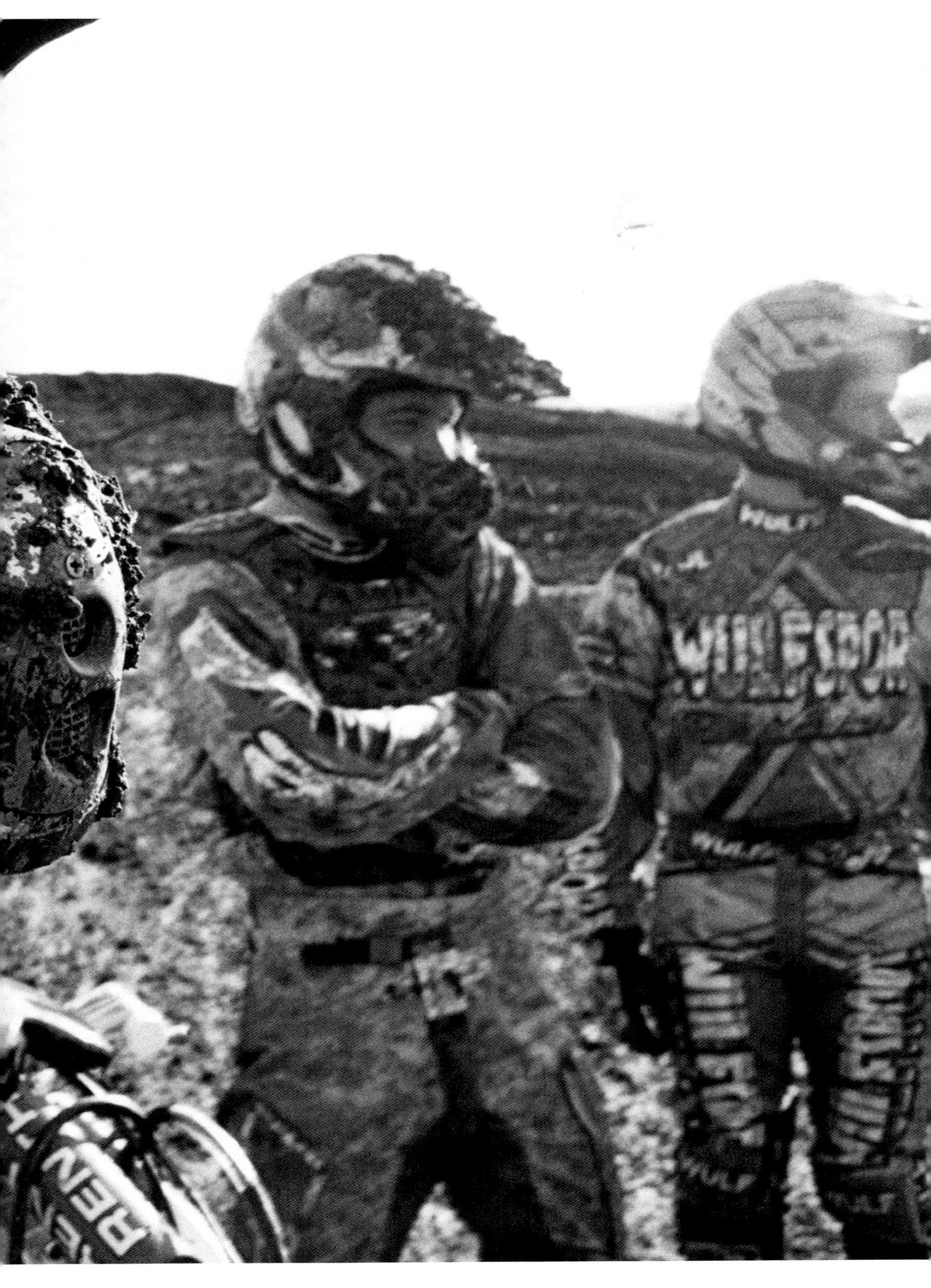
WULFSPORT

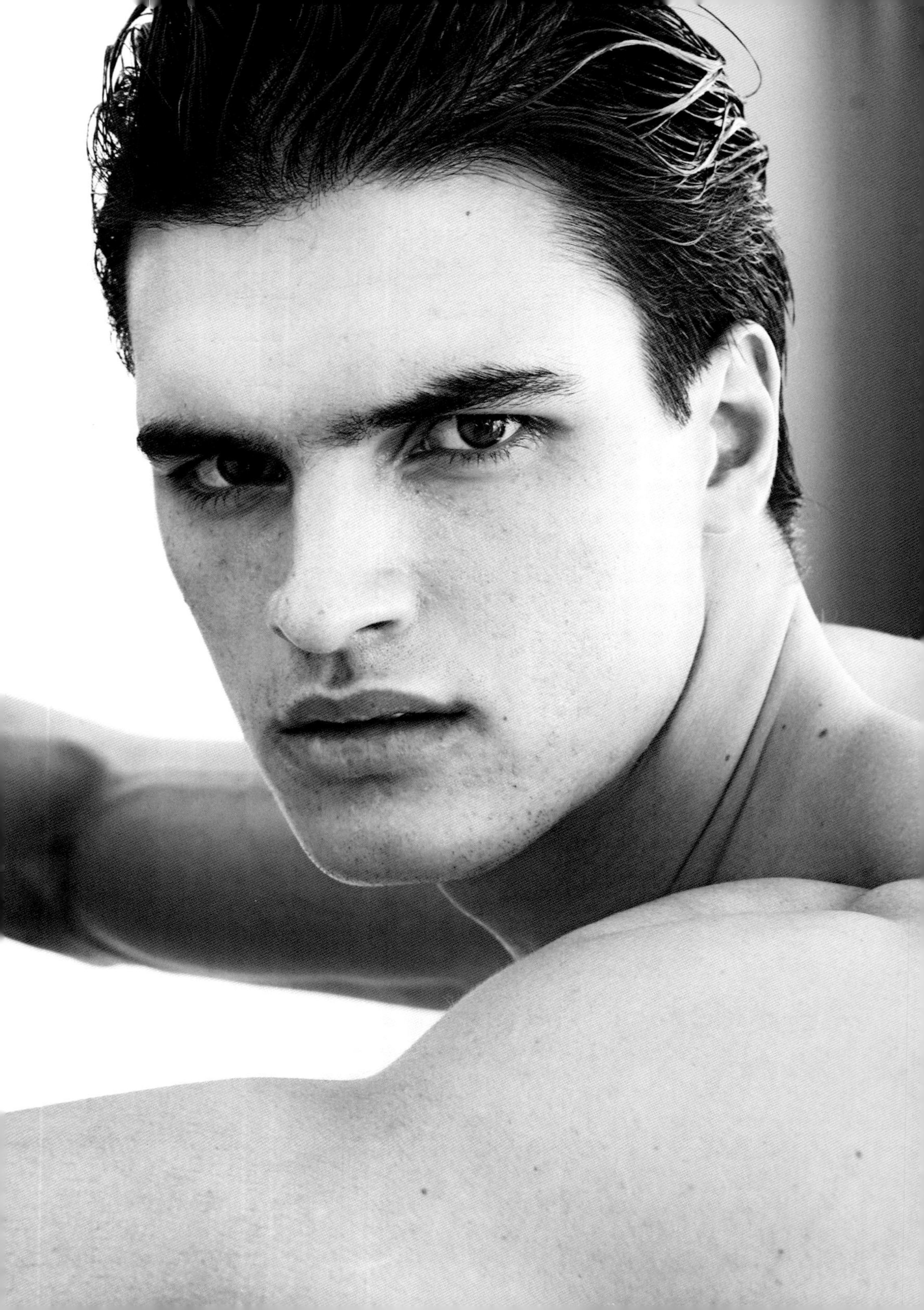

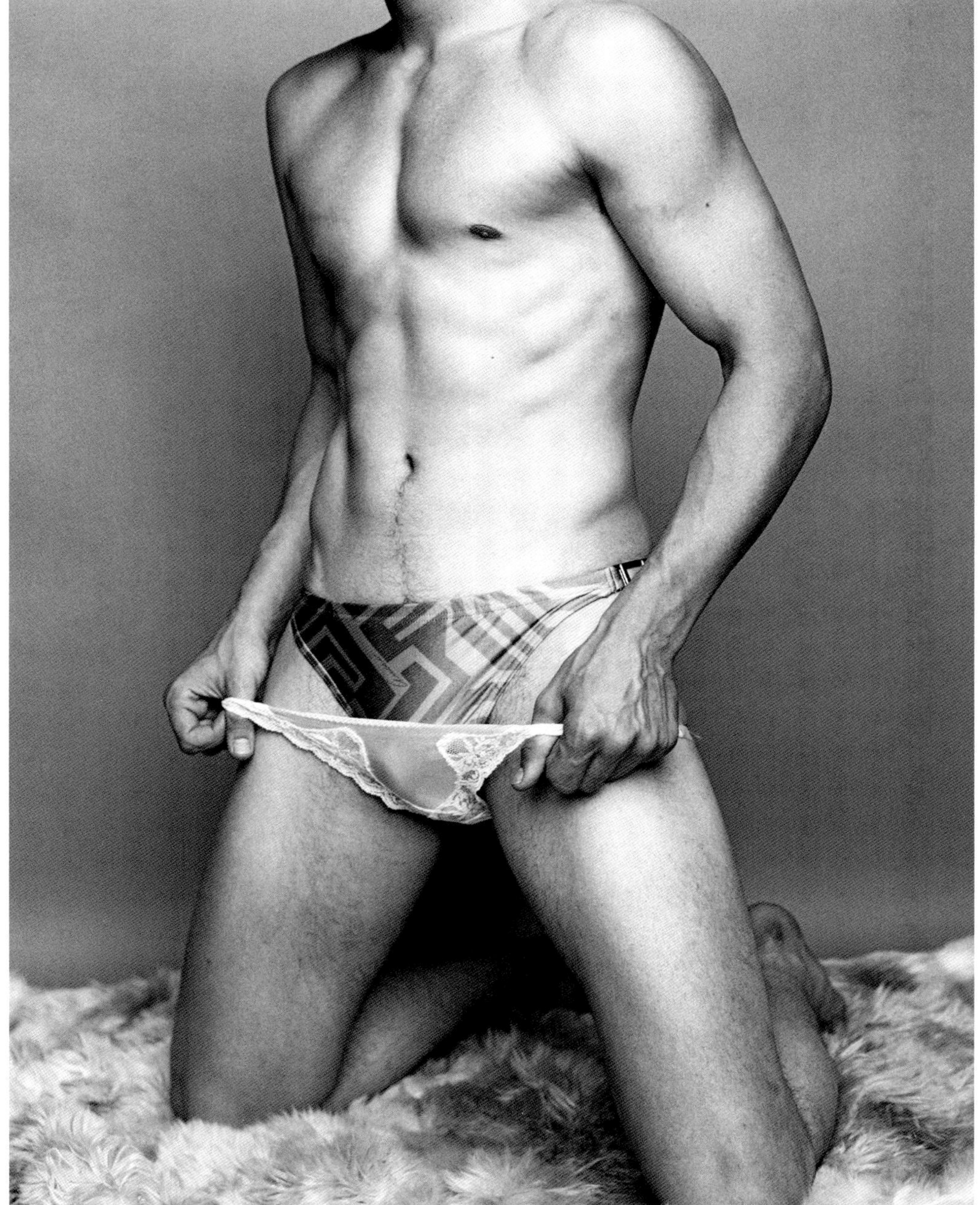

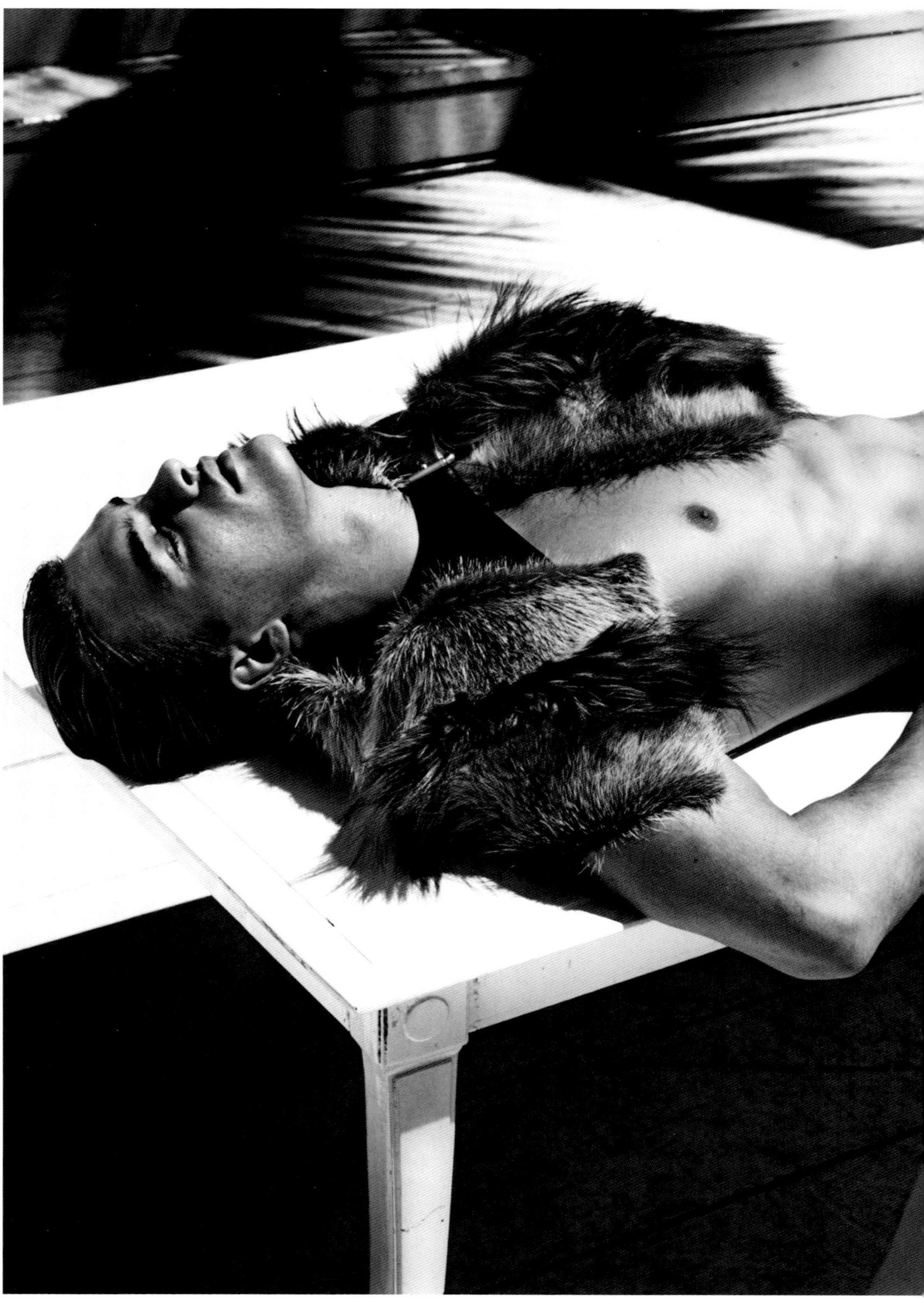

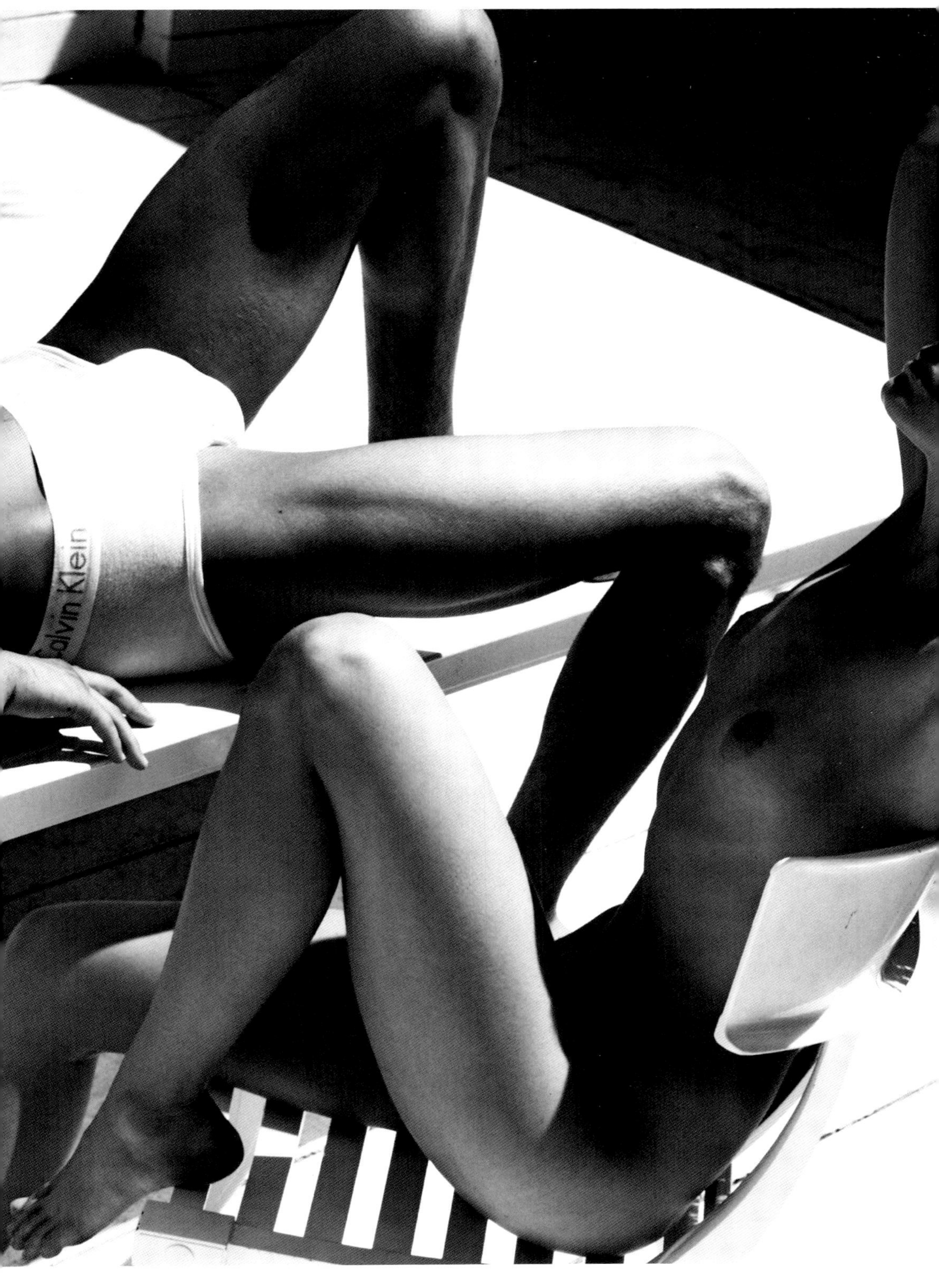

THIS BOOK IS DEDICATED TO
STEPHEN GAN, PATRICK KINMONTH
AND CARINE ROITFELD,
FOR THEIR HELP IN PUSHING ME
TO ELEVATE MY IMAGES OF MEN TO
WHERE THEY REALLY BELONG.

INDEX

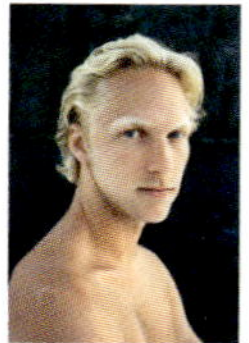

Jan Olesen,
Panarea,
2002

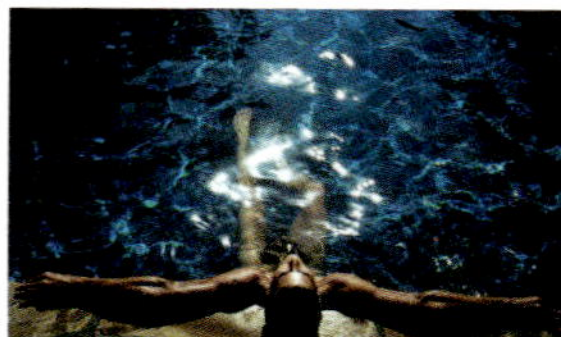

Los Angeles,
1999

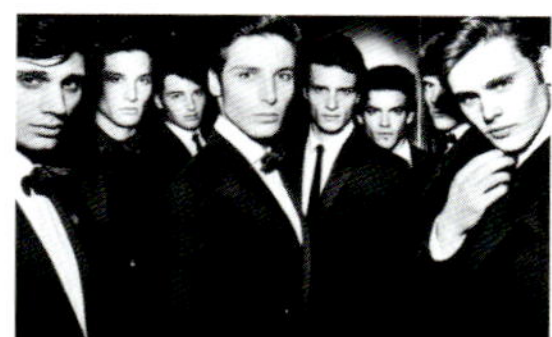

Alosian Vivancos, Alex Sánchez
de Mora, Miguel Dotto, Carlos
Torregrosa, Alex Ardid, Álvaro
Navarrete, Marcos Linares & Antonio
Lomar, Madrid, *Vogue* Spain, 2012

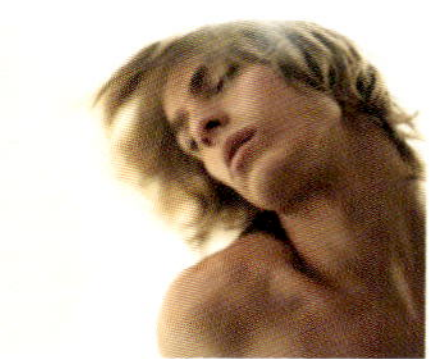

Ryan Burns,
Paris, Gucci Rush,
2000

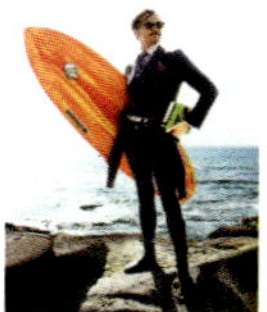

Hamish Bowles,
San Diego,
American *Vogue*,
2010

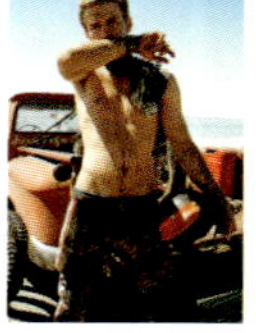

Hayden
Christensen,
Los Angeles, *GQ*,
2005

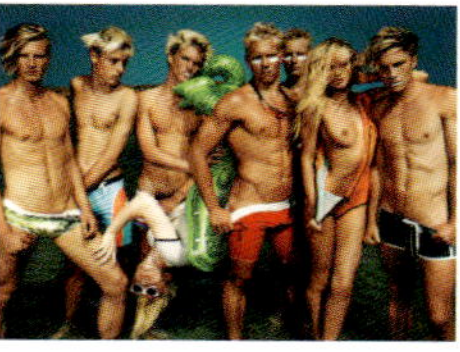

Joachim Clausen, Jonas Kloch,
Malthe Lund Madsen,
Wiktor Hansson, Julius,
Candice Swanepoel & Björn,
Copenhagen, *VMAN*, 2010

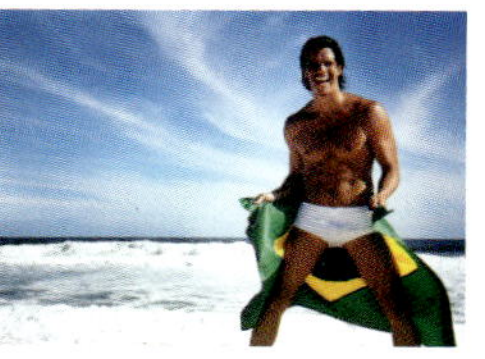

Márcio Garcia,
Rio de Janeiro,
2005

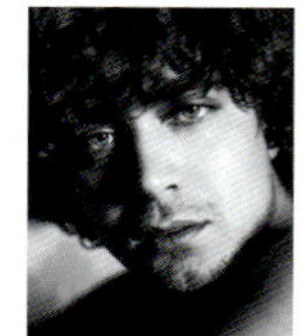

Riccardo Scamarcio,
Rome, *Vogue* Paris,
2006

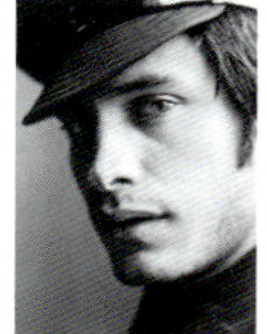

Gael García Bernal,
London, *VMAN*,
2004

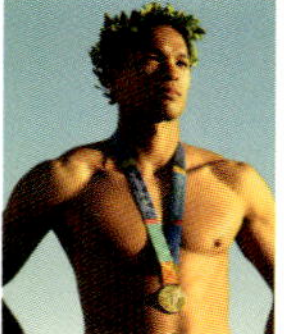

Bryan Clay,
Los Angeles,
American *Vogue*,
2008

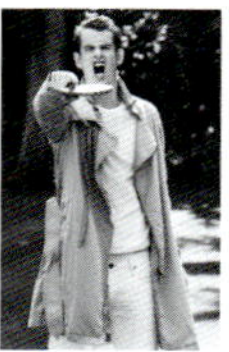

Andy Murray,
London,
American *Vogue*,
2010

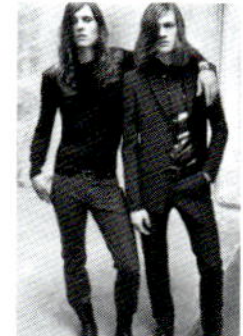

Marcel Castenmiller
& Tomek Szczukiecki,
Paris, Versace,
2010

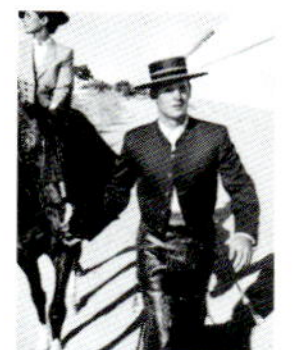

Nicolás Álvarez,
Seville,
1995

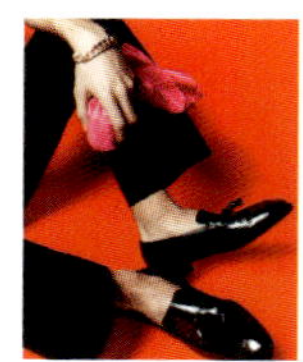

Robert Konjic,
Paris,
Arena Homme +,
1998

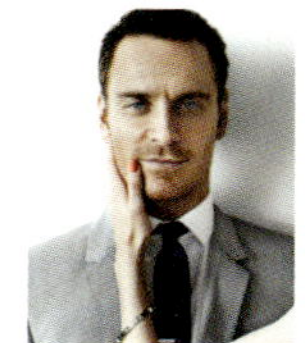

Michael Fassbender,
London, *GQ*,
2012

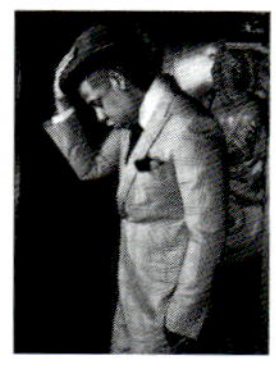

Jay-Z,
New York,
Vanity Fair,
2013

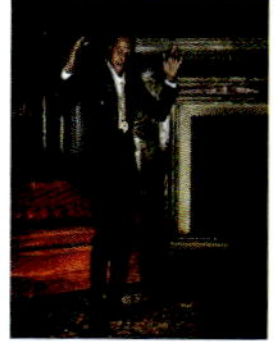

Jay-Z,
New York,
Vanity Fair,
2013

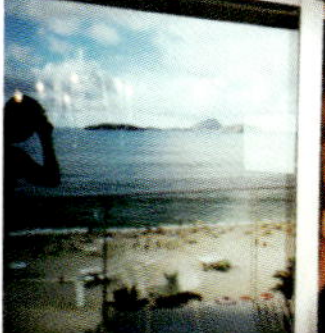

Fernando Fernandes,
Rio de Janeiro,
2008

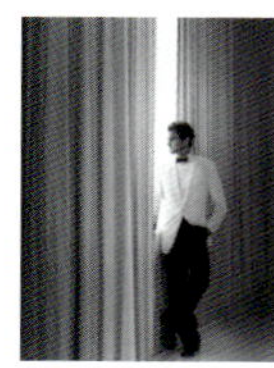

Roger Federer,
New York,
American *Vogue*,
2006

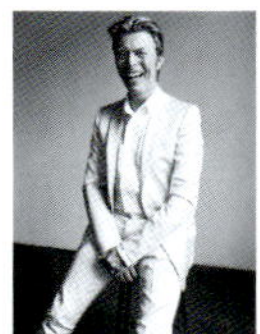

David Bowie,
New York,
V Magazine,
2002

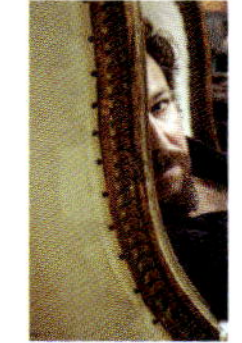

Julian Schnabel,
New York,
2001

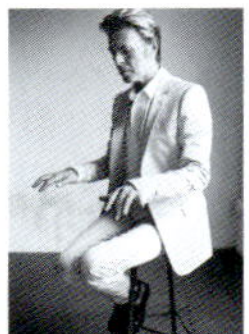

David Bowie,
New York,
V Magazine,
2002

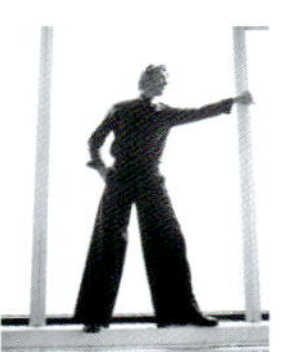

David Bowie,
New York,
V Magazine,
2002

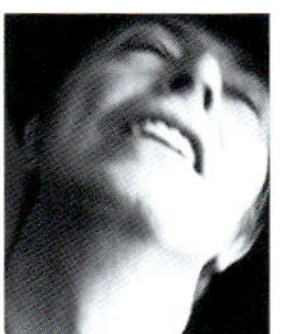

David Bowie,
New York,
V Magazine,
2002

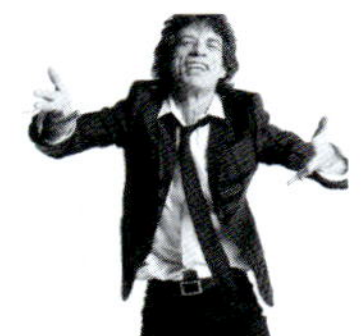

Mick Jagger,
Los Angeles,
British *Vogue*,
2003

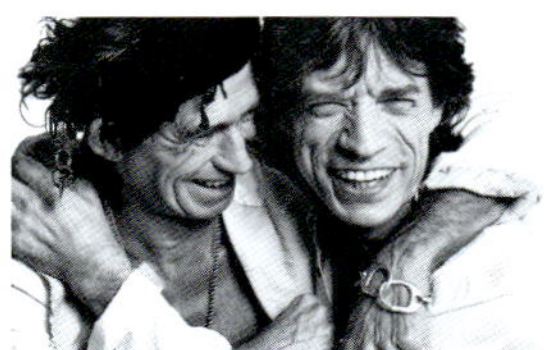

Keith Richards & Mick Jagger,
Los Angeles, British *Vogue*,
2003

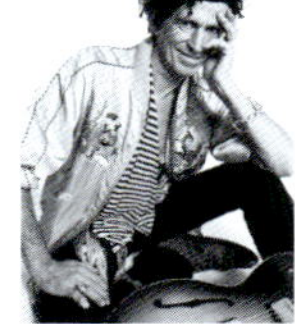

Keith Richards,
Los Angeles,
British *Vogue*,
2003

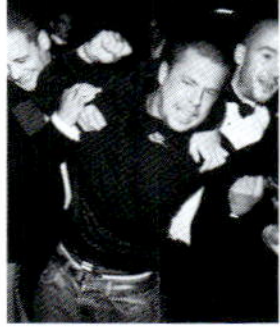

Alexander McQueen,
Dinos Chapman
& Jake Chapman,
London,
British *Vogue*, 1999

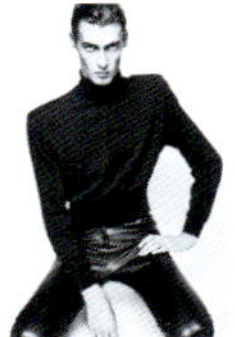

Paris, *Arena
Homme +*,
1997

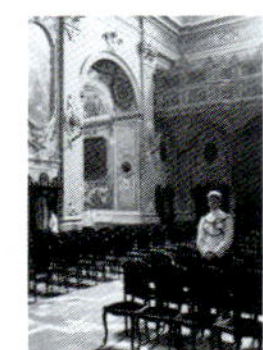

Scuola Militare
Nunziatella,
Naples,
1998

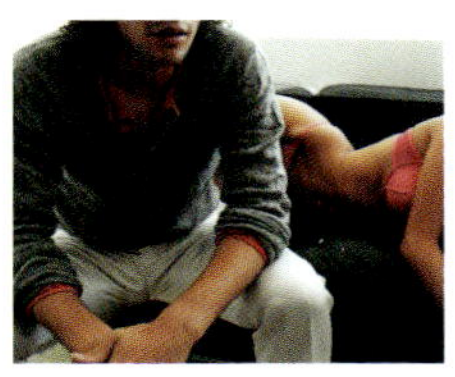

Brian Leider,
Los Angeles,
L'Uomo Vogue,
2002

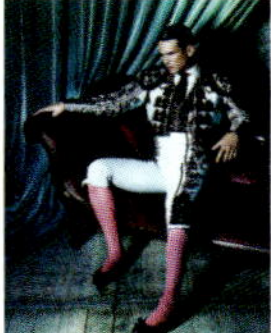

José María Manzanares,
London,
Vogue Spain,
2012

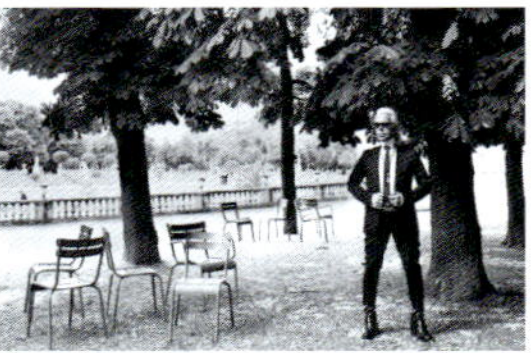

Karl Lagerfeld,
Paris,
American *Vogue*,
2004

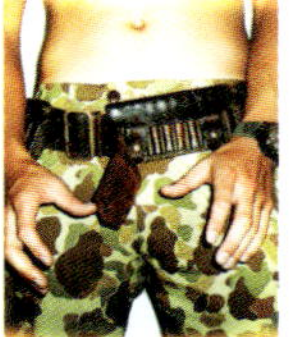

Mike Derr,
New York, *VMAN*,
2009

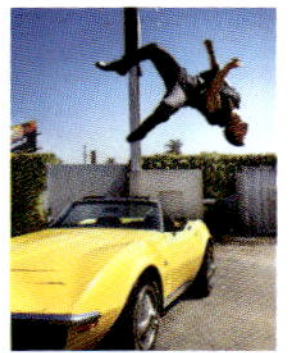

Taylor Lautner,
Los Angeles, *GQ*,
2010

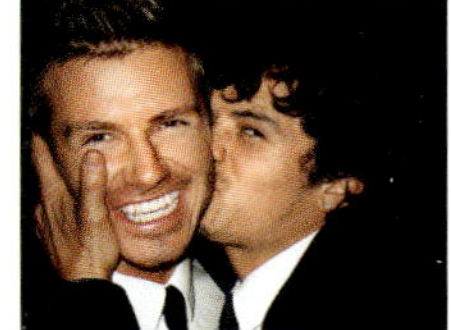

David Beckham
& Orlando Bloom,
Milan,
2009

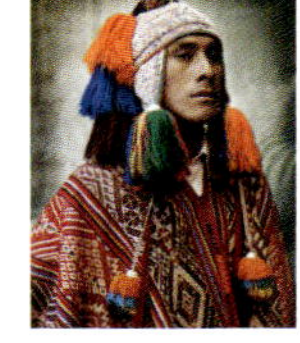

Traditional Male Attire,
Rural Community of
Chahuaytire, District of
Pisac, Province of Calca,
Cusco, 2010

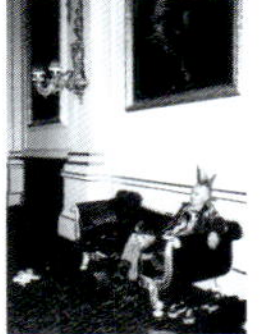

London,
Royal Opera
House,
1999

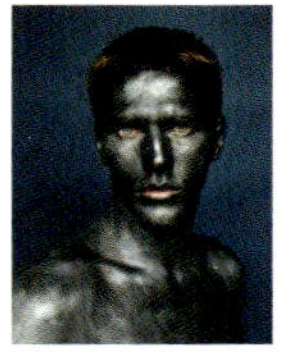

Albert Delègue,
1990

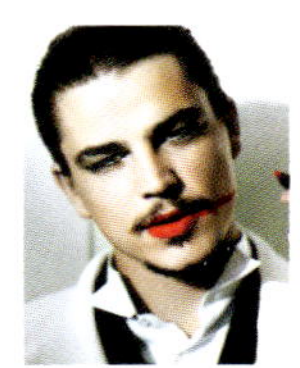

Josh Hartnett,
New York,
VMAN,
2005

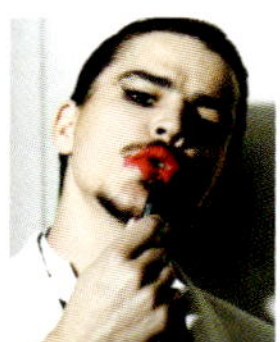

Josh Hartnett,
New York,
VMAN,
2005

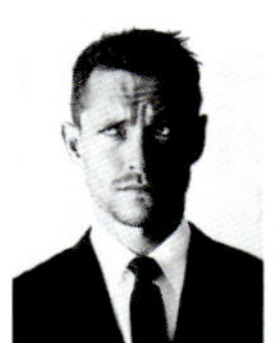

Hugh Dancy, London,
*Vogue Hommes
International*,
2008

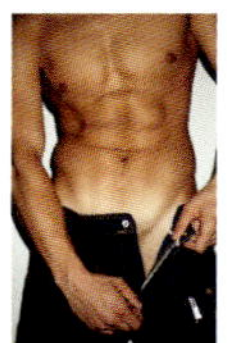

Eugen Bauder,
Los Angeles,
V Magazine,
2005

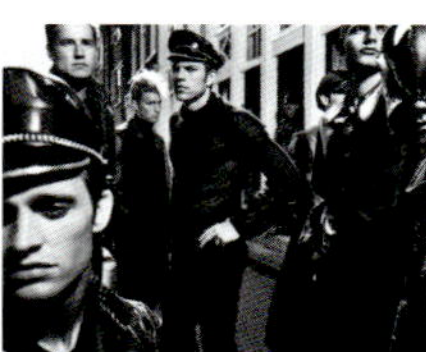

Amsterdam,
L'Uomo Vogue,
1999

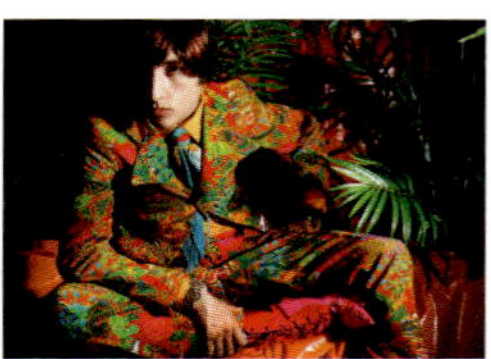

Niccolò Montesi,
Rio de Janeiro,
L'Uomo Vogue,
2001

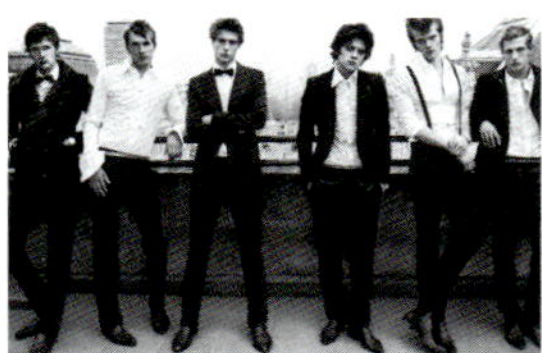

Isaac Ferry, Otis Ferry,
Max Irons, Fenton Bailey,
Tom Guinness & James Jamieson,
London, Burberry,
2006

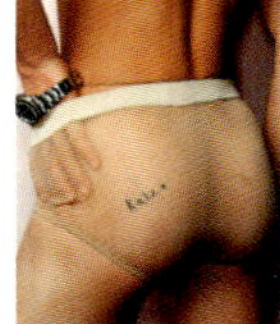

Paris,
Arena Homme +,
1998

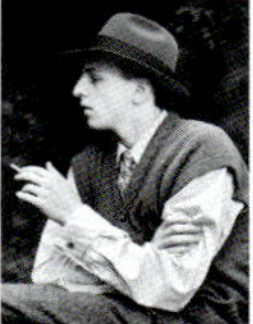

Atticus Ross,
London,
Männer Vogue,
1988

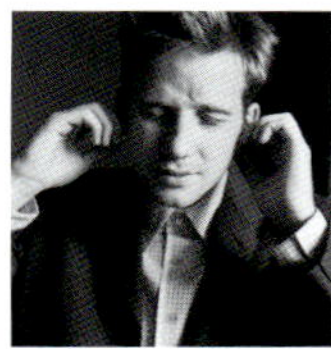

Gawain Rainey,
Paris,
Paul Smith,
1998

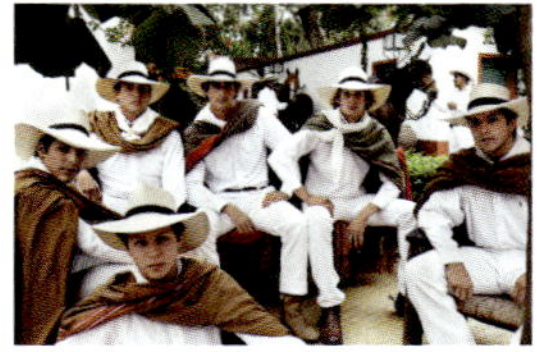

Vicente Tintorer, Miguel Tintorer,
Álvaro Villacorta, Miguel Villacorta,
José Alfredo Koechlin & Sebastian
Tintorer at Armando Andrade
& Carla Risso's Home, Lima, 2014

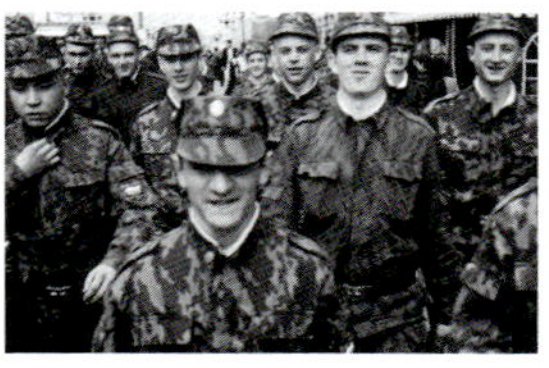

Moscow,
1998

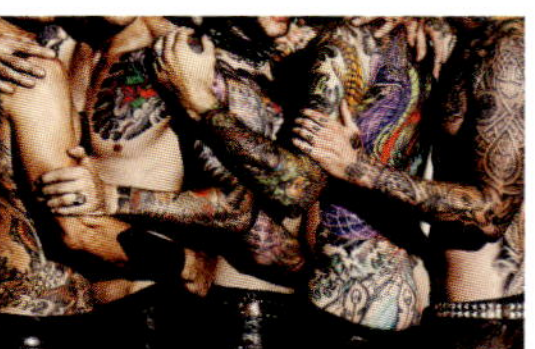

Los Angeles,
VMAN,
2008

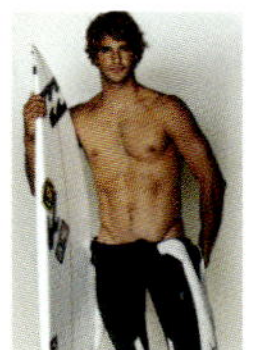

Álvaro Malpartida,
Lima,
Vogue Paris,
2013

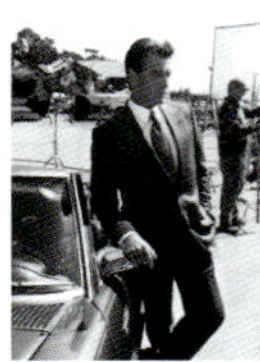

Pierce Brosnan,
San Francisco,
American
Vogue, 2008

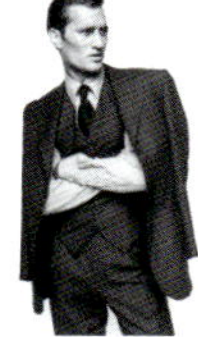

Paris,
Trussardi,
1995

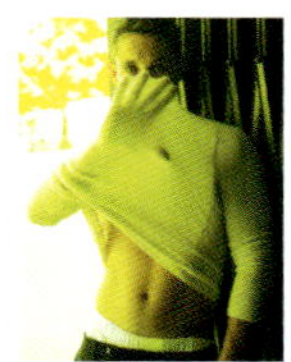

Hugh Dancy,
London, *Vogue
Hommes International*,
2008

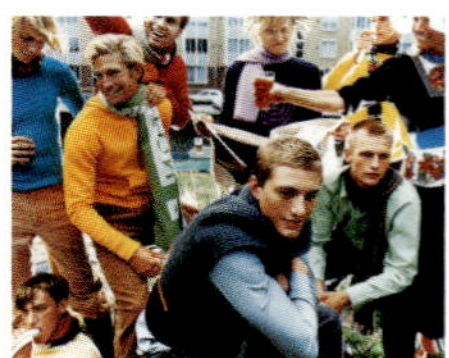

Amsterdam,
L'Uomo Vogue,
1999

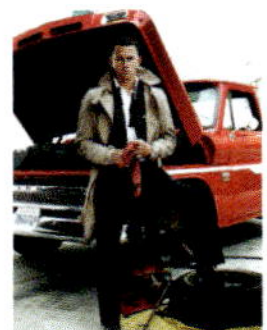

Channing Tatum,
Los Angeles,
GQ,
2009

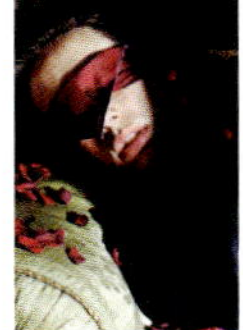

London,
Paul Smith,
1999

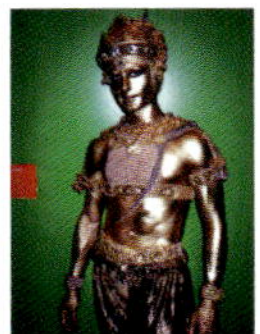

Ivan Putrov,
London,
The Royal Ballet,
2002

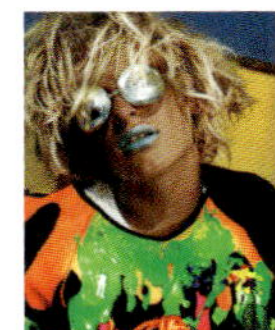

Joshua Dagnall,
Los Angeles,
VMAN,
2008

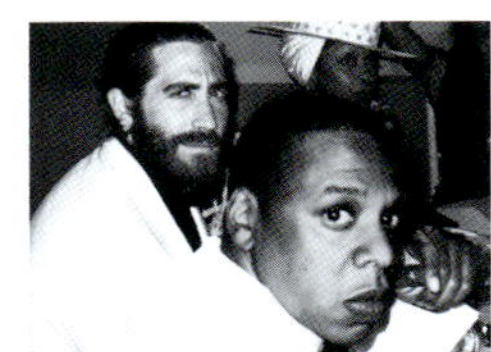

Jake Gyllenhaal,
Jay-Z & Erykah Badu,
New York
2014

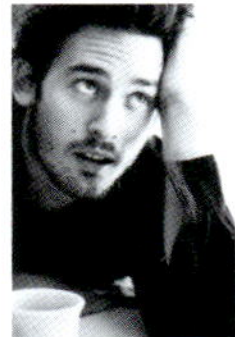

Will Kemp,
Los Angeles,
2003

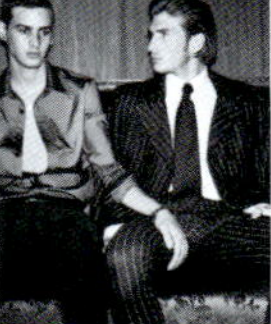

Paris,
1997

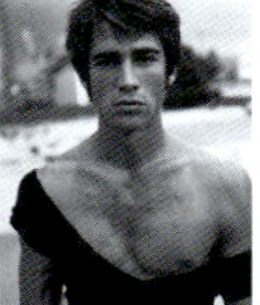

Fred Bowen,
Los Angeles,
V Magazine,
2000

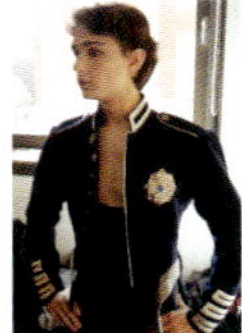

Ivan Putrov,
London,
The Royal Ballet,
2000

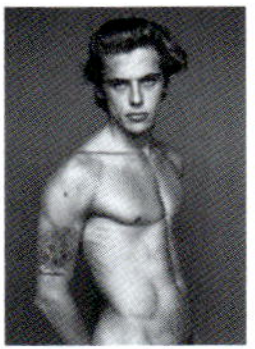

Werner Schreyer,
Paris,
French *Glamour*,
1993

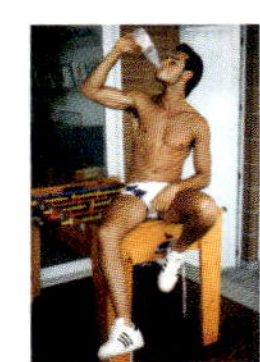

Rodrigo Santoro,
Rio de Janeiro,
V Magazine,
2001

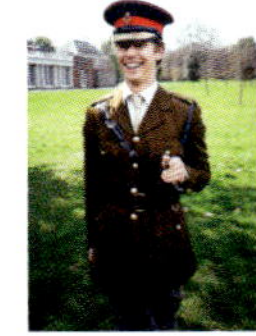

Ct. DMA Cole
(RHG/D),
Household Cavalry,
London,
2008

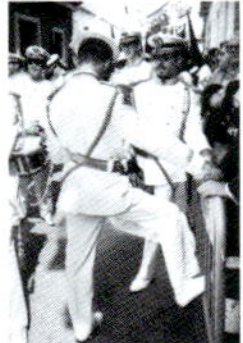

Seville,
1995

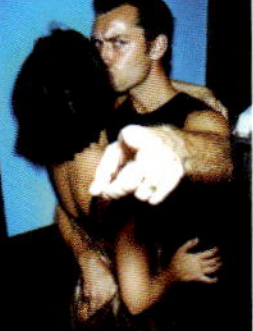

Jude Law,
London,
British *Vogue*,
1999

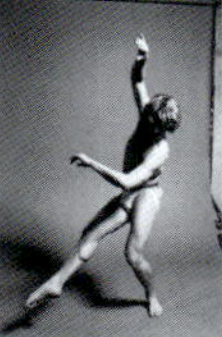

Paris,
2004

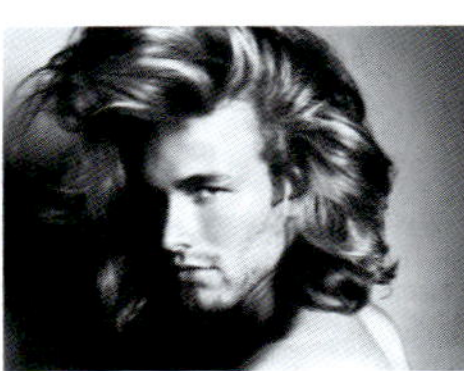

Brad Kroenig,
New York, *VMAN*,
2004

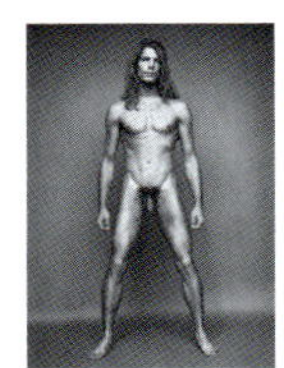

Mickey Hardt,
Paris,
1993

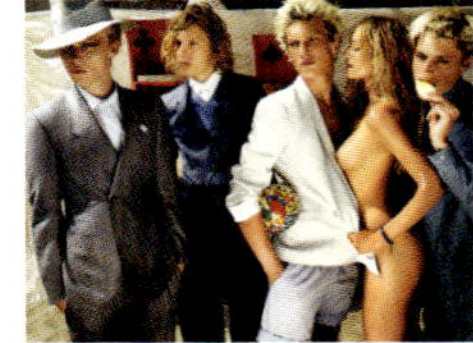

Wiktor Hansson, Mattias
Kolstrup, Malthe Lund Madsen,
Candice Swanepoel &
Jonas Kloch, Copenhagen,
VMAN, 2010

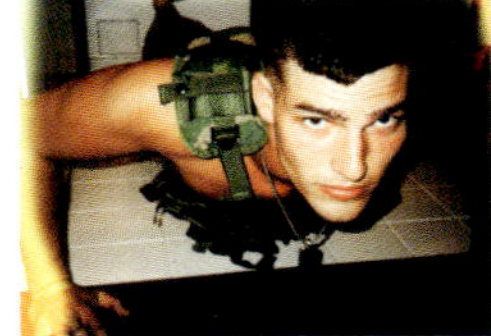

Mike Derr,
New York, *VMAN*,
2009

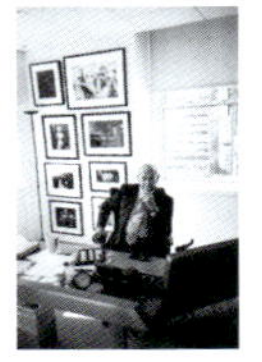

Oscar de la Renta,
New York,
2013

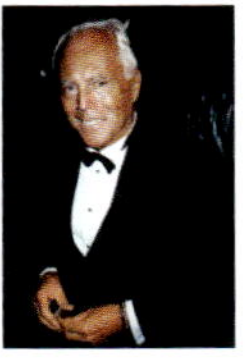

Giorgio Armani,
Milan,
2005

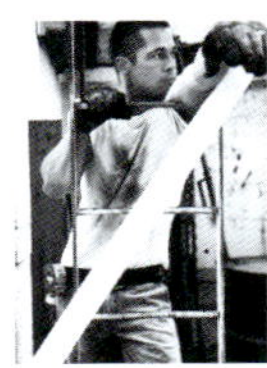

Brad Pitt,
Los Angeles,
GQ,
2005

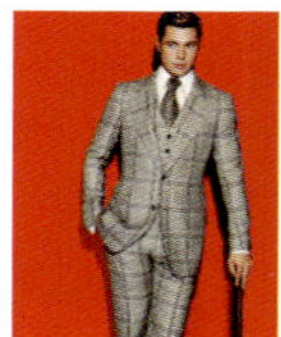

Brad Pitt,
Prague,
V Magazine,
2007

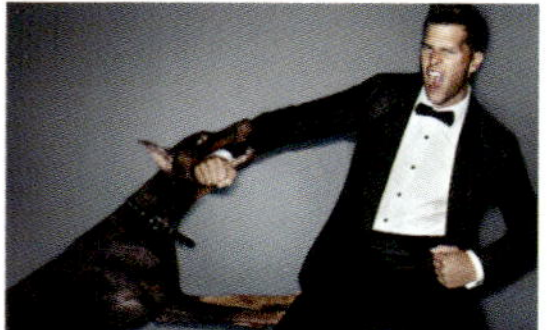

Tom Brady,
New York, *VMAN*,
2012

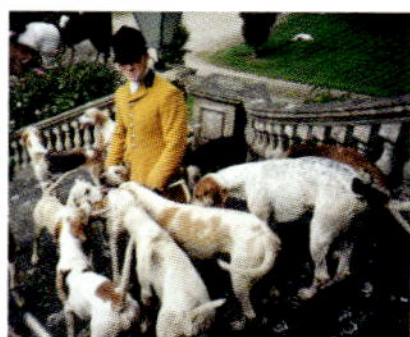

London,
2004

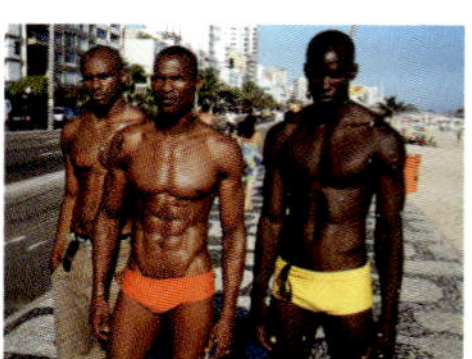

Taiguara Nazareth,
Vanderlei Sacramento &
Luiz Roque, Rio de Janeiro,
2001

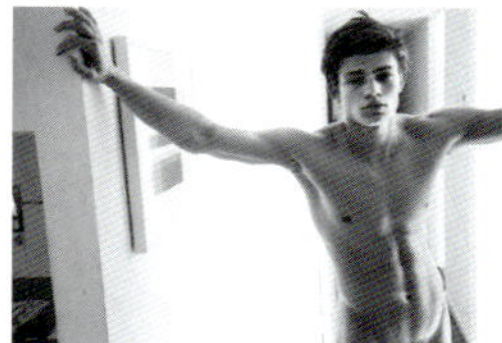

Eugen Bauder,
Los Angeles,
2005

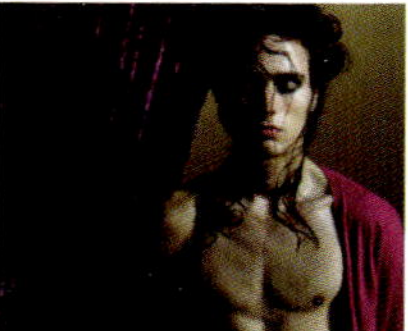

London, *POP*,
2002

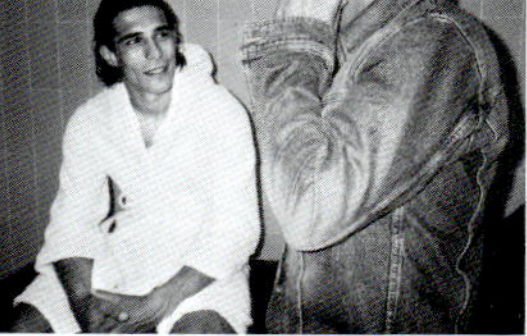

Bernardo Corradi,
Milan, *L'Uomo Vogue*,
1997

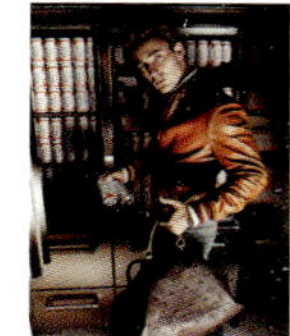

Chris Evans,
Los Angeles, *GQ*,
2011

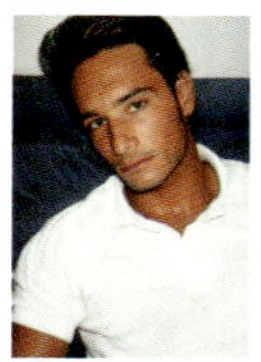

Rodrigo Santoro,
Rio de Janeiro,
V Magazine,
2001

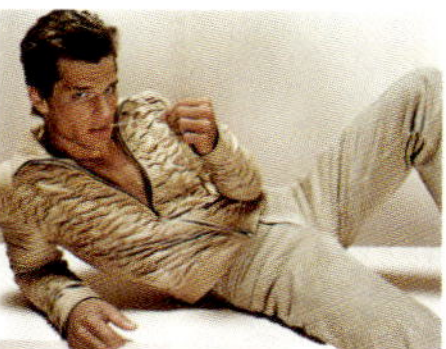

Michael Walton, Paris,
L'Uomo Vogue,
1999

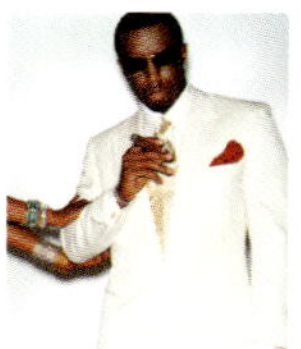

Sean "Diddy"
Combs, London,
British *Vogue*,
2001

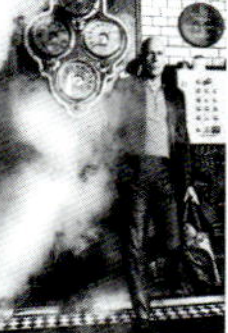

Bruce Willis,
London, *GQ*,
2012

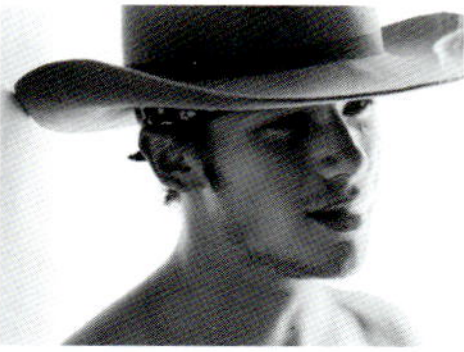

Elias McConnell,
London, *VMAN*,
2003

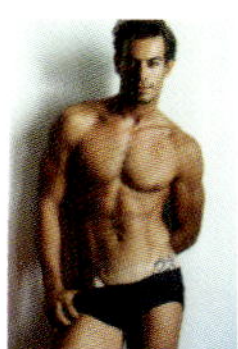

Diego Cristo,
Rio de Janeiro,
Vogue Brazil,
2011

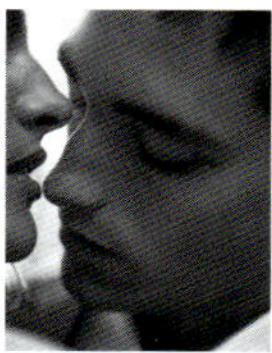

New York,
1999

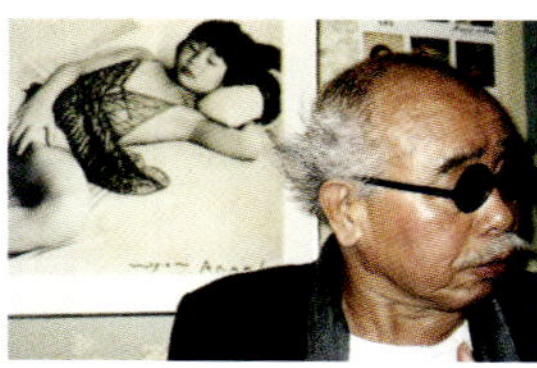

Nobuyoshi Araki,
Tokyo,
2012

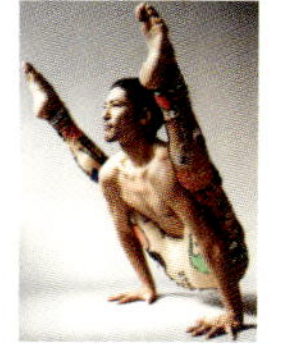

Yuya Sarashina,
Tokyo, *Vogue* Japan,
2014

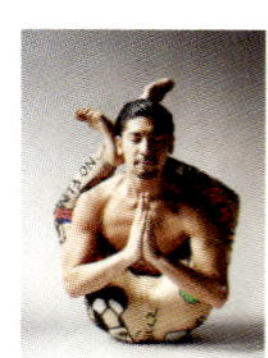

Yuya Sarashina,
Tokyo, 2014

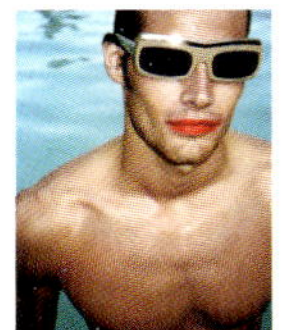

Charles DeVoe,
Los Angeles, *VMAN*,
2006

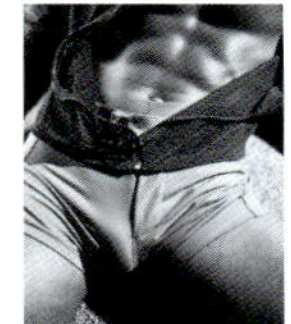

Edward Fogg,
Los Angeles, Gucci,
1996

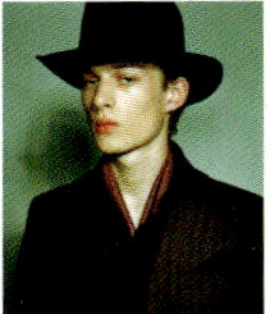

London,
L'Uomo Vogue,
2001

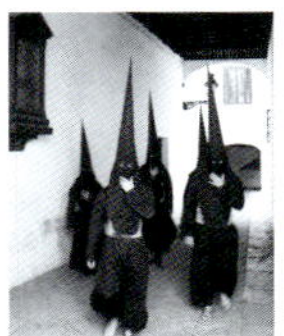

Semana Santa,
Seville,
1995

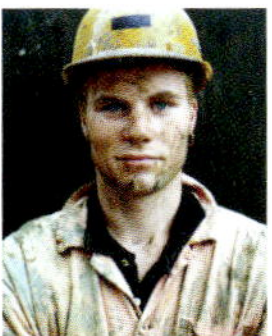

London, *W*,
1995

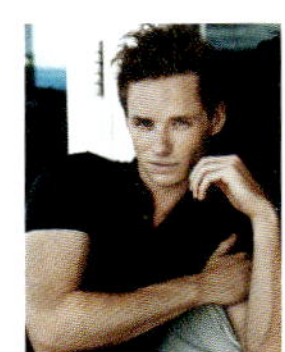

Eddie Redmayne,
Ibiza,
American *Vogue*,
2011

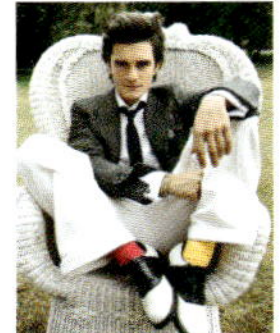

Orlando Bloom,
Los Angeles, *GQ*,
2005

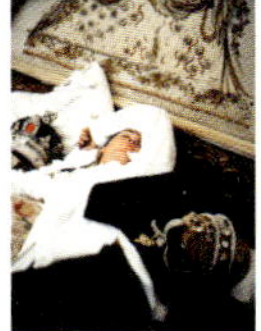

James Riddell,
London, *Per Lui*,
1986

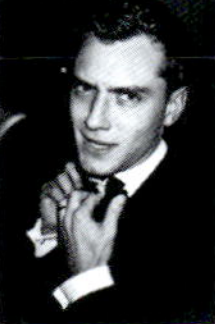

Jude Law,
Los Angeles,
2000

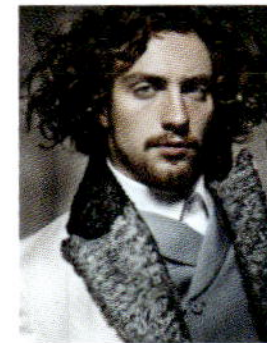

Aaron Taylor-
Johnson, London,
American *Vogue*,
2012

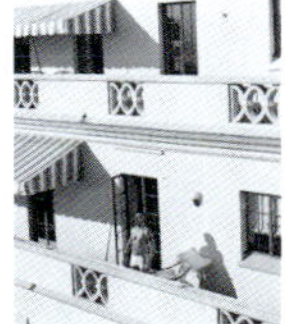

Thierry Mugler,
Los Angeles,
1998

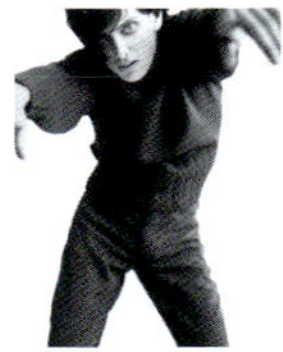

Donovan Leitch,
Paris,
Paul Smith,
1994

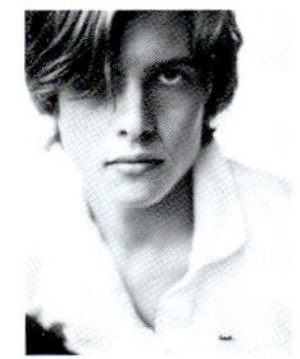

Lawrence Chapman,
London,
L'Uomo Vogue,
2001

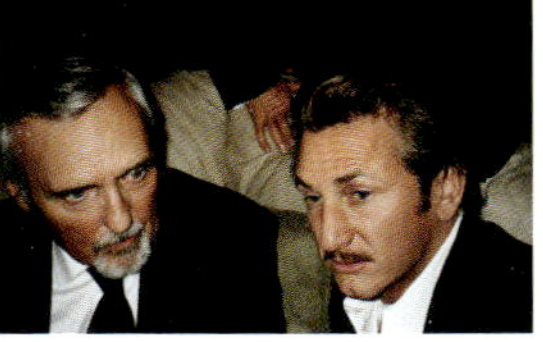

Dennis Hopper & Sean Penn,
Los Angeles,
2007

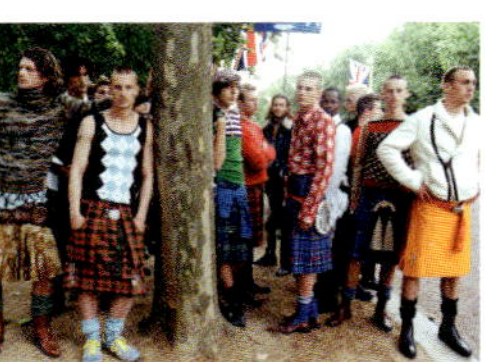

London,
2003

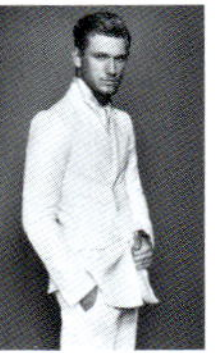

Alex Pettyfer,
Paris, *VMAN*,
2011

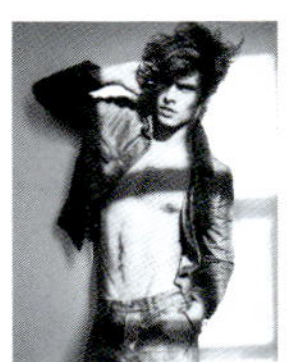

Jon Kortajarena,
New York,
2009

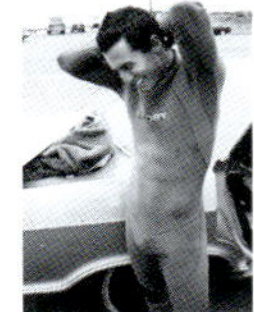

Ryan Conder,
Los Angeles,
1993

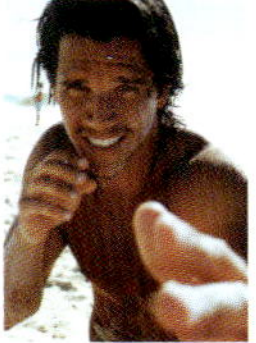

Márcio Garcia,
Rio de Janeiro,
2005

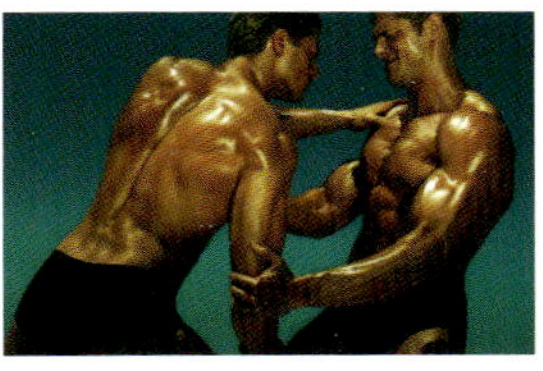

James & Matt Kohler,
Los Angeles, *VMAN*,
2008

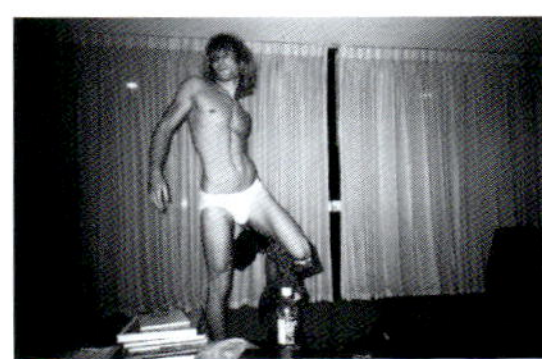

Daniel Collier,
Los Angeles,
2004

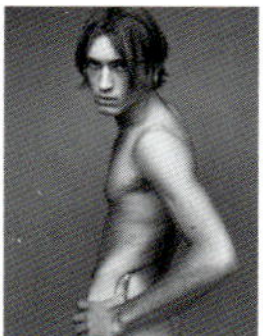

Keith Mallos,
Paris,
1994

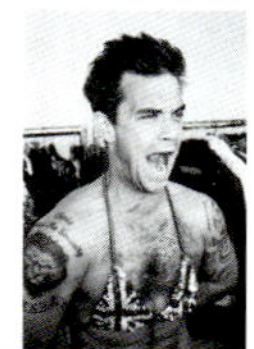

Robbie Williams,
London,
2000

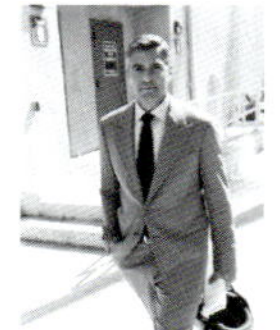

George Clooney,
Los Angeles,
2005

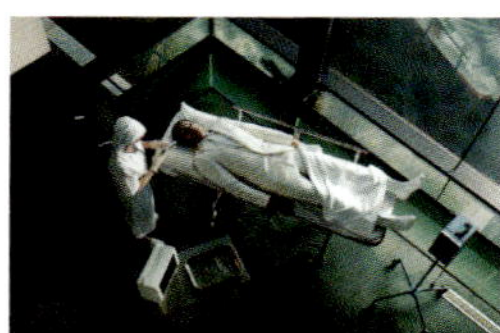

Ashton Kutcher,
Los Angeles, *VMAN*,
2008

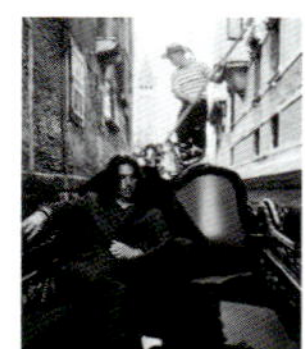

Pedro Koechlin,
Venice,
L'Uomo Vogue,
2003

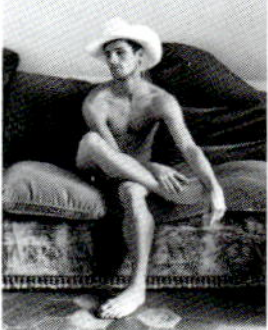

Paris,
1991

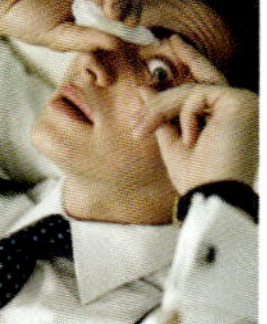

Hayden
Christensen,
New York,
VMAN,
2006

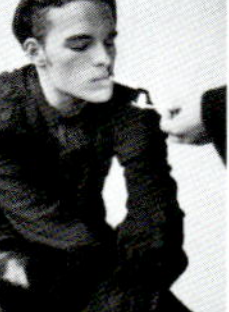

Ethan Browne,
1994

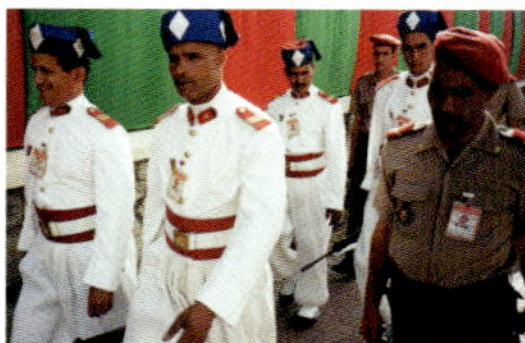

Morocco,
2003

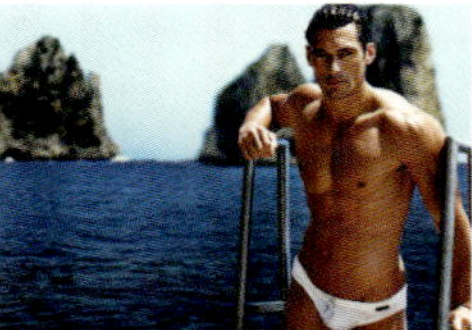

David Gandy,
Capri, Dolce & Gabbana,
2009

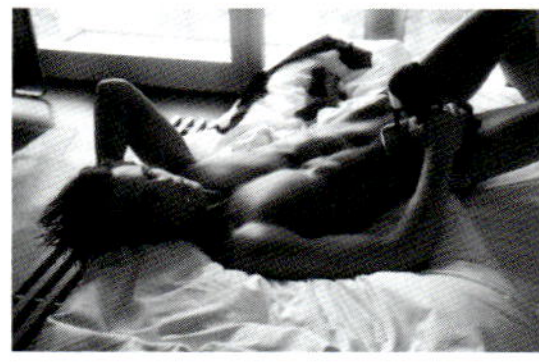

Garrett Neff,
New York, *V Magazine*,
2009

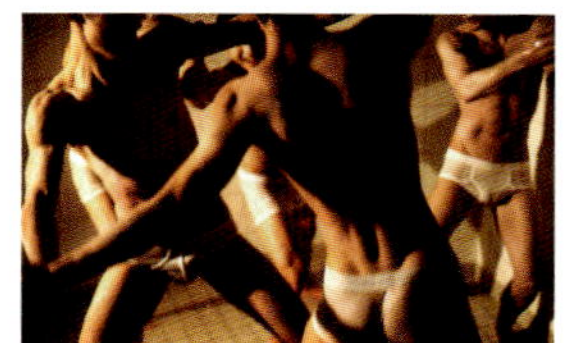

Berlin,
Vogue Germany,
2008

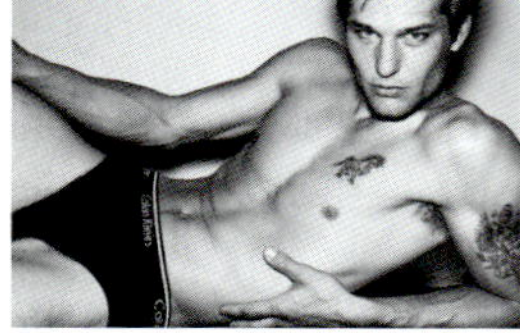

Michael Walton, New York,
Calvin Klein Underwear,
1998

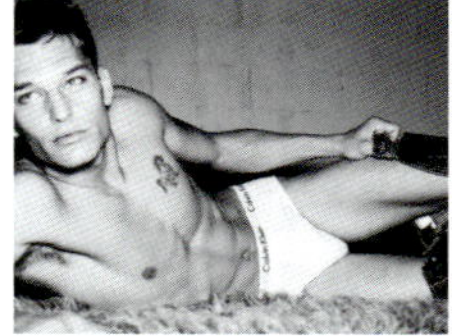

Michael Walton,
New York,
Calvin Klein Underwear,
1998

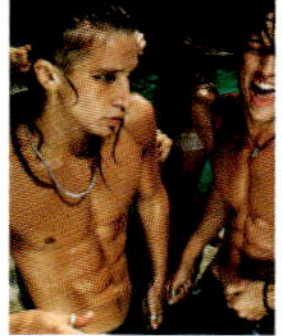

Paris,
Dolce & Gabbana,
2000

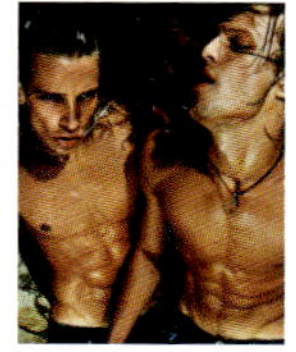

Paris,
Dolce & Gabbana,
2000

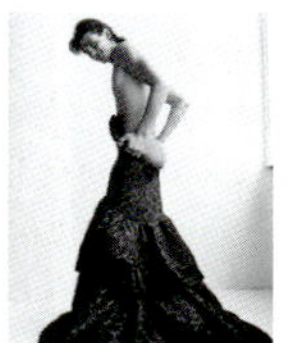

Trent Ford,
New York, *VMAN*,
2003

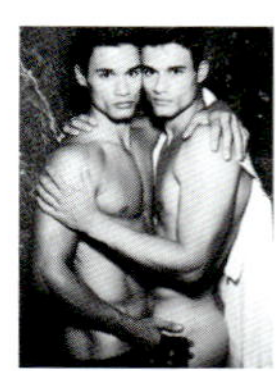

Juan & César
Hortoneda,
Madrid, *Vogue*
Spain, 2012

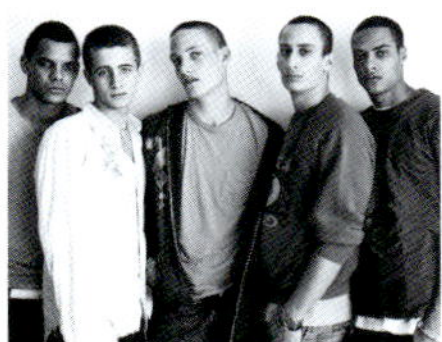

Ben Hypolite, Tyrone Wood, James Jagger, Alex Dellal & Jake Morant, London, *VMAN*, 2003

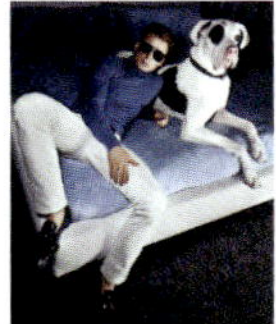

Chris Evans, Los Angeles, *GQ*, 2011

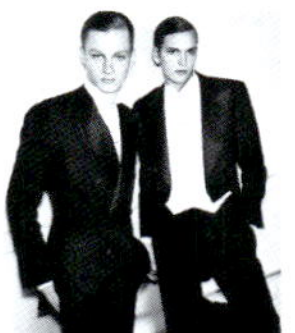

Eduardo Braun & Federico Moyano, Paris, Gucci, 2002

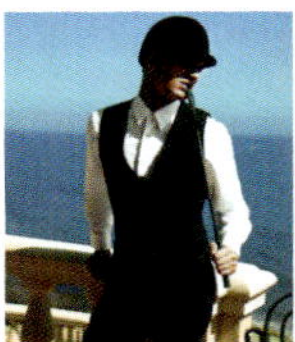

Chris Folz, Santa Monica, *VMAN*, 2008

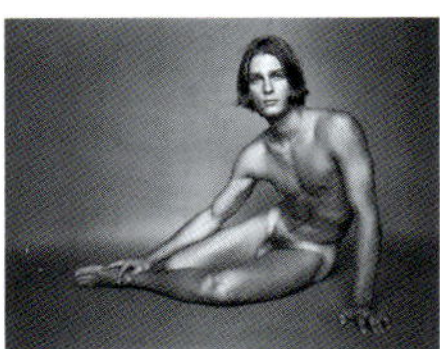

Gabriel Hill, Paris, 1994

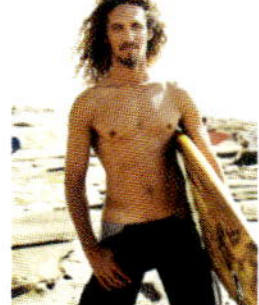

Rob Machado, San Diego, 2010

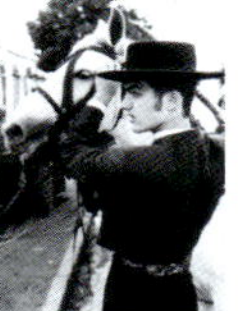

Feria de Sevilla, Seville, 1993

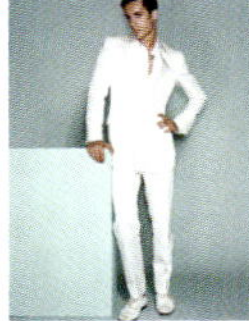

Niccolò Montesi, London, *L'Uomo Vogue*, 2001

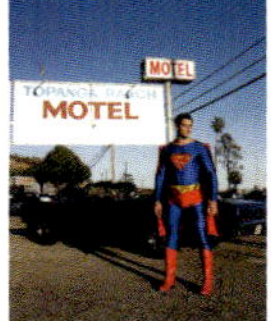

David Gandy, Los Angeles, 2008

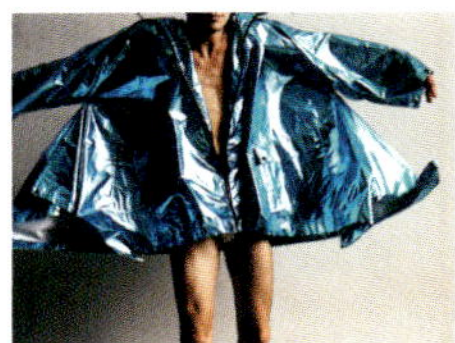

Elias McConnell, London, *VMAN*, 2003

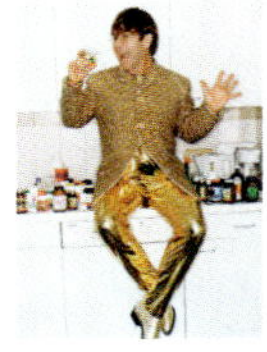

Sir Elton John, Paris, *The Sunday Telegraph*, 1997

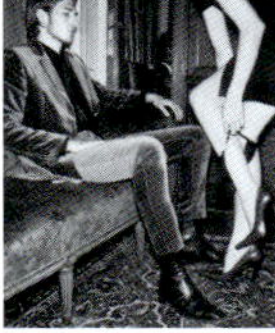

Paris, 1997

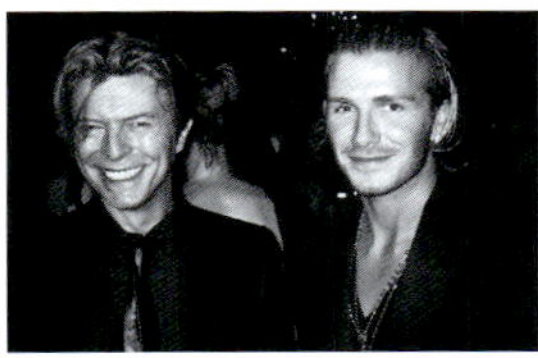

David Bowie & David Beckham, New York, 2003

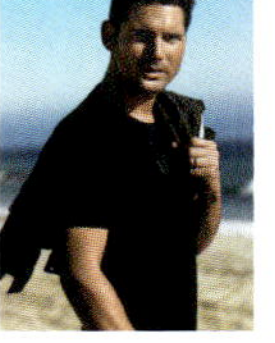

Eric Bana, Los Angeles, American *Vogue*, 2006

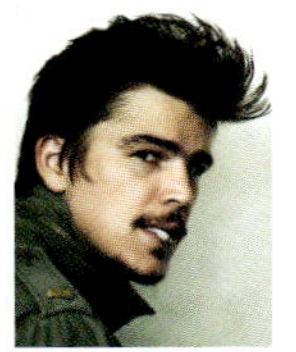

Josh Hartnett, New York, *VMAN*, 2005

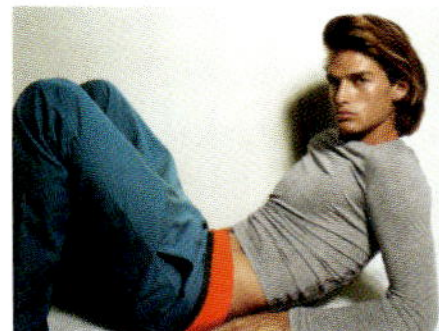

Ryan Heavyside, Amsterdam, *L'Uomo Vogue*, 2002

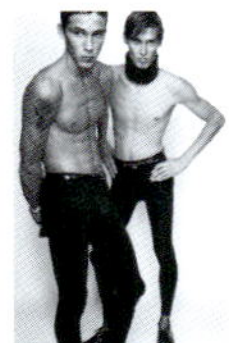

Paris, *Arena Homme +*, 1997

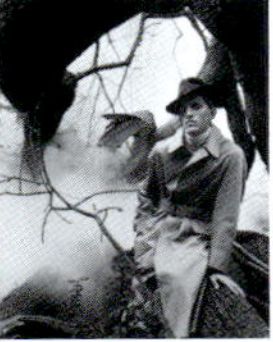

Giles Curtis, London, Burberry, 1999

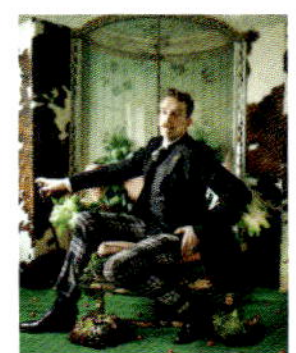

Michael Howells, London, *W*, 1995

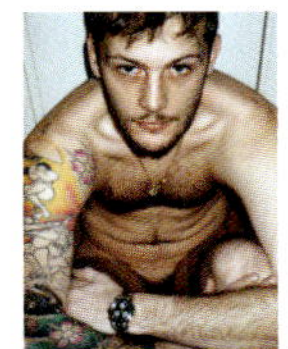

Nicolas Duvauchelle, Paris, *Vogue* Paris, 2004

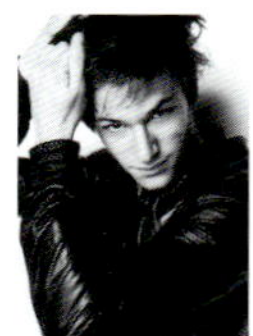
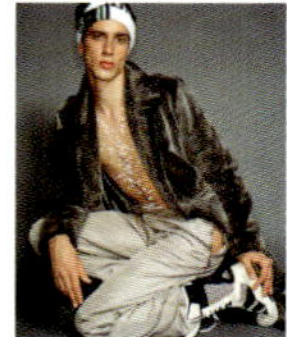
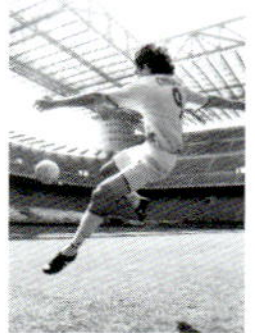
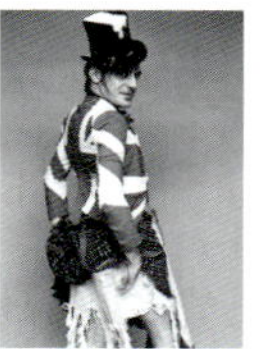
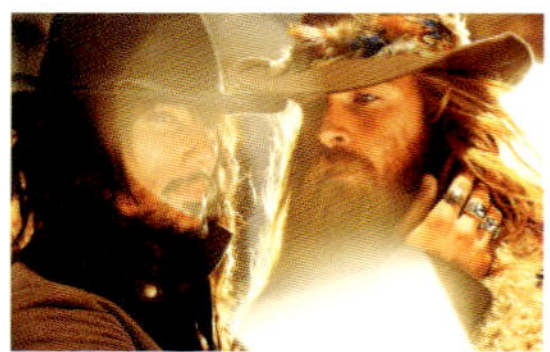

Gaspard Ulliel,
Paris, *Vogue* Paris,
2007

Édouard Plongeon,
Paris,
L'Uomo Vogue,
1998

Corrado Grabbi,
Milan,
L'Uomo Vogue,
1997

John Galliano,
Paris, *Vogue* Paris,
1994

Johnny LaRusso & Colin Donahue,
Santa Monica, *VMAN*,
2008

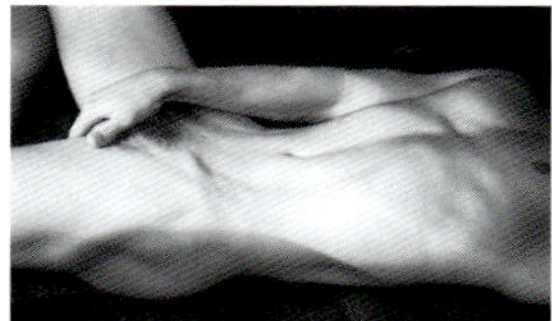
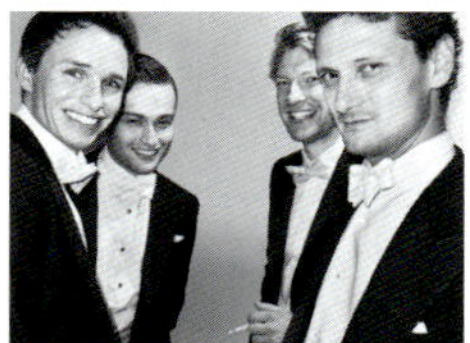
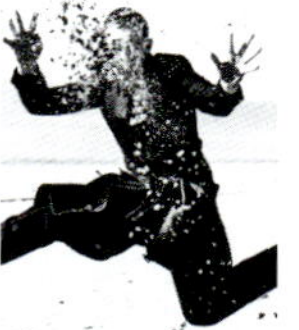
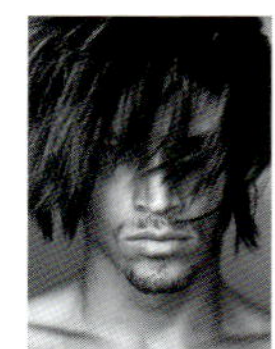

London,
1997

Eddie Redmayne, Douglas
Booth, Domhnall Gleeson
& David Birkin, New York,
2014

Nicholas Hoult,
Los Angeles,
VMAN,
2013

Bryan Randall,
Paris,
1992

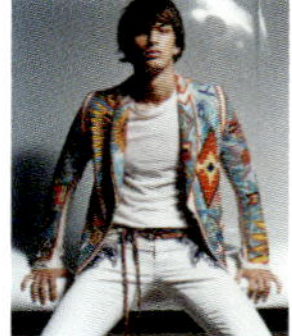
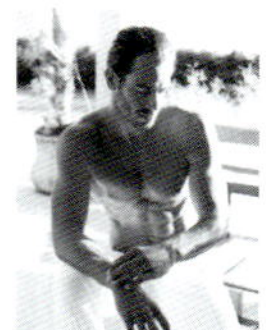
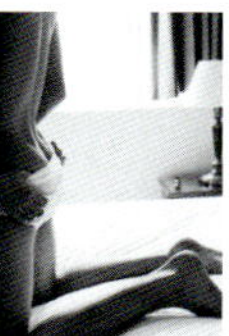
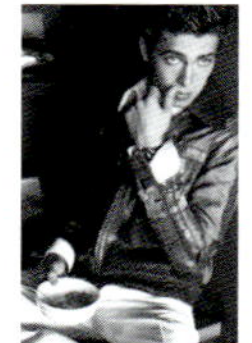
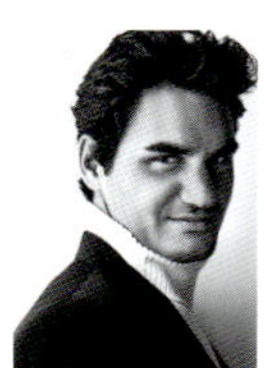

Luca Mendes,
Paris,
Roberto Cavalli,
2002

Diego Cristo,
Rio de Janeiro,
2011

Alexis Vinas &
Adriana Caye,
London, *VMAN*,
2004

Hayden Christensen,
Los Angeles, *GQ*,
2005

Roger Federer,
New York,
American
Vogue, 2006

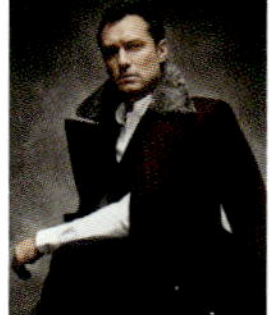
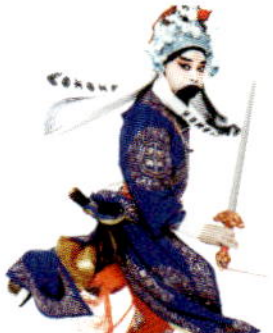
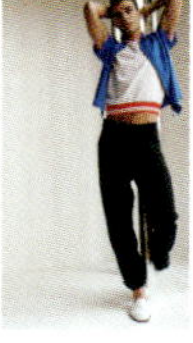
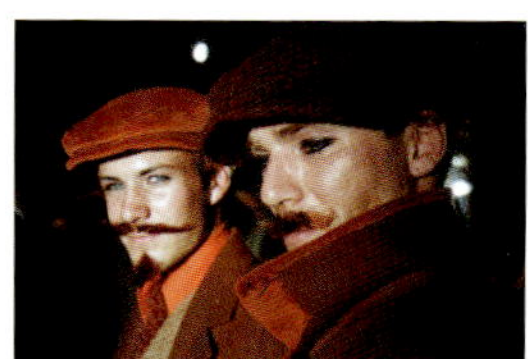
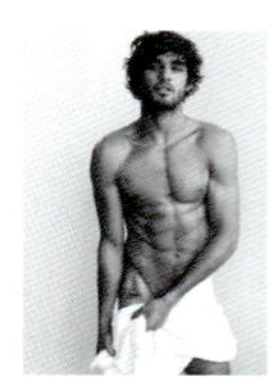

Jude Law,
London,
American *Vogue*,
2012

Ke Jun (柯军),
Beijing,
Vogue China,
2013

Paris,
Versace,
1993

Paris,
2001

Marlon Teixeira,
New York,
2014

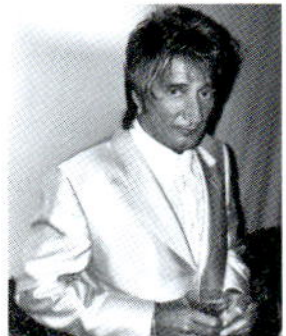

Rod Stewart,
Los Angeles,
2000

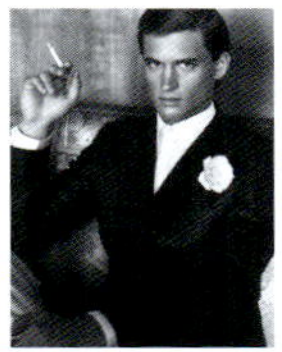

Garrett Neff,
Los Angeles, *VMAN*,
2008

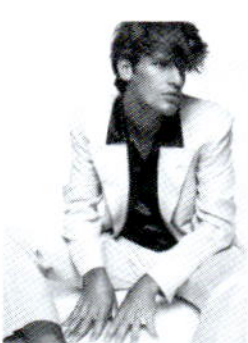

Jeff Tuttle,
Paris, Trussardi,
1995

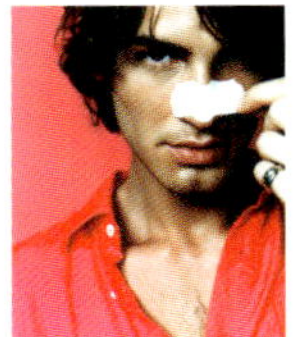

Robert Konjic,
Paris, *Arena Homme +*,
1998

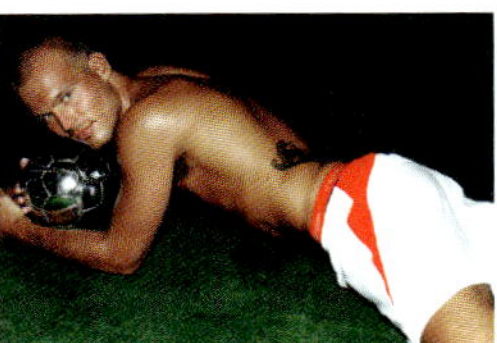

Freddie Ljungberg,
Paris, *Vogue* Paris,
2004

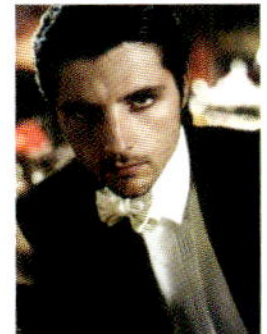

Raphaël Personnaz,
Paris,
2010

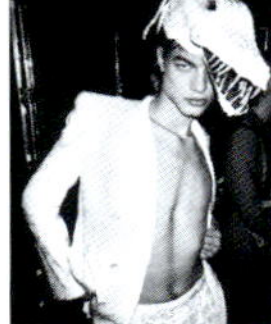

Paris,
1996

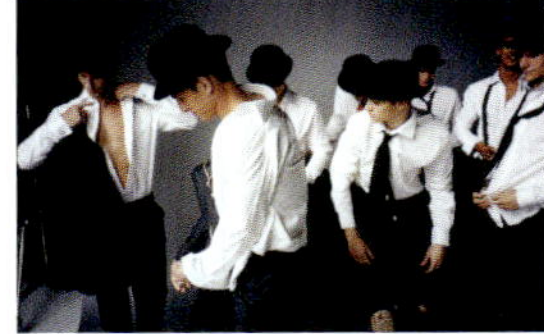

Brittain Ward, Jake Davies,
Bruno Babolin, Sam Webb, Ryan
Tilley, Luke Stevens, Mark Bosman
& Jon Passavant, London,
2009

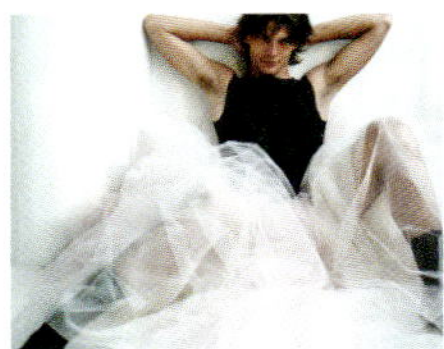

Trent Ford,
New York, *VMAN*,
2003

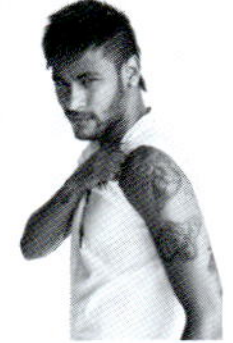

Neymar,
Barcelona,
Vogue Brazil,
2014

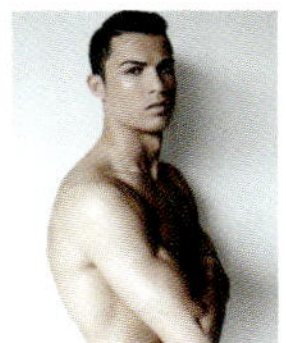

Cristiano Ronaldo,
Madrid, *Vogue*
Spain,
2014

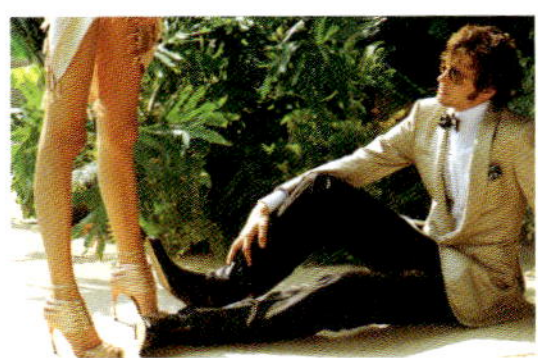

Federico Floriani,
Los Angeles, Gucci,
2003

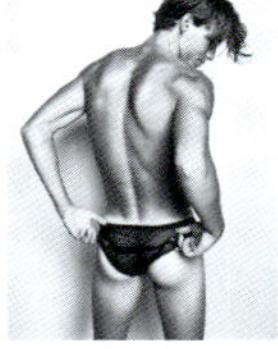

Renaud Tison,
Paris, Gucci,
1997

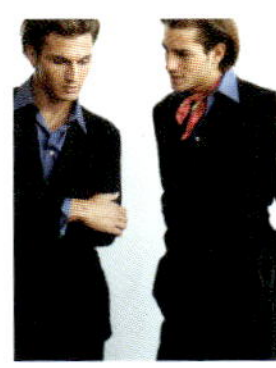

Stan Nelson &
Andrea Boccaletti,
Paris, Gucci,
1996

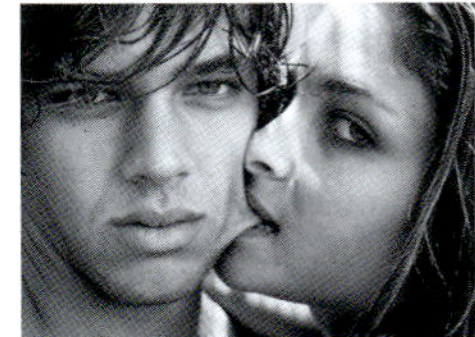

Kim Freire & Bruna Loureiro,
Rio de Janeiro,
2013

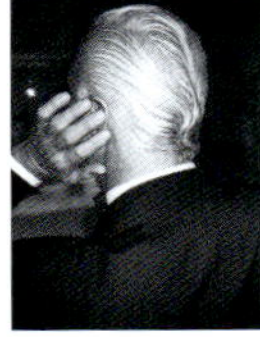

Manolo Blahnik,
New York,
2005

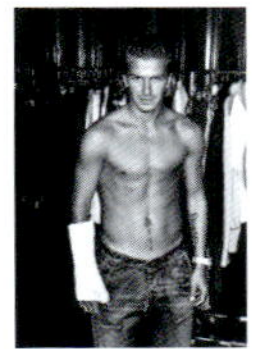

David Beckham,
New York,
2003

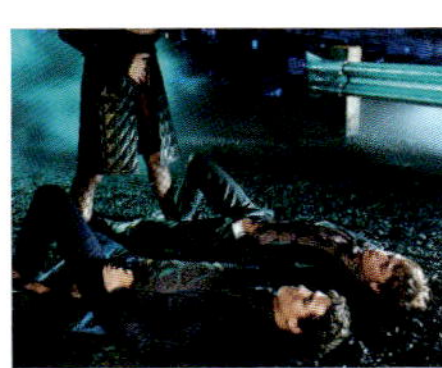

Los Angeles,
2000

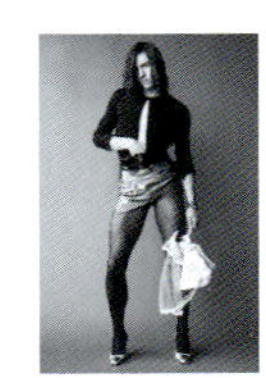

Ian Mellencamp,
New York,
V Magazine,
2011

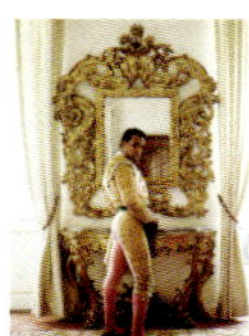

Arles,
British *Vogue*,
1992

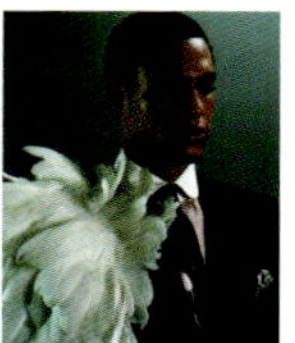

London,
2003

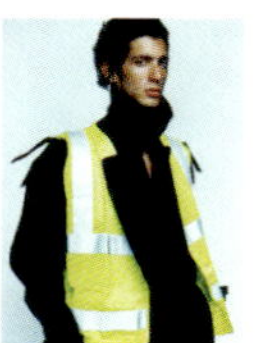

Édouard Plongeon,
Paris, *Visionaire*,
2000

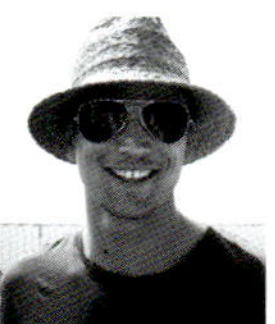

Josh Hartnett,
Portofino,
2005

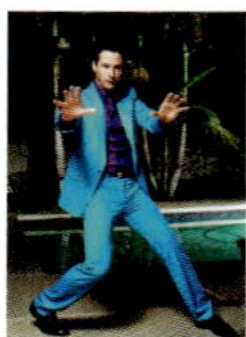

Keanu Reeves,
Los Angeles,
Vanity Fair,
2000

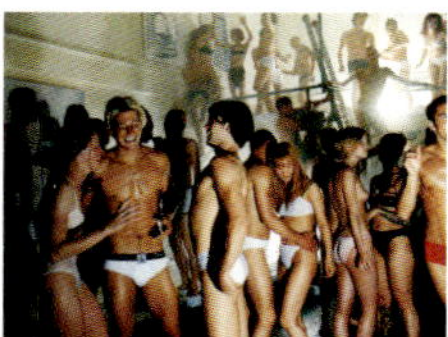

Amsterdam,
L'Uomo Vogue,
1999

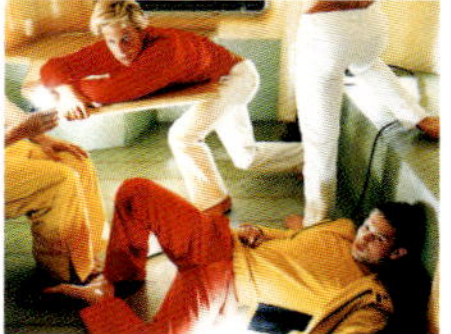

Amsterdam,
L'Uomo Vogue,
1999

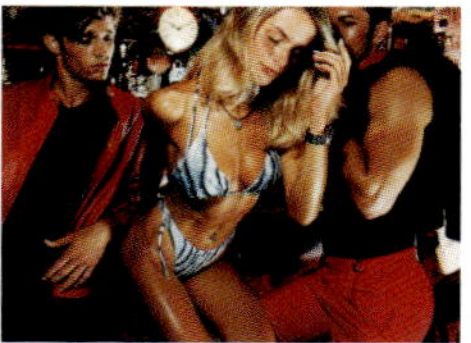

Amsterdam,
L'Uomo Vogue,
1999

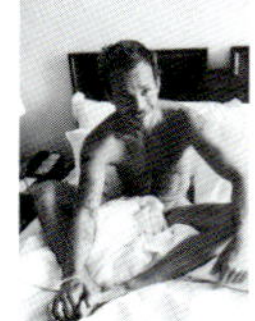

Stephen
Dorff,
Los Angeles,
2010

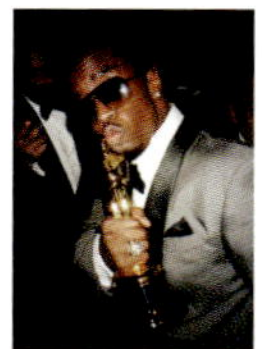

Sean "Diddy" Combs,
Los Angeles,
2007

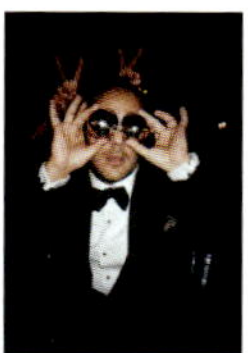

Tom Ford,
Winchcombe,
2007

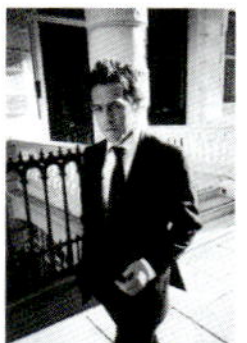

Hugh Grant,
London,
American *Vogue*,
2006

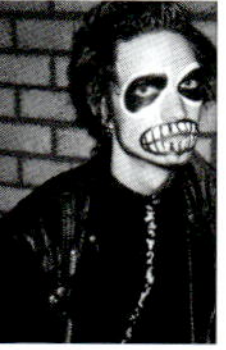

New York,
2000

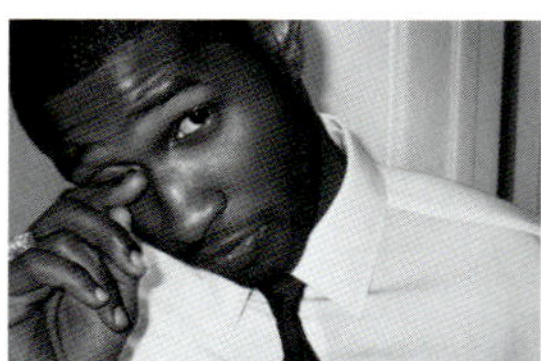

Usher,
Los Angeles,
2009

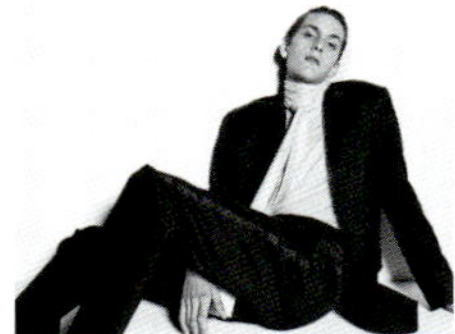

London,
L'Uomo Vogue,
2002

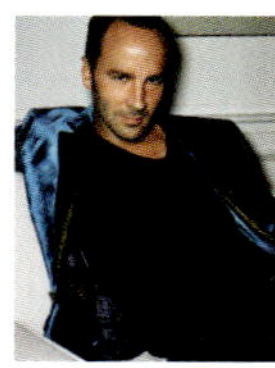

Tom Ford, Paris,
American *Vogue*,
1999

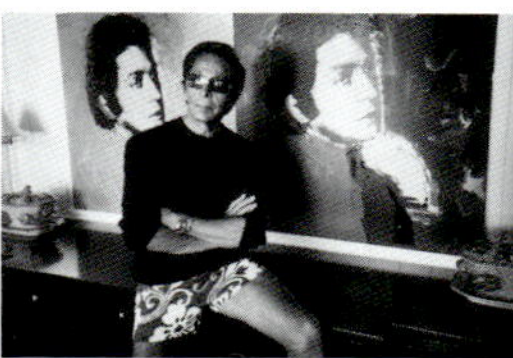

Valentino Garavani,
Ibiza,
2003

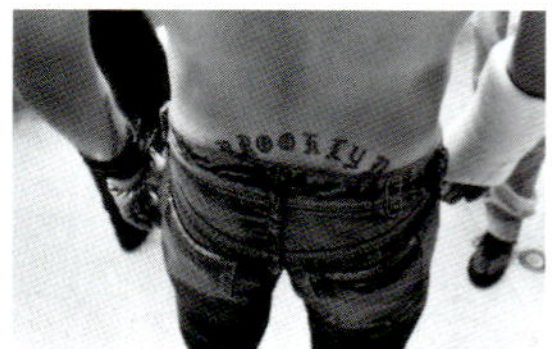

David Beckham,
New York,
2003

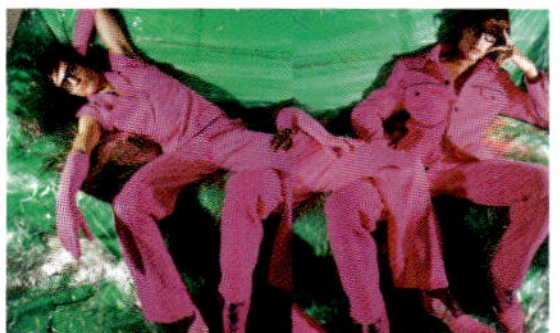

Rio de Janeiro,
L'Uomo Vogue,
2001

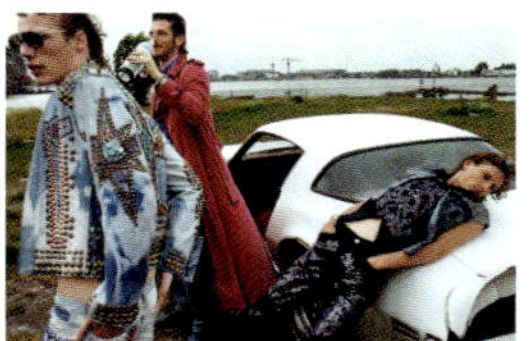

Jochem Sanders,
Amsterdam, *L'Uomo Vogue*,
2001

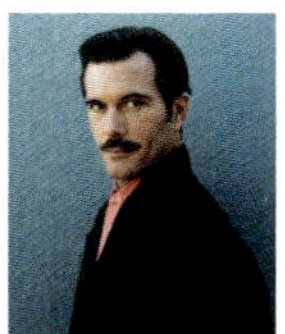

Erick Jüssen,
Los Angeles, *GQ*,
1988

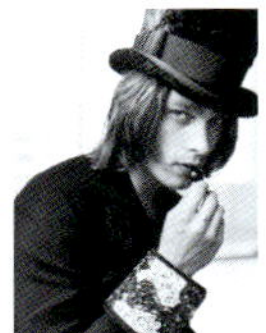

Gabriel Hill,
Paris,
1994

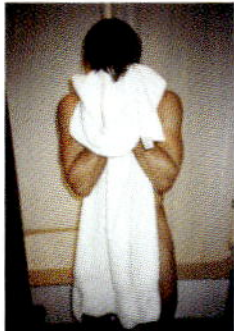

David Genat,
Los Angeles,
2013

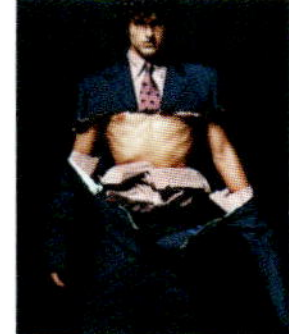

Carlos Bokelman,
London, *V Magazine*,
2000

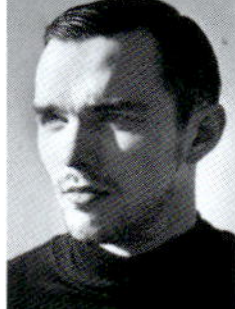

Nicholas Hoult,
Los Angeles,
2013

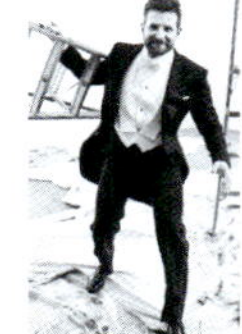

Bradley Cooper,
New York,
2014

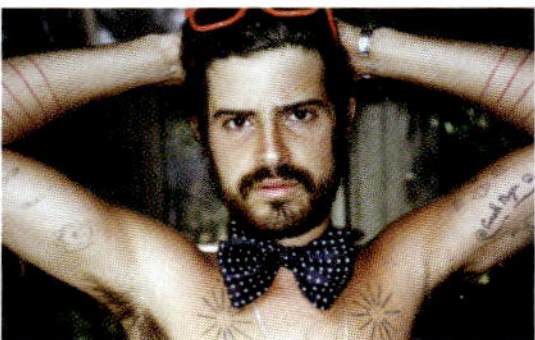

Devendra Banhart,
Los Angeles,
2008

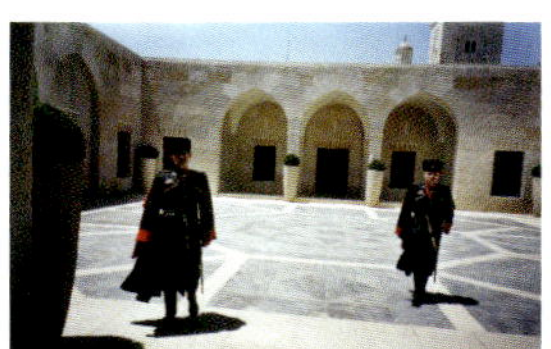

Royal Guards,
Amman,
2008

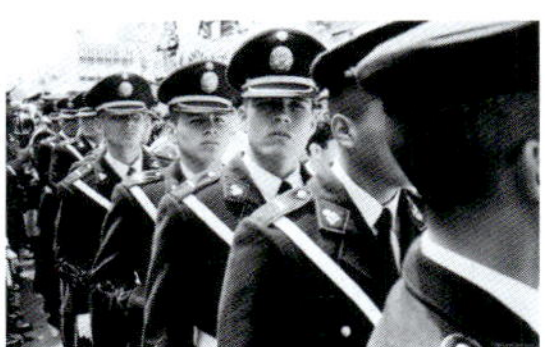

Lima,
1996

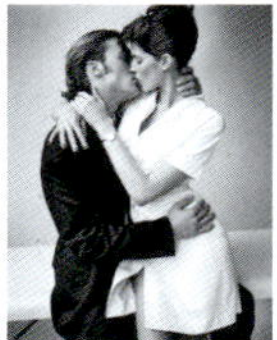

Keith Mallos &
Stephanie Seymour,
Paris, *Vogue* Paris,
1995

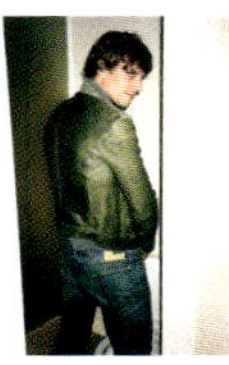

David Genat,
Los Angeles,
2013

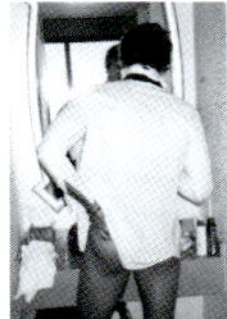

David Genat,
Los Angeles,
2013

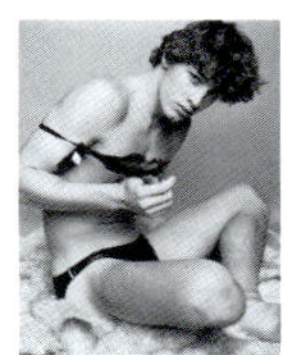

Ludovico Benazzo,
Paris, *Arena Homme +*,
1996

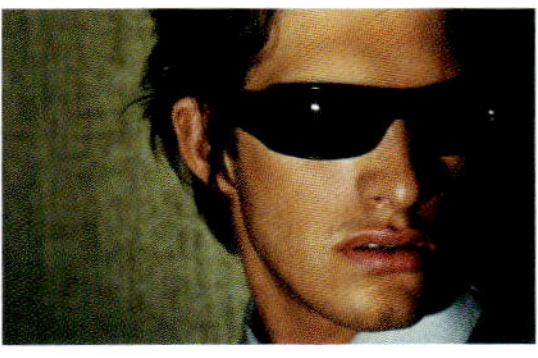

Iván de Pineda,
Los Angeles, Gucci,
2002

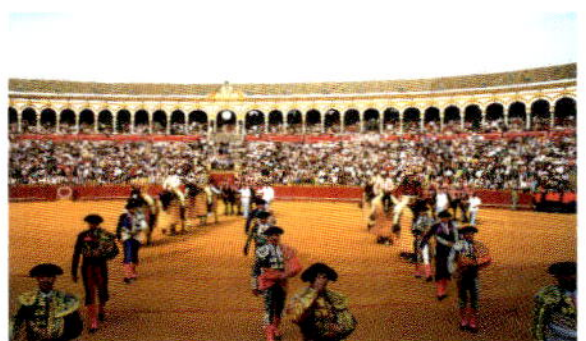

Bullfighters,
Seville,
1991

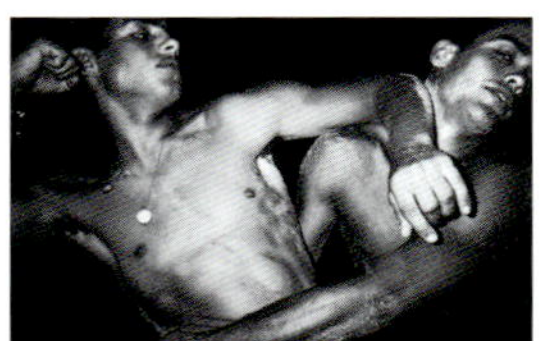

Cauã Reymond,
Rio de Janeiro,
2000

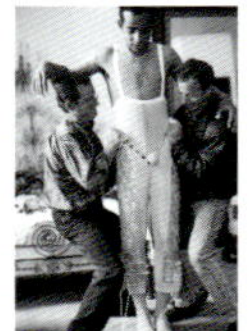

Seville,
1997

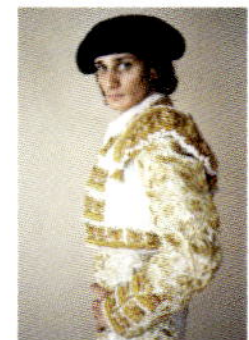

José Alfredo Koechlin,
Lima,
2008

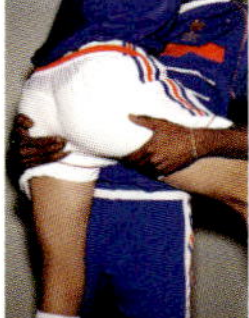

Paris,
The Face,
1998

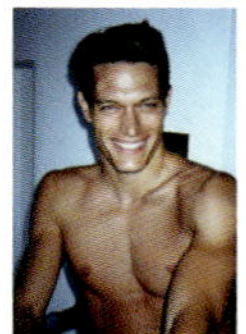

Swann de Falco,
Ibiza,
2003

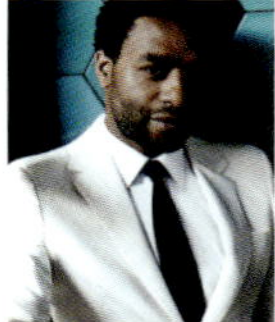

Chiwetel Ejiofor,
Istanbul,
American *Vogue*,
2013

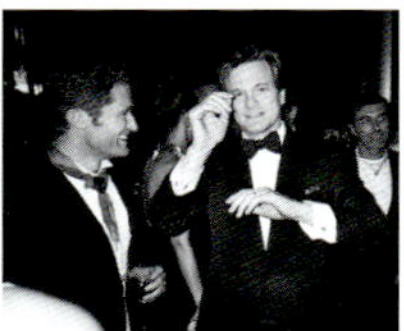

Matthew Morrison,
Colin Firth &
Giambattista Valli,
New York,
2013

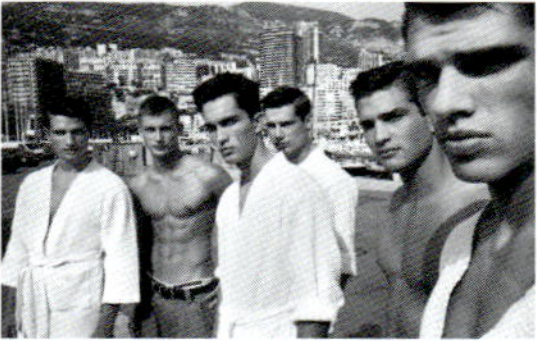

Tom Warren, Sebastian Lund,
Tobias Sorensen, Danny Schwarz,
Govan Baird & Brian Shimansky,
Monaco,
2008

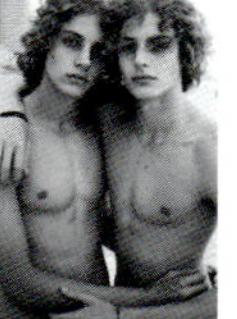

Thiago &
Daniel Ló,
Rio de
Janeiro,
2004

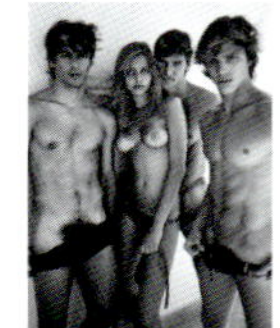

Felipe Hulse,
Ana Beatriz Barros,
João Vellutini &
Rômulo Arantes Neto,
Rio de Janeiro, 2006

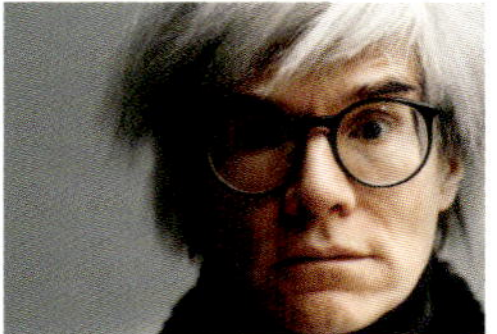

Andy Warhol,
New York, *Per Lui*,
1985

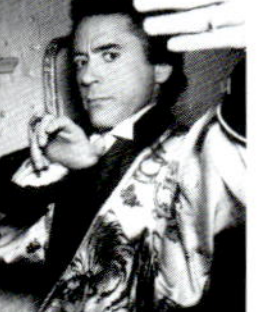

Robert Downey, Jr.,
London, *Men's Vogue*,
2009

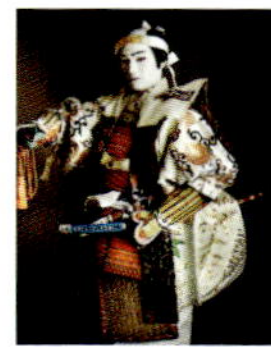

Hayato Nakamura,
Kabuki Actor,
Tokyo, *Vogue* Japan,
2014

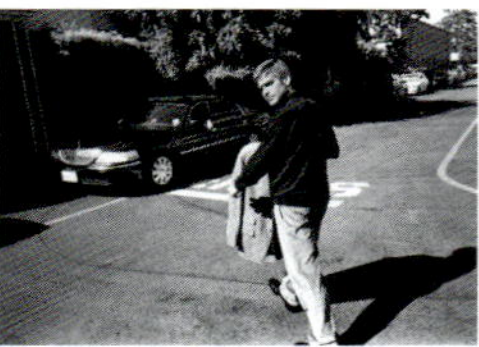

George Clooney,
Los Angeles,
2005

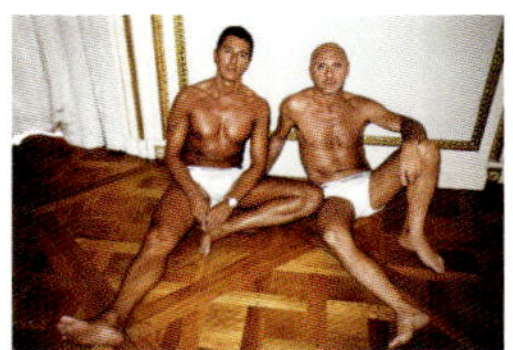

Stefano Gabbana &
Domenico Dolce,
Paris,
2008

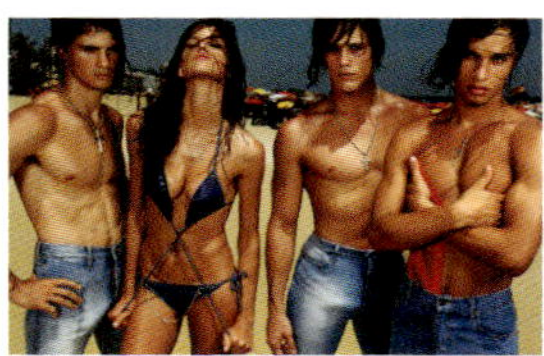

Sebastião Neto, Izabel Goulart,
Rômulo Arantes Neto & Pablo
Morais, Rio de Janeiro, *VMAN*,
2011

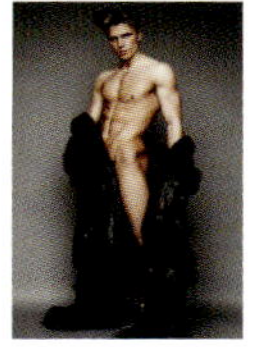

London,
*Vogue Hommes
International*,
2007

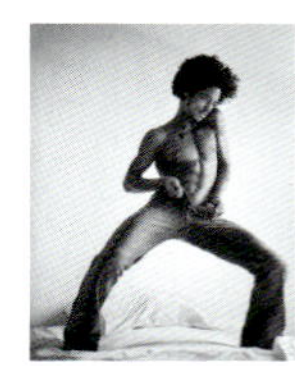

Jonathan Haagensen,
Rio de Janeiro,
V Magazine,
2003

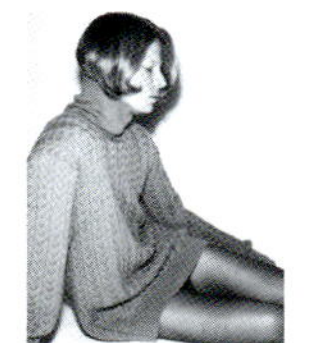

Justin Kern,
Los Angeles, *VMAN*,
2008

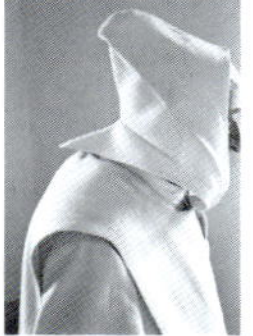

Naples,
1997

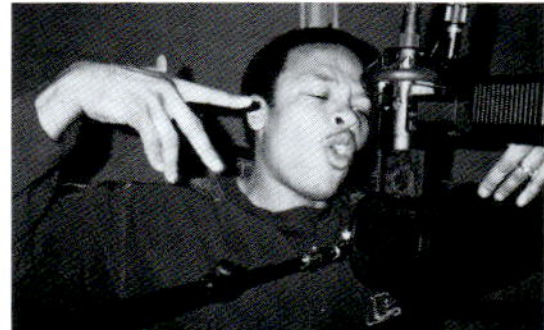

Dr. Dre,
Los Angeles,
2000

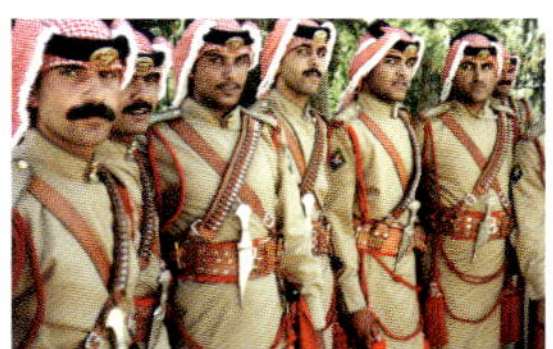

Royal Guards,
Amman,
2001

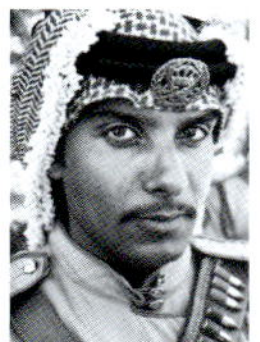

Amman,
2001

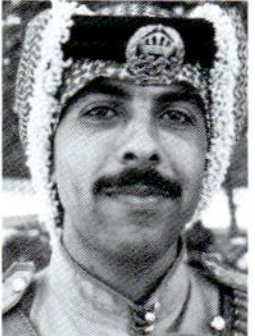

Amman,
2001

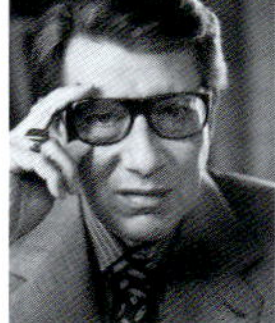

Yves Saint Laurent,
Paris,
1987

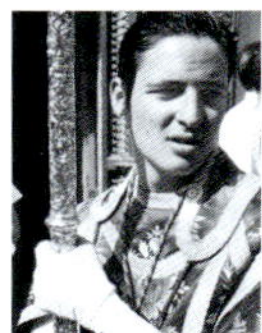

Seville,
1995

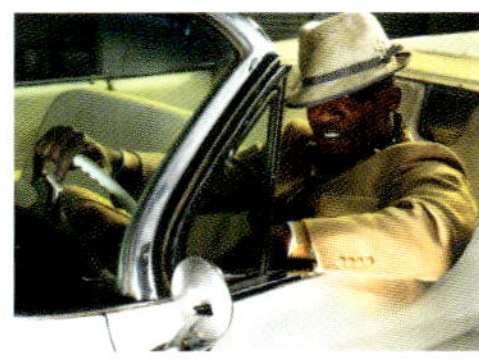

Jamie Foxx,
Los Angeles, American *Vogue*,
2006

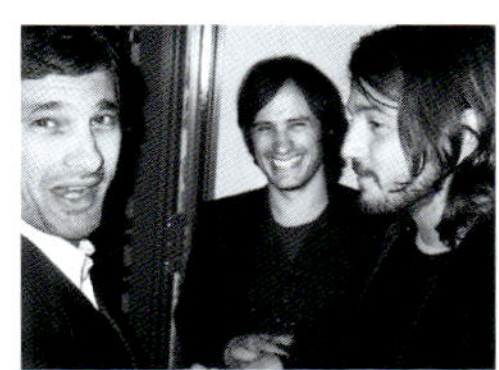

Olivier Martinez, Gael García
Bernal & Diego Luna,
Los Angeles,
2009

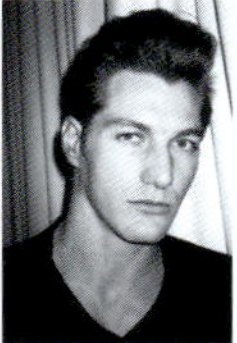

Bobby Llewellyn,
Paris,
2014

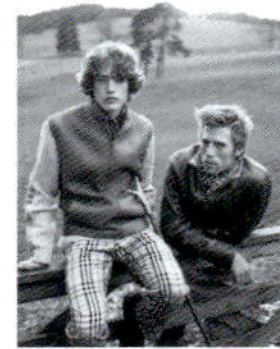

Bill Greenwood &
Magnus Lindgren,
Wales, Burberry,
2000

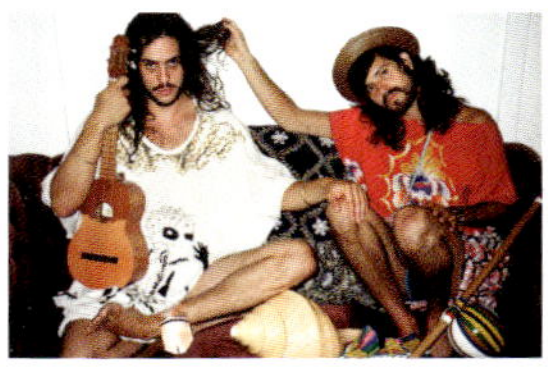

Greg Rogove & Devendra Banhart,
Los Angeles,
2008

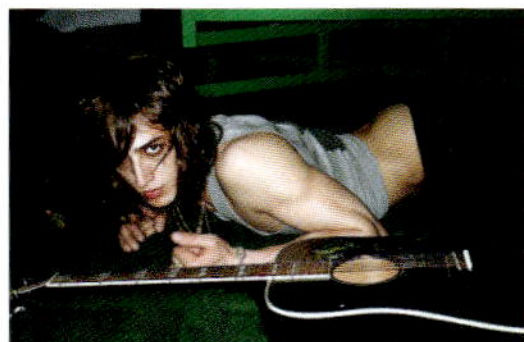

Val Bird,
London,
2013

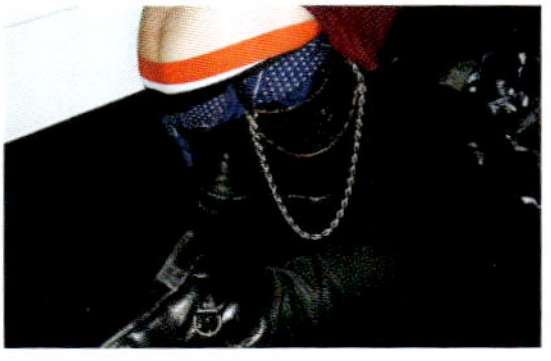

Val Bird,
London,
2013

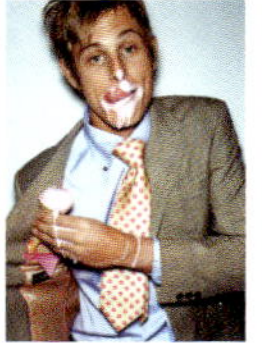

Brandon Klein,
London,
Paul Smith,
2000

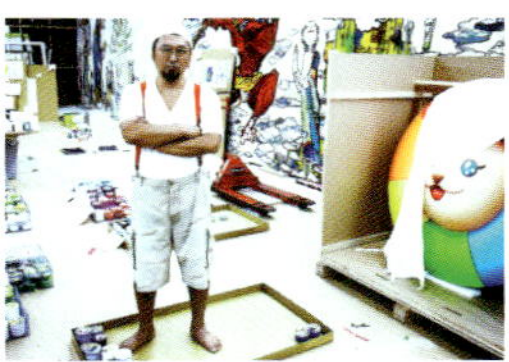

Takashi Murakami,
Tokyo, American *Vogue*, 2012
Artwork © Takashi Murakami/
Kaikai Kiki Co., Ltd.
All Rights Reserved

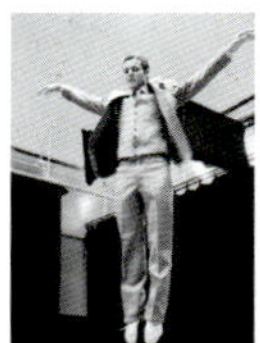
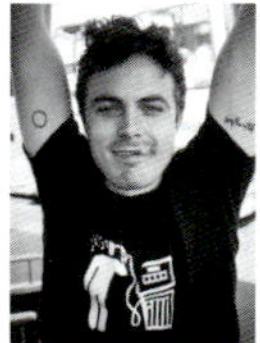
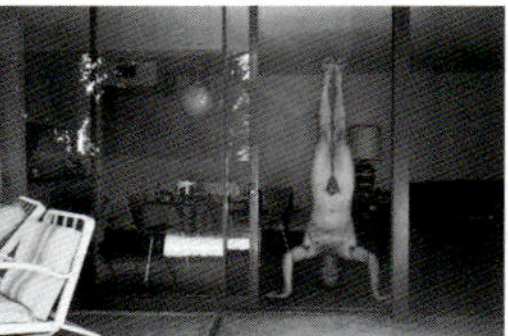
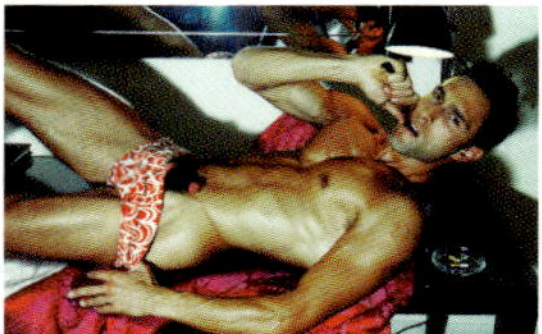
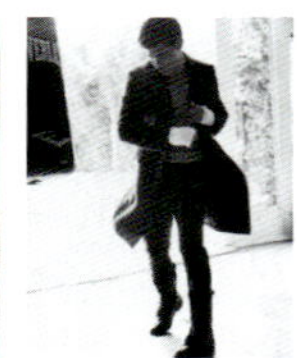

London,
Paul Smith,
2000

Casey Affleck,
Los Angeles,
2007

Los Angeles,
1997

Noah Mills,
Los Angeles, *V Magazine*,
2009

Taylor Lautner,
Los Angeles, *GQ*,
2010

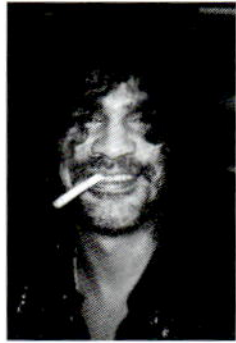
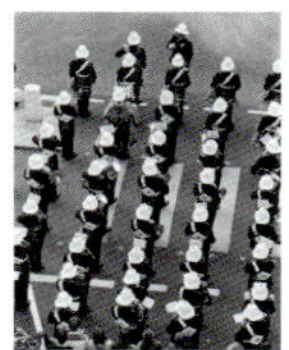
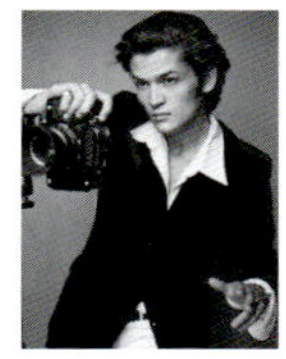
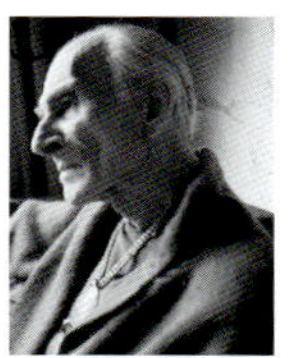
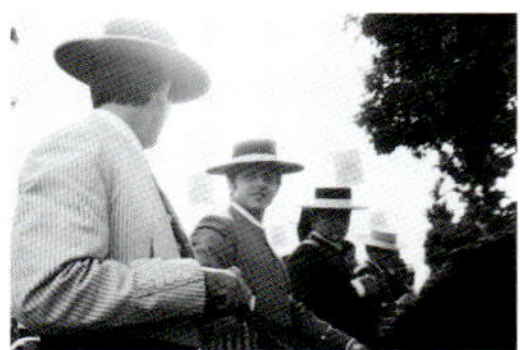

Slash,
London,
2001

London,
1997

Daniel de La Falaise,
Paris, French
Glamour, 1992

Balthasar Kłossowski
de Rola, Gstaad,
1997

Seville,
2000

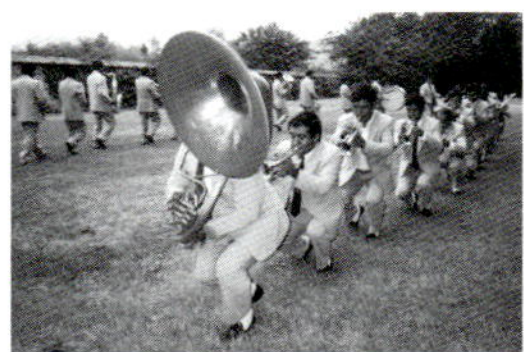
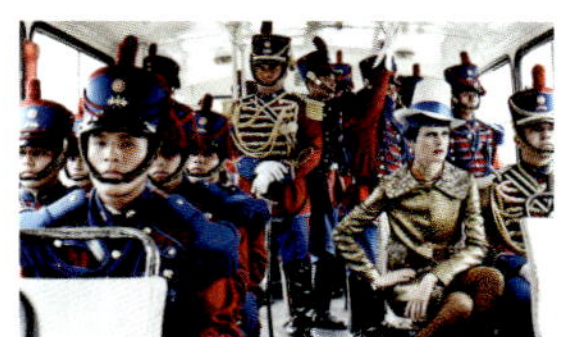
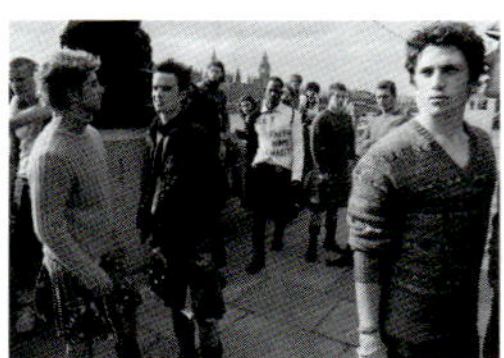

Lima,
1998

Stella Tennant & Peru's
Presidential Guards,
Lima, American *Vogue*,
2012

London, *VMAN*,
2003

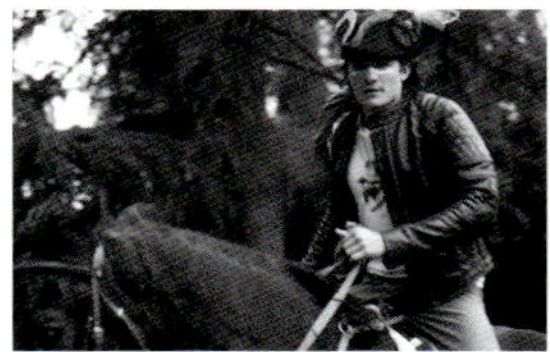
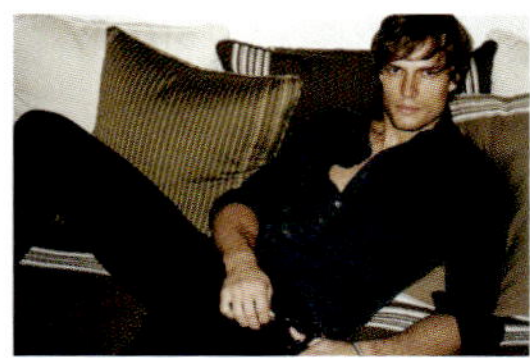
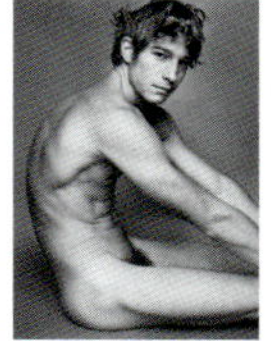
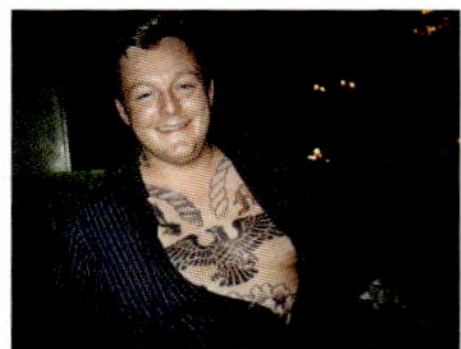

Orlando Bloom,
Los Angeles, *GQ*,
2005

David Genat,
Los Angeles,
2013

Micah Miller,
Paris,
2000

Urs Fischer,
Berlin,
2004

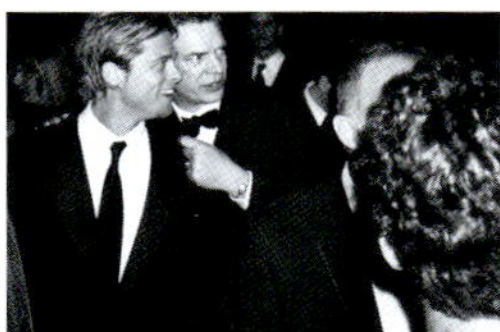

Brad Pitt,
Los Angeles,
1999

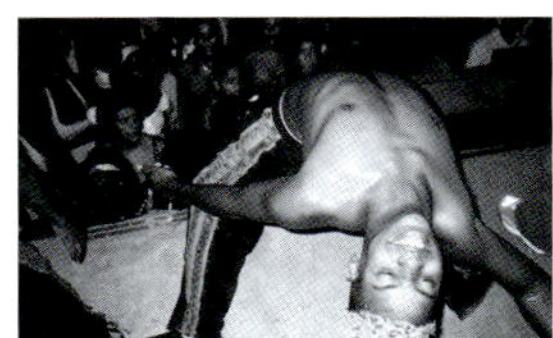

Rio de Janeiro,
2003

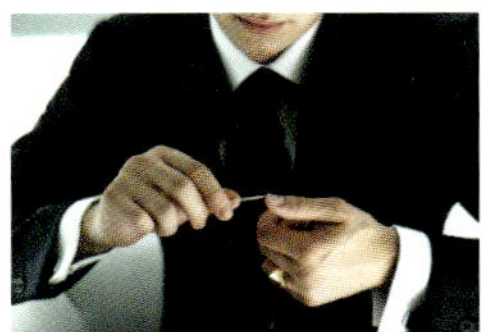

Hayden Christensen,
New York, *VMAN*,
2006

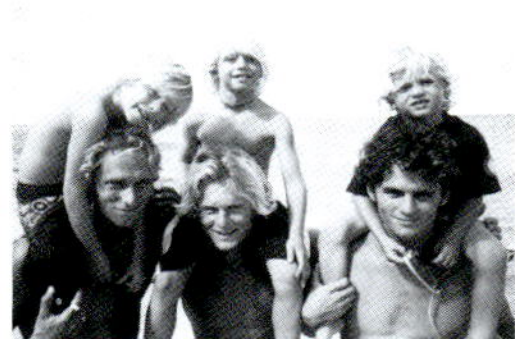

Hawaii,
2000

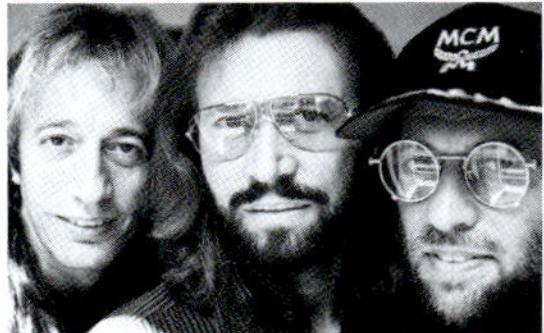

The Bee Gees
(Robin, Barry & Maurice Gibb),
London,
1989

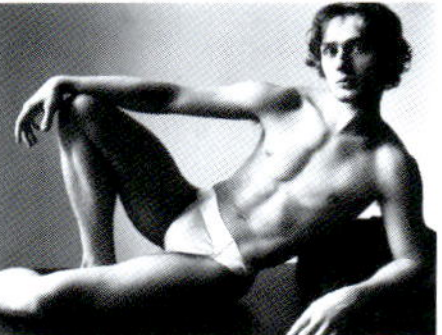

Ivan Putrov,
London, The Royal Ballet,
2002

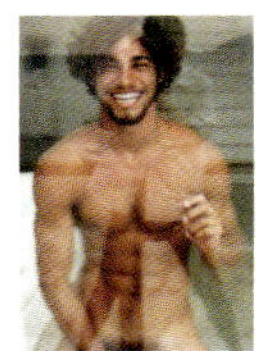

Pablo Morais,
Rio de Janeiro,
2013

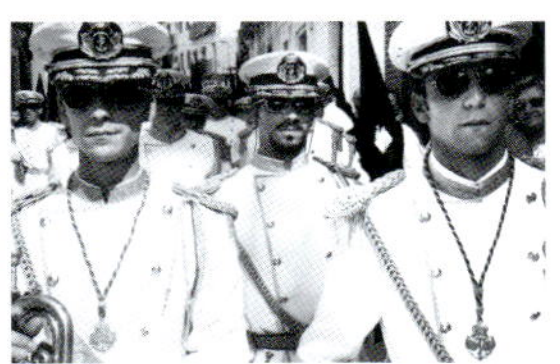

Seville,
1995

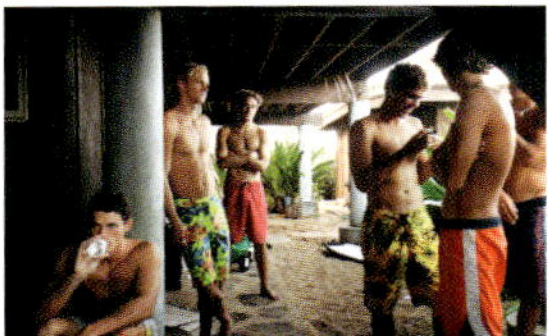

Hawaii,
2000

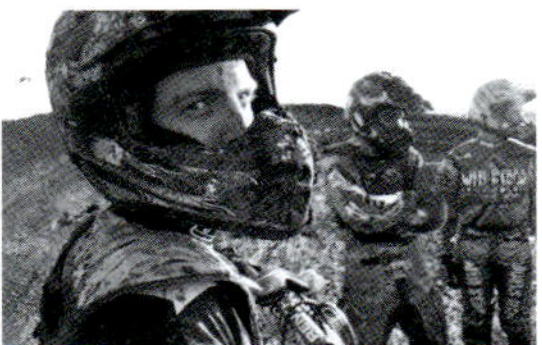

London,
1998

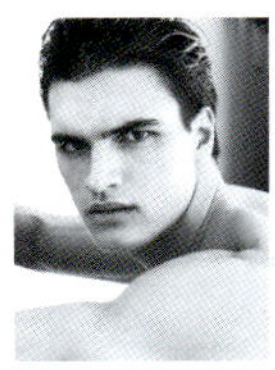

Matthew Terry,
Miami, *V Magazine*,
2014

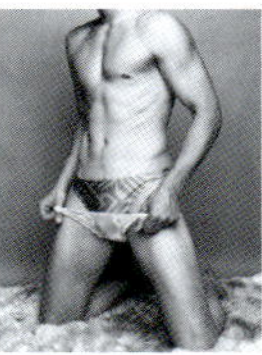

Jarl Allard, Paris,
Arena Homme +,
1996

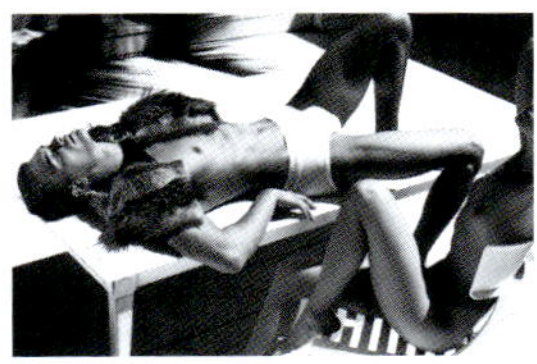

Matthew Terry,
Miami, *V Magazine*,
2014

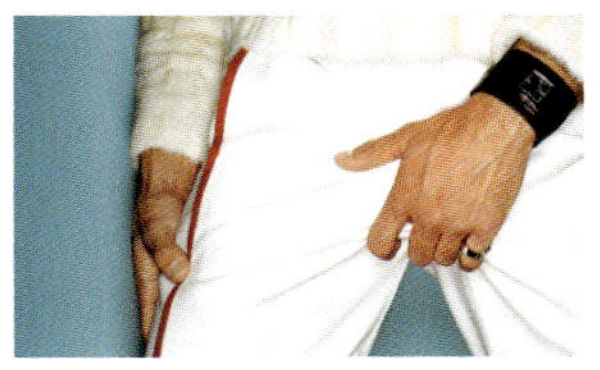

Cover:
Los Angeles, Gucci,
1999 (detail)

Thank you

Jan Olesen   Anna Wintour   Giovanni Testino   Jim Moore   Benedikt Taschen

Emmanuelle Alt, Armando Andrade, Giorgio Armani, Christiane Arp, Christopher Bailey, Anastasia Barbieri, Manolo Blahnik, Beat Bolliger, Pierre Borhan, Herve Bougon, Hamish Bowles, Oribe Canales, Linda Cantello, Graydon Carter, Paul Cavaco, Lucinda Chambers, Teo Allain Chambi, Angelica Cheung, Alexis Costa, Carlyne Cerf De Dudzeele, the late Oscar de la Renta, Dr Michaela de Pury, Simon de Pury, Anna Dello Russo, Jessica Diehl, Sam Doerfler, Domenico Dolce, Daniela Falcão, Jack Flanagan, Tom Ford, Nicola Formichetti, Stefano Gabbana, John Galliano, Valentino Garavani, Val Garland, Wilbur Gonzalez, Tonne Goodman, Katie Grand, Lorraine Griffin, Sarajane Hoare, Jemima Hobson, Christiaan Houtenbos, Michael Howells, Dylan Jones, James Kaliardos, Marcus Kurz, Karl Lagerfeld, Marc Lopez, Michelle Lu, Stephane Marais, Candice Marks, Sam McKnight, Jim Nelson, Amber Olson, Allen Osborne, Ciara Parkes, Art Partner, Tom Pecheux, Michael Philouze, Orlando Pita, Gawain Rainey, Carla Risso, Alexandra Shulman, Elliott Smedley, Brigitte Sondag, Franca Sozzani, Gregory Spencer, Jeff Stalnaker, Carla Testino, Elena Testino, Giuliana Testino, Teresa Testino, Ben Tietge, Charlotte Tilbury, Donatella Versace, Mitsuko Watanabe, Madeline Weeks, Adam Whitehead, Martha Zegarra and all the individuals who appear in the photographs

MARIOTESTINO+

Franky Athill, Malena Bach, Victor Bastidas, Jonathan Kemmis Betty, Maudie Buchanan, Sophie Chartres, Alex Cock, Dale Cutts, Trevor De Cotta, Kasper Fjederholt, Angeles Gonzales, Natalie Hasseck, Richard Hollis, Flora Huddart, Suki Larson, Sophie Mackie, Fabio Mayor, Vicente Monedero, Kannayo Okolie, Andrew Patrick, Alex Waltl, Eliza Warwick, David Welch

R&D

Pietro Birindelli
Paolo Delgrosso, Guillaume Dulermo, Clarence Grugnoli, Dale Johnson, Maysa Marques, Jono Patrick, Lia Prado

EDITED BY
Patrick Kinmonth

MARIOTESTINO+

DESIGN
Joe Fleming, Massimo Mezzavilla,
Sean Murphy

IMAGE EDITORS
Lucy Birkhead, Aitor Santomé

PROJECT DIRECTOR
Mary Zantiris

PRESS & PRODUCTION
John Allan, Georgina Godley,
Olivia Pim-Dixson, Charlotte Sprague

POST PRODUCTION
R&D
Liam Black, Gianpiero Formisano,
Chi-Lam Ly

All images © Mario Testino
unless stated otherwise.

IMAGE CREDITS
Appearing within the text
Sir, Thoroughly Sir, from Head to Toe,
Pierre Borhan.

Juergen Teller, Mario in Pool,
Hotel Il Pellicano, Porto Ercole,
Italy 2009, 2009, C-print, 20 x 24 in,
Courtesy of Juergen Teller.

George Platt Lynes, Robert McVoy, c. 1940,
Copyright Estate of George Platt Lynes.

Martín Chambi, Juan de la Cruz Sihuana,
hombre gigante de Llusco (Llusco giant man),
Chumbivilcas, Cusco, 1925
Courtesy of the Martín Chambi
Photographic Archive, Cusco, Peru
www.martinchambi.org.

© 2025 TASCHEN GmbH
Hohenzollernring 53
D–50672 Köln
www.taschen.com

ORIGINAL EDITION
© 2016 TASCHEN GmbH

GERMAN TRANSLATION
Egbert Baqué, Berlin

FRENCH TRANSLATION
Philippe Safavi, Paris

Printed in Bosnia-Herzegovina
ISBN 978–3–8365–8814–0